民國時期伊犁屯墾檔案史料選編

伊犁哈薩克自治州檔案館 編

上册

廣西師範大學出版社
・桂林・

本書爲國家重點檔案專題保護開發項目

民國時期伊犁屯墾檔案史料選編
MINGUO SHIQI YILI TUNKEN DANG'AN SHILIAO XUANBIAN

出版統籌：湯文輝
出 品 人：喬祥飛
策劃編輯：肖愛景
責任編輯：張　佳
　　　　　劉艷艷
　　　　　曹世超
責任校對：楊慧紅
責任技編：王增元
書籍設計：常晉一

圖書在版編目（CIP）數據

民國時期伊犁屯墾檔案史料選編 ： 上、下册 / 伊犁哈薩克自治州檔案館編. -- 桂林 ： 廣西師範大學出版社，2024. 7.

ISBN 978-7-5598-6622-6

Ⅰ. F329.45

中國國家版本館 CIP 數據核字第 2024XN6933 號

廣西師範大學出版社出版發行
（廣西桂林市五里店路 9 號　郵政編碼：541004
網址：http://www.bbtpress.com）
出版人：黄軒莊
全國新華書店經銷
北京匯瑞嘉合文化發展有限公司印刷
（北京市北京經濟技術開發區榮華南路 10 號院 5 號樓 1501　郵政編碼：100176）
開本：889 mm × 1 240 mm　1/16
印張：40.25　　字數：644 千
2024 年 7 月第 1 版　　2024 年 7 月第 1 次印刷
定價：1980.00 元（上、下册）

編輯委員會

顧　問

李耕耘　賴洪波　李　鈺

編寫組成員

曹　健　趙永偉　徐　斌

李　斌　李榮琴　李　鈺

馮　瑶　聶衛平　郭琴琴

前言

屯墾戍邊是歷代中央政權治理新疆的一項重要政策。

新疆伊犁屯墾具有悠久的歷史，對本地區的發展以及新疆的穩定，乃至國家的安全産生了深遠的影響。伊犁屯墾歷史，見證了伊犁從游牧向農耕轉變的過程，是伊犁各族人民共同開發建設祖國邊疆的奮鬥史，更是各民族手足相親、守望相助的歷史鐵證。

爲深入貫徹落實習近平總書記關於檔案工作『四個好』『兩個服務』的重要批示精神，用好用活檔案資源，編者組織專門力量深入挖掘館藏資源，在對伊犁哈薩克自治州檔案館館藏三千餘卷民國時期國家重點檔案進行系統研究的基礎上，整理、遴選出以反映民國時期中央政府在伊犁實施屯墾政策、設置屯墾機構、完善屯墾制度、組織屯墾事務爲主要内容的檔案一百餘份，時間起於1914年11月，止於1944年7月，編纂出版《民國時期伊犁屯墾檔案史料選編》，旨在梳理出民國時期伊犁屯墾發展演變的歷史脉絡，讓歷史説話，用史實發言，以期發揮檔案資政育人功效，推進『文化潤疆』落地落實。

透過一件件塵封的檔案，民國時期伊犁屯墾的全貌漸次展現在世人面前。民國時期的伊犁屯墾，一直和邊防安全同屬一個管理系統。無論由中央直接管理還是省督管理，伊犁屯政與邊政始終相維相繫，呈現出伊犁獨特的歷史風貌。民國初期，當局鼓勵官民墾荒擴種、疏浚渠道、整頓牧場牧税等。全面抗戰時期，伊犁成爲戰略大後方，成爲中國獲取國際援助物資的重要戰略通道。在中國共産黨人的幫助和推動下，新疆、伊犁分别制定實施『三年計劃』，整頓財政税收，加大農業基建投資，發展農牧業生産，積極引進推廣農業機械和先進技術，改良牧場和畜種，提高農畜産品産量；同時，安置東北抗日義勇軍、蘇聯遠東歸僑等屯墾。在新疆民衆反帝聯合會聲勢浩大的『募金和募集寒衣運動』影響下，伊犁各族人民本着『抗日高於一切、一切服從抗日』的精神，以『鞏固國防後方、保障國際交通、增加國防生産』爲己任，勤奮勞作、積穀備荒，爲發展生産、穩疆固土、支援抗戰作出了積極貢獻。

屯墾戍邊的開展，促進了伊犁各民族之間的交往交流和融合發展，爲鑄牢中華民族共同體意識，增强對偉大祖國的認同感、歸屬感，形成并鞏固各民族共同團結奮鬥、共同繁榮發展格局發揮了重要作用，也爲伊犁穩定發展奠定了基礎。

在踏上全面建設社會主義現代化國家新征程、向第二個百年奮鬥目標進軍之際，回顧、保護、開發伊犁屯墾檔案史料具有十分重要的現實意義。編者希望以本書助力講好伊犁屯墾故事，爲讀者和相關研究人員提供反映伊犁屯墾歷史的最鮮活的第一手資料，并使之成爲教育和引導各族群衆賡續優良傳統、進一步鑄牢中華民族共同體意識的『活教材』。

編　者

2023年7月11日

凡例

一、本書着眼於用好用活檔案資源，對新疆伊犁哈薩克自治州檔案館館藏民國時期伊犁屯墾檔案進行系統整理、選擇和編排，着力推進鑄牢中華民族共同體意識。

二、本書所收檔案史料立足於新疆伊犁哈薩克自治州檔案館館藏，主要收録1933—1944年伊犁屯墾使公署、伊犁區行政長公署、伊犁區警備司令部、新疆屯墾委員會、新疆邊防督辦公署五個機構形成的檔案；同時，收録部分存藏於新疆維吾爾自治區檔案館的相關檔案，并標注『區檔』以示區别。

三、本書遵循客觀真實性原則，所選檔案史料均依原檔掃描影印。檔案中原有模糊與殘缺者，亦仍其舊或予以節選。

四、本書中檔案史料的選材遵循大事突出、要事不漏的原則，對民國時期伊犁屯墾事務影響較大、涉及範圍較廣、事後影響較久或記録重要事件的檔案都儘量收録。實質内容相同的檔案不重複收録。

五、本書中檔案史料的記事範圍堅持地域與管理一致原則，以伊犁州現直轄市縣屯墾事業發展情況爲客體，努力保持伊犁屯墾歷史的連續性和完整性。不論其隸屬關係，衹要是有關伊犁屯墾事務，擇要收録。

六、本書中檔案史料大多爲民國公文。其中，指令、通令、訓令爲下行文，呈爲上行文，咨、函爲平行文；電即電文，快郵代電、代電是一種郵送的電文體公文，簡稱代電。本書多數指令、訓令放在對應來文後，個别没有來文的指令、訓令則單獨成篇。

七、本書中檔案史料遵循系統性原則，按照時間綫索逐條排列。每條檔案史料的時間，原則上以檔案的印發或落款時間爲準，二者皆無時則酌情著録檔案上的其他時間，諸如擬稿時間、收件時間、經辦時間等。每條之下收録多個檔案的，則僅著録最晚檔案的時間，并據此排序。

無日期的章程、細則、辦法等放在相應内容檔案之後，保持檔案之間的歷史聯繫。依慣例，月份不詳的檔案放在當年年末，日期不詳的檔案放在該月月末。

八、本書中檔案史料的標題充分利用原有著録信息，依據檔案『事由』力求準確凝練。標題中涉及民族、地名、機構、官職、計時、計量等内容，均以相應記事年代的稱謂爲準，不加注釋，不做改動，不做考證。

九、本書中每條檔案史料，除了標題，還逐一標注了檔案時間、館藏檔案號、圖數及圖序，以便於讀者查詢使用。如檔案『〇〇一新疆國税廳籌備處爲驗換契紙事給寧遠縣户民愛拉以頂的土地執照（1914-11-01）（J1-1-1-5）（2-1）』，其中『1914-11-01』爲檔案時間；『J1-1-1-5』爲館藏檔案號，『J1』是全宗號，第一個『1』是目録號，第二個『1』是案卷號，『5』是件號；『2-1』爲圖數及圖序，『2』是本條檔案下圖幅總數，『1』是圖序。

上册目録

〇〇一　新疆國税廳籌備處爲驗换契紙事給寧遠縣户民愛拉以頂的土地執照（1914-11-01）（J1-1-1-5）（2-1）

驗契

新疆國税廳籌備處爲

驗换契紙事照得民國成立百度維新現奉部章凡有民間典買房屋地土已税之契應即一律呈驗註册粘發驗契以歸劃一而昭實在所有部定驗契條章辦法分别列後爲此仰該業户即便遵照須至驗契者

計開

一劃一契紙章程施行以前無論前清民國已税舊契均應一律呈驗以符定章

一呈驗前項舊契無論典買均一律註册給予驗契新紙

一契紙每張收紙價伍錢註册費銀柒分

一典買房地價值在拾兩以下者衹收註册費不收驗契費另於契内加蓋戳記

一驗契部章六個月爲限本處現擬自三年一月爲始寬期一年爲限以紓民力如逾限補驗者加倍徵收紙價其隱匿不驗者一經查出罰收三倍紙價

〇〇一　新疆國稅廳籌備處爲驗換契紙事給寧遠縣户民愛拉以頂的土地執照（1914–11–01）（J1–1–1–5）（2–2）

新紙

經查出罰收三倍紙價

一自民國元年起已稅之契呈驗後一律粘發契紙只收註册費不收驗費另於契紙内加蓋戳記以示區別

一以前未稅之契仍照前清舊章納稅另發新契不在此列

一此項契紙先發各縣知事查收傳令業戶呈驗舊契相符註册粘發收執

一此項契紙粘連舊契之後騎合縫上蓋用縣知事印信

一契紙按縣編列字號驗契註册挨次塡用按月報廳查考

業戶愛拉以頂原買典　名下坐落　縣　鄉　莊

地房所計　畝間已於前清民國宣統三年納稅領有契尾

兹驗明照章註册納契紙價註册費庫平銀　錢　分

中華民國三年十一月一日

縣　字　號

右給業户愛拉以頂執此

〇〇二　新疆省財政廳就鞏留縣海努克倉存糧應速由税局接收保管事給伊寧陳行政長的電（1933-08-10）（J2-1-1-15）

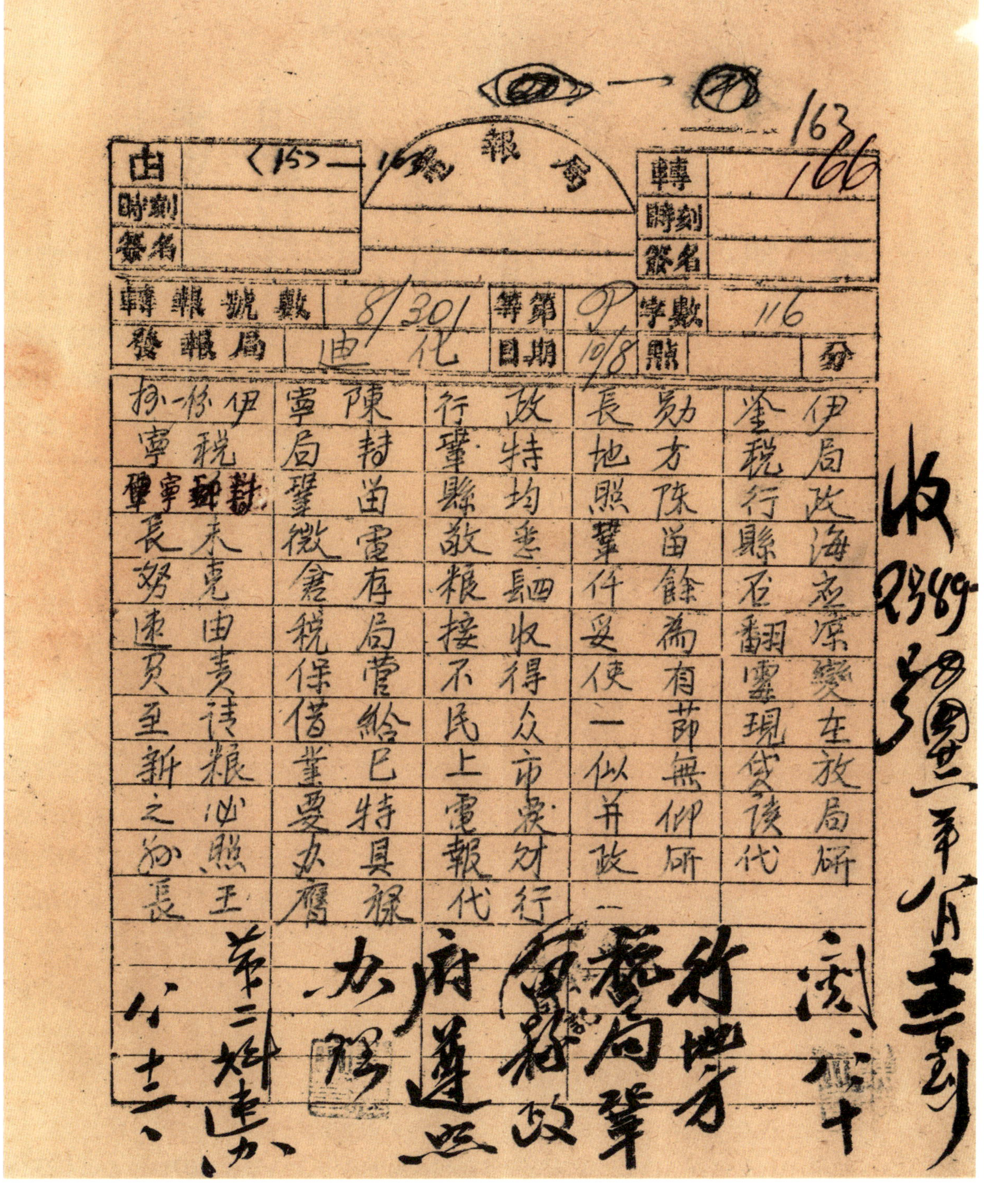

由		報局	轉	
時刻			時刻	
簽名			簽名	

轉報號數	8/301	等第		字數	116
發報局	迪化	日期	10/8	點	分

〇〇三　肇留縣造賫民國二十二年十一月份經管動存倉儲糧石數目清冊（1933）（J2-1-1-11）（4-1）

122

肇留縣長李惟一為造報事謹將民國二十二年十一月份經管動存倉儲粮石數
目分晰繕具四柱清冊呈請
鑒核須至冊者
一計開
舊管
一倉儲京斗小麥柒千三百零壹石九斗七升三合一勺六抄
新收
無
開除

123

~~125~~

一本月份開支警役食糧京斗小麥貳拾五石六斗

查職縣警目兵夫六拾四名每名月各支京斗小麥四斗共支小麥符

一本月份開支監犯食糧京斗小麥伍斗五升五合五勺五抄

查職縣羈禁監犯二名每名月支食麵叁拾觔共支麵陸拾觔以壹百零八觔折合京斗小麥一石共支麥如上數

一本月份開支軍糧京斗小麥壹千零捌拾貳石五斗五升五合五勺四抄

查上項十一月份開支駐防過往併轉運各糧台軍糧暨台站糧台站差司役食糧業已另造軍需糧册有卷懇請飭科檢案查核邀免再叙合併陳明

126

124

本月份開支駐特騎兵連食粮京斗小麥四百零八石

查上項于民國二十二年十一月間案奉伊犁屯墾使張令飭鞏留
李縣長在該縣倉儲撥發駐特騎兵連長馬金選應
領二十三年春夏兩季六個月軍粮京斗小麥四百零八石以
備軍用等因查該連應領二十三年一月一日起至六月底止計
春個月春夏兩季全連官佐兵夫壹百叁拾六名每名照
章月各支京斗小麥五斗共應領京斗小麥四百零八石遵
即照數由倉儲項下發給倉麥符上數

以上總共開支京斗小麥壹千伍百壹拾六石七斗一升一合零九杪

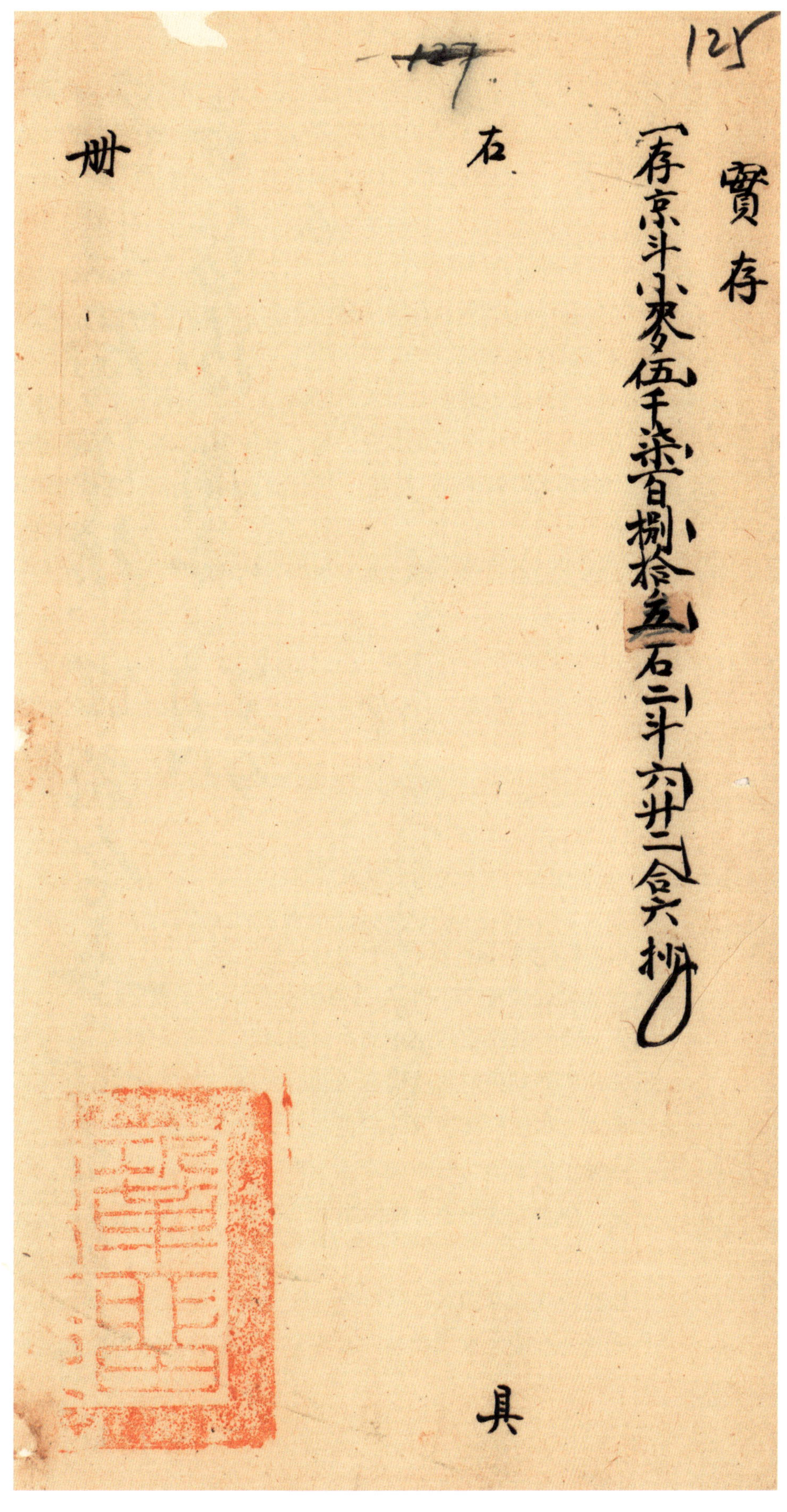

〇〇三　鞏留縣造賫民國二十二年十一月份經管動存倉儲糧石數目清冊（1933）（J2-1-1-11）（4-4）

~~127~~ 125

實存

存京斗小麥伍千柒百捌拾五石二斗六升二合六抄

右　　　　具

冊

〇〇四　伊犁區行政長爲哈族代表要求清查劃分餘地以解决哈民牧放牲畜事給伊犁屯墾使的咨（1934-07-13）（J2-1-3-26）（4-1）

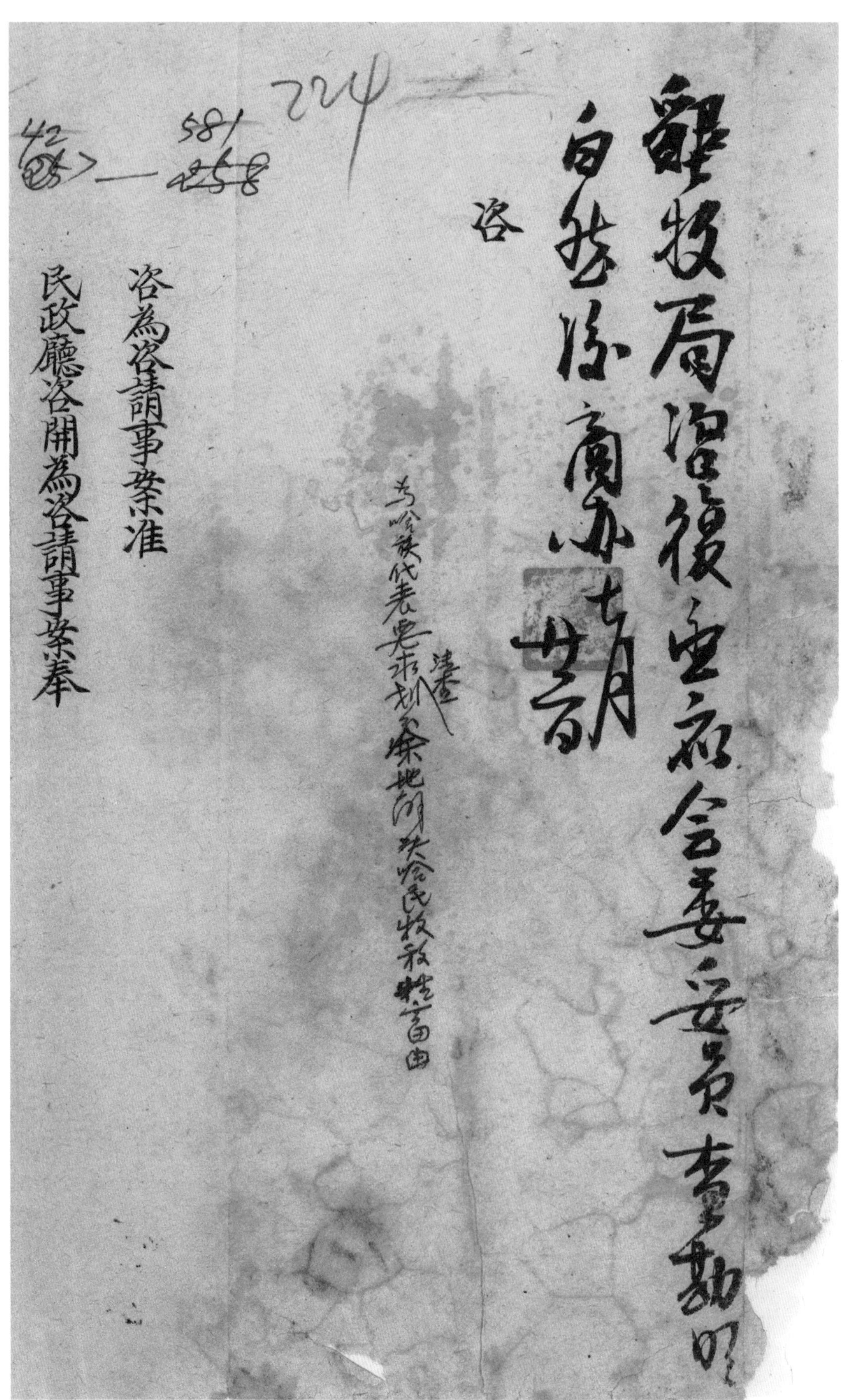

咨

為哈族代表要求清查劃分餘地解决哈民牧放牲畜由

咨為咨請事案准

民政廳咨開為咨請事案奉

○○四　伊犁區行政長爲哈族代表要求清查劃分餘地以解决哈民牧放牲畜事給伊犁屯墾使的咨（1934-07-13）（J2-1-3-26）（4-2）

省政府訓令內開案據伊犁哈族□表鄂羅斯拜等條陳第一條內稱希望清查餘地籌給哈民牧畜□除租牧之累而維民生等語事關民生合行令仰該廳即便查照派員□細調查擬具辦法呈候核辦此令等因奉此查各處游牧地方有官產民產之不同向來如何租放本廳無案可稽亟應派員澈查以期明瞭而資根據惟現在各處交通多未完全恢復原狀如由本廳直接派員尚不無困難之點茲擬請貴行政長查照就近派員調查并將從前辦法及應如何改籌之處詳細見覆以憑擬具辦法呈候核奪施行除分咨外相應咨請查照辦理爲荷此咨

〇〇四　伊犁區行政長爲哈族代表要求清查劃分餘地以解决哈民牧放牲畜事給伊犁屯墾使的咨（1934-07-13）（J2-1-3-26）（4-3）

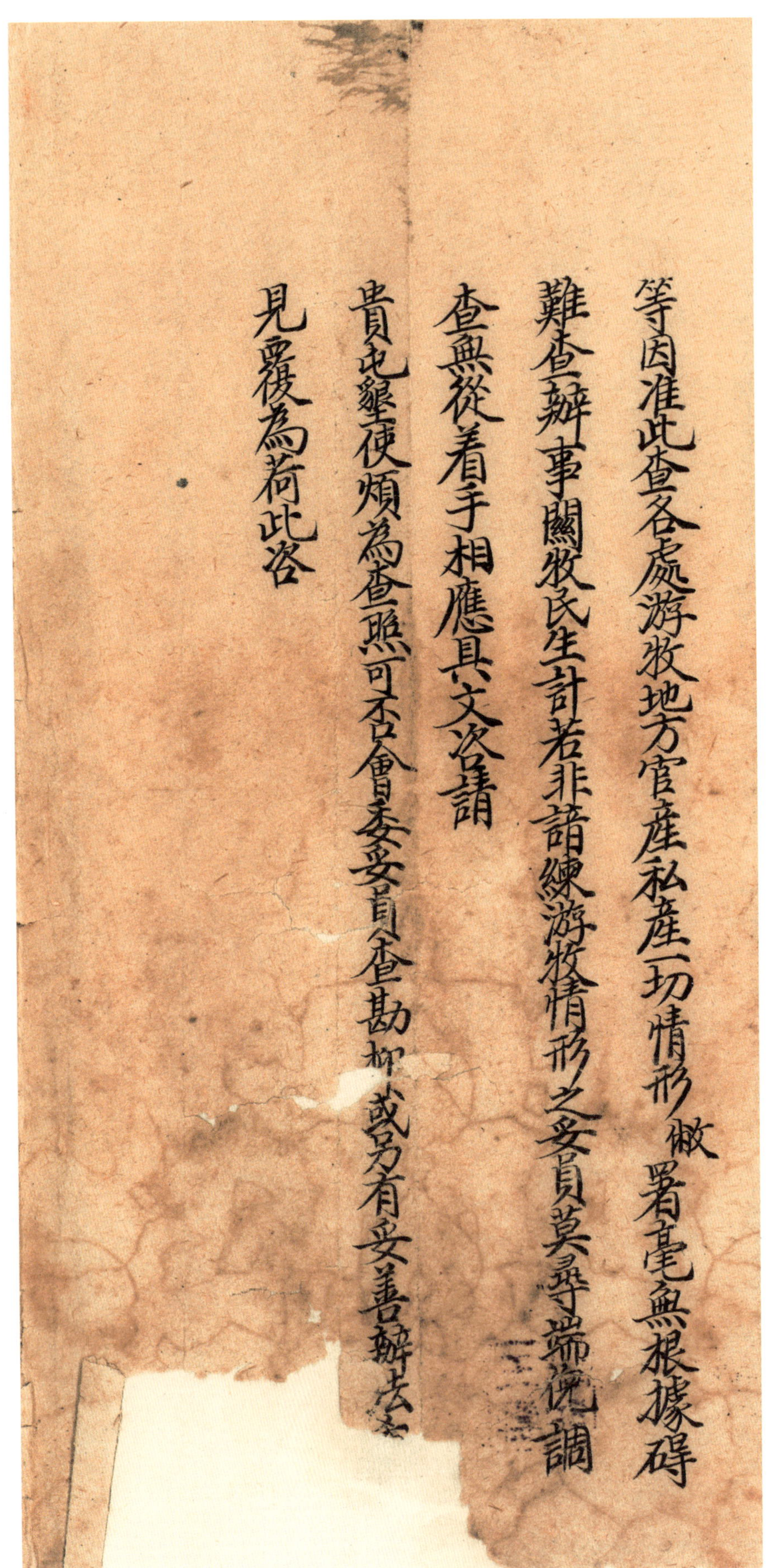
等因准此查各處游牧地方官産私産一切情形敝署毫無根據碍
難查辦事關牧民生計若非諳練游牧情形之委員莫尋端倪調
查無從着手相應具文咨請
貴屯墾使煩爲查照可否會委妥員查勘抑或另有妥善辦法[illegible]
見覆爲荷此咨

〇〇四　伊犁區行政長爲哈族代表要求清查劃分餘地以解决哈民牧放牲畜事給伊犁屯墾使的咨（1934-07-13）（J2-1-3-26）（4-4）

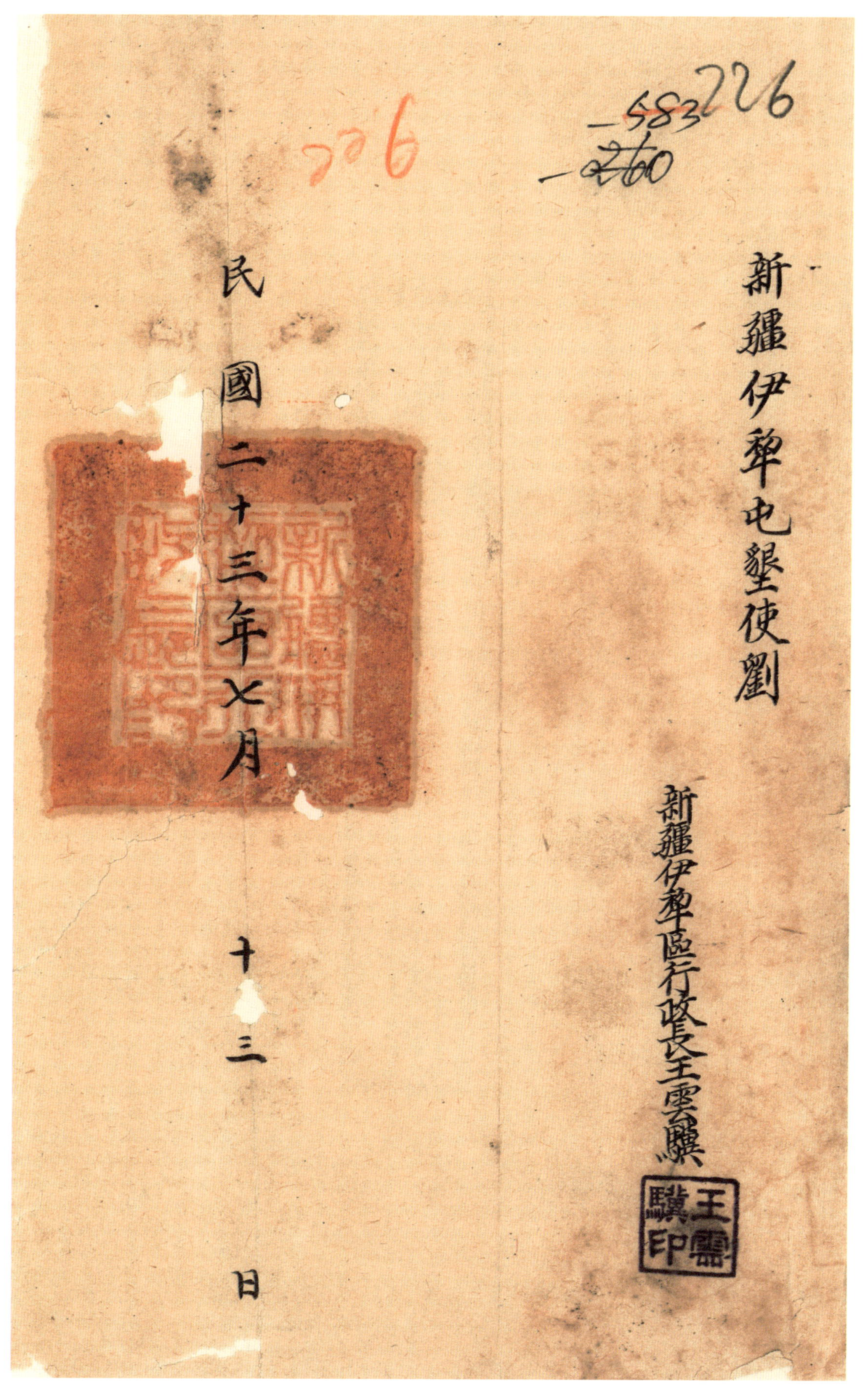

新疆伊犁屯墾使劉

新疆伊犁區行政長王雲驥

王雲驥印

民國二十三年七月十三日

〇〇五　伊犁區三年建設計劃案說明書（節選）（1934-07-25）（J2-1-3-18）（6-1）

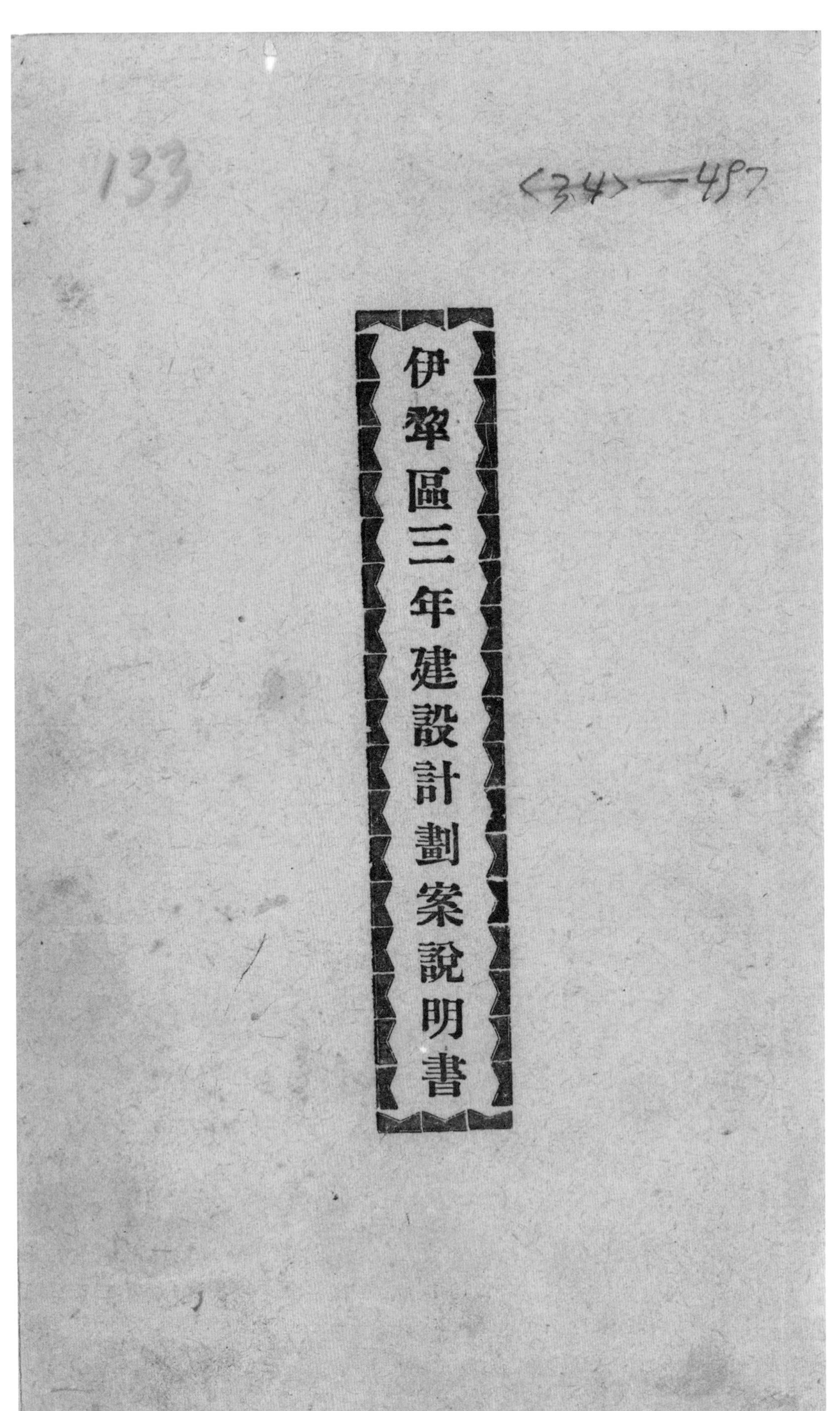

133

伊犁區三年建設計劃案說明書

〇〇五　伊犁區三年建設計劃案説明書（節選）（1934-07-25）（J2-1-3-18）（6-2）

九　關於農田者

為增加人民財富故決定積極獎勵墾荒伊區沃野千里氣候與土壤各地不同故決定第一年在伊甯設立農業試驗場化驗各地土質及試驗改良種子派遣專人測量全區未墾及已墾之荒地面積水田及旱田之全部統計由第一年起開始墾荒運動第二年分設各重要縣農業試驗場研究改良製造農具第三年籌備改良全區農具開始機器墾荒及機器蠶林運動並分年提倡養蠶養蜂植棉等運動以增加工業原料

十　關於水利者

墾荒與水利有直接關係欲大批墾荒必須開闢水利故擬呈墾省府於第一年聘請水力專門人材赴伊組織水利公司專事調查伊區伊犁河川特克斯川博樂塔拉川崆谷斯川水利統計並分年開濬下列各水利

一　永集湖水利

永集湖在精河以西相距約八十里地面廣大土質肥沃永集湖之南山內山水宏大流出山口後即滲入沙內因此無法利用灌溉圍地如加以開濬整理可灌地數萬畝

二　開墾托托地畝

托托地方在烏蘇精河中間係精河界茲經職使經過該處實地調查據工人歸稱該托托原名六十戶大約許能耕種六十戶之地因以得名自咸同年回亂後人民逃亡故而荒廢該處地質肥沃開發甚易但水利情形與永集湖漏沙相似

三　開掘哈什河口經伊甯惠遠綏定直達霍爾果斯之運河

查由哈什河口直經惠遠至霍爾果斯如能挖掘運河則自哈什河口沿途及伊甯惠遠綏定至霍爾果斯一帶均可化爲沃田兩黃草湖一帶因咸同年間回亂廢棄面積廣大之沃田均可恢復故擬由哈什河口開挖運河經伊甯惠遠綏定直達霍爾果斯計程長約三百五六十里寬度由五六十里至一百里不等其耕地面積之大可知且可順兩岸建築各種工廠興辦各種工商業擬請省府代購挖河機器以資需用此項開河工作擬隨時挖掘即隨時鑿渠灌田種地預計將來灌溉之新地不但可補償掘河之損失並可爲官家闢一無窮之利源故此項工作切望勿以艱難笸之

十一　關於牧畜者

改良畜種

查伊犁原有之官馬場年來因管理失當種類退化經職使改爲官牧廠添牧牲

伊犁區三年建設計劃案說明書

一七

種近更擬從事積極改良以作將來改良全省畜馬及各種牧畜之試驗場擬請省府向國外代購馬牛羊三種畜種以便在伊區作大規模之牧業計劃蓋伊區爲一良好牧場擬請省府指撥專欵擴大官牧廠試驗牧養在外國購來之馬牛羊種子令其與伊區優良牲種配合繁殖如將來育殖成績優良即酌量按年將新牲種頒換給各牧群以便改良全區畜種而使伊區變爲大規模之牧區

設立血清製造廠

血清注射爲預防各種牲畜之傳染病者故欲求牧畜業發達必須設立血清製造廠擬請省府代爲聘請獸醫及製造血清人才於兩年內完成伊犁全區血清製造廠及分廠

設立狐兎牧養場

查狐兎之牧養各國均多提倡成績最佳者首推日本我國對狐兎牧養在平津亦有人試驗成績亦極佳蓋狐兎之皮張爲現代之大宗需要西北地居高原氣候寒冷對狐兎之牧養甚爲相宜擬於伊犁區設置狐兎牧養場請

省府代購各種狐兎母種從事試驗牧養

十二　關於林業者

伊犁區各川均產木材且多巨大森林惟產量及面積過去無精確統計伊區建設開始實行之後預料木材之需要將隨建設之進步而增加如徒事開發而不培植勢必使森林隨開發之日進而日減浸積以至供不應求故伊犁區之採林計劃決定開發與培植並行由建設計劃之第一年開始派遣專員從事調查伊區各川森林之產量面積及種類並分年於菓子溝及特克斯川等處安設採木機器採伐各種木材一面開始植樹運動每人每年植樹三株第三年擴大植樹運動每人每年植樹五株並檢查每年植樹死亡率以補栽之務使採伐與培植並進並請

省方代購美國造紙松種以培植造紙原料

劃定菓藝栽培區以培植菓藝

伊犁區菓品產量豐富且碩大肥美而所產蘋菓尤爲全疆各地所不及爲擴大菓類產量故決定劃菓子溝大西溝爲菓藝栽培區並分年擴大提倡菓藝栽培運動以增加農業之副產

十三　關於輕工業者

組織伊犁面粉公司

查伊犁爲產粮之區將來可供給省方及各處面粉之需既可調劑市價又可補助軍民食用擬請在伊寧組織面粉公司以期發展

組織伊甯電燈公司

伊甯商務繁榮機關甚多擬請組織電燈公司以供全市應用

創設伊犁商辦營業電話局

查現在伊犁所用少數電話均多破爛並且參差不齊將來擬由商人集股組織商辦營業電話局屆時所用話機及一切電話材料擬懇省府代爲購置應用

組織伊犁機器軋油公司

查伊犁出產各種油粮甚多而本地軋油多用土法故費力多而產量小擬在伊寧組織大規模機器軋油公司以廣推銷而應市面需用

呈請撥款充實粮服廠基金

查伊犁原有之粮秣廠被服廠軍需處等設備既甚簡陋組織又龐雜零亂各廠

〇〇六　新疆邊防督辦公署、新疆省政府就春耕籌備駱駝事給伊犁邱屯墾使等的代電（1935-01-26）（J4-1-1-3）（4-1）

新疆邊防督辦公署

閲

收687号

民國廿四年三月六日到

伊犁邱屯墾崔行政長塔城趙行政長和什北部落鄂親王焉耆滿司令于行政長委員班第西里克張榮山布彥均鑒：查時屆春令，關于春耕事宜，亟待早爲籌備，以重農事，免誤耕作。現在省城設立春耕委員會，業經委員組織成立，分別行知在案。惟駱駝一項，運輸馱載，農業方面必需要品，自應分途購辦，以備要需。茲派委員班第赴焉耆蒙古部落，張榮山赴伊犁，布彥赴蒙古

〇〇六　新疆邊防督辦公署、新疆省政府就春耕籌備駱駝事給伊犁邱屯墾使等的代電（1935-01-26）（J4-1-1-3）（4-2）

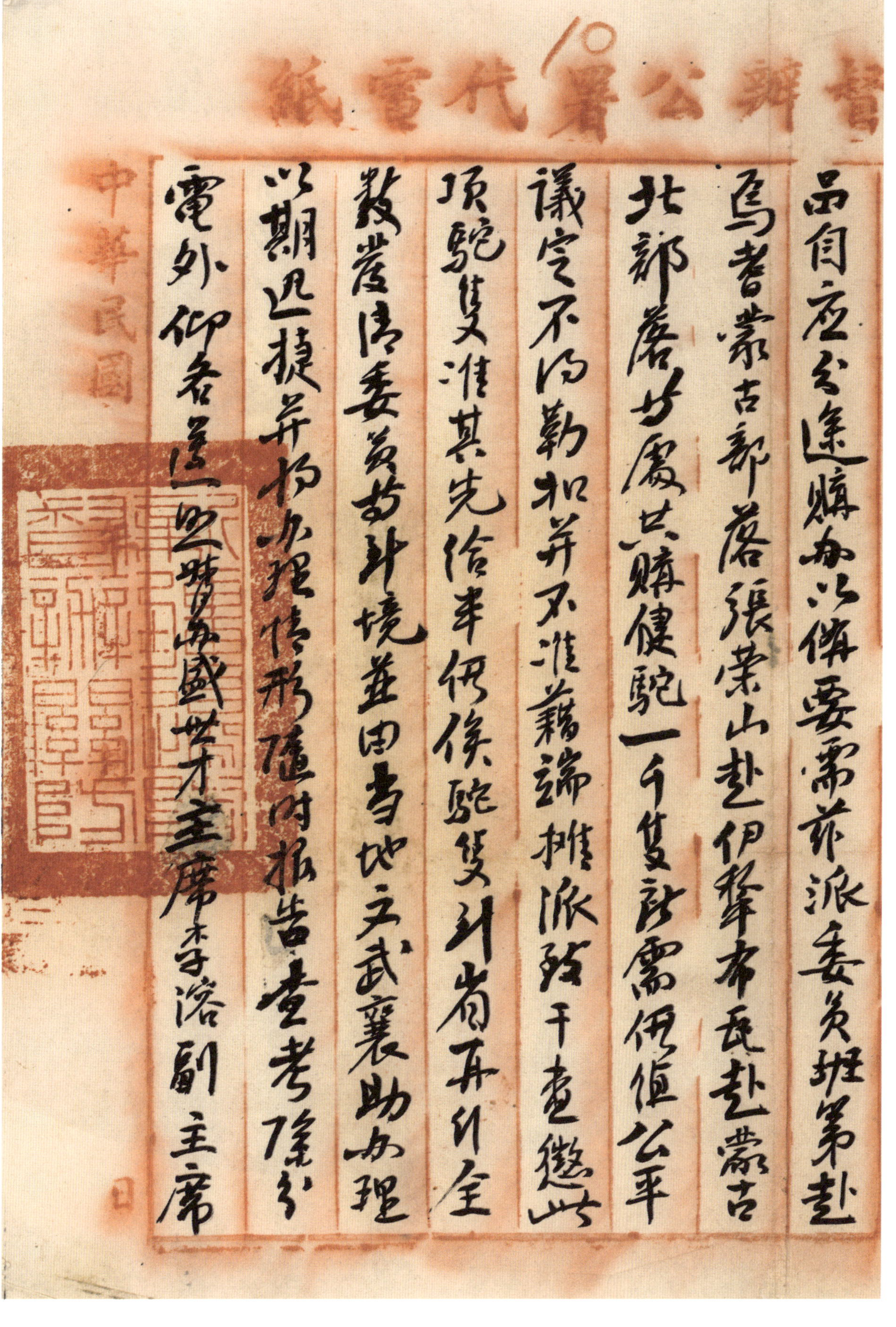

10

督辦公署代電紙

品自應分途購辦以備要需茲派委員班第赴
烏蘇蒙古部落張榮山赴伊犁布氏赴蒙古
北部落分處共購健駝一千隻該需價值公平
議定不得勒扣並不准藉端攤派致干查懲此
項駝隻准其先給來伊候駝隻到省再行全
數發清委員等到境並由當地文武襄助辦理
以期迅捷并將辦理情形隨時報告查考除分
電外仰各遵照此令　盛世才　主席李溶　副主席

中華民國　　日

〇〇六　新疆邊防督辦公署、新疆省政府就春耕籌備駱駝事給伊犁邱屯墾使等的代電（1935-01-26）（J4-1-1-3）（4-3）

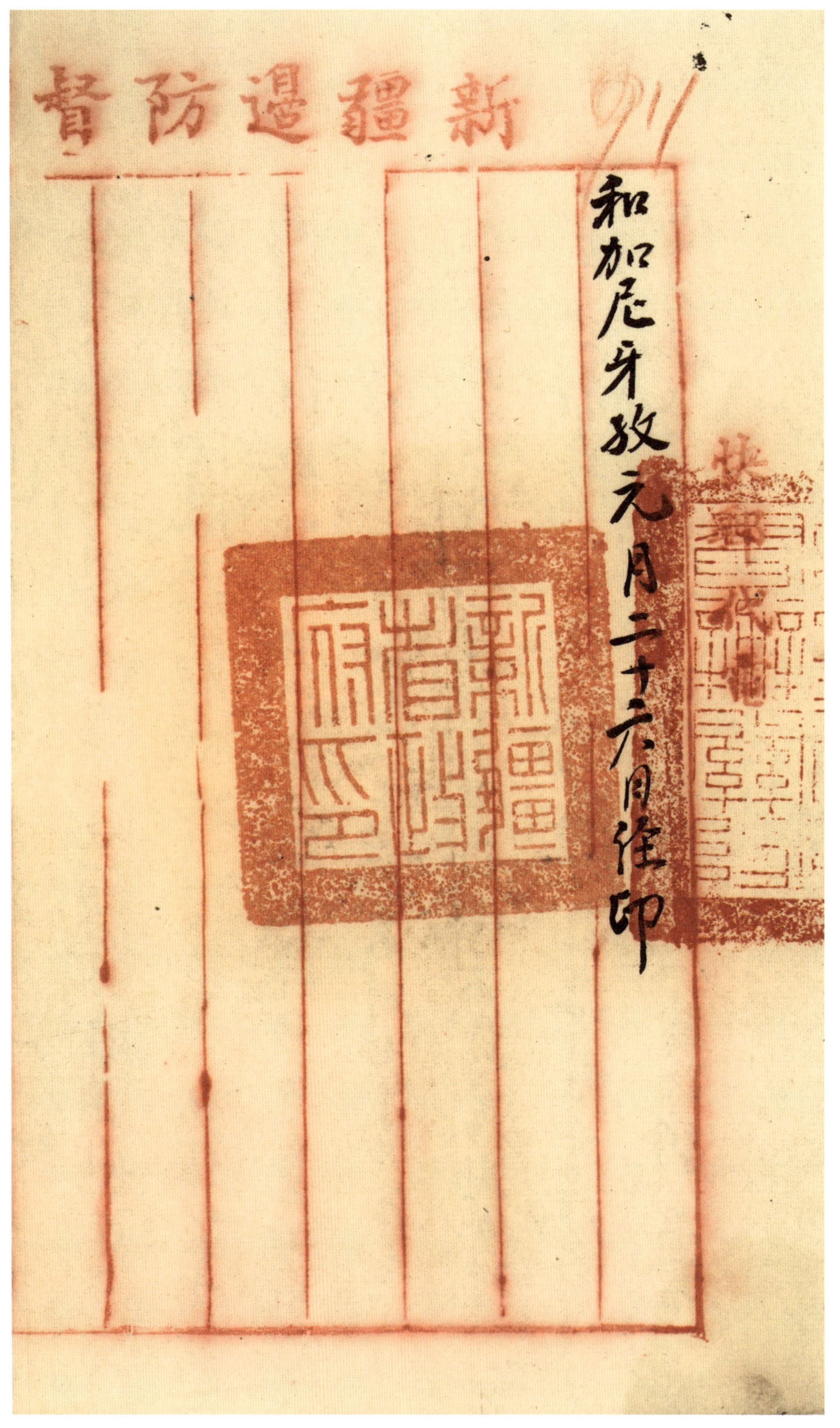
新疆邊防督
和加尼牙孜元月二十六日從印
新疆省政府

〇〇六　新疆邊防督辦公署、新疆省政府就春耕籌備駱駝事給伊犁邱屯墾使等的代電（1935-01-26）（J4-1-1-3）（4-4）

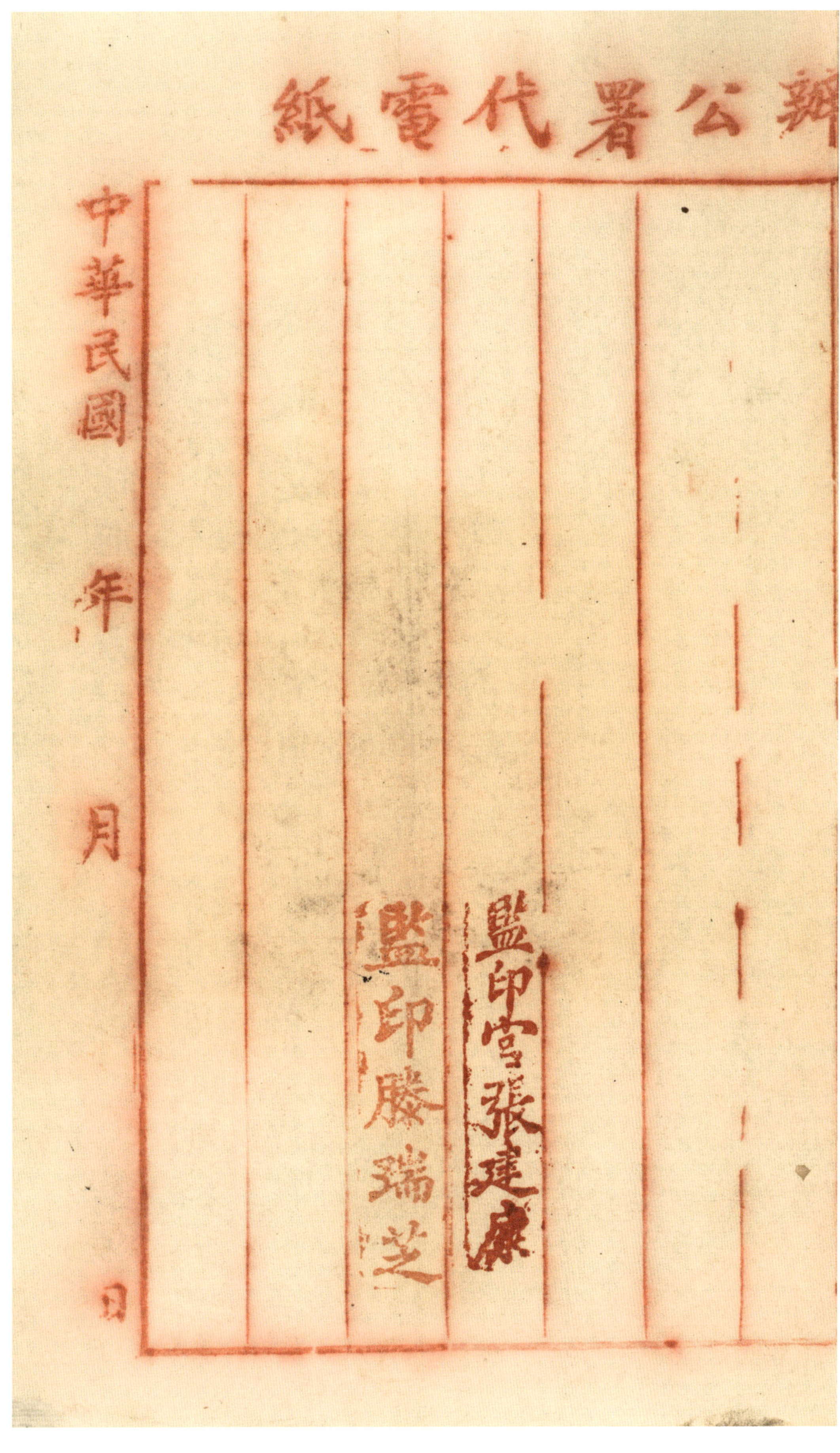

辦公署代電紙

監印官張建康

監印滕瑞芝

中華民國　年　月　日

〇〇七　新疆省屯墾委員會預備編餘軍人屯墾辦法（1935-01）（J4-1-4-8）（4-1）

新疆省屯墾委員會預備編餘軍人屯墾辦法

一、預備編餘各部隊應予以操作之機會。政府對於此項事業尤須予以材料上之援助，俾其便於組織，將來編餘一般士兵不惟可能自食其力，公家猶克得到屯墾良好之結果。

二、為安置此項士兵，應充分供給以生產資料。如願開鑛者，即設法遣送阿山開採金鑛；願築路、開渠者，公家亦必擬有相當代價，從事築路或開渠；願為屯墾農作者，應由本會編制，撥給地畝，從事耕植，俾其操作。

三、督辦為與編餘官佐士兵謀幸福起見，故委託各友邦顧問監

各專家办理一切屯墾計劃於最短期間促實現

四、預備編餘之官兵由公家每一官撥地若干每一兵撥地若干按二十人編成一組設正附組長各一員組長均以原有官長充之督率赴指定之屯墾區域進行農作三年後屯墾成熟該地即撥為官兵私有產業（此就官地而言若租種民地不在此限）

五、每一組應用籽種牛馬犂鏵車輛農具補助費由常務會會同財政廳商洽酌量辦理

六、預備編餘之帶隊官關于公家所發放之籽種牛馬車犂

及拾伍萬之墊款事前須由各隊長及各組長訂立合法之合同交會存查如該組不能終歲勤勞實行工作時秋後不但收田其所領之土地及墊發種款各項且予以相當之處罰

七、公家所墊發各隊及各組之籽種限至本年即二十四年秋收後按所獲粮石之種類儘先抵還籽種如逢荒年可延至來年秋後歸還至牛馬車犁暨農俱購置款項按三年分期償還之

八、此項編制各隊組之士兵在耕作勞働期间公家為体恤計所

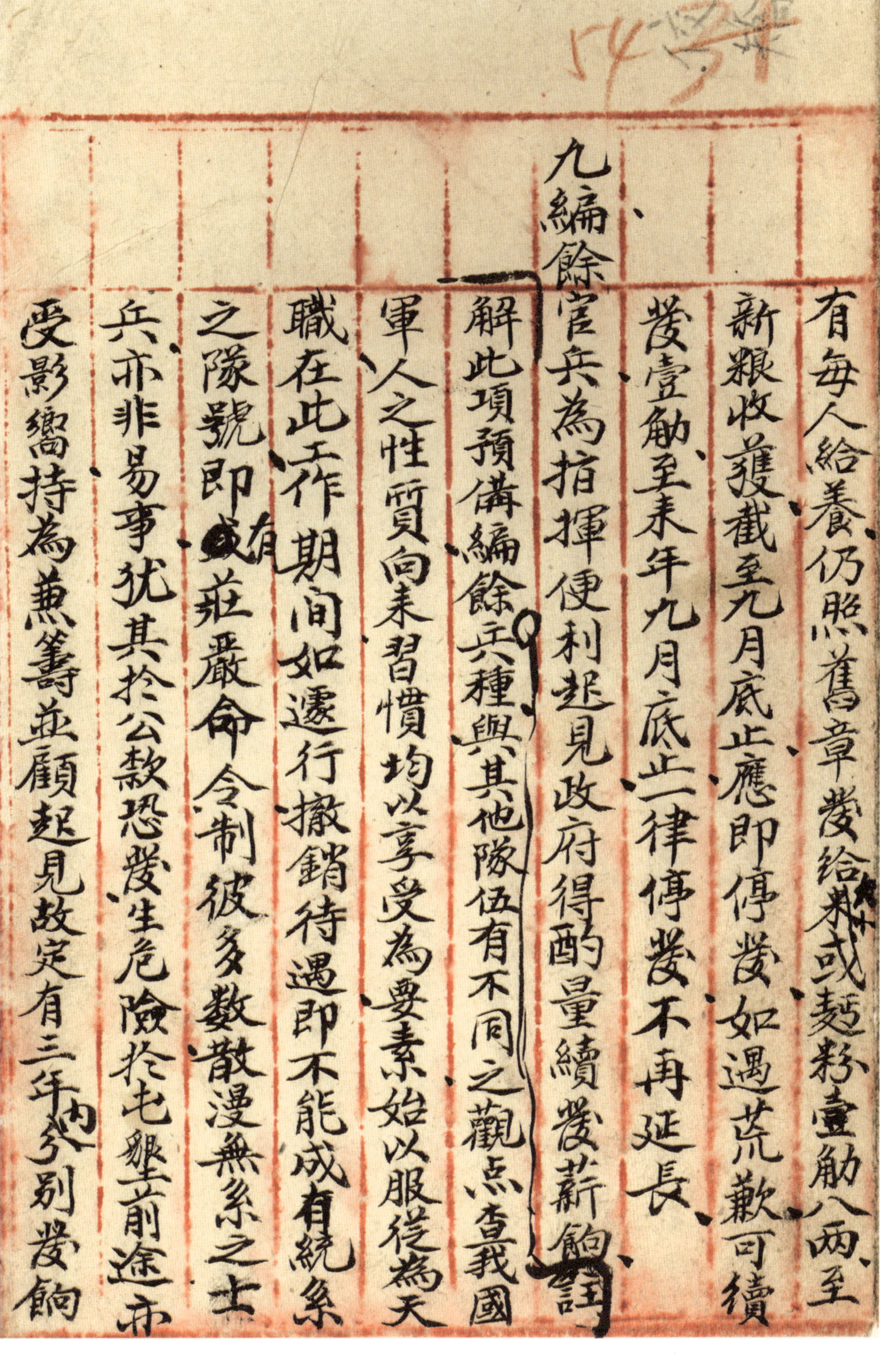

有每人給養仍照舊章發給糧或麵粉壹觔八兩至新糧收獲截至九月底止應即停發如遇荒歉可續發壹觔至本年九月底止一律停發不再延長

九、編餘官兵為指揮便利起見政府得酌量續發薪餉註解此項預備編餘兵種與其他隊伍有不同之觀点查我國軍人之性質向来習慣均以享受為要素始以服從為天職在此工作期间如遽行撤銷待遇即不能成有統系之隊號即有莊嚴命令制彼多數散漫無系之士兵亦非易事尤其於公款恐發生危險於屯墾前途亦受影響持為兼籌並顧起見故定有三年內分别發餉

〇〇八 新疆省財政廳就各族賒給公家耕牛以省春耕以統籌全民族食糧事給伊犁邱屯墾使和伊寧崔行政長等的電（1935-02-11）（J2-1-16-4）
（5-1）

發吉

四

民國廿四年二月十一日

急伊犁邱屯墾使抄
伊寧崔行政長士副
行政長勳鑒鮑經理
鑒丑徵美：急電敬悉
此次召集各族領袖
及千戶長宣達政府
提倡春耕之德意各
族頭目極為感動甚
至泣下沾襟願賒給
公家耕牛壹千貳百
雙足見各民族對於
政府信仰之誠惟據
稱現值牛群在冬窩
度命瘦弱不堪縱令
吆蓿失損亦必過半
飼屬實在情形查政

收481號 廿四 二 十五 收

〇〇八　新疆省財政廳就各族賒給公家耕牛糹省春耕以統籌全民族食糧事給伊犁邱屯墾使和伊寧崔行政長等的電（1935-02-11）（J2-1-16-4）
（5-2）

二

電報局發文電報抄稿

誠縣未当至衆處傷面北之採少年人瞧
耕等種致傷民與死方東購司在本坐無
春木籽以死族又故山以採粮不視势将
理孚對種饉哈種之阿伺粮無亡坐济殍
辦奇牛播饑衆耕粮於族食既死府救饑
年牛少數民之不食至民為縣饑政予離
本上短全人千何知多哈縣各饑若再流
府以因能地數因購亦蒙各區故數不民

〇〇八　新疆省財政廳就各族賒給公家耕牛吆省春耕以統籌全民族食糧事給伊犁邱屯墾使和伊寧崔行政長等的電（1935-02-11）（J2-1-16-4）

（5-3）

30 JC1.16

三

電報局華文來報抄發

抄字　號　等　字

春春所不接則誤定行惟精能百牛派酌
在在電月限到賠原再買選實五耕選並
端又遵個期效中月數購挑後者康途面
法要如西定难勢頭之欵族有作年沿一
之之果非原绝耕各百現民吆工照法料
济耕對对有实春将式以各牛種徵办照
救春牛牛到事辦擬千半由耕耕並有人
類耕耕不能諸轉兹事減須壮任條送妥

民國　年　月　日　點　分

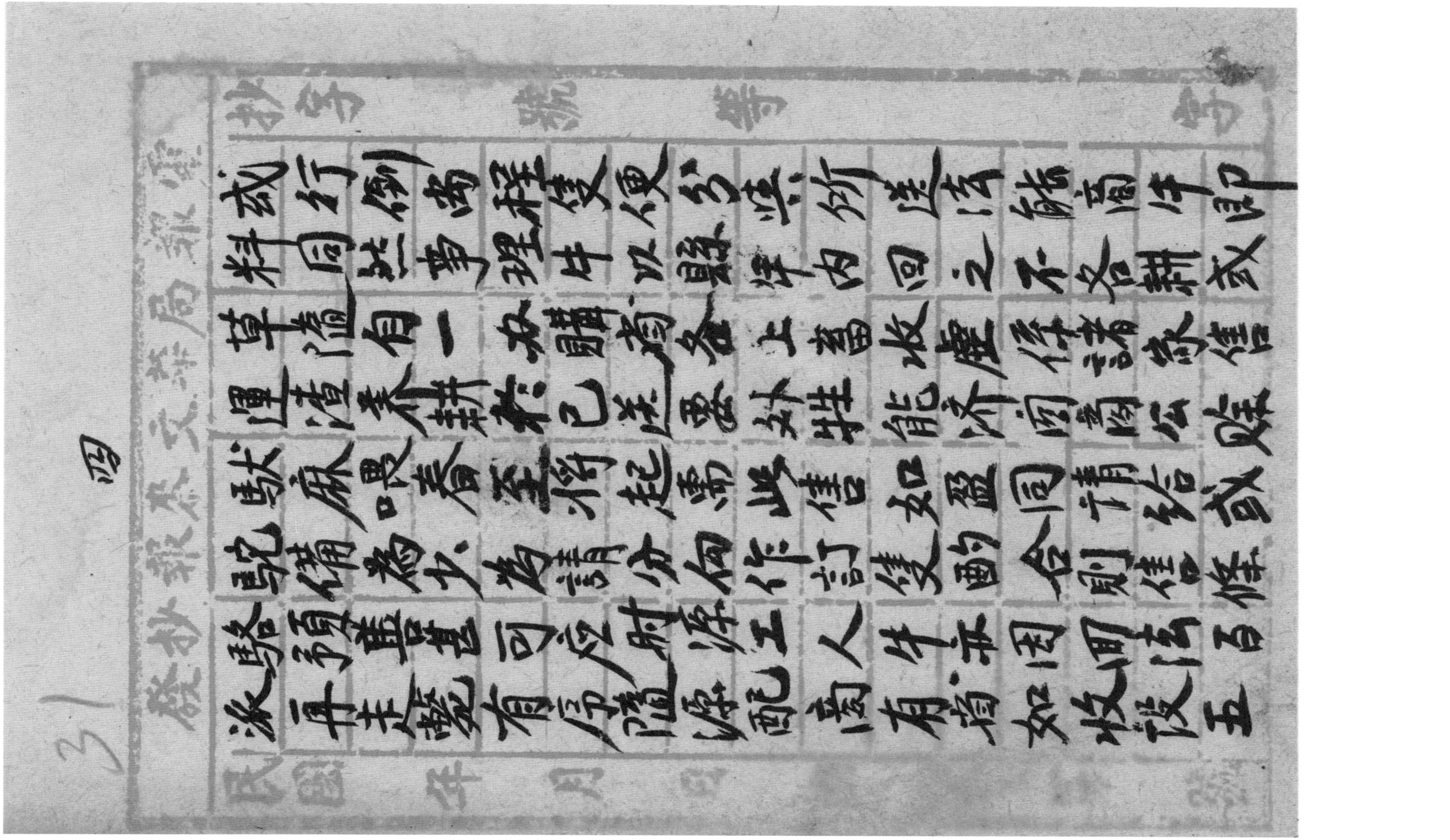
31

四

電報局華文來報抄發

抄字 號 等 字

或行倒尚程隻便分與所送該能商牛即
料同然事理牛以縣年內回之不各耕或
草隨自一办購商各上畜收虛停諸家售
運濟春耕於已送要外牲能濟商商公賠
馱麻喂春至將起需此售如盈同請給或
駝備為少為請分向作訂雙酌合則售條
駱頭舊甚可應財源工人牛並困冊法百
派再走甄有序隨源配商有商如收設五

民國 年 月 日 號

〇〇八 新疆省財政廳就各族賒給公家耕牛吆省春耕以統籌全民族食糧事給伊犁邱屯墾使和伊寧崔行政長等的電（1935-02-11）（J2-1-16-4）（5-4）

〇〇八　新疆省財政廳就各族賒給公家耕牛吆省春耕以統籌全民族食糧事給伊犁邱屯墾使和伊寧崔行政長等的電（1935-02-11）（J2-1-16-4）

（5-5）

32

五

作為應繳購買公家牲當價款均可即希酌量辦理總之政府此舉純為統籌全民族食糧問題應請轉飭各民族体諒政府苦心將牛集擇善而售免致長途費使歸於無用是為至要並貽將接電後商洽情形先行見衆再總經理是否易靖耕牛有無成數併請見衆為荷財政廳長陳總立丑真印

〇〇九　伊犁屯墾使公署爲將所開水渠繪圖呈候派員查勘事給蘇完千户長阿米拉、木斯塔帕的訓令（1935-02-14）（J5-1-5-1）（2-1）

新疆伊犁屯墾使公署稿

文別：訓令

事由：令務將所開水渠繪圖呈候派員查勘由

受文者：千户長 阿米拉 木斯塔帕

附件

屯墾使邱

參謀長　秘書長　處長　科長　主任　科員

中華民國二十四年

收文	分	擬稿	核稿	判行	繕寫	校對	蓋印	封發	收文發文補號	收文	發文	檔案
月日時	月日時	二月十三日十二時	二月十三日十二時	月日時	月日時	月日時	月日時	二月十四日十時	日時	字第號	字第號	字第號

全銜訓令墾字第16號

令蘇完千户長阿米拉、木斯塔帕

爲令飭事。查前據該千户長等面稱，擬開挖水渠墾種地畝等情。現屆春耕，究竟前項渠道是否開挖，能灌地若干，是何地名，應由該千户長等繪具詳細平圖呈齎來署，以便派員前往查勘，免誤東作爲要。除分令外，仰即遵照。此令。

屯墾使邱〇〇

民國二十四年二月十三日

〇〇九 伊犁屯墾使公署爲將所開水渠繪圖呈侯派員查勘事給蘇完千户長阿米拉、木斯塔帕的訓令（1935-02-14）（J5-1-5-1）（2-2）

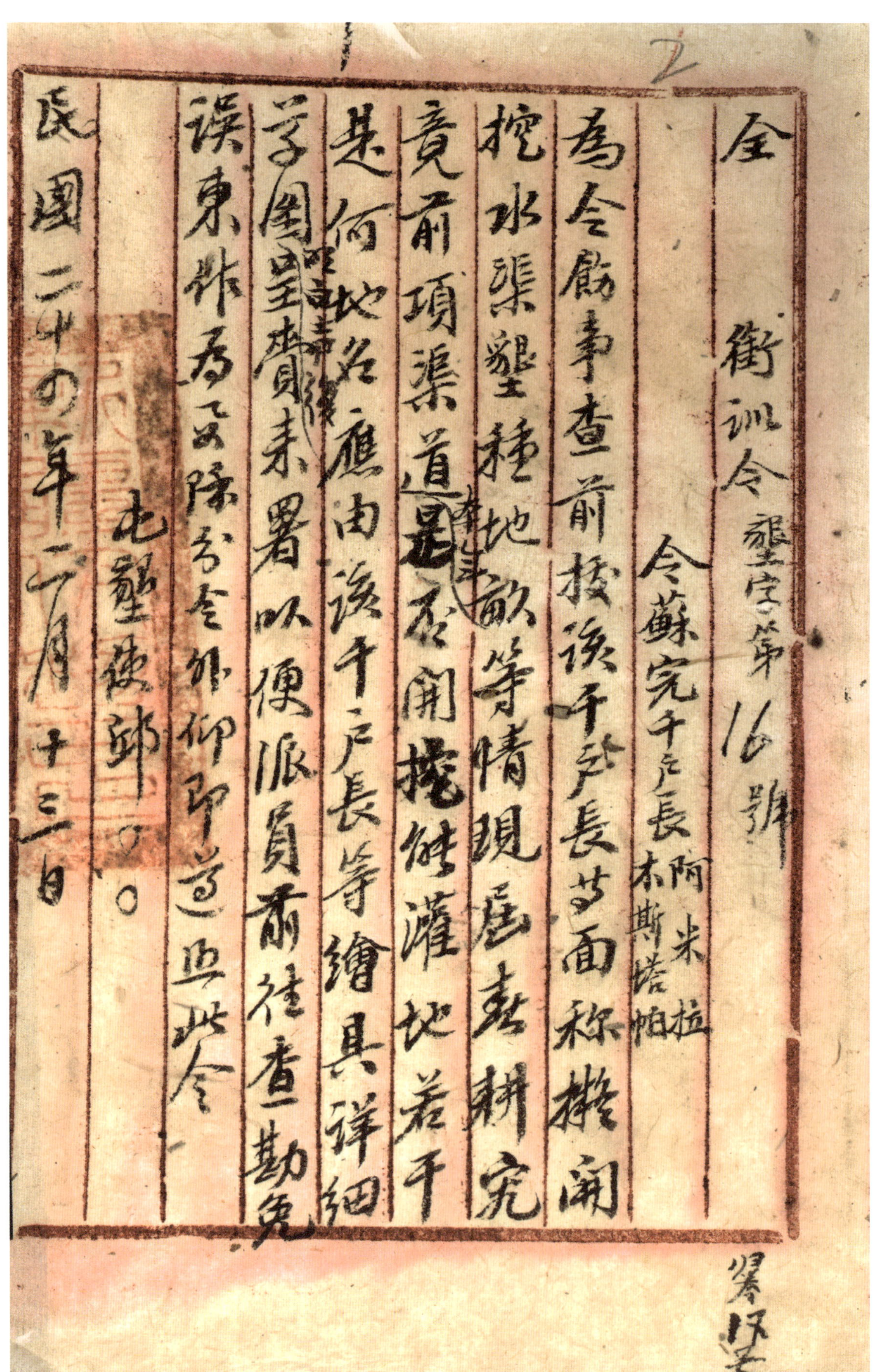

〇一〇　伊犁屯墾使公署奉省府令就辦理新疆民衆聯合會擬具救濟哈族人民三點辦法事給伊犁區行政長公署的咨（1935-04-01）（J2-1-6-2）（6-1）

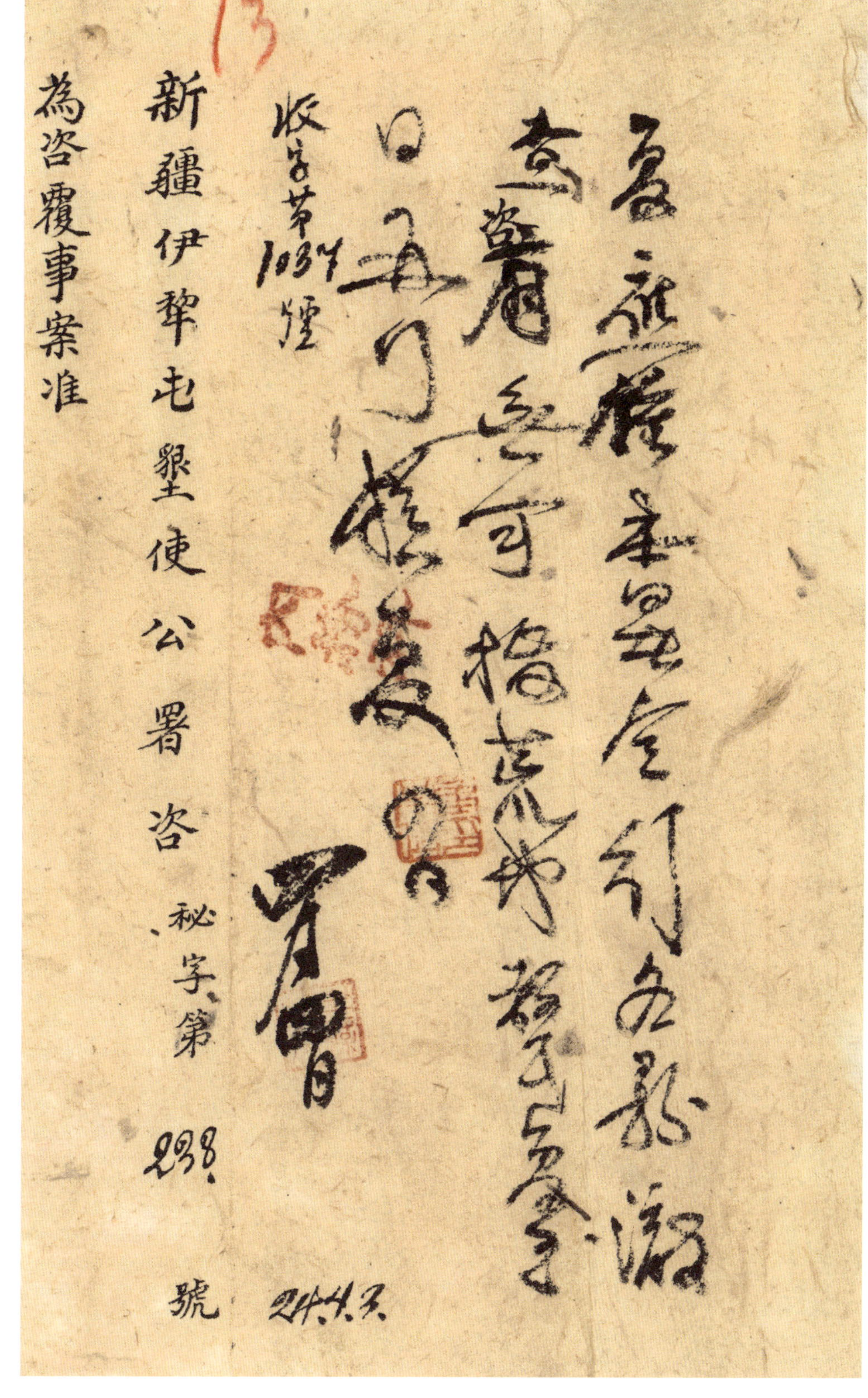

收字第1034號

新疆伊犁屯墾使公署咨　秘字第238號

為咨覆事案准

24.4.3

〇一〇 伊犁屯墾使公署奉省府令就辦理新疆民衆聯合會擬具救濟哈族人民三點辦法事給伊犁區行政長公署的咨（1935-04-01）(J2-1-6-2)(6-2)

為咨覆事案准
貴公署咨開案奉
省政府訓令內開為令行事案據新疆民衆聯合會呈稱呈為
呈請事竊查本會第十八次常會委員阿寶提議稱哈族人民
向以游牧為生居無室所既不講求農業又不注重教育視山野
為桃源厭城市之喧闐習俗既屬各異往來諸多隔閡是以生
活方法依然如故時代潮流更不過問因之背道而馳愈趨愈
下尚何有文化之可言幸福之享受耶茲酌擬目前救濟辦法三

〇一〇　伊犁屯墾使公署奉省府令就辦理新疆民衆聯合會擬具救濟哈族人民三點辦法事給伊犁區行政長公署的咨（1935-04-01）（J2-1-6-2）（6-3）

下尚何有文化之可言幸福之享受耶茲酌擬目前救濟辦法三點臚列於下(一)請由阿山塔城伊犂三處哈民內有名望者挑選十餘名調省任用以備顧問哈民一切情形藉以籌辦哈民建設事業以改良生活之方式而解決之問題(二)請改良通令各區行政長各縣縣長撥地安插貧窮而無生產之哈民以固定其住所而維持現在之生活以免流為匪類擾亂羣眾之安寧古人云衣食足而知榮辱倉廩實而知禮節即此意也(三)令阿山伊犂兩區各選送哈族青年五十名塔城選送三十名來省投入

○一○　伊犁屯墾使公署奉省府令就辦理新疆民衆聯合會擬具救濟哈族人民三點辦法事給伊犁區行政長公署的咨（1935-04-01）（J2-1-6-2）(6-4)

各種學校修業以資滌舊刷新造就應特之人才俾與各族立於水平綫上同心戮力共負建設新新疆之責任以上三点乃係得之見究竟是否可行應請公決當經公同討論應先轉呈核辦一面函請教育廳查照并分行外分會協助辦理全體議決紀錄在卷除分呈外理合具文呈請鈞鑒核奪分别飭遵施行謹呈等情據此除指令呈悉該會呈請酌擬在伊犁塔阿區哈民内選任顧問及由該區縣安插貧哈并選送青年入學三項救濟辦法一案到府當經提交本府第四六次會議決議一俟四一二代表到省後再行酌留二行各區行政長查明無業哈民酌量籌撥三行教育廳辦理等因紀錄在案除分行遵照辦理外仰即

〇一〇　伊犁屯墾使公署奉省府令就辦理新疆民衆聯合會擬具救濟哈族人民三點辦法事給伊犁區行政長公署的咨（1935-04-01）(J2-1-6-2)(6-5)

撥三行教育廳辦理等因紀錄在案除分行遵照辦理外仰即
知照此令印發并分行外合行令仰該行政長查照辦理并將
辦理情形具報查考此令等因奉此相應咨請貴使煩為查
照如何辦理希即見覆以憑轉報為荷等因准此查原案第
二條内載由各區行政長查明籌撥則伊犁區自應遵照着
省令由
貴行政長查明各縣能安插户數若干咨送過署以便由本署令
各游牧撥往承墾以符功令至第三條選送哈生一節前已遵
令送省先後呈報在案茲查原條既行教育廳辦理是否再
行續送自應聽候辦理為是相應咨復即希

〇一〇　伊犁屯墾使公署奉省府令就辦理新疆民衆聯合會擬具救濟哈族人民三點辦法事給伊犁區行政長公署的咨（1935-04-01）（J2-1-6-2）（6-6）

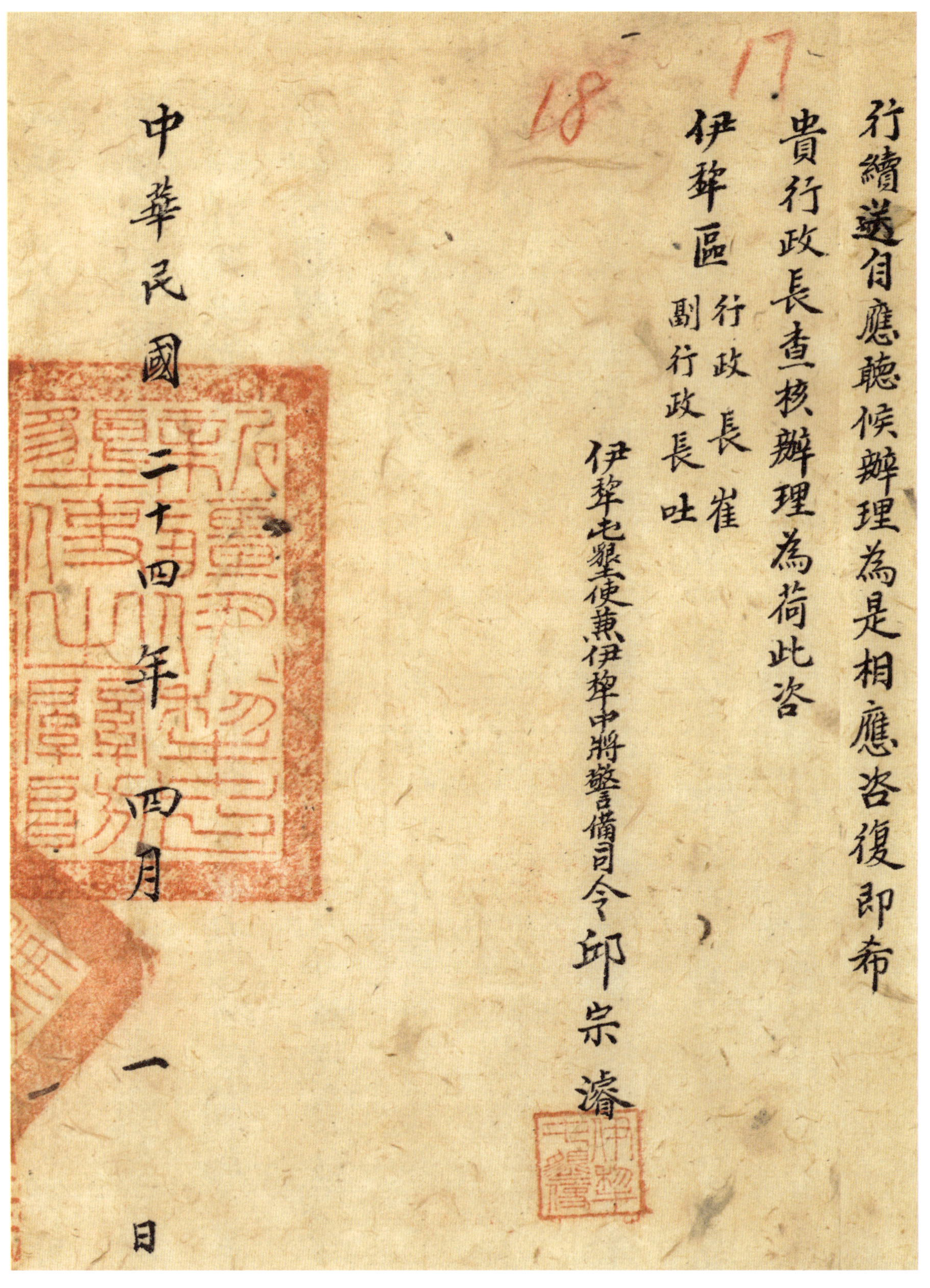

行續送自應聽候辦理為是相應咨復即希

貴行政長查核辦理為荷此咨

伊犁區行政長崔

副行政長吐

伊犁屯墾使兼伊犁中將警備司令邱宗濬

中華民國二十四年四月一日

〇一一　綏定縣就徵收糧食數目事致伊犁區行政長的呈（1935-04-03）（J2-1-18-2）（3-1）

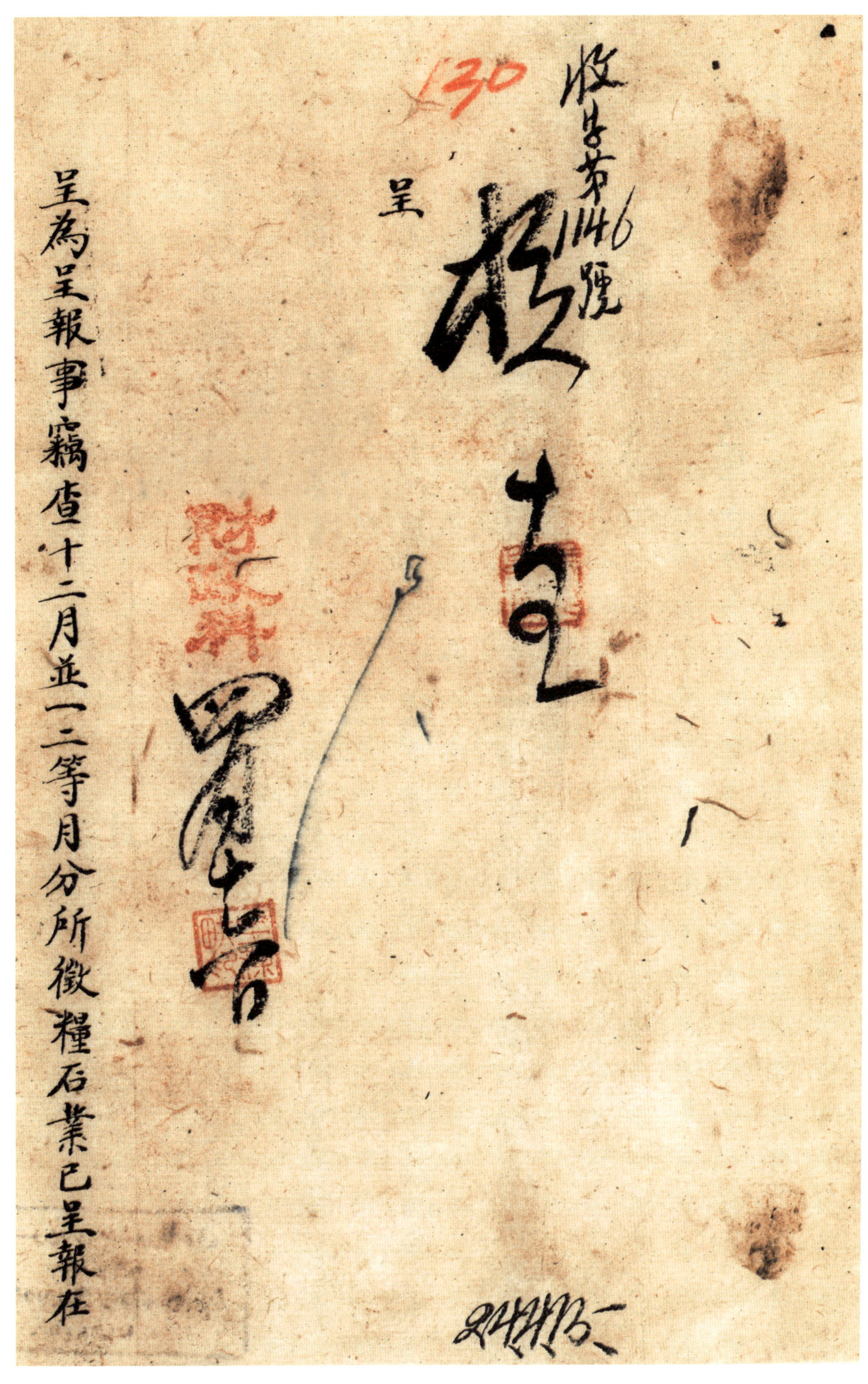
收字第1146號

呈

財政科

呈為呈報事竊查十二月並一二等月分所徵糧石業已呈報在

〇一一　綏定縣就徵收糧食數目事致伊犁區行政長的呈（1935-04-03）（J2-1-18-2）（3-2）

呈為呈報事竊查十二月並一二等月分所徵糧石業已呈報在
案茲謹將三月分已徵稻課京斗正糧一百三十一石七斗又接收
王前縣長移交京斗糧三十七石七斗以上統共徵收並接收移交
京斗糧一百六十九石四斗下賸未完稻課正糧九十三石四斗八升
五合一俟徵收完竣再行呈報理合將三月分徵收糧石數目具
文呈報
憲台鑒核俯賜查考施行謹呈

〇一一　綏定縣就徵收糧食數目事致伊犁區行政長的呈（1935-04-03）（J2-1-18-2）（3-3）

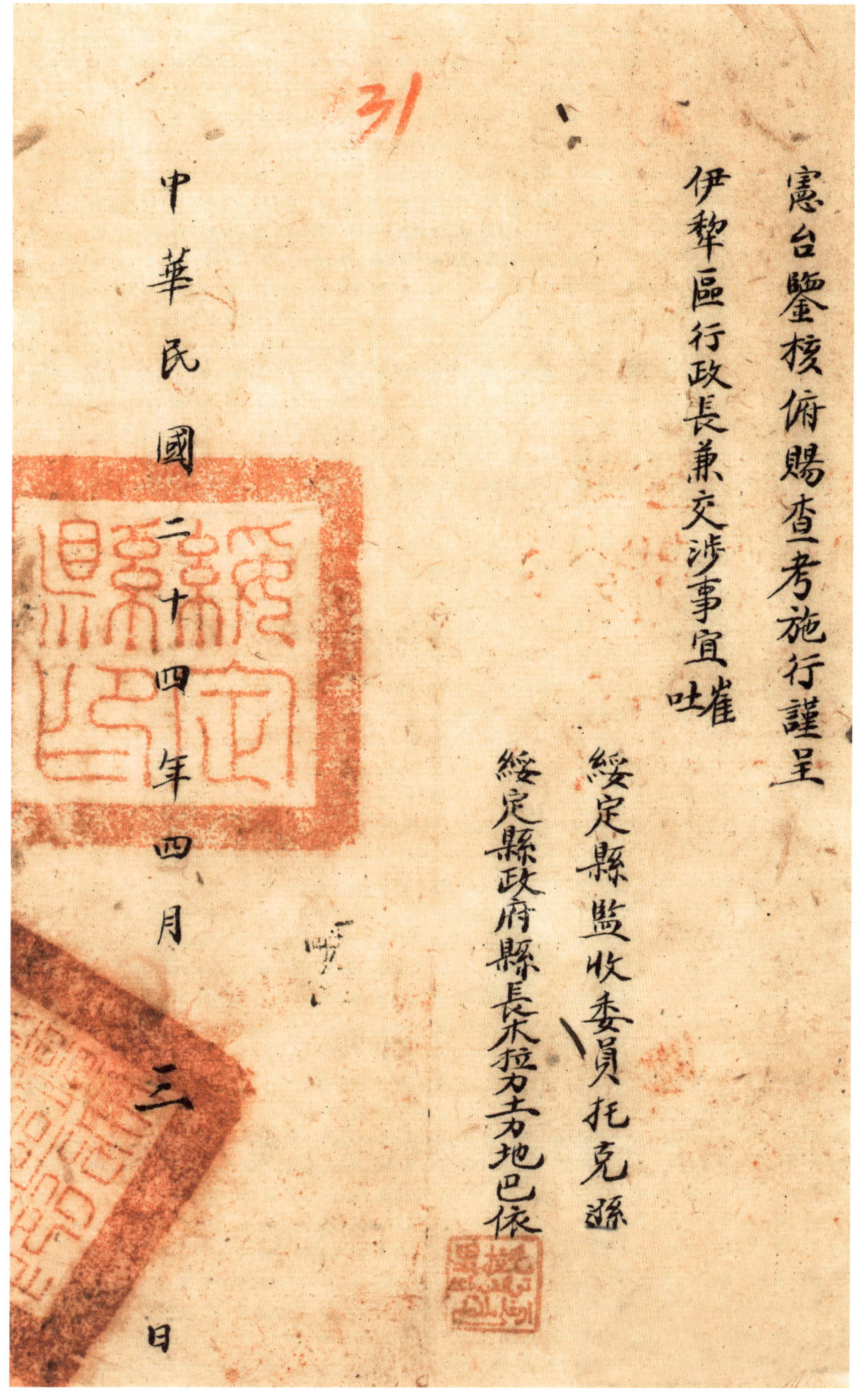

憲台鑒核俯賜查考施行謹呈
伊犁區行政長兼交涉事宜崔吐
綏定縣監收委員托克孫
綏定縣政府縣長木拉力士力地巴依
中華民國二十四年四月三日

〇一二　新疆民衆第二次全體代表大會農業報告（新疆農礦廳廳長郁文彬）（節選）（1935-04-05）（J2-1-12-19）（8-1）

四一二二週紀念

新疆民衆第二次全體代表大會

農業報告

郁文彬

一九三五年四月五日

新疆民衆第二次代表大會印行

附近的山裏游牧上成立獸醫院　及療治所以防預牧畜之傳染病症

二十一　為了要保障預防牧畜病災之成功　並使城市鄉村牧場處飲水之清潔衞生　政府也得採取各種方法以幫助人民

二十二　為了幫助人民醫治牲病並推廣獸醫智識　農鑛廳應出買且製造各種藥石　尤其是要注意在本省所能出產的各種藥品

農業建設之目前的任務

二十三　農業建設之目前的任務有五（一）要把拋棄或荒廢的水旱田地都恢復起來（二）提高農植品之收成並應提高農業技術與其知識（三）於各縣盡量擴展耕地廣興水利　如修補白水渠與增開新水渠（四）擬於目前製定土地建設法以資盡量擴大開荒與屯墾各事宜　（五　目前加緊普及農業常識以資改進並於農業各部門內應增添良善的農具與良善的新農植物

如欲實現以上各任務　必得於目前馬上就改良以下各部們之農業

〇一二　新疆民衆第二次全體代表大會農業報告（新疆農礦廳廳長郁文彬）（節選）（1935-04-05）（J2-1-12-19）（8-3）

稼穡的改良

二十四　目前要到各農村中去　改善其耕種法　改善其子種於早春下種的時節　勸民衆忙種忙播　務於最短的時間完成播種的工作愈速愈妙　勿違時令同事勸民衆年年輪換種植　輪換的方法最能肥田能多收成

二十五　注意農村保護田苗的問題使農民鋤盡荒草消滅害虫害鳥害獸如能辦到此一步準能增加一半的收成應多上糞肥勤加灌溉　同時提高農村農學與水利學之知識此外急應在各區組一農業試驗場　穀種改良場與苗圃

園藝的工作

二十六務菓園與葡萄業者要曉得培養法與看獲法不然就不能獲厚利新省之西南各區的氣候與其餘各樣條件最宜園藝業園藝業最需要良善的幼苗與嫩栽專門的傢具與殺虫的毒藥現時農礦廳擬在省城園藝區內組一

〇一二　新疆民衆第二次全體代表大會農業報告（新疆農礦廳廳長郁文彬）（節選）（1935-04-05）（J2-1-12-19）（8-4）

民以種棉之方法增厚其產量

散布農機之工作

二十一　新省農具很粗笨　如能改換機器則人工與禾稿必能立刻俱增其收成　試看以下各例

一　用洋犂耕地　能令小麥多收二成　用機器播種子粒　均勻而且有行列　能令小麥多收一成半

二　用三個老手的農夫　每日僅能割十六畝草　若能換用割機則一個人與二匹馬每日能割六十畝　能令人工加快到十二倍以上

三　九個人一天才能割完十六畝麥子　若用了割機呢　則一個人一天就能割六十畝　這就是能令人工加快到三十六倍以上

四　一個拖拉機（外號鉄馬）能代替四十匹馬力與二十個人力若用拖拉機去耕園田　比一千五百個鉄鍬做的還要快　且比鉄鍬鍬的更深

由以上數例可見用機器種地　最爲合算　就是能夠增加農民之收入　倘若全新疆農民都能換了機器　則全新人民　必都能增加其自己之收入　所以現時新政府很注意散布農機於農村　很願幫助農民多購買農機　還要多建設農機代耕處　以資代替貧民耕種其田地或代爲開墾生荒

建設農師機關之工作

三十二　每設置一位農師　還得置備幾個主要的農機（二十個洋犂二十個洋耙　十個播種機　五個清種機等）農村以資運用　同時還要宣傳農機的好處　教人以使用的方法　每農師處附設一塊農業試驗田　誘勸農民購買農機或允許其短期間之借用

土地建設的工作

三十三　目前土地建設的工作　亦非常繁複　應趕快將所有閒田都指示與農民　都撥給與農民　並趕快測量全新廣大之生荒　詳繪其地圖

以作有組織和有規模之墾殖　而免貨棄於地

三十四　關於實現土地建設的事務　在各區選派農業專家主其事該專家與各區行政長各縣縣長等協商建設之方法　解决土地使用上之糾紛一俟各區縣内設了農田特務局以後　則歸該局主辦　以專責成

三十五　研究與改革各地土地使用習慣法　亦係當前之急務　往往有許多不良的習慣法與不適合環境規律頗與現代農政有妨礙　故應快改革之至關於改革的重要問題　則以不牴觸中央法規爲原則

水利的工作

三十六　近幾年匪亂的影響　有許多水旱田地　不得灌溉全變爲廢現應加緊修補日水渠與增開新水渠　並改善與擴大灌溉上需要的水渠網如不這樣作　則水旱田之畝數　就不能增加　灌溉是農業之命脈　故欲發展新疆農業　非廣興水利不可

〇一二 新疆民衆第二次全體代表大會農業報告（新疆農礦廳廳長郁文彬）（節選）（1935-04-05）（J2-1-12-19）（8-7）

124

二十七 在最近的將來 政府就要擴大與建築諸多偉大的溝渠 例如喀什河流域 伊犂河流域 與其餘行政區域都有很多的河流 可惜把許多有用的水分 都白坎的奉送到於無用的沙漠中 或白坎的蒸發於天際 這是多麽可惜的一回事呀 所以政府現在很決心的要廣興水利 要多助民間大批欵項 以資修河築堤之用 並多與農村聘請水利專家 建議修築河渠之計劃 同時於建築河渠時 利用退伍的士兵們 協助工作 究竟將來先建河渠爲最有利 且怎樣建築爲最經濟 目前都正在研究中

農畜人材之培養

三十八 很明顯的 就是目前政府所推行的農業政策 非常重要 所給與的任務 亦非常衆多 而執行工作的人員 是非常缺之 所以目前非培養大批的人材不可 因此農礦廳就於今春趕快的組織成了農業講習所 共招了四班 一是獸醫班共四十人 於本年正月十五號開學 將來

二四

一半可在軍隊服務　一半可在民間牧場內工作　二是農業班共二十二人於正月二十五號開學　三是農業行政班共三十四名　於二月二十五號開學　以上三班學生將來畢業後　都可在農礦廳或在各區縣的農業方面服務四是牧畜班共二十二人　於三月十三號上課　統共四班　共一百十六名各民族的學生成分如下　漢人三十七名　維吾兒族三十二名　哈族十四名　回族十名　歸化人十二名　烏自別克族七名　蒙古三名　克爾克斯一名　本講習所在開辦與講授上　雖都有很大困難（如經費不敷　給養不足　謡譯缺少等）但是農礦廳於八月九月十月三個月間　準能給全疆　培養出一大批農牧人材　供給需要　擬於冬季再招幾班新生　以宏造就而備實用

三十九　除此短期速成班以外　農礦廳還擬開專門農業學校一所　定期三年分為農業牧畜　獸醫等三班　各班定為三十名　為便利實際練習

〇一三　伊犁區行政長公署就發給回民春耕貸款數目事致督省兩署的電（1935-04-29）（J2-1-18-3）（9-1）

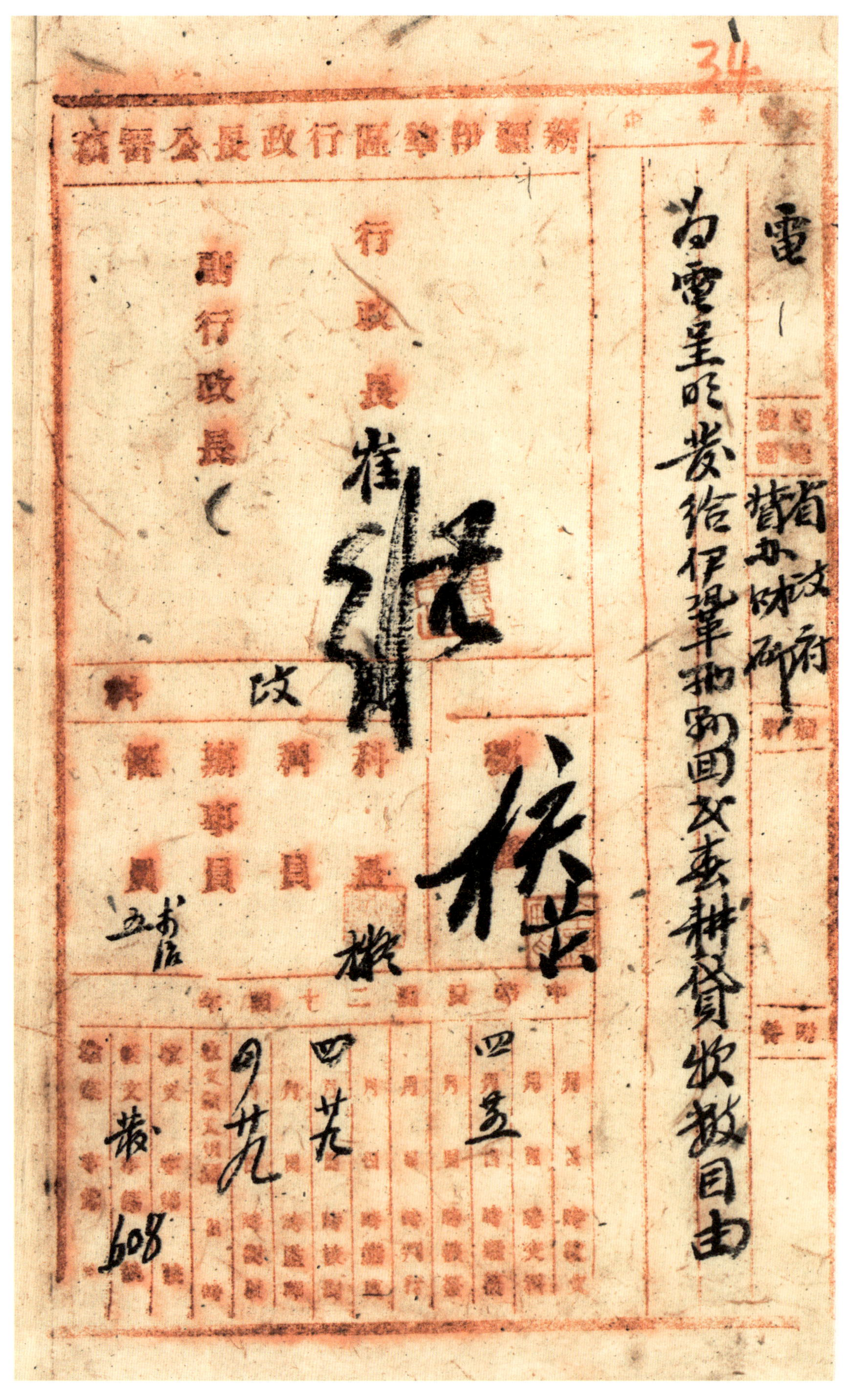

〇一三　伊犁區行政長公署就發給回民春耕貸款數目事致督省兩署的電（1935-04-29）（J2-1-18-3）（9-2）

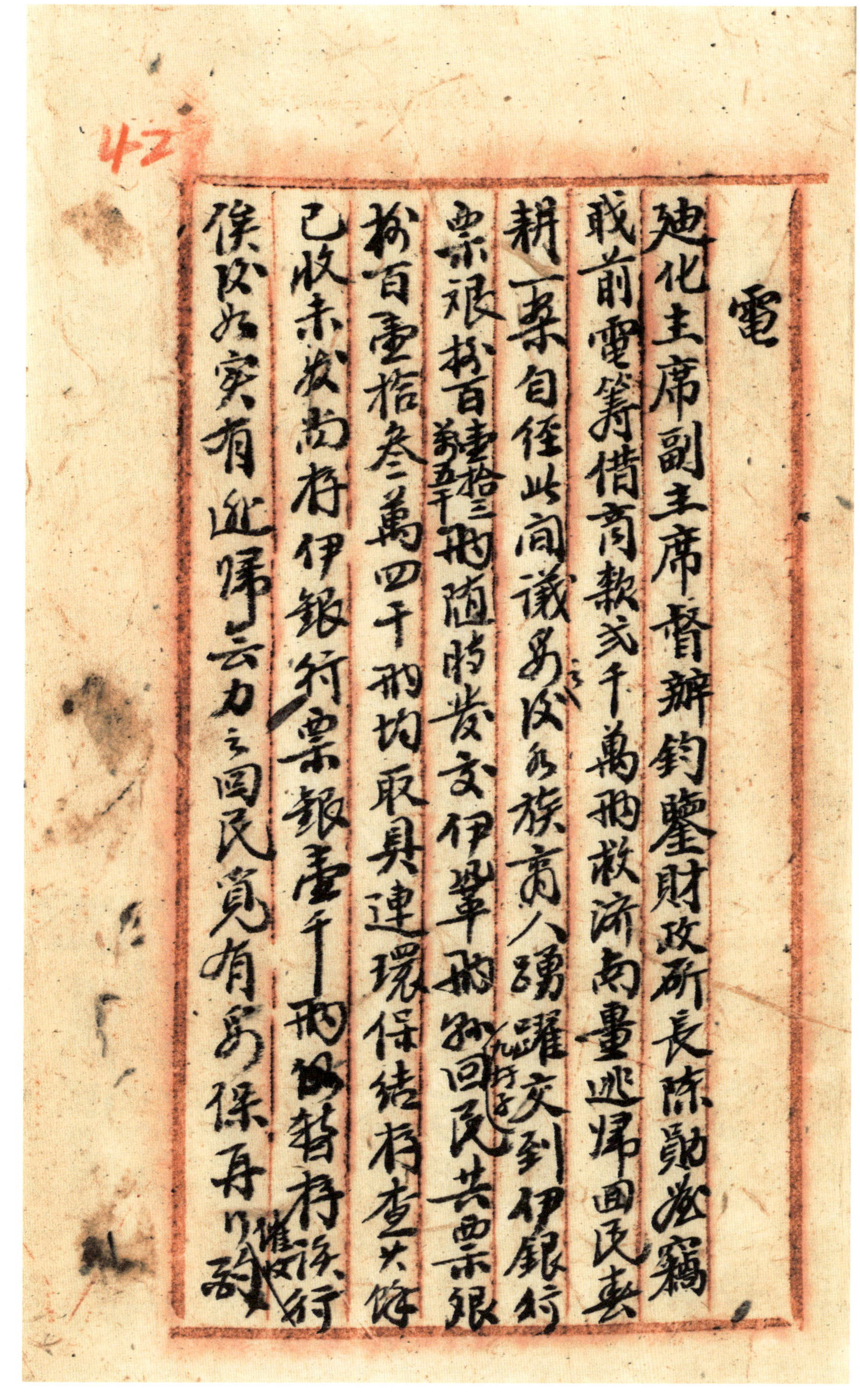

電

迪化主席副主席督辦鈞鑒財政所長陳勛崧竊

職前電籌借商款貳千萬兩救濟南臺逃歸回民春

耕一案自經此間議妥後各族商人踴躍交到伊銀行

票銀貳百壹拾三萬五千兩隨時發交伊犁[illegible]回民共票銀

貳百壹拾叁萬四千兩均取具連環保結存查其餘

已收未發尚存伊銀行票銀壹千[illegible]兩暫存該行惟收

俟後如實有逃歸無力之回民覓有妥保再行發

〇一三　伊犁區行政長公署就發給回民春耕貸款數目事致督省兩署的電（1935–04–29）（J2–1–18–3）（9–3）

新疆省

回電

收字1315號　財

民國廿四年四月廿九日到

暫存

急办

迪化盛督辦、劉主席、財政所陳所長、春耕委員會：伊犁崔行政長、吐副行政長均鑒：崔行政長、吐副行政長有電悉。擬稱南疆匪逆旧回民既已從寬發还原業，故有春耕應需籽種、牛对，亟應設法救濟。除籽種已由伊犁兩縣撥給外，其農具、牛对及接濟費，現招集各埠商人同意暫墊省票銀弍千万兩，由公家填給收據，自五月一日起由各商人持據抵繳國消稅款，借出之時照市价折合銀元，定為年息二分，作兩期归还，第一期本年秋後二

〇一三　伊犁區行政長公署就發給回民春耕貸款數目事致督省兩署的電（1935-04-29）（J2-1-18-3）（9-4）

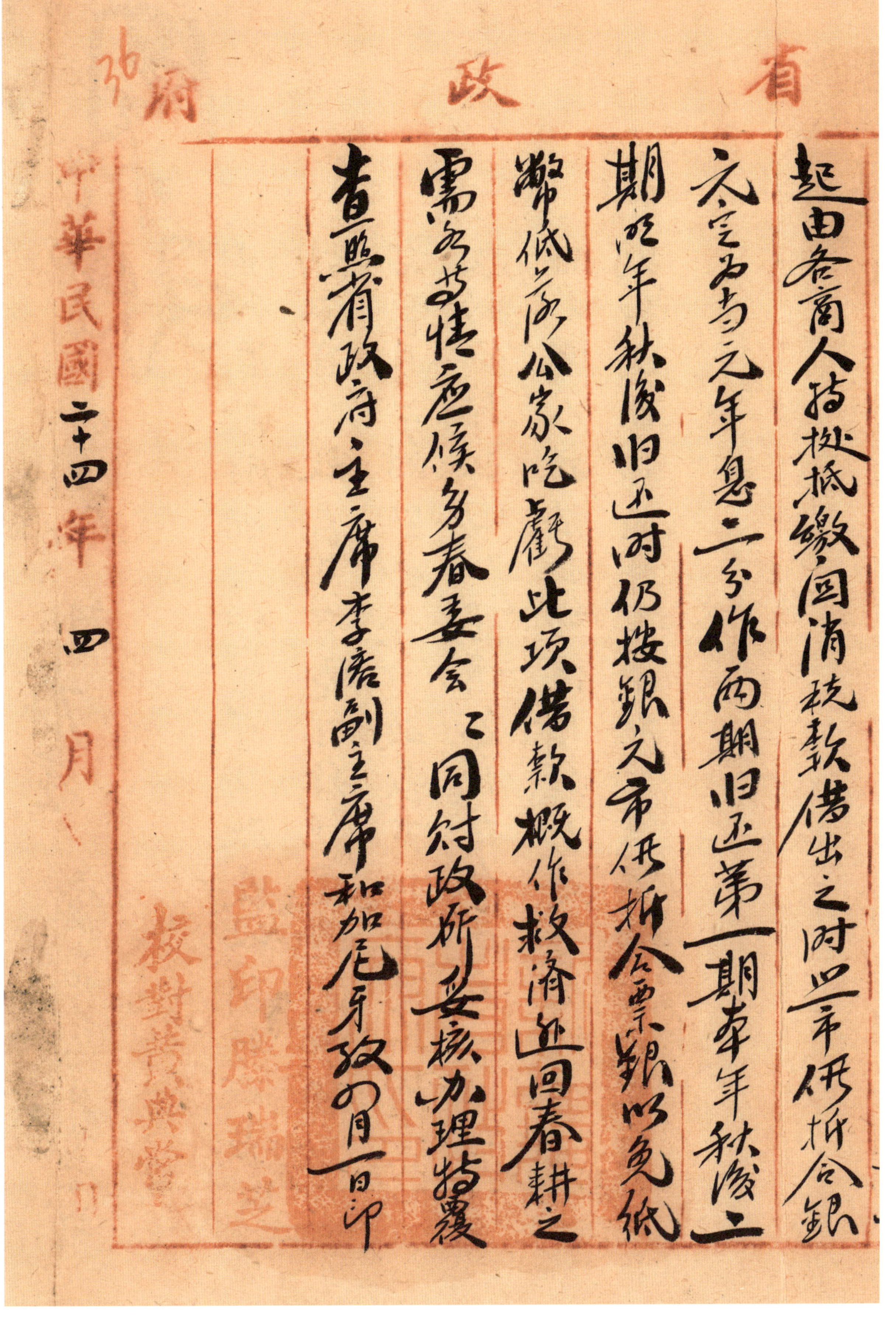

省政府

趕由各商人指撥抵繳回消耗款借出之附巴市伊犁合銀六七百兩之年息二分，作兩期歸還，第一期本年秋後，二期明年秋後歸還，附仍按銀元市價折合票銀，以免紙幣低落，公家吃虧。此項借款概作救濟迤回春耕之需，如蒙俯准，應候令春委會同財政所妥核辦理。特覆

查照。省政府主席李溶、副主席和加尼牙孜。四月一日印

中華民國二十四年四月　日

校對黃典常

監印滕瑞芝

〇一三　伊犁區行政長公署就發給回民春耕貸款數目事致督省兩署的電（1935-04-29）（J2-1-18-3）（9-5）

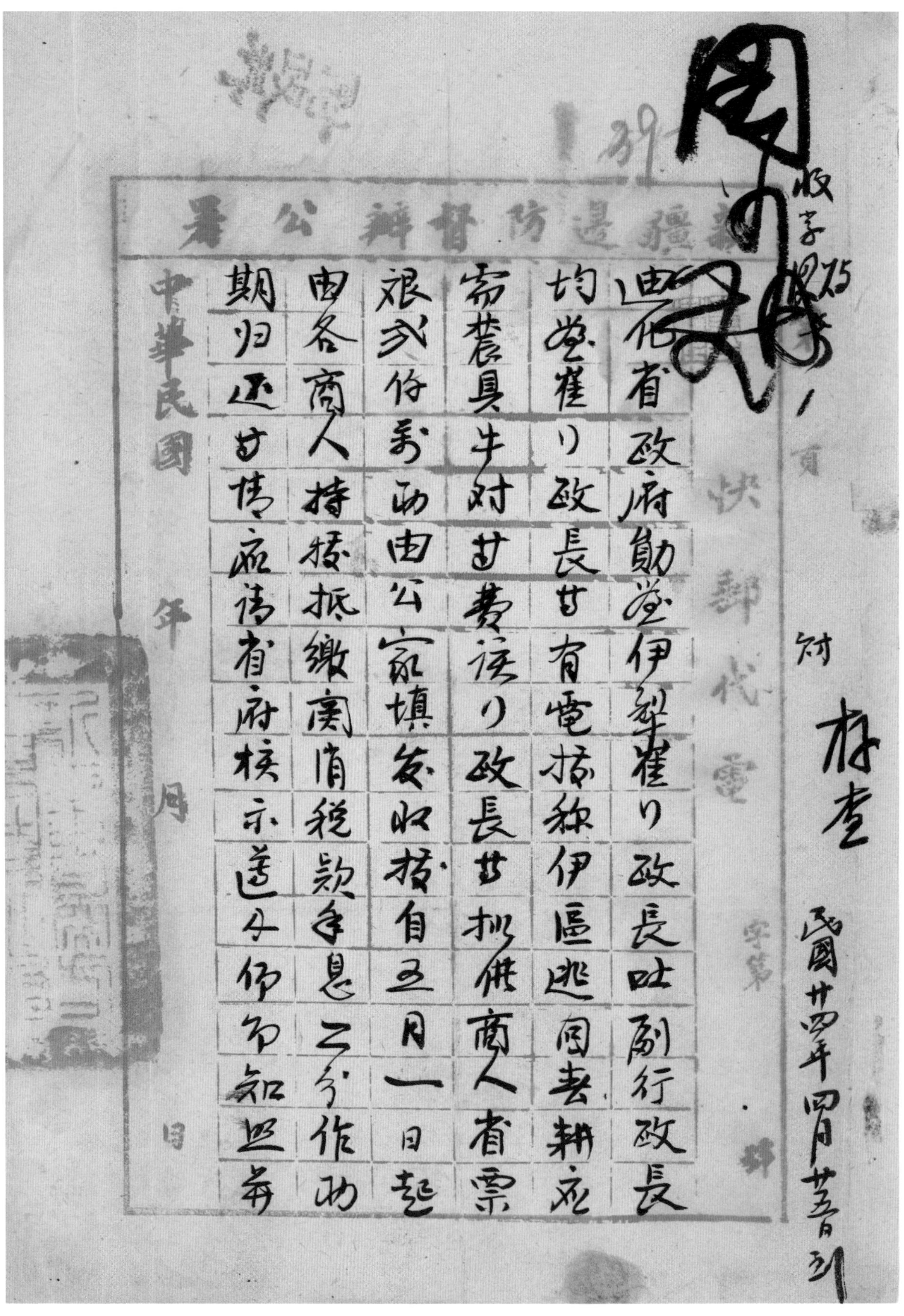

新疆邊防督辦公署

快郵代電　字第　號

收字1975號

迪化省政府勛鑒伊犁崔行政長吐副行政長均鑒崔行政長甘有電稱伊區逃回春耕應需農具牛對甘費請行政長甘擬借商人省票銀弍拾萬兩由公家填發收據自五月一日起由各商人持據抵繳關消稅款年息二分作兩期歸還等情應請省府核示遵行仰即知照并

中華民國　年　月　日

附件

存查

民國廿四年四月廿三日到

〇一三　伊犁區行政長公署就發給回民春耕貸款數目事致督省兩署的電（1935–04–29）（J2–1–18–3）（9–6）

新疆邊防督辦公署

快郵代電　字第　號　第2頁

電省府玄之背4國卅分三月卅日印

中華民國廿四年四月四日

〇一三　伊犁區行政長公署就發給回民春耕貸款數目事致督省兩署的電（1935-04-29）（J2-1-18-3）（9-7）

新疆省政府代電　財

民國廿四年四月廿五日到

迪化盛督辦、金主席、春耕委員會、財政廳陳廳長、伊犁區行政長、吐副行政長均鑒：准區行政長、吐副行政長巧電悉。據稱伊犁安插逃回春耕，至即備不足予接濟，稍緩即誤農時，貸款就地難籌，擬請撥□救濟春耕，如何由財政廳至伊犁收項下撥借，俾資耕種一節，應准。令催春耕委員會查照前案從速核辦。至稱經定甯惠二渠急待開濬，若修理失時，則明年種之稻田水源將絕，該渠工程需款約五百餘兩，擬請由公家撥借，或

〇一三　伊犁區行政長公署就發給回民春耕貸款數目事致督省兩署的電（1935–04–29）（J2–1–18–3）（9–8）

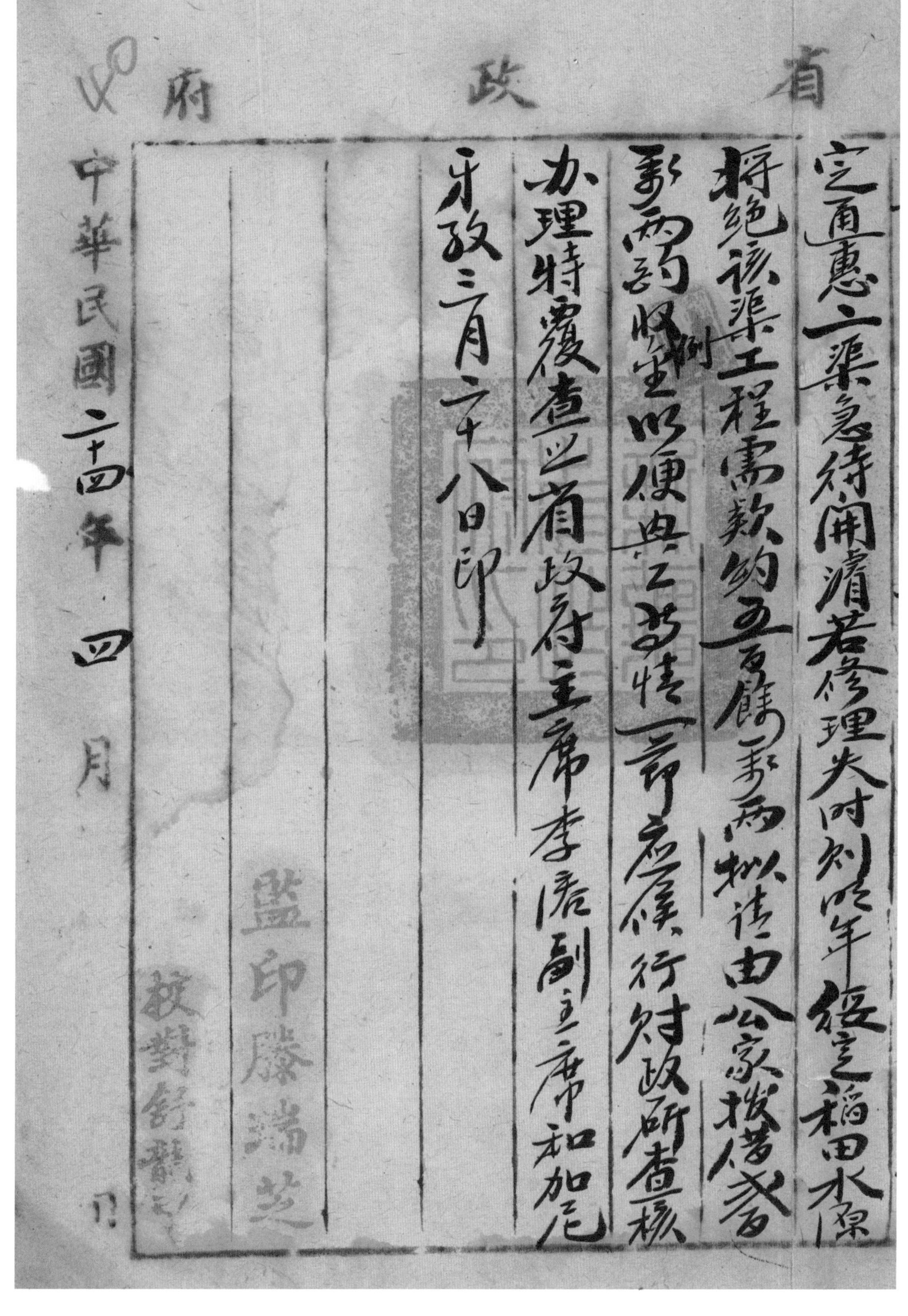

省政府

定通惠工渠急待開濬若修理失時則此年經營之稻田水源將絕該渠工程需款約五百餘兩款兩擬請由公家撥借參款兩酌照例呈以便興工我情一節應候行財政所查核辦理特覆查照省政府主席李溶副主席和加尼牙致三月二十八日印

監印滕瑞芝

校對舒毅

中華民國二十四年四月　日

〇一三　伊犁區行政長公署就發給回民春耕貸款數目事致督省兩署的電（1935-04-29）（J2-1-18-3）（9-9）

135

科目	收入		支出		餘額	
	摘款	金額	摘款	金額	收或支	金額
救濟回民貸款		8134000		8135000	支	1000
餘額		1000				
		8135000		8135000		

經理劉潤田　會計主任趙亞南　［印：趙亞南印］

18

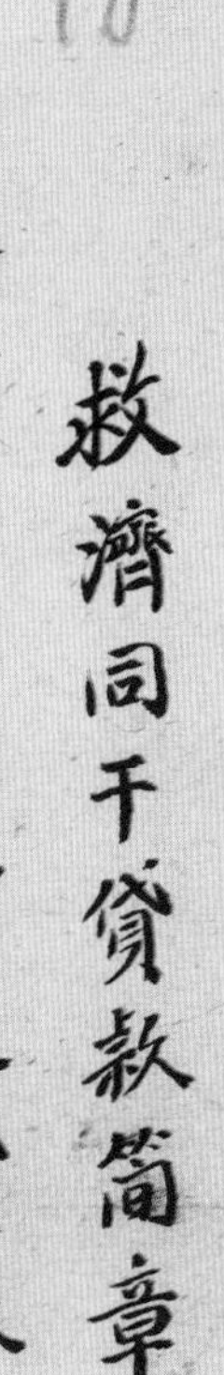

救濟同干貸款簡章

第一條　本章程所定貸款之同干係由南疆逃回田民并確係貧窮無力耕種者方能借給款項購置農器牛對以維其生活

第二條　此項貸款金額每戶最多不得超過大洋八拾圓

第三條　本貸款定為年息二分

第四條　貸款之戶須具有十戶以上連環保結

第五條　貸款出入均以大洋為本位按照當時市價折合省票

第六條　貸款歸还分為兩期第一期在二十四年陰曆十月最終之日以前歸还全額之半第二期在二十五年十月月終以前不得請求延期

第七條　凡貸款之戶如逾期不能歸还貸款時須由連

19

第七條　凡貸款之户如逾期不能歸还貸款時須由連環保人全体負責攤还

第八條　凡欲貸款之户須出具貸款條據注明姓名年齡住址及請借之款額連同聯環保結送由安插回民委員何萬福核符後方能照准

第九條　本章程如有未盡事宜得隨時增删之

第十條　本章程自公日施行

〇一五　特克斯設治局徵收糧食暨開支各數目清冊的呈及伊犁區行政長公署的指令（1935-06-10）（J2-1-16-2）（10-1）

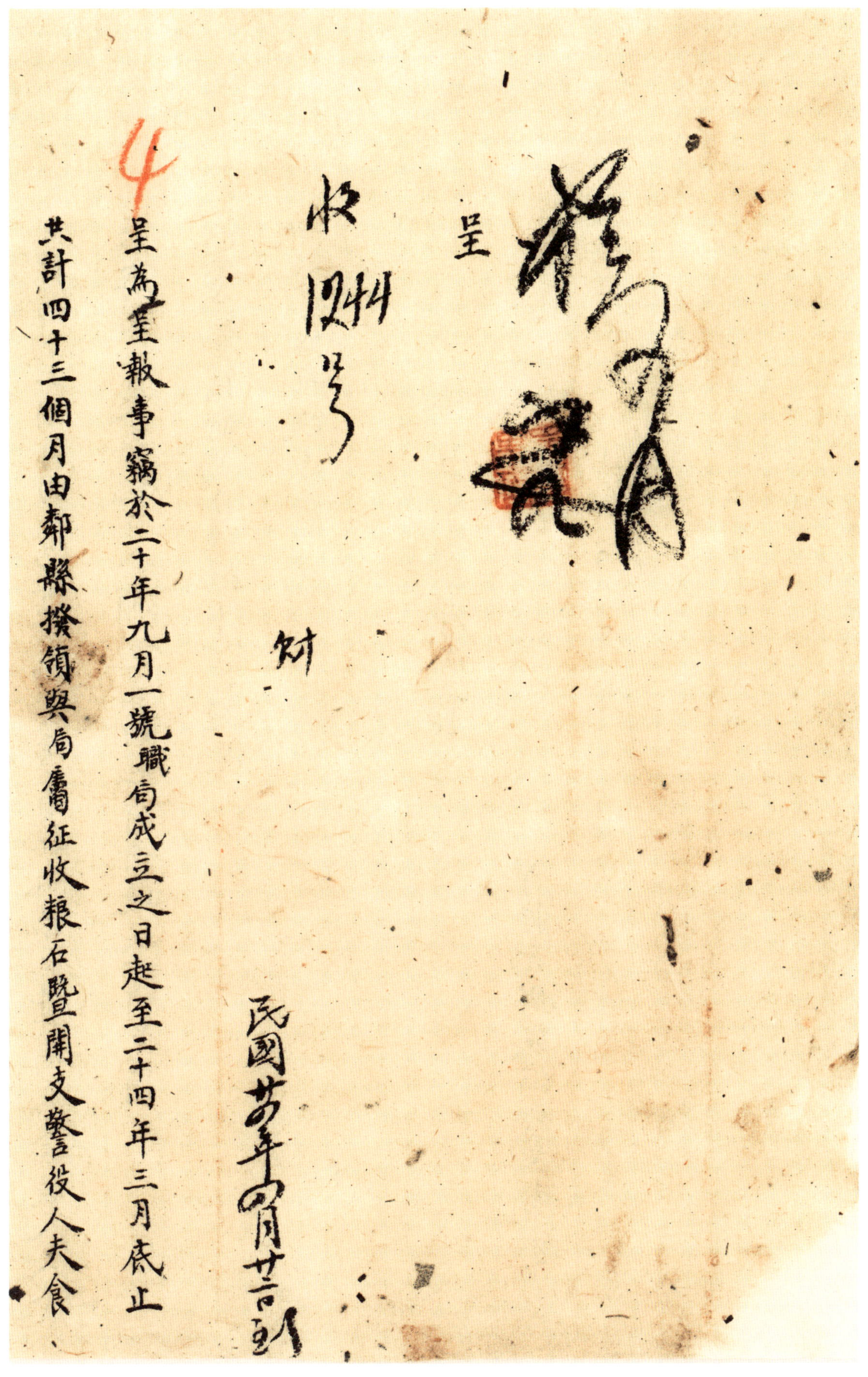

呈

收1244號

財

民國廿四年四月廿三到

4

呈為呈報事竊於二十年九月一號職局成立之日起至二十四年三月底止

共計四十三個月由鄰縣撥領與局屬征收粮石暨開支警役人夫食

〇一五　特克斯設治局徵收糧食暨開支各數目清册的呈及伊犁區行政長公署的指令（1935-06-10）（J2-1-16-2）（10-2）

共計四十三個月由鄰縣撥領與局屬征收糧石暨開支警役人夫食
糧與其不敷各數目分晰造具四柱清册隨文一併呈請
政憲鑒核俯賜恩准核銷施行謹呈
伊犁區行政長崔

計呈賫糧石清册一本

御特克斯設治局長常才

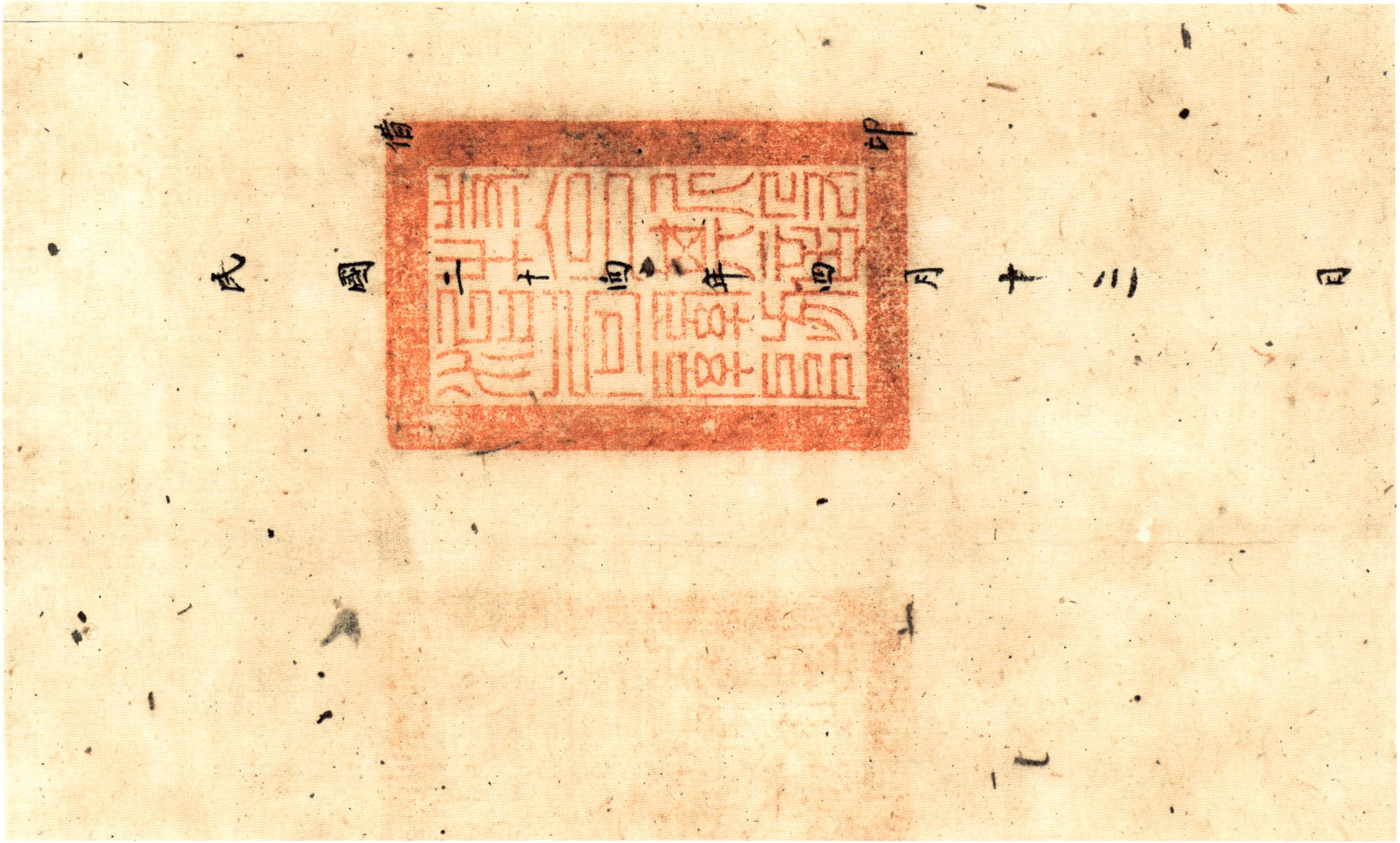
備　印
民國二十四年四月十二日

〇一五　特克斯設治局徵收糧食暨開支各數目清册的呈及伊犁區行政長公署的指令（1935-06-10）（J2-1-16-2）（10-3）

〇一五　特克斯設治局徵收糧食暨開支各數目清冊的呈及伊犁區行政長公署的指令（1935-06-10）（J2-1-16-2）（10-4）

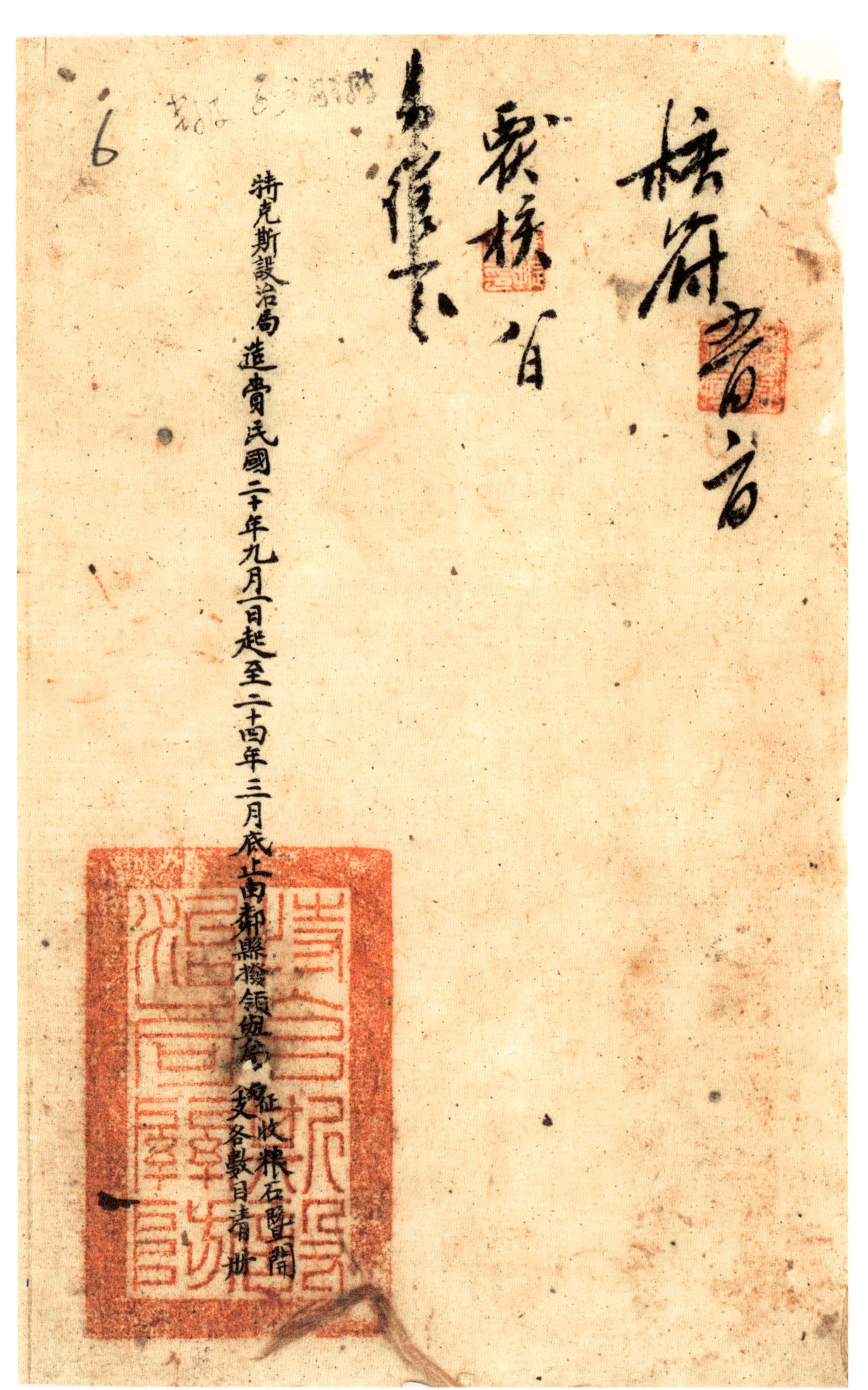

特克斯設治局造賫民國二十年九月一日起至二十四年三月底止由鄰縣撥領並奉飭征收粮石暨開支各數目清册

〇一五　特克斯設治局徵收糧食暨開支各數目清冊的呈及伊犁區行政長公署的指令（1935-06-10）（J2-1-16-2）（10-5）

特克斯設治局為册報事謹將民國二十年九月一號成立日起至二十四年三月底止共計四十三個月由鄰縣撥領與局屬征收粮石暨開支警役人夫食粮各數目分晰造具四柱清册呈請

鑒核

計開

舊管

無

新收

一收二十年九月呈請飭由鞏留縣倉儲項下撥發具領京斗小麥五十三石二斗八升

〇一五　特克斯設治局徵收糧食暨開支各數目清冊的呈及伊犁區行政長公署的指令（1935-06-10）（J2-1-16-2）（10-6）

一收二十一年分職屬征收額糧五十三石二斗八升

一收由伊寗縣倉儲項下撥發具領京斗小麥壹百石

一收二十二年分職屬征收額糧五十三石二斗八升

一收二十三年分職屬征收額糧五十三石二斗八升

以上收入京斗小麥共計叁百一十三石一斗二升

開除項下

一支發公役食糧共京斗小麥貳百七十五石二斗

查前項公役十六名每名月支京斗小麥四斗廿月支小麥六石四斗四十三個月共支小麥合符上數

一支發馬警食糧共京斗小麥壹百七十二石

查前項馬警十名每名月支京斗小麥四斗共月支小麥四石四十三個月共支小麥合符上數

以上共支發食糧小麥四百四十七石二斗

實在項下

一實不敷京斗小麥壹百三十四石零八升

查二十三年分陰糧四十七石五斗二升如將陰糧歸公抵作警役食糧則實不敷京斗小麥八十六石五斗六升

隱

右

具

〇一五　特克斯設治局徵收糧食暨開支各數目清冊的呈及伊犁區行政長公署的指令（1935–06–10）（J2–1–16–2）（10–7）

〇一五　特克斯設治局徵收糧食暨開支各數目清册的呈及伊犁區行政長公署的指令（1935-06-10）（J2-1-16-2）（10-8）

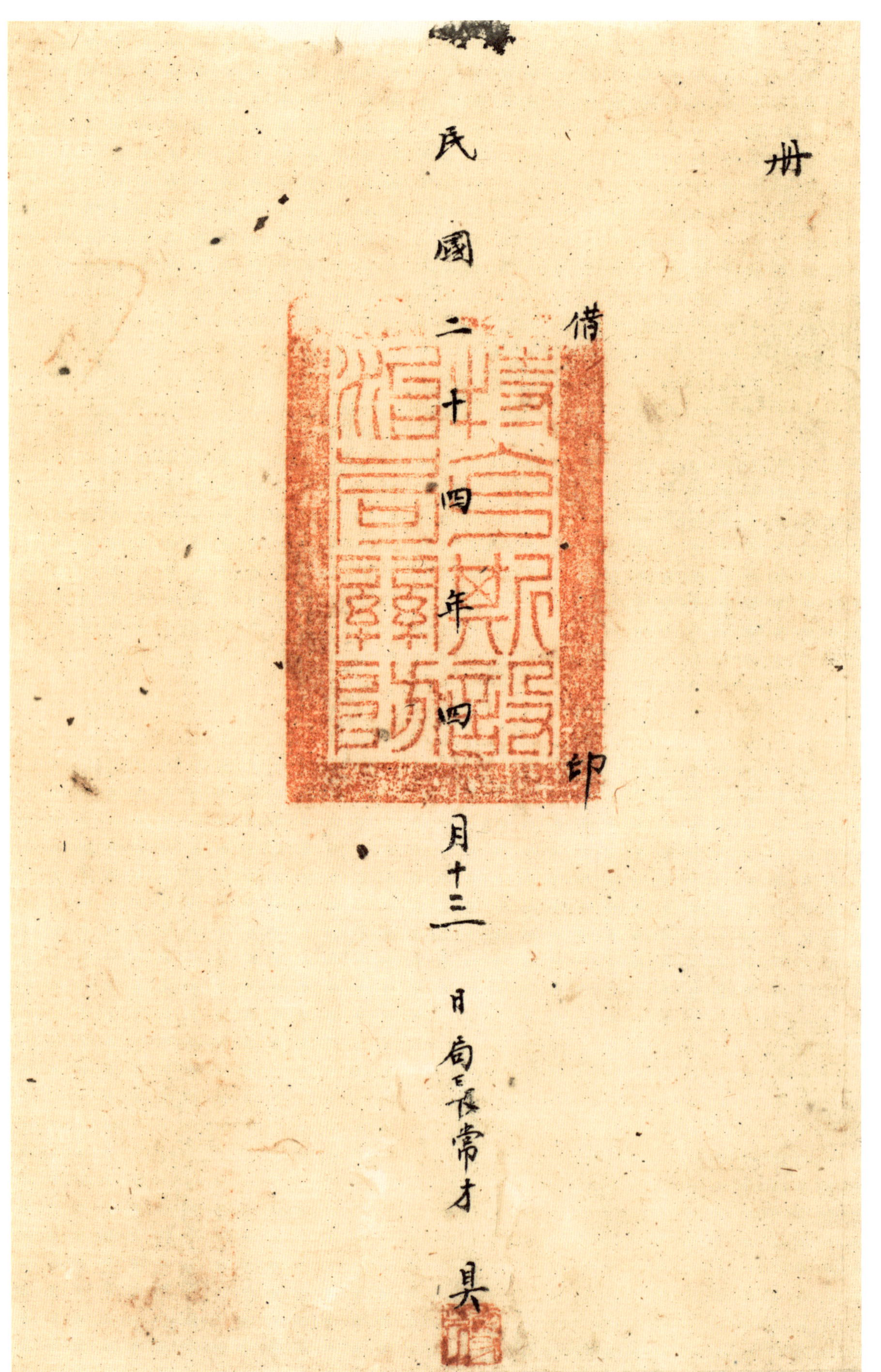
册
借　　印
民國二十四年四月十三日局長常才具

〇一五　特克斯設治局徵收糧食暨開支各數目清冊的呈及伊犁區行政長公署的指令（1935-06-10）（J2-1-16-2）（10-9）

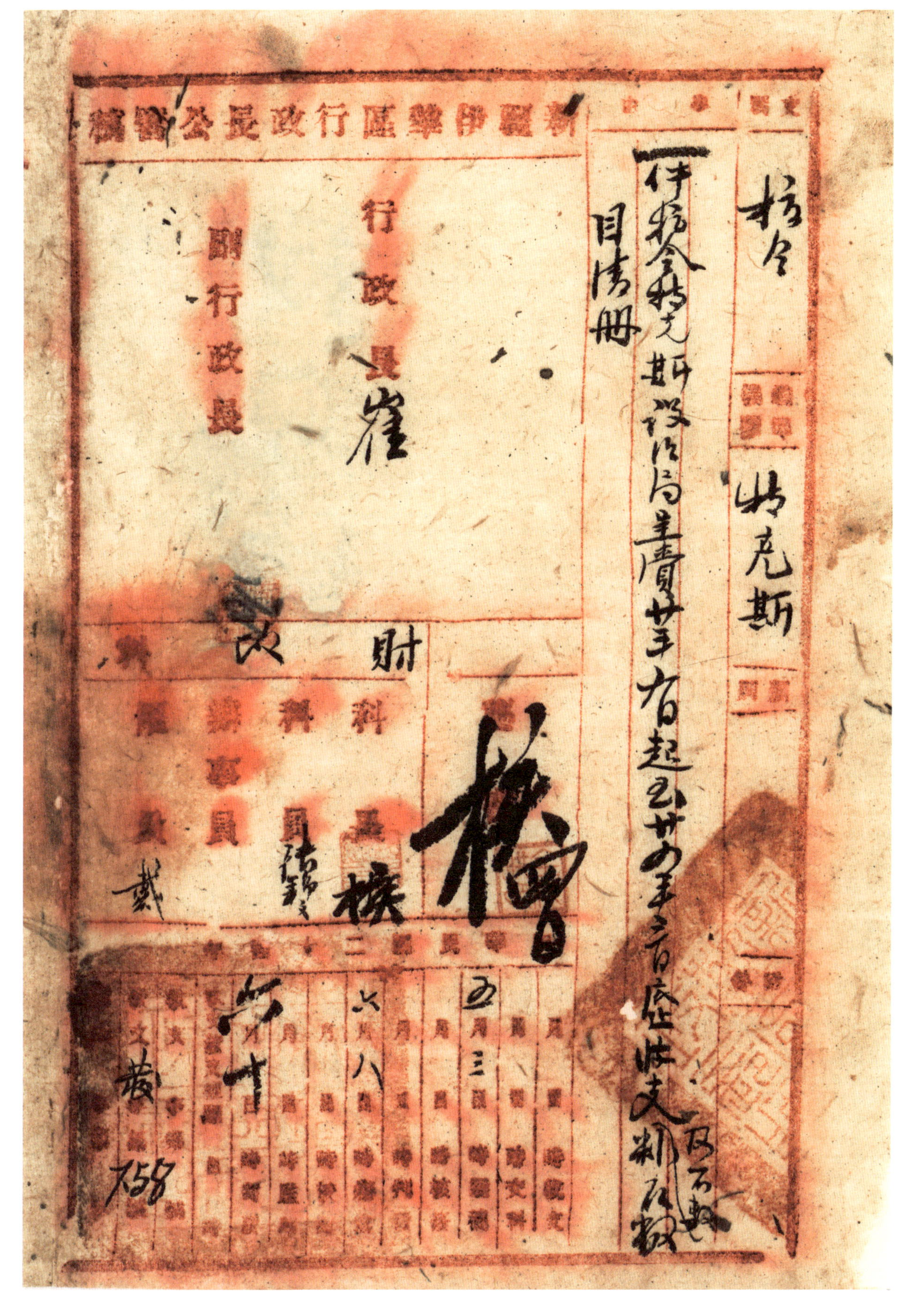

新疆伊犁區行政長公署稿

指令

特克斯

行政長

副行政長

〇一五　特克斯設治局徵收糧食暨開支各數目清冊的呈及伊犁區行政長公署的指令（1935-06-10）（J2-1-16-2）（10-10）

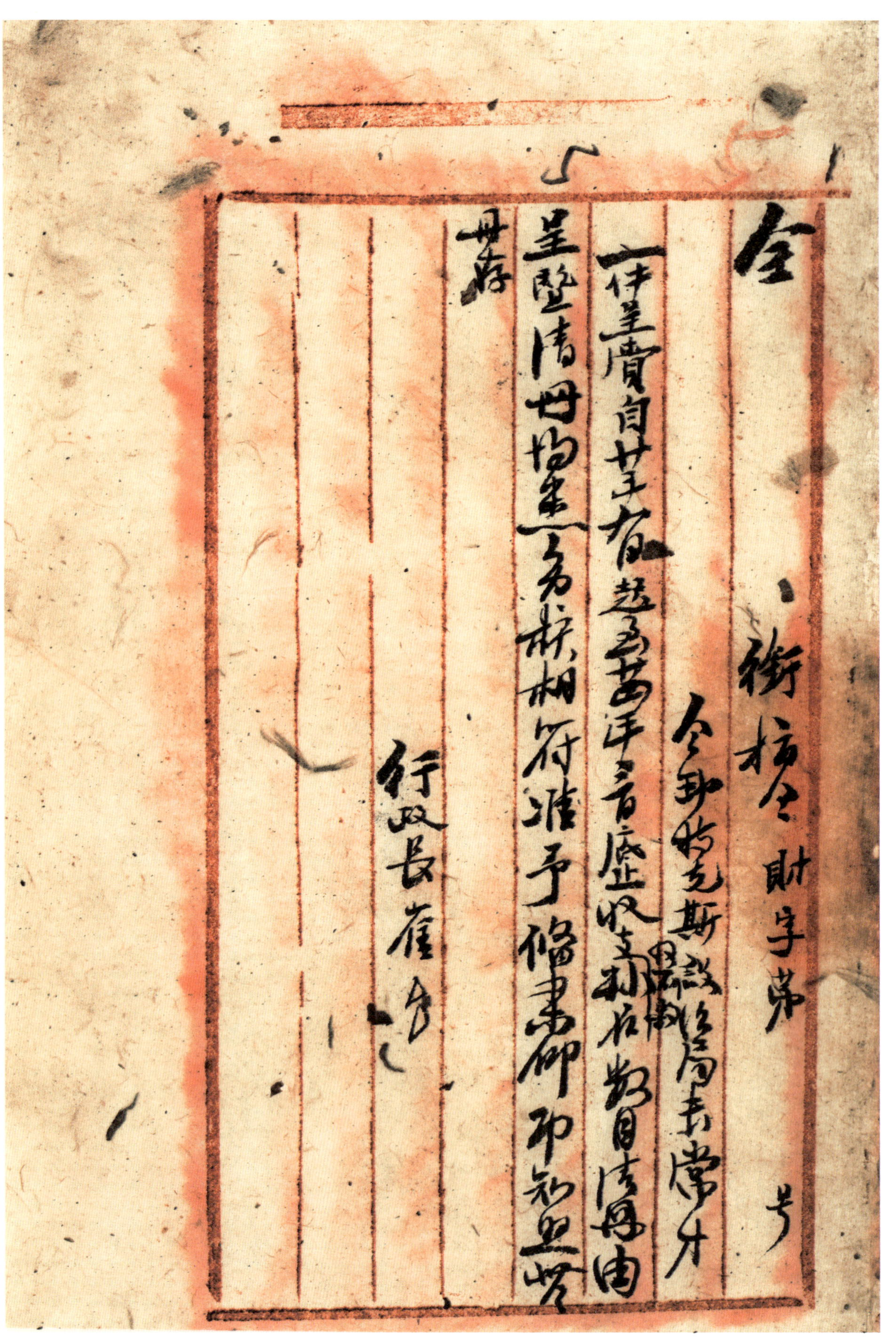

令

衛梓令　財字第　号

令特克斯設治局局長常升

一件呈賫自廿三年九月起至廿四年三月底止收支粮料各数目清册由

呈暨清册均悉。查与款相符，准予備案，仰即知照。此令。

册存

行政長崔

〇一六　新疆邊防督辦公署就民國二十四年、二十五年兩年中之貯存馬草辦法事給伊犁區行政長公署的命令（1935–06–21）（J2–1–6–12）（4–1）

命令

一九三五年六月　日　收

新疆邊防督辦公署　秘字第　號

民國廿四年六月廿一日

為二十四年二十五年兩年中之貯存馬草辦法由

貯存馬草主張年來因種種情形尚時不能實行，若不設法貯存，則因

缺馬匹業經衰瘦死亡，為害重要。至現存之馬草不但不足應用，且

草之品質亦極惡劣，其原因即係割草時間較遲，草捆尚未曬乾，不

及時堆積，一經以致草之花葉全落，可食之部分甚少，甚至百分之三

四百分之六，馬不能食，並各部隊亦無儲蓄之馬草，每日購由外面

運輸為輸之[illegible]，春至秋時期道路泥濘，運輸之來為受有莫大

[illegible]保良好之馬草，以免喂養困難，致生衰瘦死

[illegible]

[illegible]等收科于本年六月七日給惠伊犁區各部

[illegible]之地段于六月六日以前給各部隊官長指示可

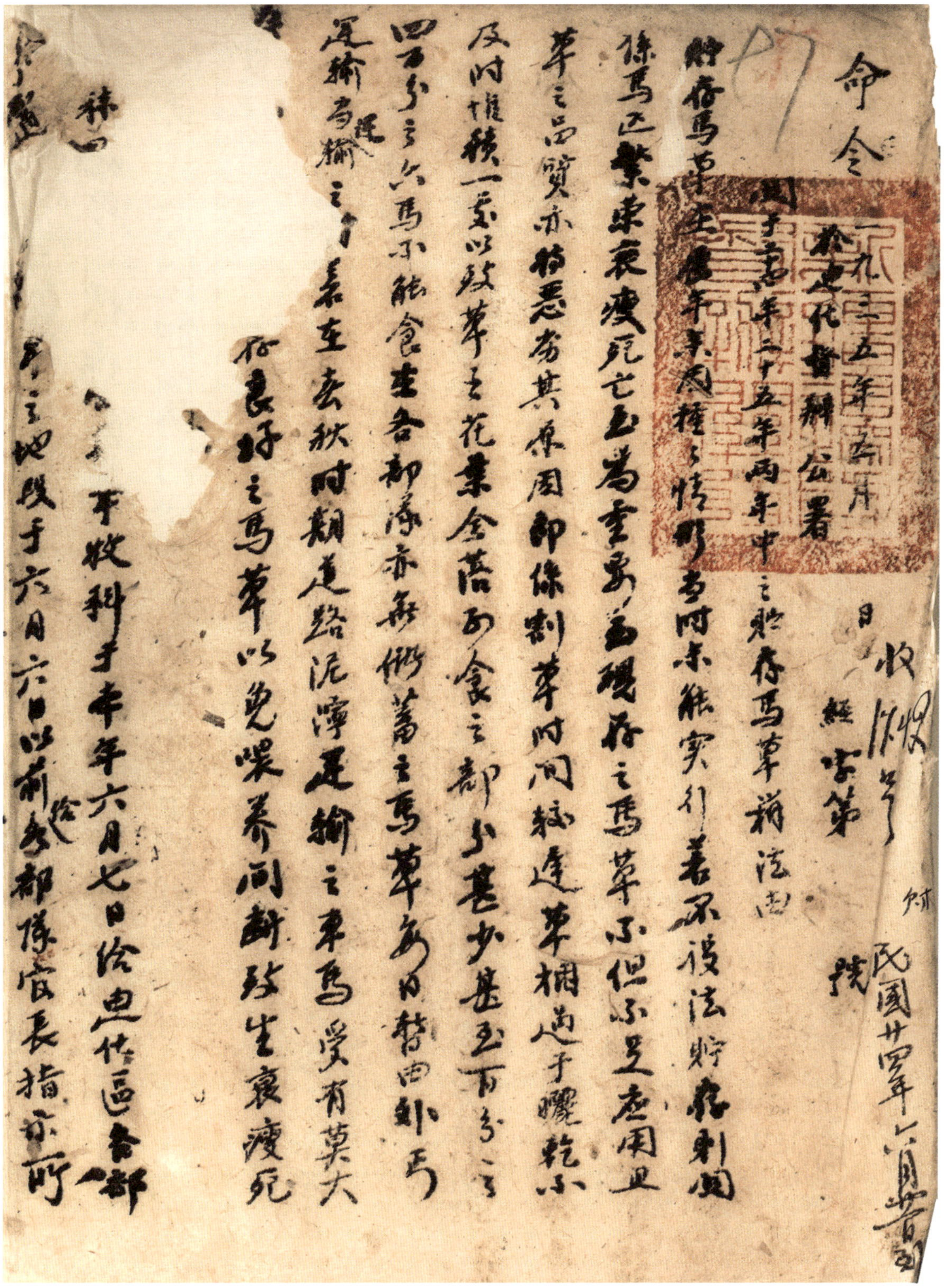

〇一六　新疆邊防督辦公署就民國二十四年、二十五年兩年中之貯存馬草辦法事給伊犁區行政長公署的命令（1935-06-21）（J2-1-6-12）（4-2）

[illegible]之地段于六月六日以前給各部係官長指示所
劃給之地段以便保護且在割草未完以前禁止牧放
乙、各區司令部自接到命令之後應于六月期限内按第一条之命
令遵照办理
丙、劃分地段之多少應按該部係馬匹之多寡以規定其預備之馬草
數目再按馬草數目之多寡以劃分地段
丁、各部係貯存馬草應分别劃分草場以預備自用之馬草共有
少數十匹或二十匹馬之部係應由粮秣廠供給馬草
戊、在六月十五日以前各將割草機鐮刀粮草耙修理整齊兼有
缺乏此項器俱者或暫時借用或設法購買于有出售此等器俱之各
机關粮秣廠應供給惠代區各部係所用之割草机預先调查
各部係現有割草器俱以便添置各區司令部應于各區內照
此办理

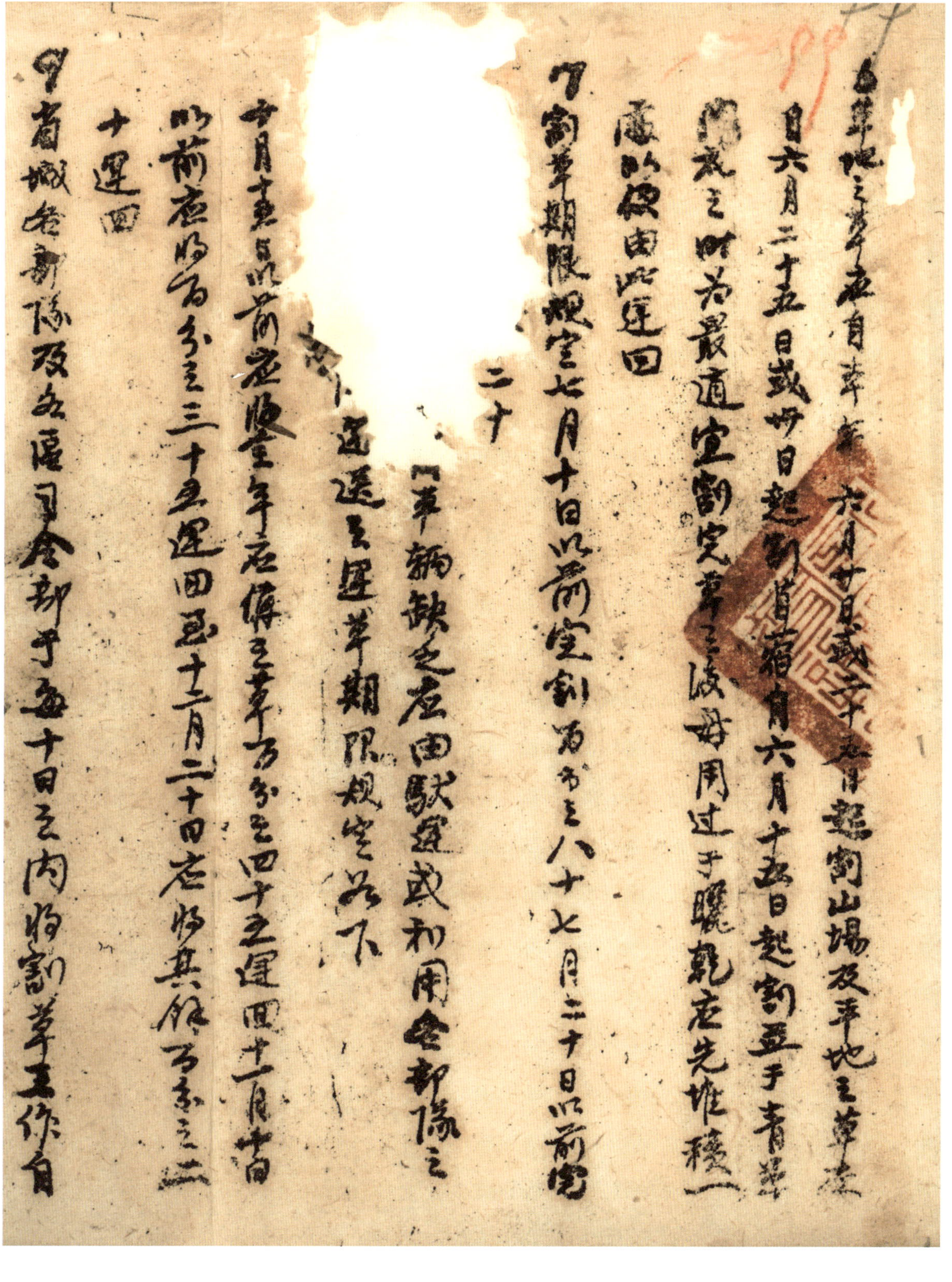

各草地之芳草在自萌芽[illegible]六月廿日或卅日起割山場及平地之草莖

自六月二十五日或卅日起割首蓿自六月十五日起割至于青草

[illegible]衰之時為最適宜割完草之後每周过于曬乾應先堆積一

處以便由此運回

丁割草期限規定七月十日以前定割百分之八十七月二十日以前完

二十

[illegible]運送之運草期限規定如下

因車輛缺乏應由駁運或租用全部係之

十月十五日以前應將全年應儲之草百分之四十之運回十一月十日

以前應將百分之三十五運回至十一月二十日應將其餘百分之二

十運回

甲省城各新係及各區司令部于每十日之內將割草工作自

〇一六　新疆邊防督辦公署就民國二十四年、二十五年兩年中之貯存馬草辦法事給伊犁區行政長公署的命令（1935-06-21）（J2-1-6-12）（4-3）

〇一六　新疆邊防督辦公署就民國二十四年、二十五年兩年中之貯存馬草辦法事給伊犁區行政長公署的命令（1935–06–21）（J2–1–6–12）（4–4）

甲省城各部隊及各區司令部于五十日之內將割草工作自

六月廿五日至七月廿日按期按照科程嚴造將運草工作自本

年九月十日至下年一月一日按期報告以便轉報備案

10 關于貯存草料馬草應遵命令切實辦理特此嚴告

11 各區司令部自奉到命令之日起應開會計劃貯草辦法通

飭區各部隊首長應會同縣長派員于七月一日開會合令

伊犁區行政長公署

督辦盛世才

分行各縣及特克斯設治局協助辦理

六月廿四日

〇一七　新疆伊犁屯墾使公署就本年各項税收統歸伊犁財政局徵收事給伊犁區財政局、各縣長等的通令（1935-06-21）（J4-1-8-45）（4-1）

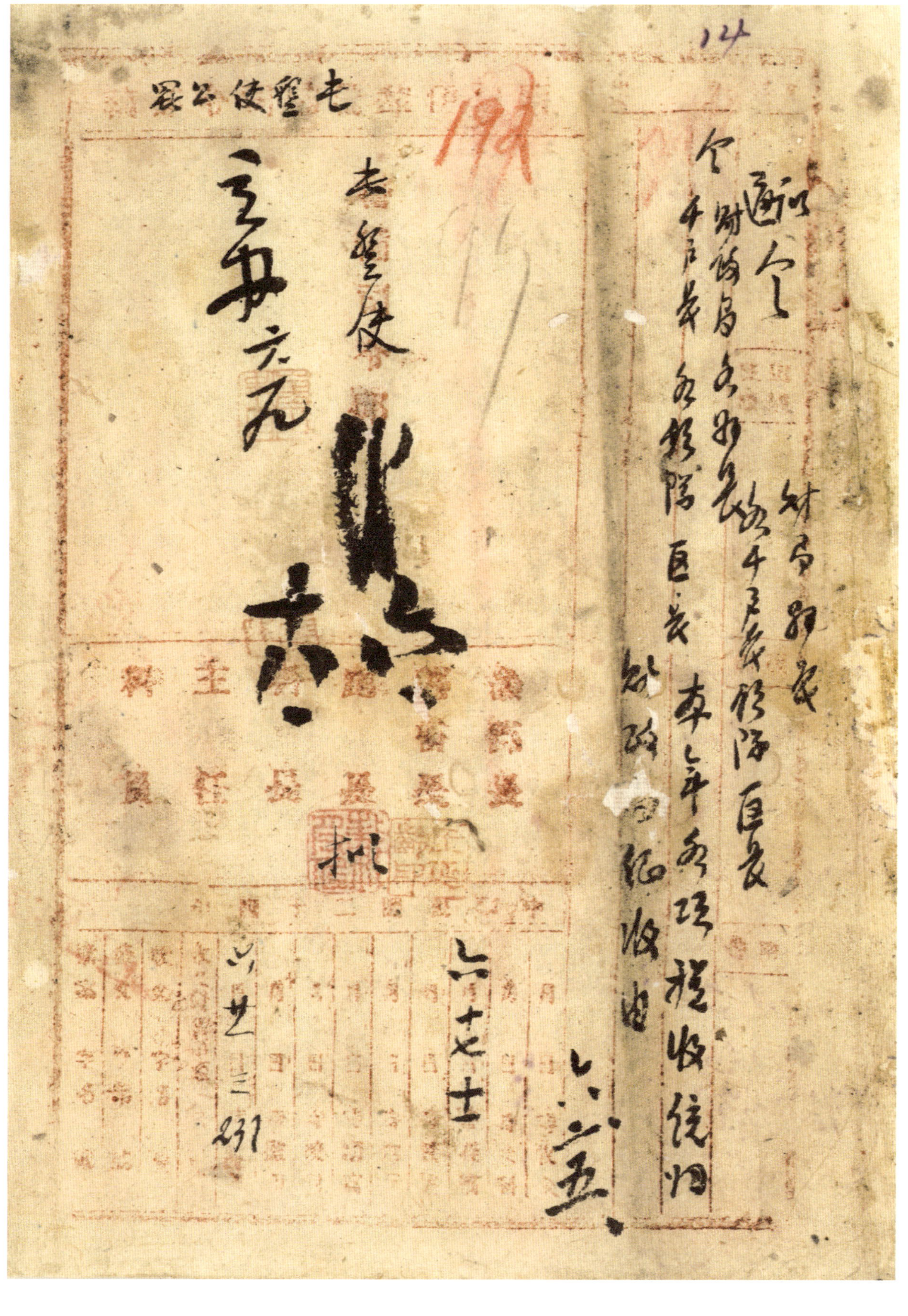

屯墾使公署

〇一七　新疆伊犁屯墾使公署就本年各項税收統歸伊犁財政局徵收事給伊犁區財政局、各縣長等的通令（1935-06-21）（J4-1-8-45）（4-2）

全銜　通令　經字第　號

令財政局鄭局長
各縣長　各補國窩千戶長
蒙旗六營各該隊區長

為通令遵事照得本年草税已奉
省府明令規定所有本署及各縣政府
應征各税統歸伊犁財政局征收以資
劃一並會同防由本署及行政公署各縣政府
財政局組設税收委員會以策進行除

〇一七　新疆伊犁屯墾使公署就本年各項稅收統歸伊犁財政局徵收事給伊犁區財政局、各縣長等的通令（1935-06-21）（J4-1-8-45）（4-3）

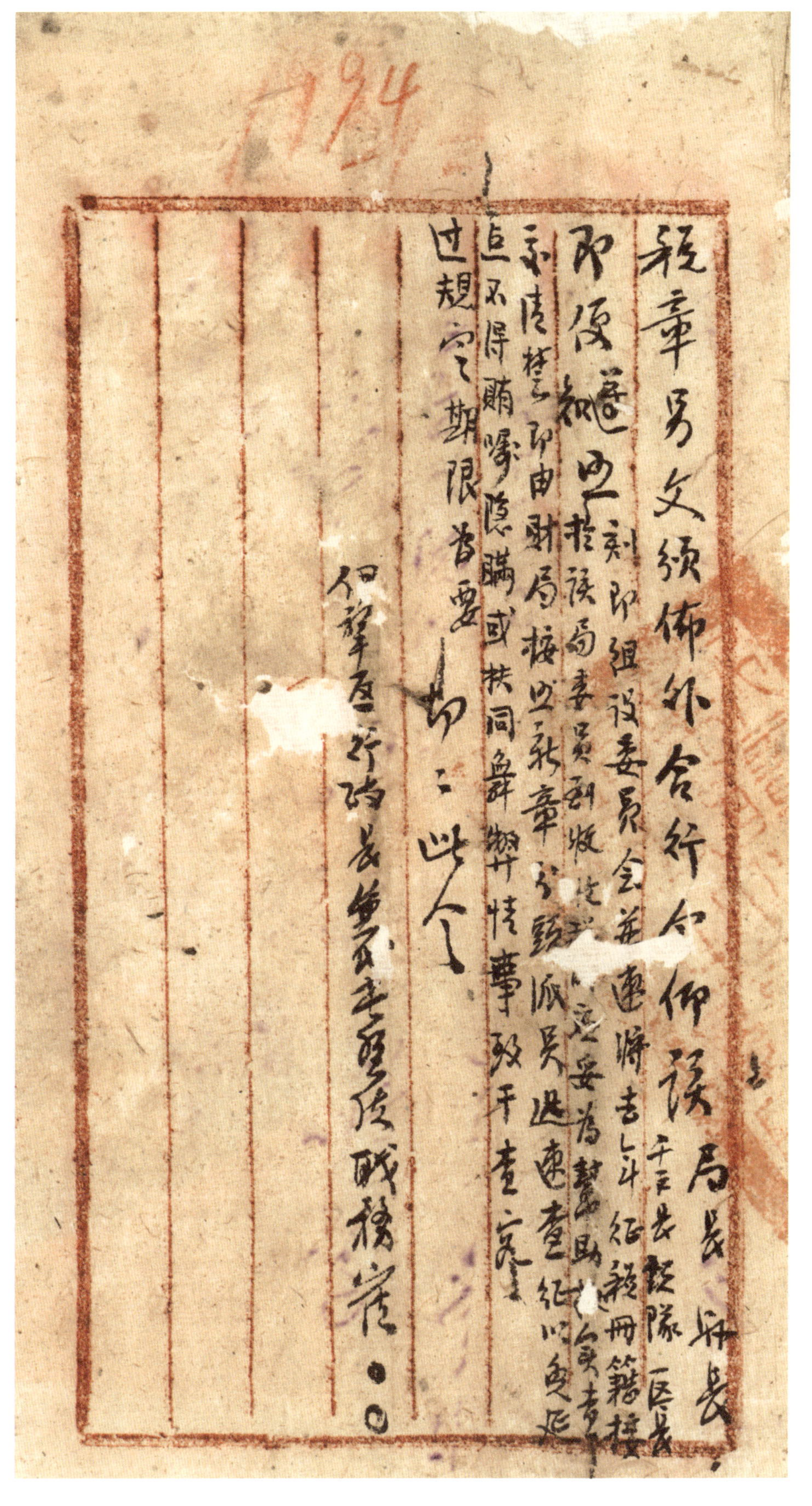

發章另文頒佈外，合行令仰該局長、縣長，
即便遵照，剋即組設委員會，並速將去年[illegible]征稅冊籍，接
交該局委員剋收[illegible]，統由財局接收新章，須派員迅速查征，以免延
不清楚，
宕，不得賄賂隱瞞，或扶同舞弊情事，致干查究，
過規定期限為要。切切，此令。
伊犁屯墾使[illegible]財務處

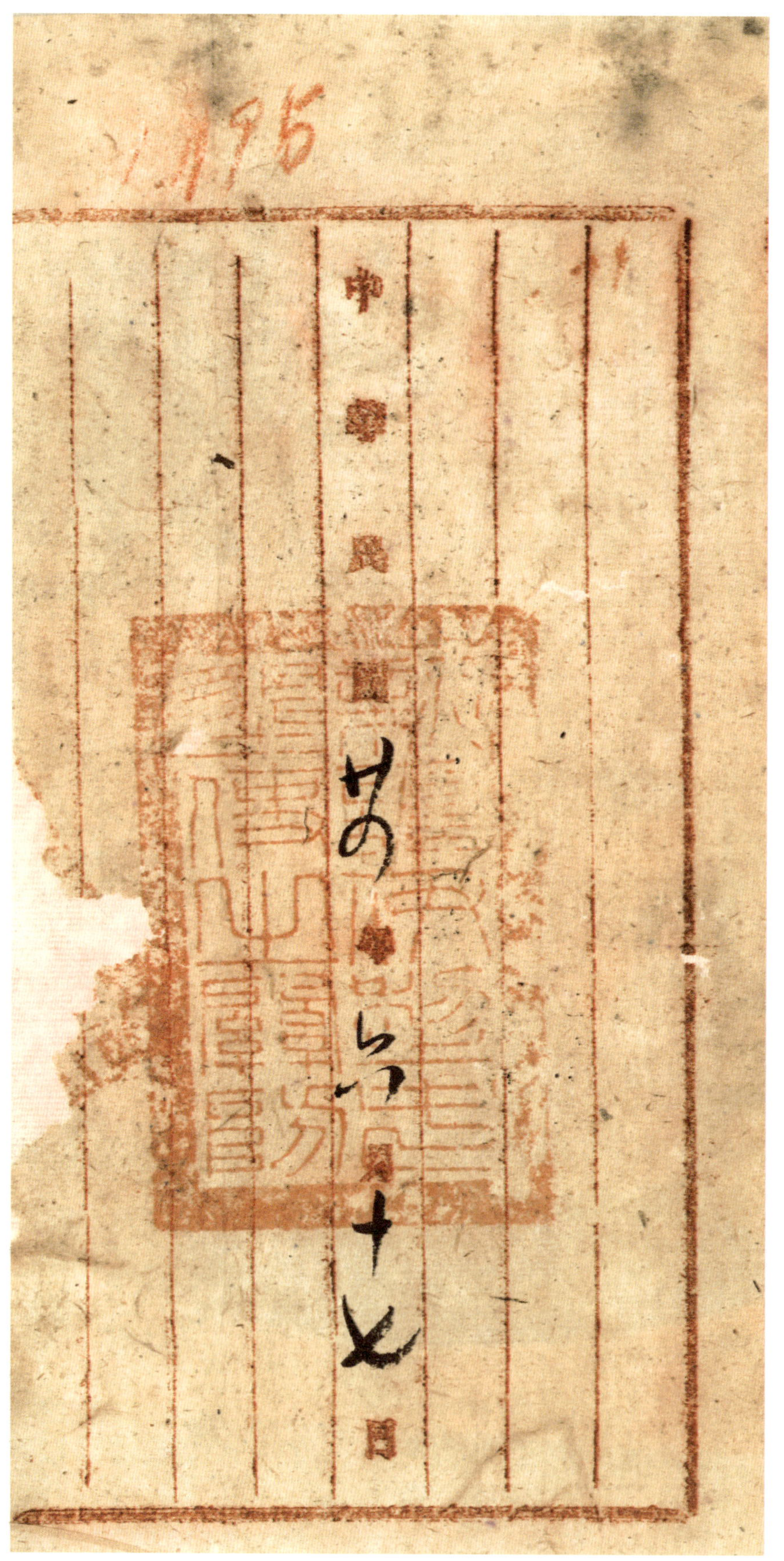

〇一七　新疆伊犁屯墾使公署就本年各項税收統歸伊犁財政局徵收事給伊犁區財政局、各縣長等的通令（1935-06-21）（J4-1-8-45）（4-4）

〇一八　伊犁區農牧場就派員接收霍爾果斯運到種馬請發給往返護照事致伊犁區行政長的呈（1935-08-06）（J2-4-2-8）

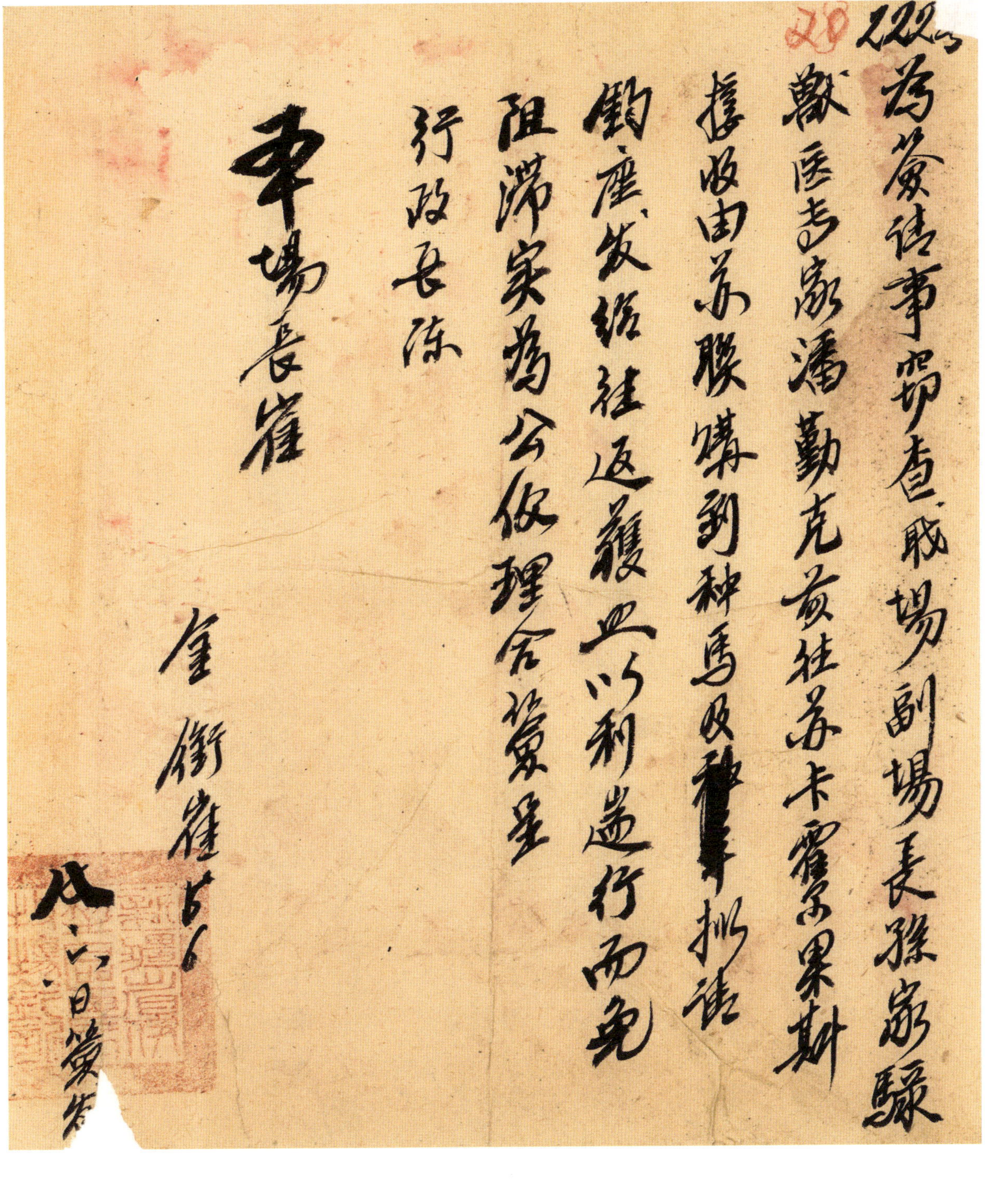

為簽請事。竊查職場副場長孫家驥、獸醫吉家潘、勤克前往霍爾果斯接收由蘇聯購到种馬及[illegible]，擬請鈞座發給往返護照，以利進行而免阻滯，實為公便。理合簽呈

行政長陳

本場長崔

全銜崔[illegible]

八月六日簽

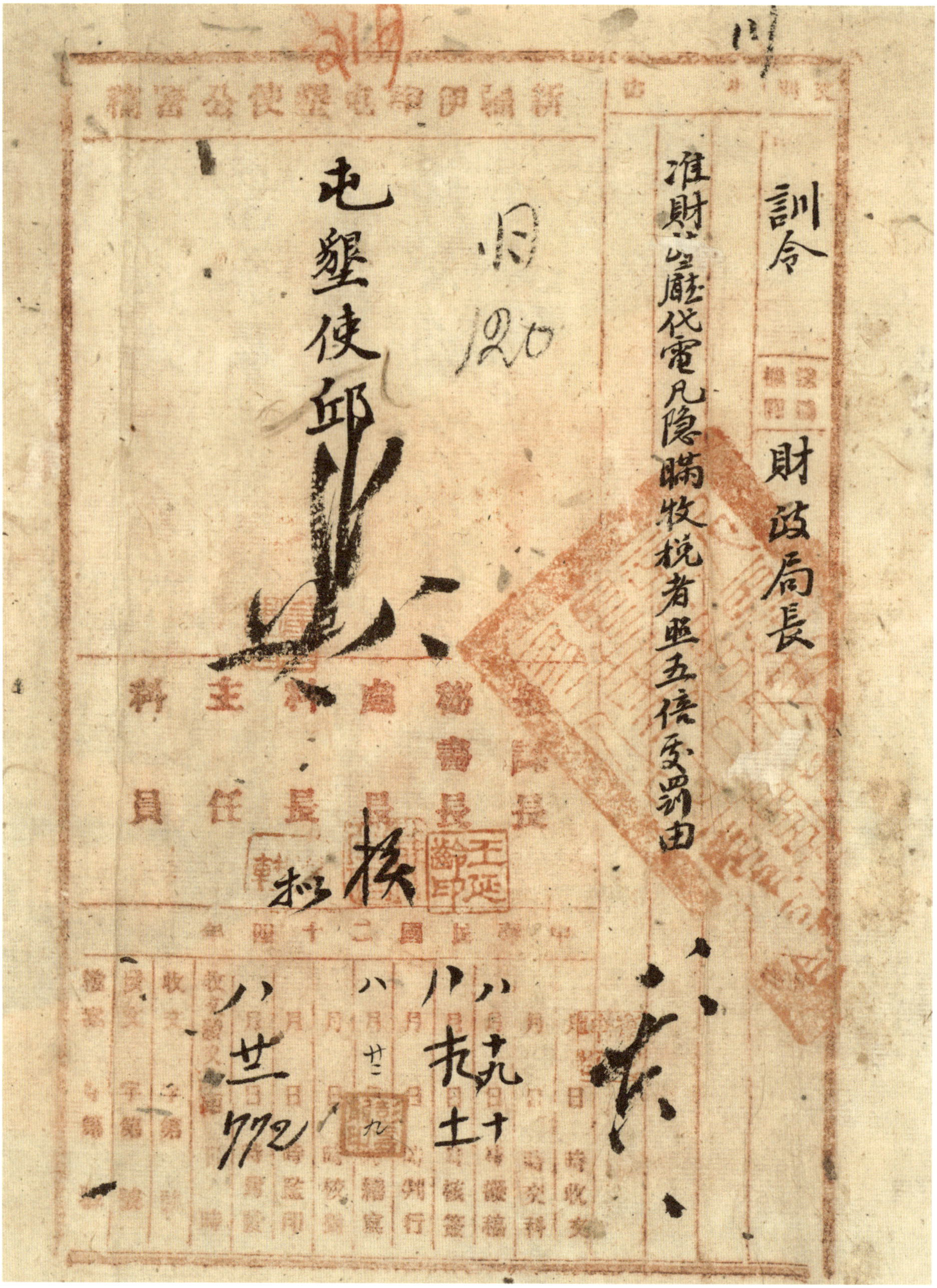

〇一九　新疆伊犁屯墾使公署就准財政廳代電凡隱瞞牧税者照五倍處罰事給伊犁財政局郭局長的訓令（1935-08-22）（J4-1-8-54）（2-1）

新疆伊犁屯墾使公署稿

訓令

財政局長

准財政廳代電凡隱瞞牧税者照五倍受罰由

屯墾使邱

〇一九　新疆伊犁屯墾使公署就准財政廳代電凡隱瞞牧稅者照五倍處罰事給伊犁財政局郭局長的訓令（1935–08–22）（J4–1–8–54）（2–2）

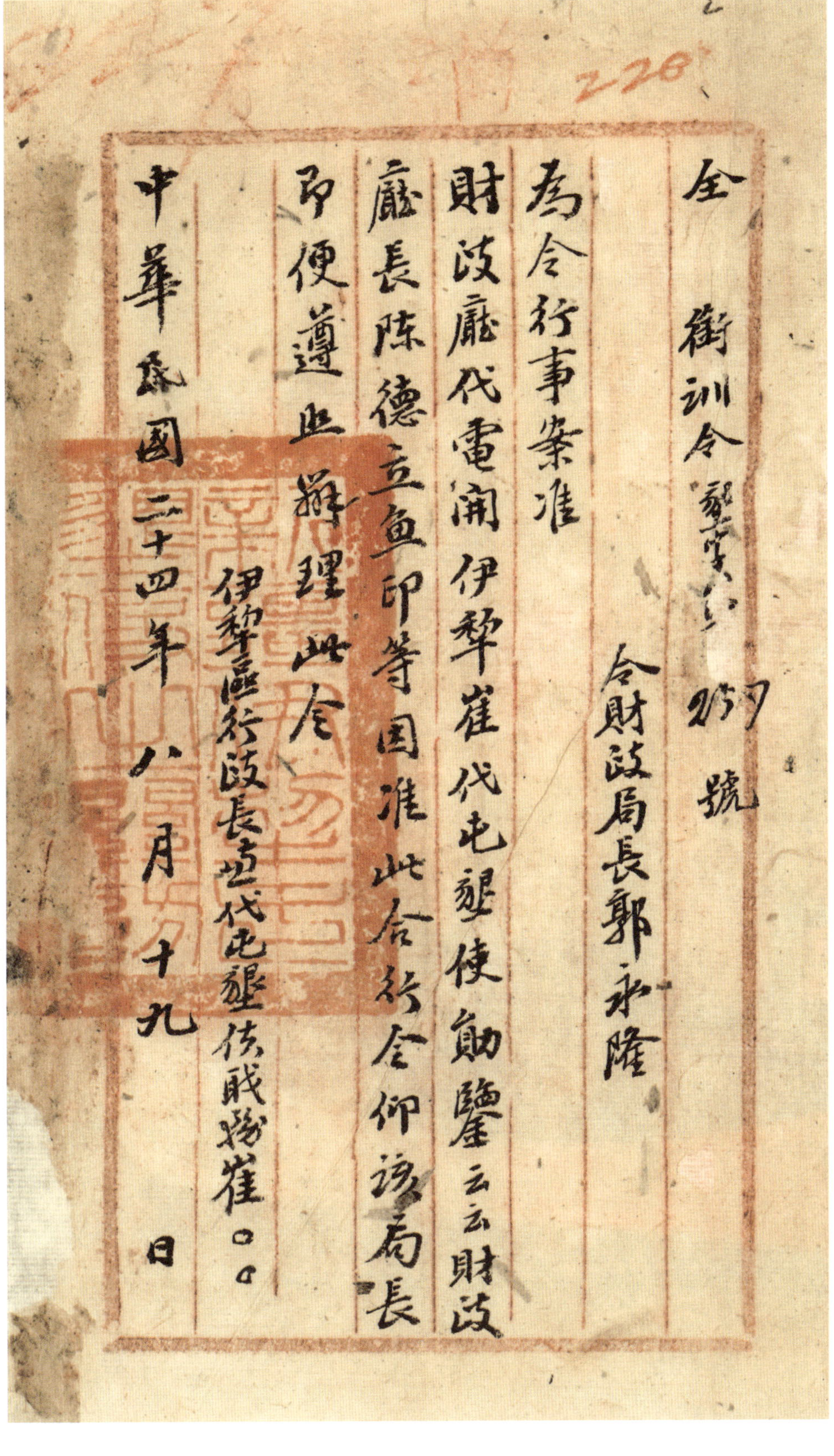

全

銜訓令墾字六三2537號

令財政局長郭永隆

為令行事案准

財政廳代電開伊犁崔代屯墾使勛鑒云云財政

廳長陳德立魚印等因准此合行令仰該局長

即便遵照辦理此令

伊犁區行政長兼代屯墾使崔〇〇

中華民國二十四年八月十九日

〇二〇 新疆伊犁屯墾使公署就查點牲畜實數徵收牧税事給阿勒班千户長、地方税局的指令、訓令（1935-09-19）（J4-1-8-18）（4-1）

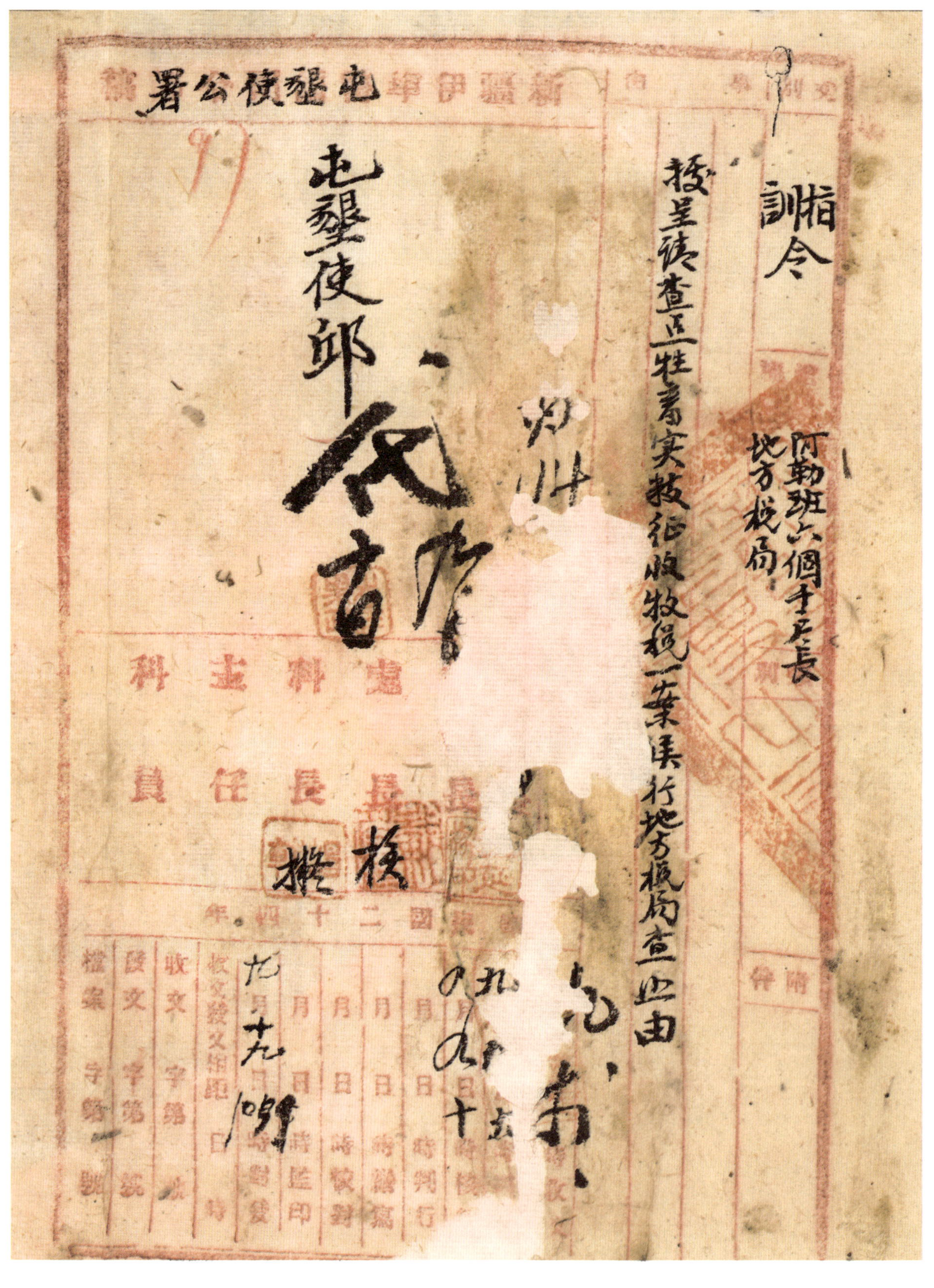

〇二〇　新疆伊犁屯墾使公署就查點牲畜實數徵收牧稅事給阿勒班千户長、地方稅局的指令、訓令（1935-09-19）（J4-1-8-18）（4-2）

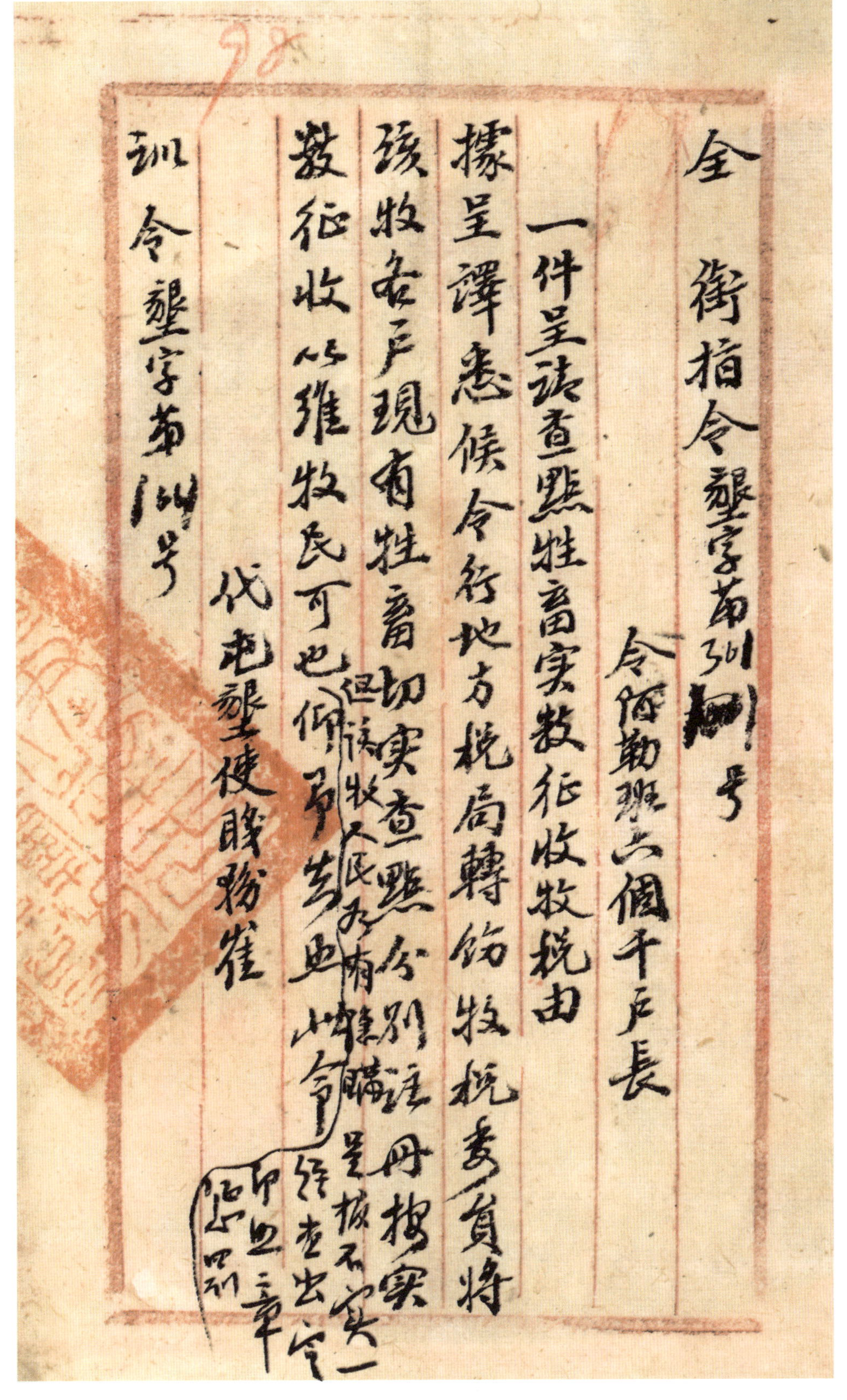

仝

銜指令墾字第[illegible]號

令阿勒班六個千戶長

一件呈請查點牲畜實數征收牧稅由

據呈譯悉候令行地方稅局轉飭牧稅委員將該牧各戶現有牲畜切實查點分別注冊按實徵征收以維牧民可也但該牧民如有隱瞞呈報不實一經查出定即照章[illegible]仰即遵照此令

代屯墾使[illegible]

訓令墾字第[illegible]號

〇二〇　新疆伊犁屯墾使公署就查點牲畜實數徵收牧稅事給阿勒班千户長、地方稅局的指令、訓令（1935–09–19）（J4–1–8–18）（4–3）

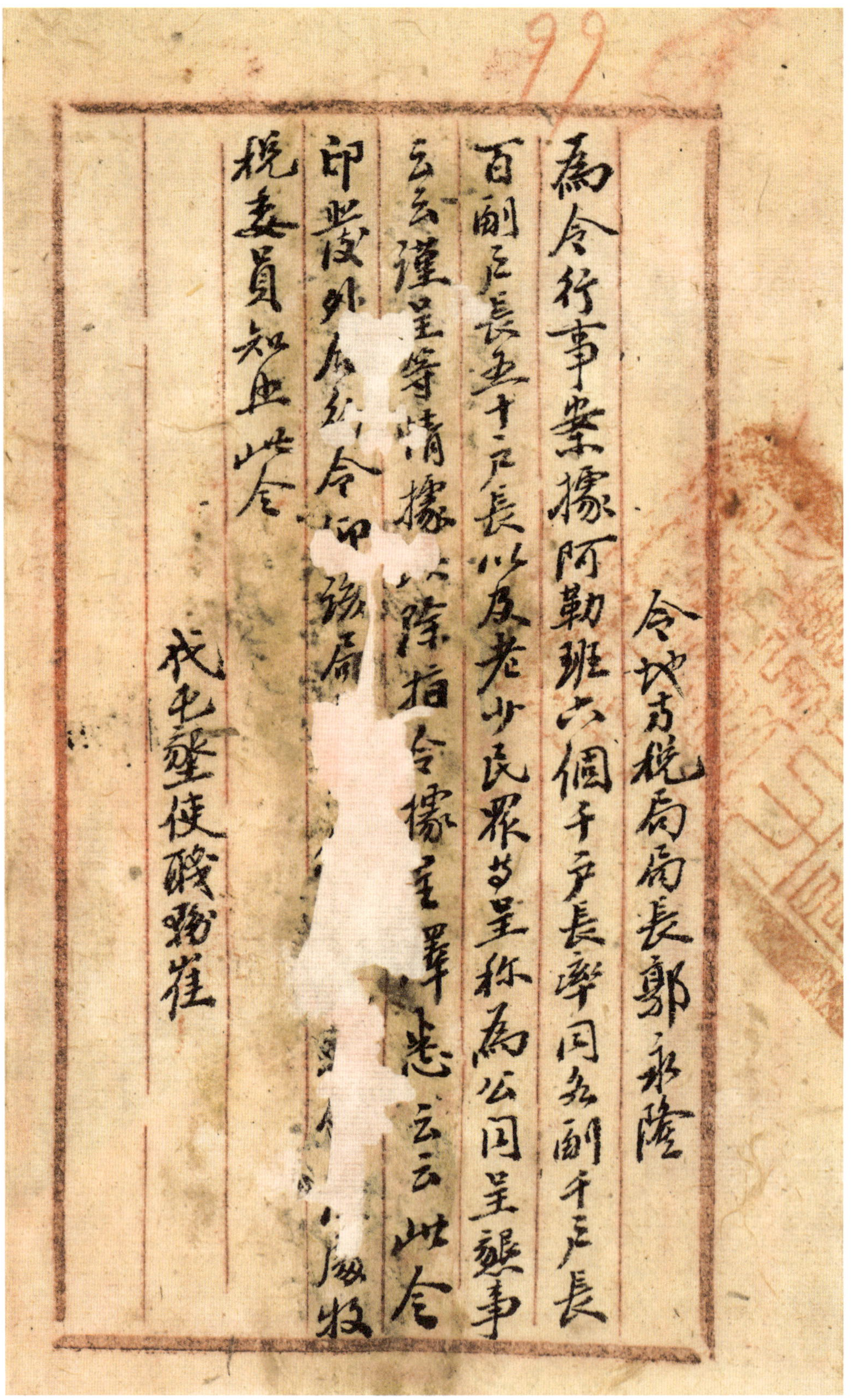

令地方稅局局長鄭永隆

爲令行事案據阿勒班六個千户長寧同各副千户長百副户長五十户長以及老少民衆等呈称爲公同呈懇事云云謹呈等情據此除指令據呈畢悉云云此令印發外合行令仰該局[illegible]牧稅委員知照此令

代屯墾使職務崔

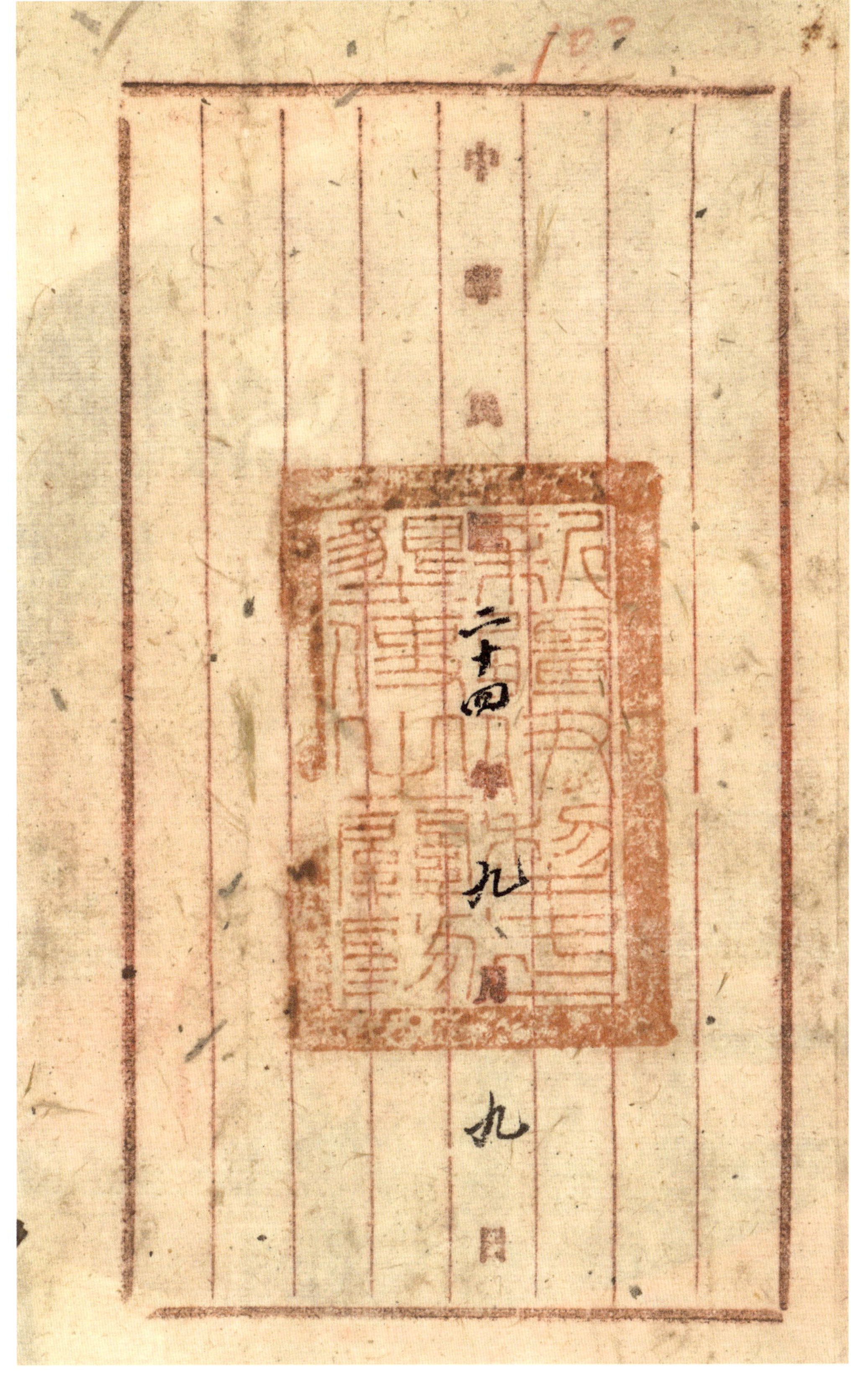

中華民國二十四年九月九日

〇二〇　新疆伊犁屯墾使公署就查點牲畜實數徵收牧稅事給阿勒班千户長、地方稅局的指令、訓令（1935-09-19）（J4-1-8-18）（4-4）

〇二一　新疆省政府就伊犁區入籍歸化族撥地耕種及組織莊農會經費辦法事給伊犁區行政長的訓令（1935-12-17）（J2-1-15-7）（7-1）

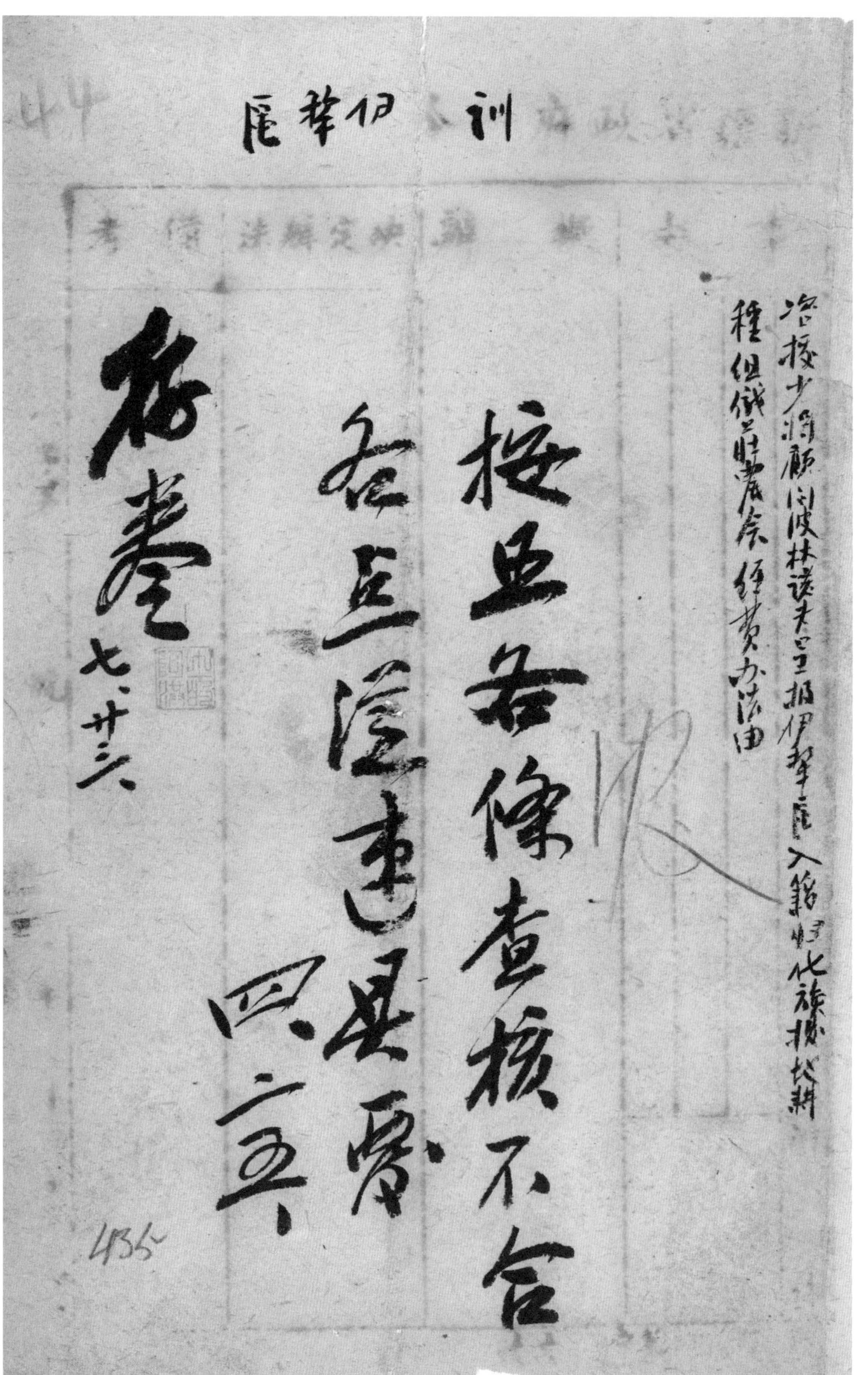

訓　伊犁區

咨據少將顧問波林諾夫呈擬伊犁區入籍歸化族撥地耕種組織莊農會經費辦法由

據呈各條查核不合

仰該區長遵照原呈覆

四、二五

擬稿

七、廿六

○二一　新疆省政府就伊犁區入籍歸化族撥地耕種及組織莊農會經費辦法事給伊犁區行政長的訓令（1935-12-17）（J2-1-15-7）（7-2）

新疆省政府训令

令伊犁区行政长

为令行事。案准

兼办公署咨开：案据少将顾问波林诺夫呈称：伊犁区入籍

归化族耕种拨地情形：（1）新疆省政府拨给入籍归化族

地土于伊犁方面各屯，立有庄农会经费公共种地事情。

所拨之地不归各人之私有，亦不归各人，遂便耕种，由庄农会

绘图划拨，指给界限。（2）所有各庄农会员拨给之地，

准其自由修理园圃，种植树木。在拨给之地外如有隙

人口日籍地制[illegible]
有限庄农会六
应予拨地宜
[illegible]
庄农长会[illegible]
6、7、8、三条
与政府[illegible]
[illegible]

地亩以修植者有庄农会之许可亦准修植但此园树在
本主未死以前归其自有本主死去即归庄农会(3)
拨给庄农会之地由庄农会再拨作拨给入籍归化民
族每份作一股份(4)男人年十七岁无论何屯由庄农会于
闲地项下拨地一份以资耕种(5)现役之归化族长如欲种地之时
亦由庄农会拨地一份但须由该种地收去缴纳耗费若干五
役民与屯户人律待遇(6)寡妇有子女者若其子未过十七岁或其女未
嫁者仍准其耕种其男人之份倘寡妇之无子女者或有子女已
成人已出嫁者自准种男人之半份(7)寡妇改嫁者即将其
前夫之份没收(8)孤哀子女及孤子女其母改嫁者有兄弟姊

47

撥與保管及撥地耕種及組織[illegible]費辦法頒[illegible]備之地主有所有權並不限莊[illegible]

妹二人以上者，仍准種亡父之份，若子已十七歲或女已出嫁，[illegible]寡或一女者，祇准種其父之半份，若子待其年已十七，若女即待其出嫁，再沒收。（5）入籍歸化族撥領之地，如不欲種者，准轉給本屯莊農會，亦准其轉給外屯之入籍歸化民，限期不逾一年。（6）如遇有轉用地份之事，不歸莊農會負責，須報集[illegible]屯戶民開會時，會長三分之二承認，始得實行。（7）各屯之邊界，俱各劃清，所有空地，以備日後撥劃，有待[illegible]之附戶，再呈請伊寧上級。（8）各屯莊農會承保各戶民承領政府地畝應納賦稅，自當照章完納，或[illegible]或[illegible]，均無異議。（9）所須[illegible]之草場及空地，准租給莊農會，會負收租給外人作牧場或

〇二一　新疆省政府就伊犁區入籍歸化族撥地耕種及組織莊農會經費辦法事給伊犁區行政長的訓令（1935-12-17）（J2-1-15-7）（7-5）

草場不過一年之期，以各户民所領空地一處，以便蓋房居住。倘該户民將所領之住處賣給他人再欲請領，即須繳納地價，因為此地只准領一次，不准再領。以所領之空地基只准賣給本莊農會員，不准賣給他人。以倘外人亦欲來此長住者，准其租住，限期不過一年。以倘外人有欲來蓋房移住長住者，須先請准莊農會，限期不過十年，過年即歸本莊農會，不歸本人。茲擬此限，指令呈暨規則均悉，亦應准予有府核辦並已令此外，相應咨請貴政府查核辦理為荷等因。准此，除代電委員長盛督辦簽准麗字三一〇七號咨復外，將原咨同波林諾夫呈報政府撥給伊犁區入籍歸化族

〇二一　新疆省政府就伊犁區入籍歸化族撥地耕種及組織莊農會經費辦法事給伊犁區行政長的訓令（1935–12–17）（J2–1–15–7）（7–6）

地土耕與伊犁方面並各屯成立莊農會經費分共種地事務
辦法十七條等情一案咨請核辦等因准此查該顧問所擬各項
辦法與當地情形能否適合暨與該處當地戶民有無窒
礙除令伊犁區行政長依照劃撥歸化人民土地章程及土地
區域切實考查明確議案呈奪再行核辦外相應電覆查照
備知為荷主席李溶副主席和加尼牙孜真印發
外合行令仰該行政長即便遵照辦理為要此令

主席李溶

副主席和加尼牙孜

〇二一　新疆省政府就伊犁區入籍歸化族撥地耕種及組織莊農會經費辦法事給伊犁區行政長的訓令（1935–12–17）（J2–1–15–7）（7–7）

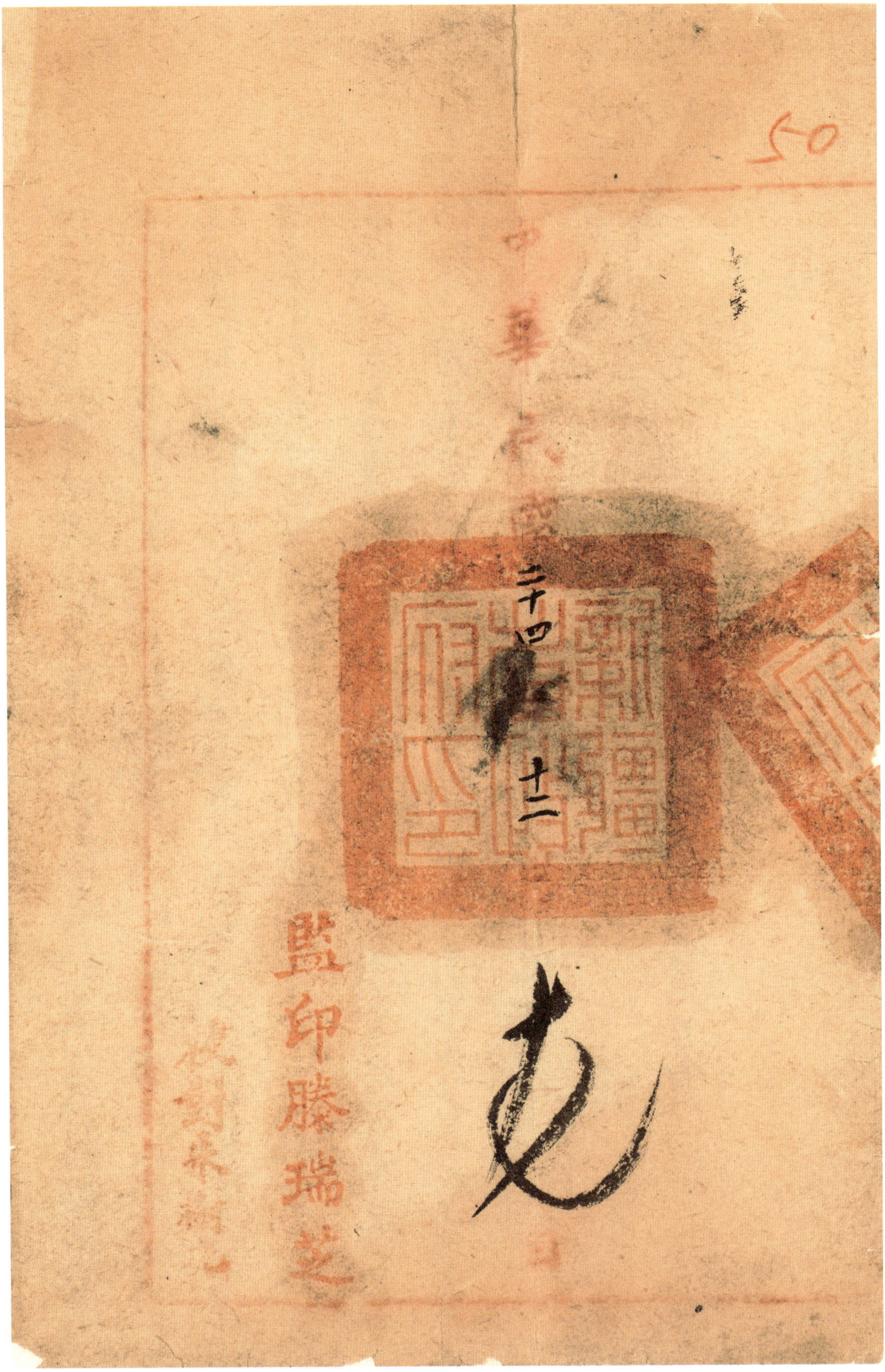

50

中華民國二十四年十二月　日

監印滕瑞芝

校對朱[illegible]

〇二二　新疆省屯墾委員會附設水利委員會組織大綱（1935）（J4-1-4-7）（4-1）

〈5〉——246

新疆屯墾委員會附設水利委員會組織大綱

第一條　屯墾委員會為發展屯墾事務起見由第二十四次常會決議呈請

督署核准在屯墾會附設水利委員會專以興辦水利開闢官荒為宗旨（以下簡稱本會）

第二條　本會一切應辦事宜均歸屯墾委員會委職各員兼辦不另支薪但須酌設夫役數人以供驅使

第三條　本會委員以聘任農鑛廳水利技師（工程師）及推定屯墾委員會委員並各縣縣長當地農鄉約水利等若干人組織之

—247

第四條　本會委員長以屯墾委員會正副委員長兼任之

第五條　本會設秘書一人並設總務勘查工程三部

一　本會秘書由屯墾委員會秘書兼任之

二　總務部設會計庶務兩股掌管銀錢出納物質採購及不屬于其他各股事務由屯墾委員會總務部兼任之

三　勘查部設調查測量兩股掌管調查水量之大小土地之肥瘦一切工程建築事務由屯墾委員會調查部兼任之

四　工程部設工作監修兩股掌管水利工程一切設計事務由屯墾委員會設計部兼任之

－248

第六條　本會日後事務時，其所聘之技術人員以及各該縣之委員，若有特以工作時，得酌量情形呈請
督署核給津貼或旅膳等費，以資辦公。

第七條　本會一切用款由屯墾委員會請領開支列報。

第八條　本會開會無定期，得隨時由委員長招集之。

第九條　本會決議案件，須由屯墾委員會呈請
督署核辦之。

第十條　本大綱如有未盡事宜，得隨時提交屯墾常會修正之。

第十一條　本大綱經本會通過後，由屯墾委員會呈請

〇二二　新疆省屯墾委員會附設水利委員會組織大綱（1935）（J4-1-4-7）（4-4）

— 24P

督署核准之日施行

○二三 新疆省屯墾委員會現役軍人種地辦法（1935）（J4-1-4-43）（8-1）

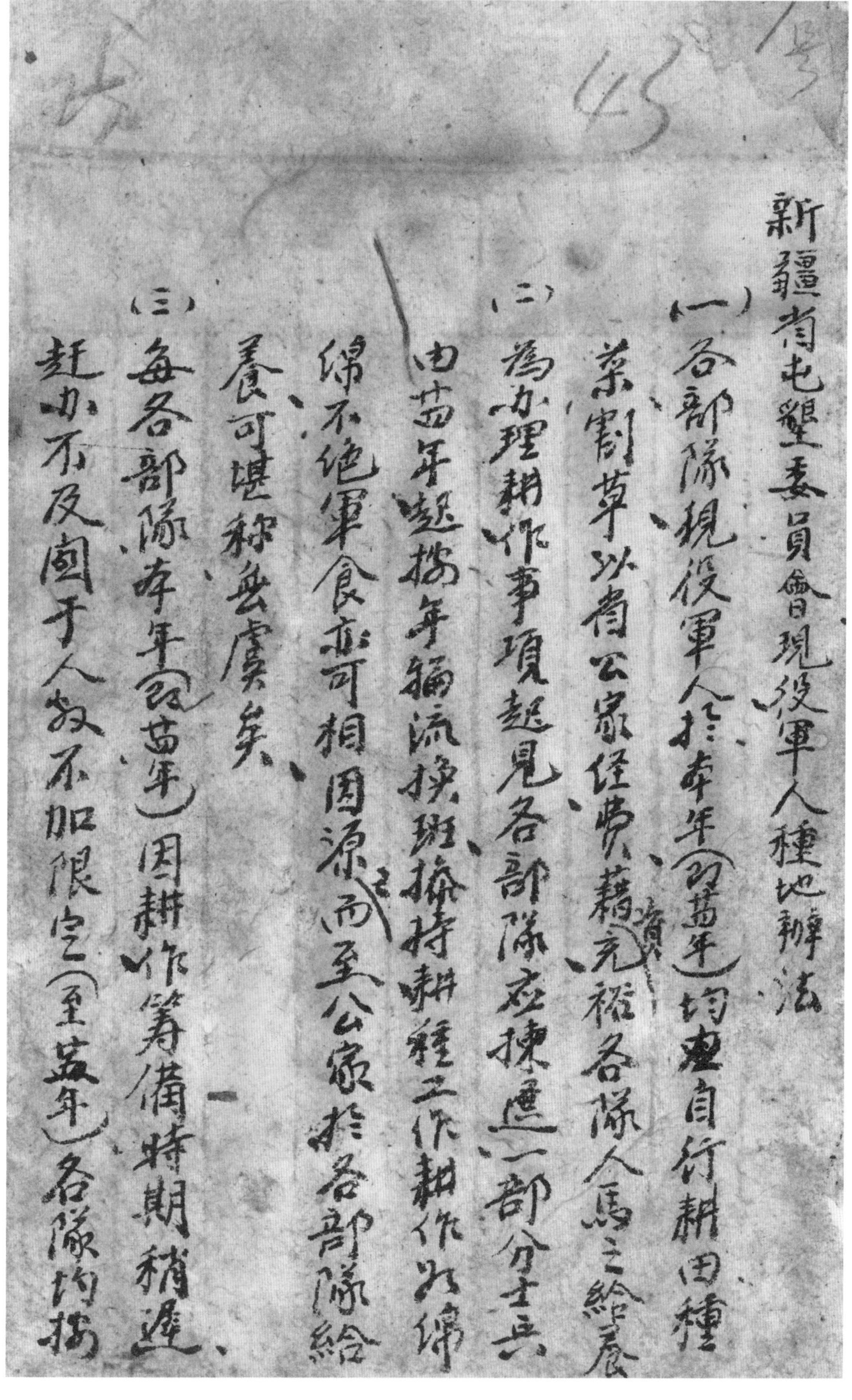

新疆省屯墾委員會現役軍人種地辦法

（一）各部隊現役軍人於本年（廿四年）均應自行耕田種菜、割草，以省公家經費，藉資充裕各隊人馬之給養。

（二）為辦理耕作事項起見，各部隊應揀選一部分士兵，由廿四年起，按年輪流換班，接持耕種工作，耕作以綿綿不絕，軍食亦可相因源源而至，公家於各部隊給養可堪稱無虞矣。

（三）每各部隊本年（廿四年）因耕作籌備時期稍遲，趕辦不及，關于人數不加限定（至廿五年）各隊均按

△照十分之三數目赴指定耕種區域內從事農作、不須間斷、

（四）以五十人編成一組每組應用籽種牛馬農俱及補助銀費由常委會會同財政廳酌量辦理、

（五）各部隊應於本年（只苗年）夏秋之交將該部所有挽戰馬匹全年所需之草自行劃備齊全餵養、各本部隊之馬匹外餘者准於市間指賣公家亦不加制止所得之價即充該隊改良給養之用帶

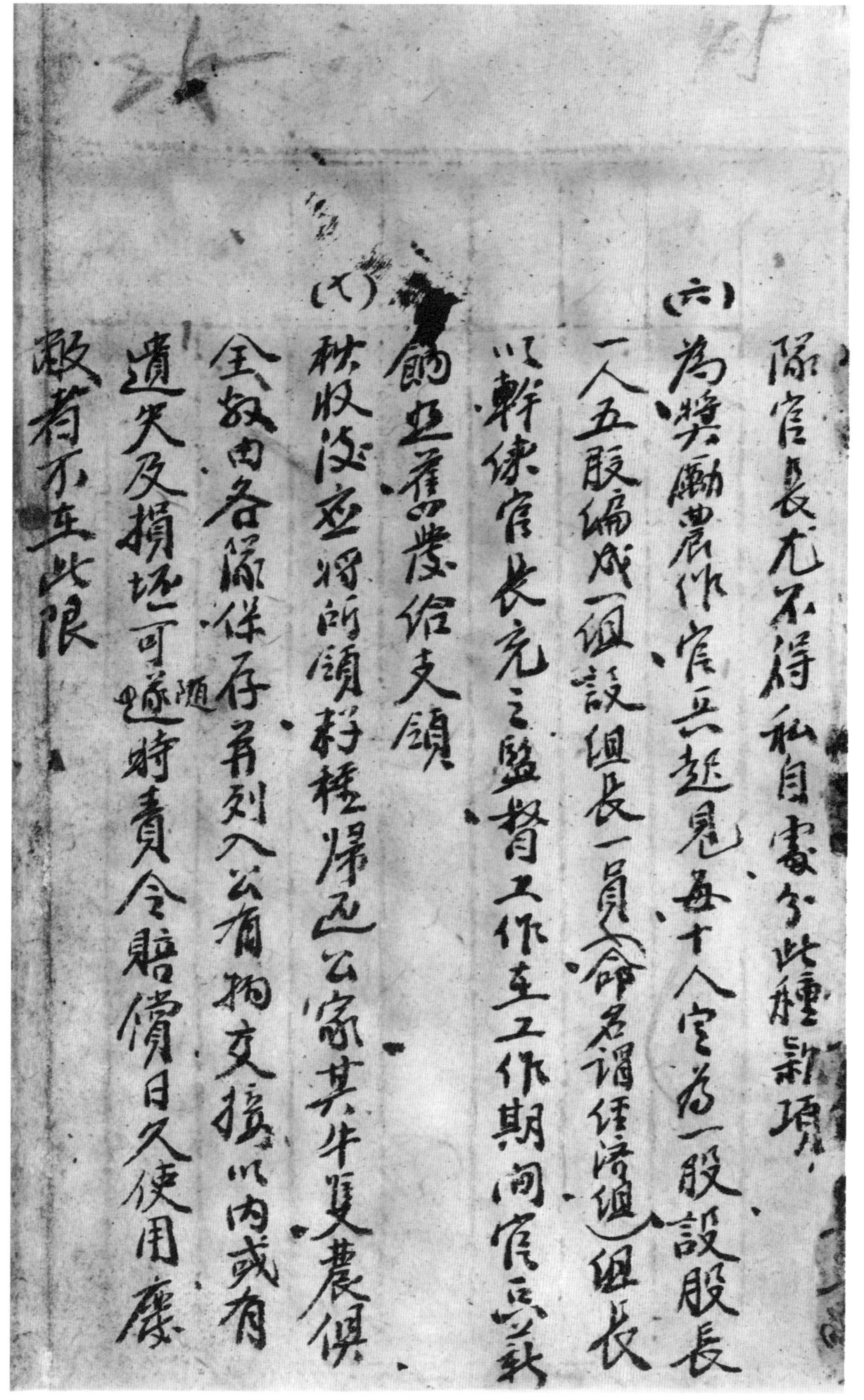

隊官長尤不得私自處分此種款項。

（六）為獎勵農作官兵起見，每十人定為一股，設股長一人，五股編成一組，設組長一員（命名謂經濟組），組長以幹練官長充之，監督工作，在工作期間官兵秋餉照舊發給支領。

（七）秋收後並將所領籽種歸還公家，其牛隻、農具全數由各隊保存，並列入公有物交接，以內或有遺失及損壞，可隨時責令賠償，日久使用廢缺者不在此限。

（八）各組應有收成賬一本至秋收後每組之長應由各該組所收全數內提出百分之廿五分賞各股兵丁以作酬勞再提出百分之五為組長股長督率工作之獎勵全組長應得百分之五之三成其餘七成各組長平分之餘者之數作該隊給養之補助各官兵均不得認為私有惟提出數目依某一組收數為標準甲組與乙組皆根據收成賬簿辦理不得混淆

（九）各帶隊官長（即旅團營連長）及管理經濟部分人

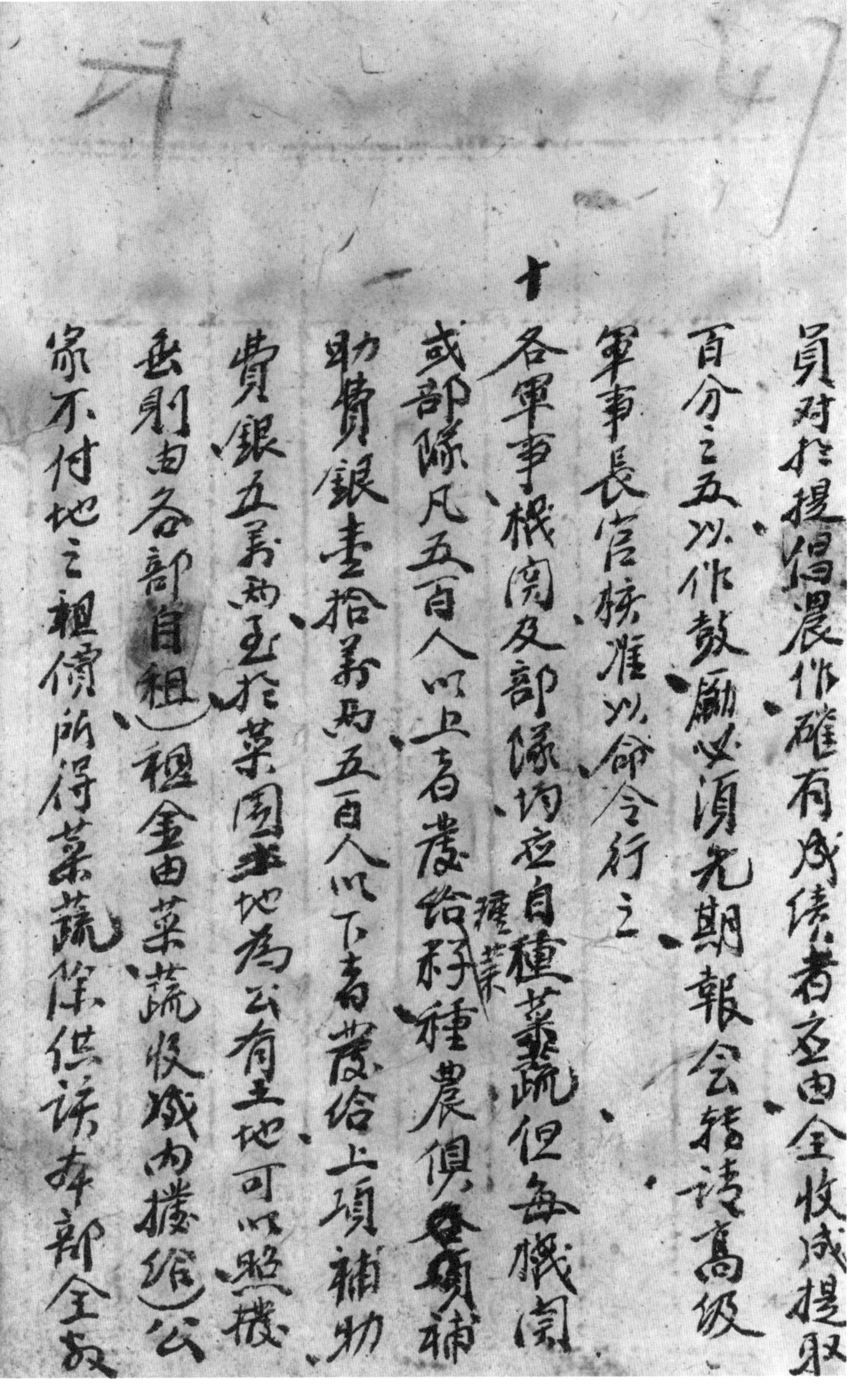

員対於提倡農作確有成績者，應由全收成提取
百分之五以作鼓勵，必須先期報会轉請高級
軍事長官核准，以命令行之。
十、各軍事機関及部隊均應自種菜蔬，但每機関
或部隊凡五百人以上者，發給籽種、農具、各項補
助費銀壹拾萬兩；五百人以下者，發給上項補助
費銀五萬兩，至於菜園並地為公有土地可以照撥，
無則由各部自租，租金由菜蔬收成内撥給，公
家不付地之租價，所得菜蔬，係供該部全数

食用外，如有盈餘，准其出售，所得之價，提出百分之二十，酬賞種菜勞働之士兵，用作鼓勵。

十一、凡種菜各部隊領用公家之補助費，均限於本年十一月底掃數返清，倘來年該隊不能自籌，看仍可臨時斟酌情形，再行借墊。

十二、關于農俱牛隻一切置備，前係各部隊具領時，本會收數註冊，但所領補助銀兩，購置農俱費款，須取有相當單據，呈繳，以備案，以便考查。

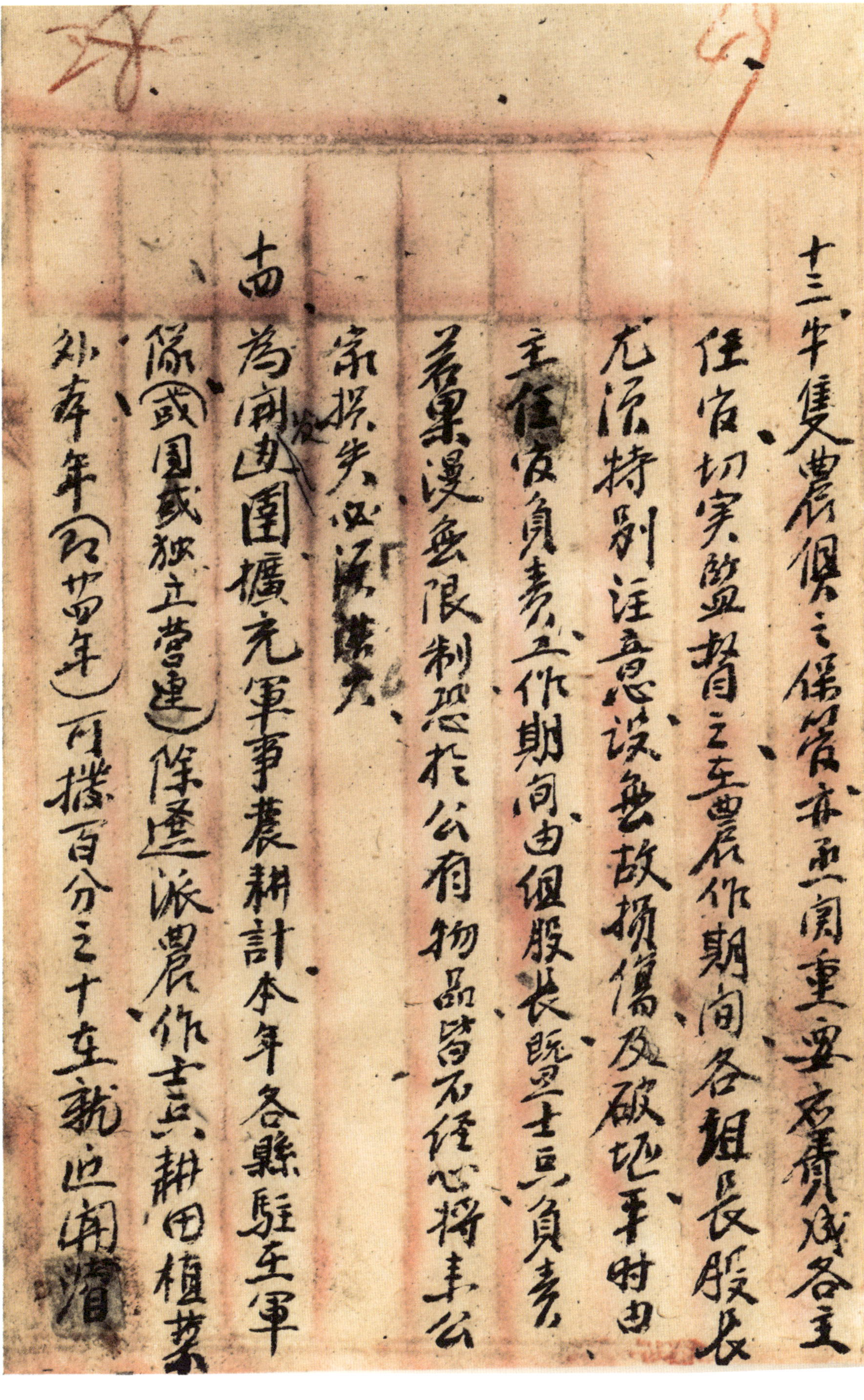
十三、牛隻農俱之保管亦應注重，要交責成各主
任官切實監督之，在農作期間各組長、股長
尤須特別注意，設無故損傷及破壞耕時由
主任官負責。在工作期間由組股長暨士兵負責
若果漫無限制，恐於公有物品皆不經心，將来公
家損失必須甚大。
十四、為開發園擴充軍事農耕，計本年各縣駐在軍
隊（或團或獨立營連）除選派農作士兵耕田植菜
外，本年（民廿四年）可撥百分之十在就近開濬

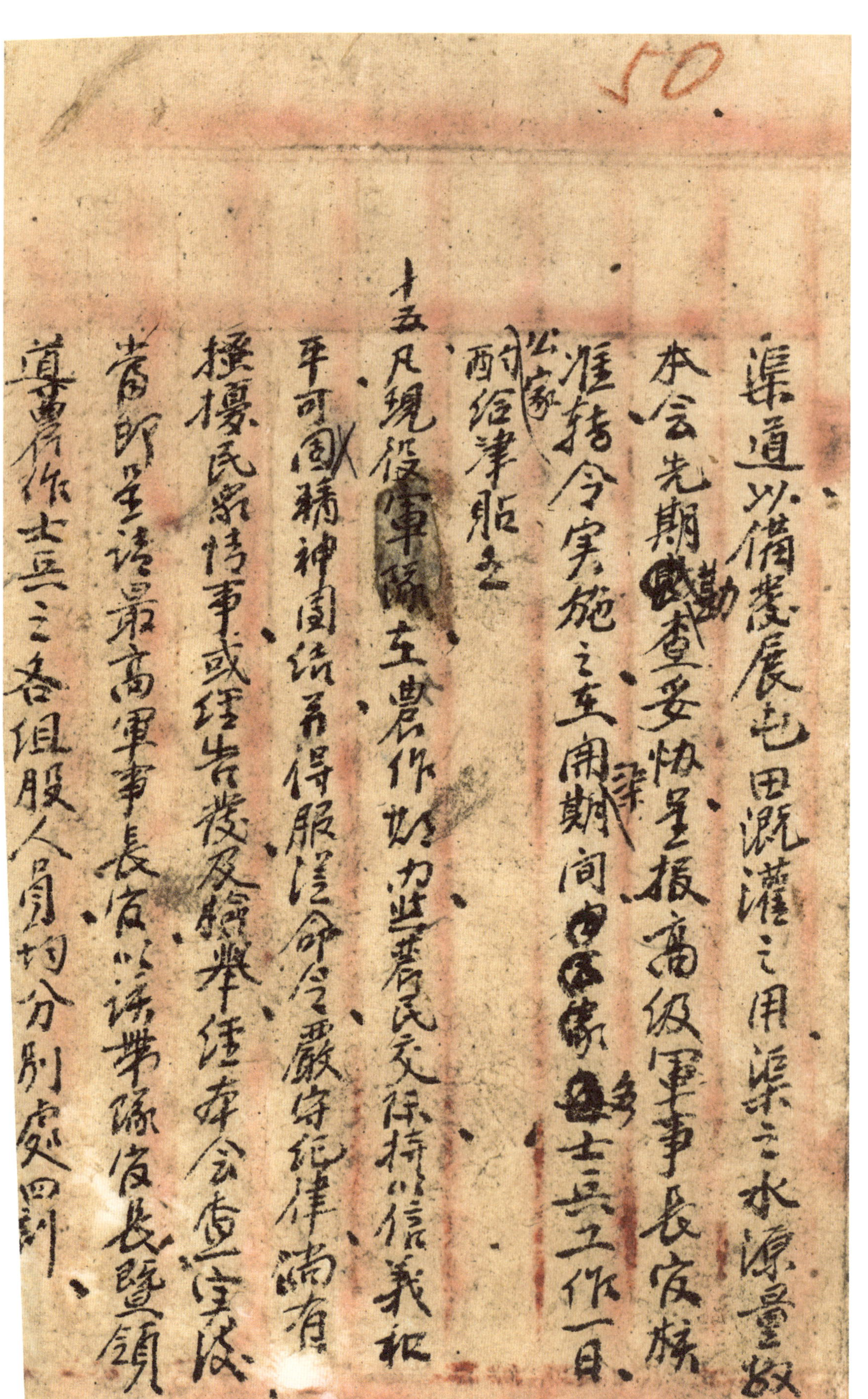

渠道以備發展屯田溉灌之用，渠之水源量數，本會先期勘查妥協，呈報高級軍事長官核准，特令實施之。在開渠期間，由各隊出士兵工作一日，公家酌給津貼之。

十五、凡現役軍隊在屯農作時，均與農民交保持以信義和平，同精神團結，并得服從命令，嚴守紀律，倘有擾擾民衆情事，或經告發及檢舉，經本會查實後，當即呈請最高軍事長官，以該業隊官長暨領導農作士兵之各組股人員，均分別處罰。

新疆省屯墾委員會退伍軍人屯墾辦法草案（1935）（J4-1-101-37）（5-1）

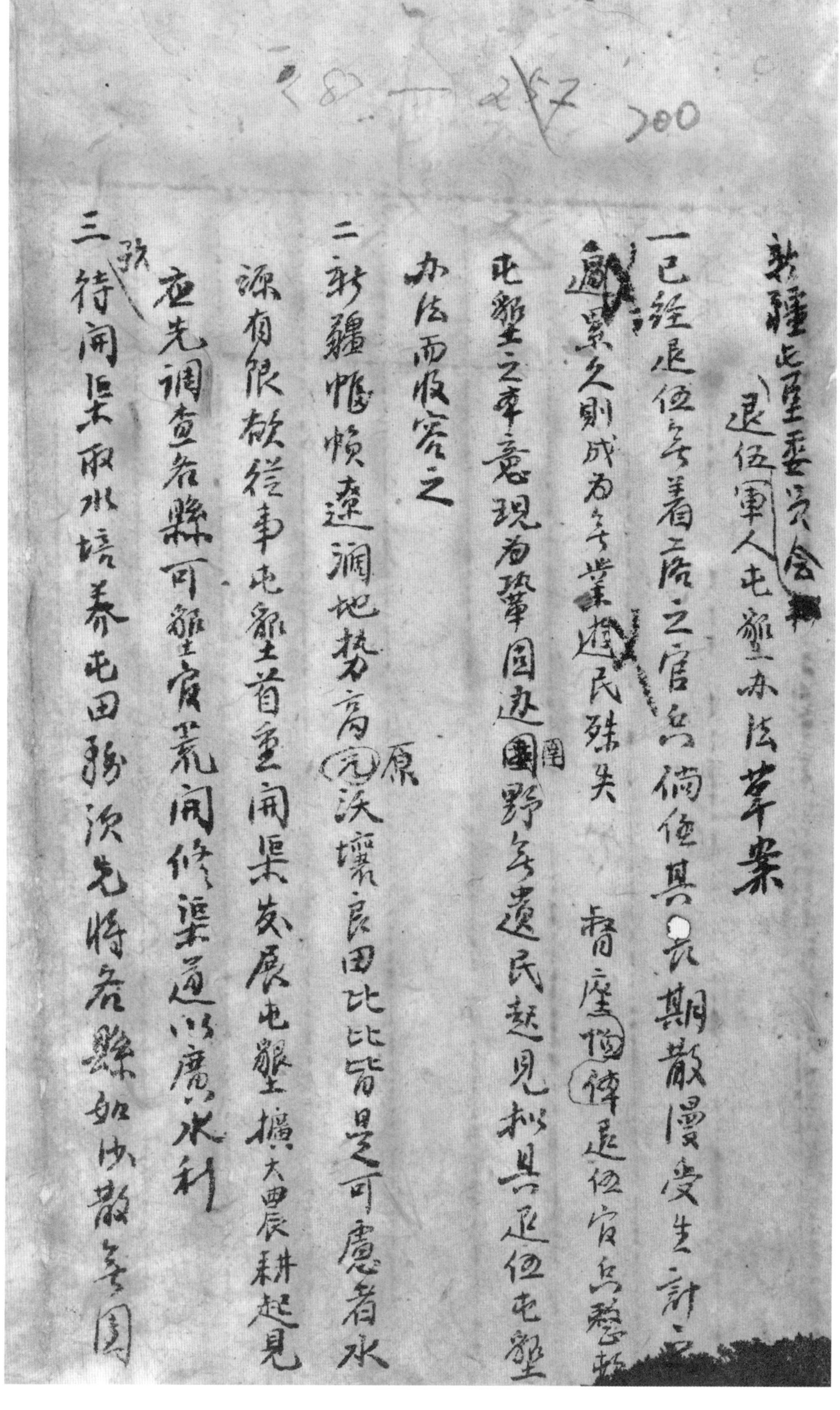

新疆屯墾委員會
退伍軍人屯墾辦法草案
一已經退伍無着落之官兵倘任其長期散漫受生計之
逼累久則成為無業遊民殊失　督座憫恤退伍官兵懃懇
屯墾之本意現為鞏固邊圉野無遊民起見擬具退伍屯墾
辦法而收容之
二新疆幅幀遼闊地勢高原沃壤良田比比皆是可慮者水
源有限欲從事屯墾首重開渠發展屯墾擴大田展耕起見
應先調查各縣可墾荒地開修渠道以廣水利
三待開渠取水培養屯田務須先將各縣如此散無園

〇二四　新疆省屯墾委員會退伍軍人屯墾辦法草案（1935）（J4-1-101-37）（5-2）

估等戰業之退伍官兵由本会赶渠派員赴北路各縣招集編成系帶往國綏來沙灣呼圖壁昌吉迪化乾德阜康孚遠奇台各縣擁水源汪洋充分者從事修渠以資收容而藉發展殊公私兩有俾益

四退伍屯墾士兵在開渠時可編制一百人為一隊十人為一組隊長由軍官內隊官佐中選派之組長由該退伍士兵中擇充之其隊長如收容官佐中有能担任者亦可充之以必須有軍充帶隊官相當之証據考有效至開渠之工作器由公家置備之

202

五、退伍官兵令其現在開渠，不過為目前救濟辦法，待了所濬渠道如能完成，公家即將該渠附近之官有土地撥歸開渠之退伍官兵耕種。（至開渠之工作需俟公家置備之）

六、凡退伍官兵自願經營有生產之土地，公家仍可撥照一編（即可撥給地畝以資耕種）餘官兵撥地五十畝暨百畝之辦法行之。

七、退伍各官兵派員收容以前，由本會先行議定辦法及臨時將來待遇，以備便生家辦事之所遵循。

八、所收容之退伍官兵在開渠時，因工作勞力，維持其應需（應予以相當之）工資問題（應由本會分別設法酌給妥確并行支給之）發給，并轉編撥照工兵營之待遇支給之。（除應上紂）（國中紂）

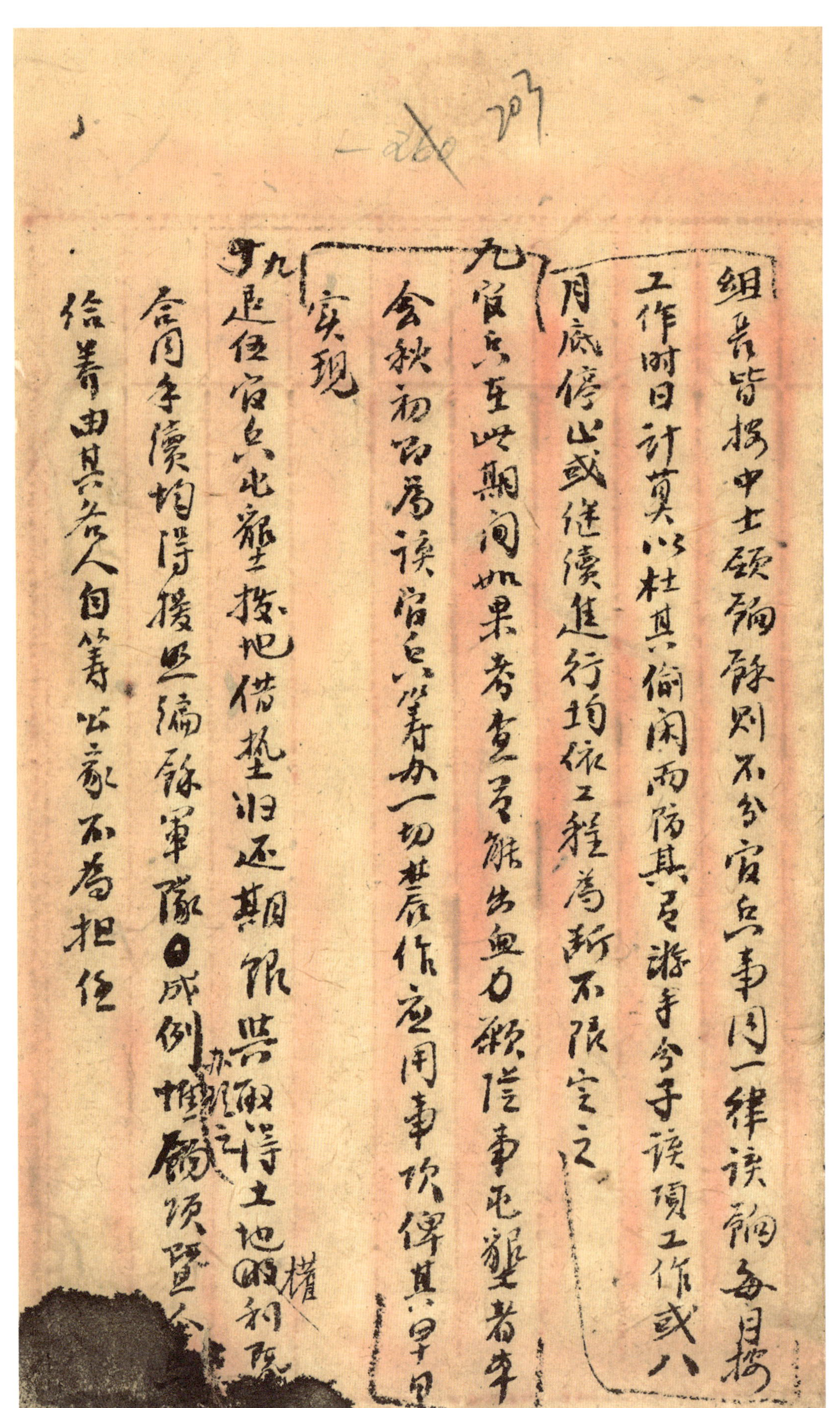

組長皆按中士領餉餘則不分官兵事同一律領餉每月按工作時日計算以杜其偷閑而防其長游手分子該項工作或八月底停止或繼續進行均依工程為斷不限定之

九官兵在此期間如果考查其能出血力願從事屯墾者本會秋初即為該官兵以籌辦一切耕農作應用事項俾其早日實現

十九退伍官兵屯墾之撥地借墊歸還期限與取得土地所有權限合同手續均得援照編餘軍隊之成例惟編餘項照公給養由其各人自籌公家不為担任

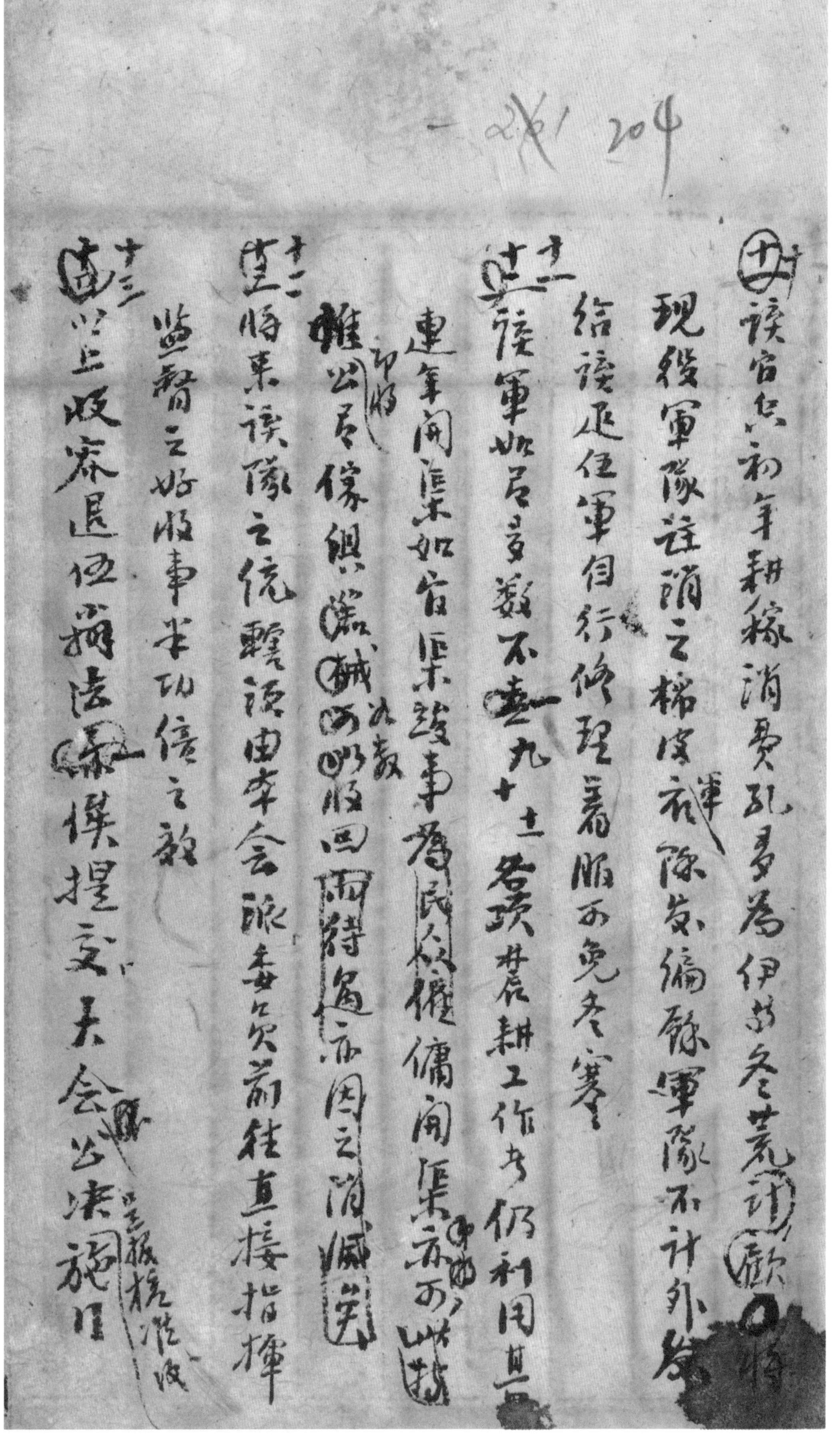

〇二四 新疆省屯墾委員會退伍軍人屯墾辦法草案（1935）（J4-1-101-37）（5-5）

241 204

十四 該官兵初年耕稼消費孔多，為伊犁冬荒計，將

現役軍隊註銷之棉軍衣，除發編餘軍隊不計外，發

給該退伍軍自行修理着服，可免冬寒。

十五 該軍如另有數不盡九十 十三 各項農耕工作者，仍利用其

連年開渠如官渠諸事，為民人所雇傭開渠，亦可中斷此款

雖另係組織器械，收數亦明收回，而待遇亦同之消滅矣

十二 將某該隊之統轄，設由本会派委員前往直接指揮

監督之，將收事半功倍之效。

十三 以上收容退伍軍人辦法擬提交本会公決施行 呈報核准後

○二五　伊犁區行政長公署奉令就民國二十四年田賦改徵折色事給鞏留縣、特克斯設治局的訓令（附新疆省政府指令）（1936-02-22）（J2-1-83-11）（6-1）

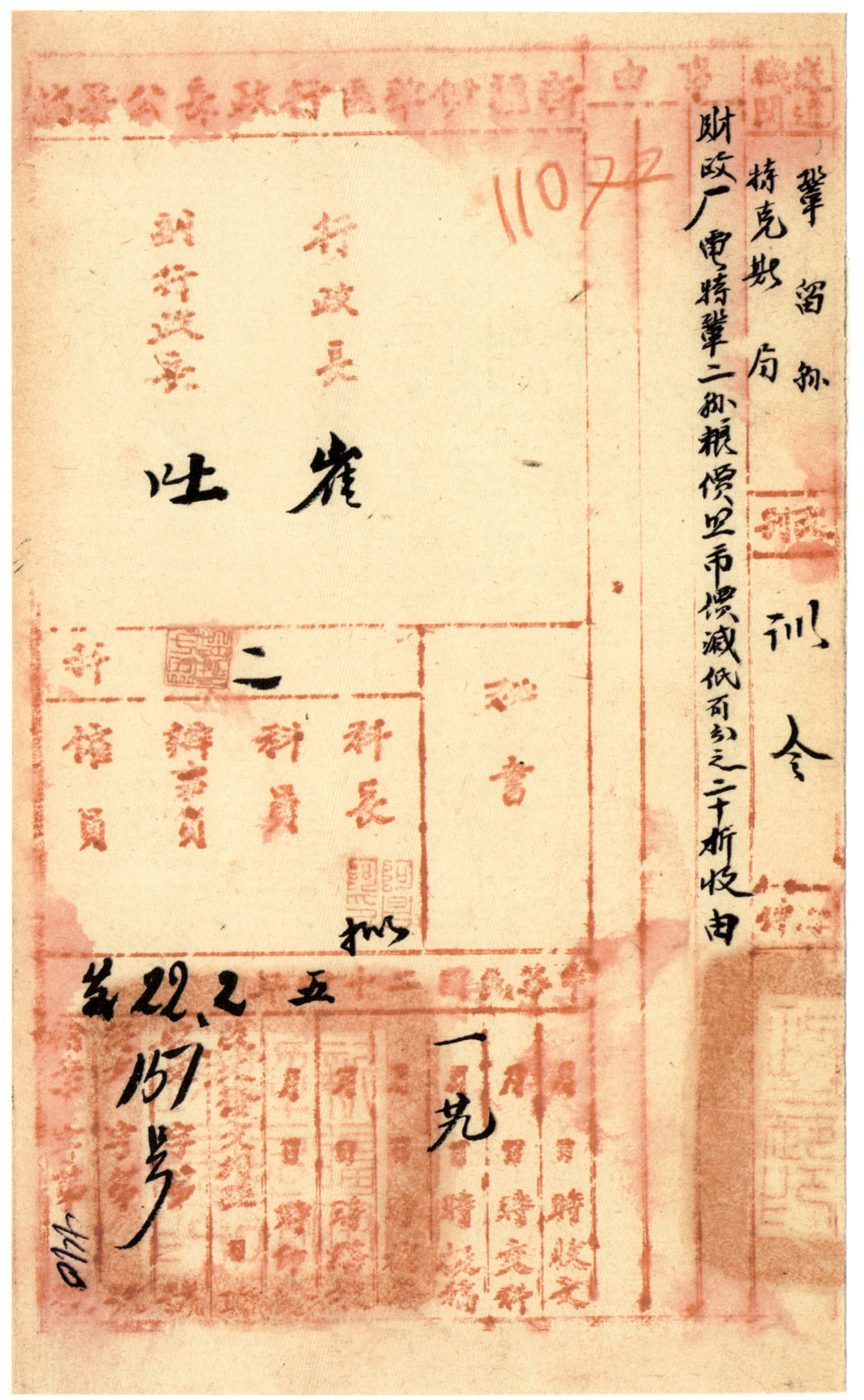

新疆伊犁區行政長公署

訓令

鞏留縣
特克斯局

財政廳電將鞏二縣糧價以市價減低百分之二十折收由

行政長　崔
副行政長　吐

秘書
科長
科員
辦事員
錄事員

11072

二

五

22、2
151號

一先

〇二五　伊犁區行政長公署奉令就民國二十四年田賦改徵折色事給鞏留縣、特克斯設治局的訓令（附新疆省政府指令）（1936–02–22）（J2–1–83–11）（6–2）

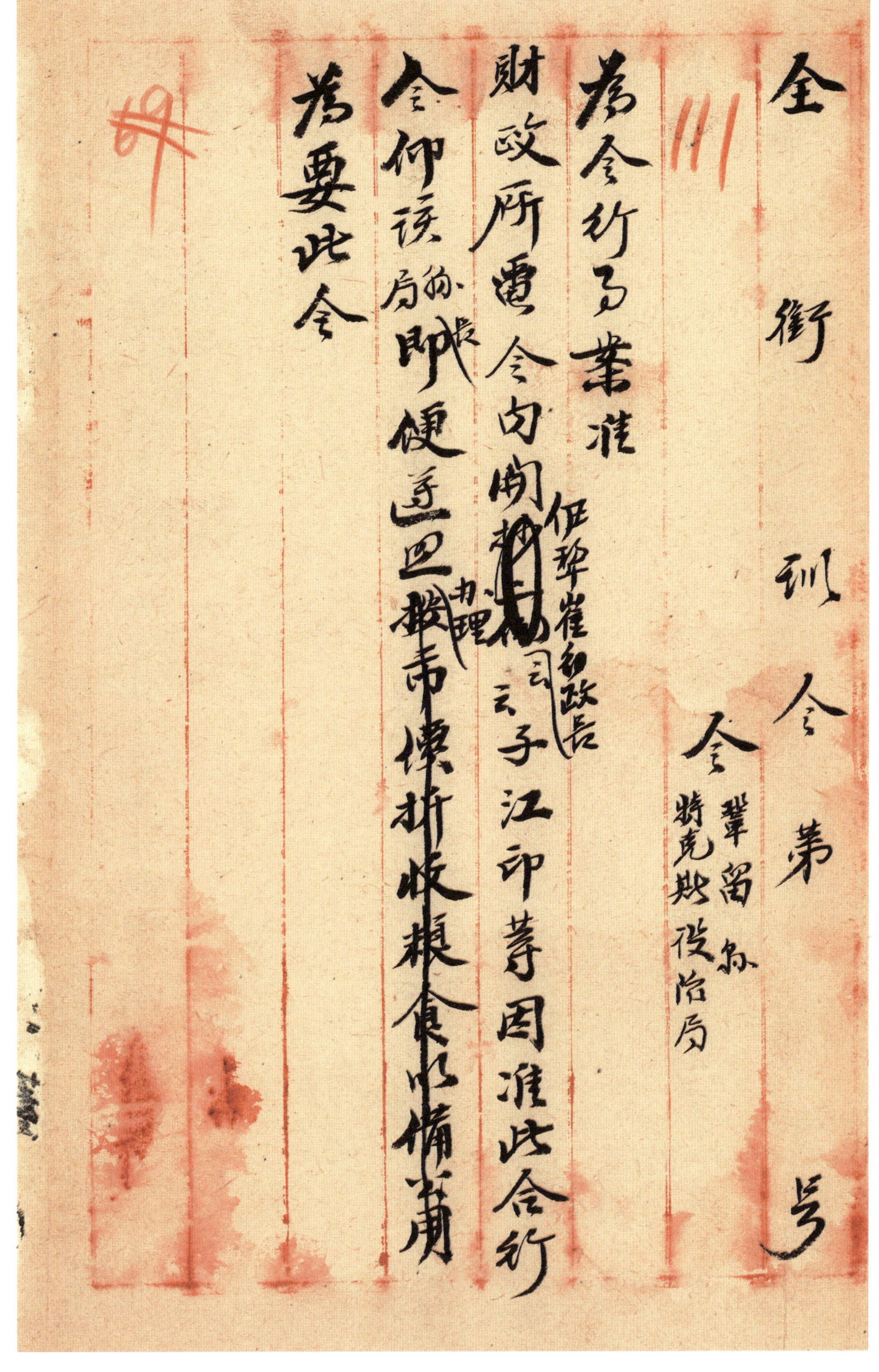
全銜訓令第　　号

令鞏留縣
特克斯設治局

為令行事。案准

財政所函開：奉令內開：准伊犁崔區政長司云子江印等因，准此，合行

令仰該縣局長即便遵照辦理，[illegible]折收糧食以備

為要。此令

〇二五 伊犁區行政長公署奉令就民國二十四年田賦改徵折色事給鞏留縣、特克斯設治局的訓令（附新疆省政府指令）（1936-02-22）（J2-1-83-11）
（6-3）

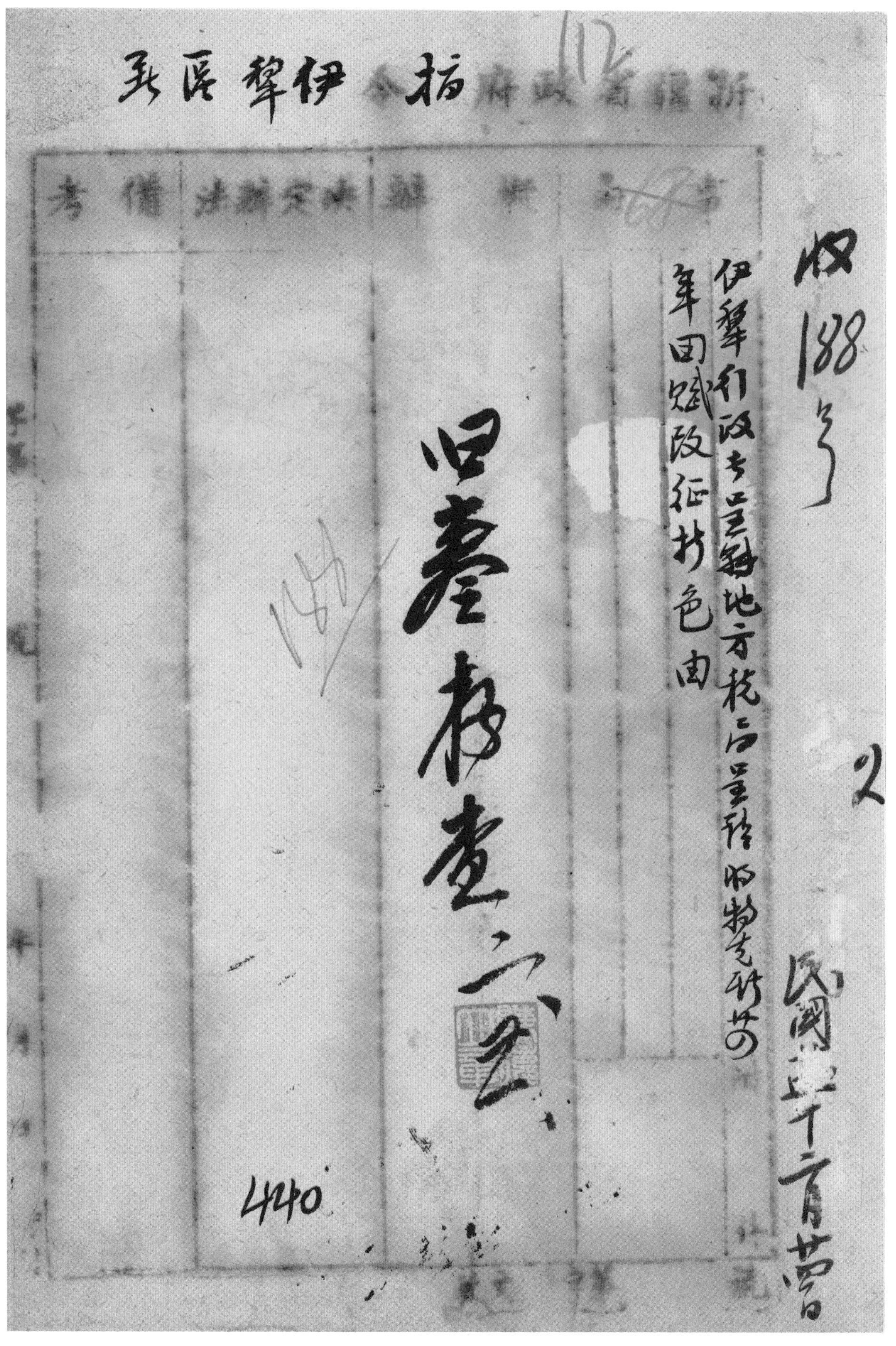
新疆省政府指令 伊犁區長

收188號

〇二五　伊犁區行政長公署奉令就民國二十四年田賦改徵折色事給鞏留縣、特克斯設治局的訓令（附新疆省政府指令）（1936-02-22）（J2-1-83-11）
（6-4）

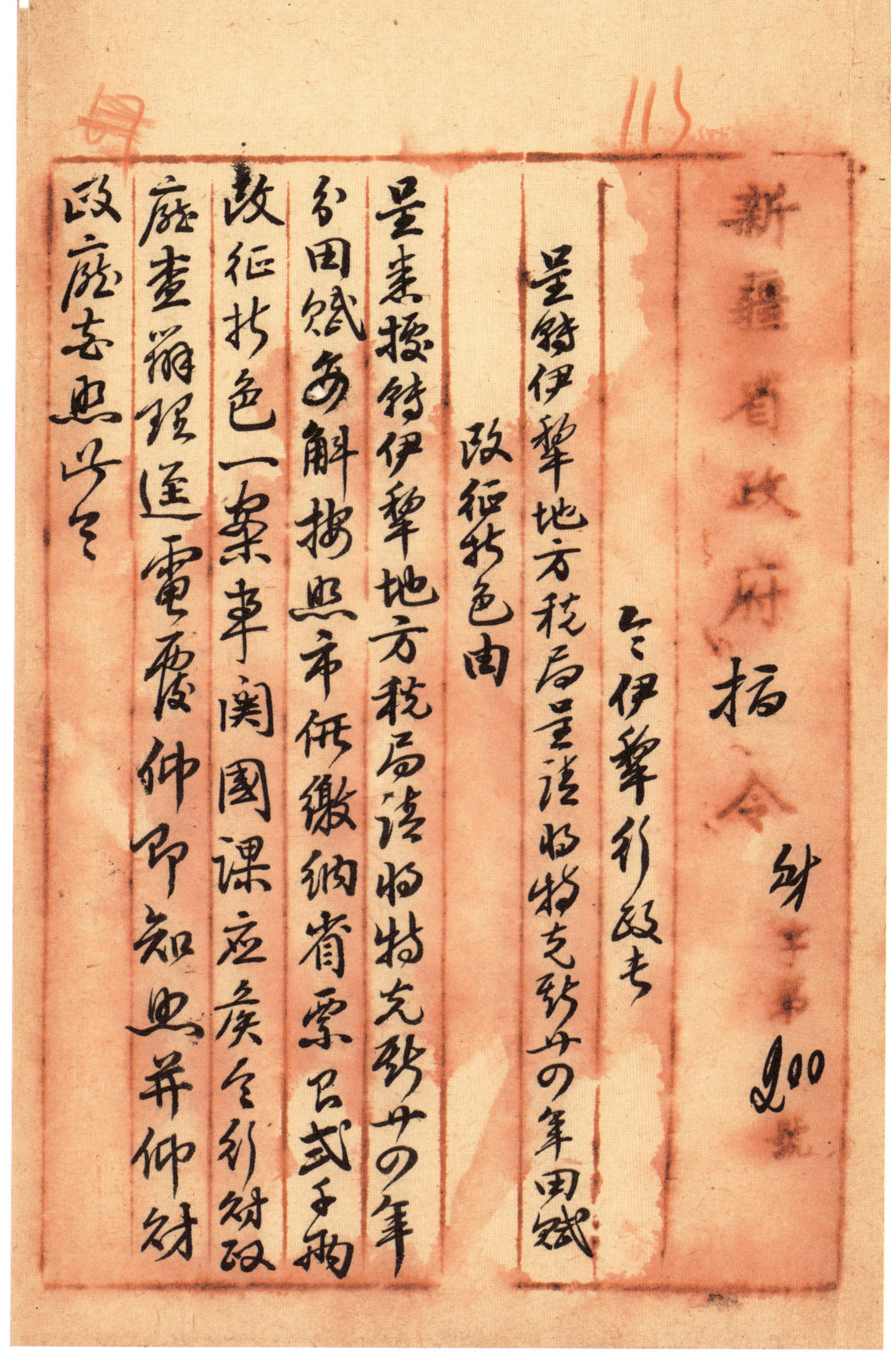

新疆省政府指令　財字第200號

令伊犁行政長

呈轉伊犁地方稅局呈請將特克斯廿四年田賦改征折色由

呈來據轉伊犁地方稅局請將特克斯廿四年分田賦每斛按照市價繳納省票弍千两改征折色一案事関國課應候令行財政廳查覈辦理逕電覆仰即知照并仰財政廳查照此令

〇二五　伊犁區行政長公署奉令就民國二十四年田賦改徵折色事給鞏留縣、特克斯設治局的訓令（附新疆省政府指令）（1936-02-22）（J2-1-83-11）（6-5）

主席李溶

副主席和加尼牙孜

〇二五　伊犁區行政長公署奉令就民國二十四年田賦改徵折色事給鞏留縣、特克斯設治局的訓令（附新疆省政府指令）（1936-02-22）(J2-1-83-11)
（6-6）

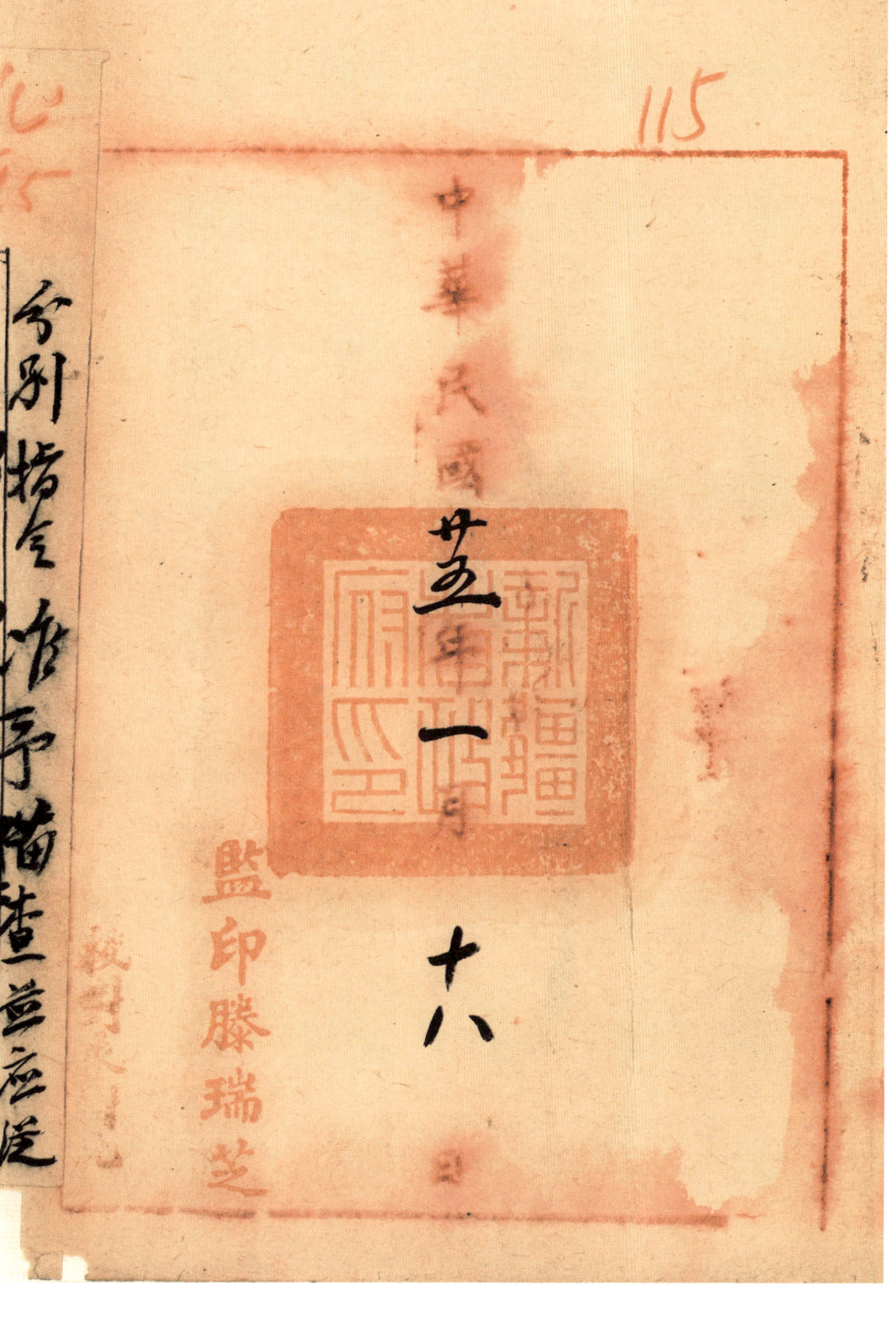

115

中華民國廿五年一月十八日

新疆省政府印

監印滕瑞芝

令別　指令

〇二六　新疆伊犁屯墾使公署就運鹽接濟伊區蒙哈被灾各牧情形事給督辦、省政府的呈（1936-02-27）（J4-1-36-14）（6-1）

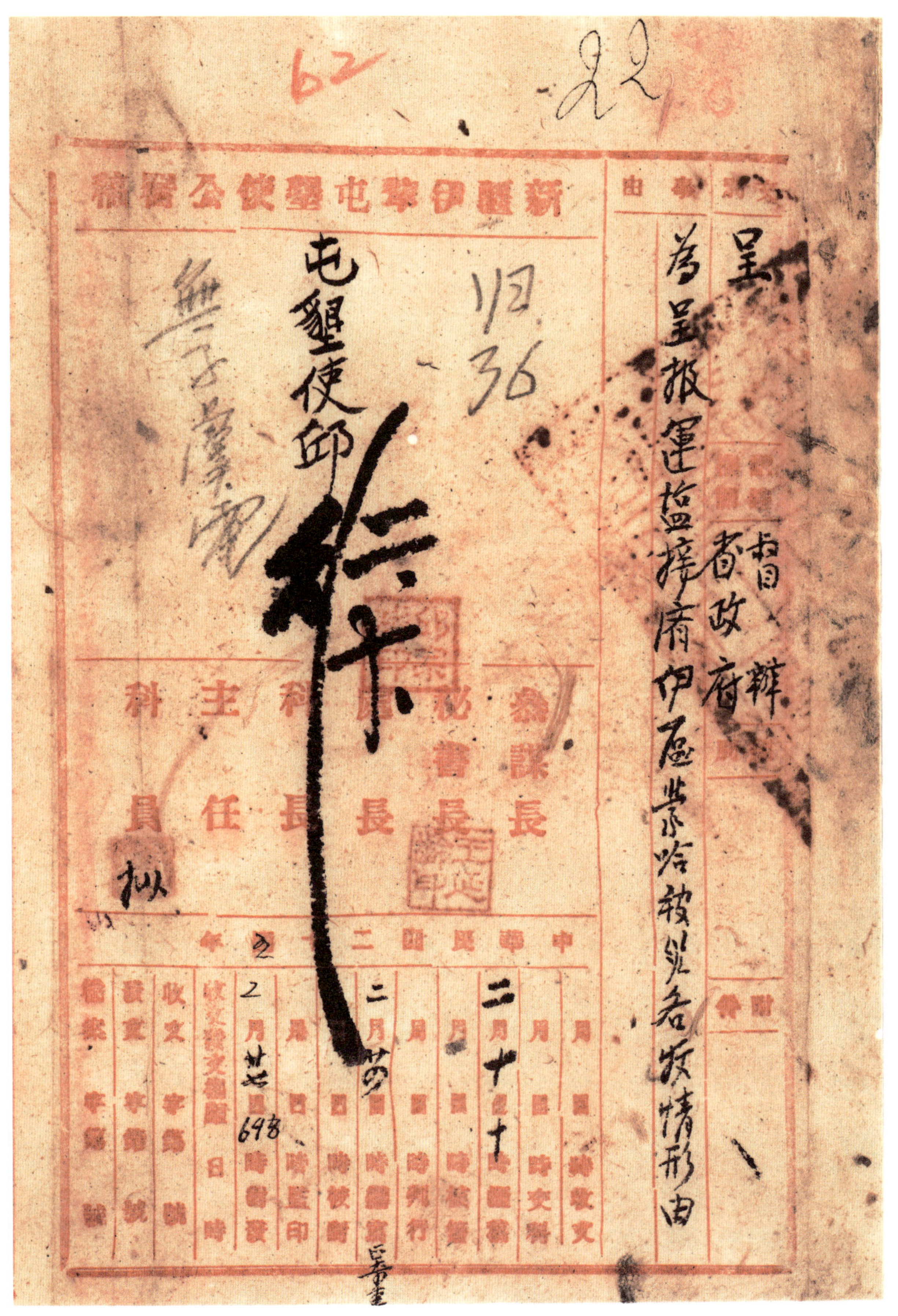

新疆伊犁屯墾使公署稿

事由：呈督辦、省政府

為呈報運鹽接濟伊區蒙哈被災各牧情形由

屯墾使印

科主任

秘書長

參謀長

中華民國二十五年二月

〇二六　新疆伊犁屯墾使公署就運鹽接濟伊區蒙哈被災各牧情形事給督辦、省政府的呈（1936-02-27）（J4-1-36-14）（6-2）

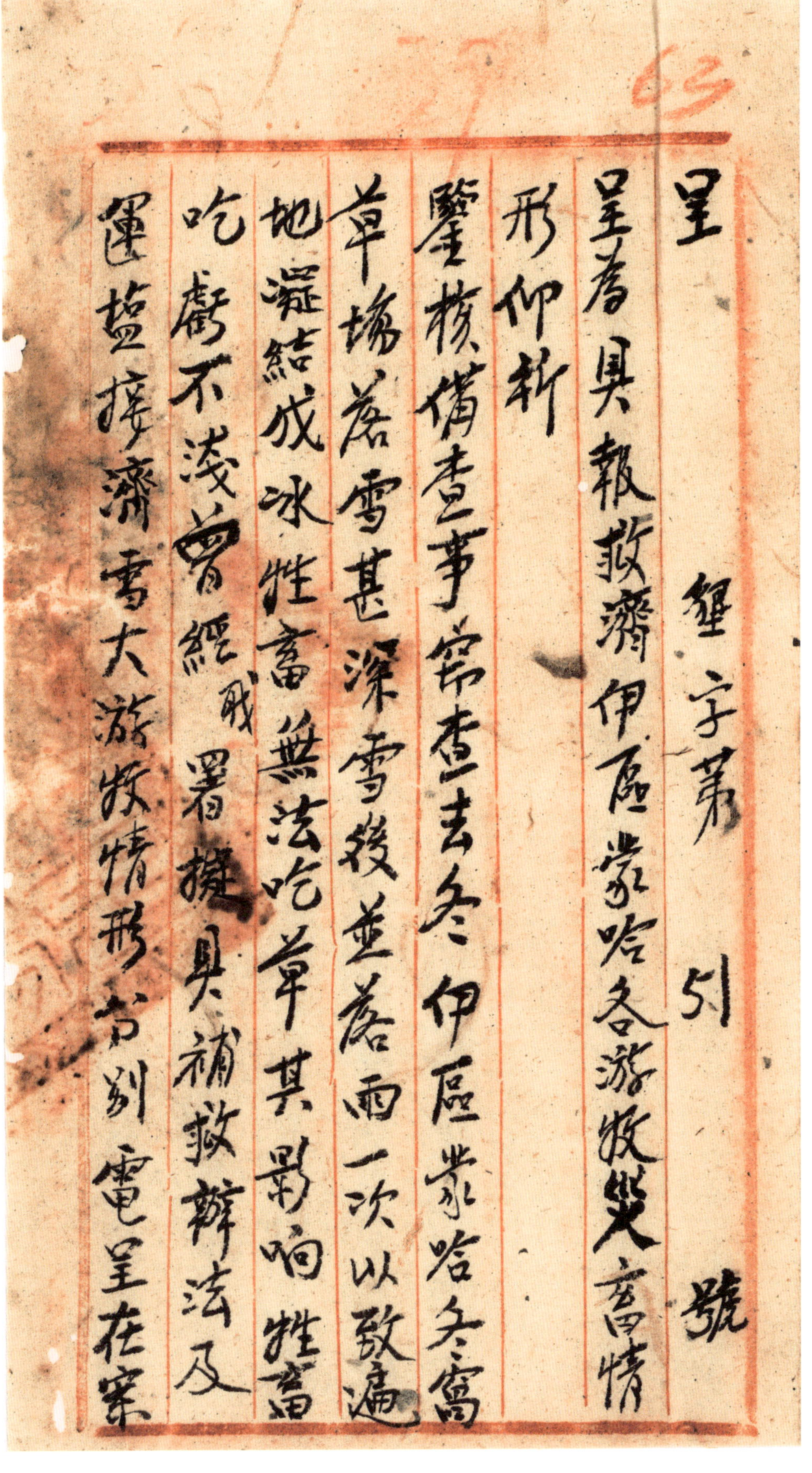

呈

墾字第　引　號

呈為具報救濟伊區蒙哈各游牧災畜情

形仰祈

鑒核備查事竊查去冬伊區蒙哈各營

草場落雪甚深雪後並落雨一次以致遍

地凝結成冰牲畜無法吃草其影响牲畜

吃虧不淺曾經職署擬具補救辦法及

運鹽接濟雪大游牧情形前列電呈在案

〇二六　新疆伊犁屯墾使公署就運鹽接濟伊區蒙哈被灾各牧情形事給督辦、省政府的呈（1936-02-27）（J4-1-36-14）（6-3）

並國派駝赴精河運鹽往返需日救
濟此次被災牲畜難恐緩不濟急遂電
請將前回伊所乘汽車暫留三輛往精
河運鹽以資迅速而免躭延并蒙照准
案目下汽車業已運鹽三次共計九
百普特均按議定次序及地方分往售
給各災區極力營救其蒙哈牧民購
買者皆爭先恐後絡繹不絕同聲歡頌

〇二六　新疆伊犁屯墾使公署就運鹽接濟伊區蒙哈被災各牧情形事給督辦、省政府的呈（1936-02-27）（J4-1-36-14）（6-4）

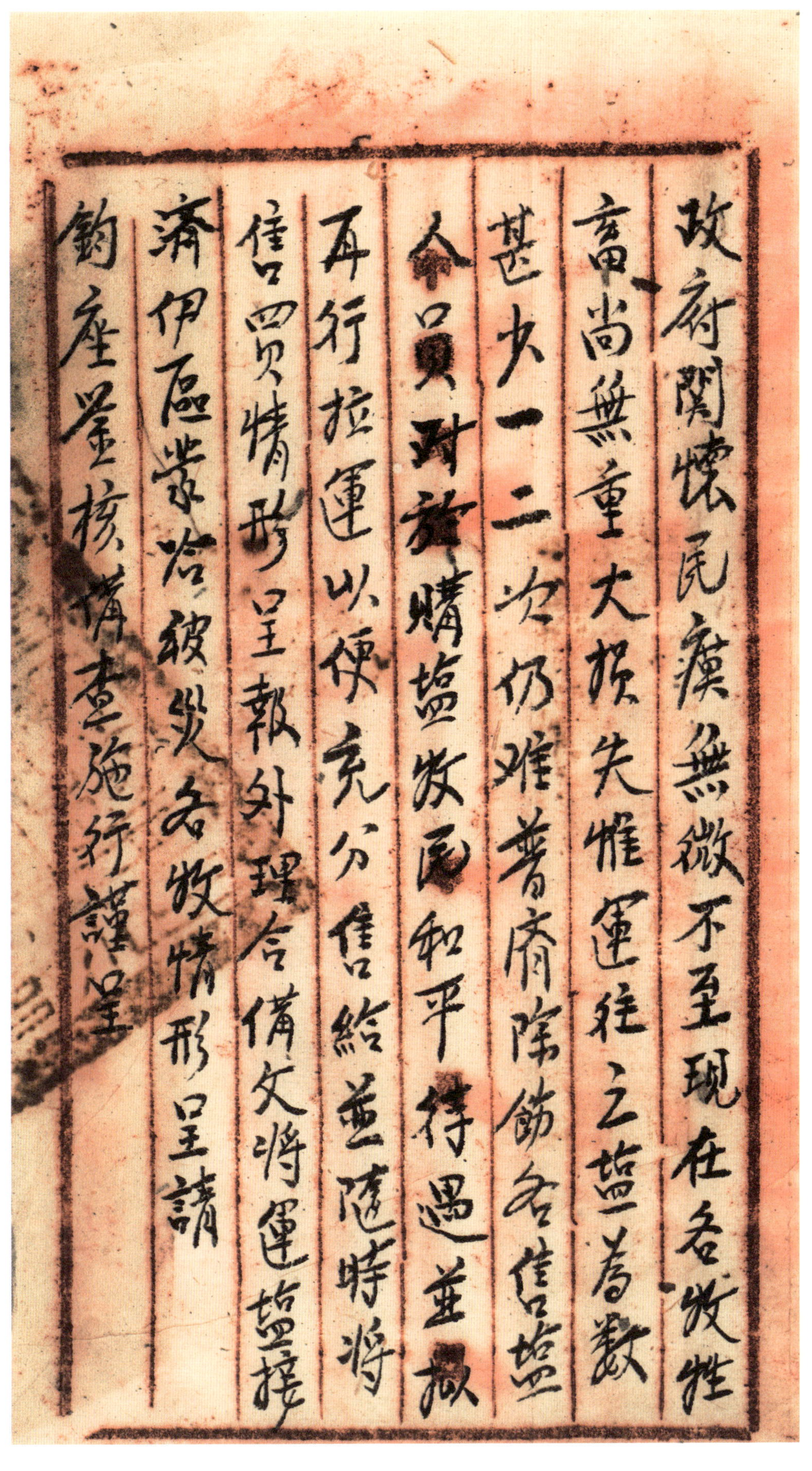
政府關懷民瘼無微不至現在各牧牲
畜尚無重大損失惟運往之鹽為數
甚少一二次仍難普濟除飭各售鹽
人員對於購鹽牧民和平待遇並擬
再行拉運以便充分售給並隨時將
售賣情形呈報外理合備文將運鹽接
濟伊區蒙哈被災各牧情形呈請
鈞座鑒核備查施行謹呈

〇二六　新疆伊犁屯墾使公署就運鹽接濟伊區蒙哈被灾各牧情形事給督辦、省政府的呈（1936-02-27）（J4-1-36-14）（6-5）

〇二六　新疆伊犁屯墾使公署就運鹽接濟伊區蒙哈被灾各牧情形事給督辦、省政府的呈（1936-02-27）（J4-1-36-14）（6-6）

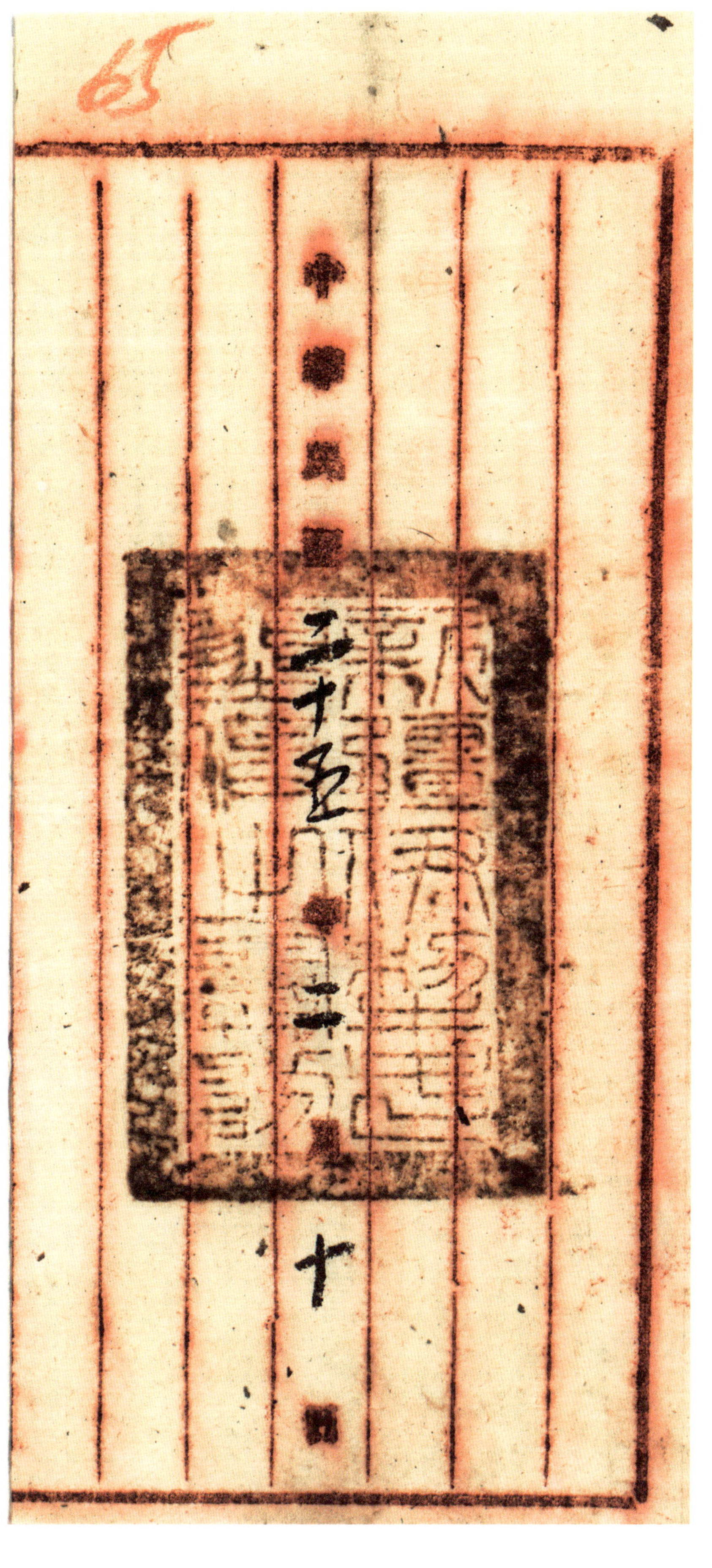
中華民國二十五年二月十日

〇二七　伊犁區行政長公署就伊寧、鞏留兩縣調查貸借貧農籽種犁鏵款項事給何萬福等五人的委任令（1936-04-10）（J2-1-70-9）（3-1）

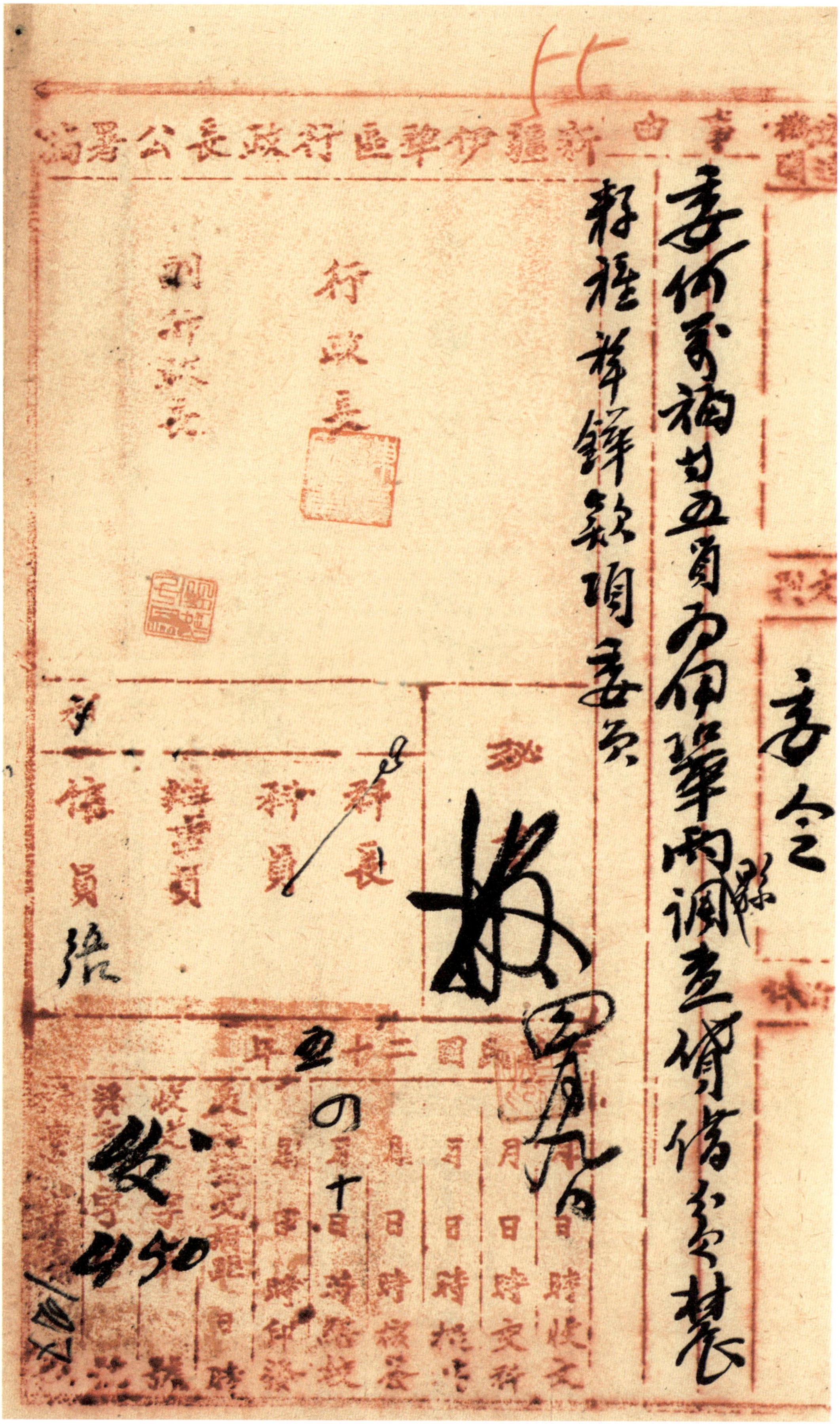

新疆伊犁區行政長公署

事由：委何萬福甘五員分赴寧鞏兩縣調查貸借籽種犁鏵款項委令

委令

行政長

副行政長

擬

民國二十五年四月十日

發 4150

○二七　伊犁區行政長公署就伊寧、鞏留兩縣調查貸借貧農籽種犁鏵款項事給何萬福等五人的委任令（1936-04-10）（J2-1-70-9）（3-2）

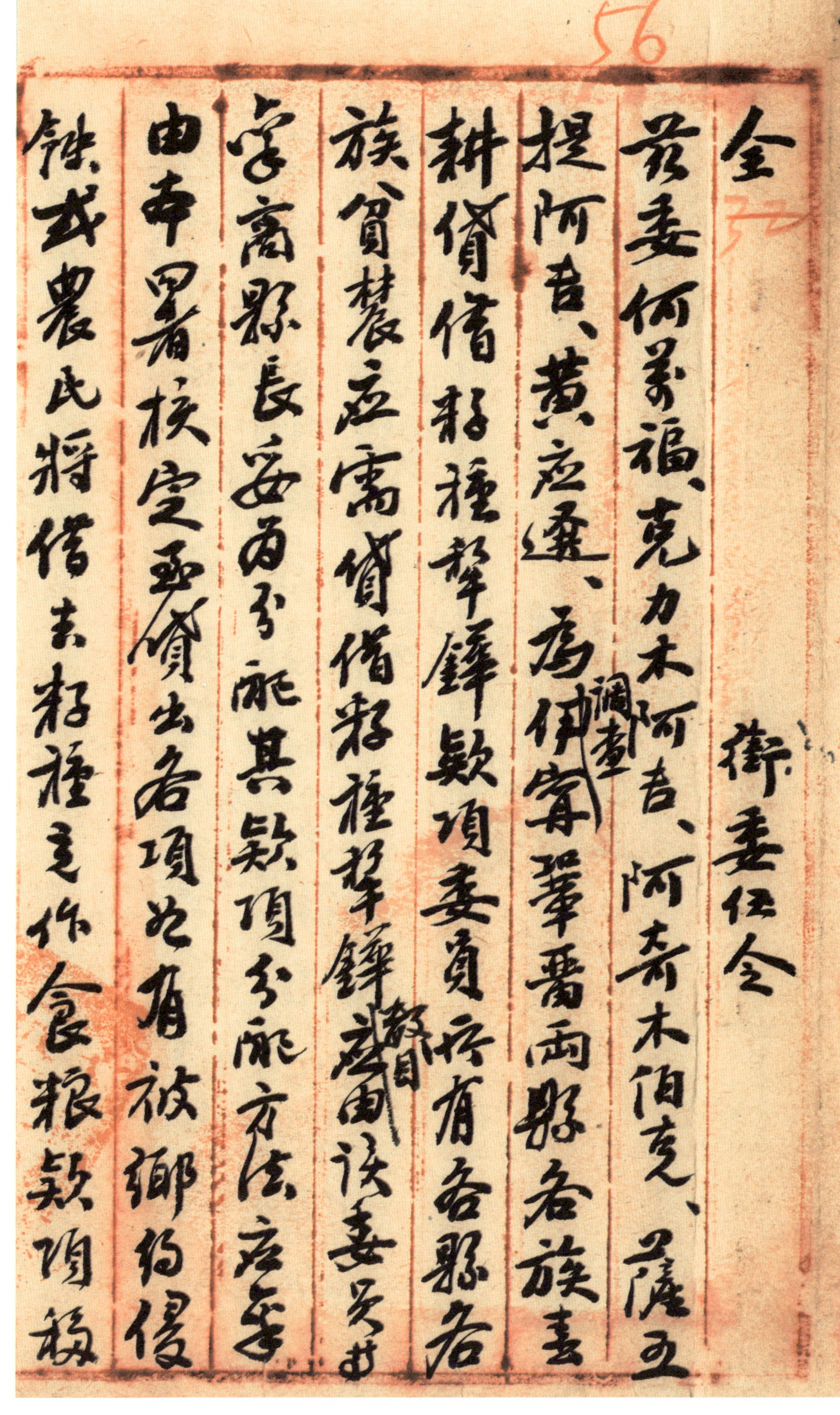

令　　　　銜委任令

茲委何萬福、克力木阿吉、阿布都木伯克、吳薩五提阿吉、黃應遴、為調查伊寧、鞏留兩縣各族貧耕貸借籽種犁鏵款項委員，所有各縣各族貧農應需貸借籽種犁鏵數目應由該委員等會商縣長妥為分配，其款項分配方法應俟由本署核定再貸出，各項如有被鄉約侵蝕，或農民將借去籽種充作食糧款項移

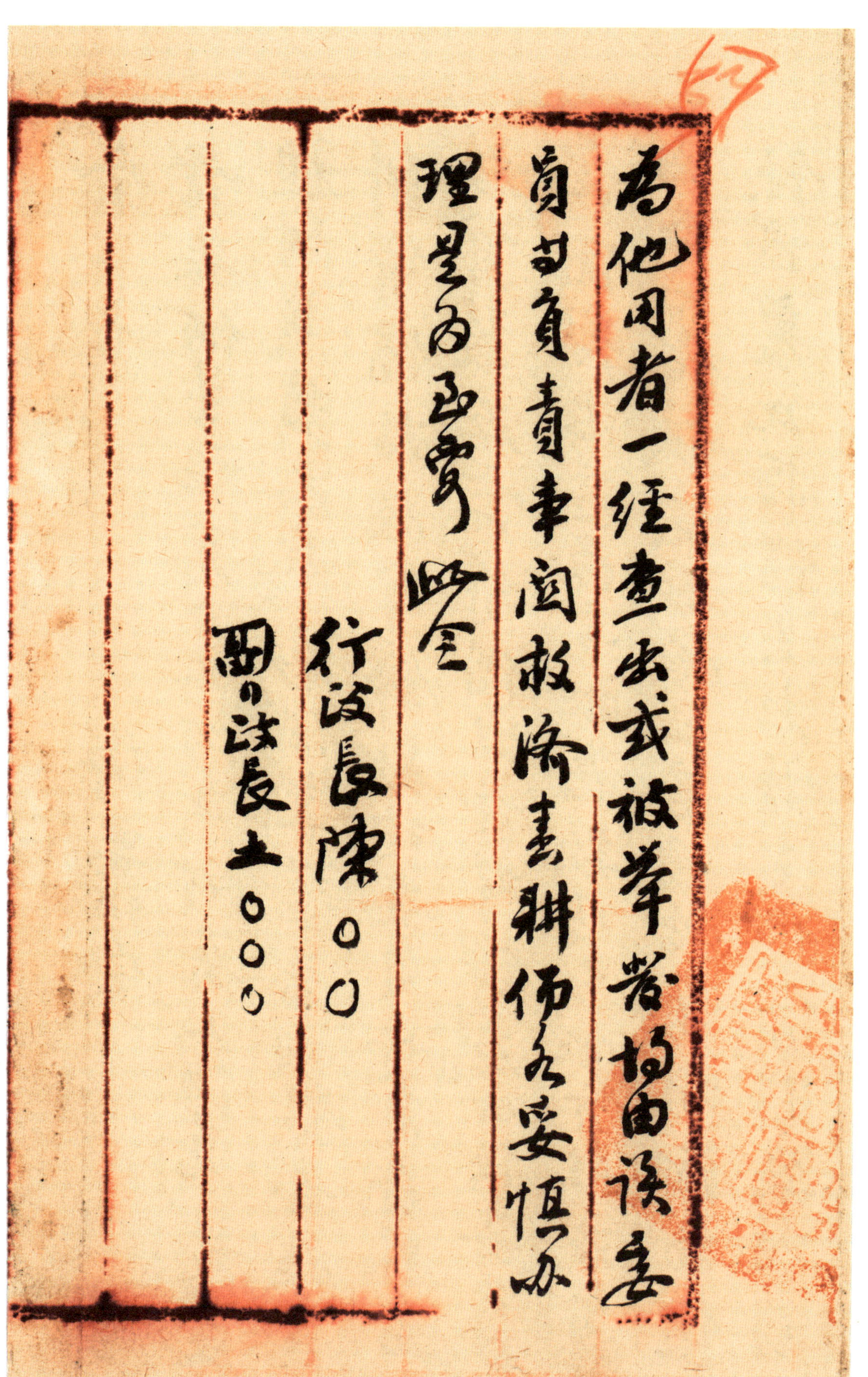
為他用者一經查出或被舉發，均由該委
員等負責。專閱救濟春耕，仰即妥慎辦
理，是為至要。此令
行政長陳〇〇
副行政長王〇〇

〇二七　伊犁區行政長公署就伊寧、鞏留兩縣調查貸借貧農籽種犁鏵款項事給何萬福等五人的委任令（1936–04–10）（J2–1–70–9）（3–3）

〇二八　新疆邊防督辦公署爲救濟各游牧擴大春耕供給所需籽種事給省政府、財政廳、伊犁邱屯墾使、陳行政長的代電（1936-04-23）
（J5-1-6-15）（2-1）

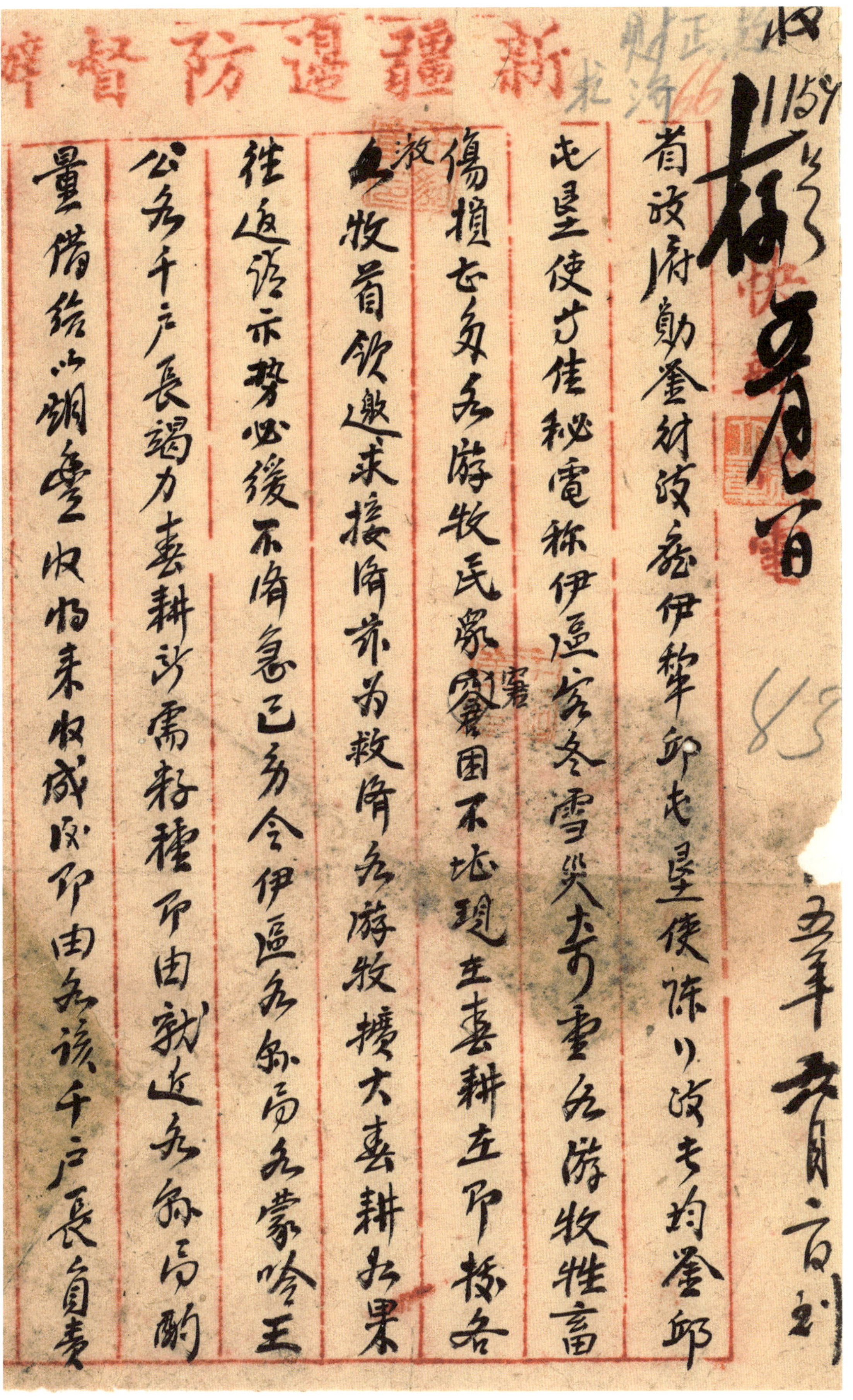

新疆邊防督辦公署

省政府、財政廳、伊犁邱屯墾使、陳行政長均鑒：邱屯墾使寸佳秘電稱：伊區今冬雪災奇重，各游牧牲畜傷損甚多，各游牧民衆窘困不堪，現在春耕在即，據各游牧首領來署懇求接濟，並爲救濟各游牧擴大春耕，如果往返請示，勢必緩不濟急。已分令伊區各縣局、各蒙哈王公、各千戶長竭力春耕，所需籽種即由就近各縣局酌量借給，以期無[illegible]收，將來收成後即由各該千戶長負責

〇二八　新疆邊防督辦公署爲救濟各游牧擴大春耕供給所需籽種事給省政府、財政廳、伊犁邱屯墾使、陳行政長的代電（1936–04–23）

（J5–1–6–15）（2–2）

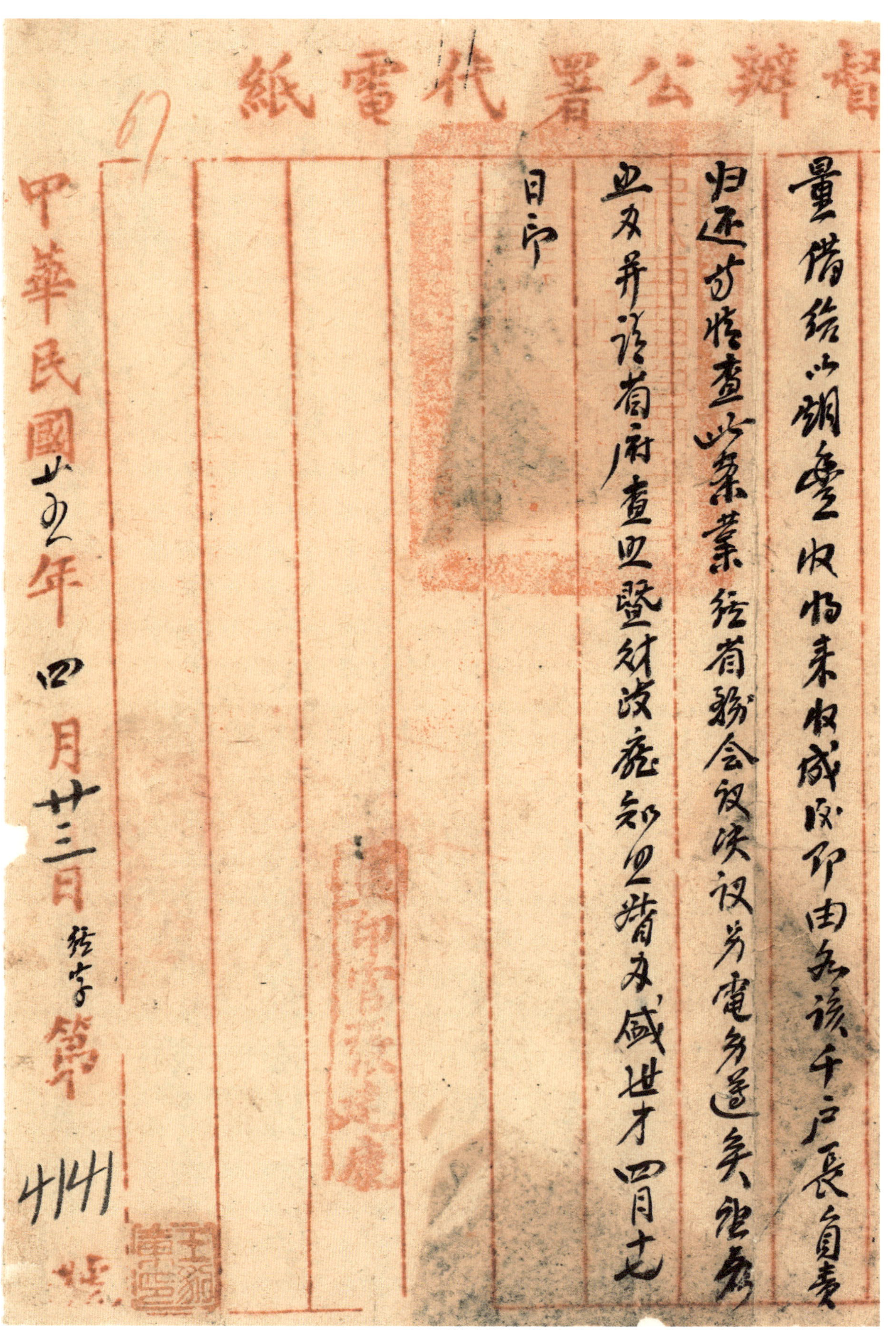

督辦公署代電紙

量借給，以期豐收，將來收成後即由各該千户長負責歸還。等情。查此案業經省務會議決議，另電分達矣。飭爲並及，并請省府查照暨財政廳知照。盛世才。四月七日印

中華民國廿五年四月廿三日

發字第4141號

○二九　伊犁地方税局就阿拉班各千户長等稟請徵税各情形事的呈及伊犁屯墾使公署的指令、訓令（1936-04-28）（J5-1-8-21）（11-1）

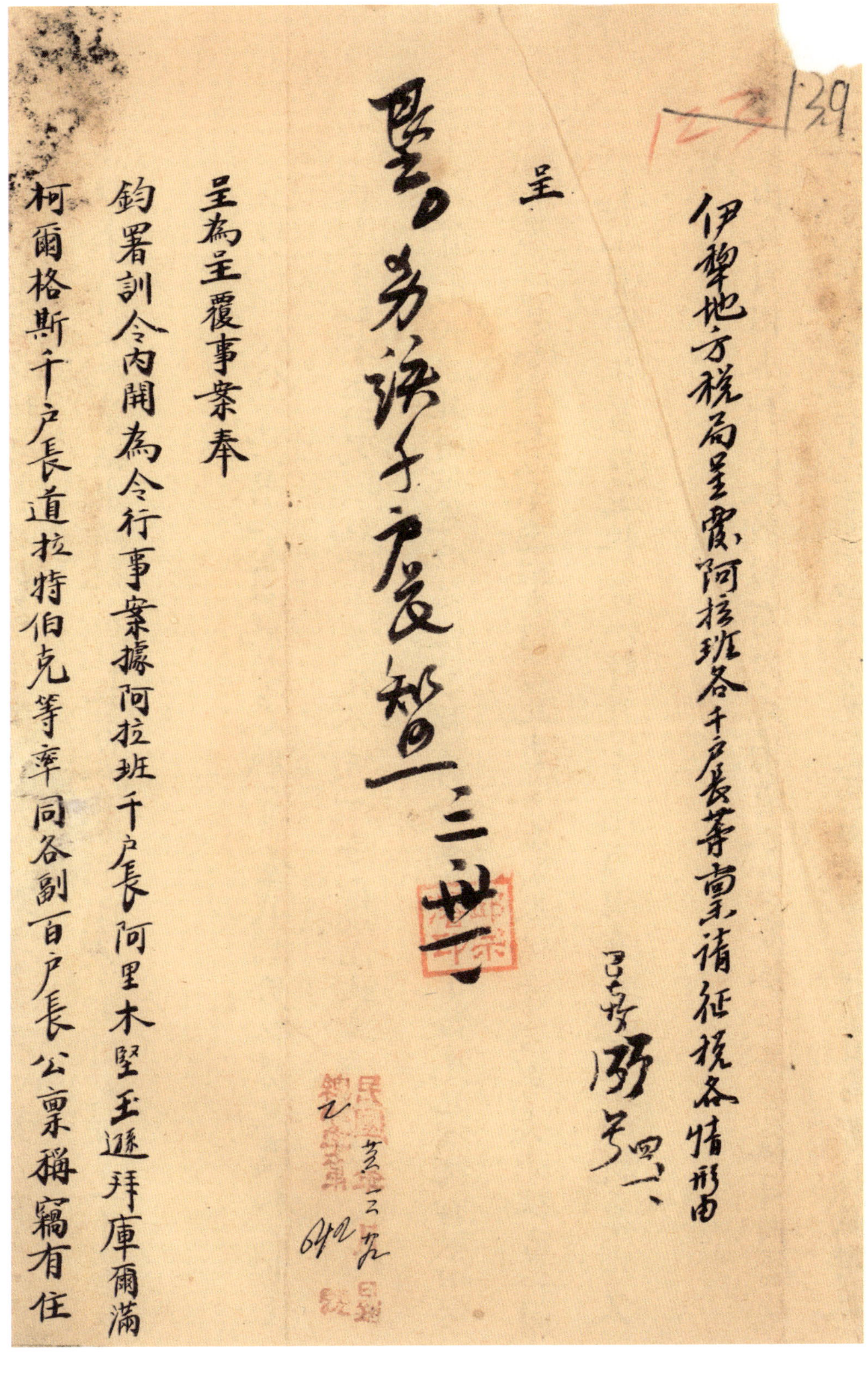

伊犁地方税局呈覆阿拉班各千户長等稟請征税各情形由

局長劉　四、一

呈

墾務孫千户長智　三、卅一

呈為呈覆事案奉

鈞署訓令内開為令行事案據阿拉班千户長阿里木堅玉遜拜庫爾滿

柯爾格斯千户長道拉特伯克等率同各副百户長公稟稱竊有住

〇二九　伊犁地方稅局就阿拉班各千戶長等稟請徵稅各情形事的呈及伊犁屯墾使公署的指令、訓令（1936–04–28）（J5–1–8–21）（11–2）

科布設治局班局長及稅局局長等招集職等面諭如對於哈民的
校木料及燒柴祜木結親采礼牲畜修房木料修牲圈木料至于水磨
並由親朋借貸牲畜完全徵稅等令職等查我們哈牧係逐隨水草任
牧度日並不住一定地點而不過在冬天一季藉以住牧生活而已且牧民生
計貧窮向無此例擬懇屯墾使鑒核憐念苦情准予豁免此項稅抑或如何
施恩辦理之處伏候示遵等情據此查蒙哈游牧婚嫁給與大小牲畜如同
送礼借貸牲畜仍還牲畜似非買賣此兩項是否合乎納稅原則又
山林自用木料係砍伐自有草場內者水磨亦係公共所設自用磨麵
並不營業此等稅章不知因何規定應由該局長據實查考按照游牧

〇二九　伊犁地方税局就阿拉班各千户長等稟請徵税各情形事的呈及伊犁屯墾使公署的指令、訓令（1936-04-28）（J5-1-8-21）（11-3）

情形詳核呈覆必使税務無損牧民不虧且合納税原則為宜並仰將此
欵税章抄呈一份以便查核為要仰即遵辦具報此令等因奉此當經令
飭特克斯分局主任郝中立查覆去後茲據該主任呈稱呈為呈
覆事案奉鈞局訓令飭職查覆本年二月二十一日招集各游牧千百
户長會議勸令照章納税一案等因奉此竊職自去年四月奉命
到特迄今十一閱月凡各月分之收入均係漢維各商民輸納其游
牧百姓鮮知納税義務自去年冬季游牧多數百姓每日用爬犁或
牛馬裝馱皮張羊腸運至伊寧銷售惟不知納税扯票行至職

〇二九　伊犁地方稅局就阿拉班各千户長等禀請徵稅各情形事的呈及伊犁屯墾使公署的指令、訓令（1936-04-28）（J5-1-8-21）（11-4）

屬下胡青大板卡被卡員查驗無票抓獲送請職局核辦刻
值整頓稅務時期萬難輕縱均已照章處罰無如各牧民本不知納
稅為應盡之義務突然受罰情實可憫自去冬至今查獲偷稅
案犯不知凡幾均係阿勒班柯爾格斯各游牧百姓罰款動輒數
萬職因體念商艱起見是以商同設治局長招集阿勒班柯勒格
斯各千百户長招集會議勸令曉諭百姓照章納稅以免受罰并
將新政府財政奇絀所有建設一切均賴稅收辦理如今民眾納稅即
是擁護新政府第一步任務等情當經宣布各千百户長要求
婚姻酵酢各牲畜及百姓燒柴食粮建築學校橋樑之木料免
稅此外均照章納稅等情職因要求免稅名目過多未敢擅專

〇二九　伊犁地方税局就阿拉班各千户長等禀請徵税各情形事的呈及伊犁屯墾使公署的指令、訓令（1936-04-28）（J5-1-8-21）（11-5）

業經通過准予轉呈總局核辦俟奉指令再行達知各千百户長均皆喜悦當即書立納税與免税約據二張存卷且上項要求免税各項自去年至今並未收過業將會議情形呈報在案惟查各游牧尚守古風凡各種交易以羊易牛馬以貨物易牲畜互相兑换用票銀交易者很少於是此項交易各畜多藉詞饋贈或借貸名

目希圖避免納税職在特一年之久深知游牧情形雖如此對于此事並未深究至各千百户長所稱燒柴實係成材木料并非下等燒柴不過在人用之而已對于各游牧木料及燒柴亦未收税不

○二九　伊犁地方税局就阿拉班各千户長等禀請徵税各情形事的呈及伊犁屯墾使公署的指令、訓令（1936-04-28）（J5-1-8-21）（11-6）

遍開會時分别説明至水磨刻正調查之際尚未入手征收將來自應分别等次按章征收兹奉前因理合檢同約據二張具文呈覆局長鑒核俯賜轉呈實為德便等情據此查該主任以游牧習慣對于應納税課常行避免既為慎重税收起見招集游牧頭目人等勸令納税並使牧民皆知納税為應盡義務以為整頓税務增加收入查核情形似與税章尚無不合爰奉前因理合抄呈税章一份約據二張具文呈請

鈞座鑒核俯賜查考施行謹呈

伊犂屯墾使兼伊犂中將警備司令邱

〇二九　伊犁地方稅局就阿拉班各千户長等稟請徵稅各情形事的呈及伊犁屯墾使公署的指令、訓令（1936-04-28）（J5-1-8-21）（11-7）

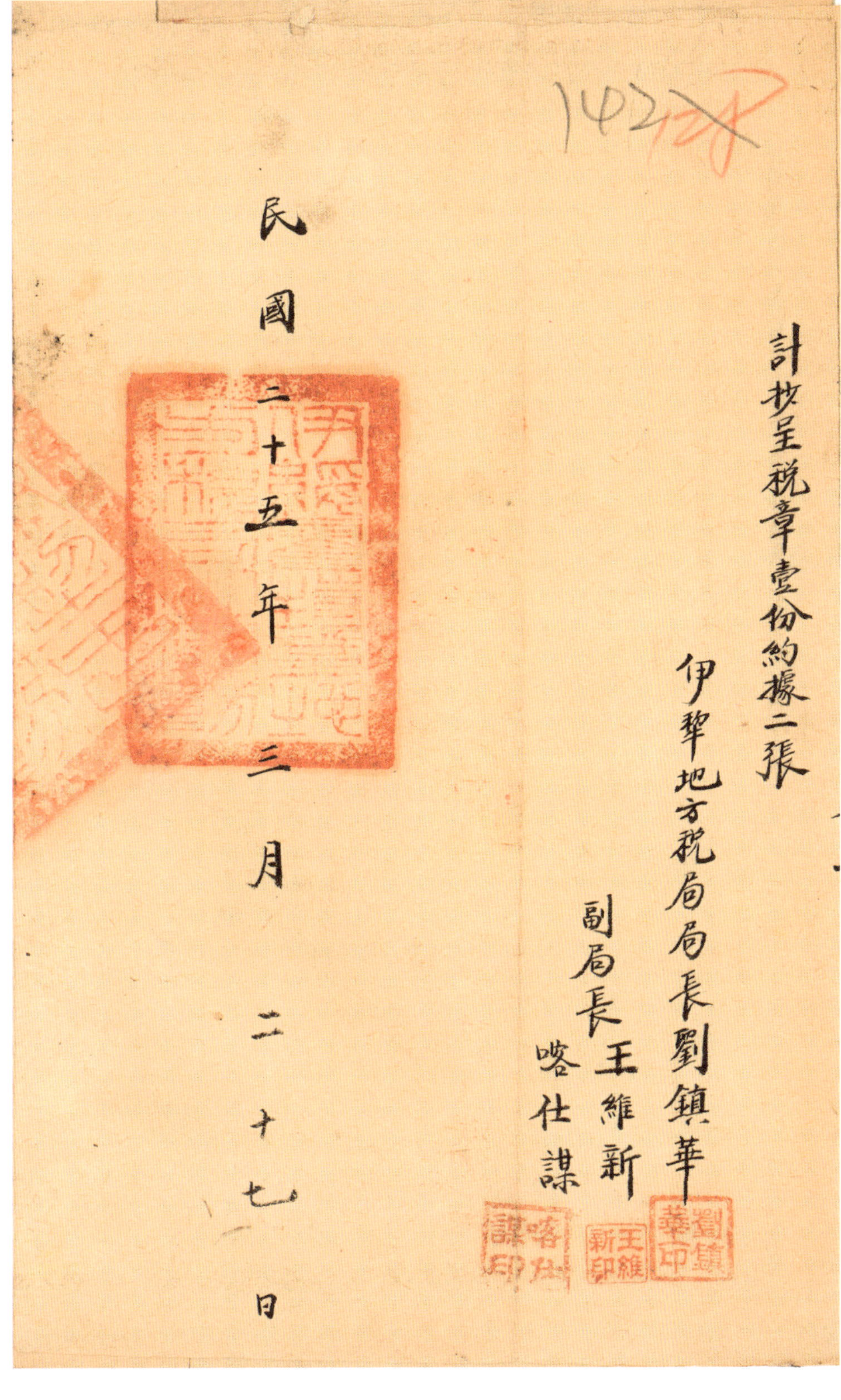
計抄呈稅章壹份約據二張

伊犁地方稅局局長劉鎮華

副局長王維新

喀仕謀

劉鎮華印　王維新印　喀仕謀印

民國二十五年三月二十七日

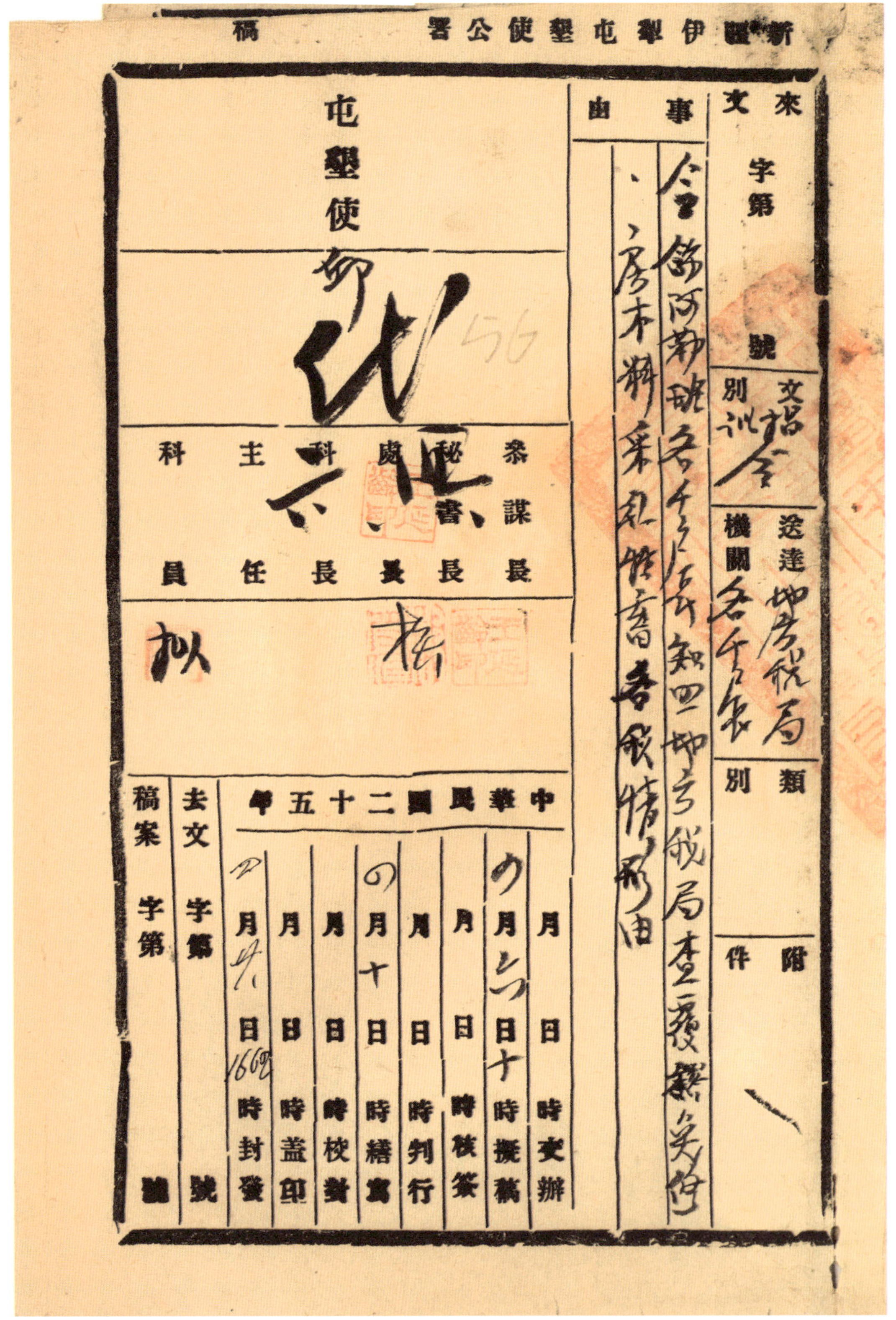

新疆伊犁屯墾使公署　稿

來文	字第　號
文別	指令、訓令
送達機關	伊犁地方税局、各千户長
類別	
附件	

事由：令飭阿勒班各千户長知照伊方税局查發繳照、原本將采私牧畜各税情形由

屯墾使 邱

參謀長　秘書長　處長　科長　主任　科員

擬

中華民國二十五年

月日時交辦	四月六日十時擬稿	月日時核簽	月日時判行	四月十日時繕寫	月日時校對	月日時蓋印	四月廿一日時封發

去文　字第　號

稿案　字第　號

〇二九　伊犁地方税局就阿拉班各千户長等禀請徵税各情形事的呈及伊犁屯墾使公署的指令、訓令（1936-04-28）（J5-1-8-21）（11-8）

〇二九　伊犁地方税局就阿拉班各千户長等稟請徵税各情形事的呈及伊犁屯墾使公署的指令、訓令（1936–04–28）（J5–1–8–21）（11–9）

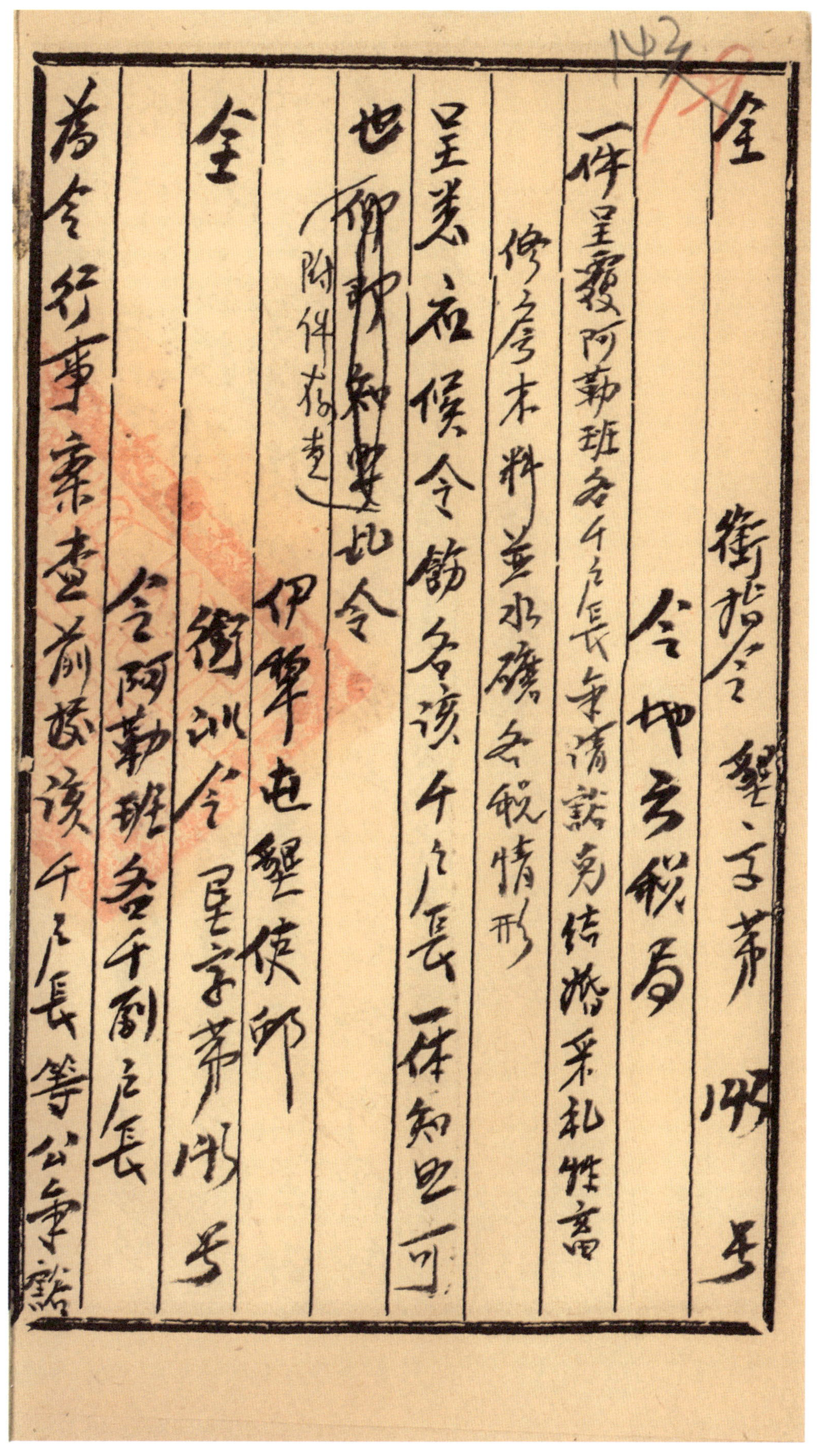

令

衛指令　墾字第　號

令地方税局

一件呈覆阿勒班各千户長等請豁免結婚采礼牲畜

修房木料並水磨各税情形

呈悉。在案。候令飭各該千户長一体知照可

也。附件存查。此令

伊犁屯墾使邸

令

衛訓令　墾字第　號

令阿勒班各千副户長

為令行事。案查前據該千户長等公禀豁

○二九　伊犁地方税局就阿拉班各千户長等稟請徵税各情形事的呈及伊犁屯墾使公署的指令、訓令（1936-04-28）（J5-1-8-21）（11-10）

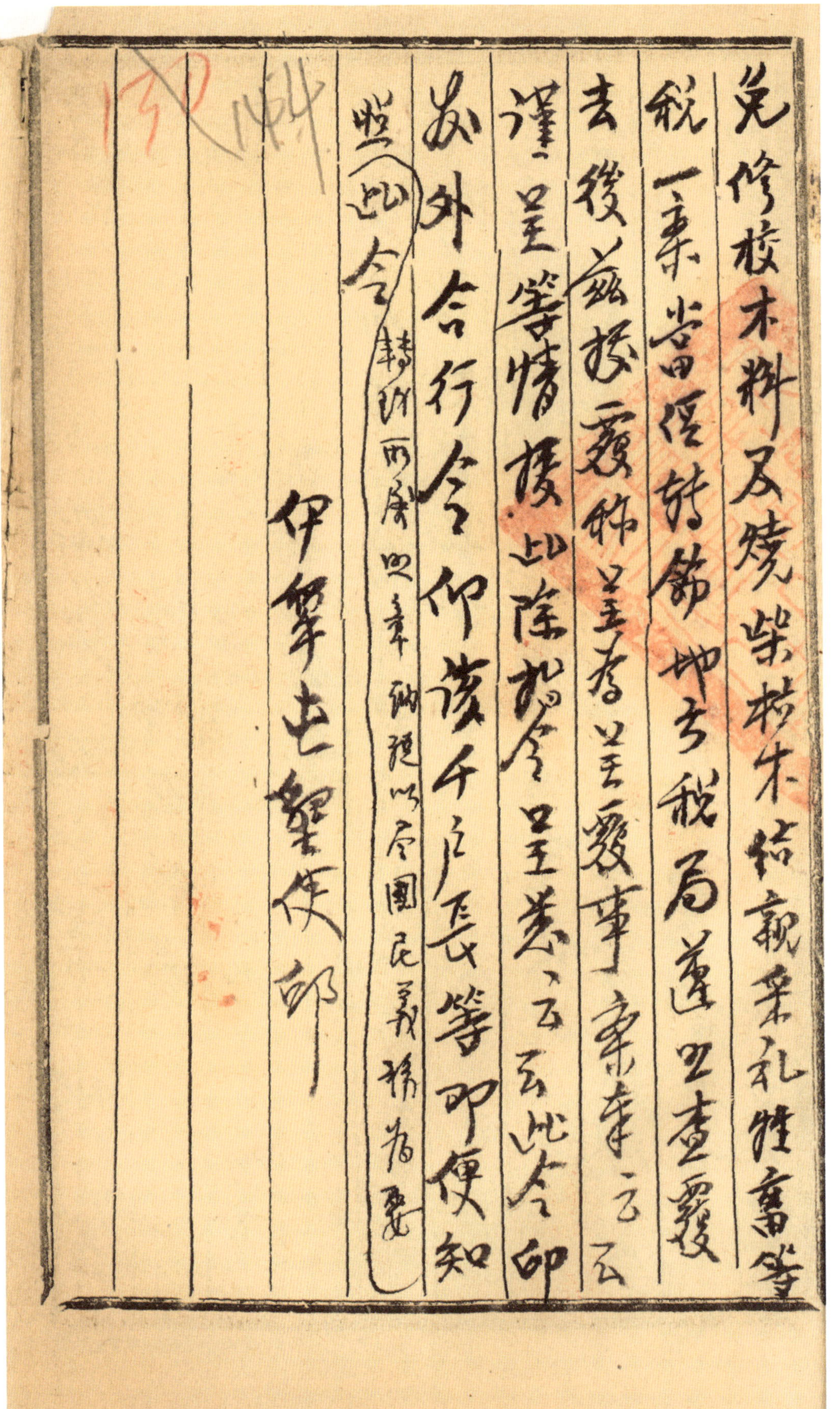

免修校木料及燒柴枝木給親朵札雅畜等
税一案當經飭地方税局遵照查覆
去後茲據覆稱呈奉案奉云云
謹呈等情據此除指令呈悉云云此令印
發外合行令仰該千户長等即便知
照（此令
轉飭所屬照章納税以符國民義務為要）

伊犁屯墾使邱

〇二九　伊犁地方税局就阿拉班各千户長等稟請徵税各情形事的呈及伊犁屯墾使公署的指令、訓令（1936-04-28）（J5-1-8-21）（11-11）

中華民國廿五年四月廿八日

〇三〇　伊犁地方税局就借發吉拉力丁試種棉花款五十萬兩事的呈及伊犁區行政長公署的指令（1936–05–06）（J2–1–77–3）（5–1）

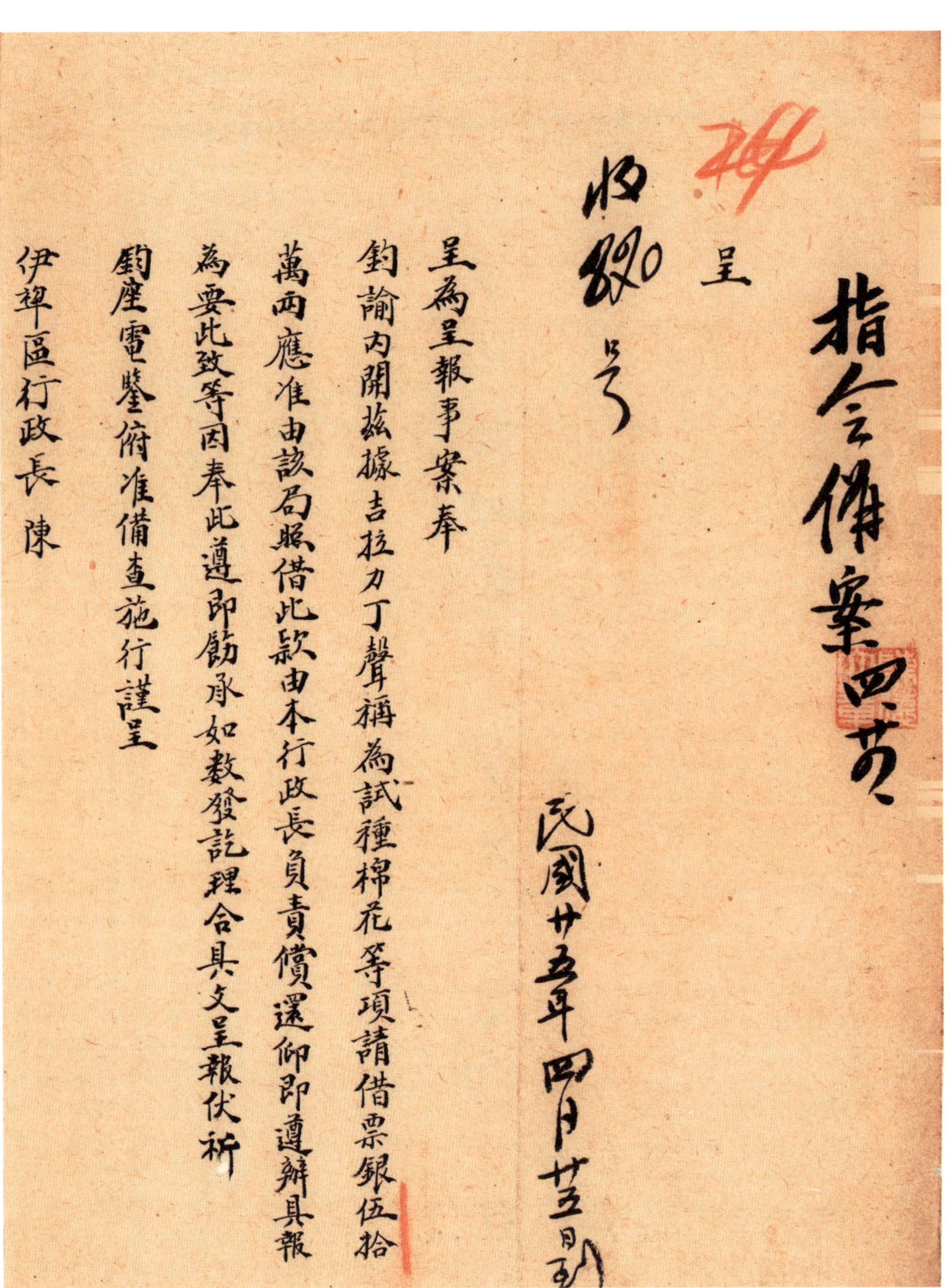

指令備案　四日

呈

收發　號

民國廿五年四月廿五日到

呈為呈報事案奉
鈞諭內開茲據吉拉力丁聲稱為試種棉花等項請借票銀伍拾
萬兩應准由該局照借此款由本行政長負責償還仰即遵辦具報
為要此致等因奉此遵即飭承如數發訖理合具文呈報伏祈
鈞座電鑒俯准備查施行謹呈
伊犁區行政長　陳

〇三〇　伊犁地方税局就借發吉拉力丁試種棉花款五十萬兩事的呈及伊犁區行政長公署的指令（1936-05-06）（J2-1-77-3）（5-2）

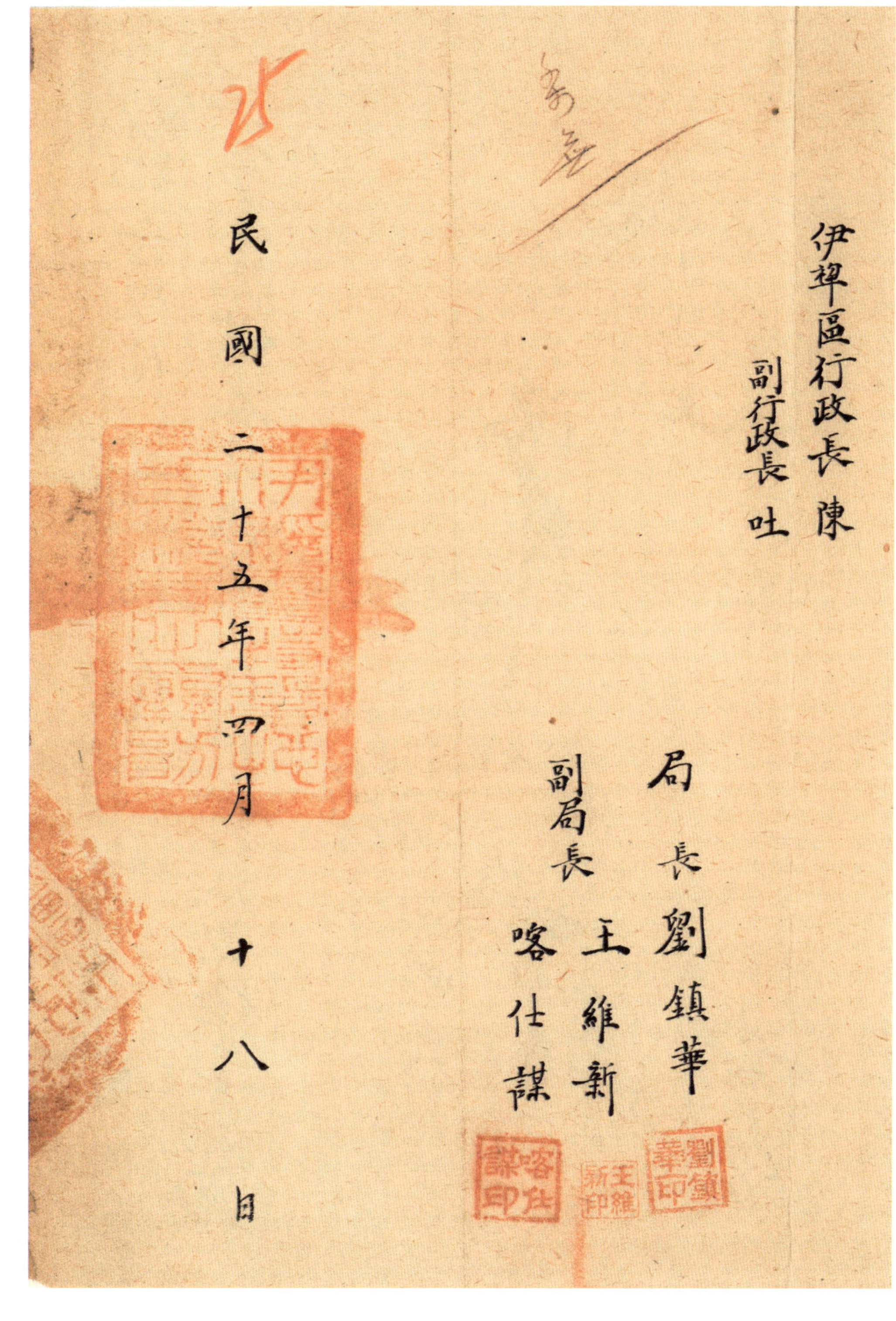
伊犁區行政長　陳
副行政長　吐
局長　劉鎮華
副局長　王維新
喀仕謀
民國二十五年四月十八日

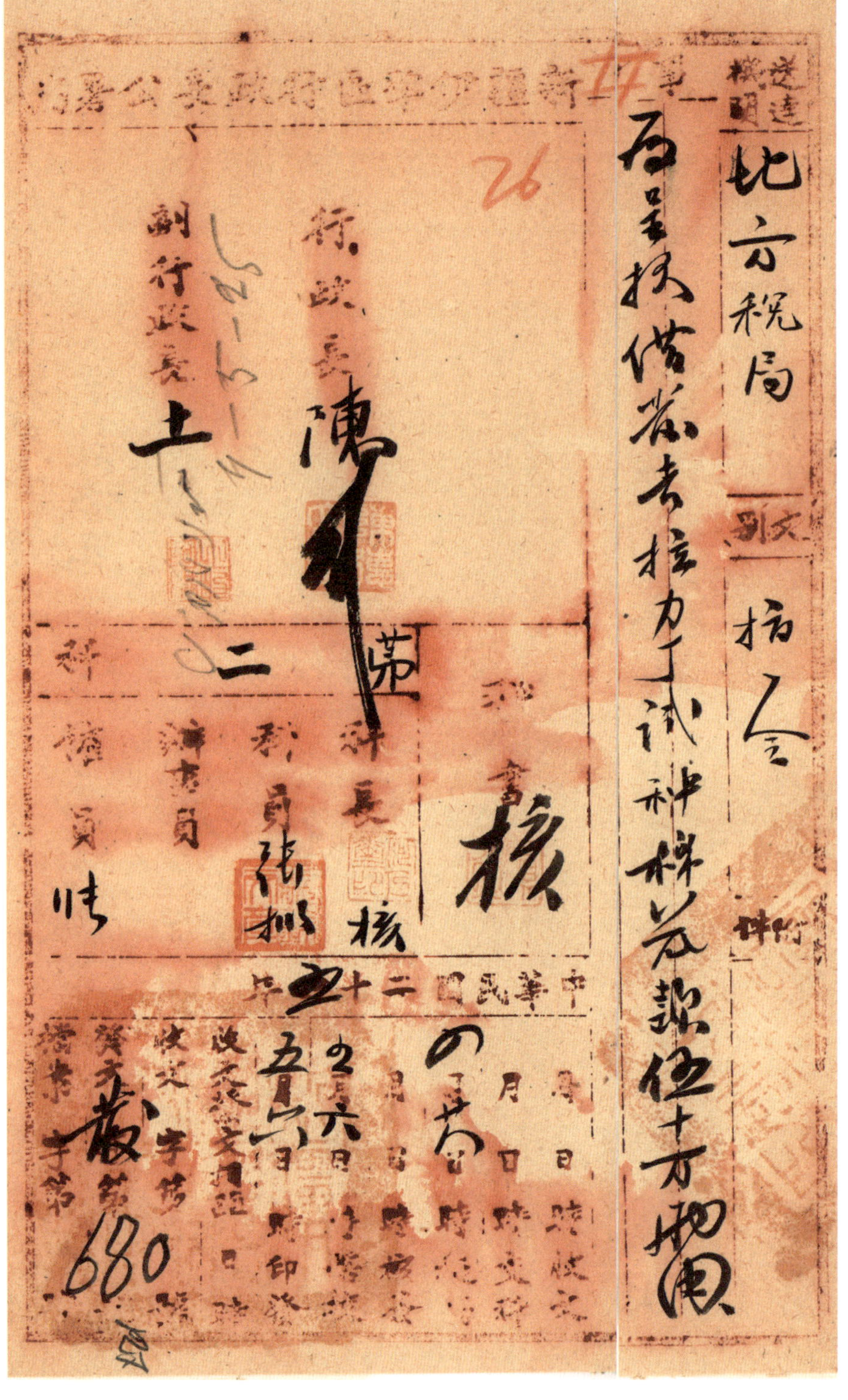

新疆伊犁區行政長公署

受文機關：地方稅局

事由：為呈據借發吉拉力丁試種棉花款伍十萬兩由

文別：指令

行政長 陳

副行政長 土

科長

科員 張擬

核

中華民國二十五年五月六日

發文字第680號

〇三〇　伊犁地方稅局就借發吉拉力丁試種棉花款五十萬兩事的呈及伊犁區行政長公署的指令（1936-05-06）（J2-1-77-3）（5-3）

〇三〇 伊犁地方税局就借發吉拉力丁試種棉花款五十萬兩事的呈及伊犁區行政長公署的指令（1936-05-06）（J2-1-77-3）（5-4）

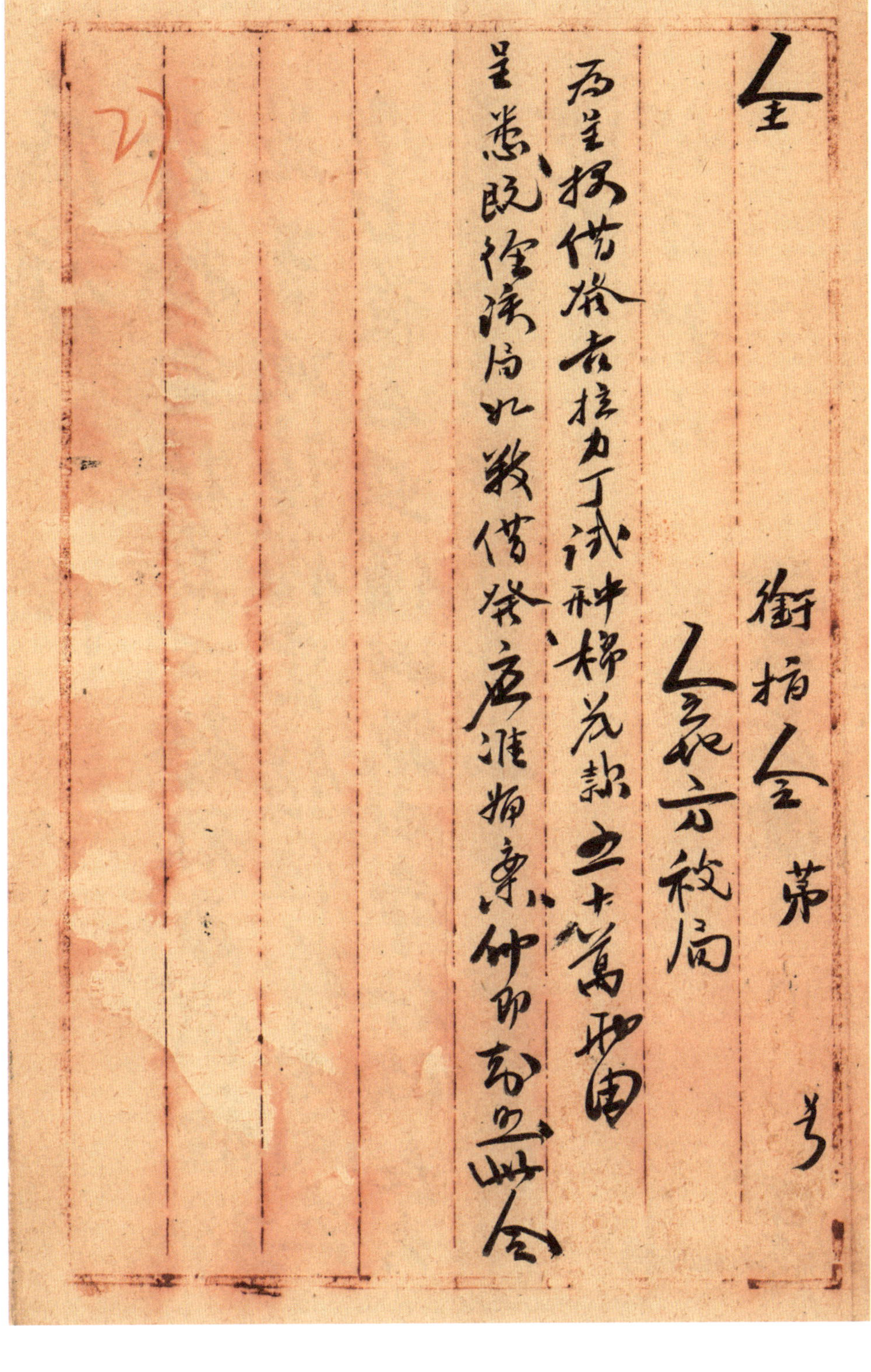

令

衙指令 第 号

令地方税局

為呈擬借發吉拉力丁試種棉花款五十萬兩由

呈悉。既經該局如數借發，應准備案。仰即知照。此令

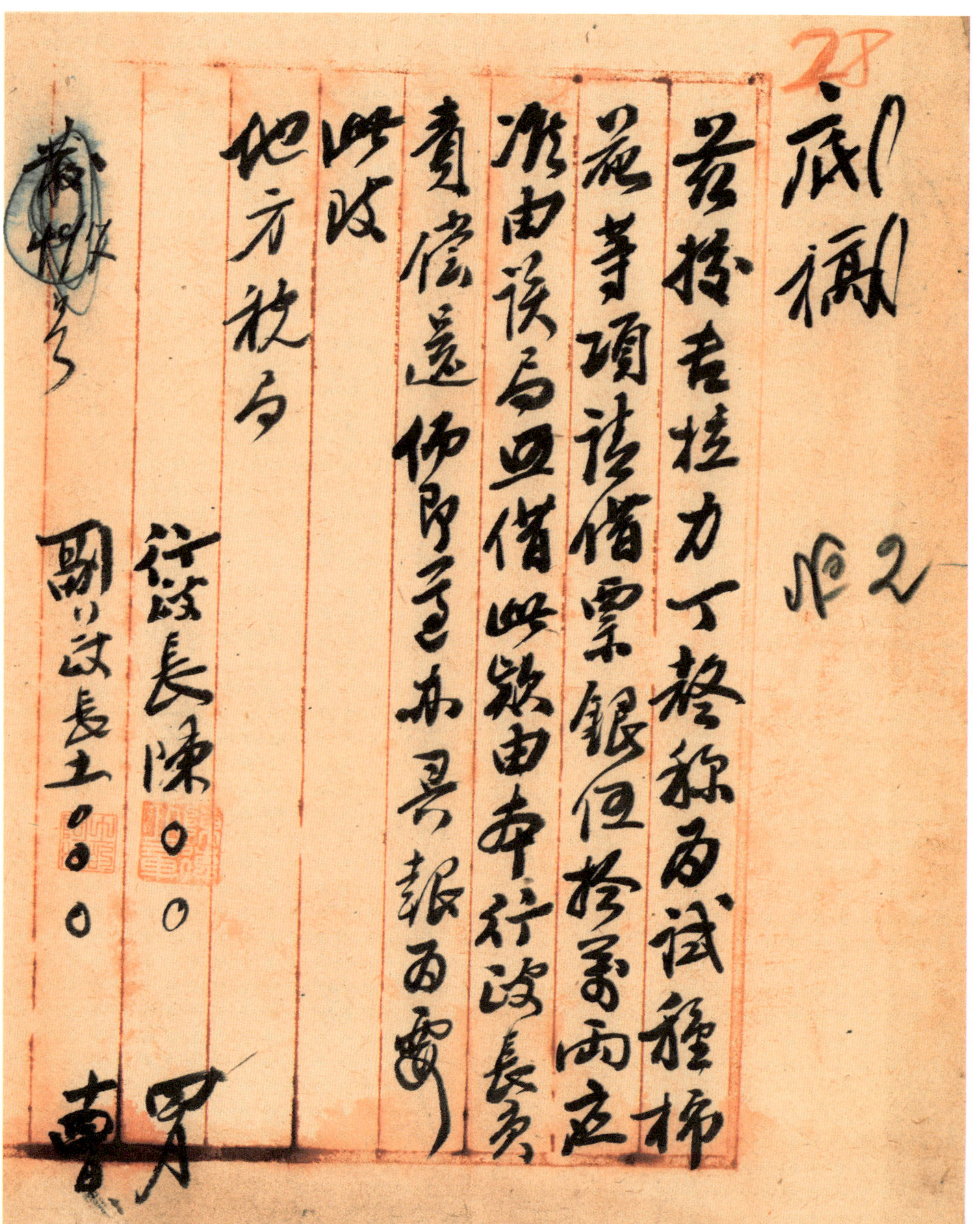

指令

呈悉。吉拉力丁擬稱兩試種棉花等項，請借票銀伍拾萬兩，應准由該局照借，此款由本行政長負責償還，仰即遵照具報為要。此令

地方稅局

行政長陳〇〇

副行政長王〇〇

〇三〇　伊犁地方稅局就借發吉拉力丁試種棉花款五十萬兩事的呈及伊犁區行政長公署的指令（1936-05-06）（J2-1-77-3）（5-5）

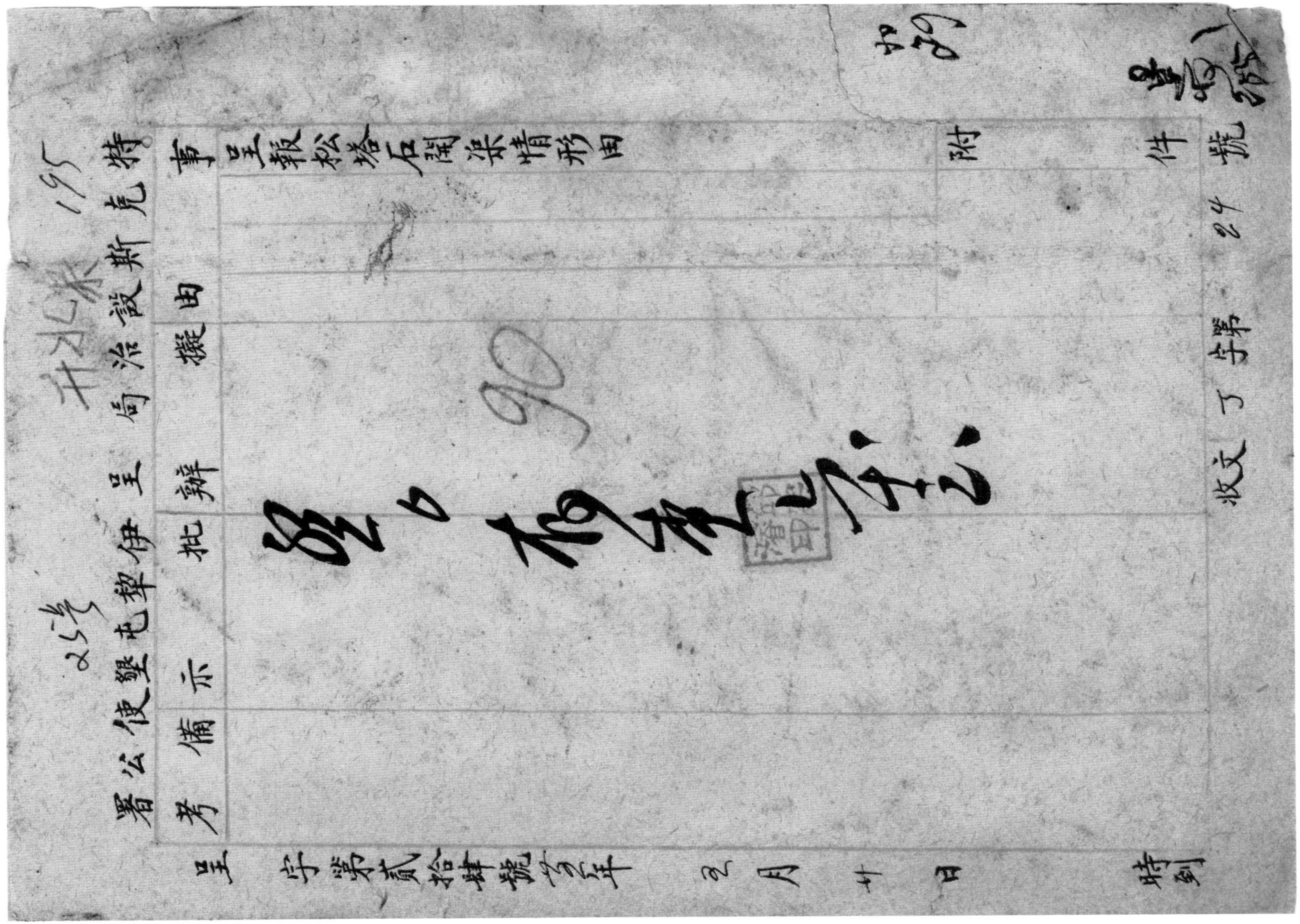

〇三一　特克斯設治局就松塔石開渠情形事給伊犁屯墾使公署的呈（1936-05-09）（J5-1-18-26）（4-1）

25号　升水渠　195

特克斯設治局　呈伊犁屯墾使公署

事由	擬辦	批示	備考
呈報松塔石開渠情形由			

90

呈　字第貳拾肆號　廿五年　五月　廿日　時到

附件

收文丁字第24號

特克斯設治局就松塔石開渠情形事給伊犁屯墾使公署的呈（1936-05-09）（J5-1-18-26）（4-2）

196

呈為呈報松塔石開渠情形仰乞
鑒核備案事竊查職局駐在地科布有維漢民衆二百餘户因無
水田地畝每年藉少許旱田及鄰縣接濟食粮始免飢餓近年來粮
價日昂生活程度異常增高一般民衆多感困苦是以本年一月間經
該民衆會議決定由蘇阿蘇水發源地開挖水渠一道引至松塔石耕種
食粮一切費用暫由民衆担任松塔石位居科布之北地面廣潤足敷
耕種茲於四月二十二日開始動工理合具文先行呈報伏乞
鑒核備案實為
恩便謹呈
伊犁屯墾使兼警備司令邱

〇三一　特克斯設治局就松塔石開渠情形事給伊犁屯墾使公署的呈（1936-05-09）（J5-1-18-26）（4-3）

（9）

特克斯設治局局長班吉春

班吉春章

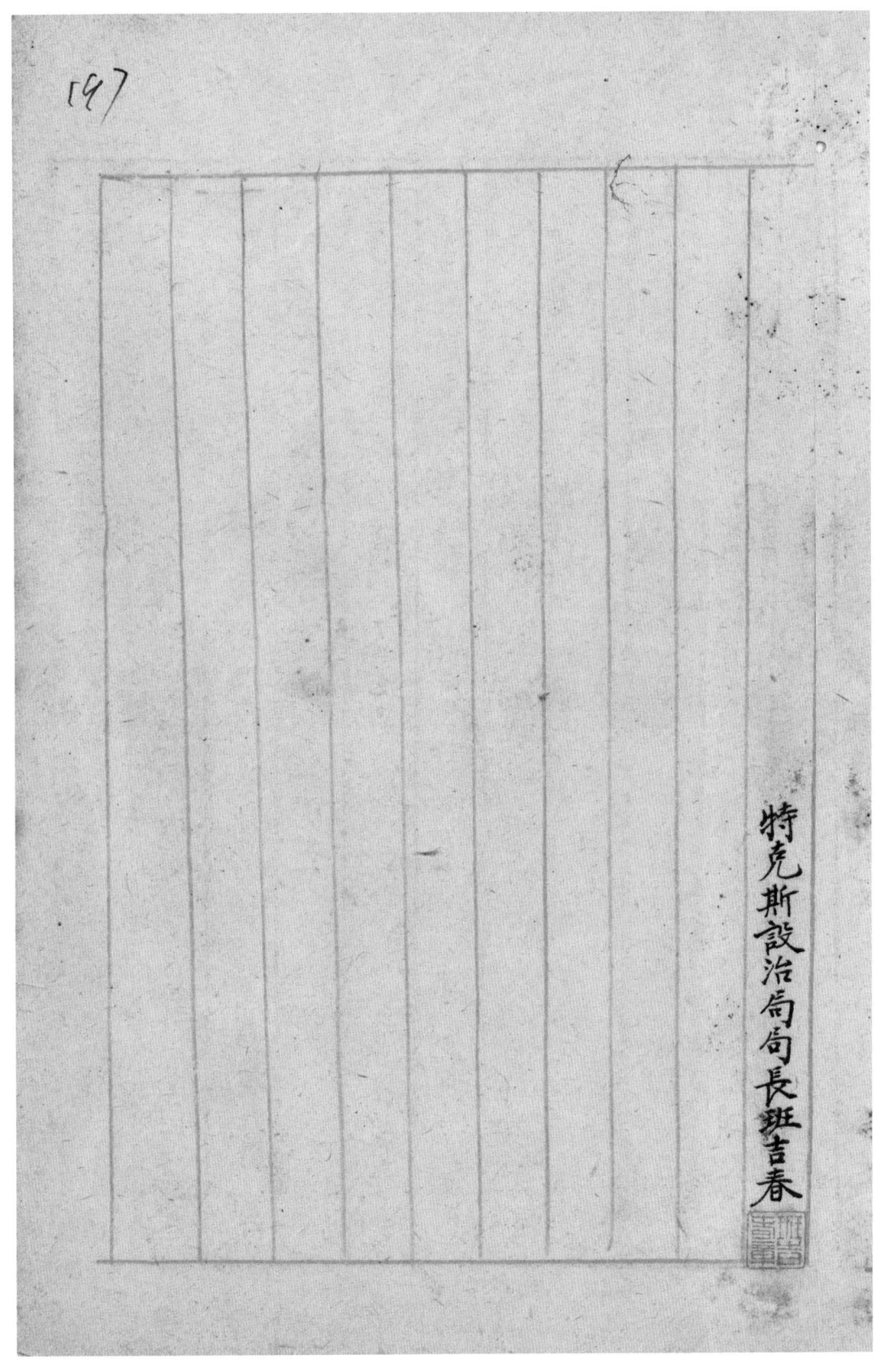

〇三一　特克斯設治局就松塔石開渠情形事給伊犁屯墾使公署的呈（1936-05-09）（J5-1-18-26）（4-4）

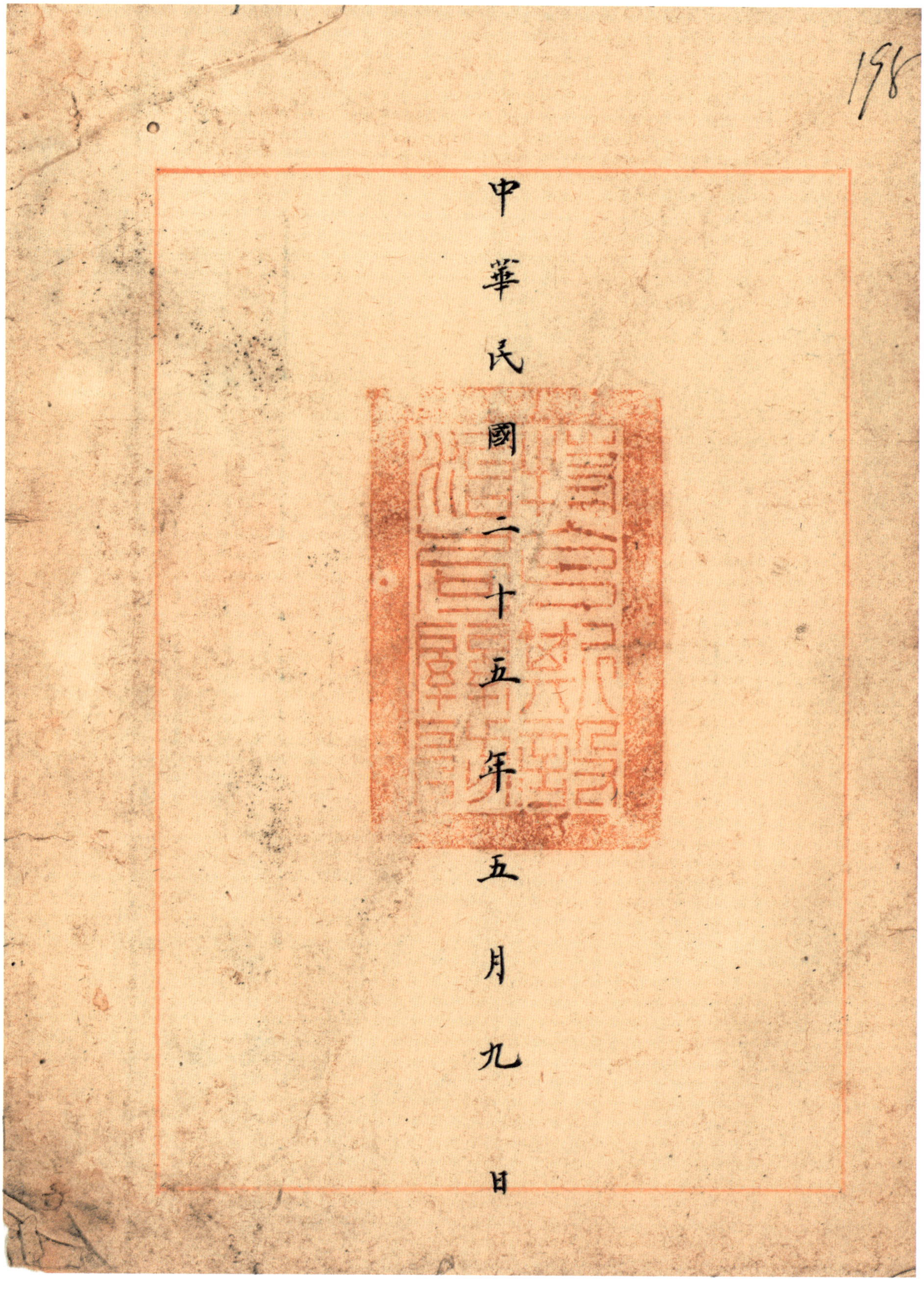

158

中華民國二十五年五月九日

〇三二 新疆省屯墾委員會擬訂編餘軍人屯墾懲奬條例（1936-05）（J4-1-43-17）（5-1）

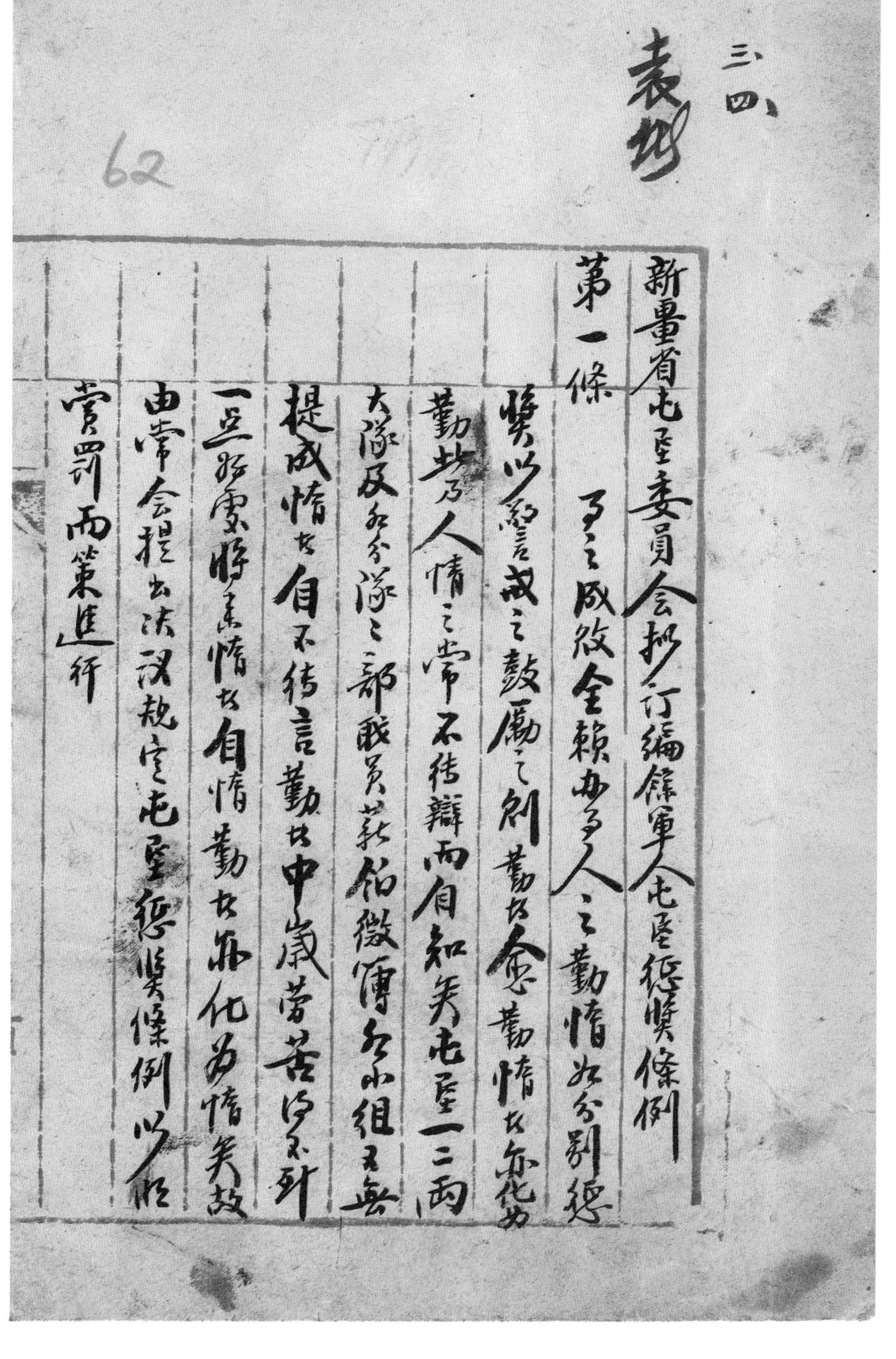

新疆省屯墾委員會擬訂編餘軍人屯墾懲獎條例

第一條 屯墾之成效全賴屯墾人之勤惰如分別懲獎以資警戒之鼓勵之則勤者愈勤惰者亦化為勤此乃人情之常不待辯而自知矣屯墾一二兩大隊及各分隊之部職員若能徹傳各小組之無提成惰者自不待言勤者中歲勞苦得不到一點慰勞將來惰者自惰勤者亦化為惰矣故由本會提出決議規定屯墾懲獎條例以昭賞罰而策進行

第二條　屯墾各隊部職員官長既無相當之待遇，自難策其務之進行，茲決規定懲獎各條如左：
勤於職守勞績卓著者，除記功獎外，得由會按照階級薪給津貼洋　元，以資鼓勵。
第三條　屯墾各隊部供職士兵，每得援照供職官佐例，凡勞苦不辭、盡心任務者，得由會撥給津貼洋　元，以免向隅。
第四條　屯墾各隊部官佐士兵，如有能勤慎供職、誠實可靠者，遇有升遷調補時，得儘先擢用。

64　14

第五條　屯墾各隊部俱戒官佐兵記功至三次以上者，由會於終年元俾沿賞惠各行功令等，於靈役不能甚生効力。

第六條　屯墾各隊部俱戒官佐如有自放棄責任，不盡其職於慎託之不懲外，得由會酌核情節之輕重，酌減應支之津貼，以示懲戒。

第七條　屯墾各隊部士兵仍援照俱戒官佐例，查有怠於工作，觀隊偷閒者，亦由會酌減應支之津貼，以儆將來。

65

第八條　屯墾各隊部官佐士兵如有放棄職权或不盡心工作並無特别情故應由主管官長指告本會以便呈請撤革

第九條　屯墾各隊部供職官佐如有記過至三次以上者由本會折罰薪　元俾重功令

第十條　屯墾各隊部供職官佐如有記功或記過者准其按次數作抵以資持平

第十一條　各隊官佐隊丁士兵除公共結合營謀利益外均不得私自謀非生產事業如查有營私等人員自當予相當處分

第十三條　上項規定懲奬各辦法係專指供職各隊部官佐士兵而言其後撥成之官佐士兵不得援

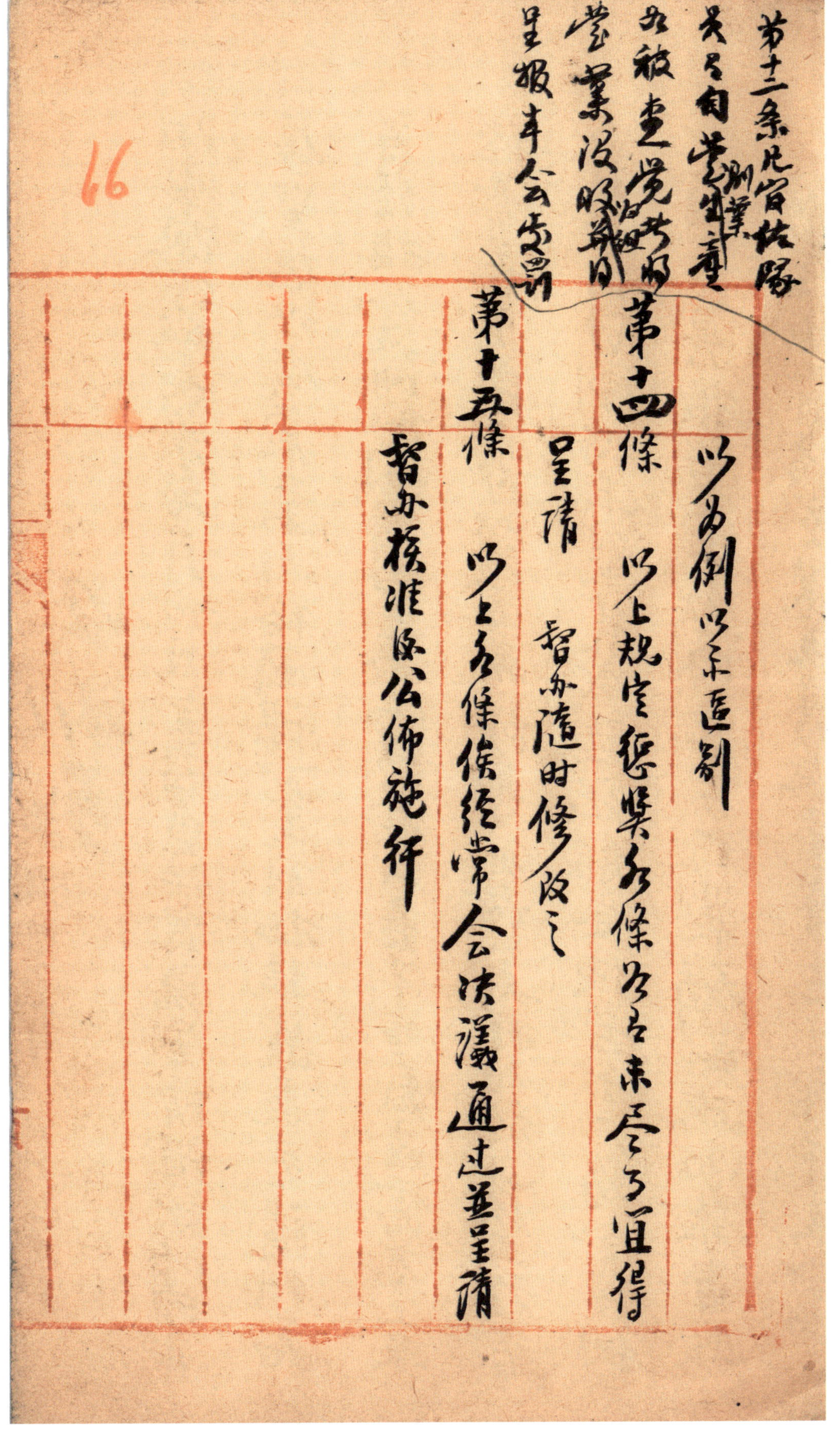

第十三條　凡官佐隊兵如有自營私業生產，如被查覺者，除將營業沒收歸公外，呈報本會處罰。

第十四條　以上規定懲獎各條如有未盡事宜，得以另例以示區別，呈請
督辦隨時修改之。

第十五條　以上各條俟經常會決議通過，並呈請
督辦核准後公佈施行。

〇三三　新疆省政府就伊寧縣借款修理縣屬皇渠事給伊犁行政長的代電（1936-08-13）（J2-1-28-19）（2-1）

新

快郵代電

收2692號　民國廿五年八月廿三到

伊犁陳行政長鑒七月卅日呈悉查伊寧縣呈請借款修理县屬皇渠以厚農業而裕國課一案前據張县長呈請到府當經指令以所擬開濬皇渠工程究有若干里數應需大小工役經費若干幾月可以竣工并經費如何籌措對於此項工程有無精密計劃將來墾荒成熟究能安插若干户飭令詳細[illegible]明造具報告呈府再奪并行農礦財政兩廳查照案據稱前情應俟該县長呈覆到日再行核辦仰

〇三三　新疆省政府就伊寧縣借款修理縣屬皇渠事給伊犁行政長的代電（1936-08-13）（J2-1-28-19）（2-2）

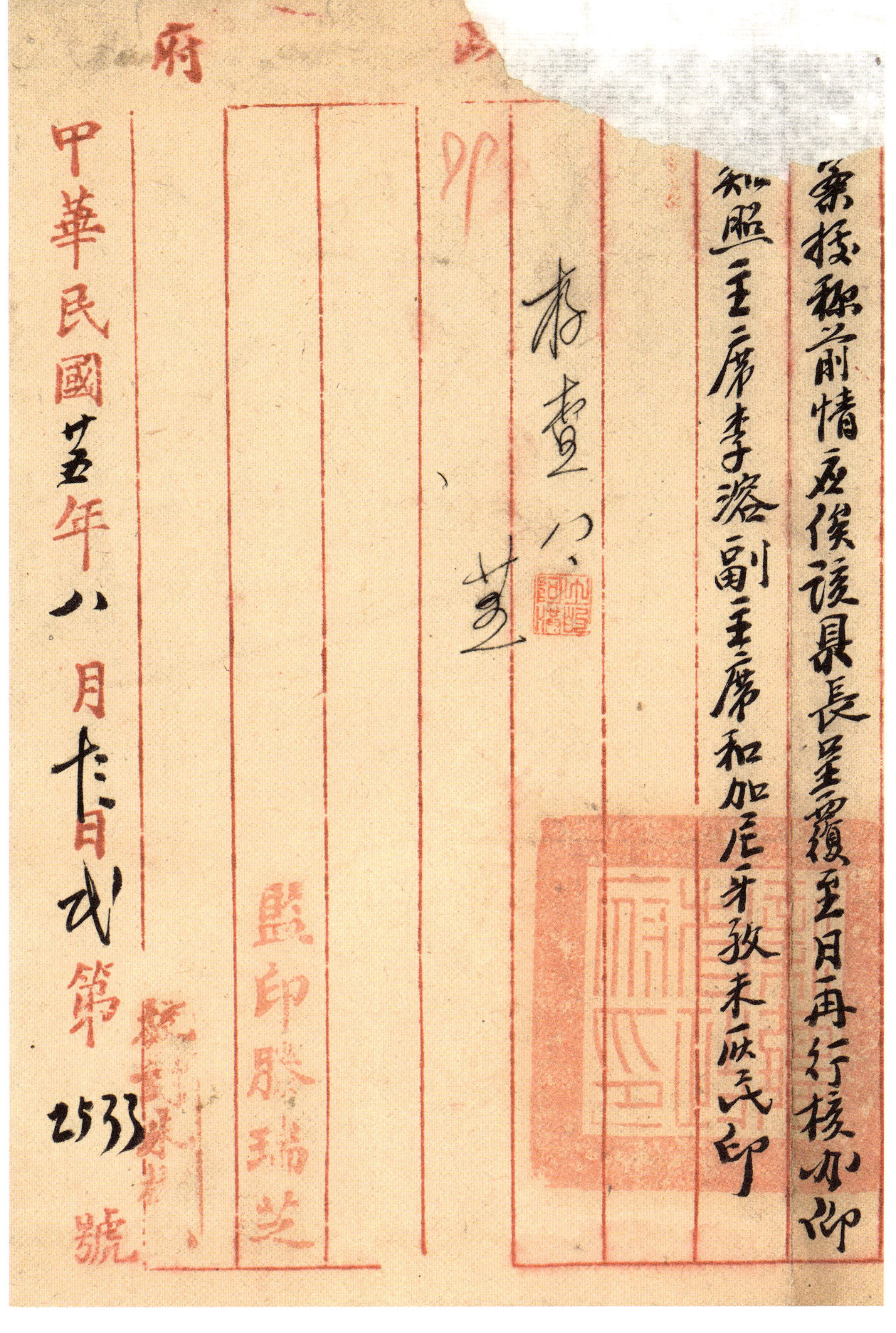

案據稱前情應俟該縣長呈覆到日再行核辦仰
知照主席李溶副主席和加尼牙孜未元民印

府　政

中華民國廿五年八月十三日戊第2533號

監印　滕瑞芝

〇三四　伊寧縣政府就遵諭將巴彥岱荒地暫給户民耕種以廣農業事的呈及伊犁區行政長公署的指令（1936-08-17）（J2-1-70-16）（6-1）

161

呈

應將該縣長劃給該處步領種荒地應將何
按户分配某人領地若干畝繪具附圖並造册
呈報備案以資考核用免日後糾葛　七、十八

收 1964 號 二五．八．五 到 中四科

呈為呈報遵諭將巴彥岱五段荒地暫給户民耕種以廣
農業仰祈
鑒核備案事竊查縣屬巴彥岱以西五段至眷梁子一帶
地方遼濶土質膏腴惟因無水灌溉荒蕪多年無人耕種
前據維民以拉伊丁等十五名及巴彥岱一二三四段闌里沁
克伯克各圩貧民鄉約聯名稟請丈給該處荒地以為播

〇三四　伊寧縣政府就遵諭將巴彥岱荒地暫給户民耕種以廣農業事的呈及伊犁區行政長公署的指令（1936-08-17）（J2-1-70-16）（6-2）

克伯克各圩貧民鄉約聯名稟請丈給該處荒地以為播種桑蔴棉花及養蠶之所縣長當以該民等所請〃係為振興農業增加生產果能次第推行廣為播種不獨利益民生抑且有裕國課自應切實輔助以期實行旋經縣長親往履勘該處雖係多年官荒舊有渠道宛然尚存大概不過廢棄三四十年之久若能於上游龍口從新壓擺加出水量另開支渠墾地當不在少當將該維民等稟請各節以及查勘情形稟請

鈞座核示祗奉

政憲面諭該處地段將來公家不免別有用途但在不用以前不妨分給人民耕種以廣農業惟須限令不准在該處建築大規模房屋及其他一切工程等諭奉此正擬清丈

〇三四　伊寧縣政府就遵諭將巴彥岱荒地暫給户民耕種以廣農業事的呈及伊犁區行政長公署的指令（1936-08-17）（J2-1-70-16）（6-3）

處建築大規模房屋及其他一切工程等諭奉此正擬清丈
間復據巴彥岱各户民共計八十四家禀催丈給五段荒地
以免貽悞春耕縣長以此時一一丈量分給難免貽悞耕作時
期即將靠五段東西面一帶荒地指給維民以拉衣丁等拾五名
每名給地壹百畝以便試種桑蔴棉花靠東面一帶指給巴彥
岱户民每人二三戽至多四戽以示限制並對民衆切實聲明
地畝仍歸公有在公家未用以前暫時允給民衆耕用以示體恤
户民皆已瞭解遵照辦理復據以拉依丁等墾請由公家幫助款
項開挖渠道則該處種植桑蔴棉花方不至受旱因桑蔴棉花
需水較多也上項銀兩已由以拉依丁等逕向
政憲面懇頒訖户民則多種小麥穄禾除户民實種户數
地畝數目俟據實調查明確開册另行呈報外所有職縣

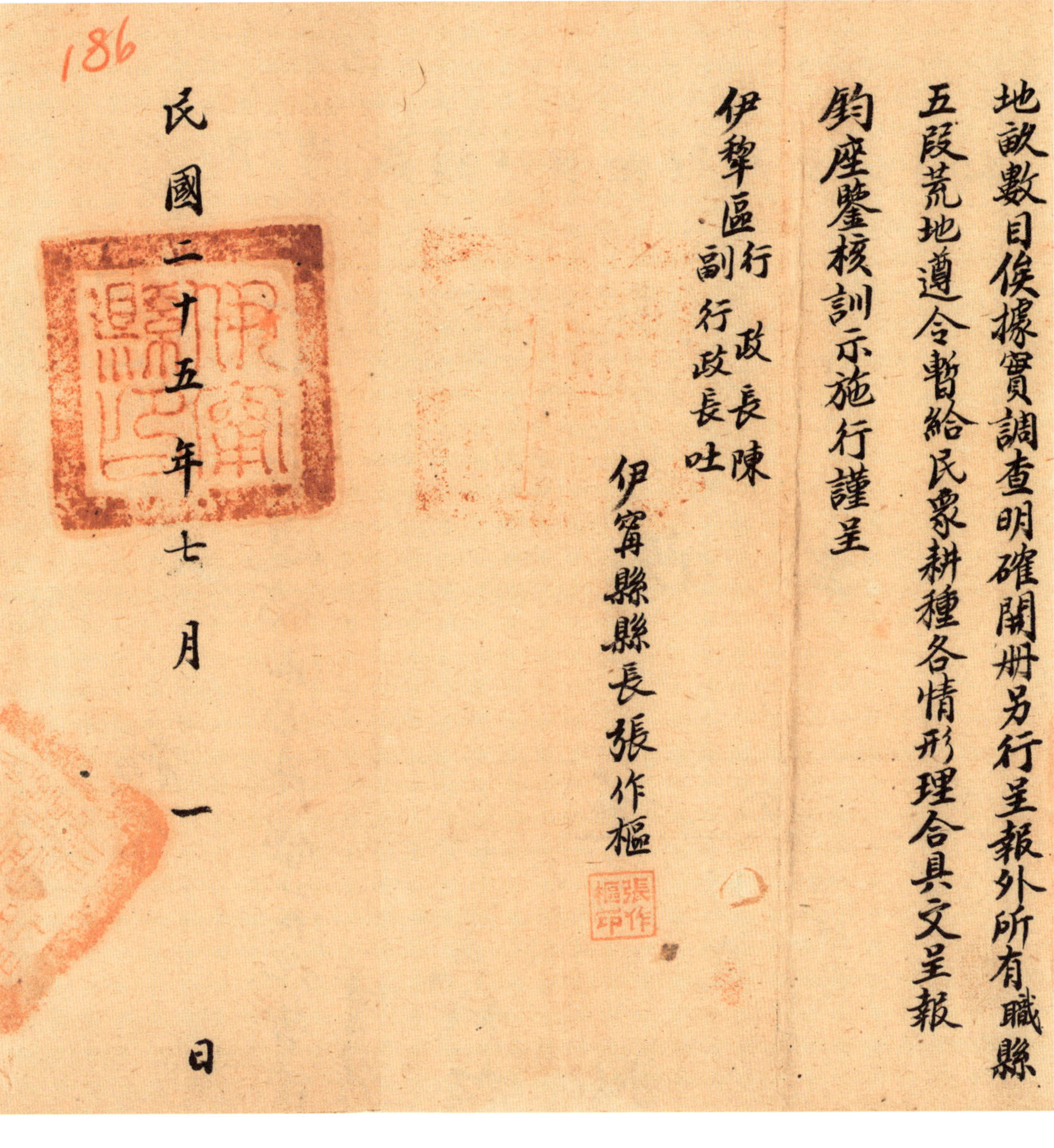
186

地畝數目俟據實調查明確闢册另行呈報外所有職縣
五段荒地遵令暫給民衆耕種各情形理合具文呈報
鈞座鑒核訓示施行謹呈
伊犁區行政長陳
副行政長吐
伊寧縣縣長張作樞
張作樞印
民國二十五年七月 日

〇三四 伊寧縣政府就遵諭將巴彥岱荒地暫給户民耕種以廣農業事的呈及伊犁區行政長公署的指令（1936-08-17）（J2-1-70-16）（6-4）

〇三四　伊寧縣政府就遵諭將巴彥岱荒地暫給户民耕種以廣農業事的呈及伊犁區行政長公署的指令（1936–08–17）（J2–1–70–16）（6–5）

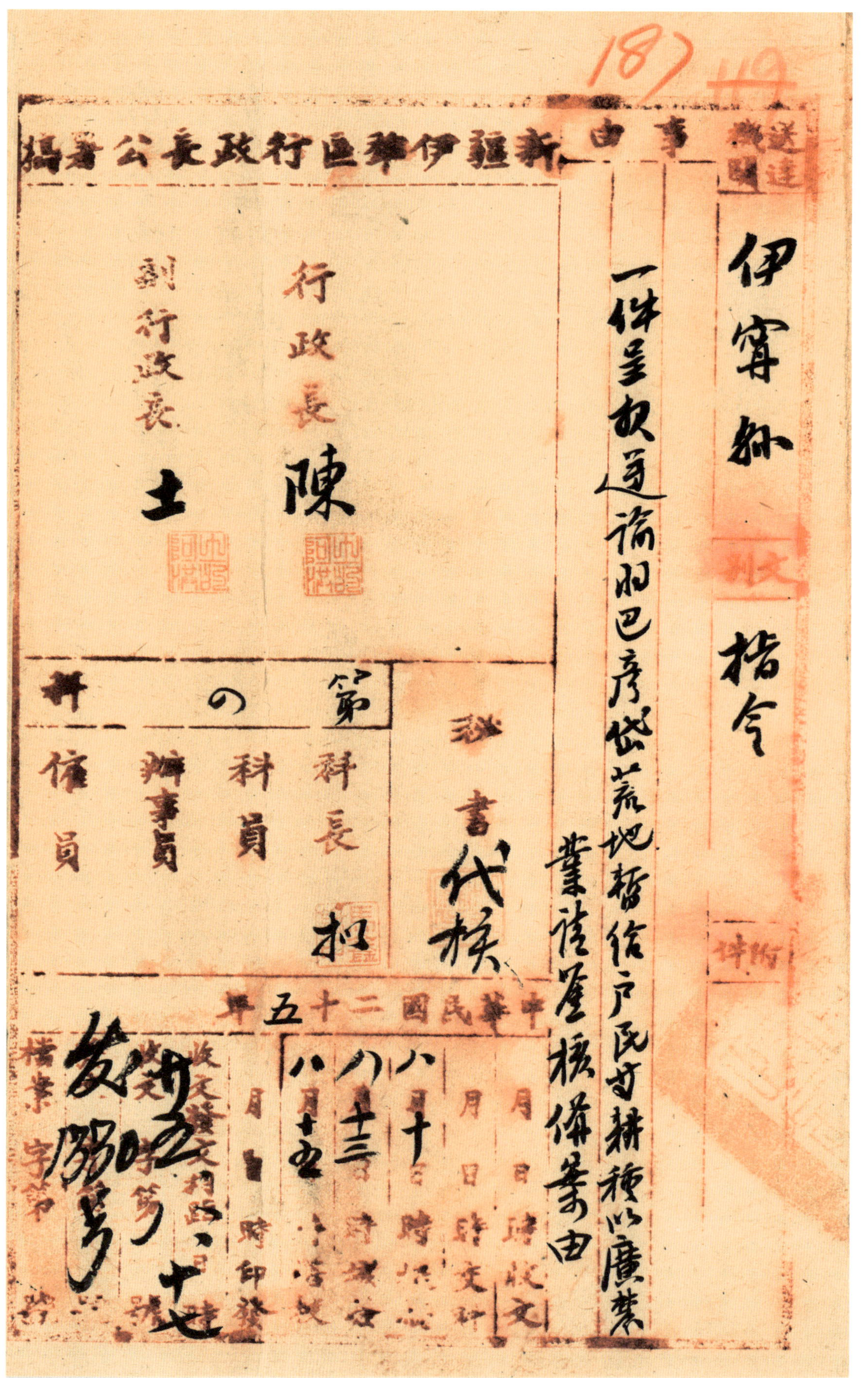

新疆伊犂區行政長公署稿

送達機關：伊寧縣

文別：指令

事由：一件呈報遵諭將巴彥岱荒地暫給户民耕種以廣農業請鑒核備案由

附件

行政長　陳

副行政長　土

秘書　代核

第　科　科長　擬

科員

辦事員

僱員

中華民國二十五年

八月十　日　時收文

八月十　日　時交辦

八月十三日　時擬稿

八月十五日　時繕就

月　日　時印發

收文　字第　號

發文　字第　號

檔案　字第　號

○三四　伊寧縣政府就遵諭將巴彦岱荒地暫給户民耕種以廣農業事的呈及伊犁區行政長公署的指令（1936–08–17）（J2–1–70–16）（6–6）

188

全

銜指令第　號

令伊寧縣張縣長

一件呈報遵諭將巴彦岱五段荒地暫給户民耕

種以廣農業祈鑒核備案由

呈悉。據稱將巴彦岱五段荒地交給户民等耕種以廣農業等情，查該縣長辦理甚爲妥善，應准予備案。仍仰將劃給該民等領種荒地丈明白，按户分配某人領地若干畝，繪縣附地並造册呈報，以資考核。仰即遵照。此令。

○三五　新疆伊犁屯墾使公署就綏定縣請求借款修築稻地水渠事給伊犁區行政長公署的咨（1936-08-26）（J5-1-20-18）（4-1）

94

新疆伊犁屯墾使公署咨行政長公署

事由	擬辦	批示	備考
一件為據綏定縣長梗電請求借款修築稻地水渠咨請核辦由 附件		暫存 第二科 八、廿七 代	

字第　號　廿五年八月廿七日　時到

收文　字第2715號

〇三五　新疆伊犁屯墾使公署就綏定縣請求借款修築稻地水渠事給伊犁區行政長公署的咨（1936-08-26）（J5-1-20-18）（4-2）

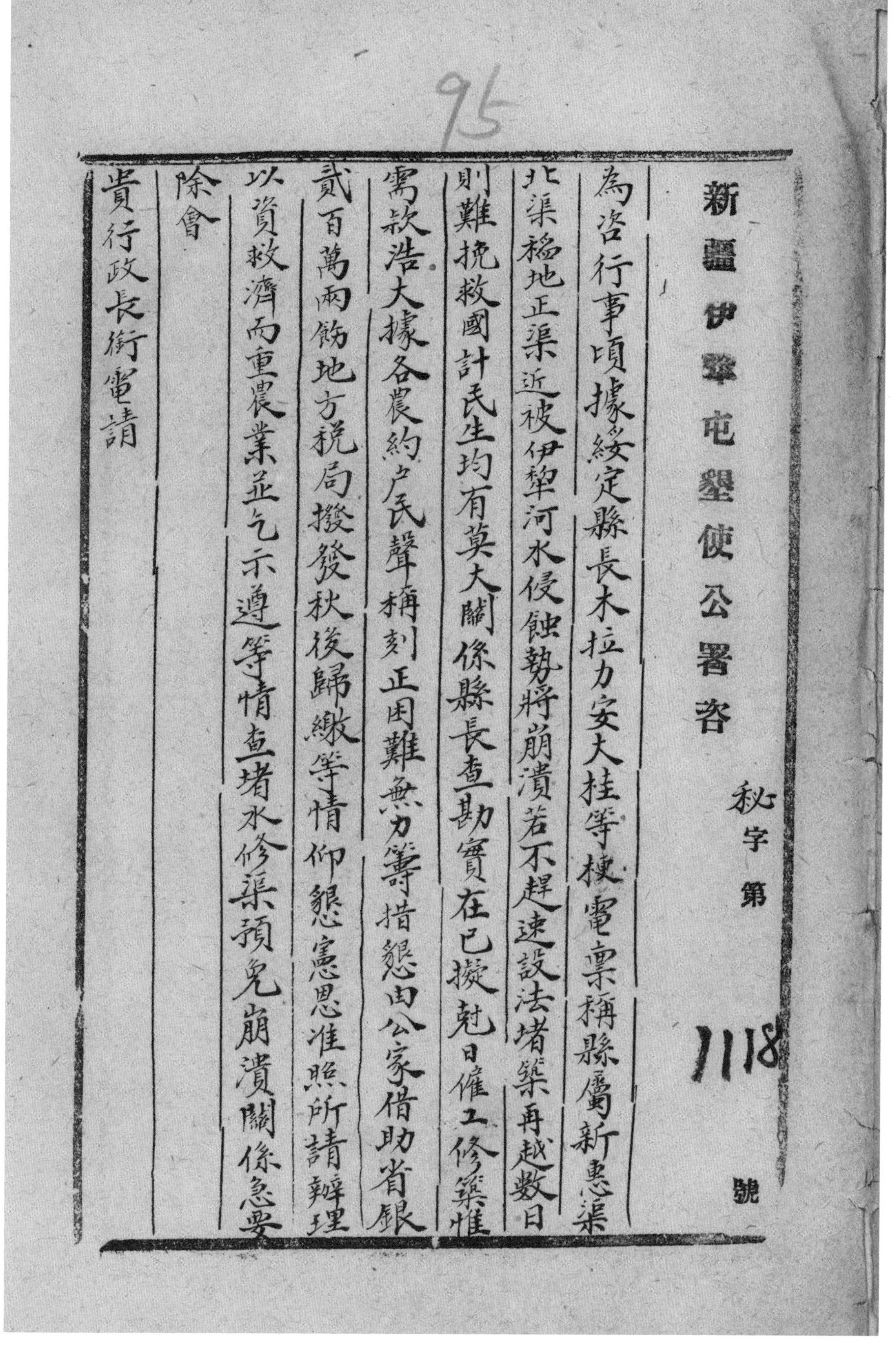

95

新疆伊犁屯墾使公署咨　秋字第 1118 號

為咨行事頃據綏定縣長木拉力安大桂等梗電稟稱縣屬新惠渠北渠稻地正渠近被伊犁河水侵蝕勢將崩潰若不趕速設法堵築再越數日則難挽救國計民生均有莫大關係縣長查勘實在已擬尅日催工修築惟需款浩大據各農約戶民聲稱刻正困難無力籌措懇由公家借助省銀貳百萬兩飭地方税局撥發秋後歸繳等情仰懇憲恩准照所請辦理以資救濟而重農業並乞示遵等情查堵水修渠預免崩潰關係急要除會

貴行政長銜電請

〇三五　新疆伊犁屯墾使公署就綏定縣請求借款修築稻地水渠事給伊犁區行政長公署的咨（1936-08-26）（J5-1-20-18）（4-3）

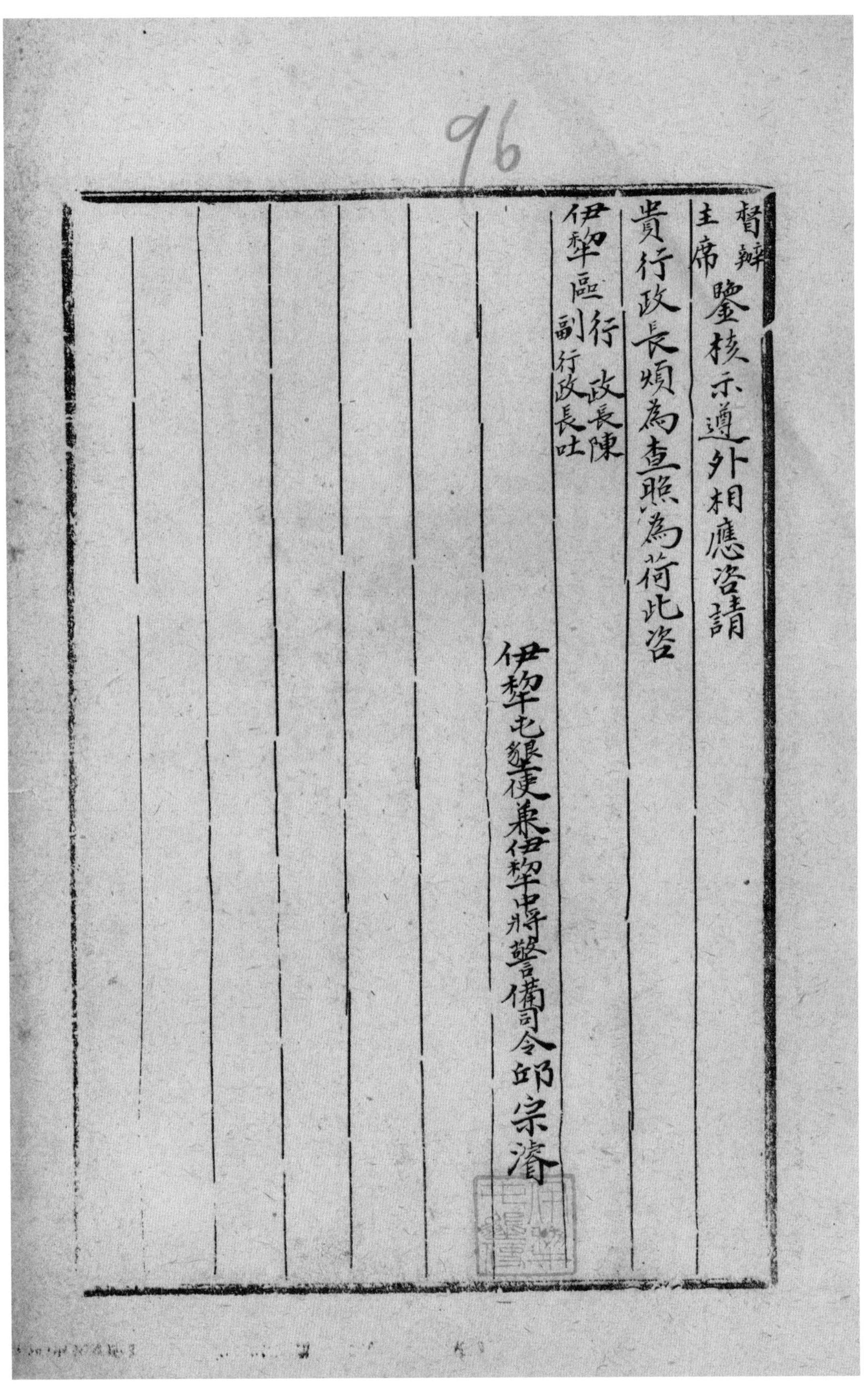

96

督辦
主席鑒核示遵外相應咨請
貴行政長煩為查照為荷此咨
伊犁區行政長陳
伊犁區副行政長吐

伊犁屯墾使兼伊犁中將警備司令邱宗濬

〇三五　新疆伊犁屯墾使公署就綏定縣請求借款修築稻地水渠事給伊犁區行政長公署的咨（1936–08–26）（J5–1–20–18）（4–4）

97

中華民國二十五年八月二十六日

〇三六　新疆伊犁屯墾使公署就徵收額糧在一石以下者全徵折色事給伊犁區行政長公署的咨（1936-10-03）（J5-1-15-11）（4-1）

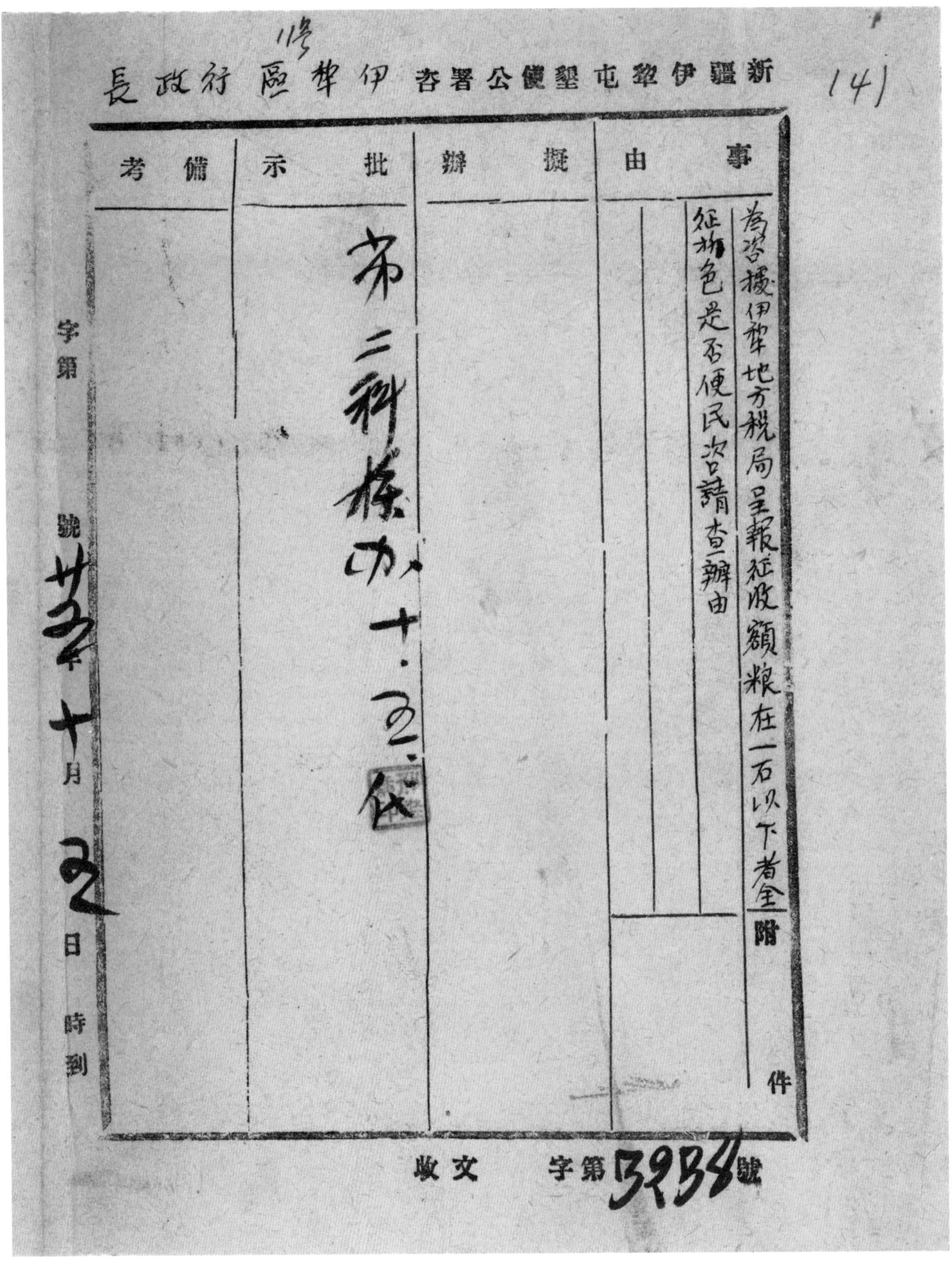

新疆伊犁屯墾使公署咨　伊犁區行政長

事由：為咨據伊犁屯方税局呈報征收額粮在一石以下者全征折色是否便民咨請查辦由

附件

擬辦

批示：第二科核办。十．五．

備考

廿五年十月五日時到　字第　號

收文　字第3238號

○三六　新疆伊犁屯墾使公署就徵收額糧在一石以下者全徵折色事給伊犁區行政長公署的咨（1936-10-03）（J5-1-15-11）（4-2）

142

新疆伊犁屯墾使公署咨

經字第 986 號

為咨請事竊據伊犁地方稅局局長劉鎮華呈稱呈報
征收本年份田賦凡納粮一石以下者全征收折色仰祈鑒核事
竊職局徵收本年份額粮奉准本折各征一半業經呈報在案
今為民衆便利起見茲擬凡納粮一石以下者完全折征收折色以
俾民便除呈報並行各分局外理合具文呈請屯座鑒核施行
謹呈等情據此除指令呈悉查核局本年應征額粮前經財政
核准本折各半征收在案所擬將戶民完納額粮在一石以下者
完全征收折色一節此項辦法是否便民仰候咨請

〇三六 新疆伊犁屯墾使公署就徵收額糧在一石以下者全徵折色事給伊犁區行政長公署的咨（1936-10-03）（J5-1-15-11）（4-3）

143

行政長查核辦理，遞予飭遵可也。此令印發外，相應備文咨請

貴行政長察核施行。此咨

伊犁區行政長陳

副行政長吐

伊犁屯墾使兼伊犁中將警備司令邱宗濬

○三六　新疆伊犁屯墾使公署就徵收額糧在一石以下者全徵折色事給伊犁區行政長公署的咨（1936-10-03）（J5-1-15-11）（4-4）

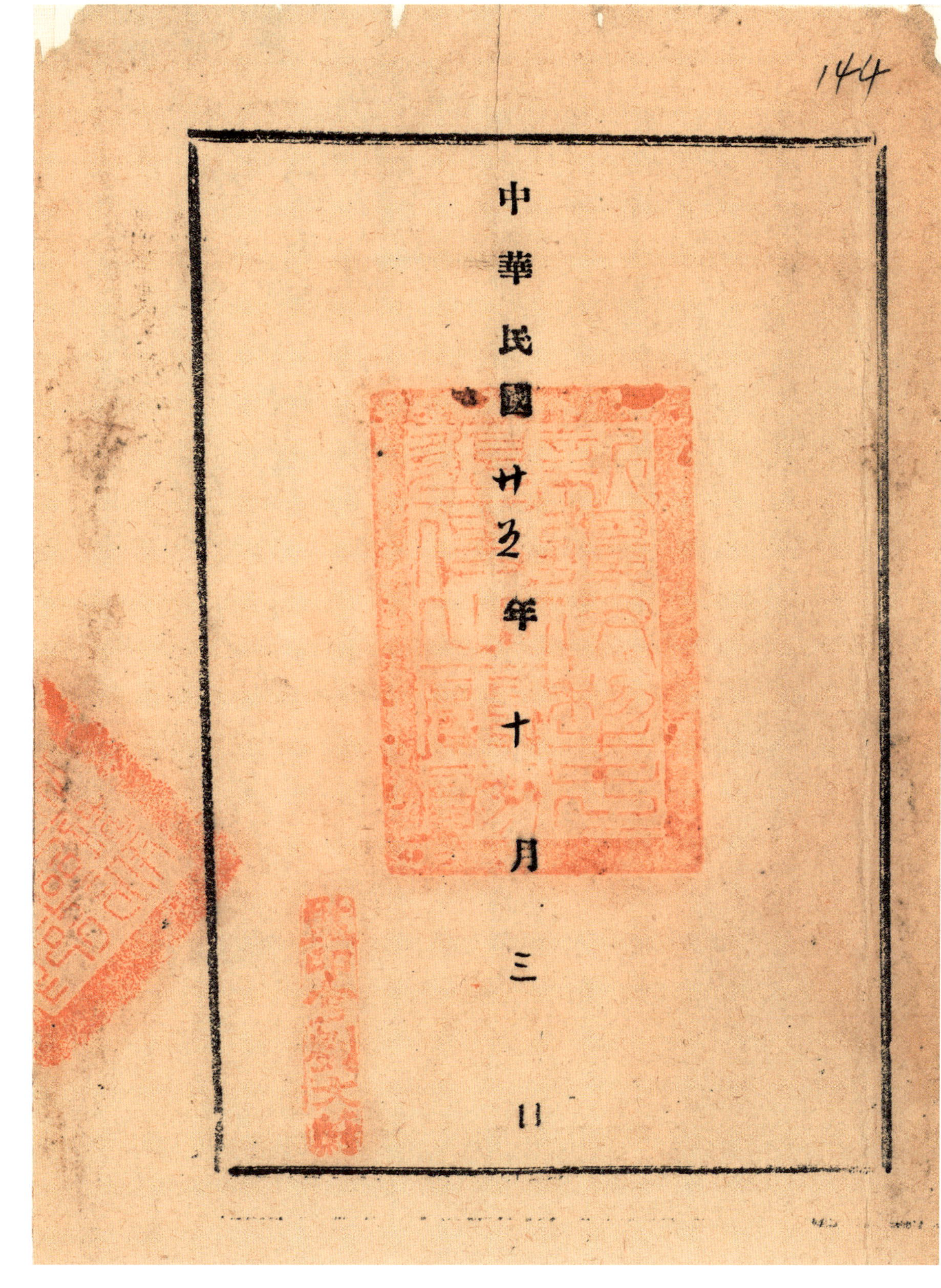
144

中華民國廿五年十月三日

○三七　伊犁官牧廠、伊犁墾牧處就查勘以牛圈湖爲今冬牛群牧放地點事的呈及新疆伊犁屯墾使公署給伊犁官牧廠的指令（1936–10–07）
（J5–1–12–12）（6–1）

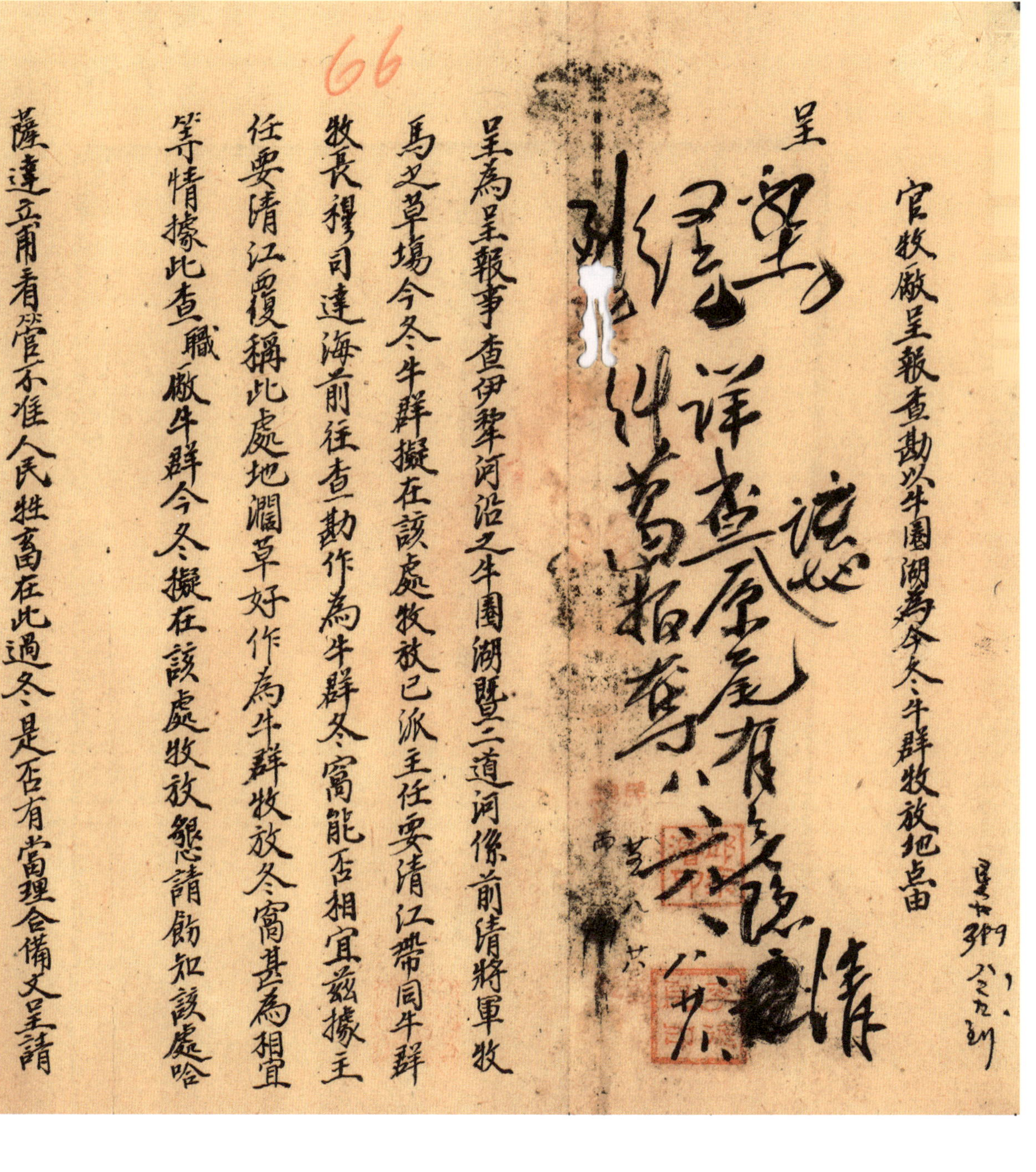

官牧廠呈報查勘以牛圈湖爲今冬牛群牧放地点由

呈

呈爲呈報事查伊犁河沿之牛圈湖暨二道河係前清將軍牧馬之草場今冬牛群擬在該處牧放已派主任要清江帶同牛群牧長穆司達海前往查勘作爲牛群冬窩能否相宜茲據主任要清江覆稱此處地瀾草好作爲牛群牧放冬窩甚爲相宜等情據此查職廠牛群今冬擬在該處牧放懇請飭知該處哈薩達立甫看管不准人民牲畜在此過冬是否有當理合備文呈請

〇三七　伊犁官牧廠、伊犁墾牧處就查勘以牛圈湖爲今冬牛群牧放地點事的呈及新疆伊犁屯墾使公署給伊犁官牧廠的指令（1936–10–07）
（J5–1–12–12）（6–2）

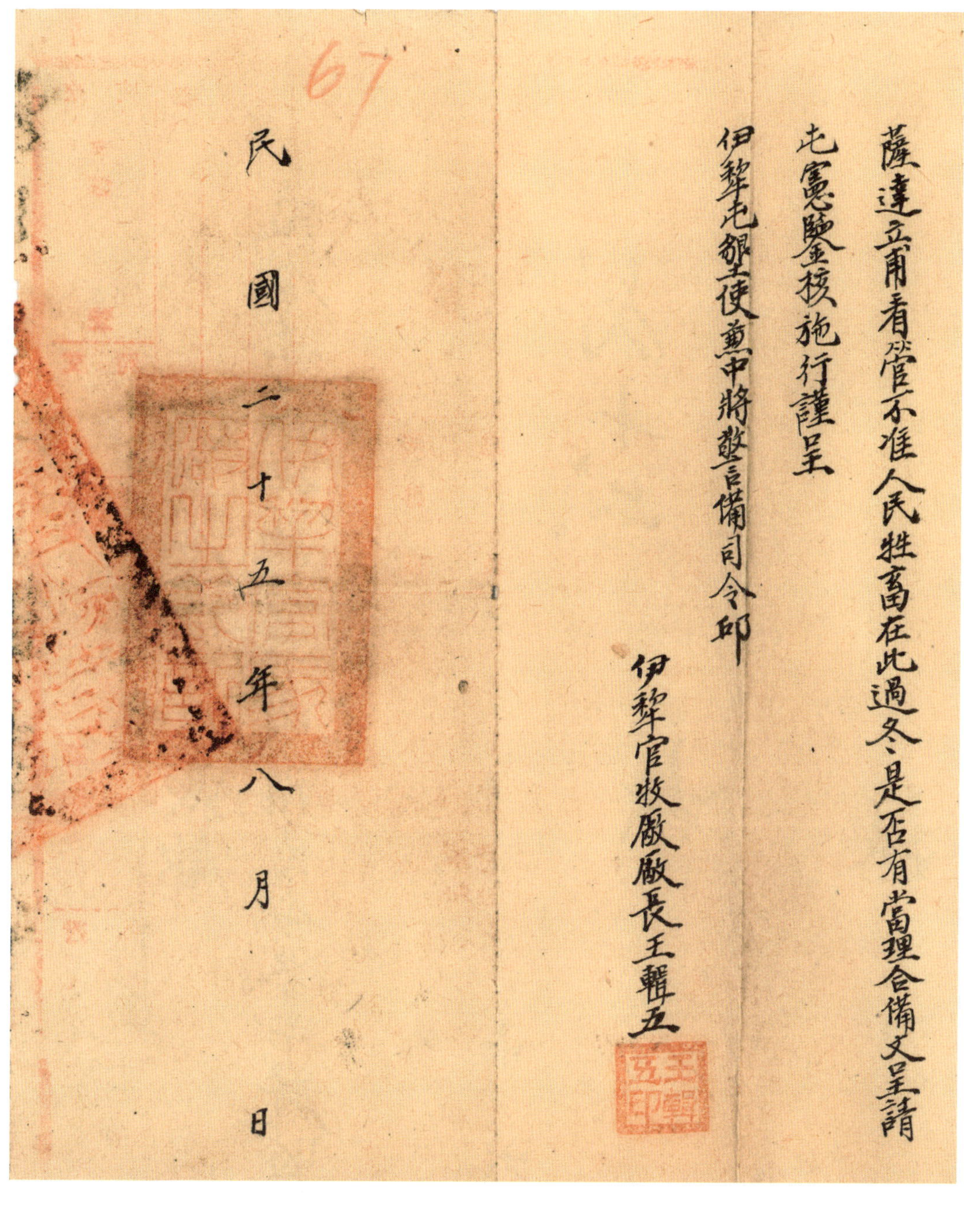

薩達立爾看管不准人民牲畜在此過冬、是否有當理合備文呈請
屯墾鑒核施行謹呈
伊犁屯墾使兼中將警備司令邱
伊犁官牧廠廠長王輯五
王輯五印
民國二十五年八月　日

〇三七　伊犁官牧廠、伊犁墾牧處就查勘以牛圈湖爲今冬牛群牧放地點事的呈及新疆伊犁屯墾使公署給伊犁官牧廠的指令（1936-10-07）

（J5-1-12-12）（6-3）

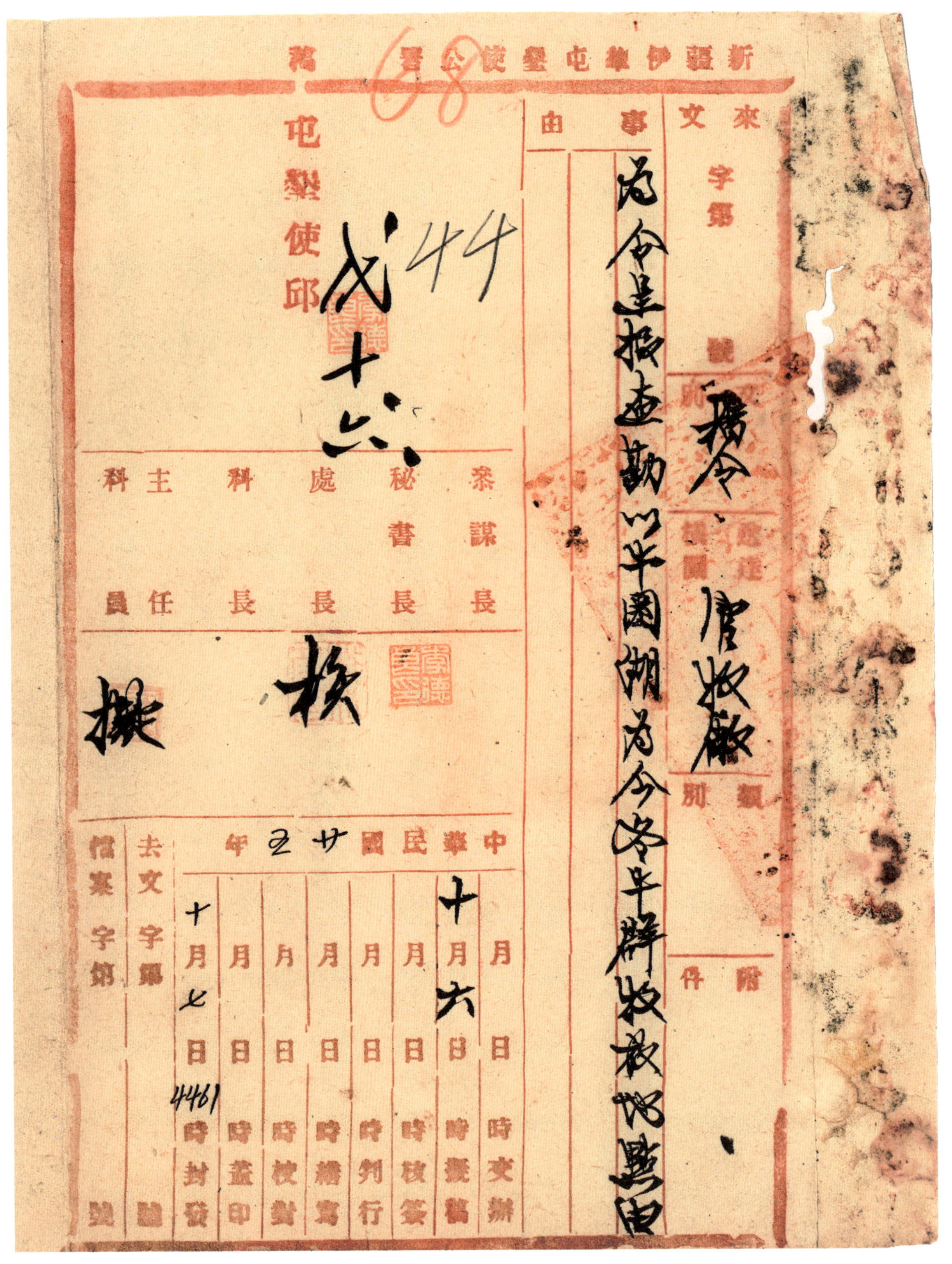

新疆伊犁屯墾使公署稿

68

來文　字第　號

事由：爲令呈據查勘以牛圈湖爲今冬牛群牧放地點由

發送機關：令　官牧廠

屯墾使印

戊十六　44

參謀長　秘書長　處長　科長　主任科員

擬　核

中華民國廿五年

十月六日　時交辦

月　日　時擬稿

月　日　時核簽

月　日　時判行

月　日　時繕寫

月　日　時校對

月　日　時蓋印

十月七日　4461　時封發

去文　字第　號

檔案　字第　號

附件

〇三七　伊犁官牧廠、伊犁墾牧處就查勘以牛圈湖爲今冬牛群牧放地點事的呈及新疆伊犁屯墾使公署給伊犁官牧廠的指令（1936-10-07）
（J5-1-12-12）（6-4）

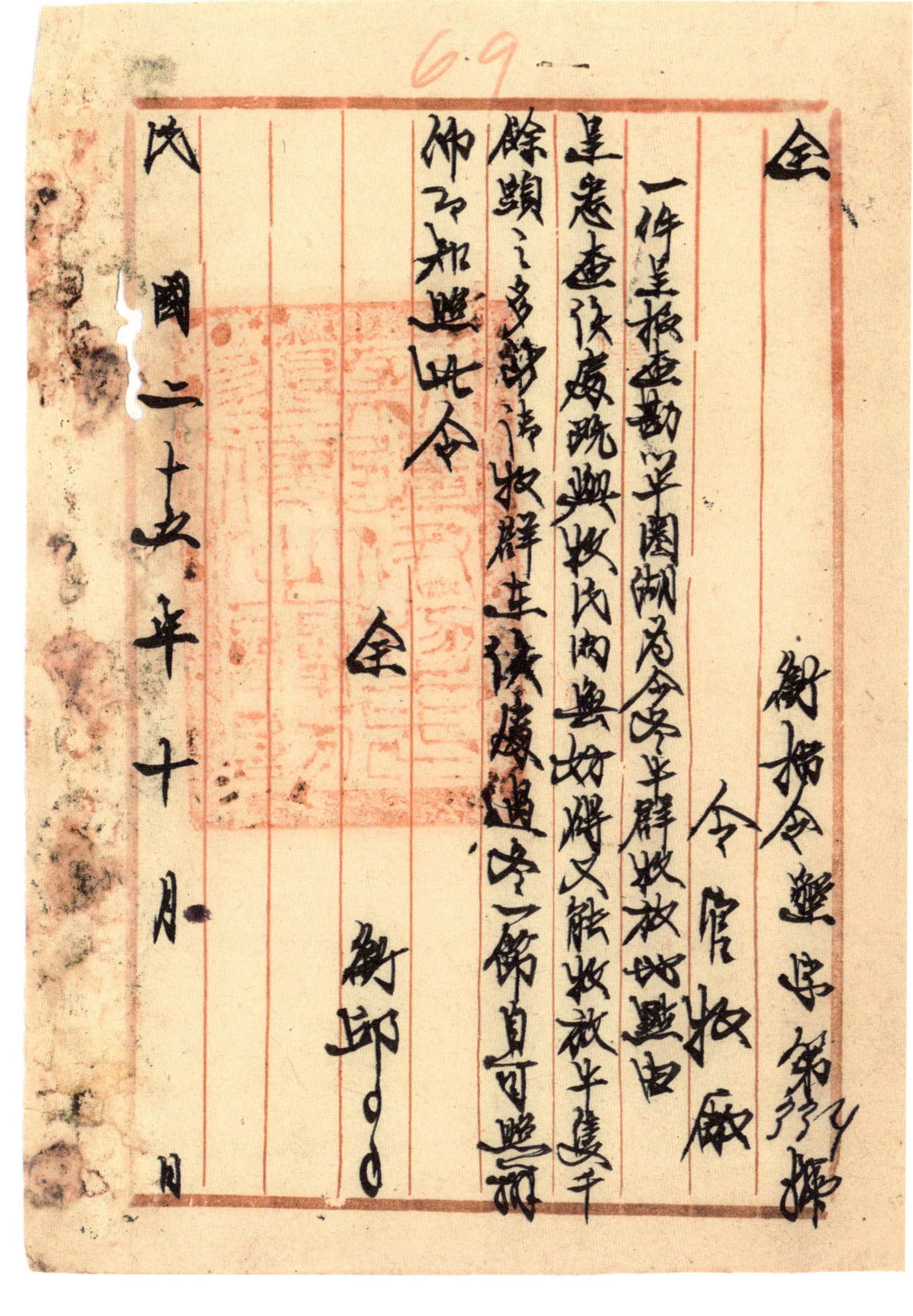

令

銜指令墾字第　號

令官牧廠

一件呈報查勘以牛圈湖爲今冬牛群牧放地點由

呈悉。查該處既與牧民兩無妨碍，又能牧放牛隻千餘頭之多，該場牧群在該處過冬一節，自可照准。仰即知照。此令。

令

銜 邱〇〇

民國二十五年十月　日

〇三七　伊犁官牧廠、伊犁墾牧處就查勘以牛圈湖爲今冬牛群牧放地點事的呈及新疆伊犁屯墾使公署給伊犁官牧廠的指令（1936-10-07）

（J5-1-12-12）（6-5）

呈為單報事竊科員遵查牛圈子湖（哈名阿合吐伯克）確係無主之公地以前公家或人民之牲畜任意在該處住牧過冬並割野草以後有塔塔哈克尔堅及格拉吉丁巴依等在頭二道河下流經地方綏定縣拉給户地並草場地又有百户長塔里甫拜塔斯兩個游牧百姓在該處自行佔住過冬並修有牲圈惟居住均已十七八年之久本年經糧服廠與哈民夥打野草二千餘梱查該處哈民牲畜很少倘與夥住尚能牧放牛千餘頭兩無妨害理合將查勘情形具單呈报鑒請

處長轉呈

屯墾使鑒核施行

科員　英林　呈　十一

[illegible]

○三七　伊犁官牧廠、伊犁墾牧處就查勘以牛圈湖爲今冬牛群牧放地點事的呈及新疆伊犁屯墾使公署給伊犁官牧廠的指令（1936-10-07）

（J5-1-12-12）（6-6）

65

爲簽呈事遵查該地在綏定惠遠河沿二道河阿克擠伯下邊地名牛圈前清將軍牧放官牛馬之地方張師長時公家牛馬也去過現在是百戶長塔里甫居住游牧並聞有札克尔江巴依及各商牲畜均夥住該處其地雖未經公家過問実係無主之公地可否飭令百戶長塔里甫查復之處伏乞

鑒核示遵謹呈

屯墾使邱

副官長郭德祺

墾牧處長戴有仁

經理處長嚴德宗

呈　九、一、

府將依據年度及經過詳情查明核奪　九、三、

新疆省農礦廳農牧場組織及辦事細則

第一章　總則

第一條　農礦廳為以技術方法協助各族民众发展農業牧畜業以及医療並預防獸類各種病症起見在各地設立農牧場農牧場以牧畜局獸医院及農場組織成之

第二條　所有應設農牧場之數量及地点農礦廳根據實际需要在農牧三年計劃中規定之所有農牧場均直接归農礦廳管轄

第三條　農牧場場長各重要職員均由農礦廳委派之一切進行悉應遵照本細則各項規定及農礦廳之命令分别办理并按月造賣經費預計算書所有場内下級職員之任用及革除均應事先呈准農礦廳行之各農牧場得另定各門部辦事細則呈請農礦廳核准依據進行為加速工作起見在可能範圍内函請各地行政長官及縣政府農会商会文化促進会協助商討進行之

第四条　各農牧場内服務之農業牧畜獸医各专家均由農礦廳聘委各場服務对于場内之工作進行在技術上經驗上均應予以充分協助

第五条　各農牧場内應需之建築材料各种農机以及獸医所需之药品以及各种应需器俱一經收到均应用簿册分别記載呈报農礦廳以便稽查

第六条　農牧場經費由各場編造預算書呈賫農礦廳核請按照預算規之数目分别開支非經請准不得擅自挪用遇有餘存款項隨同計算書呈繳

第七条　農牧場每月所領之經費應照定章按月編造計算書并檢同各項單據及附表对照各表呈賫農礦廳核請核銷

第八条　各農牧場之收入如農机租賃所种畜交配場及医治獸病所收之賃金手續費等均須按月觧繳交農礦廳核觧財政廳收入國庫

第二章　各農牧場之組織

農牧場辦公人員之組織

第九条　農牧場設場長一人副場長一人会計一人文牘一人繙譯一人汽車夫及其助手工役各若干人

第十条　農業方面之組織

農場設農業专家一人或二人農業指導員一人農机賃貸所主任一人測候員一人庶務一人鉄匠及其助手工役各若干人

第十一条　牧畜方面之組織

牧畜局設牧畜专家一人或二人牧畜技術員一人牧畜指導員一人庶務一人辦事員一人馬夫馬夫長更夫各一人工役二人牧夫長一人牧夫二人家禽喂養夫二人

第十二条　獸医方面之編製

獸医院設獸医专家一人或二人副獸医一人一等二等副獸医各

一人辦事員一人衛生員一人工役二人各獸医分處得設副獸医一人衛生員一人

註三查上述之編製所有各農牧場各牧畜局各獸医院及獸医分處之職員按編製表之規定均負有专責各按其職責加强自己工作農牧場長对于固定職員不得任意調遣换言之即所有職員均应按照其原定之職責努力工作完成其規定之工作計画所有各農牧場各牧畜局各獸医院其内部工作之職責規定如下

第三章　農牧場各組織之工作与職責

甲關於農業方面之工作及其職責如下

第十三条　所有各場之工作進行应专重於農業方面根據農業學理上实际経驗上以推動其工作并应按照其所在地之地質及其環境以為工作之標準

註：：：農牧場之工作進行应遵農廳所製之計画加强其工作按期完成其計画

第十四条　各農場应進行之主要工作及職責如下

1、農場設立目的在各處協助各族民众設法提高其農作物之生產量及廣为開墾地畝

2、協助民众提高其他各种農作物之生産

3、对於民众廣为宣传使用各种農机之利益并指示其使用及修理農机之方法并令其充分準備各种農机之零件油類

4、消滅各种農作物之害蟲並倡用机器選優良之种籽并設法奬勵特産之農作物

5、農場应注重于宣传方面其宣传之方法如開農作物之展覽会以及農業試驗場或登於报紙或印刷小册以廣为宣传

6、農場協助各族民众改良其蠶絲業園圃業菜园業及其他林業

7、農場应派人分赴各地就近调查其農作物生産情形以及其播种及收獲以及保管農作物情形以作改良農作物之借鏡

8、農牧場应協助民众観測其所在地之氣候

為完成上述之工作起見所有方法以及其章程由農礦庁訂定中規定之

9、農牧場場長对於場内之工作進行应負完全之職責副場長襄助場長進行一切工作对於技術方面由農牧場之農業专家隨時指導之至農牧場工作之職員人数在農牧場編製表内另行規定之

10、在農業重要之區域内酌量情形設立農牧分場或農机賃貸所以及農事試驗場農牧分場設立之地点以及其所立之数量由農礦庁核准後方能正式設立在各農牧場内應由下列之各項即農牧場内应附設農机賃貸所及附代修理農机之工房应設立測候所農作物之化驗室農作物之陳列室并預備農作物之倉庫以及其他設置对於運輸方面亦須有相当之車輛

347

11、農机借貸所之職責應將所有之農机儘量借貸於農民農机之使用以及其農机之保護在技術方面由農机借貸所之負責職員指導協助之并对於農民教以裝卸農机之方法并介紹說明其農机之式樣以及其農机之牌号農机借貸之代價數目在借貸農机之章程内另行規定之

12、農牧分場附設之農机借貸所对於民众之農業方面在技術上應予以充分之協助并指導民众選擇籽种協助民众消滅農作物之所有害虫并在農作物之試驗地内教民众以實地利用農机之方法

13、農業試驗場應擇定相宜適中之地段設立之其所在之地段得地主之許可方能設立該場設備完善後應由農牧場指導办理之

14、農牧場關於農業方面所需之一切經費在該場之預算内規定之其開支經費時須照章開支之

乙、關於牧畜方面之工作及其職責如下

第十六條　按照政府決定在各區農牧場内附設牧畜局对於各區所有之一切牲畜牧畜局應協助民众發展其牧畜業其工作之進行按照農礦廳牧畜計劃及民众之需要為原則

第十七條　牧畜局附設於農牧場内其局長由農牧場之場長兼任之对於牧畜技術方面由牧畜專家協助之

第十八條　牧畜局之工作及其職責如下

1、牧畜技術方面協助民众發展其牧畜業并提高其牧畜業之生產量

2、設法儘量協助民众改良其牧畜業并对飼養及出料牧畜方法予以指導并協助民众購買各種優良之種畜以便孳生

3、指導游牧民众在夏季儲蓄冬季草並領導其修改冬季容納牲畜之處所在割草时令其利用割草机对于儲蓄冬季以及利用冬草

之方法予以指示

4、協助民众利用种畜改良其牲畜之工作
5、協助民众举行种類保健之工作
6、協助民众举行合法利用草場之工作
7、協助民众發展其小企業之牧畜家
8、應設法保護各种珍貴之野獸及野牲
9、对於遊牧民众指示其保護儲存各种獸類飼料之方法
10、考查某一區内特產之牲畜可以設法將此項特產之牲畜廣為繁殖于其他區内
11、对於民众之初步牧畜知識在牧畜區内應廣為解釋宣傳之其宣傳方法如開牧畜展覽会以及與遊牧民众接談或招集牧畜会议或設立短期牧畜訓練班或登載報紙或印刷小册以宣傳之

第十九条　為完成上述之工作在牧畜局内应有相当之設備应修築种畜容納處所並修築職員以及工人所住之房舍并預備相当之車輛及相当之陳列所以及必需之場棚跑馬場

在牧畜局应設种畜交配場於必要时得設立各科種畜場以經營繁殖种畜示範人民所有牧畜局以及其他經費均在預算中規定之但其開支时須按照預算内所規定数目開支之關于牧畜局内部進行工作之章程以及其种畜之分配以及指定設立之配場之地点均另為規定之

内關于獸医方面之工作以及其職責如下

第二十条　為发展牧畜業以及減少獸類因病之死亡率起見農礦廳根據政府決议在新省各處設立獸医院或獸医之分處以便市民及治療并預防獸病完成牲畜保健之任務

獸医院或獸医分處均附設于農牧場

第二十一条　獸医院及獸医分處之職責如下

1、協助民众医治各种獸類之病症

2、在遊牧民众中对于獸病之初步知識廣為宣傳之並指其預防獸病之各种方法并設法預備初級獸医人材

3、為防止獸類之傳染病起見应設法預防之或注意清潔以預防之在傳染病发生时尤須注意一般之清潔及保健問題

4、獸医院或獸医分處应積極医治獸病以協助民众發展牧畜業

5、獸医院或獸医分處应就近調查当地之草場或飲牲畜之處所并調查該地是否有毒草以及其他特殊之病症

附註：獸医分處只能執行（4）（5）等條其餘各条应由獸医院指導執行之

第二十二条　獸医院應具有下述之設備

1、獸病之診病室（內附設煖馬房）

2、医治之診病藥房（內附設各種獸医應需之各種傢具）

3、設立拴病馬之馬樁

4、設立病馬之間隔馬棚

5、設立消毒之房舍

6、設立參觀者休息之房舍

7、修築院舍並修築獸医及能負所任之房舍

8、應建築其他應需之處所如盛食物之倉庫以及馬廄地窖側所以及其他應須築之房舍

第二十三條　獸医分處應有下列之設備

1、獸医診療室

2、藥房

3、其他如院落之修理以及其必需之建築並修築副獸医以衛生員所住之房舍

第二十四條　獸醫院之工作進行應按其本區之情形推動其工作獸醫分處在所指定區段内服從獸醫院之指導以推動其工作

第二十五條　各該獸醫院其獸醫分處均應按照其内部所規定之章程辦理之若在工作完畢後若獸類發生緊急病症或其他特殊之傳染病症時因獸類之病狀甚重不能趕至獸醫院或獸醫分處醫治時此時若得民衆之通知各該獸醫院或獸醫分處之獸醫聞訊後應立時前往該地醫治之

第二十六條　若在獸醫院區段以外之區所發生緊急之傳染病時獸醫應得農牧場場長之允許始能前往醫治之若發遠之地應得該區行政長之允可始能前往醫治之若在獸醫分處以外之區段内發生上述之病症時獸醫得該縣縣長之許可始能前往醫治之

第二十七條　凡設立獸醫分處之地段協助民衆醫治獸病均予免費凡設立

獸医院之診段医治手術免收費按其所需之藥品數量酌收藥品之代價但收藥品代價时必需以單據為憑此項所收之款項作為獸医院之收入另行報銷

第二十八条　獸医院或獸医分處應具有下列之簿册按月送農廳查核

1. 医治所有獸病按月登記簿
2. 獸医藥品收入消費登記簿
3. 所有器具登記簿
4. 前往各地調查獸病登記簿
5. 經費收入開支登記簿

附註：在獸医院内并應具藥品代價存根簿及其核發多种牲畜發給証明書之存根簿

第二十九条　獸医分處每月初照章造具工作報告表三份一份呈賫獸医院一份呈賫所在地縣政府一份存查獸医院按月造

具工作報告表三份在造具報告表時應將獸医分處之工作報告附加兩工作報告表内一份呈賫于農礦廳一份呈賫于該區行政長一份留院存查。

第三十條　無論何時在本區段内發生最危險之獸類傳染病時獸医院或獸医分處一方面迅速設法医治一方面用電報或電話呈報于農礦廳

第三十一條　獸医院或獸医分處凡經費之收入開支以及藥品之需用或什器之保管均由獸医或副獸医負責監督保管之若獸医院或獸医分處動用款項時必須得獸医之許可

第三十二條　凡獸医院或獸医分處内之一切器物均應有負責之專員保管之在獸医院内應由一等副獸医負責保管之

第三十三條　獸医院内經費收入開支之計算賬簿由農牧場長按照其預算内所規定銀數呈請核銷之

56

第四章　附則

第三十四條　本細則如有未盡事宜，得由農礦廳隨時修改之。

第三十五條　本細則自公佈之日施行。

〇三九　新疆伊犁屯墾使公署就請會同派員調查蘇屯及闊里沁水流及綏定荒地事給伊犁區行政長公署的咨（1937-01-14）（J5-1-29-1）（4-1）

新疆伊犁屯墾使公署咨伊犁區行政長公署

事由	擬辦	批示	備考
為請會同派員調查蘇屯及闊里沁水流及綏定荒地請見覆由 附件	第四科存卷 一、二七		

秘字第14號　廿六年元月十四日時到

105　收文　第　字　號

○三九　新疆伊犁屯墾使公署就請會同派員調查蘇屯及闢里沁水流及綏定荒地事給伊犁區行政長公署的咨（1937–01–14）（J5–1–29–1）（4–2）

2

新疆伊犁屯墾使公署咨　　秘字第14號

為咨請事案奉

新疆省政府訓令開案據農鑛廳呈稱案奉鈞府民字第三一八零號訓令開據伊犁邱屯墾使陳行政長呈稱伊區四一二三週紀念各代表各項提議經職一再審查均屬相當恭繕原議謹請鈞鑒其中當有數條係與伊犁情況不合經原提案人自動抽回亦一併另揭繕呈附呈提案一分請鑒核轉飭指令示遵一案令廳遵照將關於主管事項核辦議覆核奪等因附抄發原提案一分奉此職廳遵即逐項核議茲將議決各辦法恭呈如下(5)舊滿營請將蘇屯闢里沁水流撥地

○三九　新疆伊犁屯墾使公署就請會同派員調查蘇屯及闢里沁水流及綏定荒地事給伊犁區行政長公署的咨（1937-01-14）（J5-1-29-1）（4-3）

畝平均劃分以息爭訟而維農業(6)綏定民衆擬請公家調查其荒地畝撥給人民領種如無渠水請開濬相當渠道查兩案詳情如何殊難揣測應請令飭伊犁屯墾使行政長派員實地調查繪具圖說妥議具覆再行核辦尾開理合具文呈請鑒核施行等情據此除指令並分行外合令該屯墾使遵照辦理此令等因奉此查以上兩案究應如何辦法相應咨請

貴行政長查照見覆為荷此咨

伊犁區行政長陳
　　　副行政長吐

伊犁屯墾使兼伊犁中將警備司令邱宗濬

〇三九　新疆伊犁屯墾使公署就請會同派員調查蘇屯及闢里沁水流及綏定荒地事給伊犁區行政長公署的咨（1937-01-14）（J5-1-29-1）（4-4）

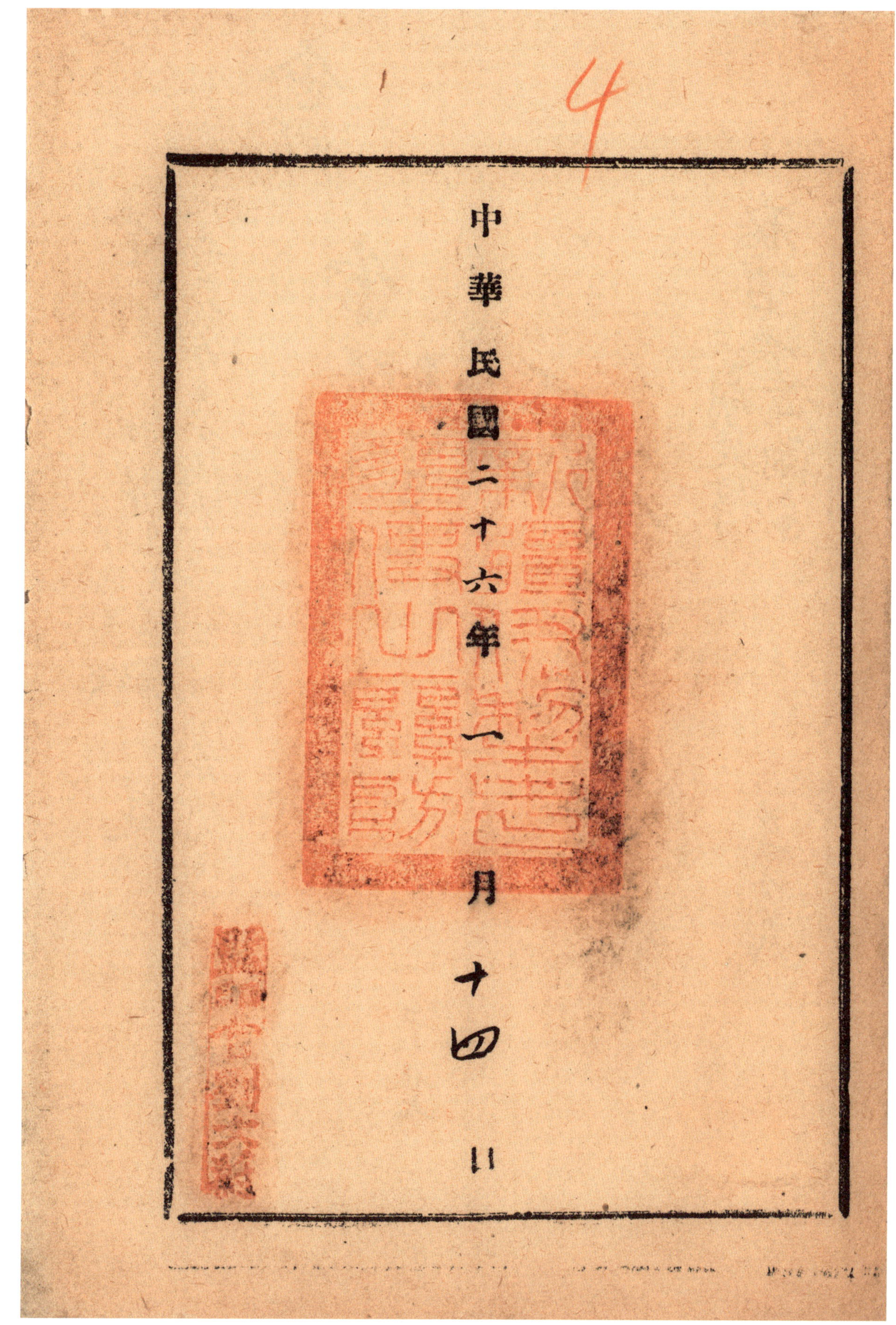
中華民國二十六年一月十四日

〇四〇　新疆省政府就委員胡壽康等提議籌設縣治期滿屯墾使即行撤銷事給伊犁邱屯墾使、陳行政長的電（1937-02-27）

（區檔，政 002-007-0541-012）（4-1）

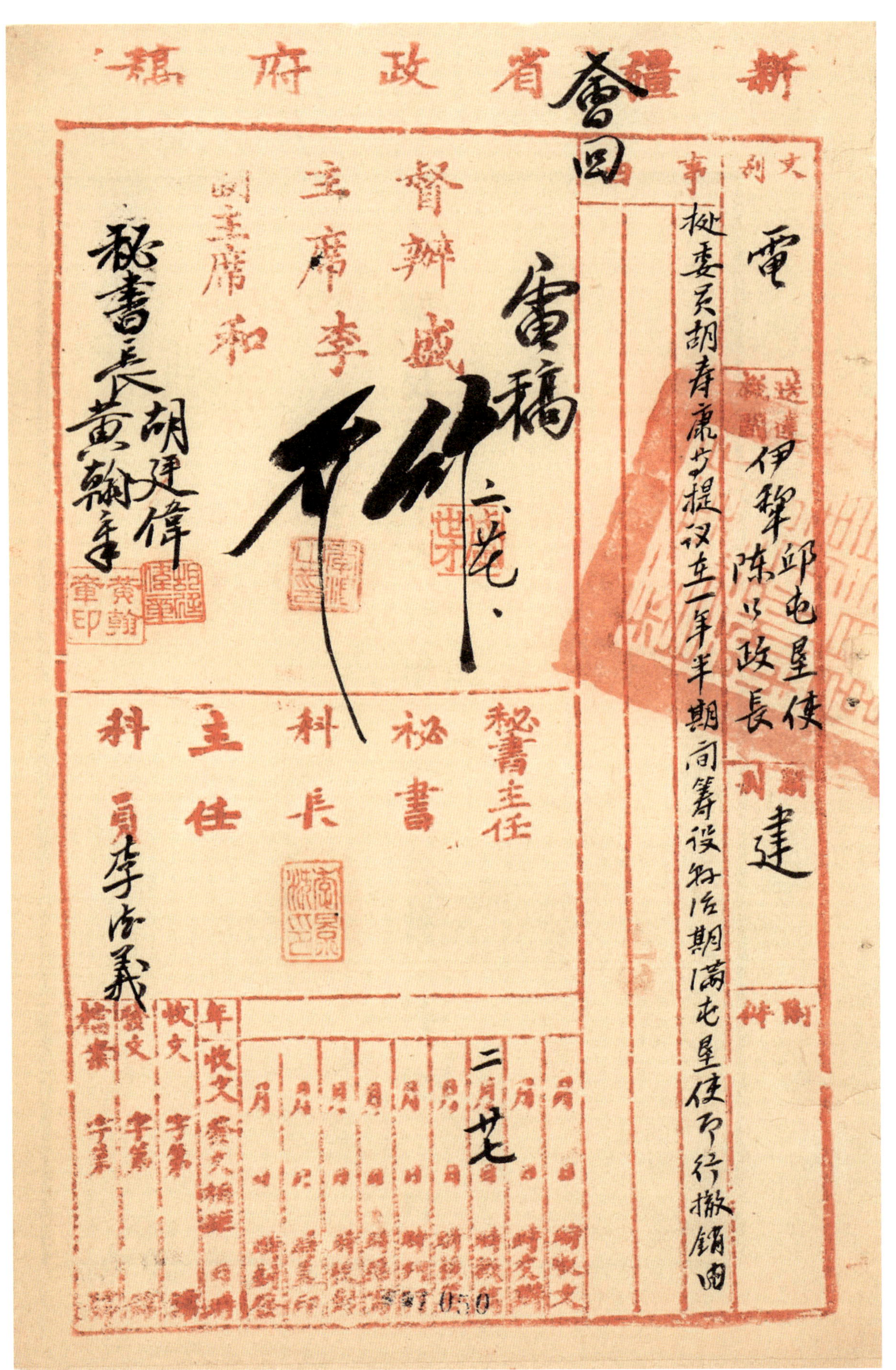

新疆省政府稿

會回

文別：電

送達：伊犁邱屯墾使　陳行政長

事由：擬委員胡壽康等提議在一年半期間籌設縣治期滿屯墾使即行撤銷由

督辦盛
主席李
副主席和

電稿

秘書長黃翰章
胡建偉

秘書主任
秘書
科長
主任
科員李永義

二月廿七

二月廿七

〇四〇　新疆省政府就委員胡壽康等提議籌設縣治期滿屯墾使即行撤銷事給伊犁邱屯墾使、陳行政長的電（1937-02-27）

（區檔，政002-007-0541-012）（4-2）

電

伊犁邱屯墾使、陳行政長均鑒：查省府第二八次委員會議，據委員胡壽康、胡廷偉、黃翰章、張馥馨等提議稱：為提案事。查新疆因政府正確之政策，社會日進、繁榮，欲更謀社會之發展，一切行政不能不特加注意，各區行政中以縣長為推動樞紐。伊犁為新疆繁富之區，設立屯墾使，統轄四大領隊，等是以前舊日辦法。去年邱屯墾使曾計議改縣問題，亦擬在一

〇四〇　新疆省政府就委員胡壽康等提議籌設縣治期滿屯墾使即行撤銷事給伊犁邱屯墾使、陳行政長的電（1937-02-27）

（區檔，政 002-007-0541-012）（4-3）

二年內實行，並爲推動一切迅速進展起見，擬請自本年一月起至二十七年六月底止，在此一年半期間籌備一切創設縣治，以期發展伊犁區之經濟建設新疆期限完滿，屯墾使即行撤銷。其詳細步驟另案飭遵，以昭劃一。該擬是否可行，理合提請大會採納施行，等情。當經決議通過，並因紀錄在卷，合亟電仰遵照辦理具報。督辦盛世才、主席李溶、副主席和加尼牙孜。感建印

○四○　新疆省政府就委員胡壽康等提議籌設縣治期滿屯墾使即行撤銷事給伊犁邱屯墾使、陳行政長的電（1937-02-27）

（區檔，政 002-007-0541-012）（4-4）

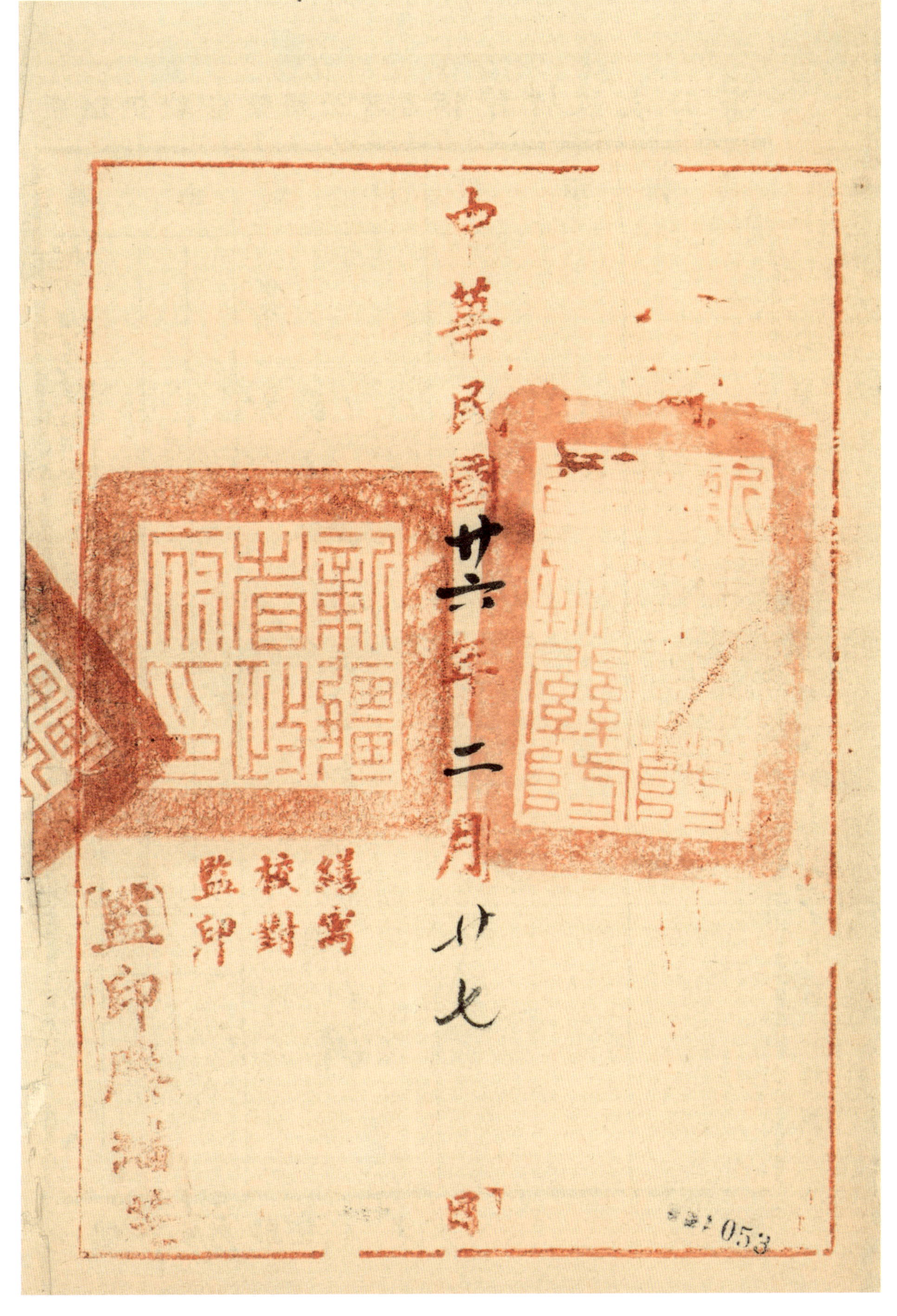

中華民國廿六年二月廿七日

繕寫
校對
監印

〇四一　新疆伊犁屯墾使公署就地方税局呈請哈牧欠糧請收折色事的咨及伊犁區行政長公署的咨覆、代電（1937–03–23）（J2–1–141–8）（8–1）

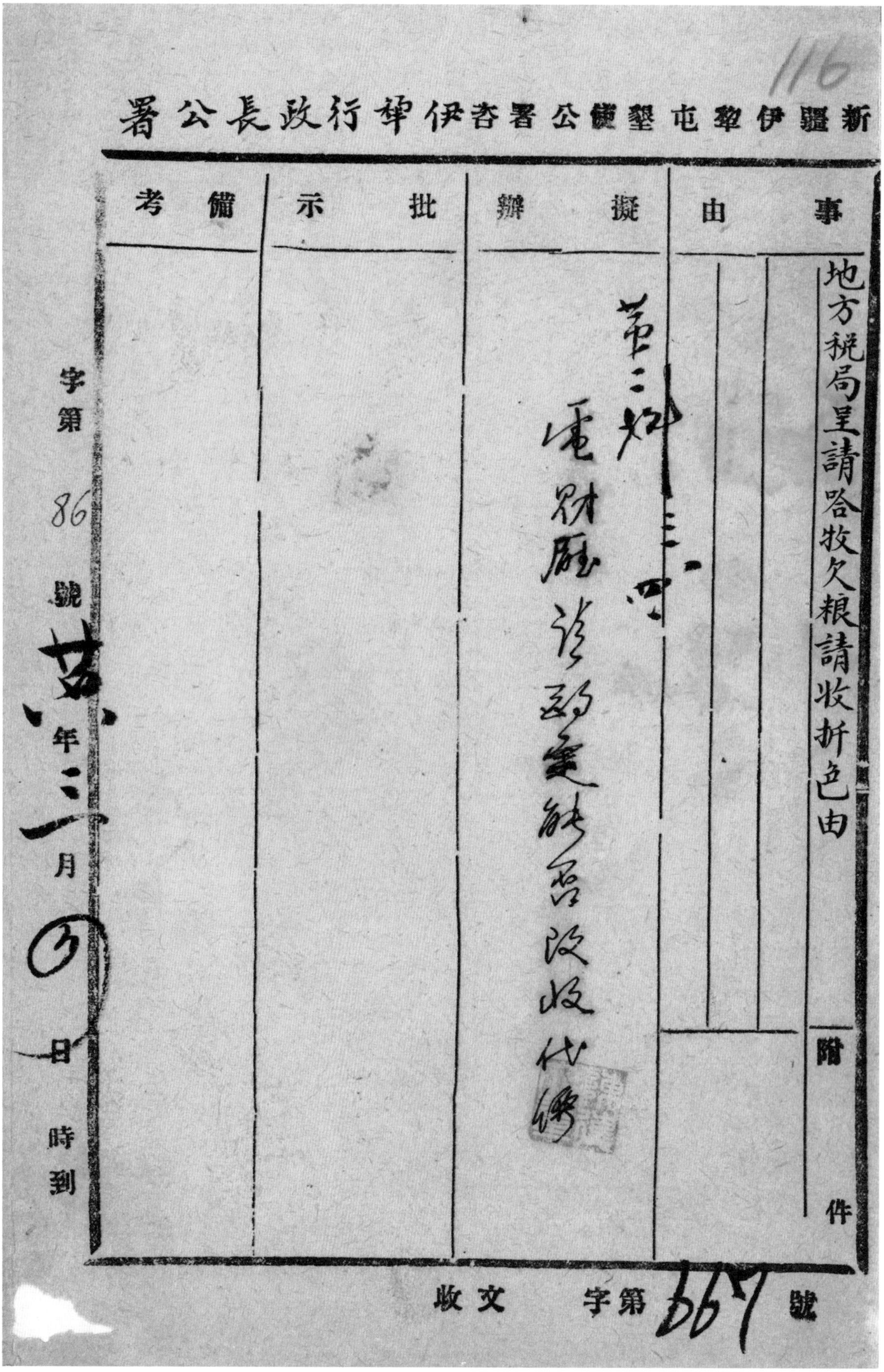

116

新疆伊犁屯墾使公署咨伊犁行政長公署

事由	擬辦	批示	備考
地方税局呈請咯牧欠粮請收折色由	第二科 三、四 電財廳請查照飭令徵收代繳		

附件

字第86號
廿六年三月3日　時到

收文　字第667號

○四一　新疆伊犁屯墾使公署就地方税局呈請哈牧欠糧請收折色事的咨及伊犁區行政長公署的咨覆、代電（1937-03-23）（J2-1-141-8）（8-2）

新疆伊犁屯墾使公署咨

経字第　　號

為咨請事案據伊寧縣長劉清軒地方税局局長劉鎮華等會銜呈稱為簽呈示遵事竊查去歲各游牧由伊寧倉儲撥借春耕貸粮除陸續收還不計外現在哈什輔國公尚欠小麥六百貳拾石特克斯各游牧欠叁百柒拾柒石鞏固斯各游牧欠肆百捌拾石以上欠粮應於秋後如數歸倉方合規定業經職縣迭次派差前往催收以重倉儲並呈請鈞座嚴令各牧速為歸還各在案乃該游牧民衆以山阻道長關係困於運輸以致逾過掃數限期茲據該游牧户民等邀求請將欠粮准按折色辦法照數歸還以資

○四一　新疆伊犁屯墾使公署就地方稅局呈請哈牧欠糧請收折色事的咨及伊犁區行政長公署的咨覆、代電（1937-03-23）（J2-1-141-8）（8-3）

結束等情經職等查核情形似屬可行惟查去歲田賦額粮
奉令照折色與現品兩項征收業經遵照實行茲查完納現
品小麥按照向來開支數目預計僅能足夠各機關一年食用
倘准該游牧折色歸還代金則於今年借給該牧之春種恐無
餘粮應付事關田賦究應如何辦理之處除簽請行政長示遵
外理合會詞簽呈屯座鑒核示遵施行謹呈據此除指令呈悉該
局所請咨牧欠粮一案應准咨請行政長查核辦理仰即知照
此令印發外相應備文咨請
貴行政長希即查核辦理是為公誼此咨
伊犁區行政長陳
　　副行政長吐

〇四一　新疆伊犁屯墾使公署就地方税局呈請哈牧欠糧請收折色事的咨及伊犁區行政長公署的咨覆、代電（1937-03-23）（J2-1-141-8）（8-4）

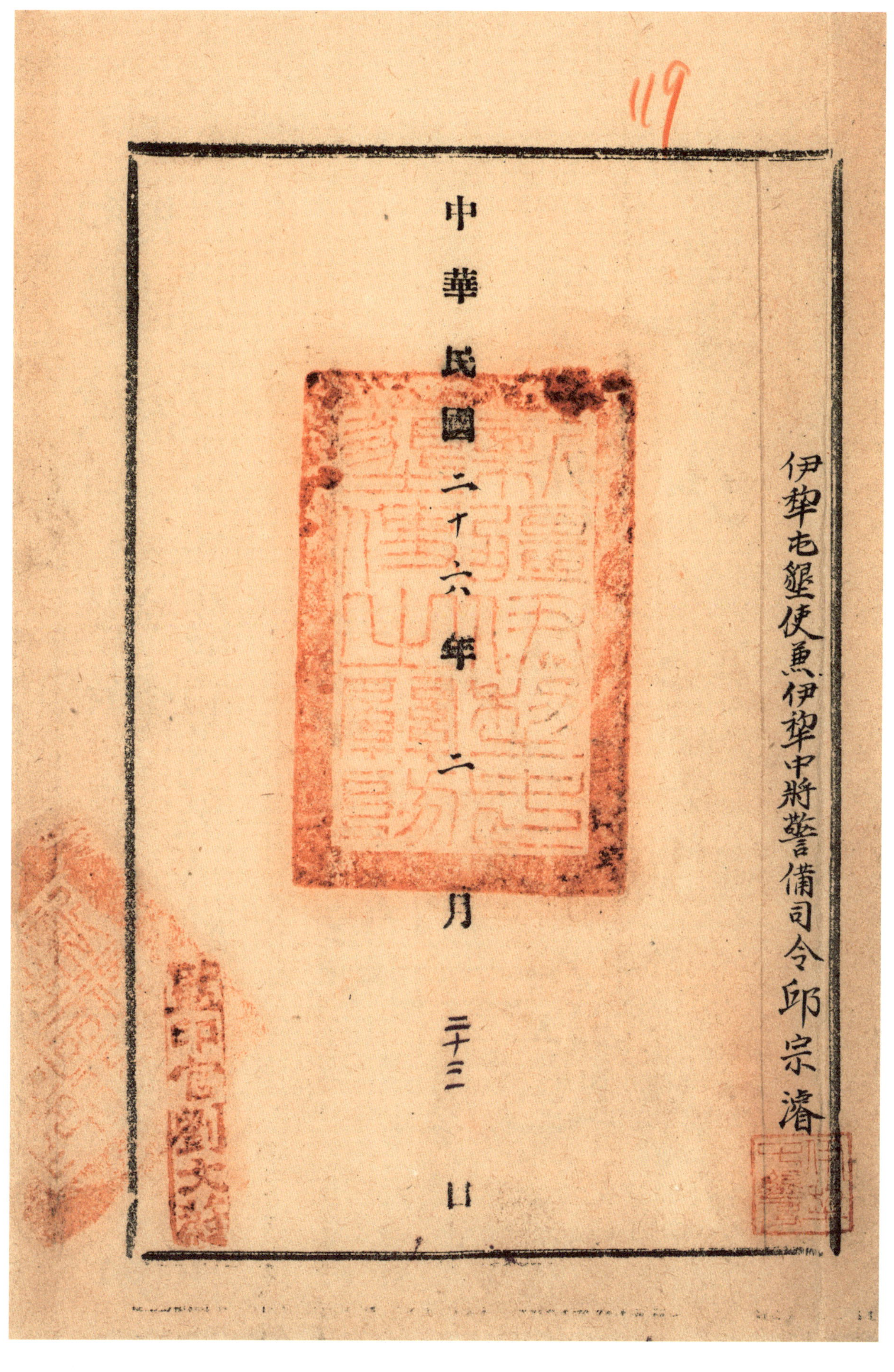

伊犁屯墾使兼伊犁中將警備司令邱宗濬

中華民國二十六年二月二十三日

〇四一　新疆伊犁屯墾使公署就地方稅局呈請哈牧欠糧請收折色事的咨及伊犁區行政長公署的咨覆、代電（1937-03-23）（J2-1-141-8）（8-5）

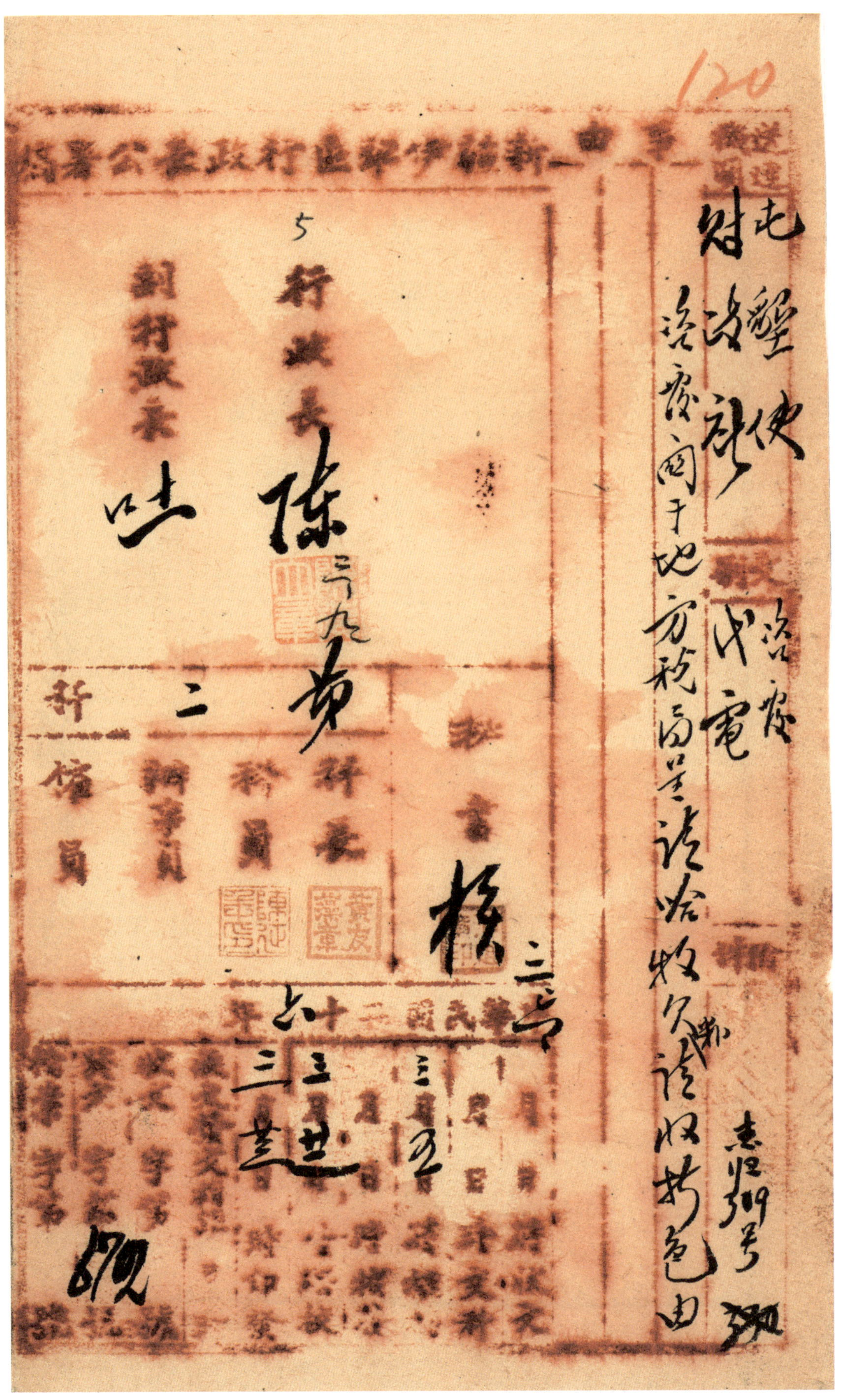
新疆伊犁區行政長公署稿

屯墾使　咨送
　　　　代電　咨復

為咨復關于地方稅局呈請哈牧欠糧請收折色由

行政長　陳
副行政長　吐
秘書　楊
科長
科員
辦事員

〇四一　新疆伊犁屯墾使公署就地方稅局呈請哈牧欠糧請收折色事的咨及伊犁區行政長公署的咨覆、代電（1937-03-23）（J2-1-141-8）（8-6）

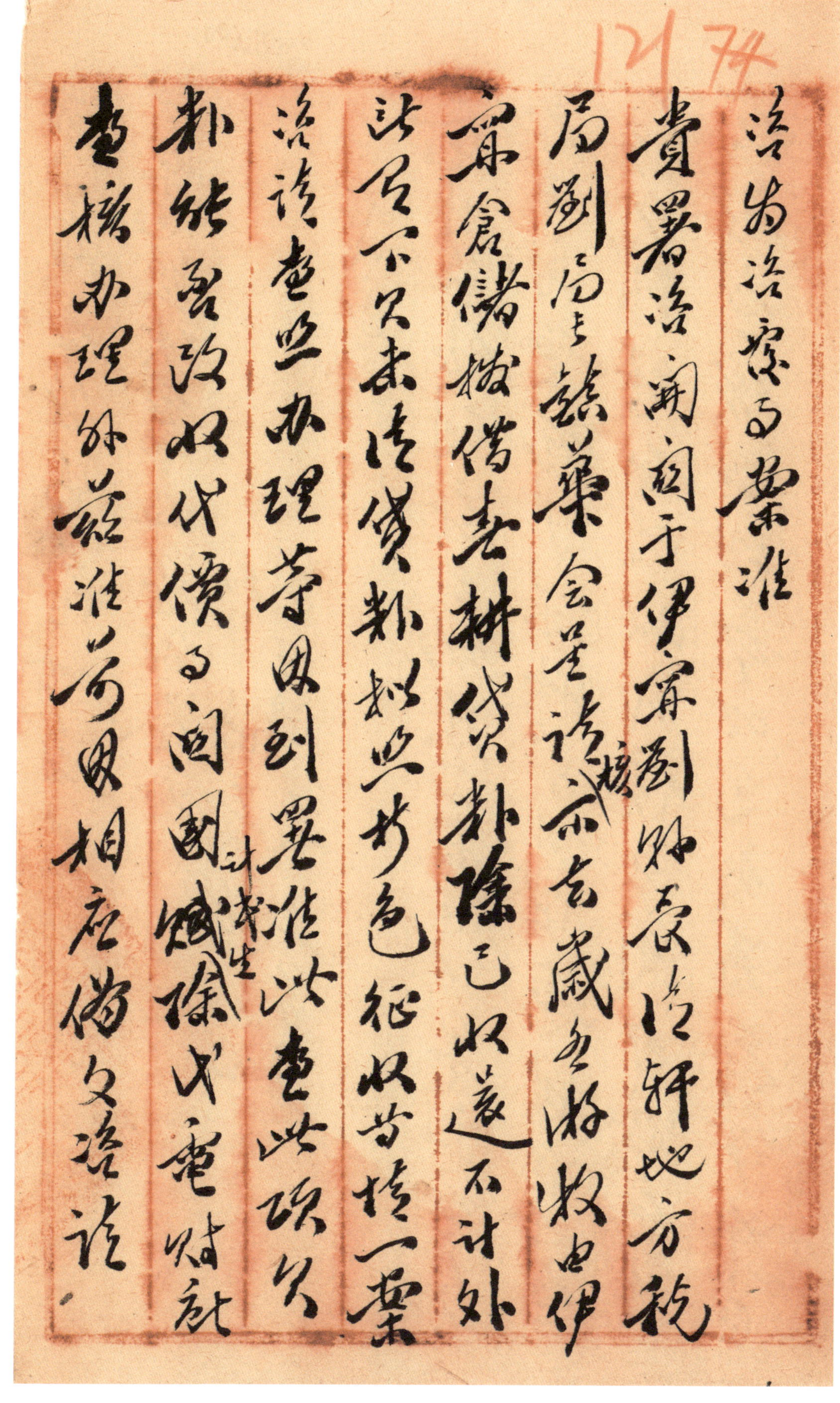
咨為咨覆事。案准
貴署咨開：函據伊寧劉縣長[illegible]軒、地方稅
局劉局長[illegible]會呈請核示，去歲哈牧由伊
寧倉儲撥借春耕貸糧，除已收繳不計外，
計尚下欠未繳貸糧，擬照折色征收，皆按一案
咨請查照辦理等因。到署准此，查此項貸
糧能否改收代價，已函國稅[illegible]，除代電財廳
查核辦理外，茲准前因，相應備文咨請

貴署查照為荷。此咨

伊犁屯墾使兼中將警備司令部

行政長　陳○○

副行政長　[illegible]○○

代電

迪化財政廳胡廳長勛鑒：案准伊犁屯墾使公署咨開：案據伊寧縣云云公證等因。准此。查此項只能變改以代價，不關國稅，應電請貴廳查核辦理，并希見復為荷。伊犁區

〇四一　新疆伊犁屯墾使公署就地方稅局呈請哈牧欠糧請收折色事的咨及伊犁區行政長公署的咨覆、代電（1937-03-23）（J2-1-141-8）（8-7）

〇四一　新疆伊犁屯墾使公署就地方稅局呈請哈牧欠糧請收折色事的咨及伊犁區行政長公署的咨覆、代電（1937-03-23）（J2-1-141-8）（8-8）

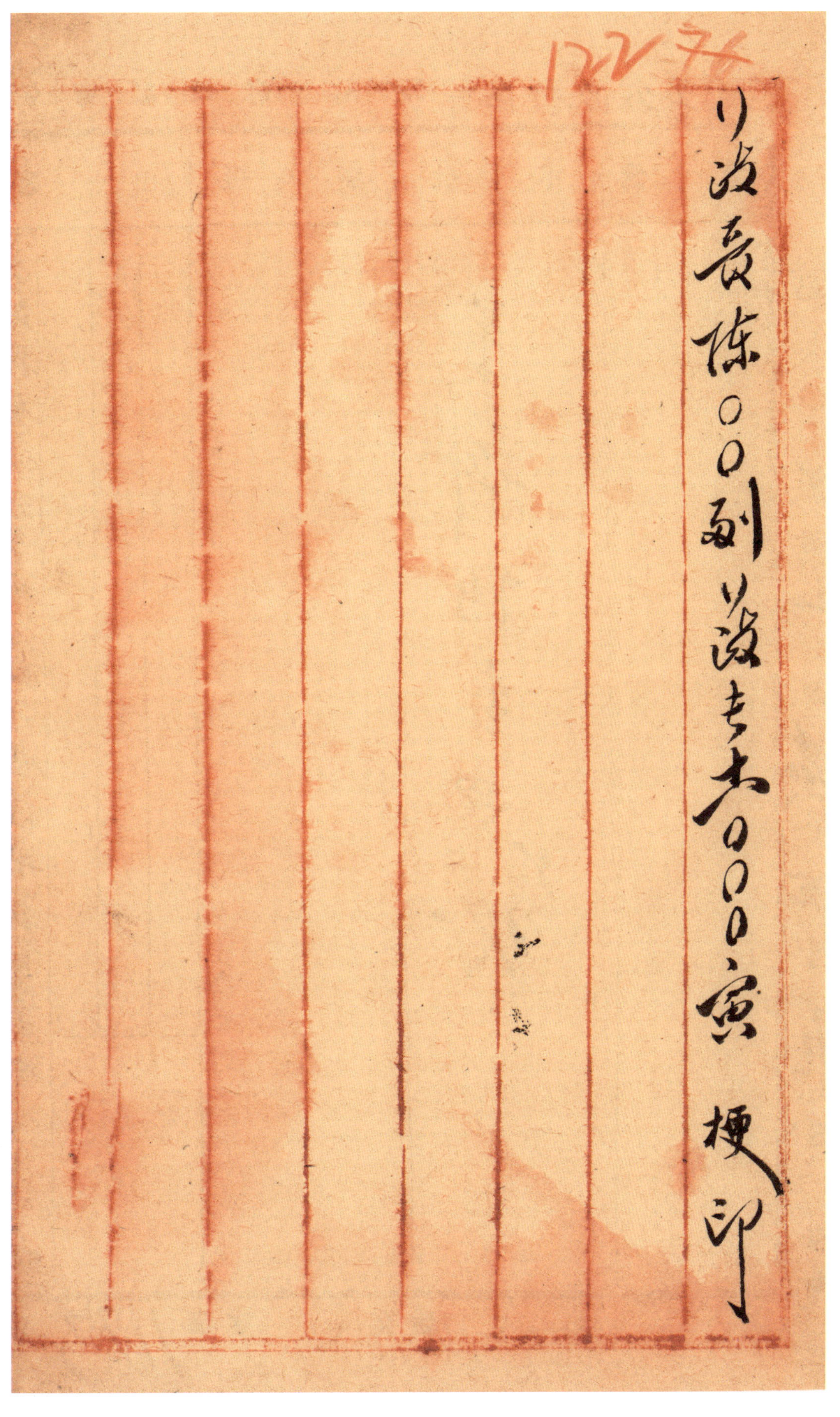

行政長陳〇〇副行政長〇〇〇寅　梗印

○四二　伊寧縣就撥發修理皇渠及圩子廣種桑麻等價事的呈及伊犁區行政長公署的呈、指令（1937-04-15）（J2-1-125-4）（8-1）

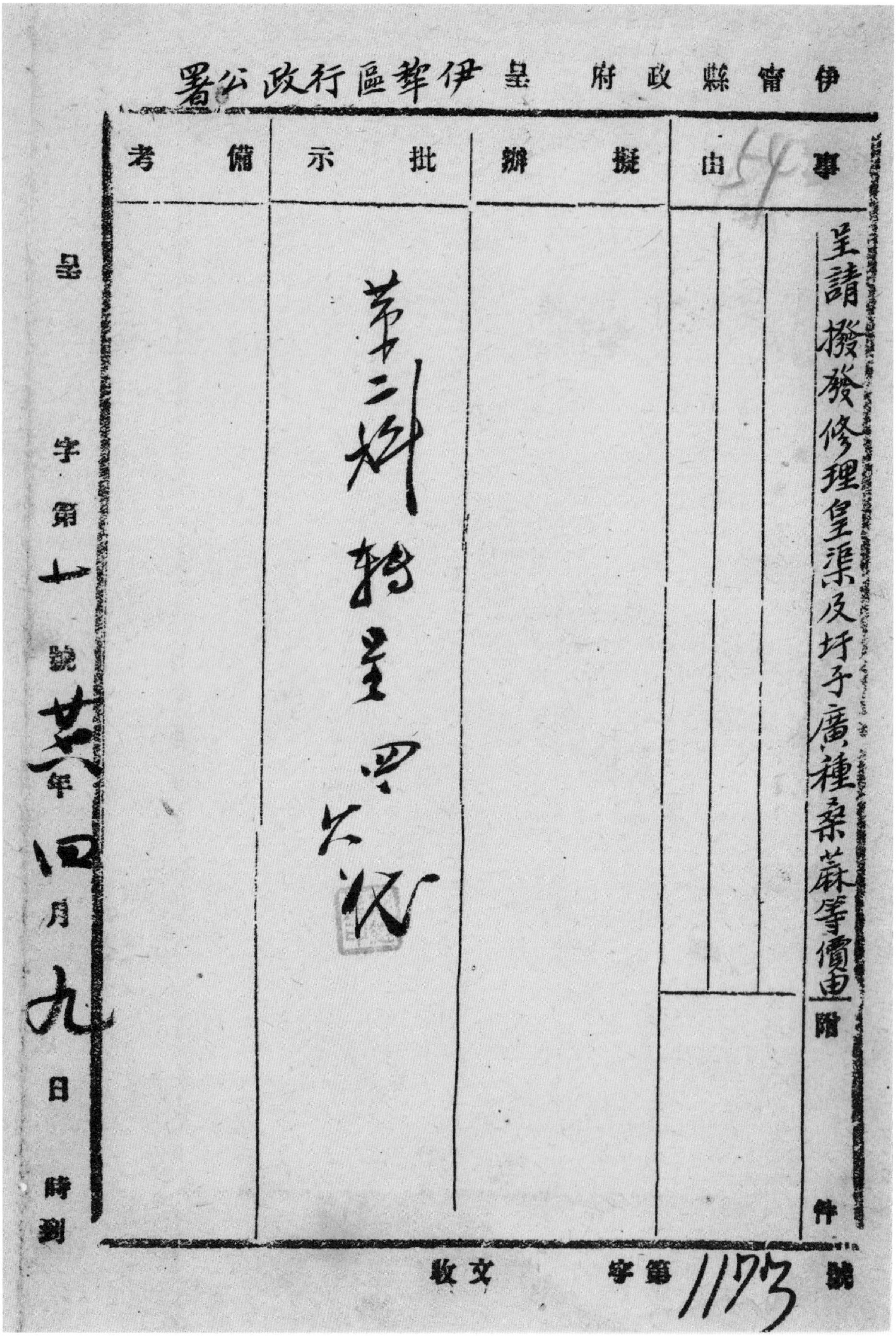

伊寧縣政府　呈　伊犁區行政公署

事由	擬辦	批示	備考
呈請撥發修理皇渠及圩子廣種桑麻等價由		第二科 轉呈	
附　件			

呈　字第十號　廿六年四月九日　時到

收文　字第1173號

〇四二　伊寧縣就撥發修理皇渠及圩子廣種桑麻等價事的呈及伊犁區行政長公署的呈、指令（1937-04-15）（J2-1-125-4）（8-2）

呈為呈覆事案奉
鈞署第六五〇七號訓令內開案奉
省政府訓令內開案據省銀行理事長張馨呈請停止
借放本年春耕貸款專注重獎勵農業特產及修渠
並應直接放給農民以資發展經濟改善農民生活
附發各縣特產一覽表一份飭即遵照辦理一案等因
奉此遵查職縣前擬修理縣屬皇渠蘇拉工河暨在於
巴彥岱五段地方試種桑蘇棉花並在各圩子廣植苜蓿
等項約需借款貳千伍百萬兩業經函達伊寧分銀行
並呈報在案值此春耕在即擬請

〇四二　伊寧縣就撥發修理皇渠及圩子廣種桑麻等價事的呈及伊犁區行政長公署的呈、指令（1937-04-15）（J2-1-125-4）（8-3）

鈞座俯賜轉請

省政府從速飭發以免遲誤是否有當理合具文呈請

鑒核示遵施行謹呈

伊犁區行政長陳

副行政長吐

伊寧縣縣長劉清軒

副縣長丁立南

〇四二　伊寧縣就撥發修理皇渠及圩子廣種桑麻等價事的呈及伊犁區行政長公署的呈、指令（1937-04-15）（J2-1-125-4）（8-4）

57

中華民國二十六年四月三日

○四二　伊寧縣就撥發修理皇渠及圩子廣種桑麻等價事的呈及伊犁區行政長公署的呈、指令（1937-04-15）（J2-1-125-4）（8-5）

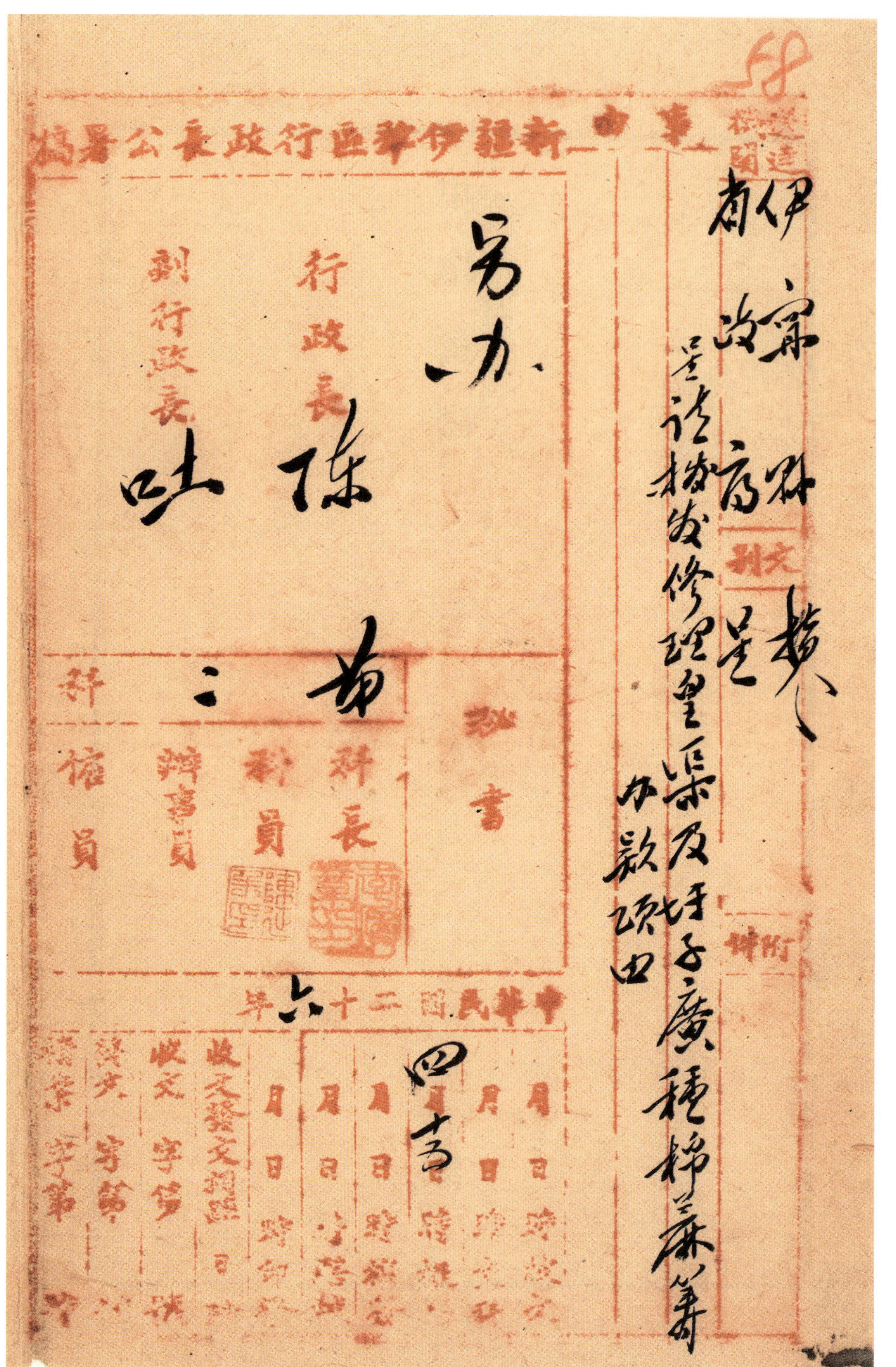

新疆伊犁區行政長公署稿

事由

伊寧縣政府呈

呈請撥發修理皇渠及圩子廣種棉麻等款項由

送達機關

副本

附件

另办

行政長

副行政長　吐

陳

秘書

科長

科員

辦事員

繕校員

中華民國二十六年四月十五日

〇四二　伊寧縣就撥發修理皇渠及圩子廣種桑麻等價事的呈及伊犁區行政長公署的呈、指令（1937-04-15）（J2-1-125-4）（8-6）

呈為呈轉呈屯墾督署前事

鈞府令以聞于有司以呈請停止借放春耕貸

款改善農民生活并發展農業特產表等

因一案到署奉此當經分令各縣遵以辦在案

茲據伊寧縣劉縣長達軒等呈覆稱呈為

呈覆云云種呈為擬據此查現在耕期迫

值此可該縣長擬修皇渠一帶渠工并擬在

已產貸五畝地畝內教倡試種桑麻各種植物實為發展之意

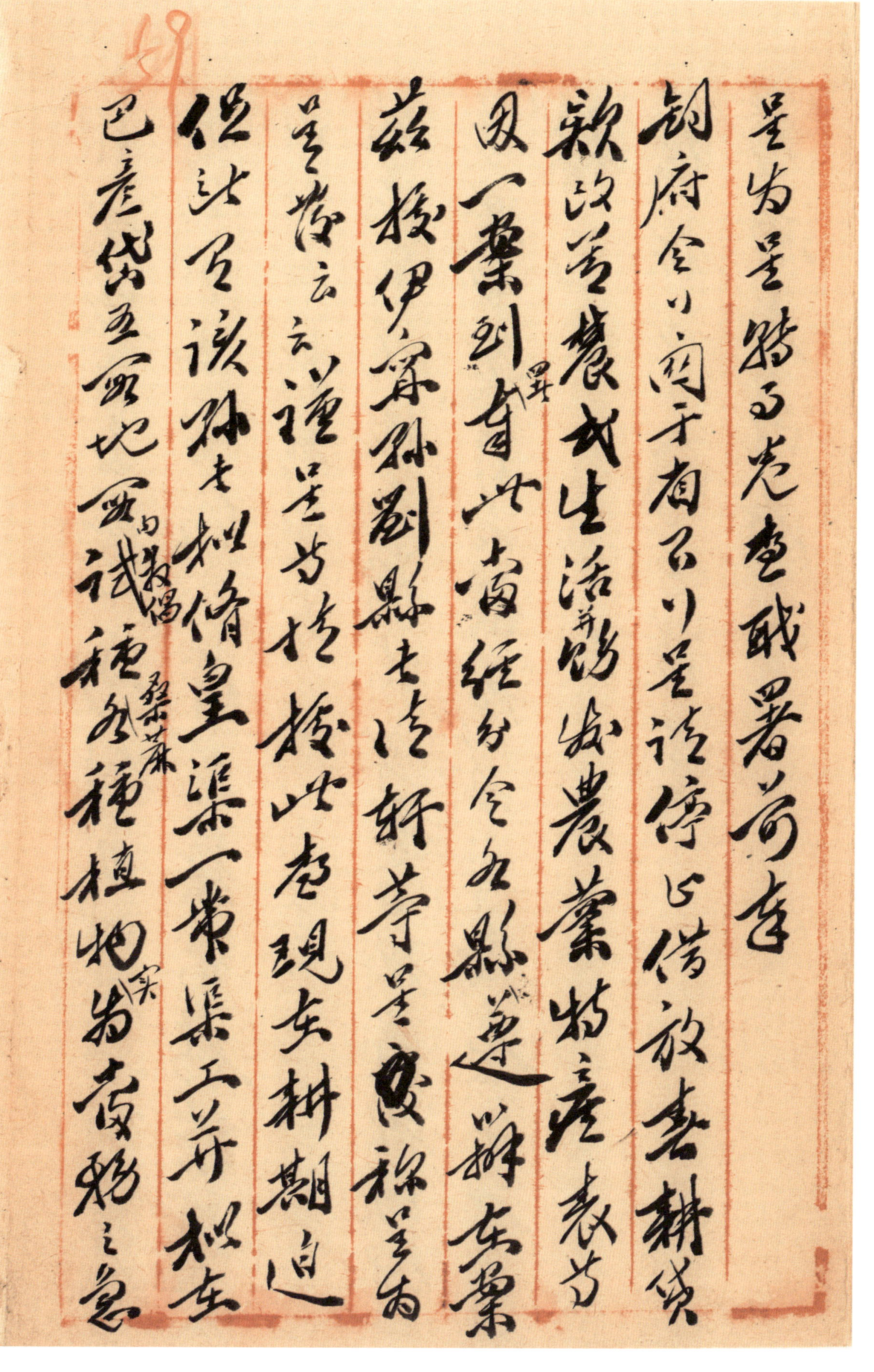

○四二　伊寧縣就撥發修理皇渠及圩子廣種桑麻等價事的呈及伊犁區行政長公署的呈、指令（1937–04–15）（J2–1–125–4）（8–7）

惟需款多而多屬創辦，對于一切籌備
亦均刻不容緩之舉，茲擬將前指撥令
外，理合擬據轉呈
鈞府，迅賜核示辦法，或速由撥發款項，俾
資早日進行，而便舉辦擴大蠶桑特產之處，是否有當，
統乞
鑒核，訓示祗遵。謹呈
新疆省政府

〇四二　伊寧縣就撥發修理皇渠及圩子廣種桑麻等價事的呈及伊犁區行政長公署的呈、指令（1937–04–15）（J2–1–125–4）（8–8）

指令財字第　　號

行政長陳〇〇
副行政長李〇〇

令伊寧縣劉縣長

呈請撥發修理皇渠及圩子廣種桑麻等材料費由

呈悉。應候轉呈

省政府迅速撥款，以資辦理可也。仰即

知照。此令。

行政長陳〇〇
副行政長李〇〇

〇四三　新疆伊犁屯墾使公署就奉令在阿克塔拉、克孜庫倫地方給歸化人撥地情形事給伊犁區行政長公署的咨（附圖）（1937-04-30）（J2-1-88-24）

（7-1）

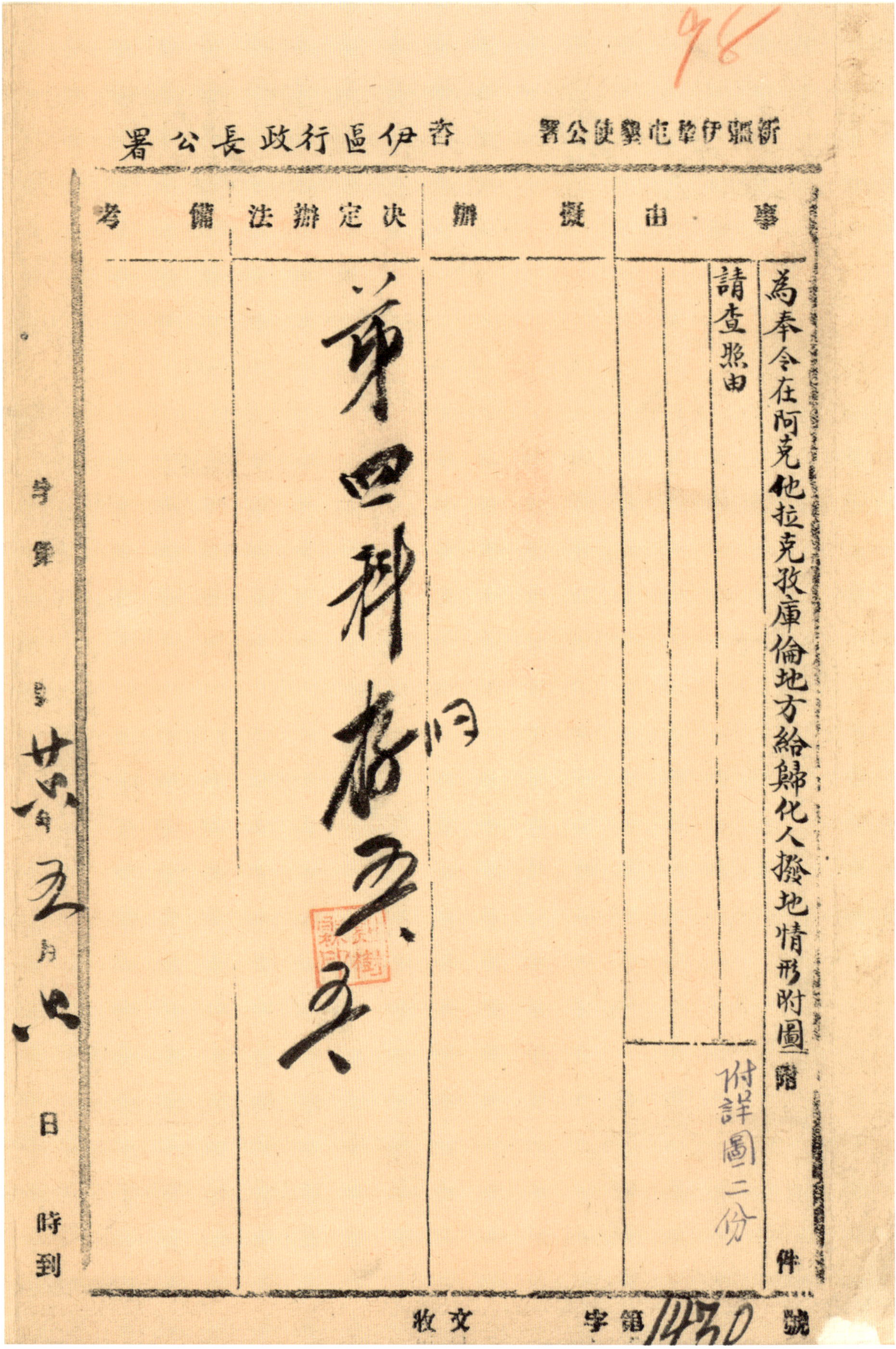

新疆伊犁屯墾使公署　咨伊犁區行政長公署

事由：為奉令在阿克他拉克孜庫倫地方給歸化人撥地情形附圖請查照由

附件：附詳圖二份

擬辦

決定辦法：第四科存閱　五、五

備考

廿六年五月一日　時到

收文第1430字號

○四三　新疆伊犁屯墾使公署就奉令在阿克塔拉、克孜庫倫地方給歸化人撥地情形事給伊犁區行政長公署的咨（附圖）（1937-04-30）（J2-1-88-24）
（7-2）

新疆伊犁屯墾使公署　咨　秘字第458號

咨為咨明事案奉

督辦民國二十三年十月二十九日電令內開查此次軍事歸化軍特別出力之故由政廳政府免價在鎮西鄯善齊克騰木等地撥給地畝每丁二百五十畝迪化奇台等地一百二十五畝但在喀拉額米爾與特克斯等地撥給地畝每一男丁不能超過三格何業爾約合中畝五十來畝於歸化民族撥給地畝絕對不妨碍原主地權為原則并在喀拉額米爾與特克斯等地調查所得閑地若干格何業爾歸化男丁若干人在此願領地畝以自力耕種速電覆為荷督辦盛世才十月二十九日

〇四三 新疆伊犁屯墾使公署就奉令在阿克塔拉、克孜庫倫地方給歸化人撥地情形事給伊犁區行政長公署的咨（附圖）（1937-04-30）（J2-1-88-24）（7-3）

印等因奉此除呈覆外查特克斯克孜庫倫與阿咯他拉兩地方水量充足耕種至為相宜各該歸化人民已自動移去甚多因歷次所派撥地各人員辦理不善因之案懸莫結此次本使視察特川遵照督辦先後各撥地電令親到克孜庫倫阿咯他拉地方查勘選擇優良上等地畝撥給該屯計共（七百零四格合爾 四百七十零半格合爾）兼在該地中間留有牲畜往來大路一條佔地（十二格合爾又十分之六 九個半格合爾）此項官道佔地並不在撥給地畝之內據該屯鄉約報告該屯現有十七歲以上男丁（一百七十 一百三十四）口案據政府公佈之新疆劃撥歸化人民土地章程第一條之規定凡經招募參加平亂戰役之歸化人民及家屬皆有承領荒地之權但該屯人民是否均皆參加平亂戰役因撥地委員會尚未調查報告前來無從考核但本使

○四三 新疆伊犁屯墾使公署就奉令在阿克塔拉、克孜庫倫地方給歸化人撥地情形事給伊犁區行政長公署的咨（附圖）（1937-04-30）（J2-1-88-24）

（7-4）

為体恤起見所有撥給該屯人民之地畝即按照該屯現有十七歲以上男丁數目遵照督辦電令每人撥給地畝三格合爾除各該人民應得之外所多撥給之地畝即交該屯人民經營留待撥給再有領地權之歸化人民如無再請求領地者此項地畝即由該屯人民耕種除已專電呈報並蒙核准備案並分行撥地委員會額魯特營特克斯縣政府克孜庫倫歸化屯鄉約阿克他拉歸化屯鄉約外相應將地界里數附繪詳圖一併備文咨送即請

貴行政長查照為荷此咨

伊犁區行政長陳

副行政長吐

〇四三　新疆伊犁屯墾使公署就奉令在阿克塔拉、克孜庫倫地方給歸化人撥地情形事給伊犁區行政長公署的咨（附圖）（1937-04-30）（J2-1-88-24）（7-5）

〇四三　新疆伊犁屯墾使公署就奉令在阿克塔拉、克孜庫倫地方給歸化人撥地情形事給伊犁區行政長公署的咨（附圖）（1937-04-30）（J2-1-88-24）（7-6）

103

中華民國二十六年四月三十日

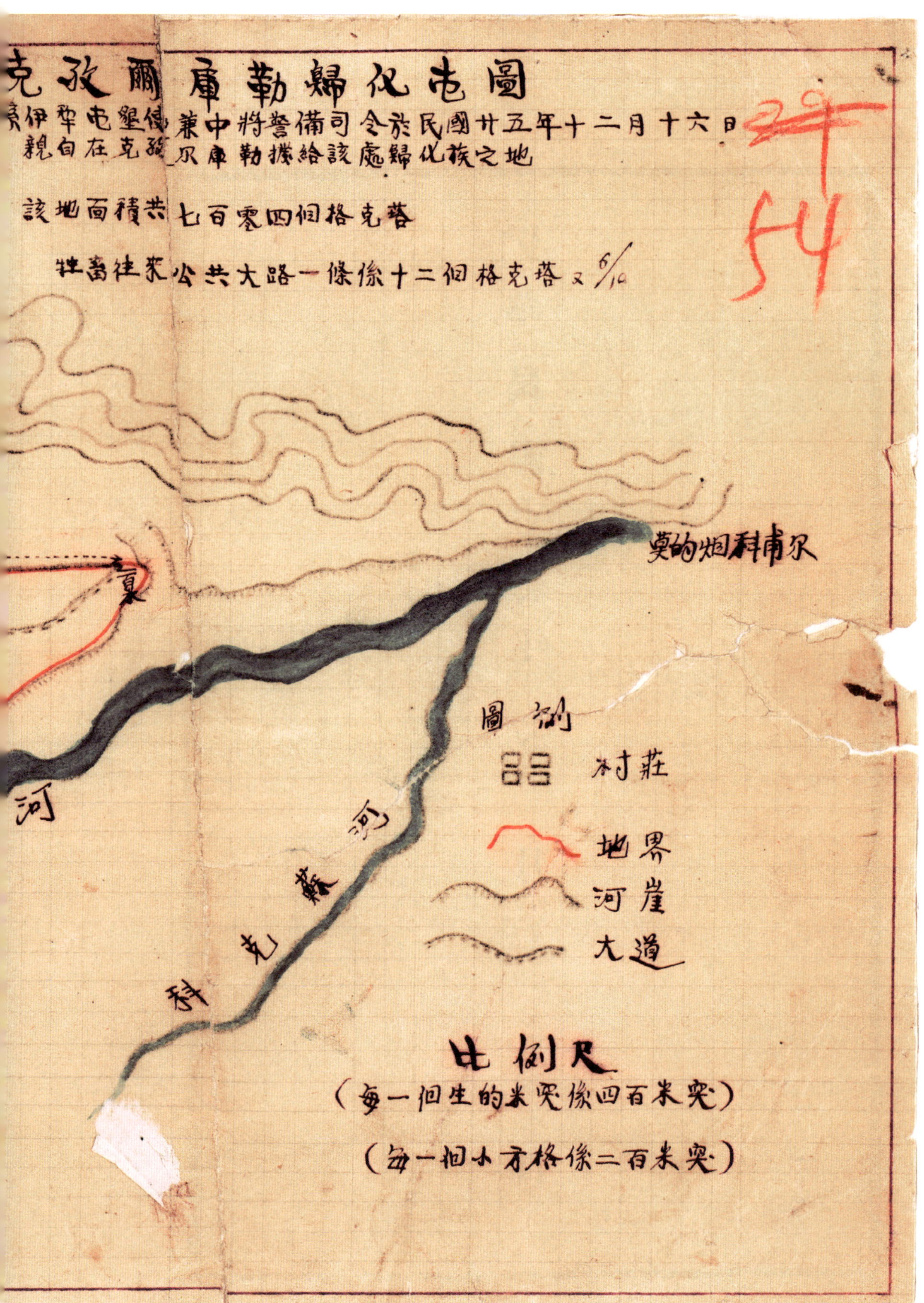

○四三　新疆伊犁屯墾使公署就奉令在阿克塔拉、克孜庫倫地方給歸化人撥地情形事給伊犁區行政長公署的咨（附圖）（1937–04–30）（J2–1–88–24）（7–7）

N

二千七百米

二千七百八十米

二千二百五十米

牲畜往來之大路寬一百米

該路長一千二百五十米

二百七十二伯格

四百三十二伯格克普

二千二百五十米

特克斯

〇四四　新疆省政府農礦廳就成立農機訓練班開始授課日期及學生畢業日期等事給伊犁區農牧場的指令、代電（附農機訓練班簡章）（1937-05-04）

（J2-1-123-1）（10-1）

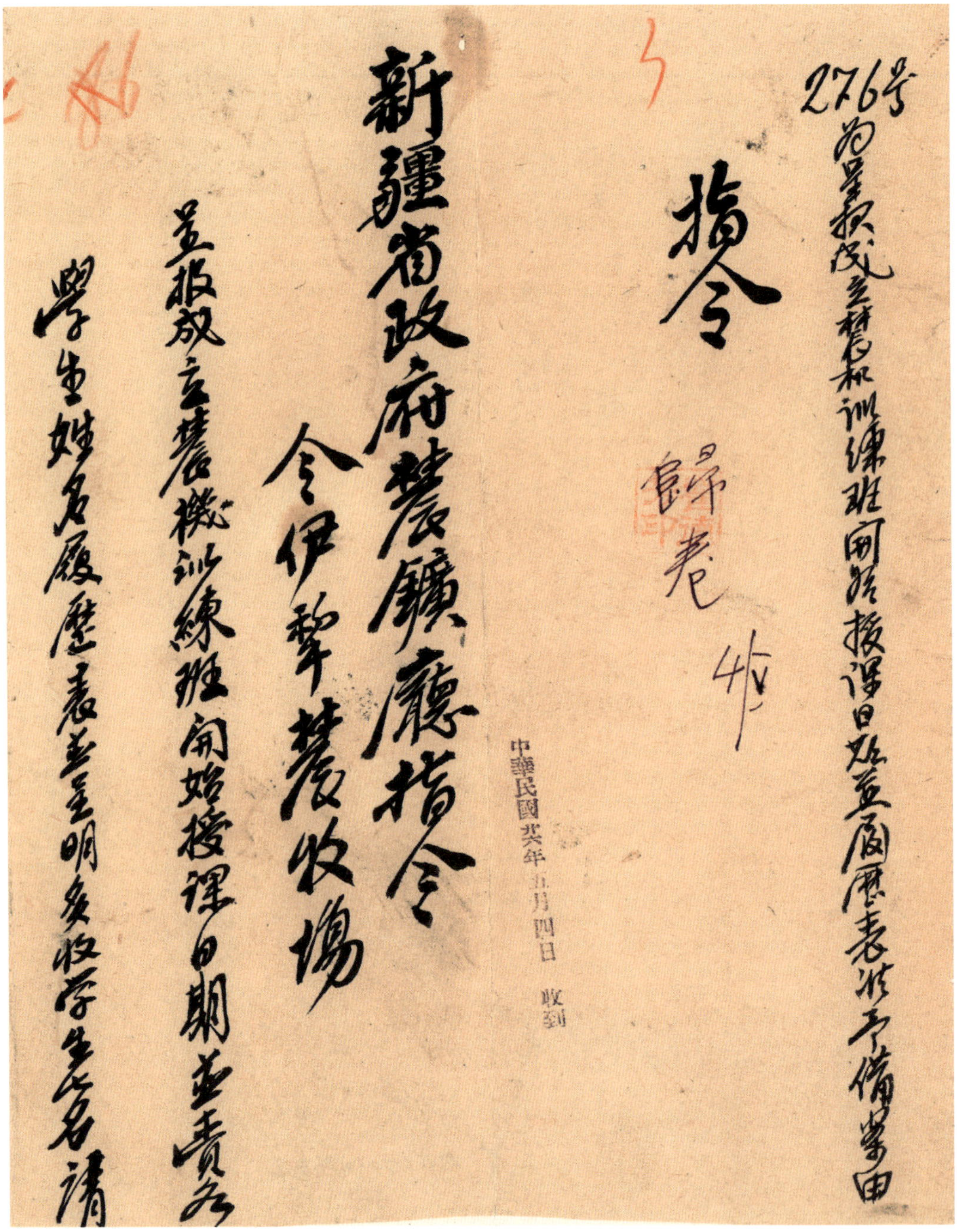

276号

為呈報成立農機訓練班開始授課日期並履歷表祈予備案由

指令

歸卷

中華民國廿六年五月四日收到

新疆省政府農礦廳指令

令伊犁農牧場

呈報成立農機訓練班開始授課日期並責成

學生姓名履歷表並呈明多收學生名額請

○四四　新疆省政府農礦廳就成立農機訓練班開始授課日期及學生畢業日期等事給伊犁區農牧場的指令、代電（附農機訓練班簡章）（1937–05–04）
（j2–1–123–1）（10–2）

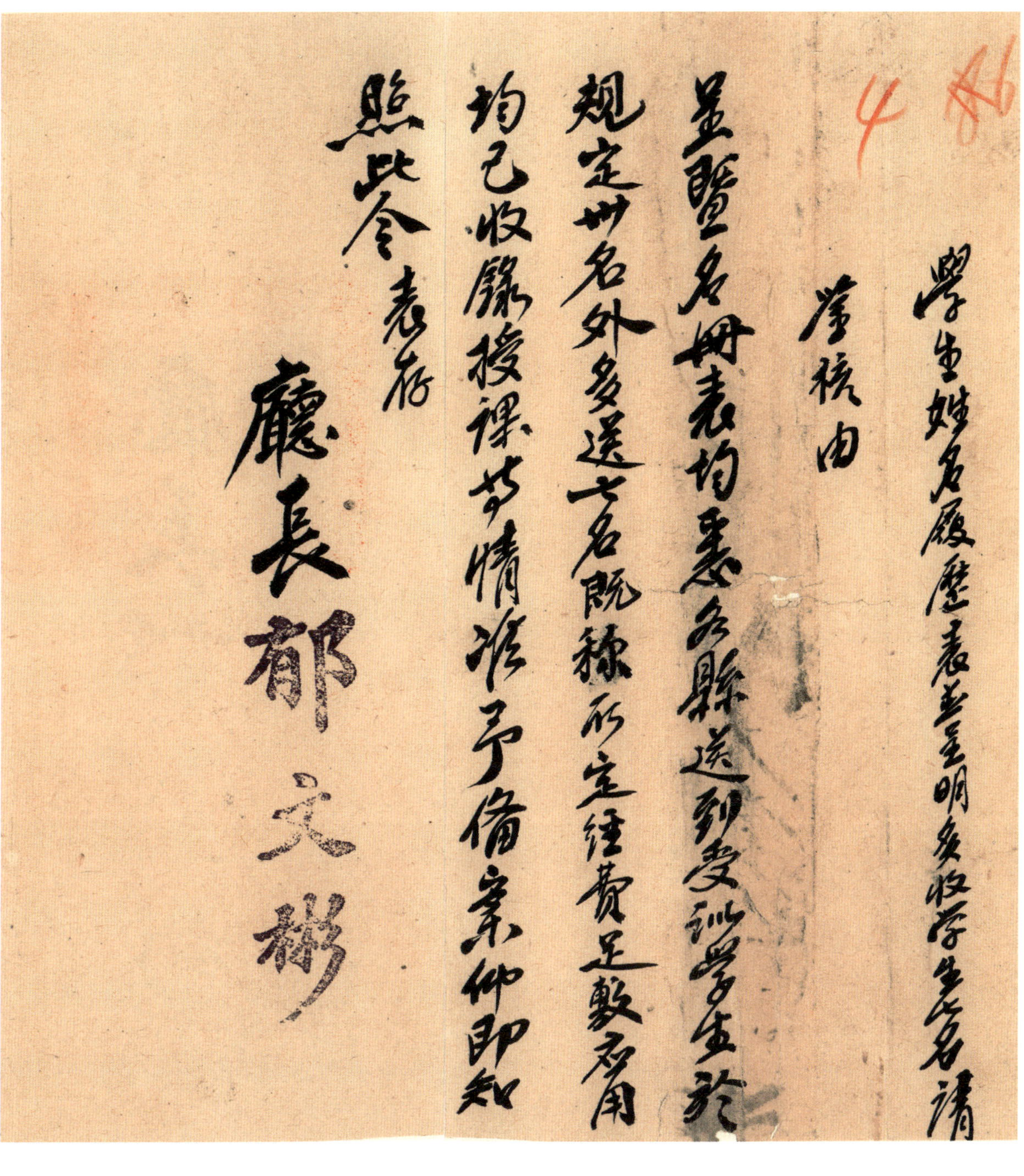

學生姓名履歷表並呈明多收學生名請
鑒核由
呈暨名册表均悉。各縣送到受訓學生於
規定卅名外多送七名，既據所定經費足敷應用，
均已收錄授課等情，准予備案。仰即知
照。此令。表存。
廳長　郁文彬

〇四四　新疆省政府農礦廳就成立農機訓練班開始授課日期及學生畢業日期等事給伊犁區農牧場的指令、代電（附農機訓練班簡章）（1937-05-04）

（J2-1-123-1）（10-3）

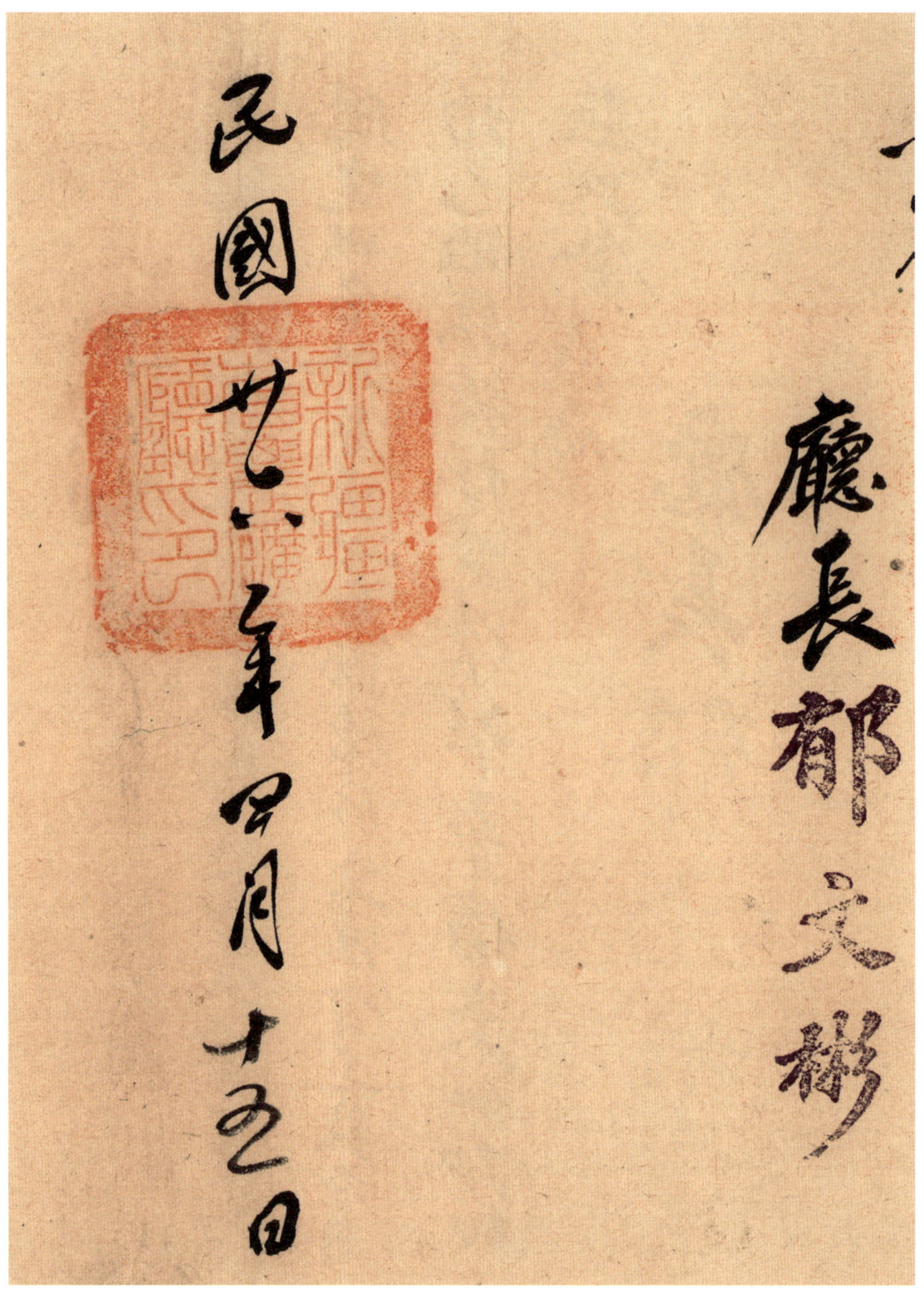

廳長郁文彬

民國廿六年四月十五日

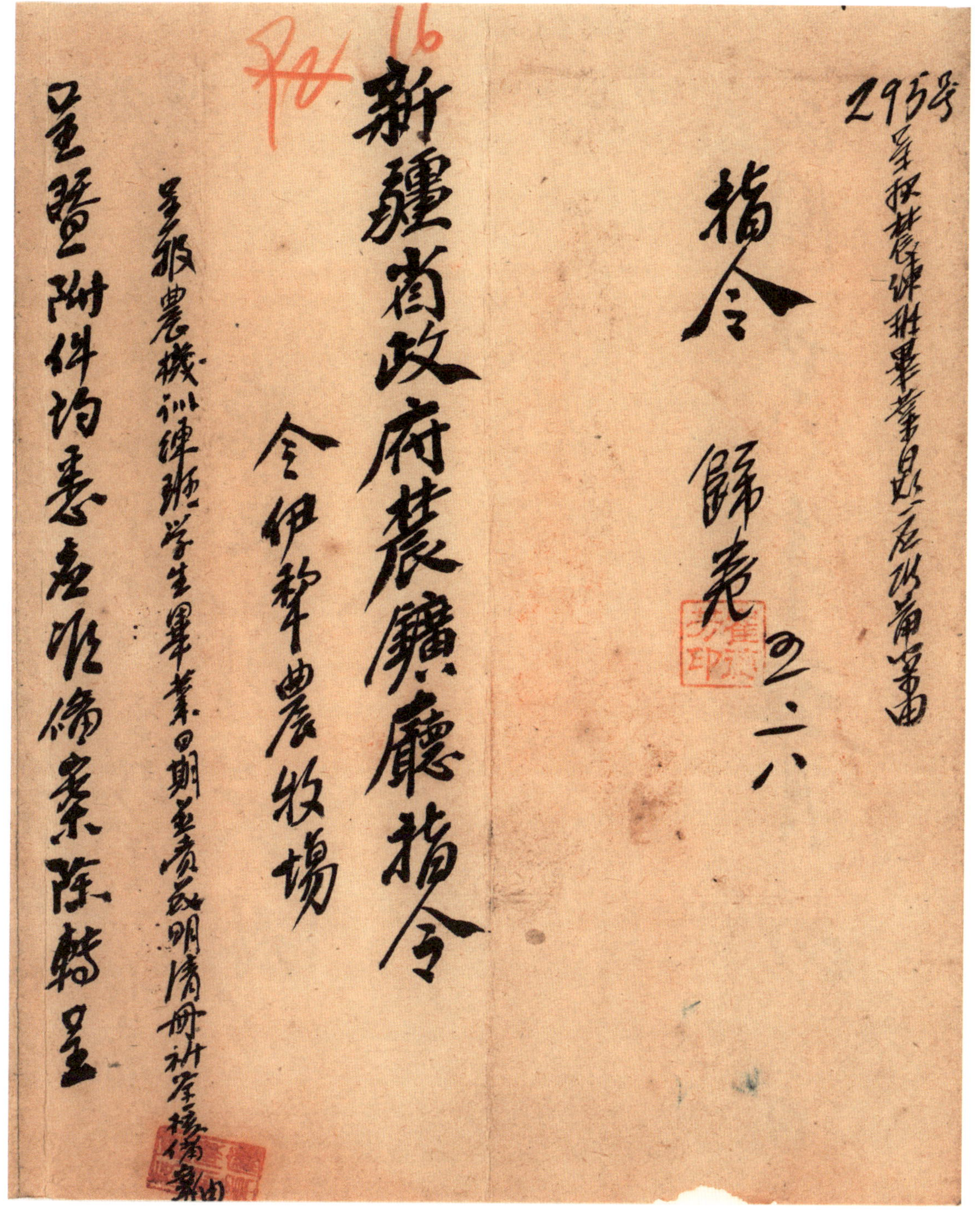
295号

呈報農機訓練班畢業日期一案由

指令

歸卷 五、廿八

新疆省政府農礦廳指令

令伊犁農牧場

呈報農機訓練班學生畢業日期並賫證明清冊祈察核備案由

呈暨附件均悉，應准備案。陳轉呈

○四四　新疆省政府農礦廳就成立農機訓練班開始授課日期及學生畢業日期等事給伊犁區農牧場的指令、代電（附農機訓練班簡章）（1937–05–04）

（J2–1–123–1）（10–4）

○四四　新疆省政府農礦廳就成立農機訓練班開始授課日期及學生畢業日期等事給伊犁區農牧場的指令、代電（附農機訓練班簡章）（1937-05-04）

（J2-1-123-1）（10-5）

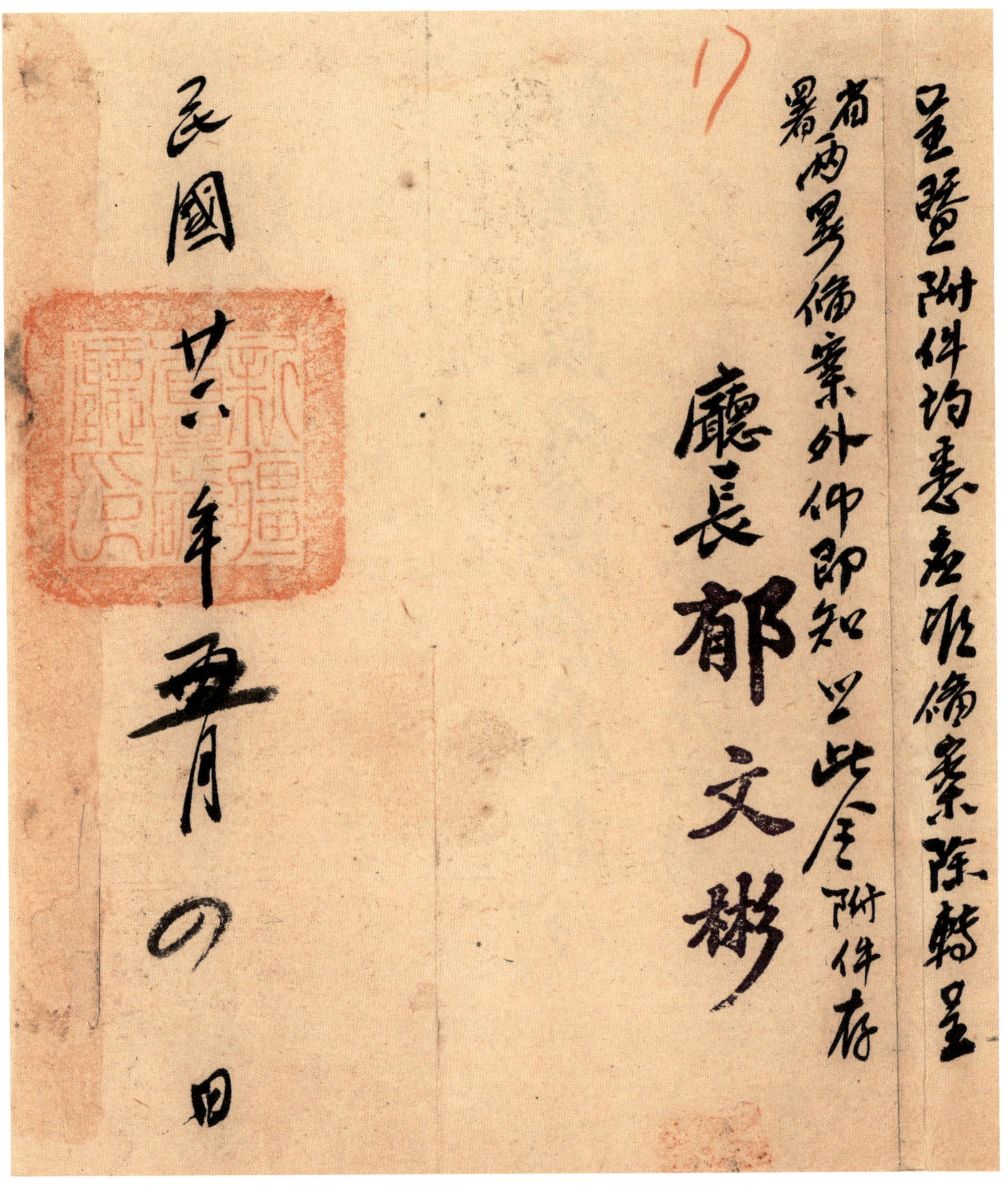

呈暨附件均悉。應准備案。除轉呈省兩署備案外，仰即知照。此令。附件存。

廳長　郁文彬

民國廿六年五月四日

〇四四　新疆省政府農礦廳就成立農機訓練班開始授課日期及學生畢業日期等事給伊犁區農牧場的指令、代電（附農機訓練班簡章）（1937-05-04）
（J2-1-123-1）（10-6）

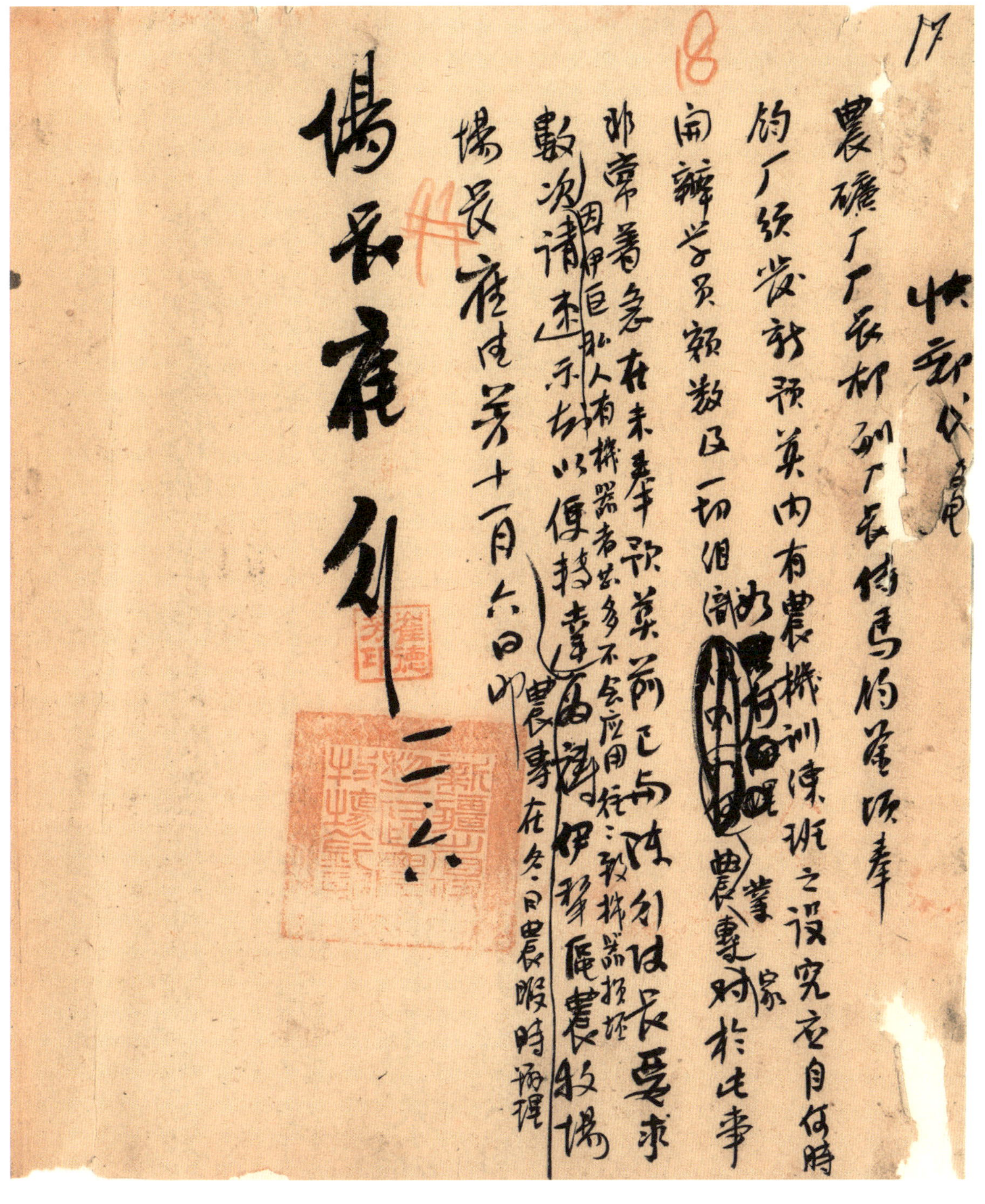

17

快郵代電

農礦廳廳長邢副廳長傅鈞鑒頃奉

鈞廳頒發新預算內有農機訓練班之設究應自何時

開辦學員額數及一切組織……農業家對於此事

非常着急在未奉覆預算前已向陳副廳長要求

數次因伊區私人有機器者甚多不會應用往往致機器損壞請速示知以便轉達伊犁區農牧場

場長崔德第十一月六日印　農事在冬日農暇時辦理

場長崔叩　二三六

〇四四　新疆省政府農礦廳就成立農機訓練班開始授課日期及學生畢業日期等事給伊犁區農牧場的指令、代電（附農機訓練班簡章）（1937-05-04）

（J2-1-123-1）（10-7）

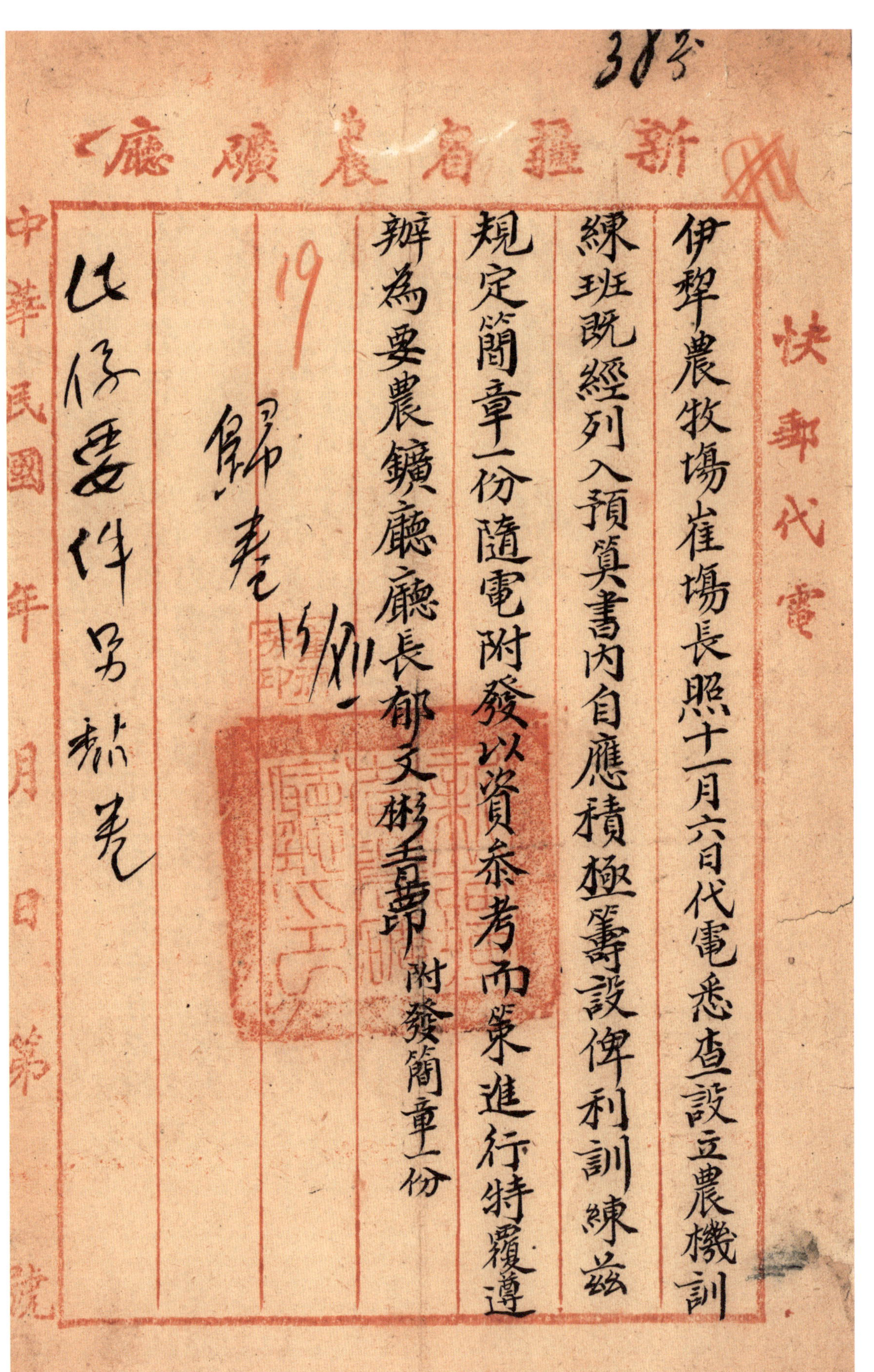

新疆省農礦廳

快郵代電

伊犁農牧場崔場長照十一月六日代電悉查設立農機訓練班既經列入預算書内自應積極籌設俾利訓練茲規定簡章一份隨電附發以資參考而策進行特覆遵辦爲要農礦廳廳長郁文彬𠮷印　附發簡章一份

歸卷

中華民國　年　月　日第　號

○四四　新疆省政府農礦廳就成立農機訓練班開始授課日期及學生畢業日期等事給伊犁區農牧場的指令、代電（附農機訓練班簡章）（1937–05–04）

（J2–1–123–1）（10–8）

各農牧場農機訓練班簡章

一宗旨　為增進農民之經濟生活造就地方初級技術人才訓練農民運用及修理農機之能力以利農業之機器化特設立農機訓練班所有學生人數統按該區所屬附近農業區各縣選送訓練之

二額數　迪化區四十五名　伊犁區三十名
　　塔城區三十名　阿山區三十名

三年齡　十八歲以上四十歲以下者

〇四四　新疆省政府農礦廳就成立農機訓練班開始授課日期及學生畢業日期等事給伊犁區農牧場的指令、代電（附農機訓練班簡章）（1937-05-04）

（J2-1-123-1）（10-9）

三年齡　十八歲以上四十歲以下者

四資格　以粗通本族文字者以確係自有耕地

或農机者以身体健全確無不良

嗜好者

五期限　一個月俟練完成畢業後仍返本鄉

指導使用農机工作

六待遇　膳宿書籍筆墨紙張暨燈油等費

均由公家從優供給

七課程　政治政策課外講演　農机使用法

〇四四　新疆省政府農礦廳就成立農機訓練班開始授課日期及學生畢業日期等事給伊犁區農牧場的指令、代電（附農機訓練班簡章）（1937-05-04）
（J2-1-123-1）（10-10）

七　課程　政府政策課外講演　農机使用法
農机修理法　實際練習農業常識

八　開學日期由本場自行規定呈報（氣候寒冷
之地方得移至夏初）

九　受課地點　由本場自定

十　畢業證書　由本場自行發給

十一　經費不得超過預算規定農机訓練費之數額

○四五 伊寧縣政府就皇渠農官請公路局擴建巴彥岱橋梁以利渲泄而免水患事的呈及伊犁區行政長公署的指令、公函（1937-05-11）（J2-1-115-1）（6-1）

為簽呈事頃據皇渠農官庫萬巴彥岱鄉約木沙報稱查公路局因修築道路將鉄廠溝流入枯樹溝之水道堵塞且公建橋樑過小有碍渲洩現值積雪消化水勢猛烈以致雪水氾濫于本月一日大水冲至巴彥岱大橋橋身幾被冲倒等語據此縣長當即派員前往督飭附近各圩鄉約分派民夫加緊防堵並修復大橋一面函請公路局特別注意該地水患妥籌辦理以防意外惟案關重要擬請

鈞座轉飭公路局將該段橋樑擴大建築以利渲洩而免水患是否有當除分呈外理合簽請

鑒核示遵施行謹呈

〇四五　伊寧縣政府就皇渠農官請公路局擴建巴彥岱橋梁以利宣泄而免水患事的呈及伊犁區行政長公署的指令、公函（1937-05-11）（J2-1-115-1）（6-2）

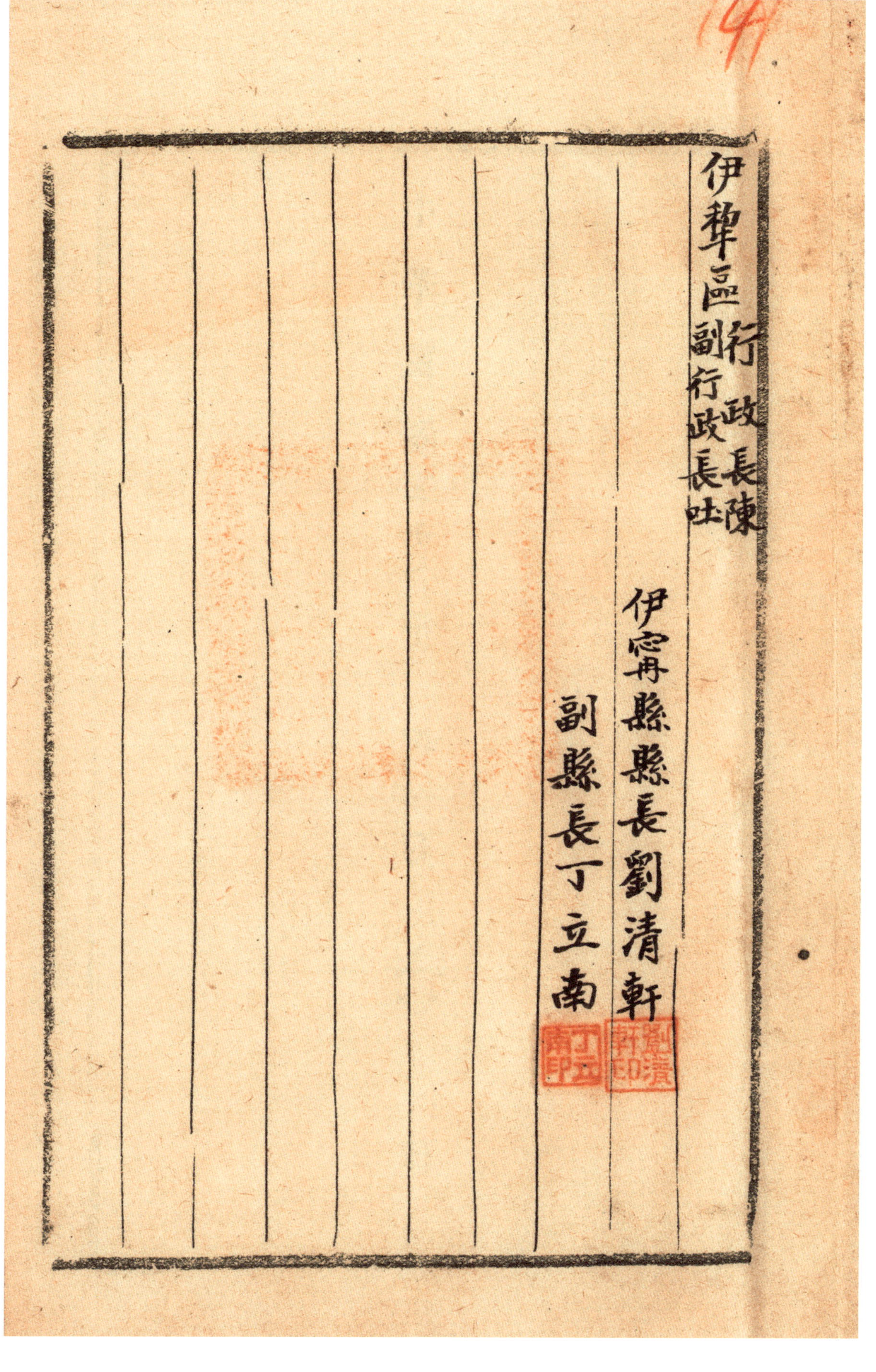

141

伊犁區行政長陳

副行政長吐

伊寧縣縣長劉清軒

副縣長丁立南

劉清軒印

丁立南印

中華民國二十六年四月六日

○四五 伊寧縣政府就皇渠農官請公路局擴建巴彦岱橋梁以利渲泄而免水患事的呈及伊犁區行政長公署的指令、公函（1937-05-11）（J2-1-115-1）（6-3）

〇四五　伊寧縣政府就皇渠農官請公路局擴建巴彥岱橋梁以利渲泄而免水患事的呈及伊犁區行政長公署的指令、公函（1937–05–11）（J2–1–115–1）（6–4）

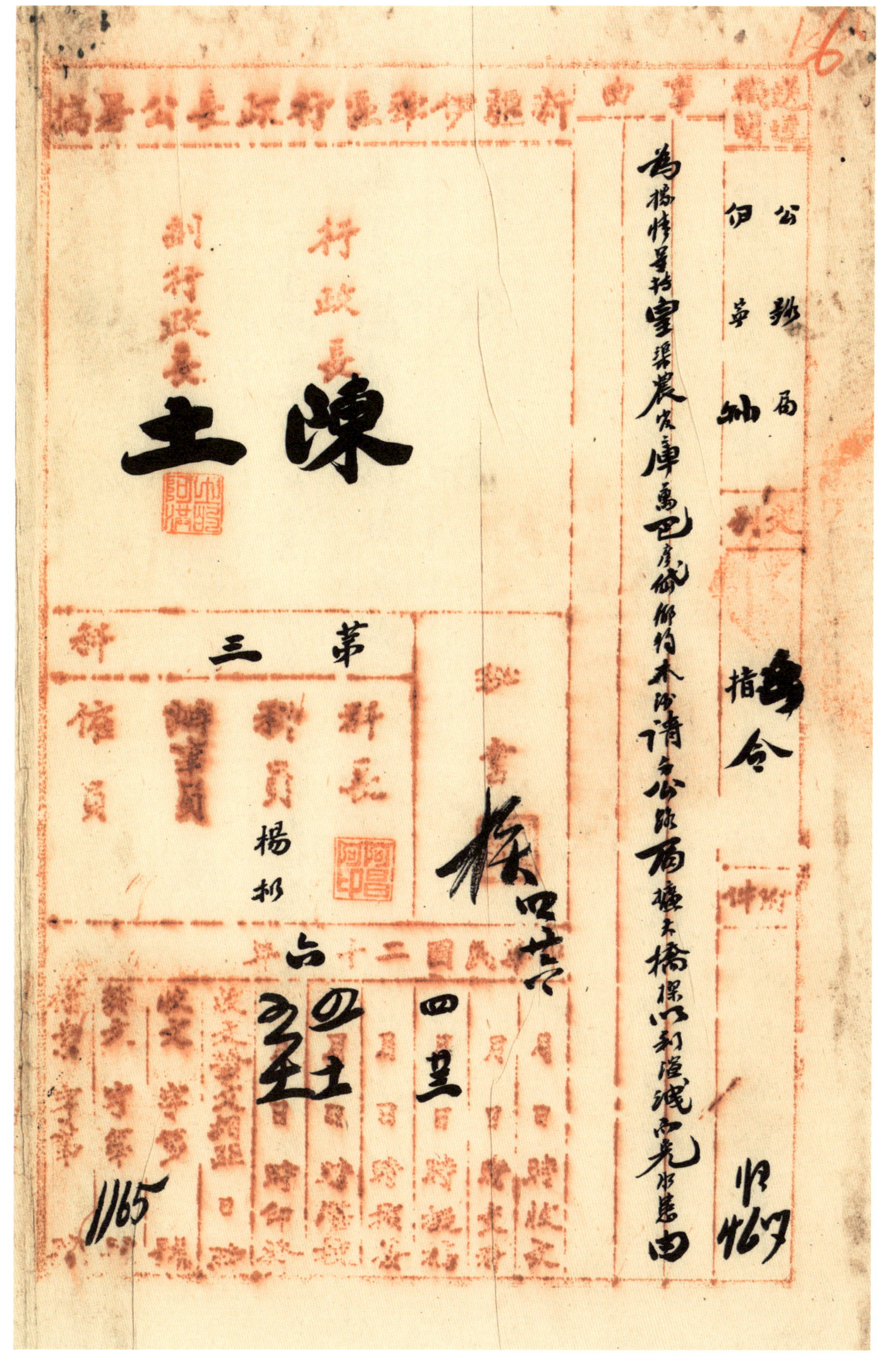

新疆伊犁區行政長公署稿

送達機關：公路局　伊寧縣

文別：公函　指令

事由：為據情呈請皇渠農官陳萬巴彥岱鄉約木沙等請令公路局擴大橋梁以利渲泄而免水患由

行政長　陳

副行政長　土

第三科　科長　科員　楊彬

〇四五　伊寧縣政府就皇渠農官請公路局擴建巴彥岱橋梁以利渲泄而免水患事的呈及伊犁區行政長公署的指令、公函（1937–05–11）（J2–1–115–1）

（6–5）

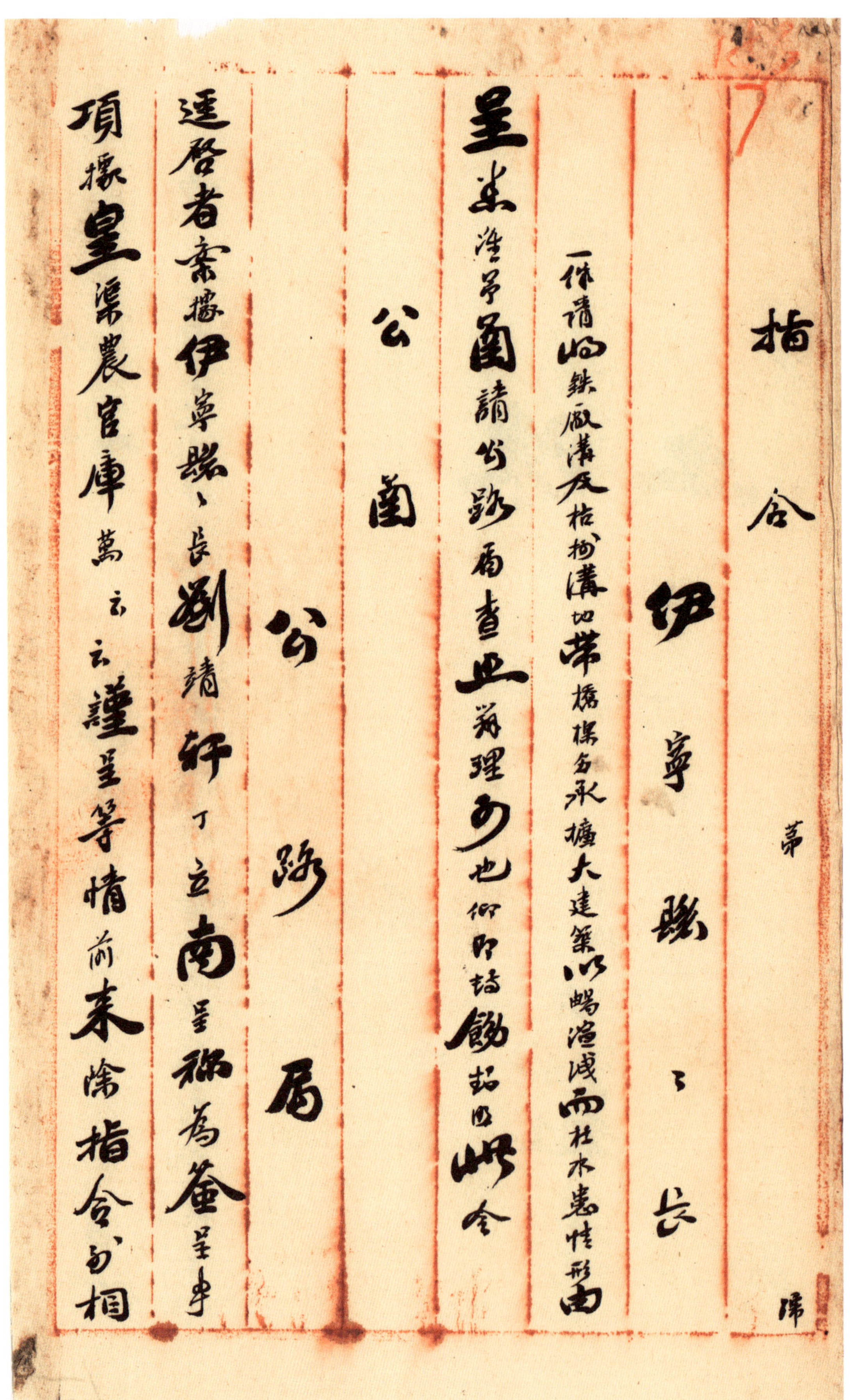

指令

伊寧縣縣長　第　號

一件請將鐵廠溝及拉拉溝一帶橋樑分承擴大建築以暢渲洩而杜水患情形由

呈悉准予函請公路局查照辦理可也仰即轉飭知照此令

公函

公路局

逕啓者案據伊寧縣縣長劉靖軒丁立南呈稱爲簽呈事

項據皇渠農官庫萬云云謹呈等情前來除指令外相

〇四五　伊寧縣政府就皇渠農官請公路局擴建巴彦岱橋梁以利宣泄而免水患事的呈及伊犁區行政長公署的指令、公函（1937–05–11）（J2–1–115–1）（6–6）

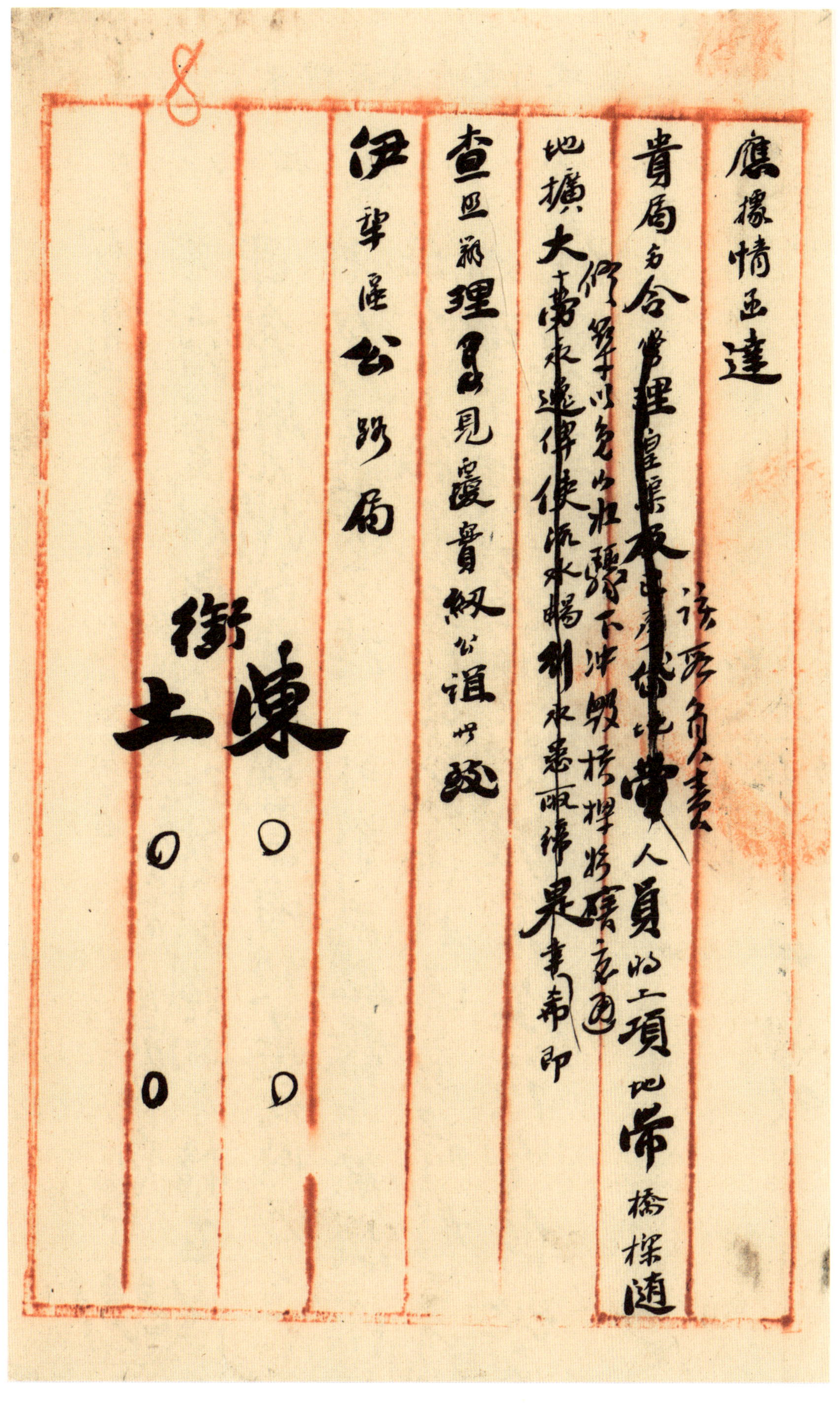

應據情函達
貴局希合飭管理皇渠該區負責人員將上項地帶橋梁道
地擴大，俾使流水暢利，永除水患，是為至要。
查照辦理，見覆為荷。實紉公誼。此致
伊犁區公路局
衛　陳
土

〇四六　鞏留縣政府就借給倉糧一千五百石以救民飢事的呈及伊犁區行政長公署的指令（1937–08–05）（J2–1–123–9）（5–1）

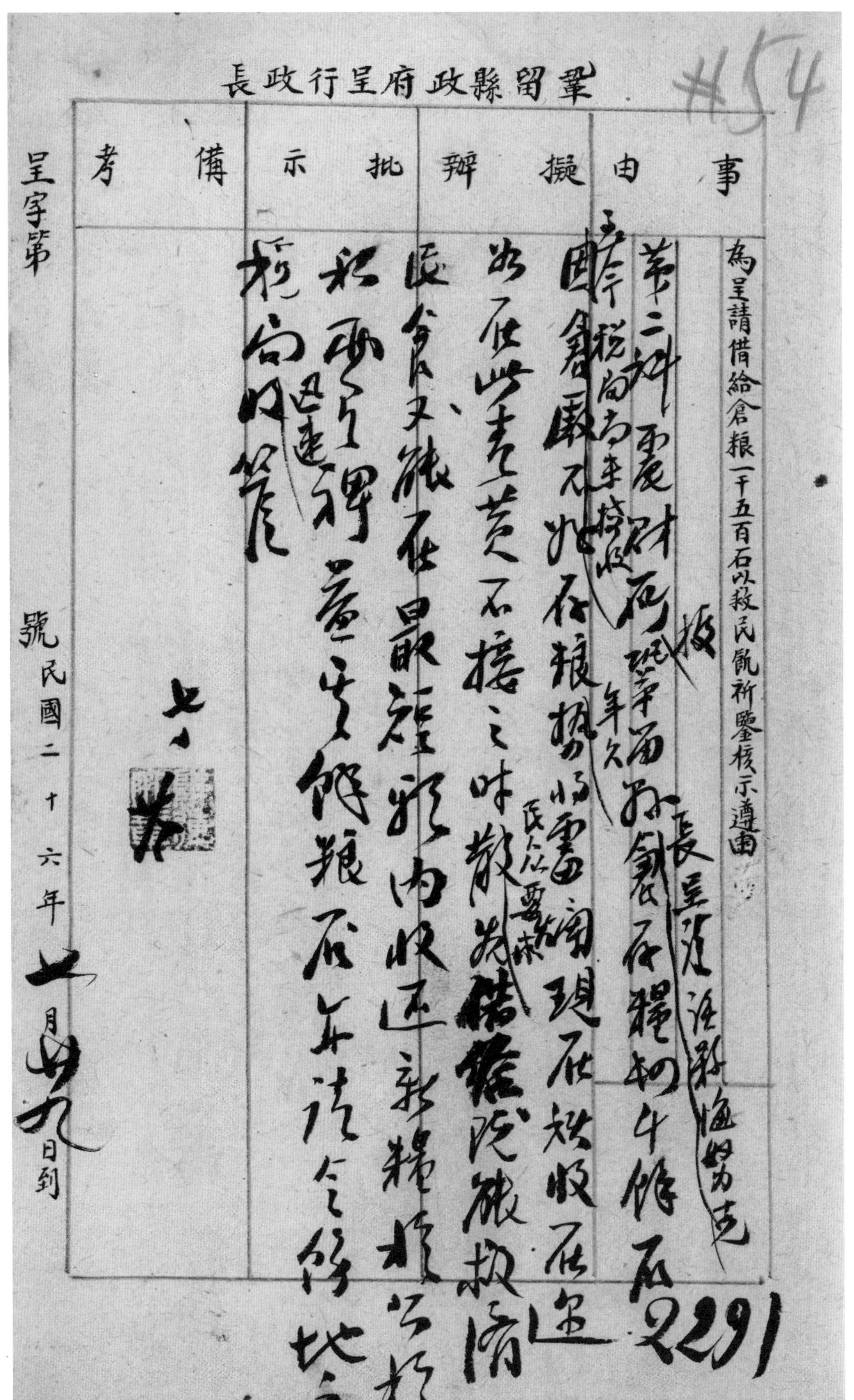

鞏留縣政府呈行政長

事由	擬辦	批示	備考
為呈請借給倉粮一千五百石以救民飢祈鑒核示遵由			

呈字第　號

民國二十六年　月　日到

〇四六　鞏留縣政府就借給倉糧一千五百石以救民飢事的呈及伊犁區行政長公署的指令（1937-08-05）（J2-1-123-9）（5-2）

呈為呈請俯准借給倉粮一千五百石以救民飢仰祈

鑒核示遵事竊職縣案據河南各圩孜鄉約黑宰爾熱合買提艾未力丁特一甫巴五冬尤奴斯阿五提木沙等稟稱現在田禾初穗收割尚早各戶民缺乏食粮飢餓困苦懇請借給京斗小麥一千五百石散發民食以救權宜限定一個月歸還等情前來據此查該鄉約等所稱現值青黃不濟戶民多乏食粮各情係屬實在縣長擬將海努克倉厫小麥借發該鄉約等一千五百石以救民飢自收穫期滿由縣長負責催繳歸還以重倉粮而清手續所擬是否有當理合備文呈請

鈞座鑒核示遵施行謹呈

伊犁區　行政長陳　副行政長江

鞏留縣長邢玫禾加

〇四六　鞏留縣政府就借給倉糧一千五百石以救民飢事的呈及伊犁區行政長公署的指令（1937–08–05）（J2–1–123–9）（5–3）

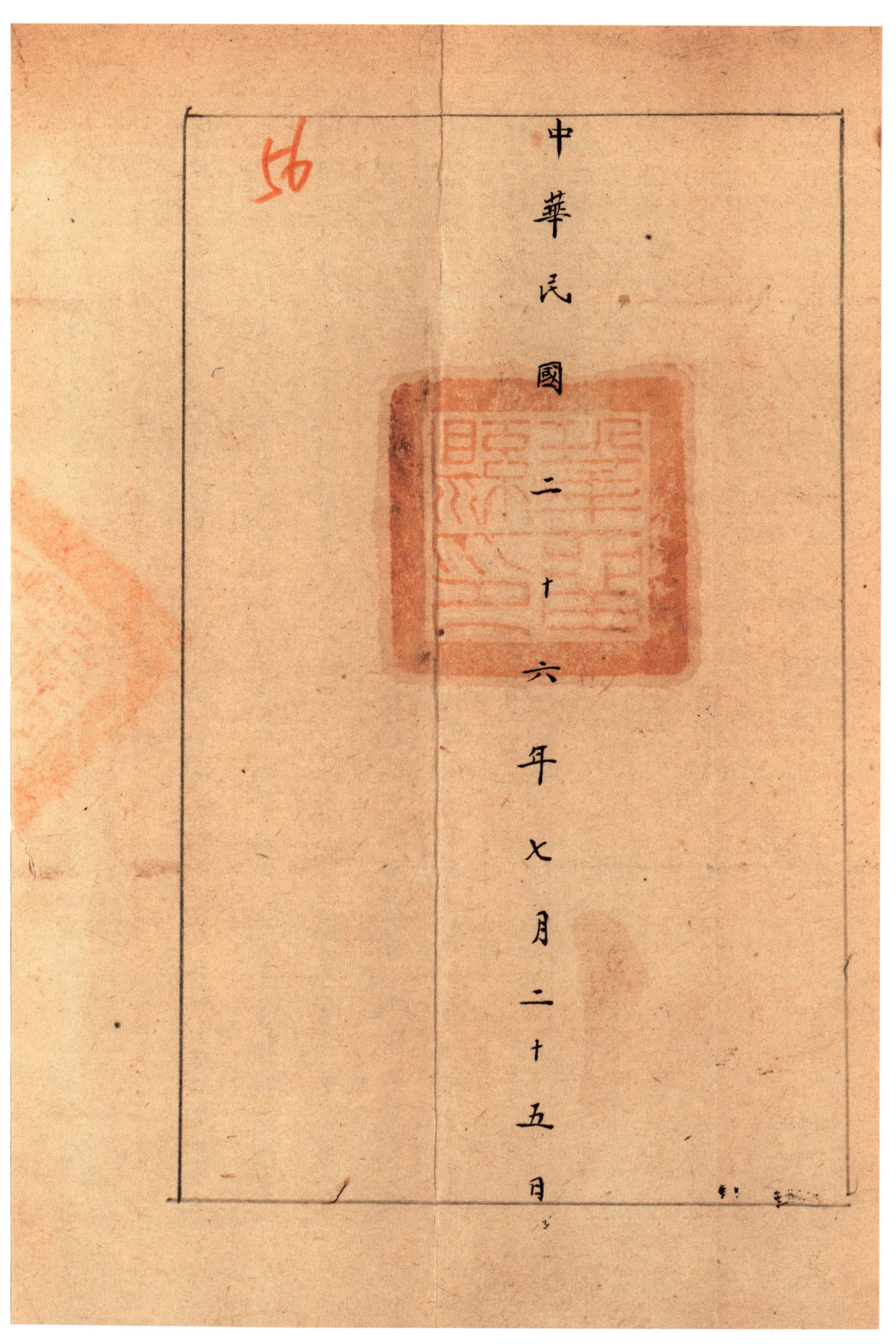

中華民國二十六年七月二十五日

〇四六　鞏留縣政府就借給倉糧一千五百石以救民飢事的呈及伊犁區行政長公署的指令（1937–08–05）（J2–1–123–9）（5–4）

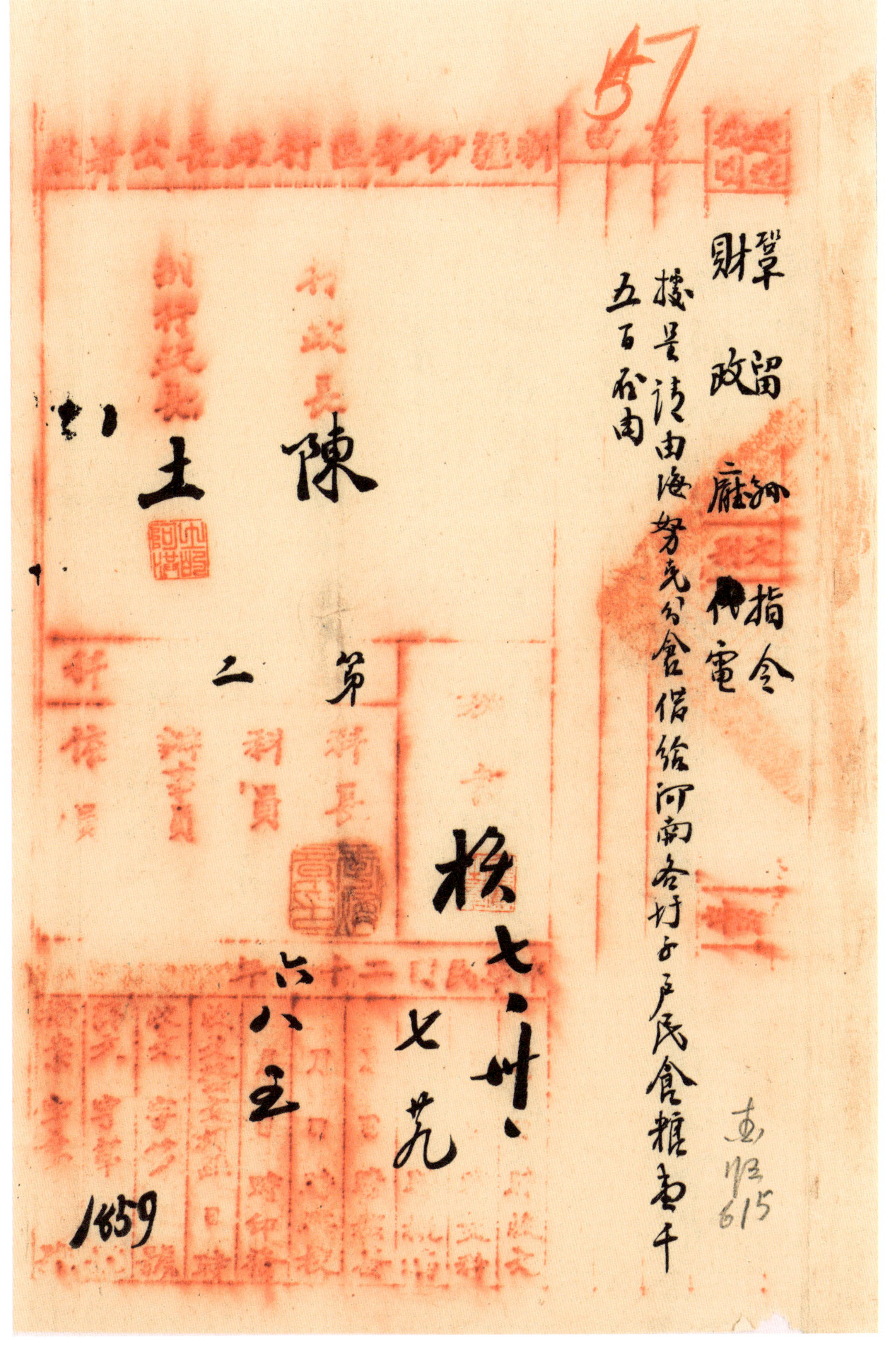

鞏留
財政廳知
指令
代電
據呈請由海努克公倉借給河南各圩子戶民倉糧壹千五百石由

〇四六 鞏留縣政府就借給倉糧一千五百石以救民飢事的呈及伊犁區行政長公署的指令（1937-08-05）（J2-1-123-9）（5-5）

全銜指令 第 號

令鞏留縣縣長

呈請由海努克分倉借給河南各圩子戶民倉糧壹千五百石於秋收歸倉由

呈悉。據稱現值青黃不接，河南各圩子戶民乏食，懇借倉糧秋收歸倉，乃情尚屬實在，應准電請財政廳核示，以候核覆之日再行飭知可也。電印委兼來仰即知照。此令。

〇四七　新疆省農礦廳爲發展農業推廣事業之要點事給伊犁農牧場的訓令（1937–08–12）（J2–1–116–35）（4–1）

153

存

九一五

478號

爲發展農業推廣事業之要點由

八月廿二日收到

新疆省政府農礦廳訓令　第　號

令伊犁農牧場

爲令行事案奉

省府訓令內開爲令行事案奉

行政院陸字第一〇三二八六號訓令開案據內政教育實業三部廿六年五

月廿五日會呈稱案據中央農業推廣委員會廿六年四月二十六日呈稱查國民

經濟建設運動首重振興農業顧欲振興農業必須實施農業推廣蓋必

藉推廣之進行始能將科學方法優良材料傳達於一般實地耕種之農民然

〇四七　新疆省農礦廳爲發展農業推廣事業之要點事給伊犁農牧場的訓令（1937-08-12）（J2-1-116-35）（4-2）

積極推廣之進行，始能將科學方法、優良材料傳達於一般實地耕種之農民，然後生產可期增益，經濟可期發展，故農業推廣之實施，爲策國民經濟建設之捷徑。中央自頒行農業推廣規程以來，已逾七年，各省區多遵照辦理，若求臻於完善之境，按厥原因，皆由於經費之缺乏，推廣行政方面無深切之認識，未甚以爲創造常任事，自有農業改良之設施，人負推廣之責，然因地方建設經費有限，支配運用毋多失當，譬之如農事研究試驗等事項，爲目前經費人材能力所不能兼辦者，各縣或往爲之，徒耗款而無補，及就所相當經費專任辦究結果，各縣只宜專辦推廣事宜，研究試驗事項應在中央或省設立試驗研究機關辦理，庶收分工合作之效。並且各縣建設經費呈多寡不一，然就總額計其數亦可觀，每每分配均致失當，輕畸重，改進農業生產既爲當務之急，而農業推廣又爲改進生產樞紐，故對此項經費，在可能範圍內酌於增加，庶合建設國民經濟之旨。其二，查各縣農業推廣經費較爲充裕，亦不以推地方當局或因特種關係需

〇四七　新疆省農礦廳爲發展農業推廣事業之要點事給伊犁農牧場的訓令（1937-08-12）（J2-1-116-35）（4-3）

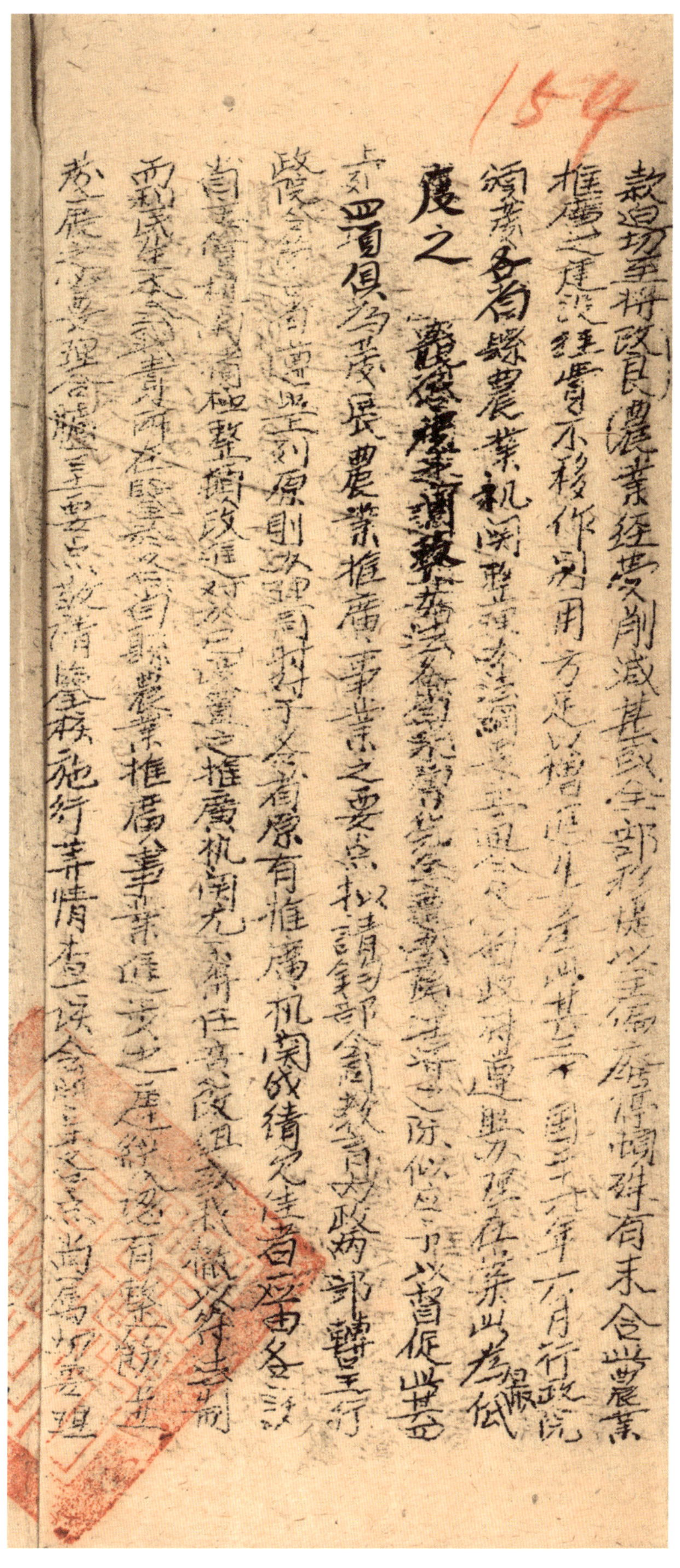

款迄切呈將改良農業經費削減甚或全部移撥以至偏廢停頓者有未合，當農業推廣之建設經費不移作別用，方足以增進生產。此其[illegible]。國二十六年六月行政院頒發[illegible]各省縣農業機關整理辦法綱要，[illegible]各省政府遵照辦理在案，此為最低限度之[illegible]推廣實施[illegible]各省[illegible]之防，似應[illegible]以督促，[illegible]

上列四項俱為發展農業推廣事業之要點，擬請鈞部令飭教育、財政兩部轉呈行政院令飭[illegible]各省遵照上列原則，[illegible]對於各省原有推廣機關成績完善者，督飭各該省主管[illegible]積極整頓改進；對於[illegible]設置之推廣機關尤宜擇人負責設立[illegible]而[illegible]本會負責[illegible]各省縣農業推廣事業進步之一[illegible]，[illegible]有整飭並發展之必要，理合[illegible]要點，敬請鑒核施行等情。查該會[illegible]尚屬切要，理

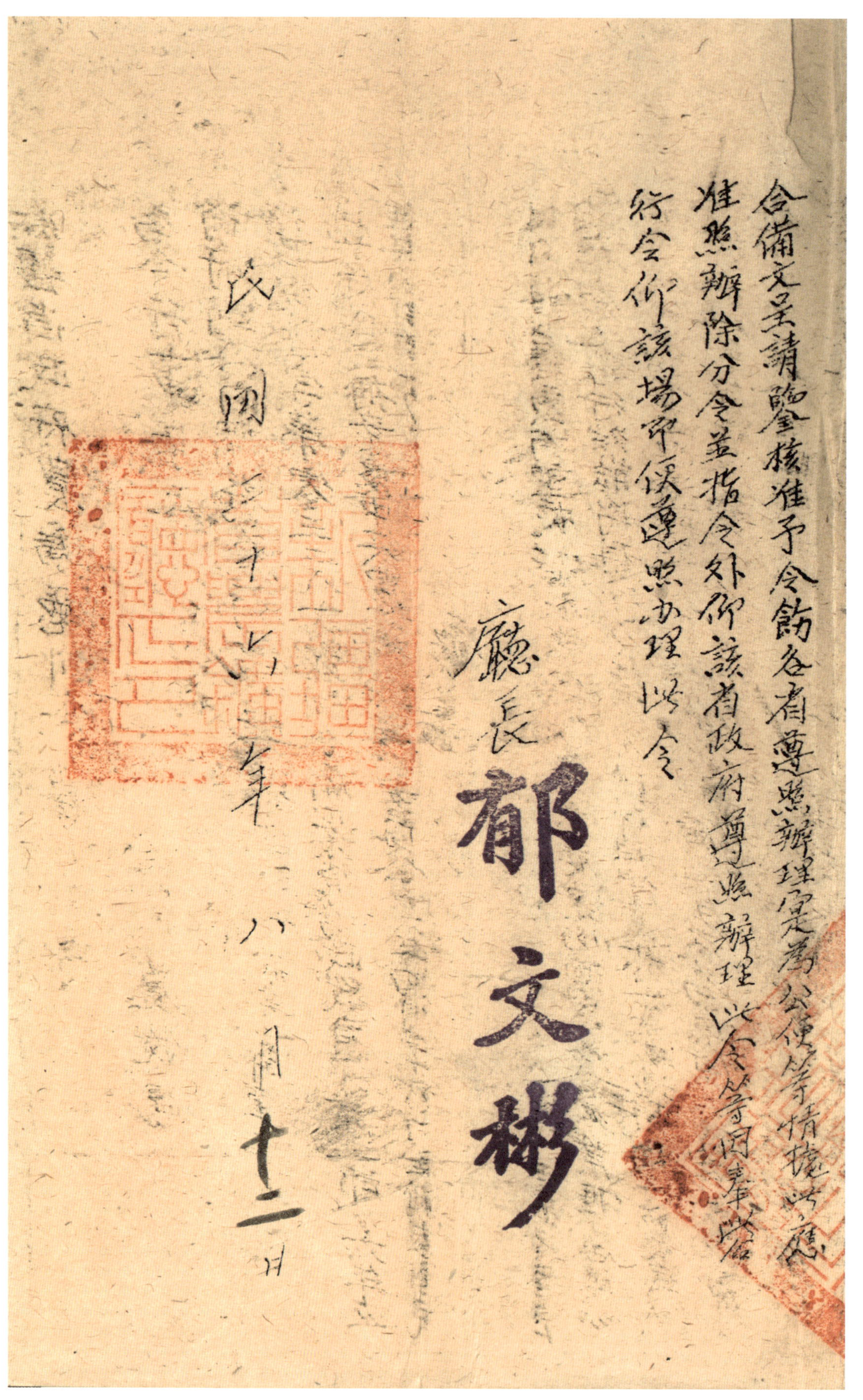

合備文呈請鑒核准予令飭各省遵照辦理實爲公便等情據此應
准照辦除分令並指令外仰該省政府遵照辦理此令等因奉此合
行令仰該場即便遵照辦理此令

廳長　郁文彬

民國二十六年八月十二日

○四八　新疆邊防督辦公署、新疆省政府就在伊犁增設農牧場一處以期發展事給伊犁區行政長的訓令（1937–08–28）（J2–1–130–15）（5–1）

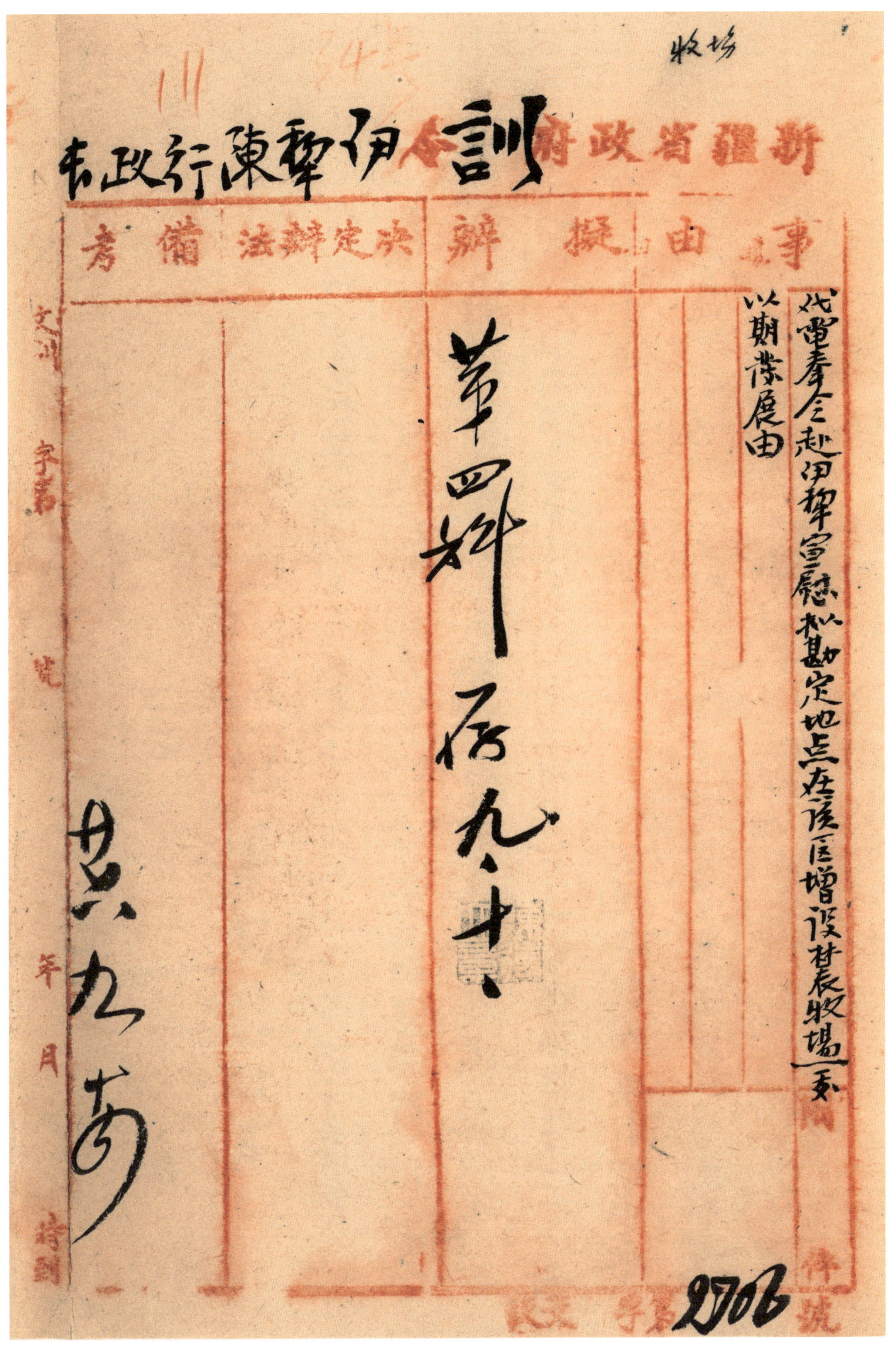

新疆省政府訓令　伊犁區行政長

事由	擬辦	決定辦法	備考
代電奉令赴伊犁宣慰擬勘定地点在該區增設農牧場一處以期發展由			

字第　號

年　月　日到

民文字第　號

○四八　新疆邊防督辦公署、新疆省政府就在伊犁增設農牧場一處以期發展事業給伊犁區行政長的訓令（1937–08–28）（J2–1–130–15）（5–2）

新疆省政府
邊防督办公署
訓令　建字第　號　發

令伊犁陳行政長

為令行事案據農礦廳長鄧文彬代電稱省政府主席副主席鈞鑒竊
查伊犁幅員遼闊户口繁盛在農牧事業上實佔重要地位所以政府在
三年計劃內規定設立農牧場林業局扶助民衆以資發展該場局成
立以來在政府領導下經工作人員之努力已有相當成績惟在過去本廳
對於該區調查工作尚未普遍以致農牧狀況無從徹底明瞭茲本廳
奉令赴伊宣慰擬於宣慰完畢關於該區各處渠道河流蠶桑森林業
水田旱田禾秋收成績農牧場林業局工作狀況并與蒙哈遊牧籌備冬季草場搭蓋

○四八　新疆邊防督辦公署、新疆省政府就在伊犁增設農牧場一處以期發展事給伊犁區行政長的訓令（1937-08-28）（J2-1-130-15）（5-3）

畜棚以及其他關於牲畜保健等項擬普遍調查以資改進再查該區牧場
遼濶水草豐富於農牧業之繁殖甲於其他各區僅設農場一處勢難
兼顧由各方考查認為有添設農牧場之必要擬請將三年計劃內規定奇
台設立之農牧場暫緩設立擬在伊犁增設農牧場一處以期發展所有設
場地点亦擬此次就便查勘選定以便設立以上調查各項甚多非數日內所能竣
事擬請宣傳工作完畢後准予展限廿日以便分往調查而策進行并請電飭
伊犁屯墾使行政長予以協助以利工作是否有當理合電呈鑒核施行農礦
廳長郭文彬八月十六日印等情據此除分電迪化農礦廳郭廳長鑒八月十六日
代電悉該廳長奉令前赴伊犁宣慰擬就便查勘地点在該區增設農牧場
一處并擬於宣傳工作完畢請予展期廿日以便分往調查一切而策進行一案

〇四八　新疆邊防督辦公署、新疆省政府就在伊犁增設農牧場一處以期發展事給伊犁區行政長的訓令（1937-08-28）（J2-1-130-15）（5-4）

呈經提交省委會第二七一次會議決議照准等因紀錄在卷除行伊犁屯墾使行政長查照外特錄知照督辦盛世才主席李溶副主席和加尼牙孜八月廿一日建印印發并分行外合行令仰該行政長即便查照此令

督辦　盛世才

主席　李溶

副主席　和加尼牙孜

〇四八　新疆邊防督辦公署、新疆省政府就在伊犁增設農牧場一處以期發展事給伊犁區行政長的訓令（1937-08-28）（J2-1-130-15）（5-5）

115

中華民國二十六年八月廿八日

監印滕瑞芝

印管張[illegible]

〇四九　新疆伊犁警備司令部、伊犁屯墾使公署就各縣成立旱田委員會事給伊犁區行政長的咨（附章程）（1938-01-19）（J2-1-184-16）（7-1）

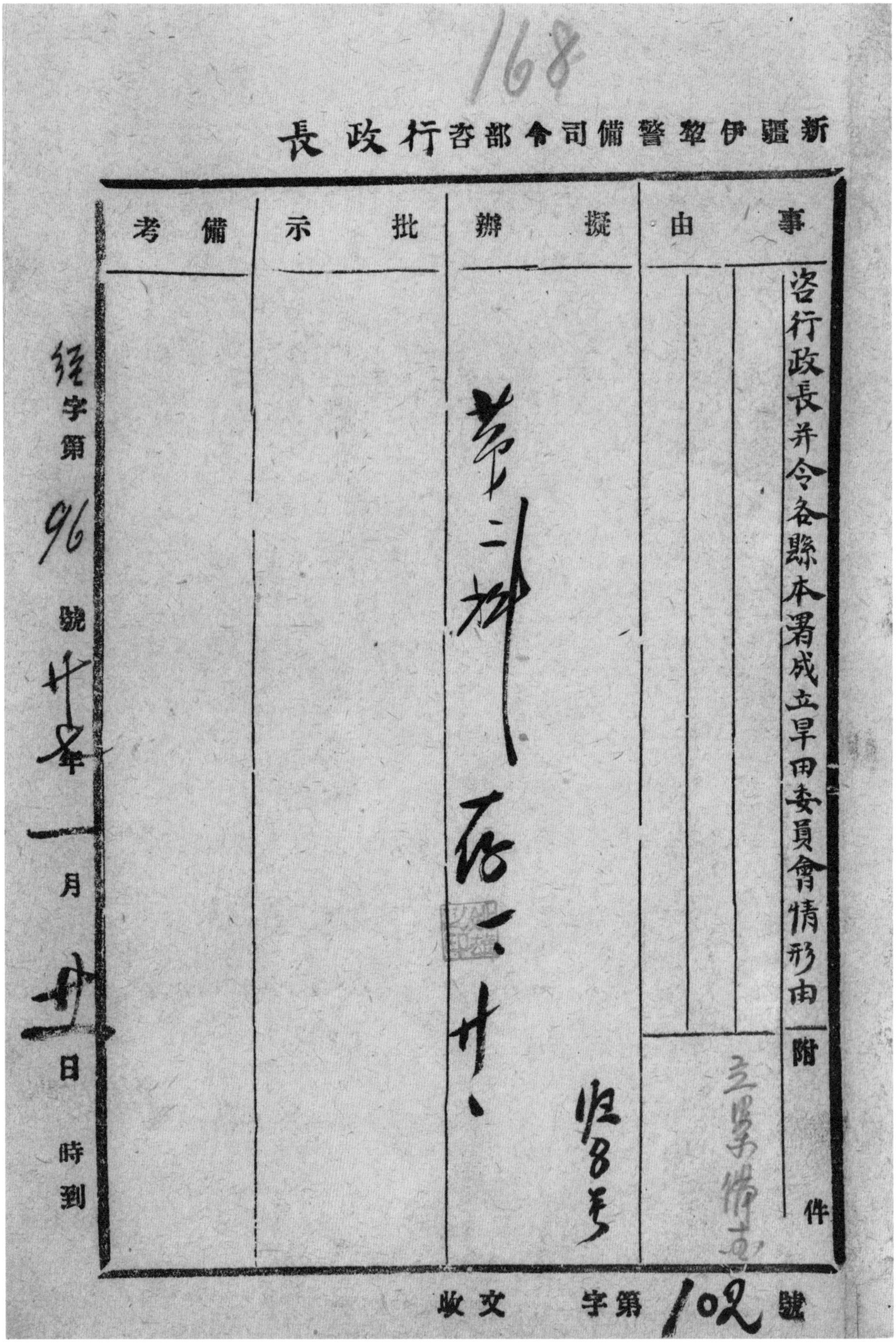

168

新疆伊犁警備司令部咨行政長

事由	擬辦	批示	備考
咨行政長并令各縣本署成立旱田委員會情形由 附件	第二科 孫一廿 收8号 立案備查		

經字第96號廿七年一月廿二日時到

收文字第102號

〇四九　新疆伊犁警備司令部、伊犁屯墾使公署就各縣成立旱田委員會事給伊犁區行政長的咨（附章程）（1938-01-19）（J2-1-184-16）（7-2）

新疆伊犁警備司令部咨

字第96號

為咨行事查伊犁區各縣旱田地畝業無定主糧無定額每年征收旱田租糧徒被地方官吏隱匿中飽公家并無絲毫利益本使蒞任之初設法整頓成立征收機關釐訂征收辦法數年以來所收旱田租糧歷年備支軍需輒有裕餘現在本署奉令結束所有旱田委員會名義已經本署命令取消各縣征收旱田事宜均由各縣長負責接收辦理以重軍需茲再將本署成立旱田委員會原呈及征收糧石辦法各鈔一份相應咨請貴署查照辦理為荷此咨

〇四九　新疆伊犁警備司令部、伊犁屯墾使公署就各縣成立旱田委員會事給伊犁區行政長的咨（附章程）（1938-01-19）（J2-1-184-16）（7-3）

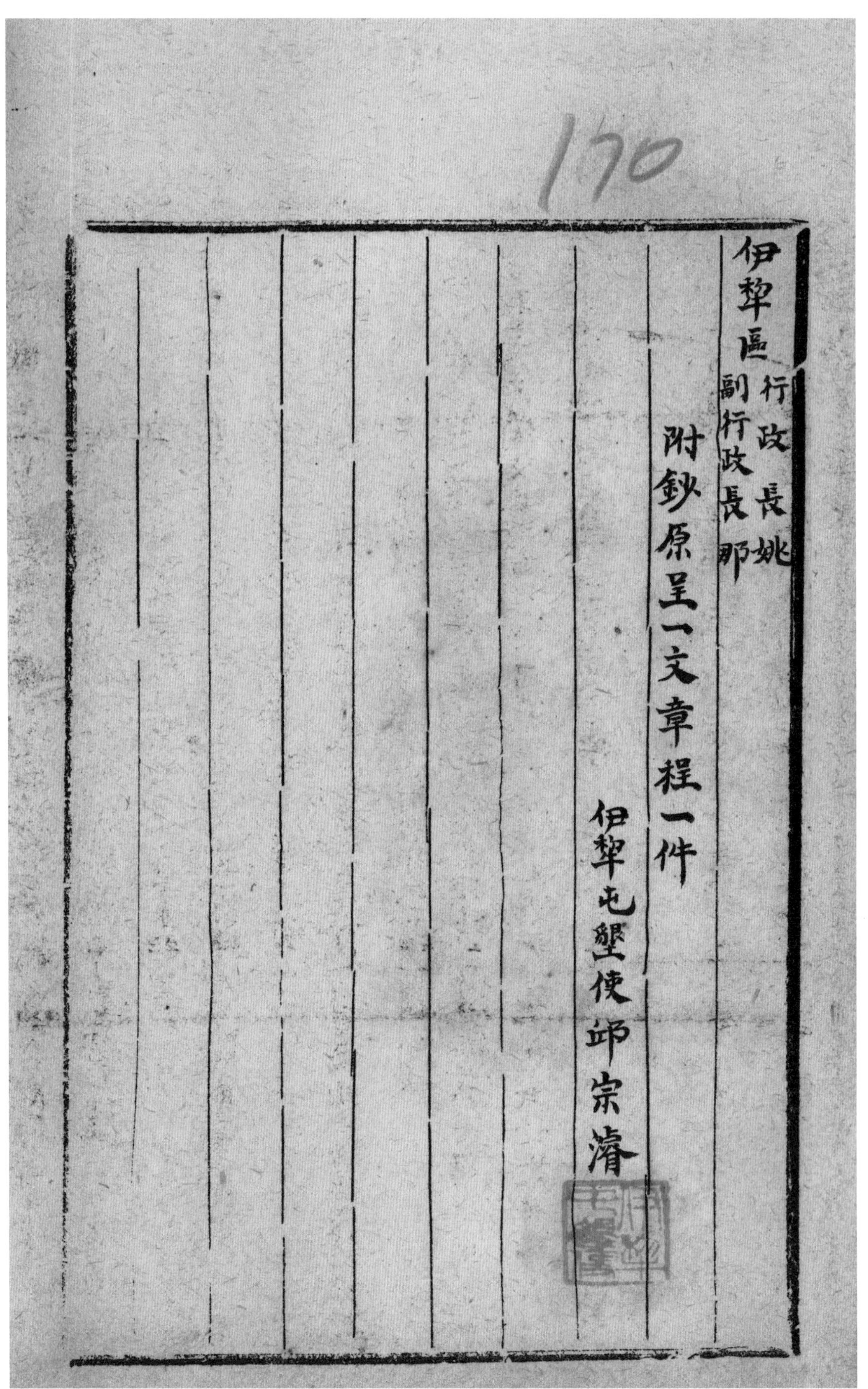

170

伊犁區行政長姚
副行政長那

附鈔原呈一文章程一件

伊犁屯墾使邱宗濬

〇四九　新疆伊犁警備司令部、伊犁屯墾使公署就各縣成立旱田委員會事給伊犁區行政長的咨（附章程）（1938–01–19）（J2–1–184–16）（7–4）

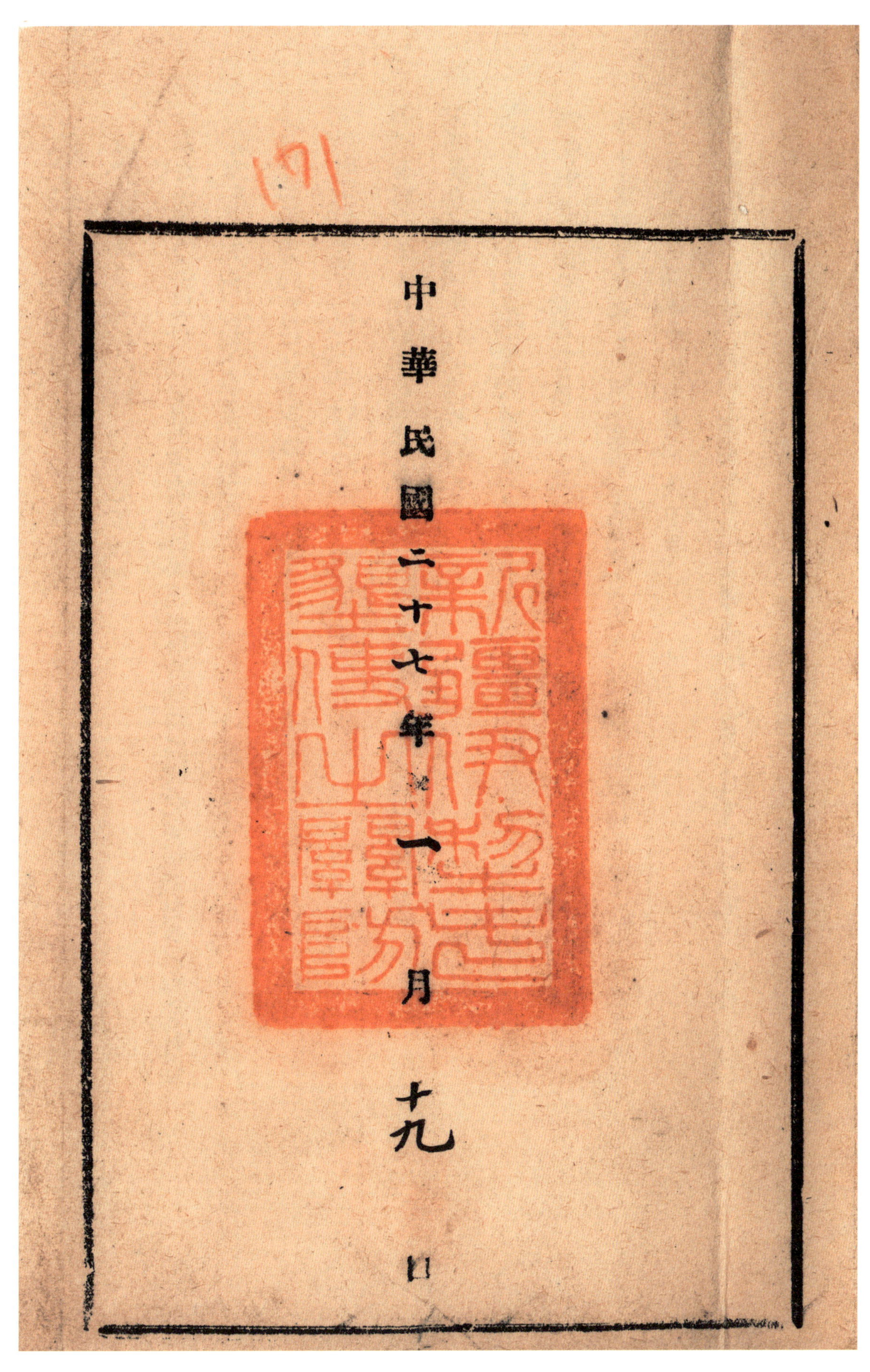

〇四九　新疆伊犁警備司令部、伊犁屯墾使公署就各縣成立旱田委員會事給伊犁區行政長的咨（附章程）（1938-01-19）（J2-1-184-16）（7-5）

一、廠長等奉令成立徵收旱田糧賦委員會，已於本月二十六日上午在糧服廠組織成立，謹將會議結果報告如次：

二、到會委員十二員：行政公署派員巴海木、縣聯合會阿立維和買提哈斯木江、屯署到會署派員王步、鄧恩特、李景如、墾牧處額斯喀克、經理處嚴德宗、熊布珍、李宗靖、糧服廠派員祁世昌、張墨林，缺席一員，及縣聯合會委員范鍾南。

三、公推監察委員三：巴海木、阿立維和買提哈斯木江。

四、徵收委員七：王步江、鄧恩特、李景如、額斯喀克、熊布珍、李宗清、張墨林。

五、常務委員：嚴德宗、祁世昌、范鍾南。

六、劃分伊寧縣屬為第一徵收區，監查委員巴海木，徵收委員王步江、熊布珍；綏定、霍城、索倫營為第二區，監察委員○○○，徵收委員額斯喀克、李宗清；鞏留縣、特克斯、錫伯營為第三區，監查委員○○○，徵收委員李景如、鄧恩特；精河、博樂、察哈爾營、額魯特為第四區，監查委員巴海木兼徵收委員張墨林。

七、各區監查員及辦事員由委員會函請各縣長、總隊區長、千戶長按照各該區旱田數量之多寡，商同本會委員遴薦任用，監查員每區不過四員，辦事員每區不得過

八、擬援照舊例本會委員按照伊區所徵糧石之總數內提出百分之三（如以一萬普通擔提出三百普通擔）為酬勞費，各區監查員亦予員按照各該區所徵糧石之全數提出百分之五作為勞金（如第一區徵糧五千斛，提出二百五拾斛）。

九、會內關於辦理應務及繕譯，設書記一員，庶務一員，辦理譯員及保管卷宗收發文件，設書記員，薪金與辦公雜費暫由委員會呈請籌濟開支。

十、本會監察委員及徵收委員出發各區工作，什馬由自備，公家伙食由會撥濟，從廉開支，每日往支旅費銀〇〇〇兩，取標根據，不許討擾民間。

十一、本會辦公費議決由委員會呈請屯署撥濟支付，俟徵收齊全時，即於所徵旱糧內按照會內開支之薪金旅費辦公等項所需之數提出抵還，振呈屯署備案。

十二、本會繕譯書記每月由糧服廠借發食麵四十五斤，柴炭代金一千兩，將來由會歸還。

糧石、

十三、本會登記工作先由各委到各春耕委員會抄錄該委會調查各處旱田戶地之概數，
併各區監查委員暫於六月一日以前隨帶登記證與步弓暨

十三、本會登記工作先由各委到各春耕委員會抄錄該委會調查各處旱田戶地之概數由各

〇四九　新疆伊犁警備司令部、伊犁屯墾使公署就各縣成立旱田委員會事給伊犁區行政長的咨（附章程）（1938-01-19）（J2-1-184-16）（7-6）

十三、本會登記工作先由各委員會抄錄該委會調查各處旱田户地之概數由各區監察委員負責於八月二日以前隨帶登記證與步弓暨屯墾使佈告並本會給各县農區十户長公函與徵收辦法大要赴各县區會同各县長領隊區長十户長遴薦監查員及各辦事員於二月內根據抄錄春耕委員會旱田户地之數目從事調查登記限於○○内完竣

十四、各區登記事宜終了時各委即行回會報告登記結果具領繳糧派單並負責分赴各县督導各農監查員辦事員監視收穫並本章決定應征糧賦並收回登記證治安繳糧派單

十五、各縣收各農區之旱田地之呈請屯墾使令飭各十户長領隊區長查照本會辦法協助委員切實負責登記繳納官糧不得相沿舊習藉詞私圖有免征糧

十六、本會址設於財廳

十七、本會各委員及各監查員辦事員如有違犯本章者有虧公帑及舞弊營私之事[illegible]長官及县長等應負監查之完全責任

十八、以上各項議決事件及會議經過各情形業經呈咨有案理合根據會議記錄分別報告屯墾使鑒核示遵施行

〇五〇　新疆省政府就在伊犁方面采購小麥糧種以備救濟春耕應用事給伊犁區行政長的訓令（1938-01-19）（J2-1-202-1）（4-1）

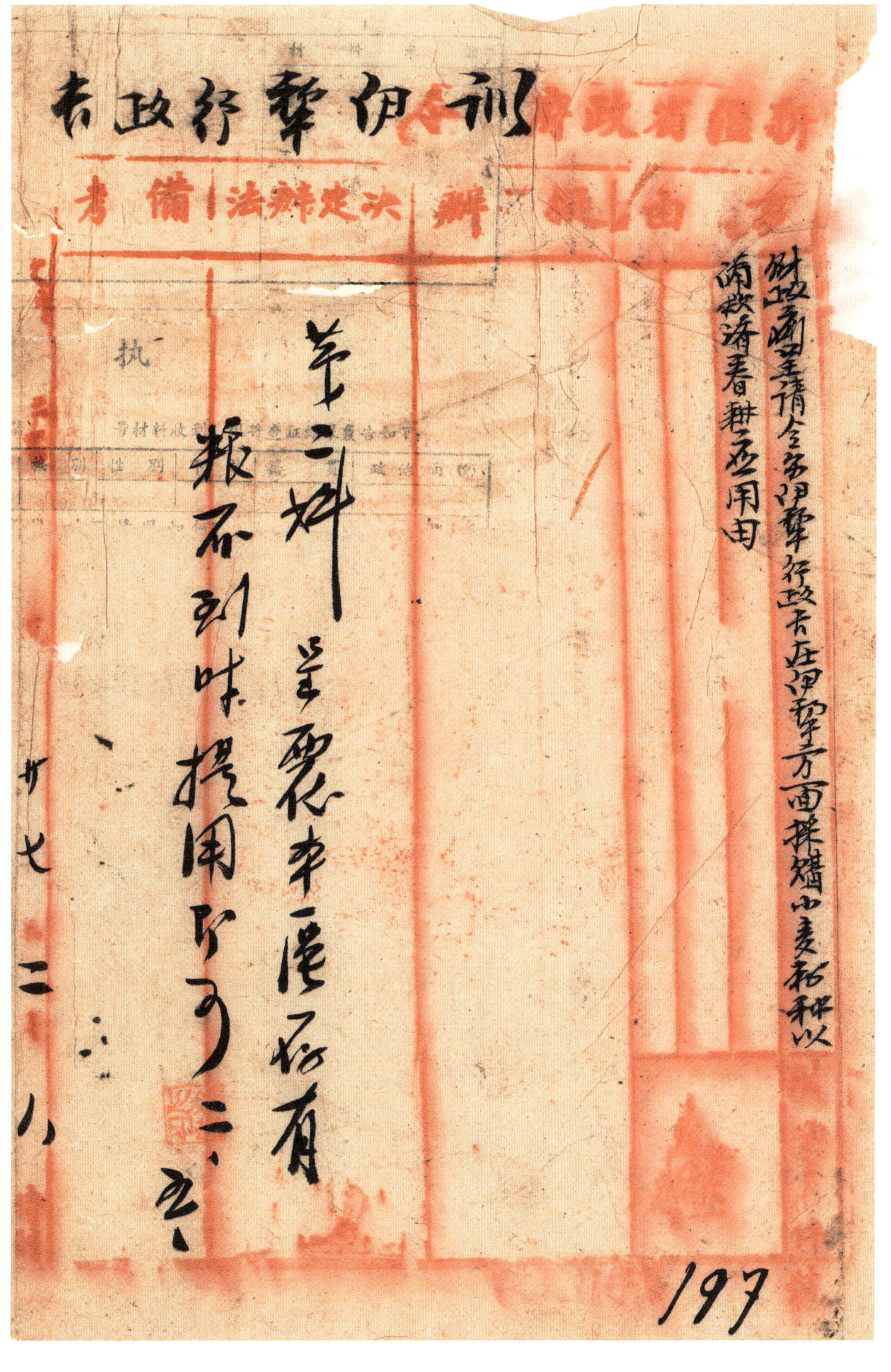

新疆省政府訓令

訓伊犁行政長

事由

決定辦法

備考

財政廳呈請令知伊犁行政長在伊犁方面採購小麥糧種以備救濟春耕應用由

第十二號

197

〇五〇　新疆省政府就在伊犁方面采購小麥糧種以備救濟春耕應用事給伊犁區行政長的訓令（1938-01-19）（J2-1-202-1）（4-2）

新疆省政府

訓令　民字第187號

令伊犁行政長

據該區[illegible]財政局呈稱：竊查敝區於廿六年秋後十月間，迭據昌吉、呼圖壁、綏來、沙灣、烏蘇、阜康、乾德、迪化、孚遠等九縣紛紛呈報，是年田禾多被霜災，秋收尤為歉收，戶民均無存糧，即有少數富戶，所有存糧亦不過夠備冬日自己食用之糧，其餘小戶貧農即冬日自己食糧尚無法備辦，均請求各該縣長轉請接濟食糧前來。敝區當以本年征收田賦現品無多，除供支軍需外，實無餘糧可資接濟，令飭各該縣長招集當地富戶就地籌設救濟辦法辦理在案。但查現在殘冬已盡，新春將來，轉

〇五〇　新疆省政府就在伊犁方面采購小麥糧種以備救濟春耕應用事給伊犁區行政長的訓令（1938-01-19）（J2-1-202-1）（4-3）

略以蠶桑林長户開墾在即去年被災各地田禾歉收食糧均無存儲今春開墾其籽種備耕一項尤為今春播種上之一重大問題盼由財政機關此次困難極為早為籌備以裕收入而紓民困擬呈鈞座令飭伊犁行政長在伊犁方面刻速採購小麥籽种若干石採備春耕時候提運以備救濟今年春耕之用而免荒蕪業務懇令行蠶桑林縣兩派技師專家親赴各地詳細調查按其災情輕重需种多少採買呈報以便核給而資救濟所擬是否有當理合具文呈報鈞座鑒核示遵施行謹呈等情據此除指令呈悉所請應予照准除令行蠶桑林縣伊犁行政長遵照辦理外仰即知照此令印發并分行外合行令仰該行政長即便遵照辦理具報此令

中華民
廿七
一
十九

主席李溶

監印滕瑞芝

〇五〇　新疆省政府就在伊犁方面采購小麥糧種以備救濟春耕應用事給伊犁區行政長的訓令（1938-01-19）（J2-1-202-1）（4-4）

〇五一　新疆省農礦廳就農機租價及租賃收入數目查考事給伊犁區農牧場的訓令（附農機租賃價目表）（1938–02–19）（J2–1–181–25）（4–1）

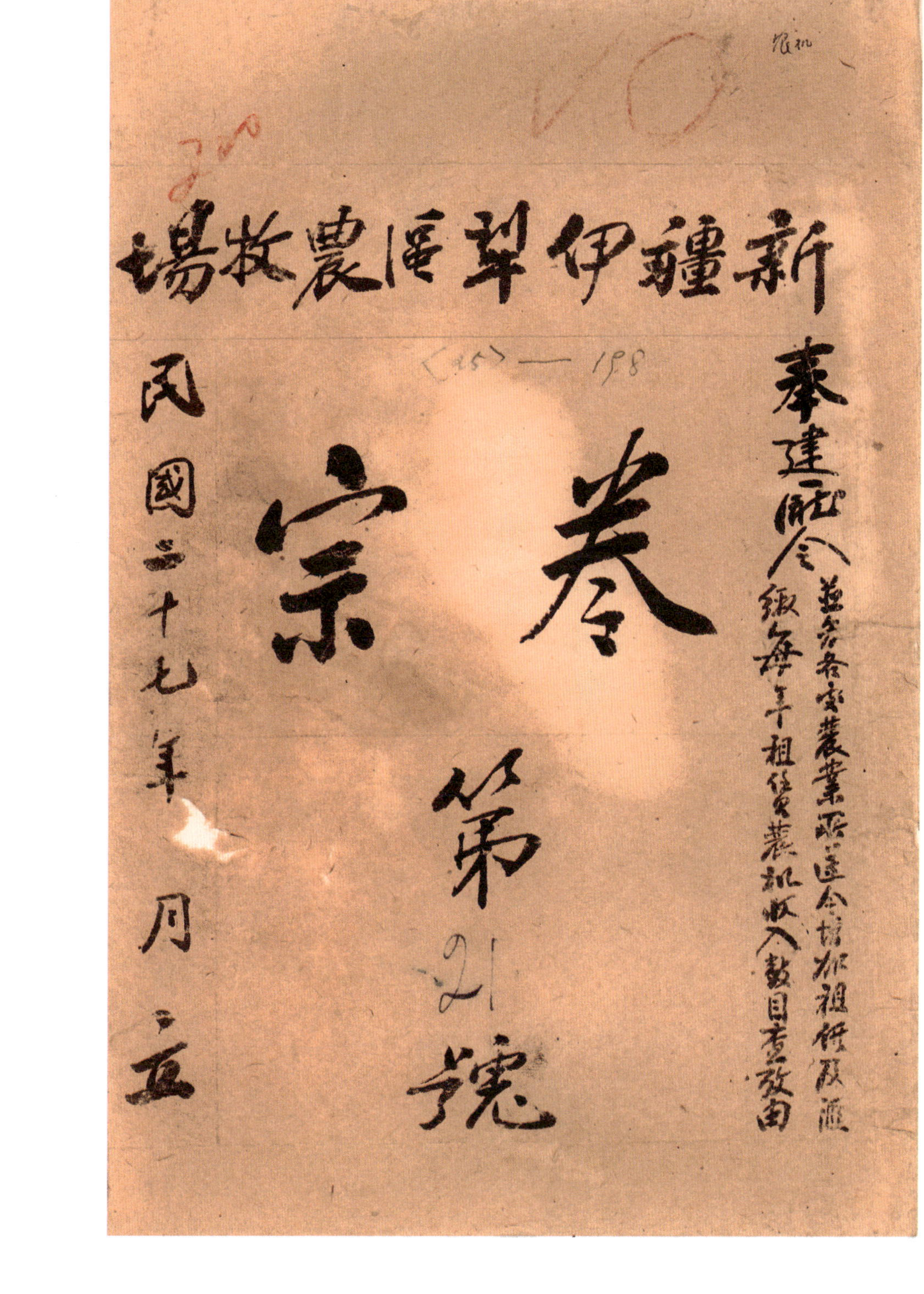

新疆伊犁區農牧場

（25）—158

奉建廳令　並發各處農業器送令增加租價及匯繳每年租賃農機收入數目查考由

卷宗

第 21 號

民國二十七年　月　立

〇五一　新疆省農礦廳就農機租價及租賃收入數目查考事給伊犁區農牧場的訓令（附農機租賃價目表）（1938-02-19）（J2-1-181-25）（4-2）

州縣等

為令飭陳報買入農机日期暨定租價收入數目並有租賃農机代價各項擬定以便繳納由

屯係密件第三三卷

訓令

呈報奉到日期備法

二、九

依新

因要公開除佈告外併由新疆日報登載

新疆省農礦廳訓令　第　　號

令伊犁區農牧場

為令遵事查本省（廳）使人民利用新農机節省勞力提高

農作物產量使農業生產机器化起見業經訂購各種農

○五一　新疆省農礦廳就農機租價及租賃收入數目查考事給伊犁區農牧場的訓令（附農機租賃價目表）（1938-02-19）（J2-1-181-25）（4-3）

200

0203

農作物產量使農業生產机器化起見業經訂購各种農机在各農牧場成立租賃所以應農村需要在案現在各場陸續買入農机日漸增多租給民間者亦不少所有租賃農机代價亟應規定以便繳納茲經分別農机种數核定租價列表附發除令分外合行令仰該場長即便遵照辦理并轉各該場及租賃所一体遵照並仍將當地情形及表定價目之意見是否合適具報核辦為要此令

計發農机租賃價目表一份

廳長郁文彬

201
—101

新疆省農礦廳分設各區農牧場租賃農机租價表

		迪化區	吐魯番	塔城區	阿山區	伊犁區
1.	雙刀犂	250	150	200	150	200
2.	單刀犂	150	100	150	100	150
3.	單刀犂	100	100	100	100	100
4.	之字耙	50	50	50	50	50
5.	圓片耙	150	100	100	100	100
6.	彈簧耙	150	100	100	100	100
7.	培土犂（馬力）	150	50	100	50	100
8.	彈簧培土犂	200	100	150	100	150
9.	培土犂（平力）	50	50	50	50	50
10.	培隴器	150	100	100	100	100
11.		200	—	150	100	150
12.	洒種机	500	300	400	300	400
13.	種玉米机	200	100	150	100	150
14.	單行種棉机	200	200	—	—	150
15.	雙行種棉机	—	300	—	—	—
16.	刈草机	700	—	6[illegible]	500	600
17.	刈草机附帶收穫器	800	—	650	550	550
18.	馬扒	400	—	300	200	300
19.	人撥割麥机	500	300	400	300	400
20.	自撥割麥机	800	500	650	550	550
21.	十八寸打糧机	500	400	500	400	500
22.	二十二寸打糧机	1500	1000	1300	1000	1300
23.	打玉米机	300	200	250	200	250
24.	風車	400	300	300	200	300
25.	農婦式風車	450	250	350	250	350
26.	分種机	500	300	400	300	400
27.	鍘草机	150	100	100	100	100
28.	清棉籽机	400	300	—	—	300
29.	噴藥水器	300	300	250	200	250
30.		500	500	400	300	400
31.	粉碎器	350	200	300	200	300
32.	磨刀器	100	50	50	50	50
33.	拖拉机帶犂鏵	10000	—	8000	6000	8000
34.	三十四寸打糧机	3000	—	2000	1500	2000
35.	束草机	400	—	350	300	350
36.	雙馬拉犋	350	—	300	250	300

附識

1. 上列租賃農机租價以一晝夜核算其共租時日依次增算之

2. 租領日及歸還日均不計租費

〇五二　伊犁警備司令姚雄就再撥給阿克塔拉歸化族民衆官地事給昭蘇設治局、阿克塔拉歸化鄉約的命令（附圖）（1938-06-08）（J2-1-181-9）
（3-1）

命令于昭蘇設治局

二七、五、三〇

一、稟悉所請再撥官地以維生活姑念在前有功於新政府著暫時撥給二百卡而資耕種俟本司令回部後再為呈請政府

二、地点由舊有西西邊境界西北展長六百米由西北向東北展長二千米由東北向舊有東北界展長六百米俟本司令回部繪具詳圖分別發給以資遵守四址各埋三尺高標莊入土四尺當東西北三界外為蒙古牧地

三、撥給阿克塔拉歸化族八十戶每戶平均二卡並另撥二百卡牧場二百卡為學校基金共二百卡

四、在撥地內蒙民已種之地准予秋收後將地移交歸化族

五、此後對於蒙族務敦和睦不得有不睦而

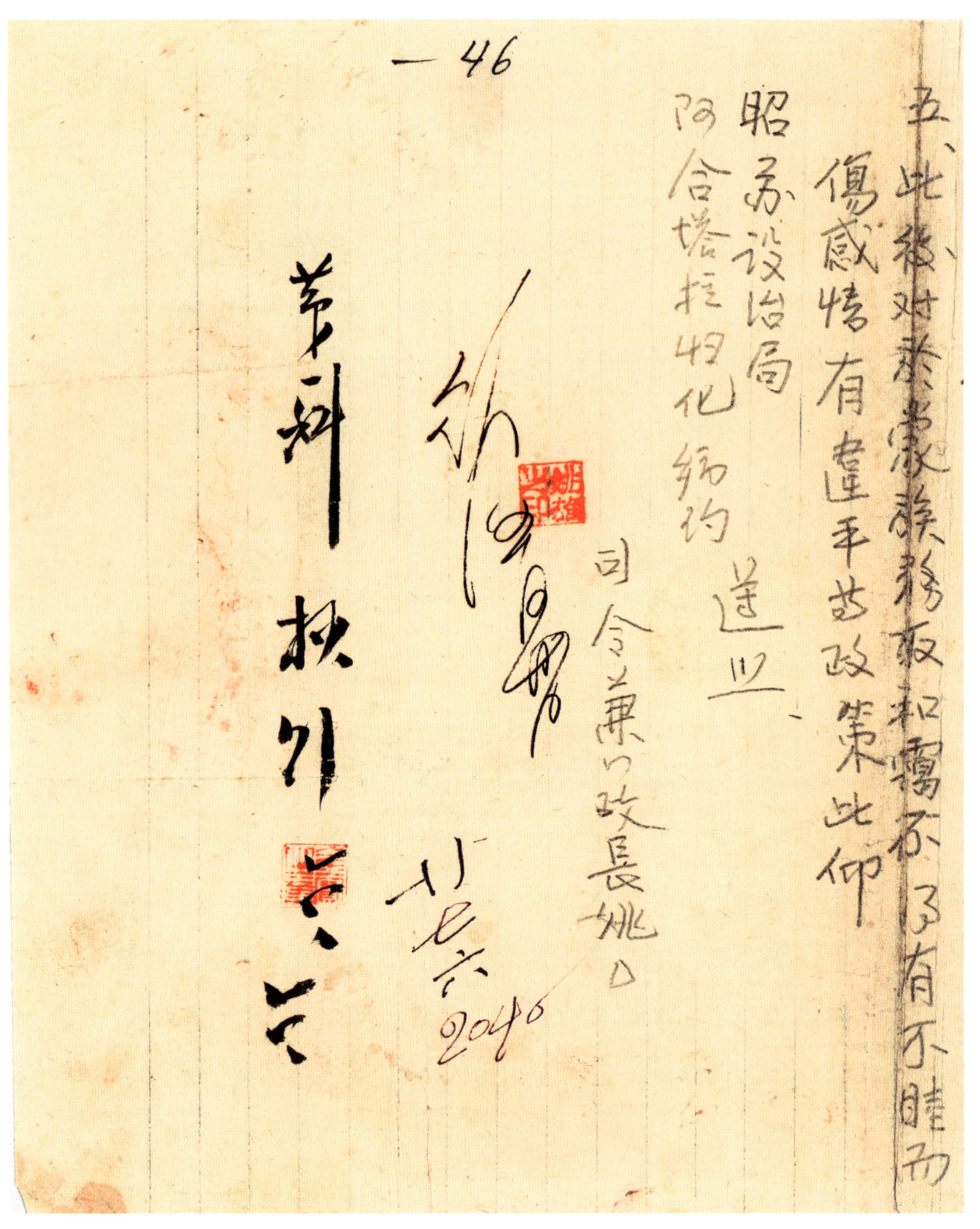

—46

五、此後对於家族務須和睦，不得有不睦而傷感情，有違平政策。此仰

昭蘇設治局

阿合塔拉歸化鄉約

遵照

司令兼行政長姚〇

草科

廿七　六

2046

〇五二　伊犁警備司令姚雄就再撥給阿克塔拉歸化族民衆官地事給昭蘇設治局、阿克塔拉歸化鄉約的命令（附圖）（1938-06-08）（J2-1-181-9）

（3-2）

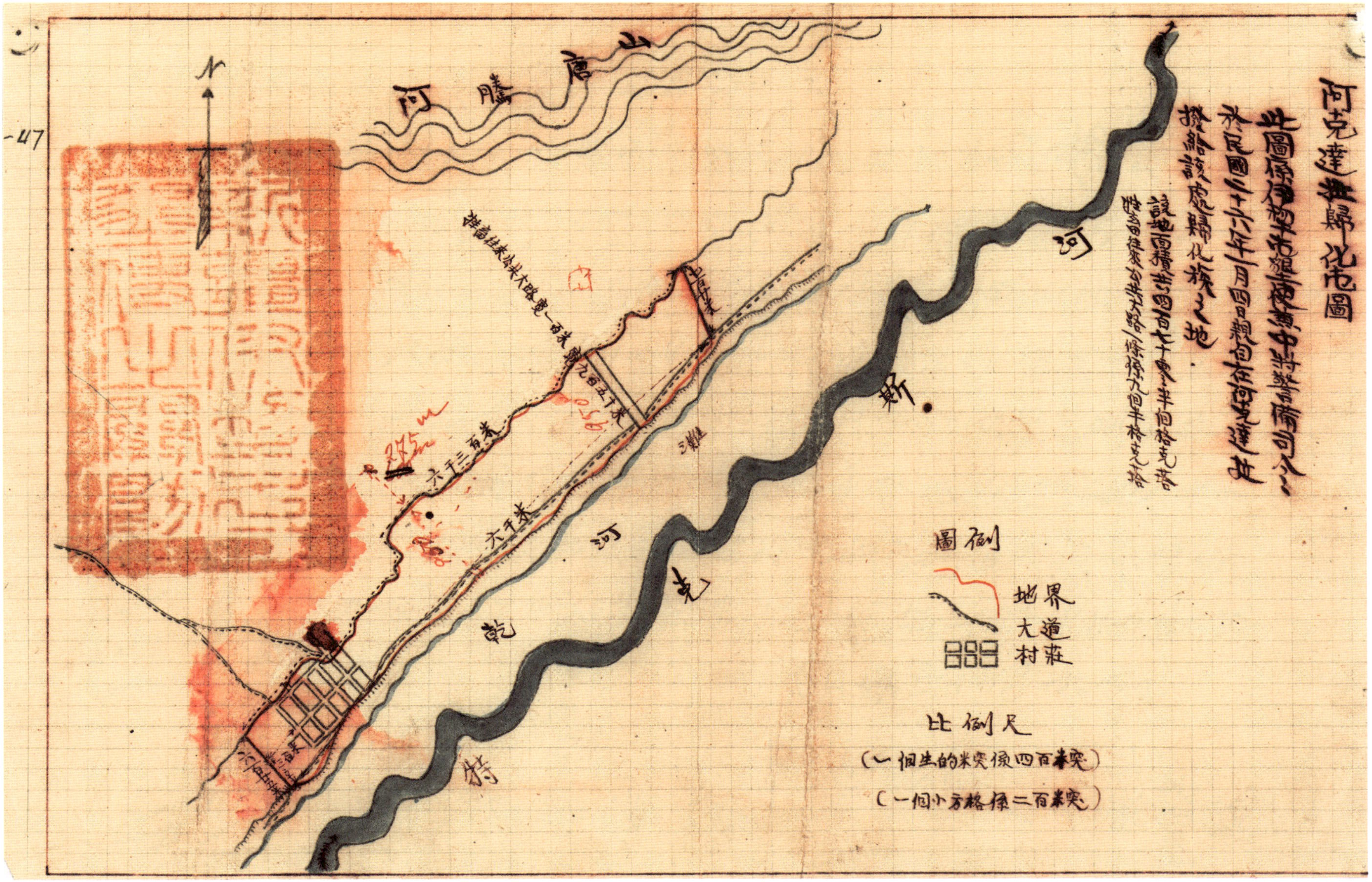

阿克達拉歸化屯圖

圖例

地界

大道

村莊

比例尺

（一個生的米突係四百米突）

（一個小方格係二百米突）

○五二　伊犁警備司令姚雄就再撥給阿克塔拉歸化族民衆官地事給昭蘇設治局、阿克塔拉歸化鄉約的命令（附圖）（1938-06-08）（J2-1-181-9）（3-3）

〇五三　新疆邊防督辦公署、新疆省政府就義勇軍師長吳義成等爲屯墾委員會委員等事給屯墾委員會的訓令（1938-08-23）（J4-2-2-24）（4-1）

新疆邊防督辦公署
新疆省政府
訓令　參字第3806號

令屯墾委員會

爲令行事。查由内地先後抵新義勇軍爲數甚夥，其士兵業經分撥在案，所有各級官佐亟應設法安置，以免閒散。茲委義勇軍師長吳義成等九員爲屯墾委員會委員；少尉副官張其昌等八十四員爲該會屯墾員，其薪餉由王委員長酌擬呈核并派；少校營長文有功等十二員入軍校深造班旁聽；此外尚有師長劉振國等十四員，均按個人能力分撥財政廳及其他機關服務。以上即由分撥機關酌請委用，除分行外，合行檢同姓名年歲一份，及該會委員吳義成、屯墾員張其昌等委狀，發給該會，仰該委員長即便查收轉給祇領。此令。

〇五三　新疆邊防督辦公署、新疆省政府就義勇軍師長吴義成等爲屯墾委員會委員等事給屯墾委員會的訓令（1938–08–23）（J4–2–2–24）（4–2）

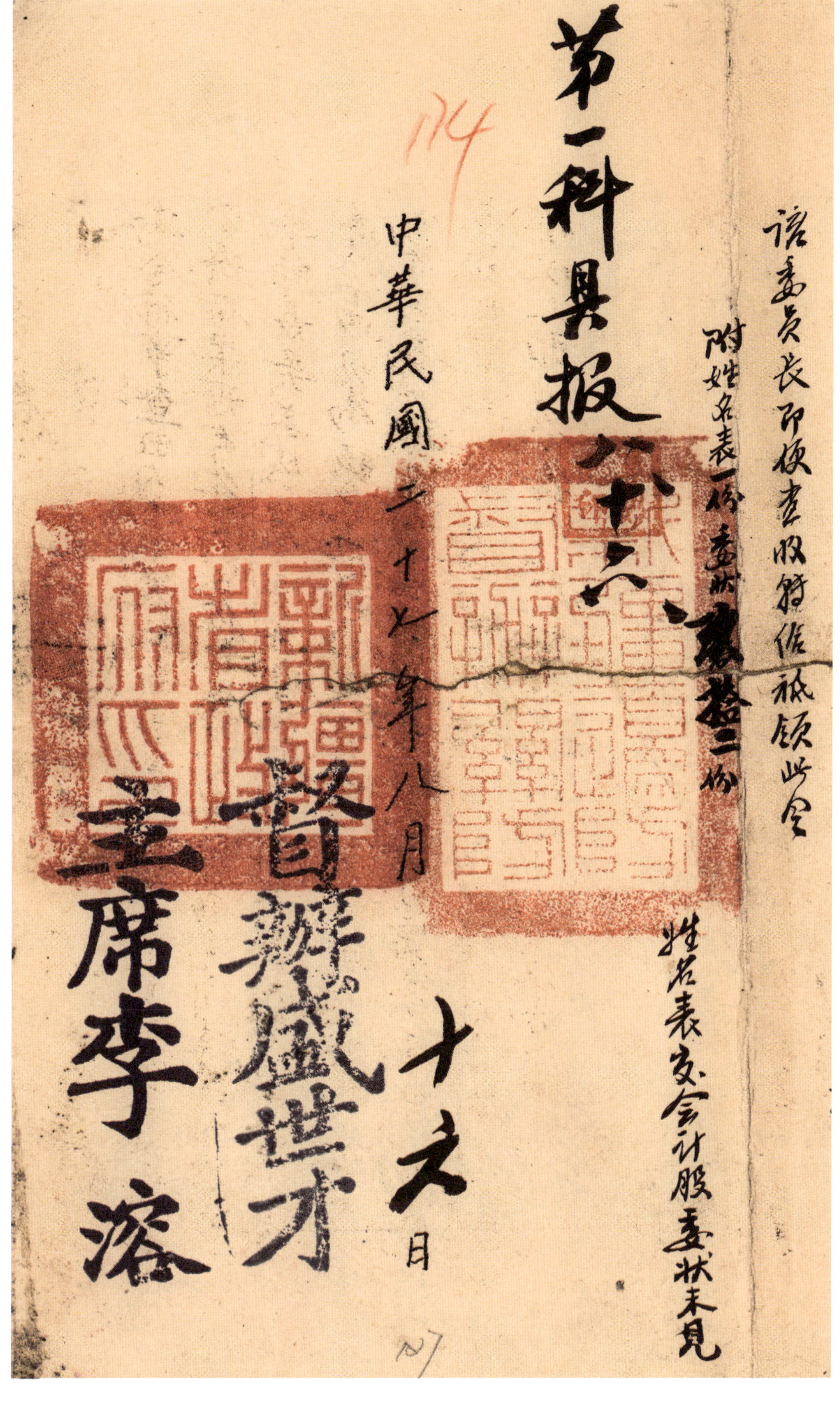

諭委員長即便查收轉飭祗領此令

附姓名表一份　委狀叁拾三份

第一科具報六十六

中華民國二十七年八月

督辦盛世才

主席李溶

姓名表交會計股　委狀未見

新疆邊防督辦公署
新疆省政府
訓令　字第　號

令屯墾委員會

爲令事。查義勇軍師長吴藹山前已委爲屯墾委員會屯墾員，惟該員過去曾充少將參謀長職務，應准改委該會委員，以示優異。薪餉自到差之日起照章支領，除令委并分别令行外，合行令仰該會即便遵照。此令。

第一科文牘股存　八廿四

○五三　新疆邊防督辦公署、新疆省政府就義勇軍師長吴義成等爲屯墾委員會委員等事給屯墾委員會的訓令（1938-08-23）（J4-2-2-24）（4-3）

○五三　新疆邊防督辦公署、新疆省政府就義勇軍師長吴義成等爲屯墾委員會委員等事給屯墾委員會的訓令（1938–08–23）（J4–2–2–24）（4–4）

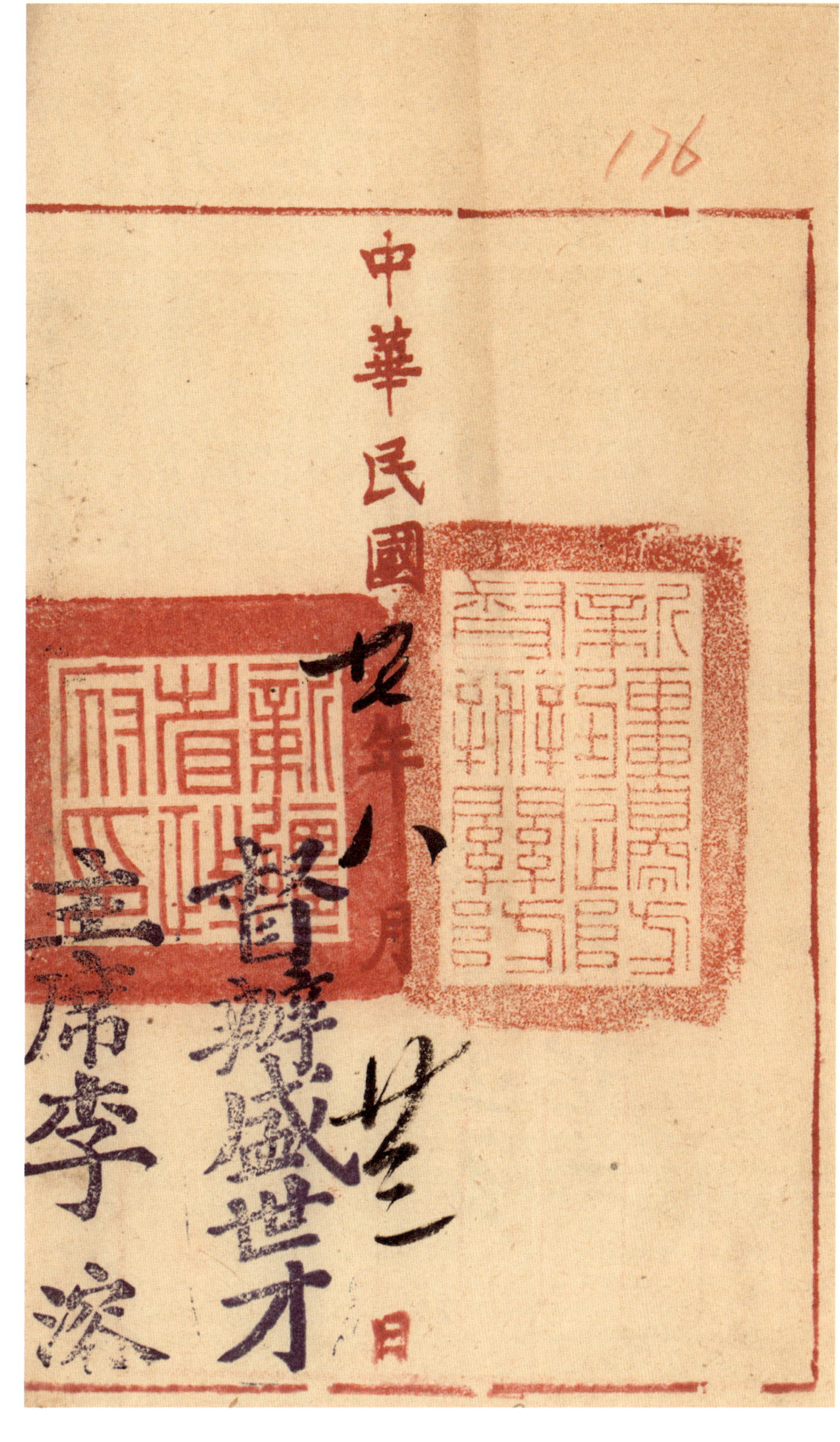

176

中華民國廿七年八月廿三日

督辦盛世才

主席李溶

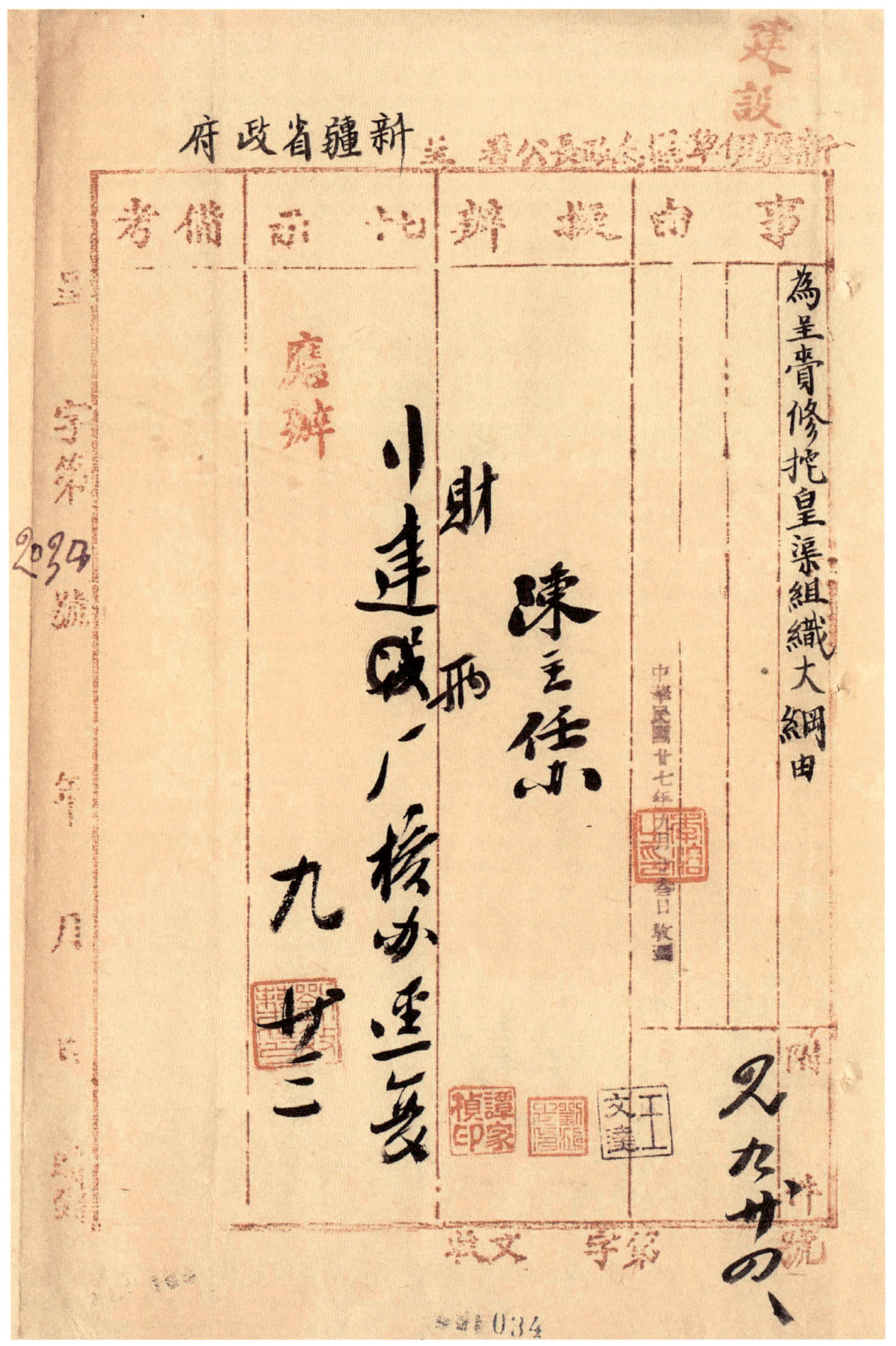
建設

新疆伊犁區行政長公署　呈

新疆省政府

事由：為呈賫修挖皇渠組織大綱由

擬辦

批示

備考

應辦

中華民國廿七年　月　日發

附件　號

第　字　發文

呈　字第2034號　年　月　日收到

〇五四　伊犁區行政長公署爲呈賫修挖皇渠組織大綱事給新疆省政府的呈（附組織大綱）（1938-08-30）（區檔，政002-007-0527-010）（6-1）

〇五四　伊犁區行政長公署爲呈賫修挖皇渠組織大綱事給新疆省政府的呈（附組織大綱）（1938-08-30）（區檔，政002-007-0527-010）（6-2）

呈為呈轉事案據綏定縣長孟昭代伊寧縣縣長劉
清軒會銜呈稱呈為呈請事竊查擴大修濬皇渠一案
業經奉令核准自應積極督工趕辦惟茲事體大須有
相當組織始克分工合作謹擬具組織大綱十條呈請鈞座
核示惟常川駐會辦事員五人內設總務主任一人應領
生活費按縣府科長待遇其他四人以二人按縣府一等
科員待遇餘二人按縣府書記待遇可否之處理合檢同
組織大綱具文呈請鑒核示遵謹呈附呈組織大綱乙份
等情據此除指令并分呈外理合抄錄原件備文呈請
鈞府鑒核備查施行謹呈

〇五四　伊犁區行政長公署爲呈賫修挖皇渠組織大綱事給新疆省政府的呈（附組織大綱）（1938-08-30）（區檔，政002-007-0527-010）（6-3）

新疆省政府主席李

計抄呈組織大綱一份

伊犁區行政長姚　雄

副行政長那孜爾桼加

036

○五四　伊犁區行政長公署爲呈賫修挖皇渠組織大綱事給新疆省政府的呈（附組織大綱）（1938-08-30）（區檔，政002-007-0527-010）（6-4）

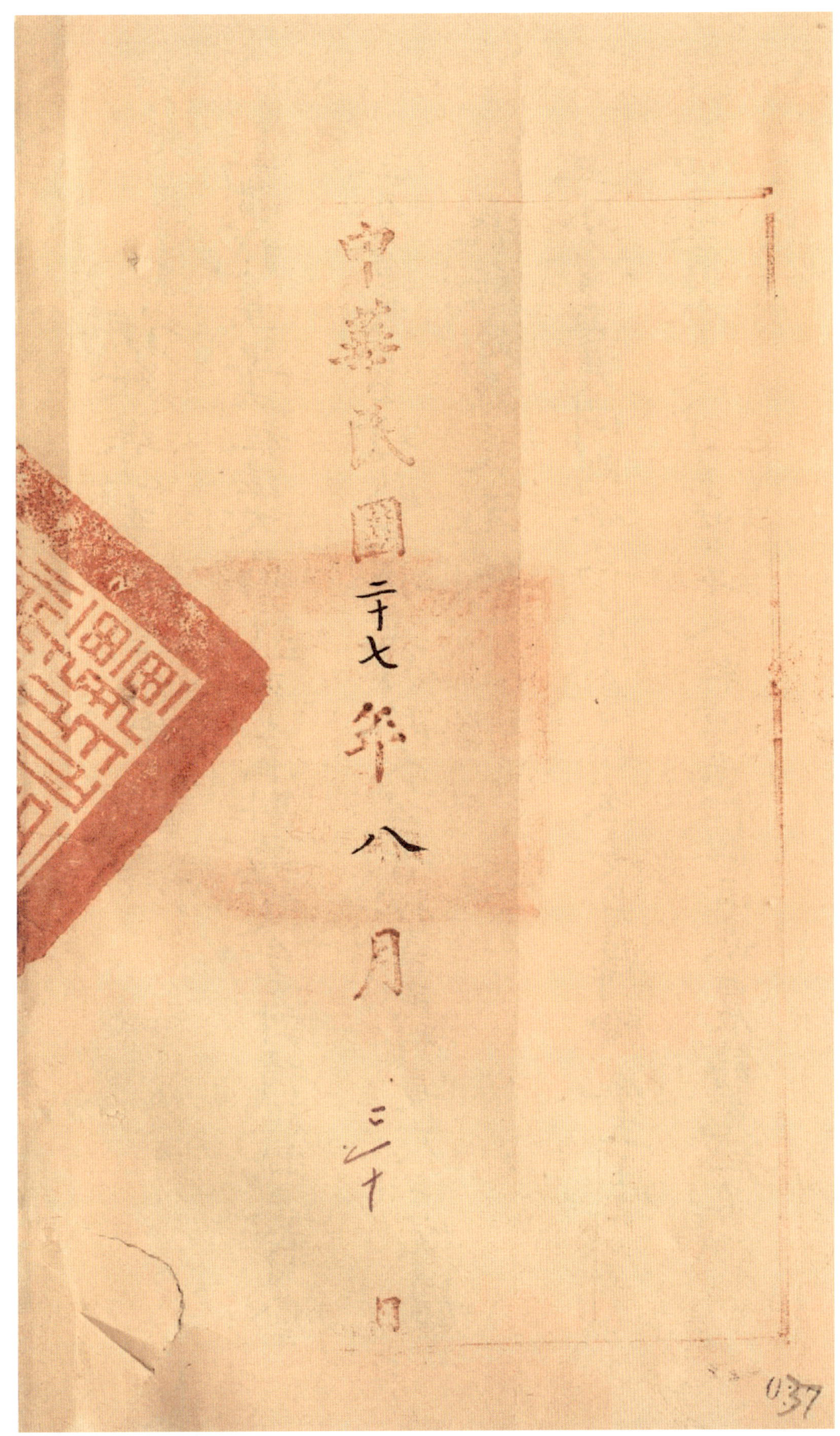
中華民國二十七年八月三十日

037

〇五四　伊犁區行政長公署爲呈賫修挖皇渠組織大綱事給新疆省政府的呈（附組織大綱）（1938-08-30）（區檔，政002-007-0527-010）（6-5）

伊綏渠工委員會組織大綱

一開挖皇渠工程浩大爲統一事權斟酌緩急計特組織委員會

二本會委員由行政長指定行政長公署秘書或科長一人伊寧縣長綏定縣長充任

三本會每月開例會二次開會時各委員得輪流主席

四委員會設幹事若干人幹事由伊綏兩縣農約充任之

〇五四　伊犁區行政長公署爲呈賫修挖皇渠組織大綱事給新疆省政府的呈（附組織大綱）（1938-08-30）（區檔，政002-007-0527-010）（6-6）

五各幹事分別担任匠工監工及準備材料給養事宜
六幹事服務除由渠工供給乘馬草料外概不給薪
七委員會得常川駐有辦事員五人担任各方接給事
項以及領款發款登賬造報保存單據各事宜
八辦事員待酌領生活費
九本會直接受行政長之監督領導難決事項隨時請行政長核辦
十本大綱有未盡事宜得隨時修整之

〇五五　新疆全省農牧場牧畜局獸醫院農業所獸醫分處辦事規則（1938–08）（J2–4–9–26）（5–1）

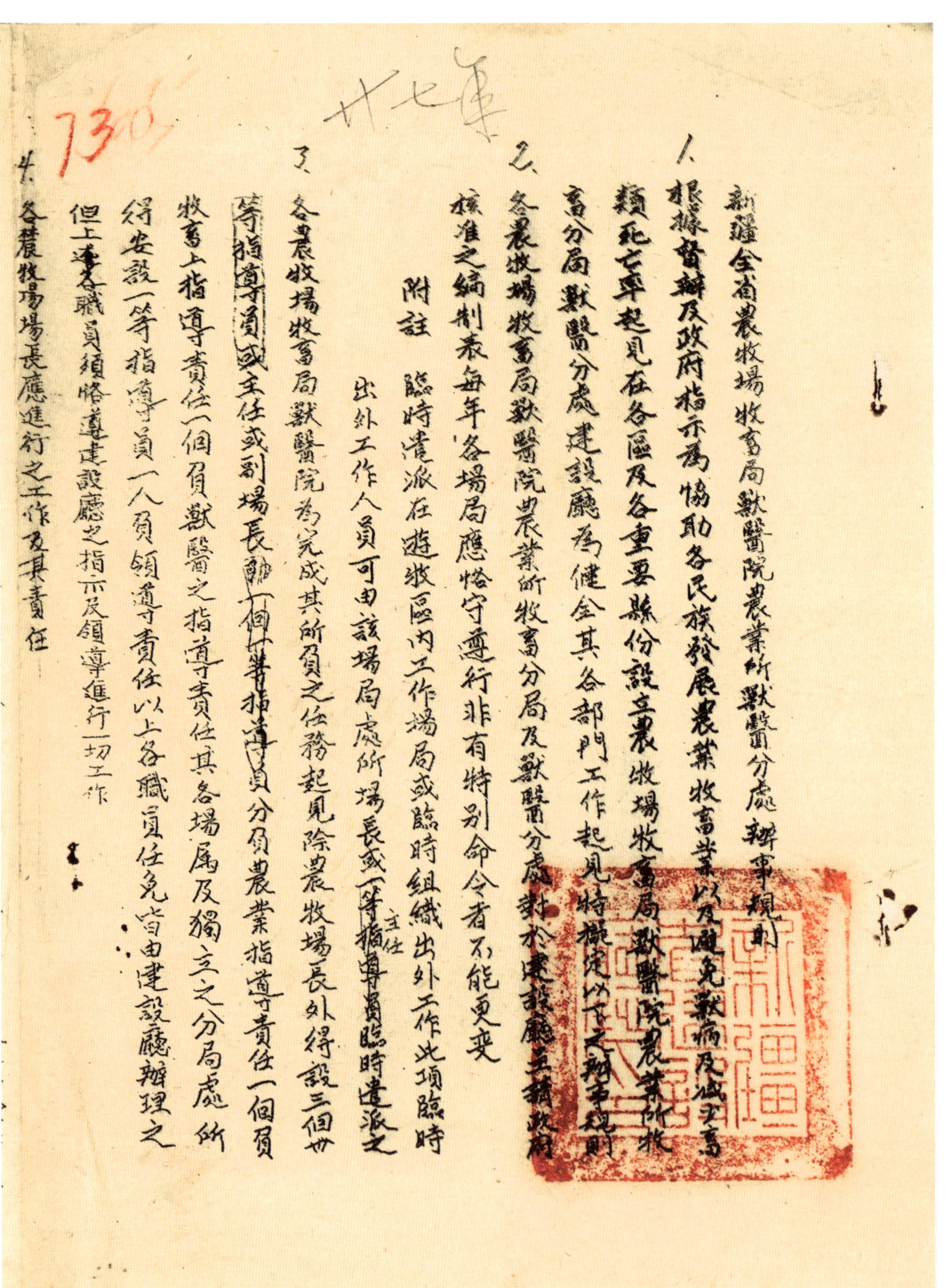

新疆全省農牧場牧畜局獸醫院農業所獸醫分處辦事規則

1. 根據督辦及政府指示為協助各民族發展農業牧畜業以及避免獸病及減少畜類死亡率起見在各區及各重要縣份設立農牧場牧畜局獸醫院農業所牧畜分局獸醫分處建設廳為健全其各部門工作起見特擬定以下之辦事規則

2. 各農牧場牧畜局獸醫院農業所牧畜分局及獸醫分處對於建設廳呈請政府核准之編制表每年各場局應恪守遵行非有特別命令者不能更變

附註　臨時遣派在遊牧區內工作場局或臨時組織出外工作此項臨時出外工作人員可由該場局處所場長或一等指導員（主任）臨時遣派之

3. 各農牧場牧畜局獸醫院為完成其所負之任務起見除農牧場長外得設三個廿等指導員或主任或副場長一個一等指導員分負農業指導責任一個負牧畜上指導責任一個負獸醫之指導責任其各場局及獨立之分局處所得安設一等指導員一人負領導責任以上各職員任免皆由建設廳辦理之

但上述各職員須恪遵建設廳之指示及領導進行一切工作

4. 各農牧場場長應進行之工作及其責任

〇五五　新疆全省農牧場牧畜局獸醫院農業所獸醫分處辦事規則（1938-08）（J2-4-9-26）（5-2）

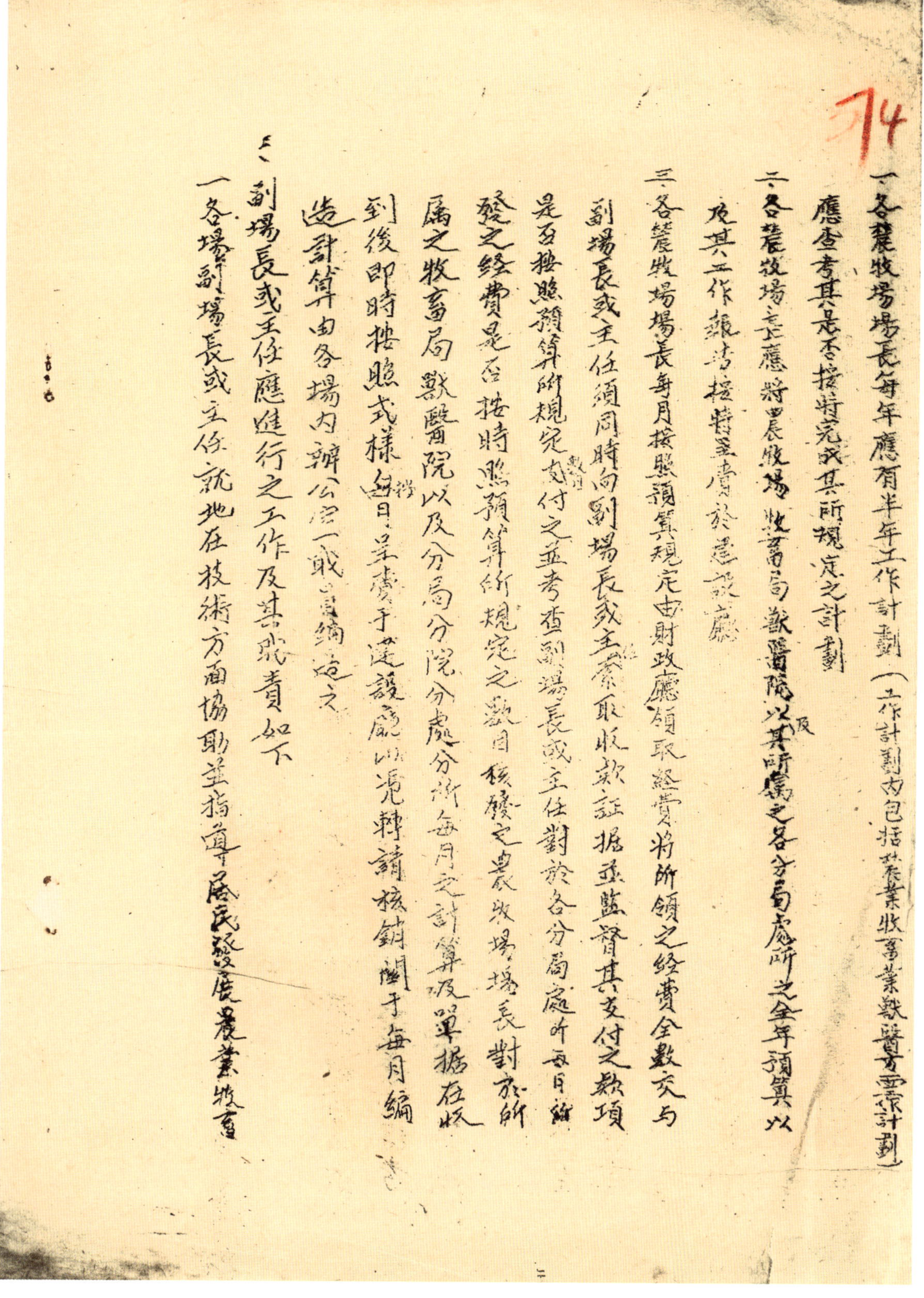

一、各農牧場場長每年應有半年工作計劃（工作計劃內包括農業牧畜業獸醫方面之計劃）應查考其是否按時完成其所規定之計劃

二、各農牧場主任應將農牧場、牧畜局、獸醫院以及其所屬之各分局處所之全年預算以及其工作報告按時呈齎於建設廳

三、各農牧場場長每月按照預算規定由財政廳領取經費，將所領之經費全數交與副場長或主任，須同時向副場長或主任索取收款証據，並監督其支付之款項是否按照預算所規定支付之，並考查副場長或主任對於各分局處所每日所發之經費是否按時照預算所規定之數目核發。農牧場場長對於所屬之牧畜局、獸醫院以及分局分院分處分所每月之計算及單據，在收到後即時按照式樣每日呈齎于建設廳以憑轉請核銷，關于每月編造計算，由各場内辦公室一職員編造之

三、副場長或主任應進行之工作及其職責如下

一、各場副場長或主任就地在技術方面協助並指導屬民發展農業牧畜

業及減少畜類之死亡率以提高其產量同時對於本場局院之工作人員須有領導之責任領導各工作人員加強其本身之工作

二、各場副場長或主任須有推進各該部份工作之責任同時並監視所屬職員嚴守紀律及工作規則責任以進行其工作同時得場長同意後得考核各工作人員勤惰呈請獎懲任免並有規定內部辦事規則之權但規則規定後必須呈經本管場長或建設廳核准後方為有効

附註

各場局之農業牧畜指導員以及副獸醫之調遣以及革除此等建設廳辦理之不過副場長或主任及各場場長對於上項問題有建議權

三、各場副場長或主任對於本場局院一切公物須有保管及利用之責任並監視其工作人員將訂購之各項物俱均須合法登記於專一賬簿內以便考查對於場局院內之建築補修等事項亦需指導且須有估計及進行之責任在出外時對於各分局院所之工作須有查考之責任

四　各副場長或主任對於所屬之各分局、院、所每月有徵集工作報告以及其他總工作報告之權及責任，再將所屬之工作報告徵集齊全後，會同自己工作報告一併呈交於本管農牧場場長或建設廳。

五　各場副場長或主任每月按照預算所規定之經費由場長手內按月領取之，領到後再按照預算上所規定之經費分發于各分局、院、所，按照規定之數字核發之，同時並考查各分局、院、所對於經費之開支是否經濟及合法，將核發之各款取具單據，並監督各分局院所每月所領之經費在開支時逐一取具單據，按月造賫計算書及單據粘存簿，在各場場長審核後按月呈賫財政廳或逕賫于建設廳核轉請銷[illegible]

六　各場副場長或主任對於各場、局院，負有各部門專門上指導之責任，在進行各項工作時，必須與各場局之專家及技士商同進行一切專門技術工作。

七　各場副場長或主任負有編造工作計劃書並負有編造及全年經費概算責任，將工作計劃及概算書造具齊全後會同[illegible]計劃及概算書一併呈交本管農

○五五　新疆全省農牧場牧畜局獸醫院農業所獸醫分處辦事規則（1938-08）（J2-4-9-26）（5-5）

牧場場長或建設廳審核之

八、各場副場長或主任對於各區各地負有專門技術方面宣傳之責任為提倡農產發展牧畜業及避免畜類死亡率之起見應在各區各地舉行會議式或談話式宣傳或在報紙上經常宣傳或參加公共集會宣傳之在必要時得組織陳列所展覽會以資擴大宣傳

6

本規則自本年一即一九三八年八月一日起發生效力

建設廳對於此規則若因各區地有特殊情形時有添加及刪改權

附註迪化農牧場各副場長所負之責任与其他區主任所負之責任与職權同

○五六　新疆省政府就伊犁區行政長公署轉呈鞏留縣政府及税局呈報本年田禾枯旱請免額糧事的指令（附鞏留縣民國二十七年度旱灾地畝調查表）
（1938–12–19）（J2–1–202–4）（12–1）

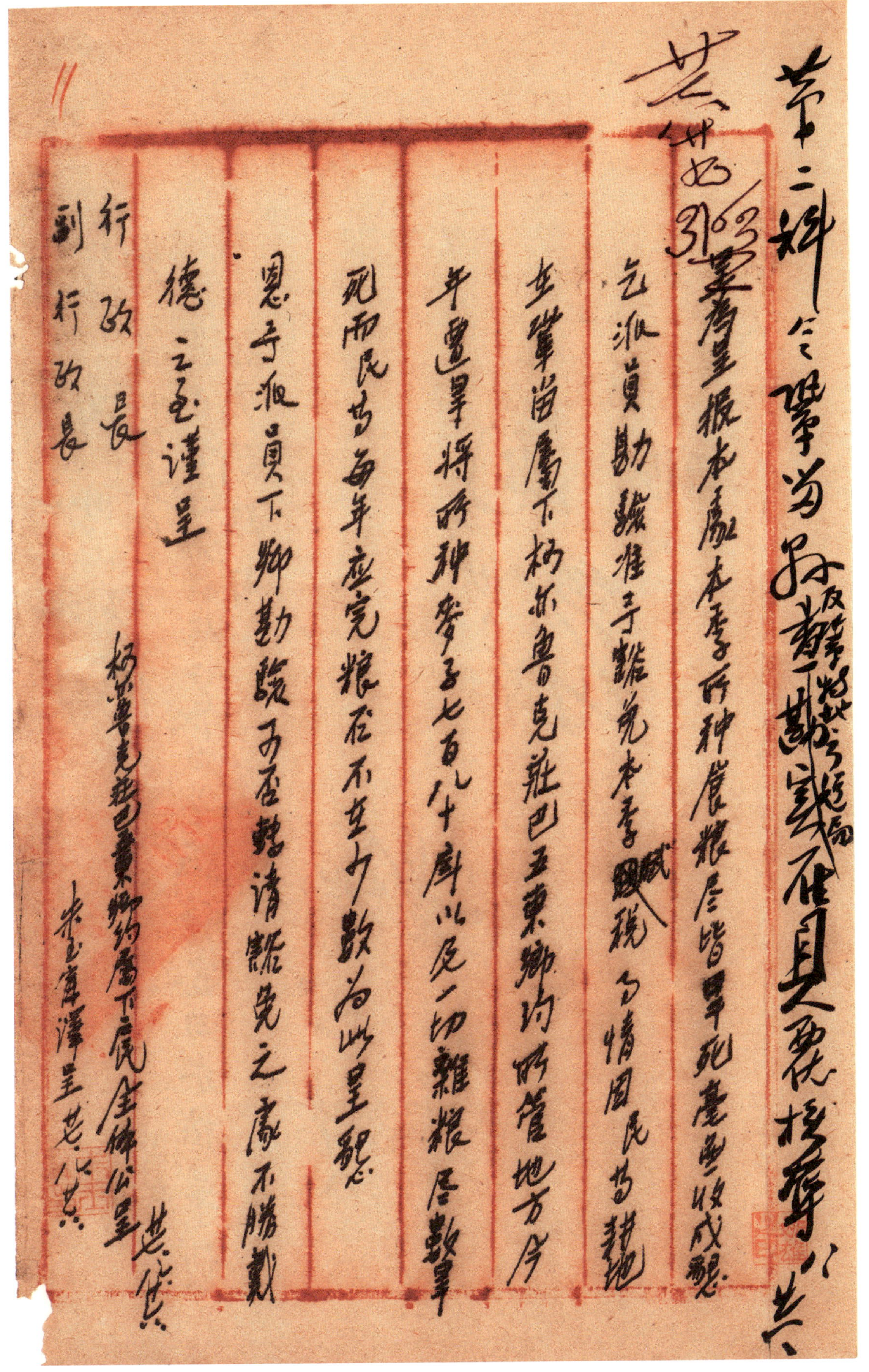

案據本處本季所种農糧全皆旱死毫無收成懇
免派員勘驗准予豁免本季賦稅乞情固民昔地
在鞏留屬下柯爾克孜巴五東鄉均所管地方今
年遭旱將所种麥子七百九十斤以及一切雜糧全數旱
死而民昔每年應完糧石不在少數為此呈懇
恩予派員下鄉勘驗予豁請豁免之處不勝戴
德之至謹呈
行政長
副行政長

〇五六　新疆省政府就伊犁區行政長公署轉呈鞏留縣政府及稅局呈報本年田禾枯旱請免額糧事的指令（附鞏留縣民國二十七年度旱灾地畝調查表）（1938-12-19）（J2-1-202-4）（12-2）

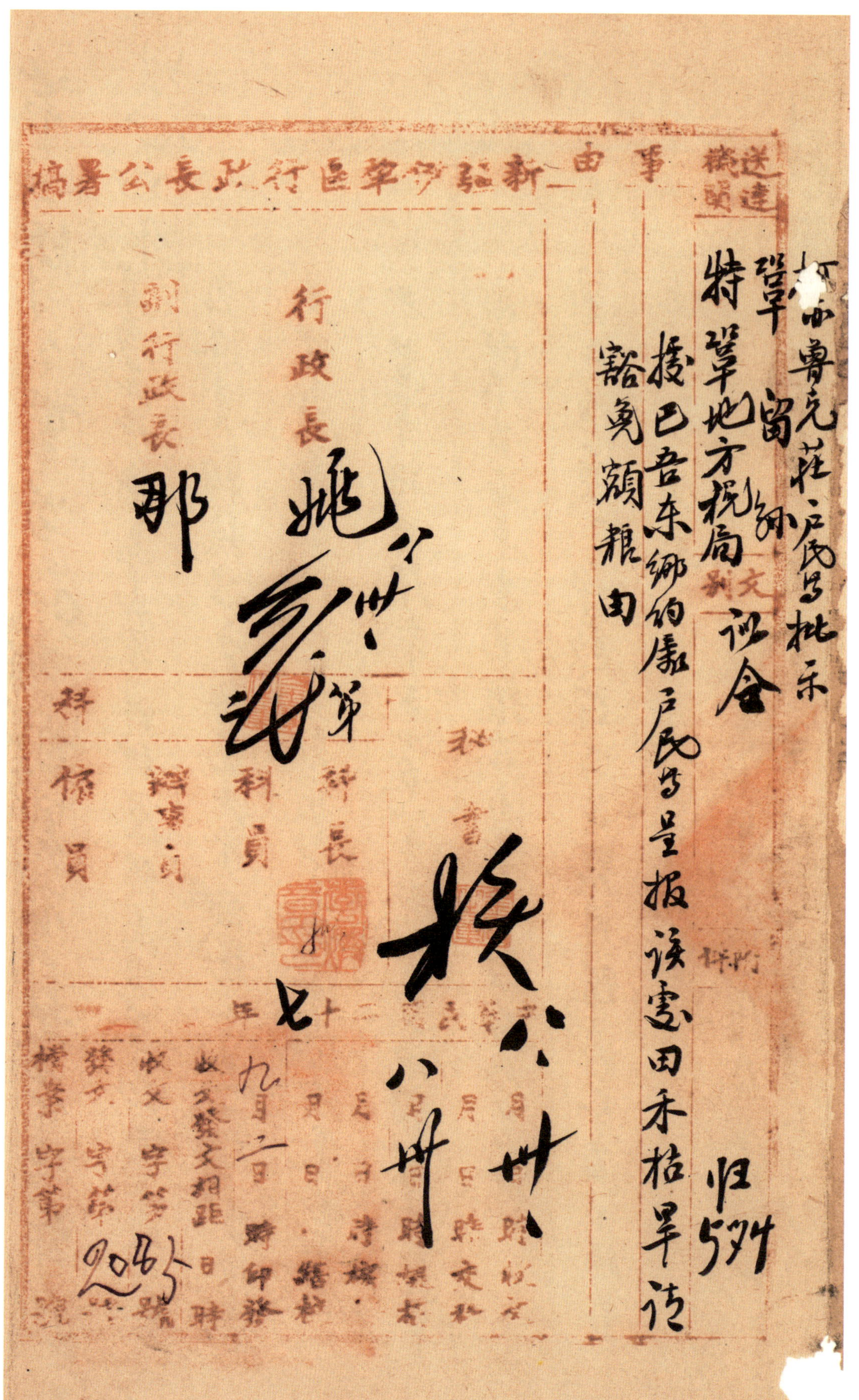

新疆伊犁區行政長公署稿

送達機關　哈布魯克莊戶民呈批示
鞏留縣　訓令
特鞏地方稅局

事由　據巴音朱鄉納庫戶民呈報該處田禾枯旱請豁免額糧由

行政長　姚

副行政長　那

秘書

科長

科員

辦稿員

二十七年九月二日

〇五六　新疆省政府就伊犁區行政長公署轉呈鞏留縣政府及稅局呈報本年田禾枯旱請免額糧事的指令（附鞏留縣民國二十七年度旱灾地畝調查表）（1938–12–19）（J2–1–202–4）（12–3）

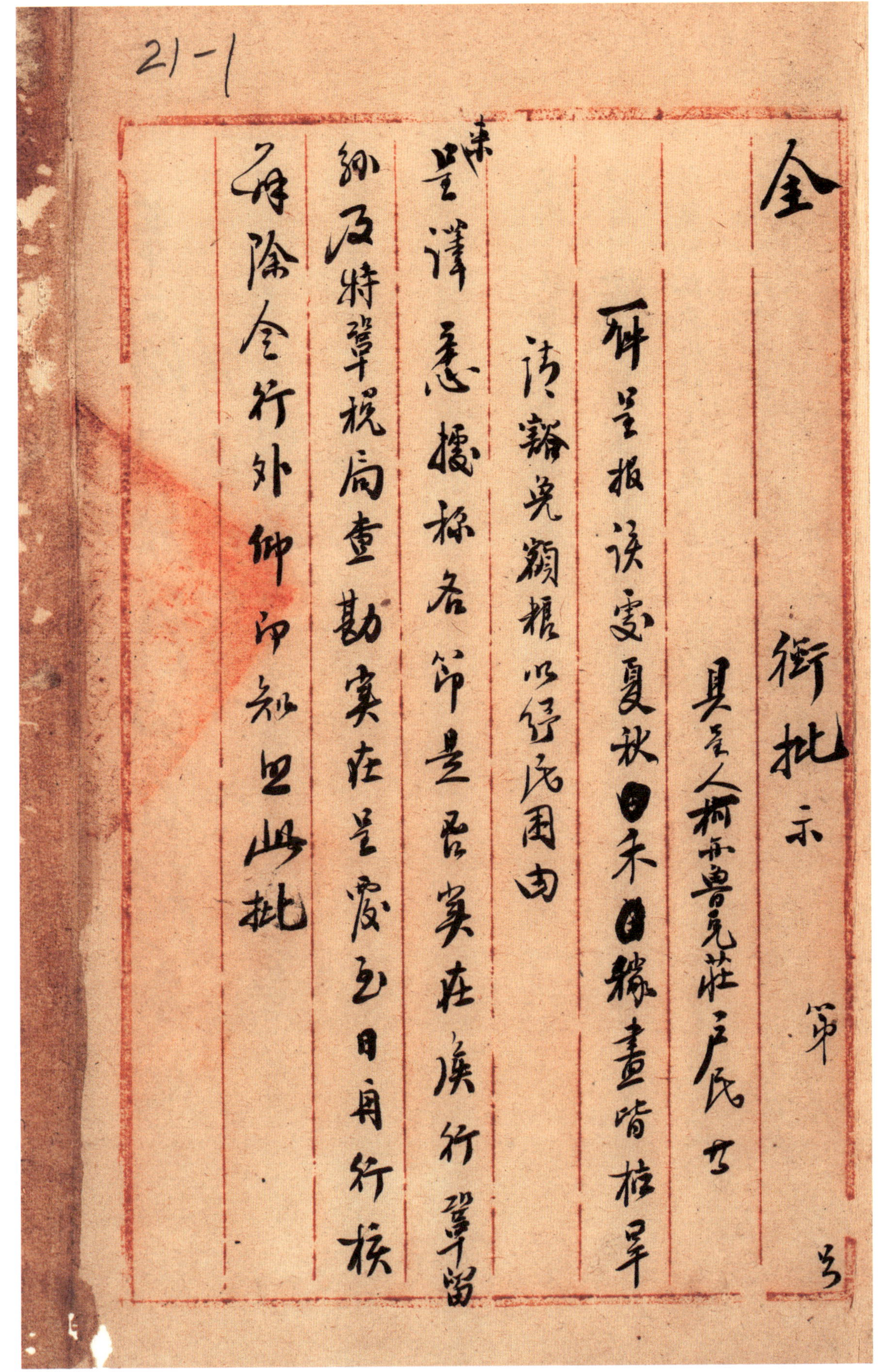

21-1

令

衔批示　　第　　号

具呈人柯爾魯克莊戶民等

一件呈報該處夏秋田禾因緣盡皆枯旱

請豁免額糧以紓民困由

來呈悉。據稱各節是否實在，候行鞏留

縣府及特派稅局查勘實在呈覆，至日再行核

辦。除令行外，仰即知照。此批

〇五六　新疆省政府就伊犁區行政長公署轉呈鞏留縣政府及稅局呈報本年田禾枯旱請免額糧事的指令（附鞏留縣民國二十七年度旱灾地畝調查表）（1938-12-19）（J2-1-202-4）（12-4）

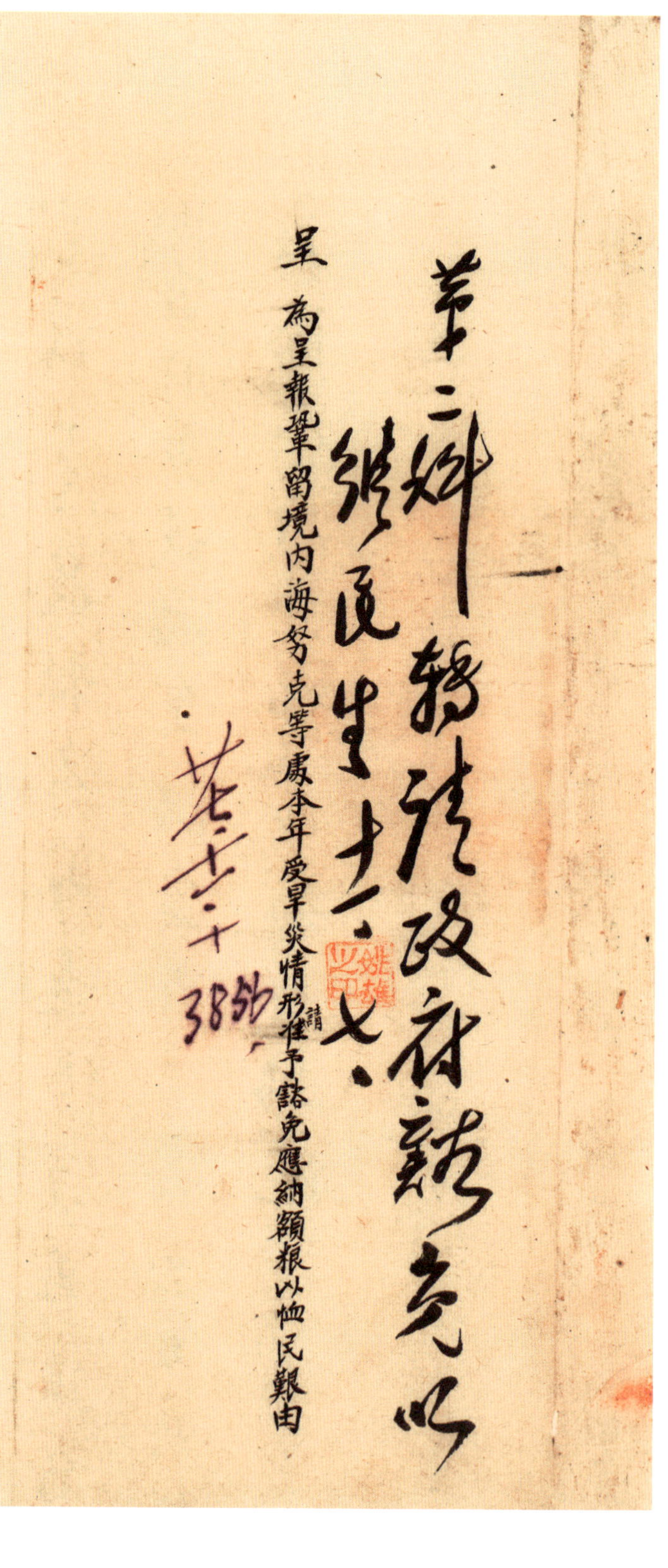

呈　為呈報鞏留境內海努克等處本年受旱災情形請准予豁免應納額粮以恤民艱由

呈為呈報事竊查職縣前奉
鈞署訓令據鞏留縣屬海努克等處鄉約呈報本年因雨量缺乏田禾旱死情
形懇請豁免應納之額粮一案飭縣局會同派員查勘呈報以憑核辦等因
奉此遵經會派縣府財政科長稅局田賦主任前往各該處會同該管鄉約
詳細查勘復經縣長等親往各該處視察因海努克台美特康圩孜等處

○五六　新疆省政府就伊犁區行政長公署轉呈鞏留縣政府及稅局呈報本年田禾枯旱請免額糧事的指令（附鞏留縣民國二十七年度旱灾地畝調查表）

（1938-12-19）（J2-1-202-4）（12-5）

詳細查勘复經縣長等親往各該處視察因海努克台美特康圩孜等處均係高原往年灌溉地畝多靠山水或泉水本年因雨量缺乏泉水水源太小他處水流均不能到以致各該處因禾飃死者甚多無法救濟有將原下籽種收回者有連同籽種人工全數損失毫未收獲者以地方經濟狀況論富者多係半畊半牧農業受害有牲畜可以補救即使勉強完納額粮亦能想出補救之方貧者不但額粮無法完納且生活亦無法維持目覩情況實堪憫憐

復經派員將各該處受旱災之地畝面積及原下籽種本年收獲等項數量均經調查完竣并將應納額粮數目詳細填表一份所有懇請豁免情形是否有當除分呈外理合備文呈請

鑒核俯准并示遵施行謹呈

伊犁區行政長姚

副行政長鄧

〇五六　新疆省政府就伊犁區行政長公署轉呈鞏留縣政府及稅局呈報本年田禾枯旱請免額糧事的指令（附鞏留縣民國二十七年度旱灾地畝調查表）（1938–12–19）（J2–1–202–4）（12–6）

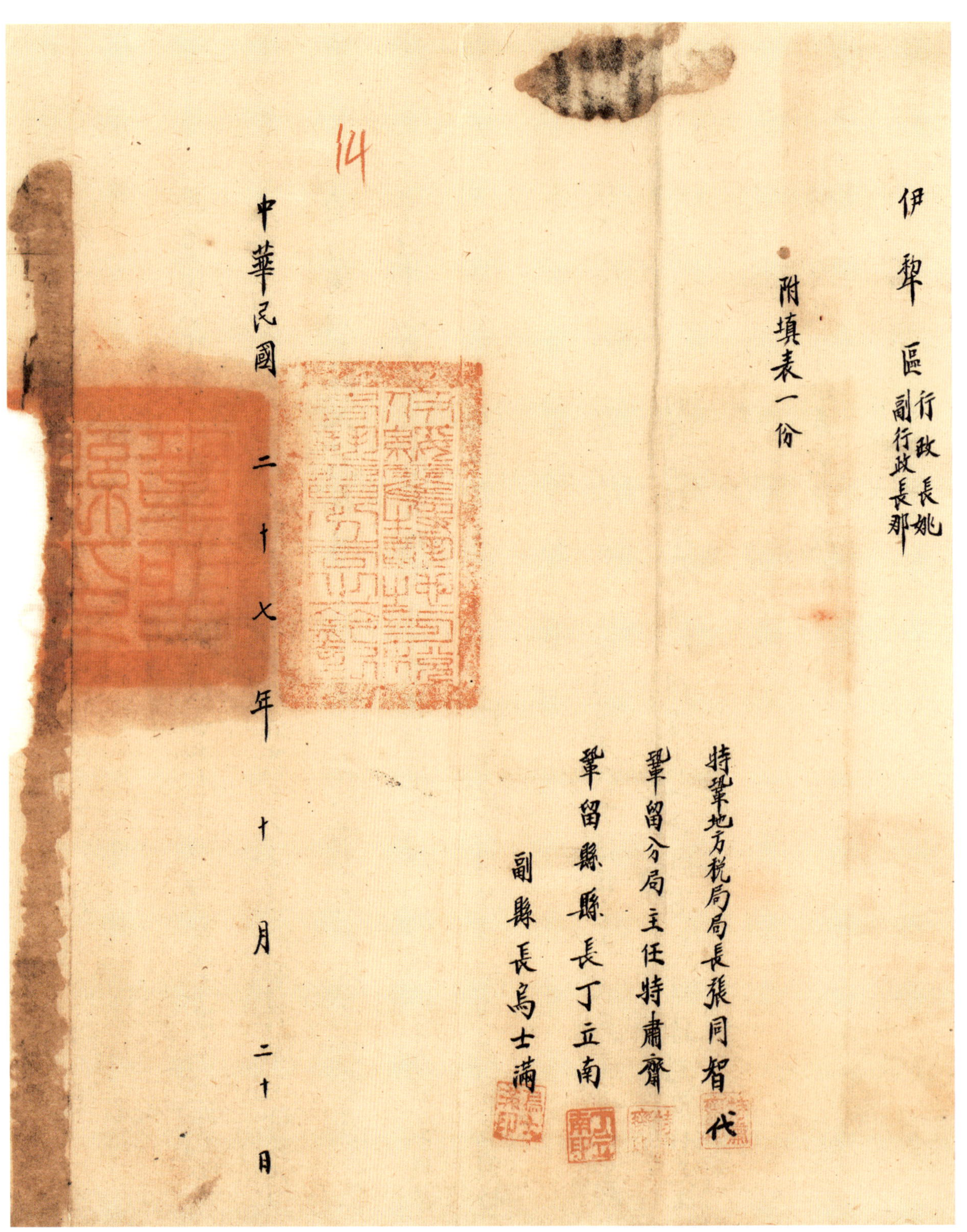

伊犁區行政長姚
副行政長鄧

附填表一份

特鞏地方稅局局長張同智代
鞏留分局主任特肅齋
鞏留縣縣長丁立南
副縣長烏士滿

中華民國二十七年十月二十日

14

鞏留縣二十七年度旱災地畝調查表

村名	耕地面積	原下籽種	收穫成績	應納額糧
台美特	3714.06畝	3710.5斤	〦3斤	23〦〤石
海努克	10832.118畝	82.0斤	無	6932556石
康圩孜	8390.62畝	595.05斤	380.22斤	53〦〤石
恰布恰	486.66畝	〦3斤	62斤	3114624石
牙洛古斯	2971.666畝	445.75斤	25斤	19018 6624石
合計	26395.124畝	2305〦.5斤	198.22斤	1689287936石

備考：
1. 前項表列地畝以畝為單位，籽種以斤為單位，額糧以石為單位
2. 表列額糧數均係貧民無法繳納所有能將籽種收回者，額糧仍照章完納并未在其列
3. 征糧期限迫促，此項要求豁免之糧應如何辦，請速予核示
4. 此項災欠情形，因請示財廳公文往返需時，均經報告行政長備案
5. 因受災幅幀遼濶，調查統計頗費時日，故呈報較遲

縣政府財政科長張植槐（印）　　稅局田賦股主任（印）

〇五六　新疆省政府就伊犁區行政長公署轉呈鞏留縣政府及稅局呈報本年田禾枯旱請免額糧事的指令（附鞏留縣民國二十七年度旱災地畝調查表）（1938-12-19）（J2-1-202-4）（12-7）

○五六　新疆省政府就伊犁區行政長公署轉呈鞏留縣政府及稅局呈報本年田禾枯旱請免額糧事的指令（附鞏留縣民國二十七年度旱灾地畝調查表）

（1938–12–19）（J2–1–202–4）（12–8）

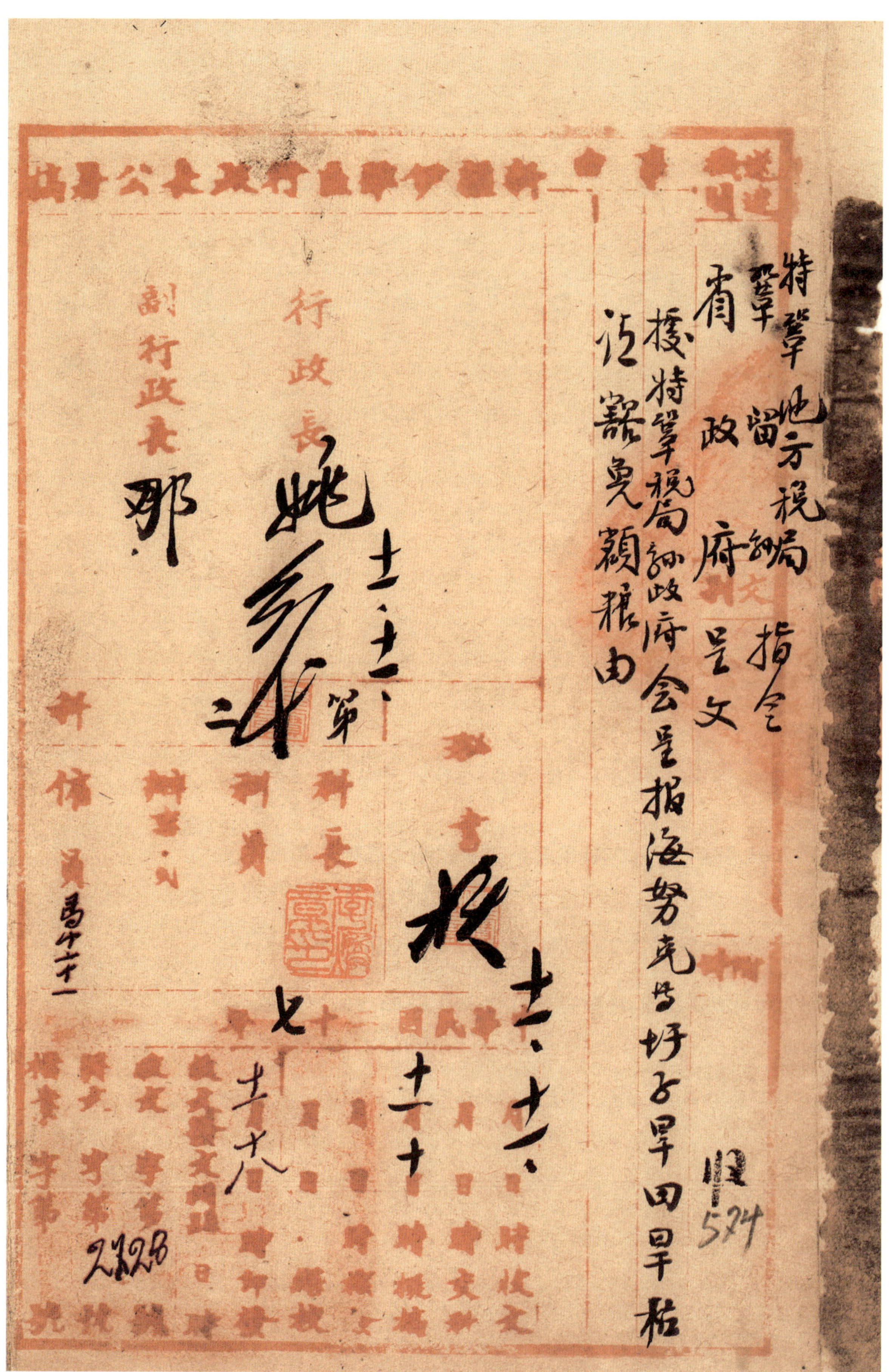

新疆伊犁區行政長公署

特鞏留地方稅局　指令

鞏留縣政府　呈文

據特鞏稅局、縣政府会呈据海努克等坪子旱田旱枯

請豁免額糧由

行政長　姚

副行政長　鄧

〇五六　新疆省政府就伊犁區行政長公署轉呈鞏留縣政府及稅局呈報本年田禾枯旱請免額糧事的指令（附鞏留縣民國二十七年度旱灾地畝調查表）
（1938-12-19）（J2-1-202-4）（12-9）

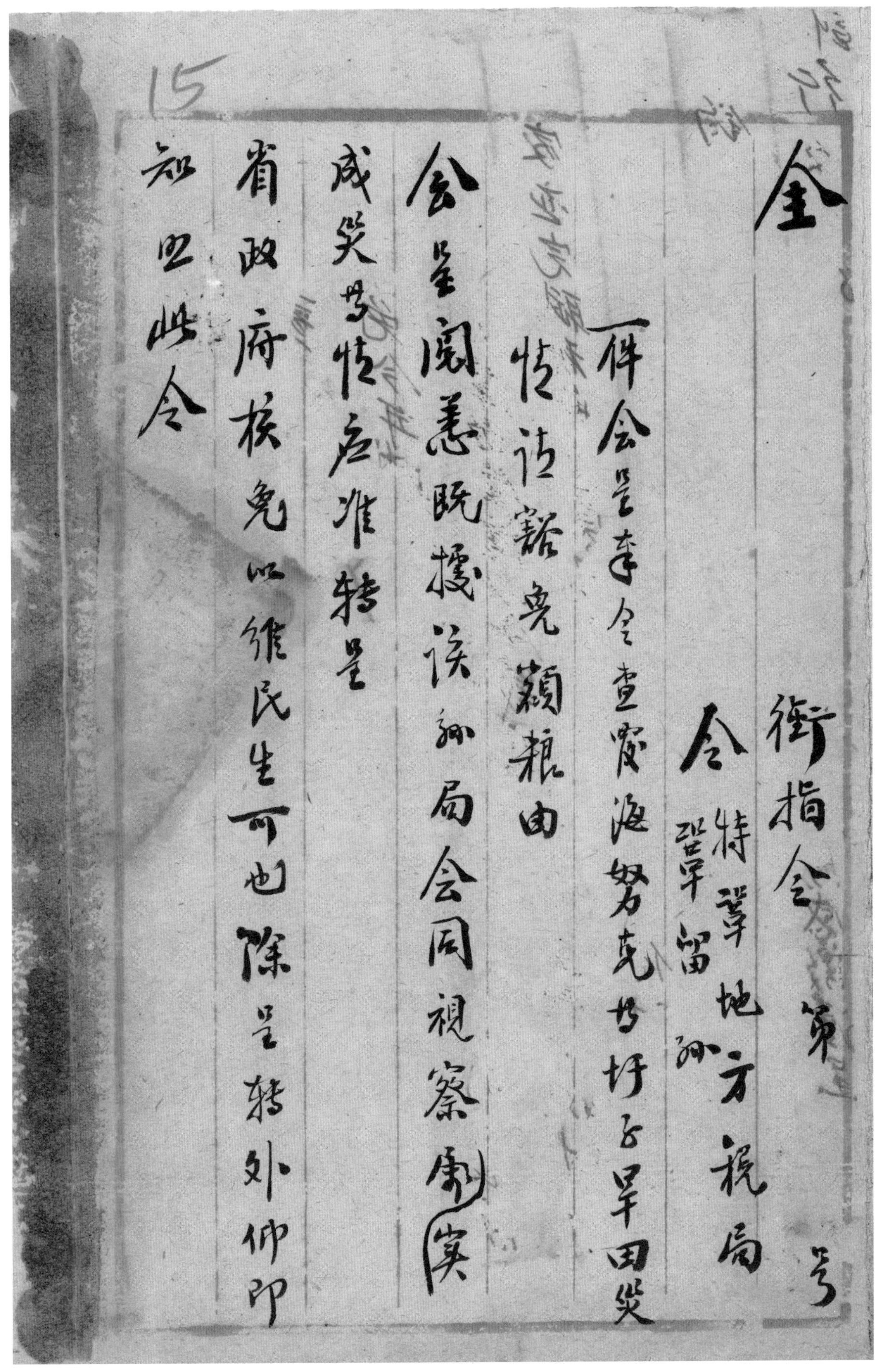

全銜指令第　號

令特派鞏地方税局
　鞏留縣

呈一件会呈奉令查實海努克等圩子旱田災情請豁免額粮由

会呈閱悉既據該縣局会同視察員實成災等情应准轉呈省政府核免以維民生可也除呈轉外仰即知照此令

〇五六　新疆省政府就伊犁區行政長公署轉呈鞏留縣政府及稅局呈報本年田禾枯旱請免額糧事的指令（附鞏留縣民國二十七年度旱灾地畝調查表）（1938-12-19）（J2-1-202-4）（12-10）

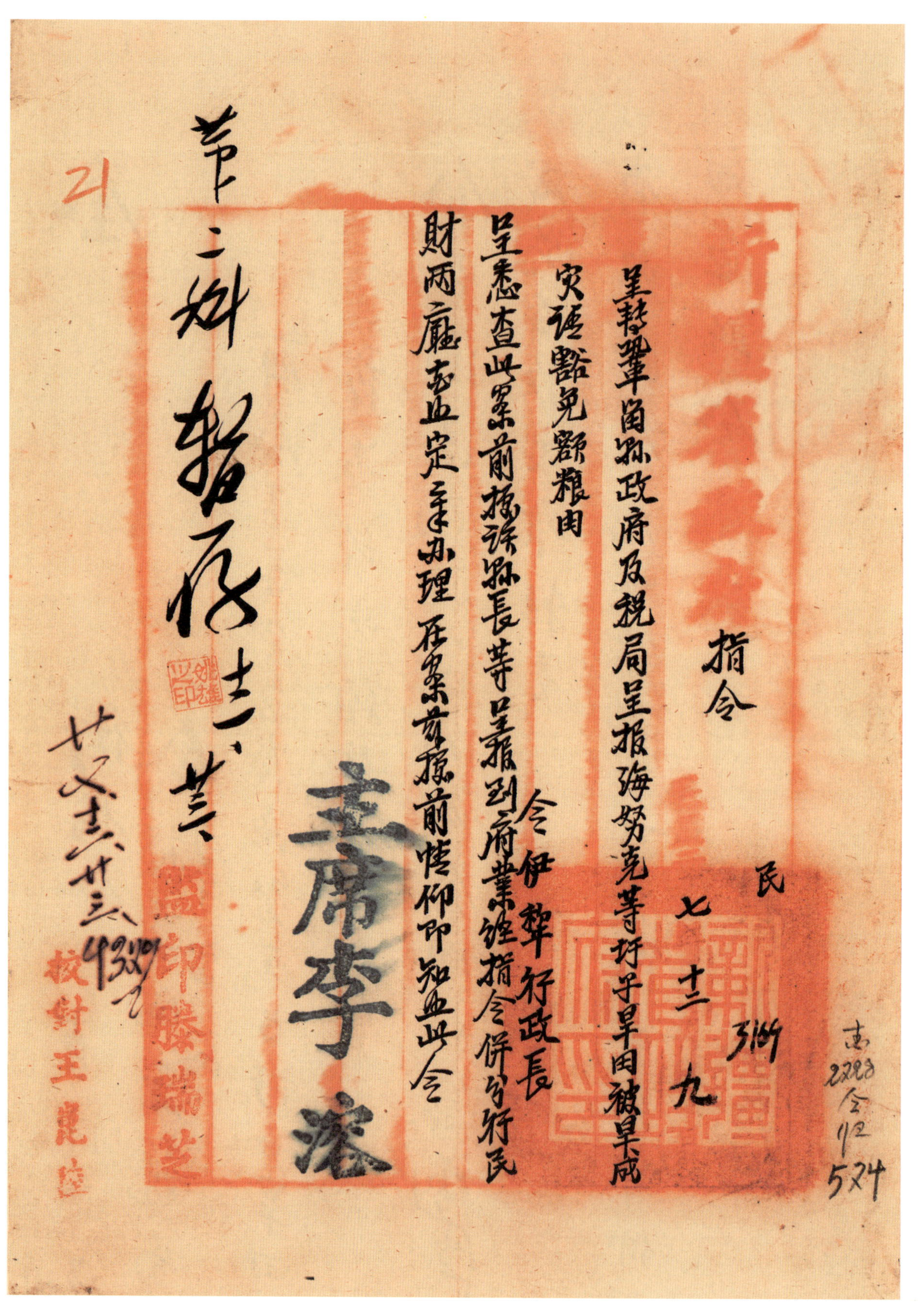

指令　民七十三九

呈暨鞏留縣政府及稅局呈報海努克等圩子旱田被旱成灾請豁免額糧由

令伊犁行政長

呈悉查此案前據該縣長等呈報到府業經指令併令行民財兩廳查照定案辦理茲據前情仰即知照此令

主席李溶

監印滕瑞芝
校對王崑隆

○五六　新疆省政府就伊犁區行政長公署轉呈鞏留縣政府及稅局呈報本年田禾枯旱請免額糧事的指令（附鞏留縣民國二十七年度旱灾地畝調查表）（1938–12–19）（J2–1–202–4）（12–11）

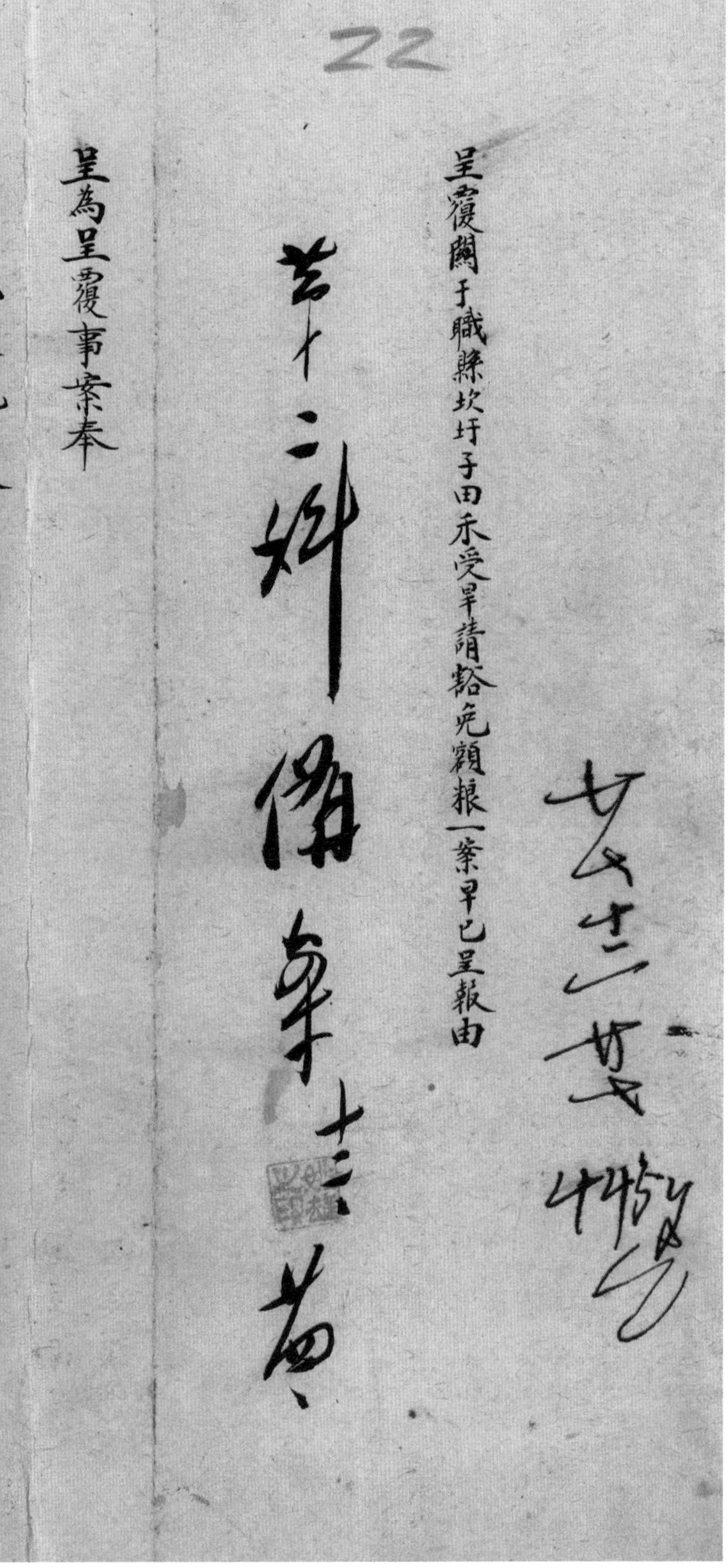
22

呈覆關于職縣坎圩子田禾受旱請豁免額糧一案早已呈報由

呈為呈覆事案奉
鈞署二九一八號訓令內開據鞏留縣署河南坎圩特衣甫鄉約管下户
民札衣特打列洪等壹百名呈報本年該圩禾稼荒旱未收懇免
賦稅以輕負担飭查實轉報等因奉此遵查該圩所報受旱之地畝
早已勘查呈報在案至該民等所報之災久情形是否實在現值

〇五六　新疆省政府就伊犁區行政長公署轉呈鞏留縣政府及税局呈報本年田禾枯旱請免額糧事的指令（附鞏留縣民國二十七年度旱灾地畝調查表）（1938–12–19）（J2–1–202–4）（12–12）

早已勘查呈報在案至該民等所報之災欠情形是否實在現值

額粮行將掃數之際大雪落地已屬太晚無法調查除飭該民

等知照外茲奉前因理合備文呈請

鈞鑒備查示遵施行謹呈

伊犁區行政長姚

副行政長邓

鞏留縣縣長丁立南

副縣長烏士滿

民國二十七年十二月十九日

〇五七　新疆省邊防督辦公署、新疆省政府就開挖荒渠約需經費五萬萬兩等事給伊犁區行政長的訓令及伊犁區行政長公署奉令給伊綏荒渠渠工委員會撙節開支的訓令（1938–12–27）（J2–1–194–18）（6–1）

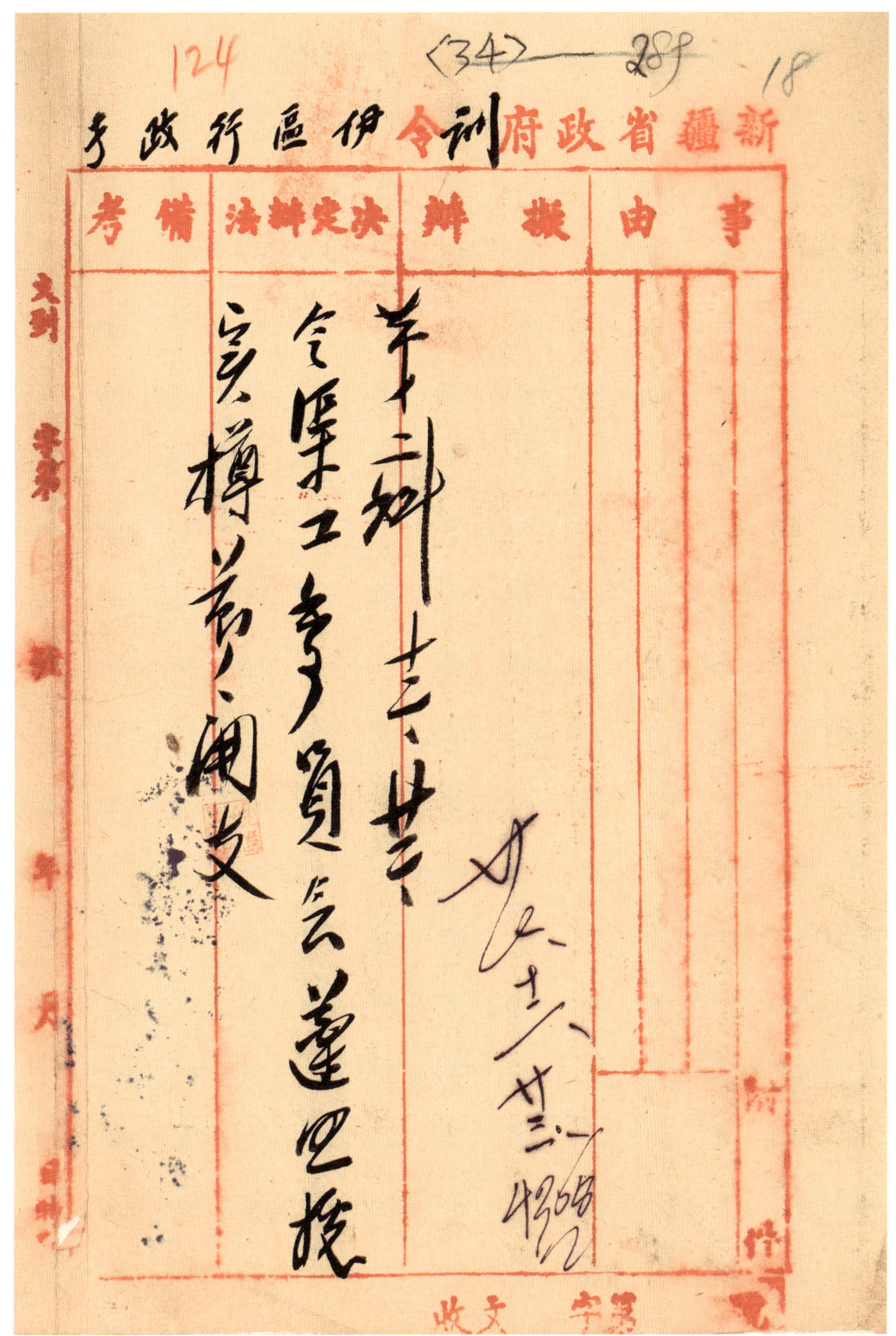

新疆省政府訓令　伊區行政

事由	擬辦	決定辦法	備考
	令渠工委員會遵照 並撙節開支		

〇五七　新疆省邊防督辦公署、新疆省政府就開挖荒渠約需經費五萬萬兩等事給伊犁區行政長的訓令及伊犁區行政長公署奉令給伊綏荒渠渠工委員會撙節開支的訓令（1938–12–27）（J2–1–194–18）（6–2）

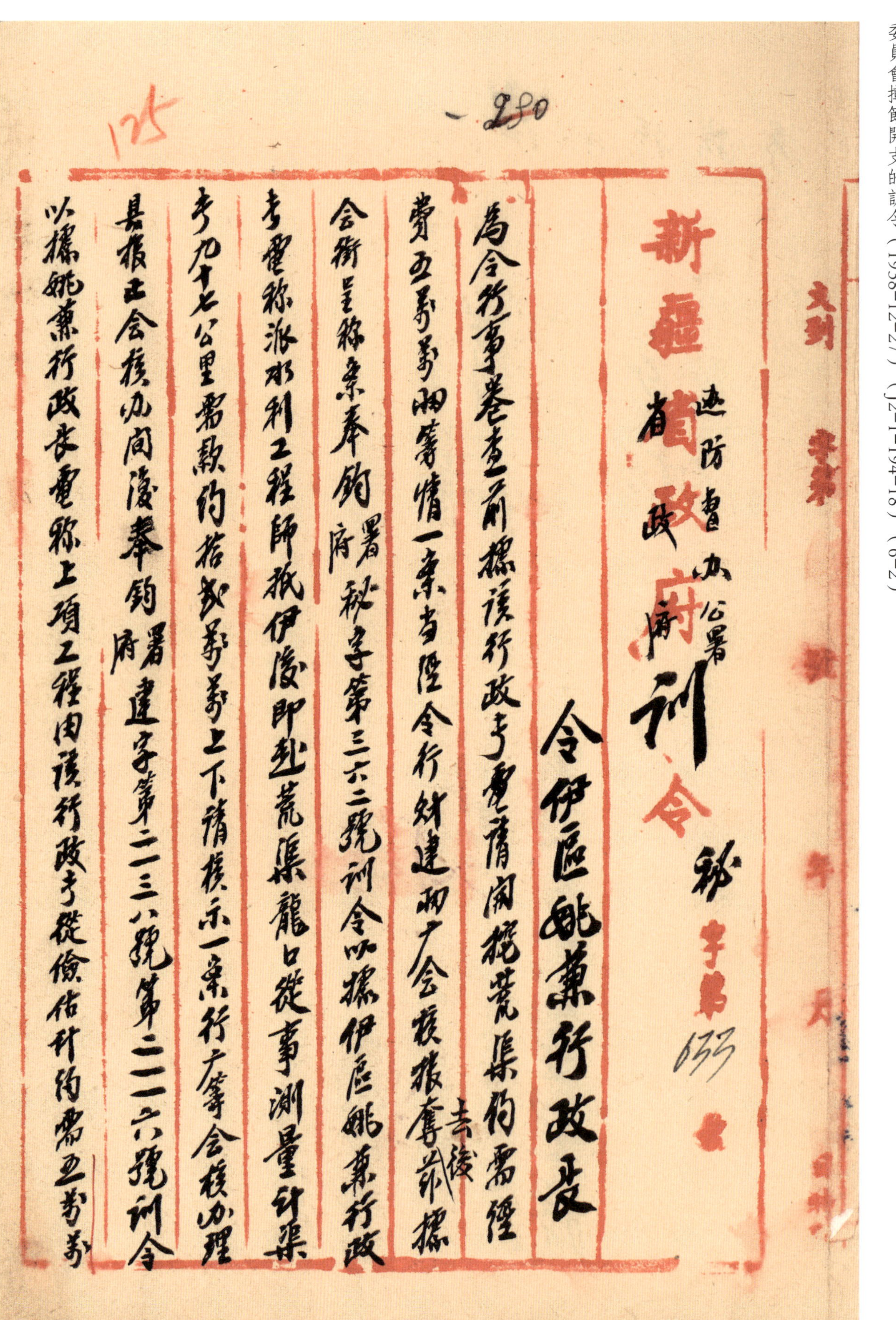

新疆邊防督辦公署
新疆省政府
訓令　秘字第633號

令伊區姚雄行政長

為令行事。案查前據該行政長電請開挖荒渠約需經費五萬萬兩等情一案，當經令行財建兩廳會核具報去後，茲據會銜呈稱：案奉鈞署府秘字第三六二號訓令，以據伊區姚雄行政長電稱：派水利工程師抵伊後即赴荒渠龍口從事測量，計渠長九十七公里，需款約若干萬萬上下，請核示一案，行廳等會核辦理。具報在會核辦間，復奉鈞署府建字第二一三八號、第二一一六號訓令，以據姚雄行政長電稱：上項工程由該行政長從儉估計，約需五萬萬

〇五七　新疆省邊防督辦公署、新疆省政府就開挖荒渠約需經費五萬萬兩等事給伊犁區行政長的訓令及伊犁區行政長公署奉令給伊綏荒渠渠工委員會撙節開支的訓令（1938-12-27）（J2-1-194-18）（6-3）

兩即可完成等情。行廳會核具報。各等因。奉此，遵查該行政長電
請開挖荒渠，以資安插僑胞，發展農村經濟，為目前切要之圖，自應
准予照辦。惟值此全面抗戰時期，公家財政困難，上項渠工經費擬由財政
廳陸續撥發，并請飭該行政長核以實際需要，撙節開支，以符實
際而利建設。所擬是否有當，除分呈外，理合會銜具文呈請鈞府鑒
核示遵。再此案係由建設廳主稿，合併陳明。謹呈。等情。據此，除指
令准如擬照辦外，合行令仰遵照辦理。此令。

〇五七　新疆省邊防督辦公署、新疆省政府就開挖荒渠約需經費五萬萬兩等事給伊犁區行政長的訓令及伊犁區行政長公署奉令給伊綏荒渠渠工委員會撙節開支的訓令（1938-12-27）（J2-1-194-18）（6-4）

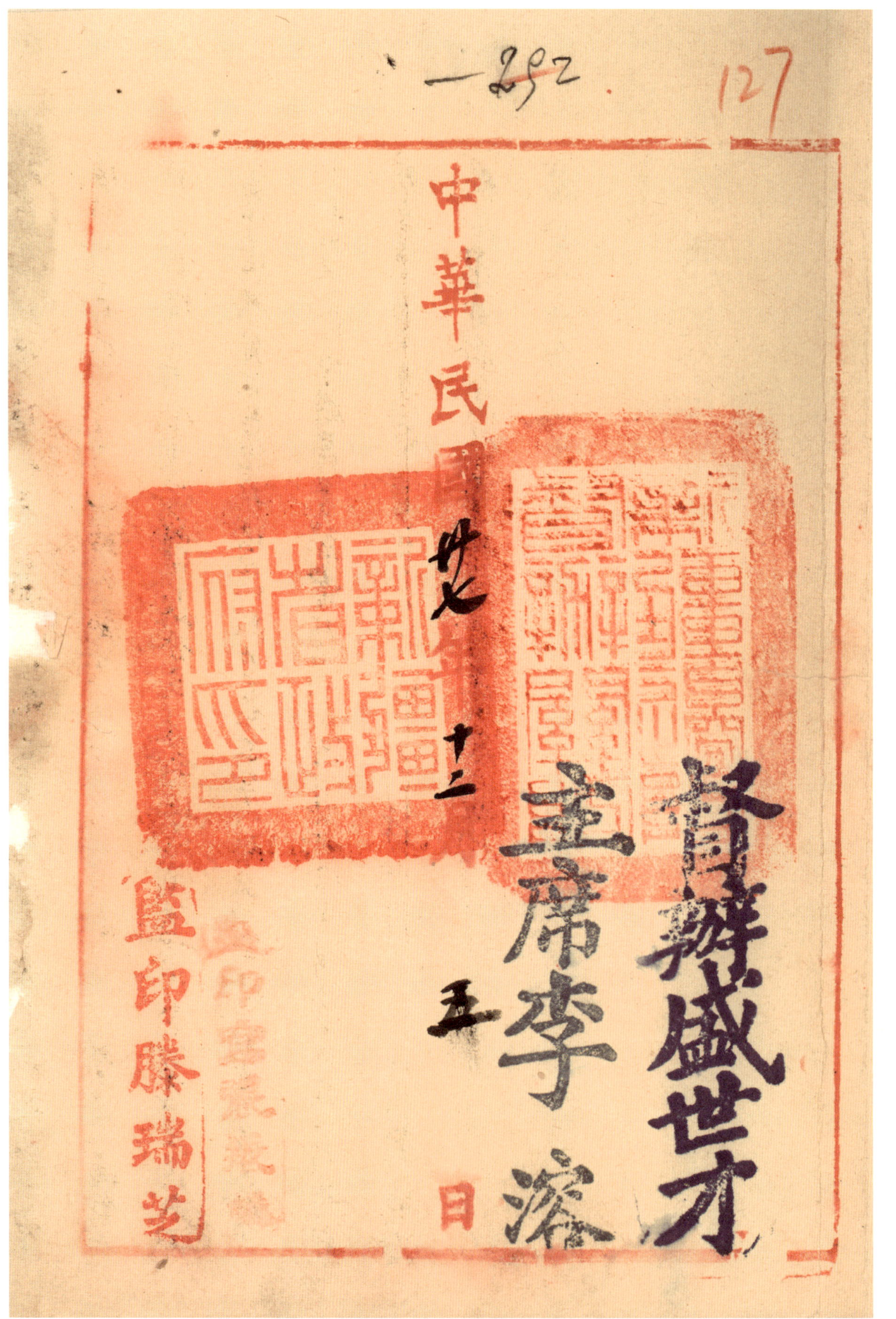
—292
127
中華民國廿七年十二月廿五日
督辦盛世才
主席李溶
監印滕瑞芝

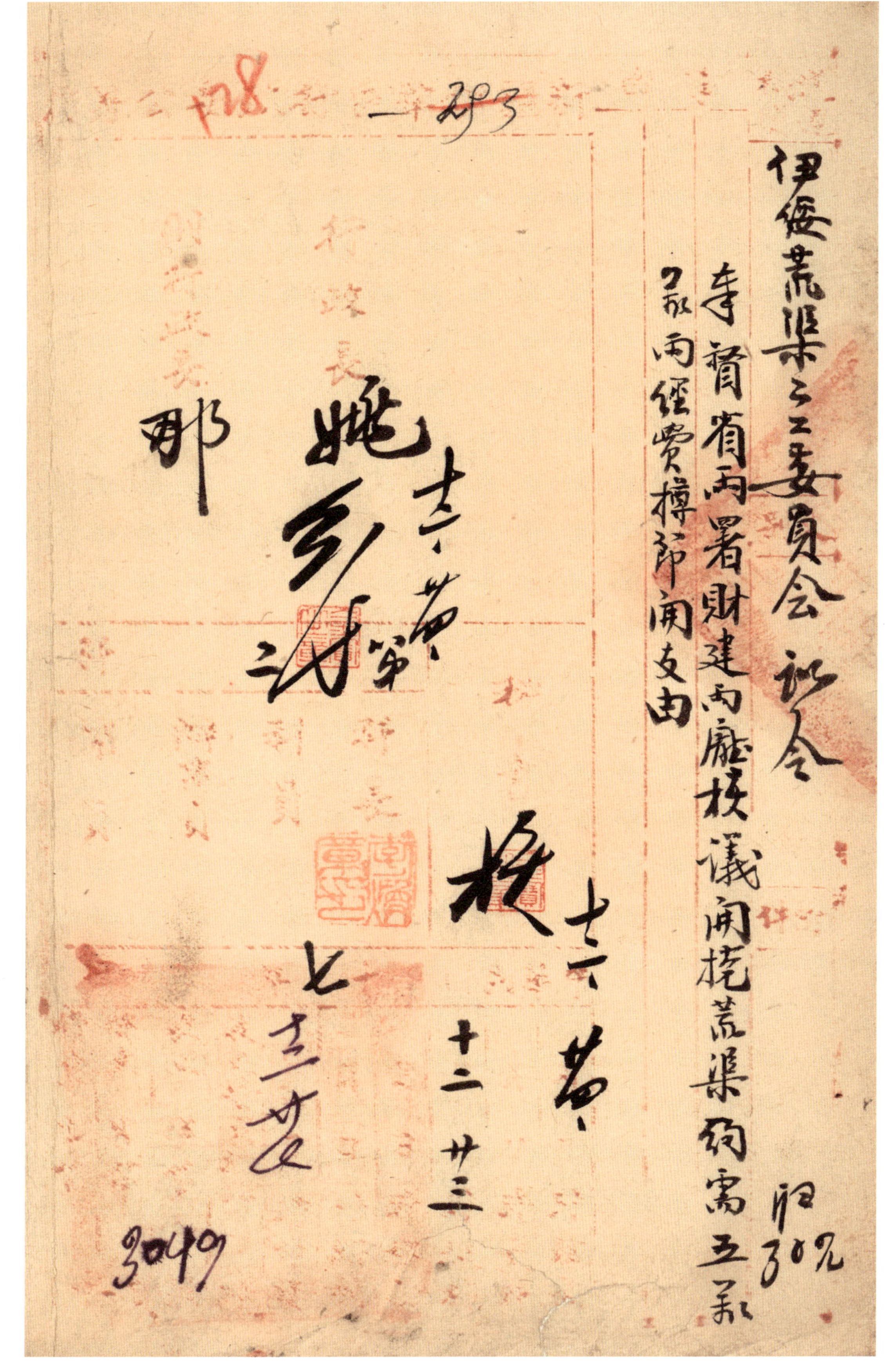
伊綏荒渠工委員會 訓令

奉督省兩署財建兩廳核議開挖荒渠約需五萬

萬兩經費撙節開支由

〇五七 新疆省邊防督辦公署、新疆省政府就開挖荒渠約需經費五萬萬兩等事給伊犁區行政長的訓令及伊犁區行政長公署奉令給伊綏荒渠渠工委員會撙節開支的訓令（1938–12–27）（J2–1–194–18）（6–5）

〇五七　新疆省邊防督辦公署、新疆省政府就開挖荒渠約需經費五萬萬兩等事給伊犁區行政長的訓令及伊犁區行政長公署奉令給伊綏荒渠渠工委員會撙節開支的訓令（1938–12–27）（J2–1–194–18）（6–6）

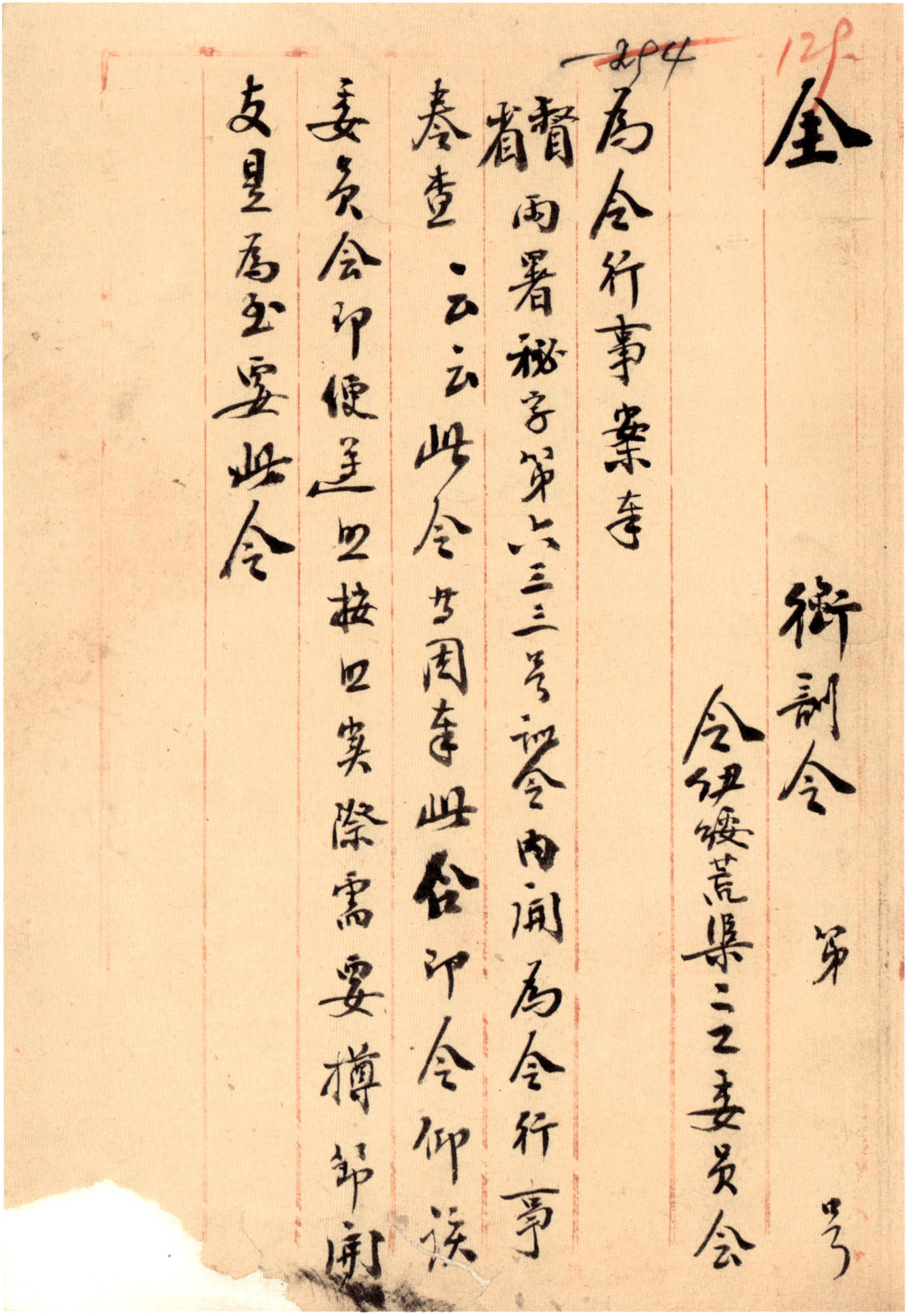

全銜訓令　第　号

令伊綏荒渠工委员会

為令行事案奉

督
省兩署秘字第六三三号訓令內開為令行事

奉查云云此令等因奉此合行令仰該

委员会即便遵照按照实際需要撙節開

支是為至要此令

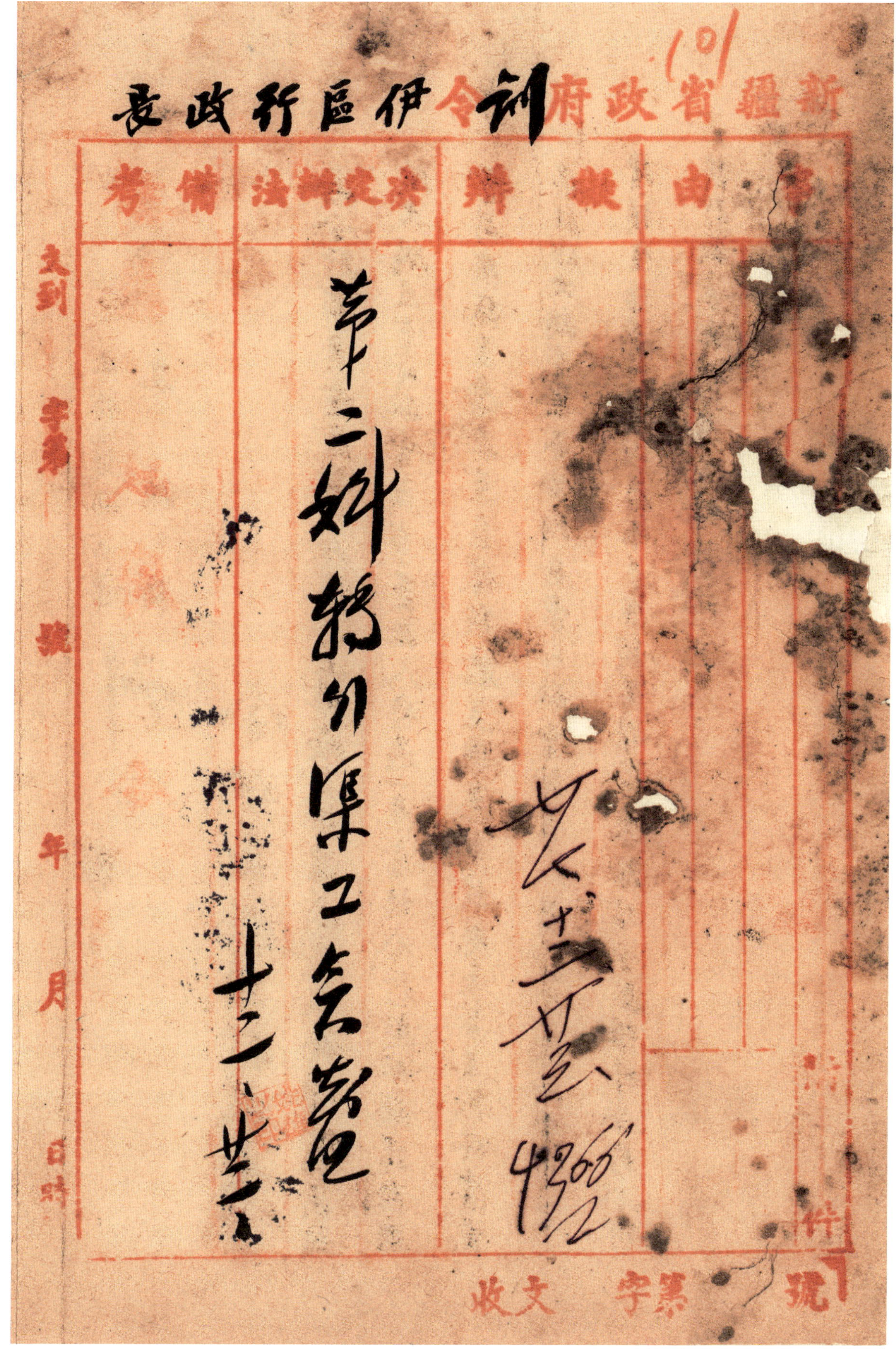
新疆省政府訓令 伊區行政長

事由 擬辦 決定辦法 備考

第二科

轉行渠工委員會

十二、廿六

廿七、十二、廿三

4266

文收 字第 號

〇五八 新疆邊防督辦公署、新疆省政府就綏定、伊寧兩縣修浚荒渠組織大綱等事給伊犁區行政長的訓令及伊犁區行政長公署奉令給伊綏荒渠渠工委員會的訓令（1938–12–27）（J2–1–183–17）（5–1）

〇五八　新疆邊防督辦公署、新疆省政府就綏定、伊寧兩縣修浚荒渠組織大綱等事給伊犁區行政長的訓令及伊犁區行政長公署奉令給伊綏荒渠渠工委員會的訓令（1938–12–27）（J2–1–183–17）（5–2）

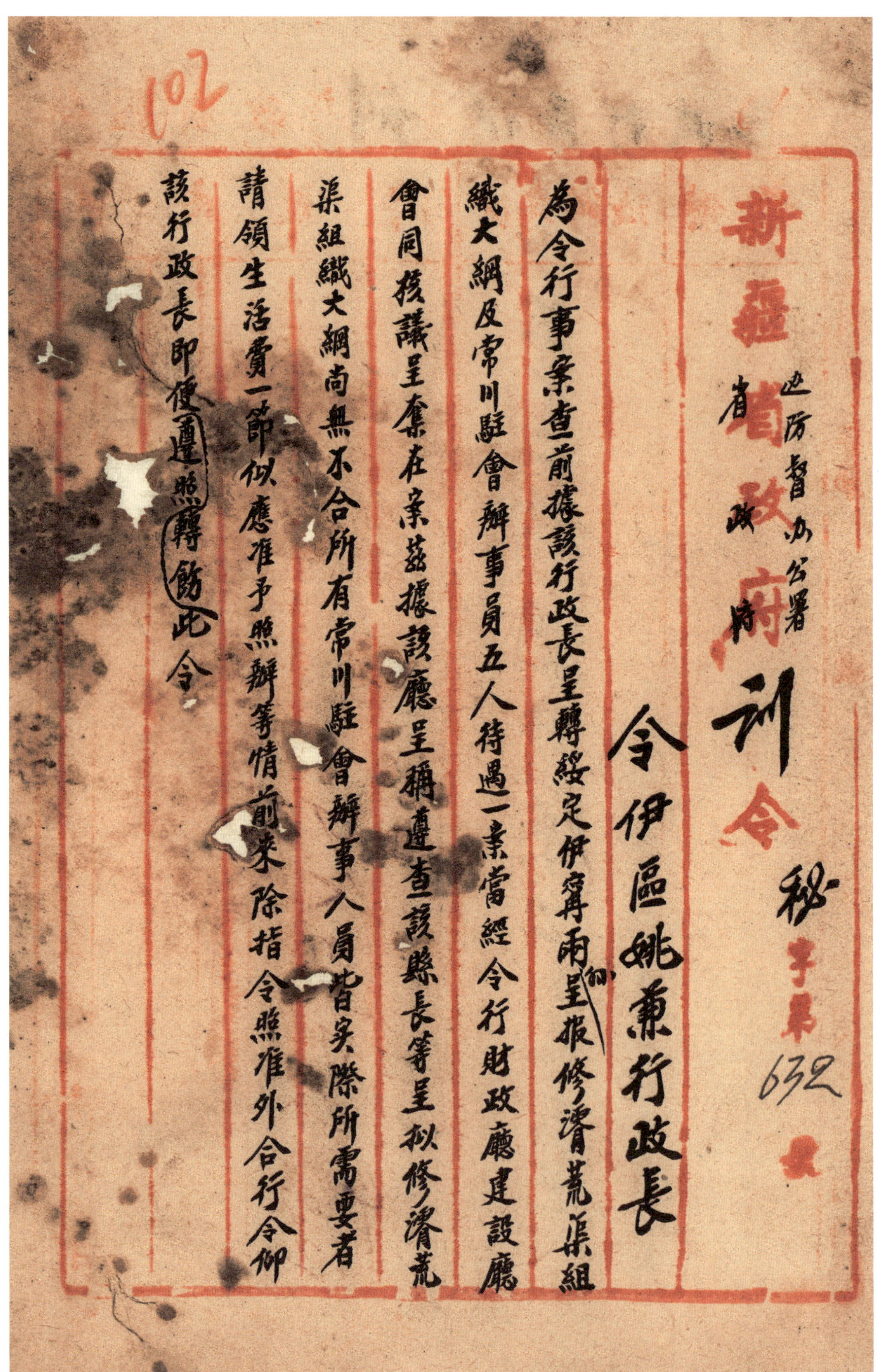

102

新疆邊防督辦公署
新疆省政府　訓令　秘字第632號

令伊區姚兼行政長

為令行事。案查前據該行政長呈轉綏定、伊寧兩縣呈擬修濬荒渠組織大綱及常川駐會辦事員五人待遇一案，當經令行財政廳、建設廳會同核議呈奪在案。茲據該廳呈稱：遵查該縣長等呈擬修濬荒渠組織大綱尚無不合，所有常川駐會辦事人員皆實際所需要者，請領生活費一節似應准予照辦等情。前來除指令照准外，合行令仰該行政長即便遵照轉飭。此令。

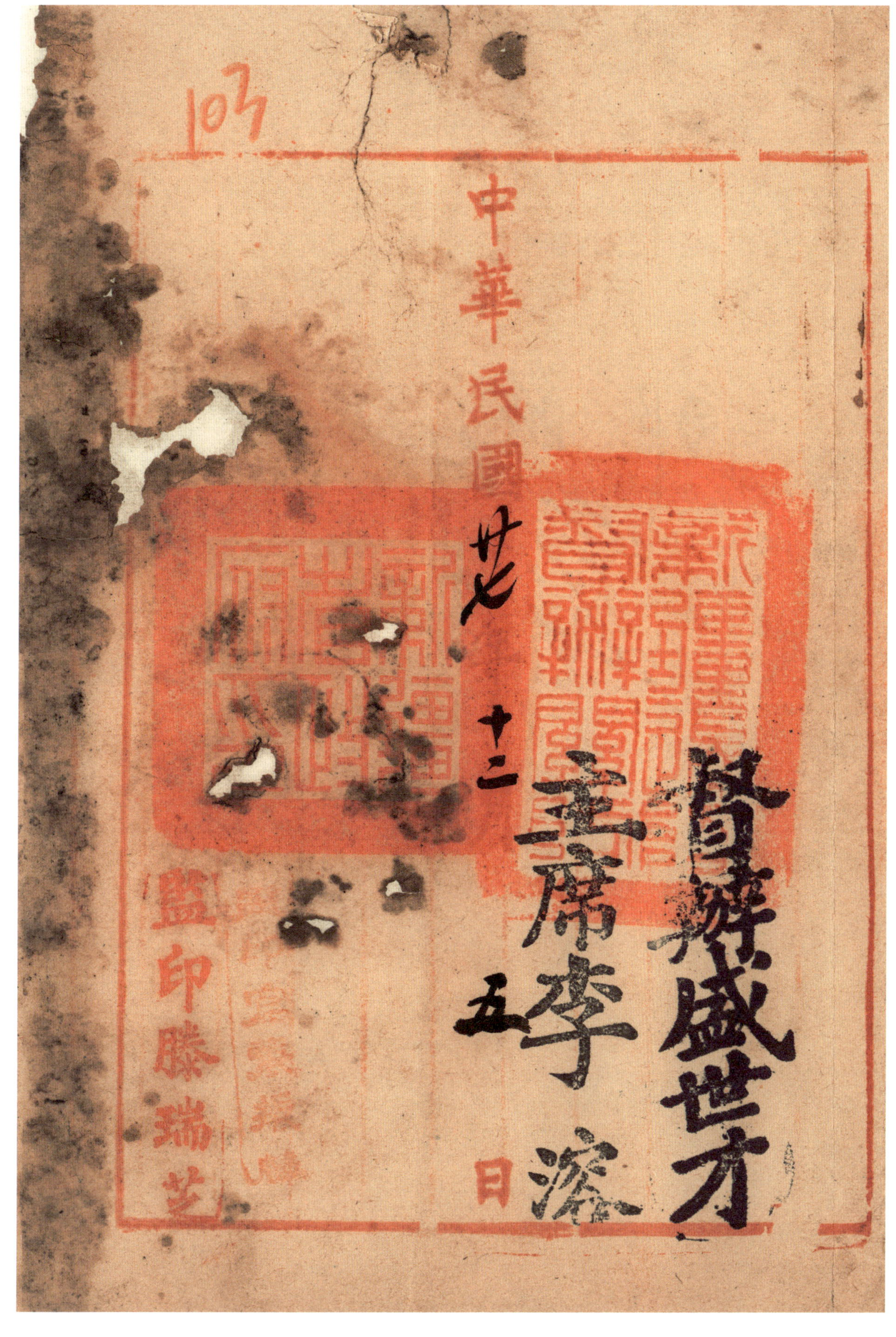
103

中華民國廿七年十二月五日

督辦盛世才

主席李溶

監印滕瑞芝

〇五八　新疆邊防督辦公署、新疆省政府就綏定、伊寧兩縣修浚荒渠組織大綱等事給伊犁區行政長的訓令及伊犁區行政長公署奉令給伊綏荒渠渠工委員會的訓令（1938–12–27）（J2–1–183–17）（5–3）

〇五八　新疆邊防督辦公署、新疆省政府就綏定、伊寧兩縣修浚荒渠組織大綱等事給伊犁區行政長的訓令及伊犁區行政長公署奉令給伊綏荒渠渠工委員會的訓令（1938–12–27）（J2–1–183–17）（5–4）

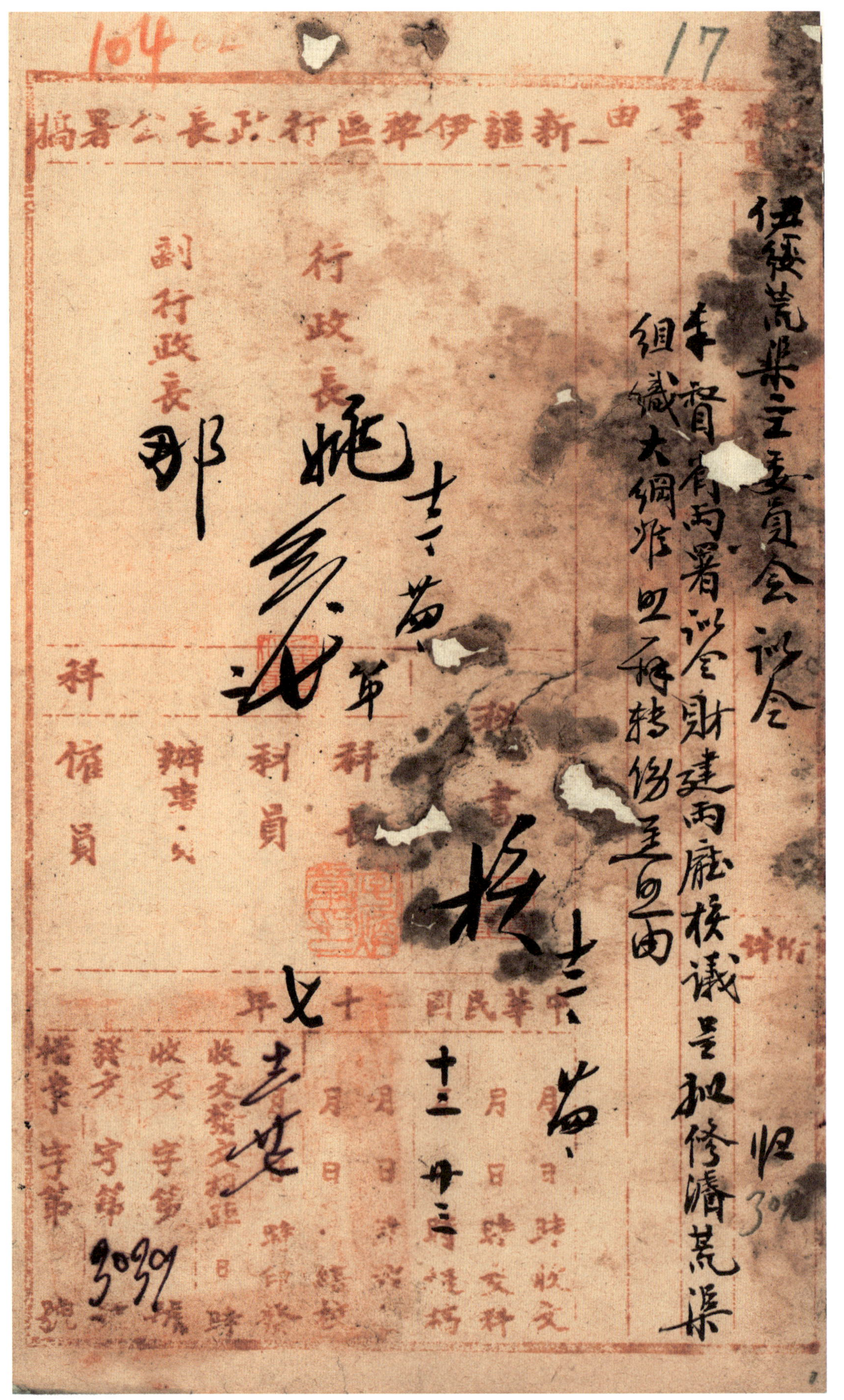

新疆伊犁區行政長公署稿

事由

伊綏荒渠主委員會訓令

奉督省兩署訓令財建兩廳核議呈擬修濬荒渠組織大綱准照辦轉飭遵照由

行政長　副行政長　秘書　科長　科員　辦事員　科僱員

中華民國　年十二月廿三日

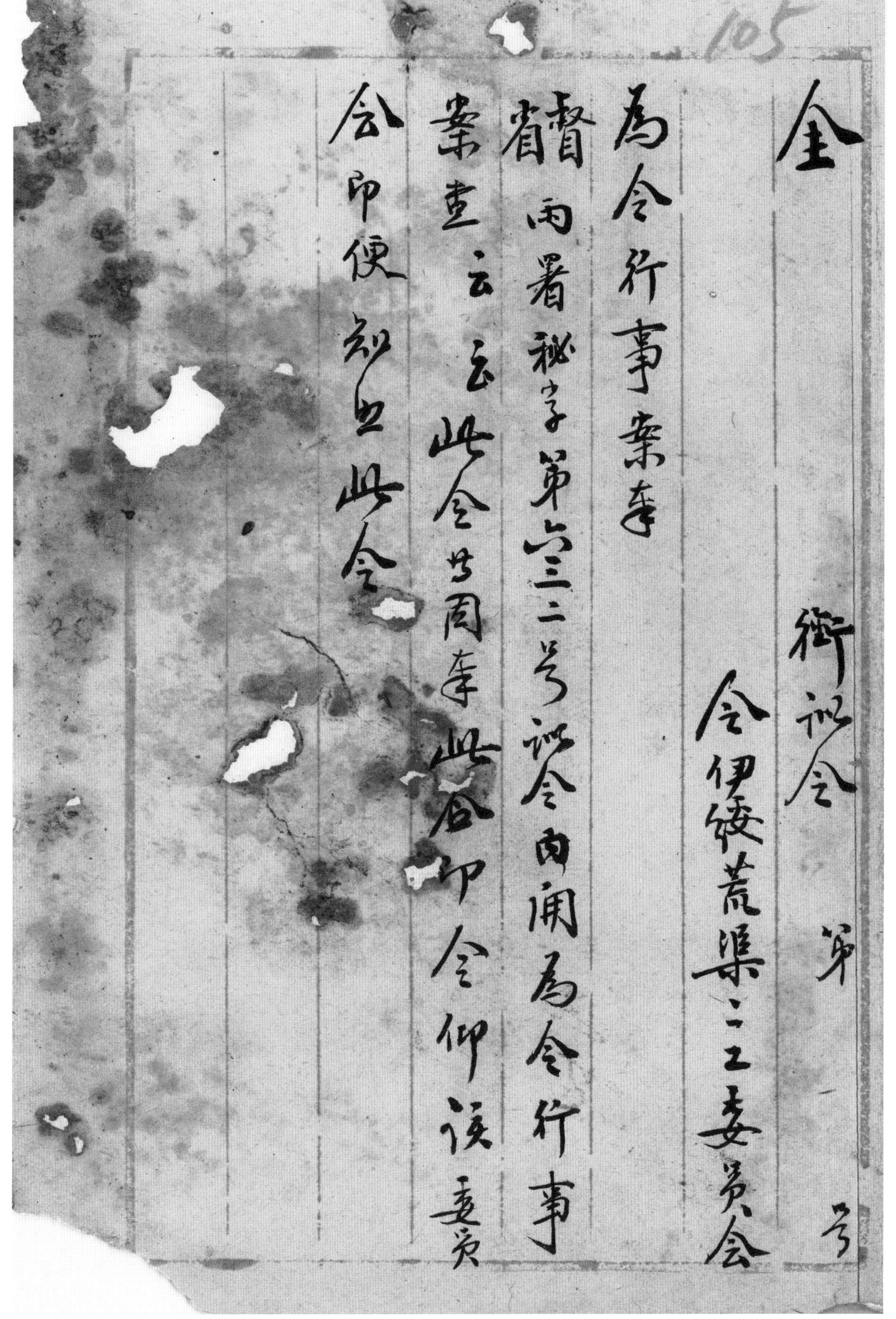

105

全

衔训令　第　号

令伊绥荒渠工委员会

為令行事案奉

督省两署秘字第六三二号训令内开為令行事

案查云云此令等因奉此合行令仰该委员

会即便知照此令

〇五八　新疆邊防督辦公署、新疆省政府就綏定、伊寧兩縣修浚荒渠組織大綱等事給伊犁區行政長的訓令及伊犁區行政長公署奉令給伊綏荒渠渠工委員會的訓令（1938-12-27）（J2-1-183-17）（5-5）

〇五九　伊犁區行政長公署就准財政廳代電撥付修浚荒渠經費五千萬兩事給伊犁分銀行的公函及伊綏渠工委員會的訓令（1938–12–27）

（J2–1–183–16）（3–1）

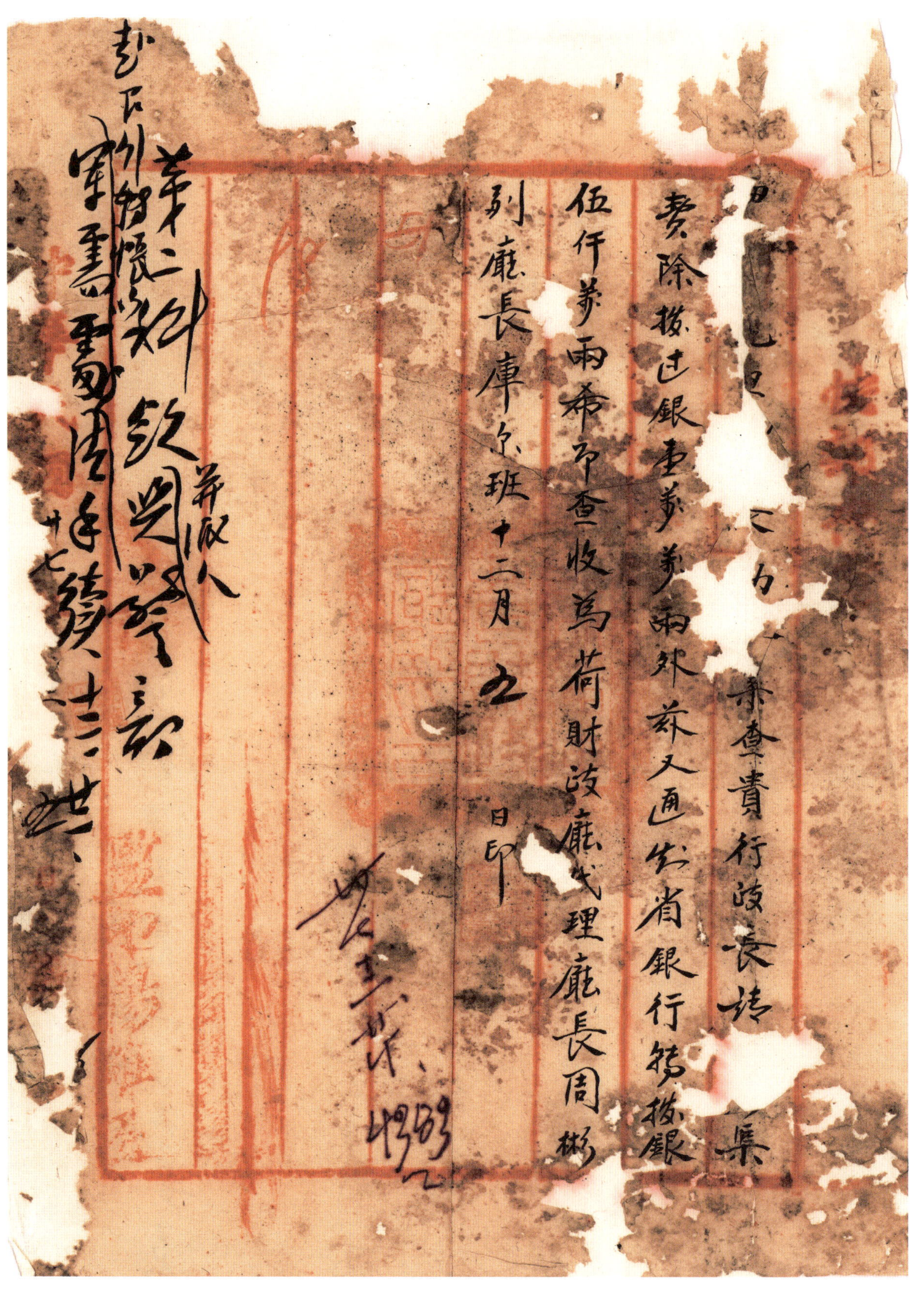

[illegible]之白案查貴行政長請[illegible]集
費除撥過銀壹萬萬兩外茲又函新省銀行籌撥銀
伍仟萬兩希即查收為荷財政廳代理廳長周彬
別廳長庫尔班十二月九日印

〇五九　伊犁區行政長公署就准財政廳代電撥付修浚荒渠經費五千萬兩事給伊犁分銀行的公函及伊綏渠工委員會的訓令（1938–12–27）（J2–1–183–16）（3–2）

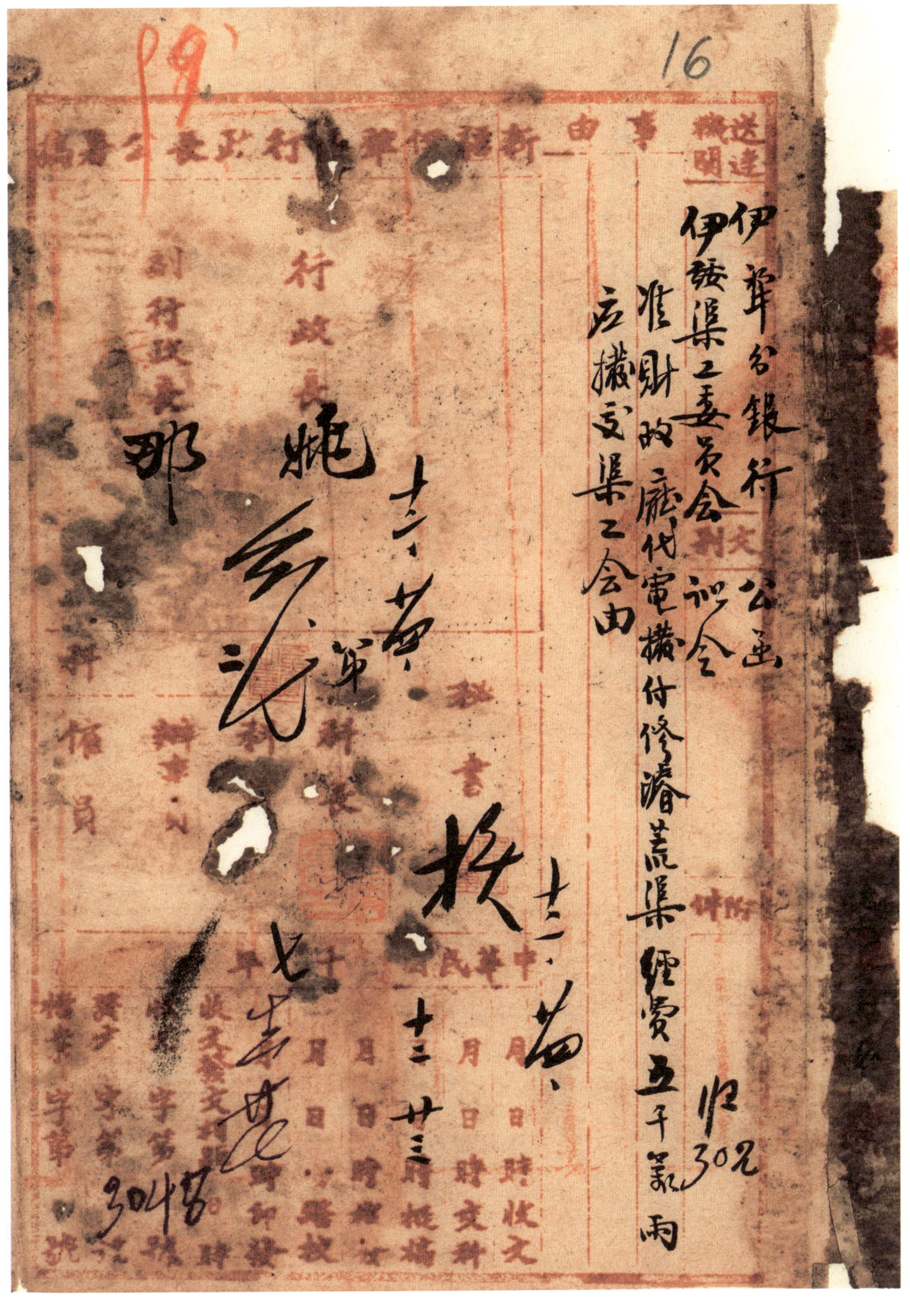
16

送達機關

伊犁分銀行　公函
伊綏渠工委員會　訓令

事由

准財政廳代電撥付修濬荒渠經費五千萬兩　應撥交渠工會由

〇五九　伊犁區行政長公署就准財政廳代電撥付修浚荒渠經費五千萬兩事給伊犁分銀行的公函及伊綏渠工委員會的訓令（1938–12–27）（J2–1–183–16）（3–3）

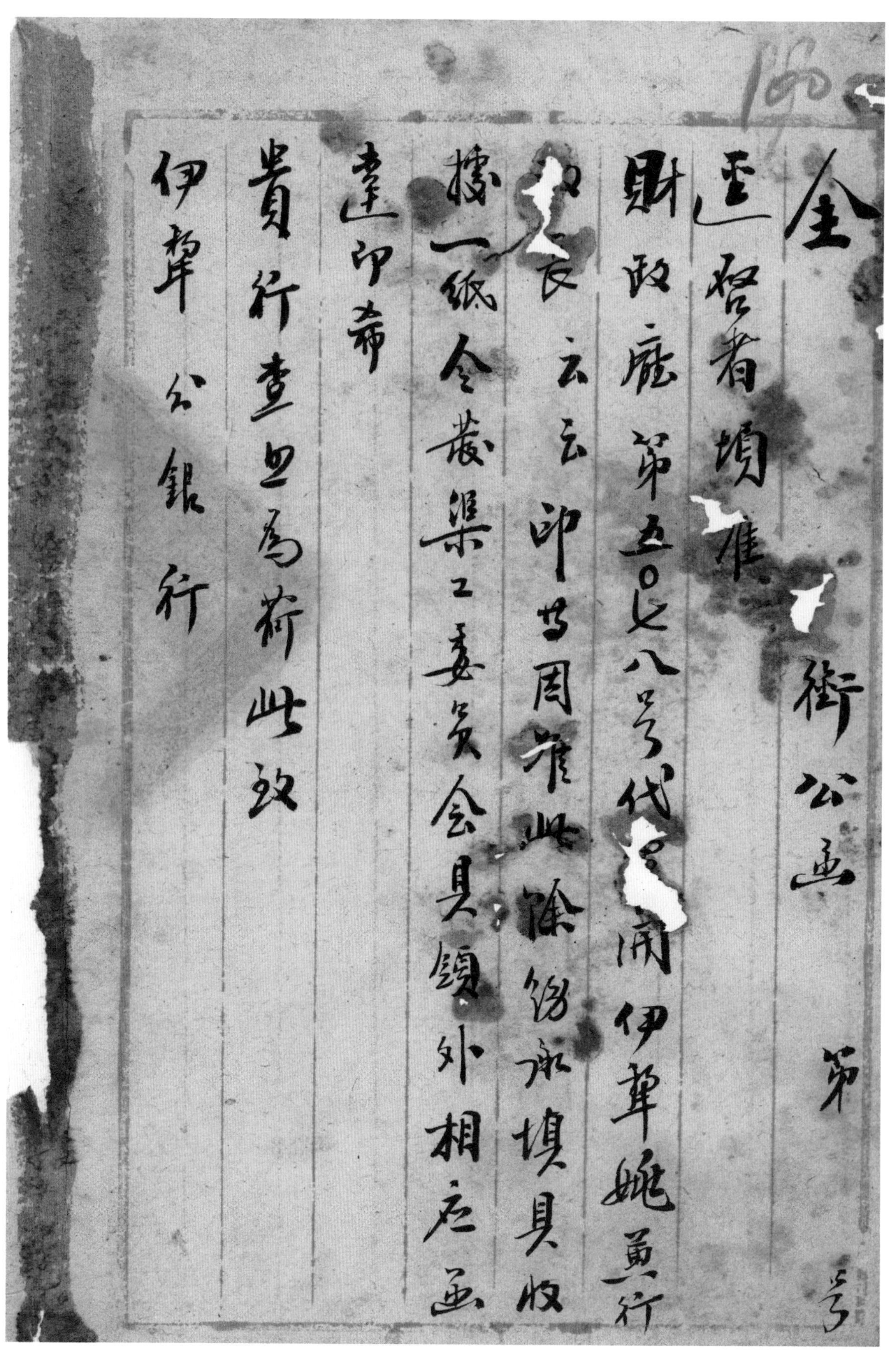

全銜公函　　第　　號

逕啓者：頃准

財政廳第五〇七八號代電開：伊犁姚兼行政長云云。即[illegible]周[illegible]。准此，除飭承填具收據一紙，令發渠工委員會具領外，相應函達，即希

貴行查照爲荷。此致

伊犁公銀行

〇六〇 伊綏大渠保管委員會組織章程（J2-4-31-32）（4-1）

伊綏大渠保管委員會組織章程

第一條 本章程遵照政府指示保護伊綏大渠原則擬定之

第二條 本會定名為伊綏大渠保管委員會會址設伊犂區行政長公署

第三條 本會在政府加緊建設號召之下發動民力使伊綏大渠永久鞏固水流暢通增加農村生產量為宗旨

第四條 本會為委員制以伊區正副行政長伊綏兩縣縣長農牧場長農會長兩縣富有經驗之區長水利等為當然委員並由正副行政長担任正副委員長均為義務職但出差需用車馬費時不在此限

第五條 本會工作方式在於發動民衆保護大渠各口岸提柵以期鞏固暢通水利若有重大工程得呈請政府撥發經費建修之

第六條 本會除委員外并設有主任一人助理員二人總水利副水利各一人公役一人經常担任會內一切工作所有薪工等費另在預算內規定

第七條本會分調查設計保管三股每股設股長一人副股長一人幹事若干人均由委員中富有經驗熱心建設者充任之除本會職員不計外均為義務職

第八條正副委員長及各股職務如下

(1)正副委員長總理本會一切事宜並督促各股工作及召集開會等事宜

(2)調查股

一、調查大渠上下游堤岸攏口攔柵一切是否堅固有無破壞情形

二、調查攏口之提岸是否堅固並各村之分水閘口水量是否與規定相符

三、調查各村之民水量之分配是否公允

四、調查各村有無不足或多餘之水其原因

五、調查各村有無漫溢浪費之水其原因

六、調查各區村長對水利有無從中舞弊情形

(3)設計股

143

一、繪具大渠水道圖并擬具改善辦法
二、計劃水道及攔口改善辦法
三、開鑿新渠及補修並修濬舊渠辦法
四、防免滲水地段之大量滲水辦法
五、採取迅速補救冲毁堤岸辦法
六、擬廣泛利用秋水泡地擴大冬耕之辦法
七、擬利用雪水泉水灌溉農田辦法不致白流
八、計劃兩岸堤攔植樹辦法以資鞏固渠堤

(4)保管股

一、保管大渠堤岸攔口不得稍有損壞若有不妥之處隨時補修之
二、保管一切公有物品及渠工上用剩材料

第九條　各股工作在分工合作原則下互相幫助辦理之

第十條　各股工作遇有困難不能解決者提交會討論之

第十一條　本會每半個月各股長開聯席會議一次每月終開全体大會一次由委員長召集之

第十二條　本會經費由伊綏兩縣担任籌劃但伊寧縣担任四分之三綏定縣担任四分之一由使用大渠水分之各户按耕地每百畝每年籌洋五元計算担任之

第十三條　每年所籌經費除開支經臨各費外其餘款均儲存銀行生息以備補修大渠緊要工程之需

第十四條　本會若遇有臨時重大工程補修費民力不逮時得呈請行政長轉請政府補助之

第十五條　本會經臨各費一切開支由助理員登記造報之

第十六條　本會委員工作努力及民衆有熱心建設自動担任興修渠道者由委員長呈請奬勵之

修理大渠渠工委員會辦事細則

1. 渠工委員會委員由伊綏兩縣長農牧場長充任之

2. 各委員有不能解决之事件得請求姚兼委員長指示核辦之

3. 渠工會所有一切工程脊樑子以東由伊寧縣會同水利專家負責辦理脊樑子以西由綏定縣會同水利專家負責辦理之

4. 渠工會辦事人員附設於建築委員會

5. 建築委員會主任得監督指導渠工辦事人員之工作

113

6. 渠工會辦事人員暫設會計一員辦事員二員如因事務繁雜人員不敷分配時得增加之

7. 會計員保管登記賬目及造費報銷之責任

8. 辦事員分別担負渠工辦事及保管工具事項

9. 渠工辦事人員遇有難於解決事項得隨時請示縣長或主任解決之

10. 渠工會所有工具應負責加意保管如有遺失損坏保管人隨時報告

11. 渠工會每月終召開委員會一次解決一切工程及造銷事項

12. 渠工會出入銀錢賬目至月終造表呈請委員會核閱之

13. 渠工會購買一切物品必須先前請示委員會核准方能進行辦理之

14 渠工會購買物品單據必須送請伊綏兩縣長批閱後方能發生效力

15. 渠工會所存現款會計及辦事員等不經委員會批准決不准動用否則以侵佔公款論

16 渠工會所購物品單據應由辦事員簽蓋經手名章後再交會計登記保管

17 會計對於購物單據彙總轉报

18. 本細則如有未盡事宜得隨時增減之

19 本細則自呈准之日施行之

51

伊犁區農牧場農業所農机統計表自民國24年6月成立至27年12月30日止

排號	類別／名稱	總收數	售出		租出		合計		備考
			架數	價額	架數	價額	現存農機	價額	
1	單刀犁 НСУ	16	—	—	16	151000	16	151000	
2	〃〃 ОЛВ	21	—	—	21	156150	21	156150	
3	之字耙	41	—	—	41	178500	41	177500	
4	圓盤耙	2	—	—	—	—	2	—	
5	播種機	7	—	—	4	16800	7	16800	对
6	刈草機	37	—	—	37	531050	37	531050	
7	馬扒	46	—	—	29	217900	46	217900	
8	人機收禾機	10	—	—	10	336600	10	336600	
9	磨刀機	20	—	—	20	63050	20	63050	
10	打糧機	2	—	—	1	20000	2	20000	
11	四輪打糧機	1	—	—	—	—	1	—	
12	打玉米機	1	—	—	1	10750	1	10750	
13	風車	9	2	310000	6	120600	7	430600	
14	遂種機	6	—	—	1	7500	6	7500	
15	遂種筒子	6	—	—	—	—	6	—	
16	双刀犁	5	—	—	5	54200	5	57200	
17	單行种棉机	5	—	—	—	—	5	—	
18	自機收禾机	4	—	—	4	254800	4	254800	
19	噴藥器	73	—	—	5	34000	73	34000	
20	托拉犁鏵	1	—	—	—	—	1	—	
21	手用培土犁	2	—	—	—	—	2	—	
22	培土犁	10	—	—	—	—	10	—	
23	兼收禾机零件	15	—	—	15	351300	15	351300	
24	鍘草机	4	—	—	—	—	4	—	
25	壓草机	4	—	—	—	—	4	—	
	合計	348	2	310000	216	2506200	346	2816200	

場長［印］　　主任［印］　　承辦員［印］

民國時期伊犂屯墾檔案史料選編

伊犂哈薩克自治州檔案館 編

下册

廣西師範大學出版社
·桂林·

下册目録

〇六三 墾牧處就百戶長努爾布拉特等開挖喀什河新橋之南岸渠事的譯呈（附圖）及伊犁區行政長公署的批示（1939-02-16）（J2-2-37-6）（9-1）

一件 百戶長努爾布拉特等呈 擬挖開引水由

喀什河南千戶長阿烏勒坎管下百戶長努爾布拉特、五十戶長木哈末的、主瑪依克及前千戶長斯瑪固勒、前百戶長諾斯台、阿克夏依克色勒肯拉、道拉特等百首二百五十餘戶衆百姓爲呈

○六三 墾牧處就百户長努爾布拉特等開挖喀什河新橋之南岸渠事的譯呈（附圖）及伊犁區行政長公署的批示（1939-02-16）（J2-2-37-6）（9-2）

詳為竊查民以食為天以農為重惟哈族人民向在山居野處知識淺陋只知以牧畜為業不知務農生活簡單困苦萬狀幸自四月革命成立新政府以來在以民族為形式以六大政策為內容的文化教育下使落伍哈族民衆在同一水

平線上知識漸開亦明瞭生活程度農為第
一要務是以響應擴大春耕號召盡量種
地以期根本解決困苦奈因易於開渠引水之地早被
戶民佔去耕種咯民游牧向住阿布拉尔山喀什
圩子附近只靠山中泉水耕種少許雜粮藉以

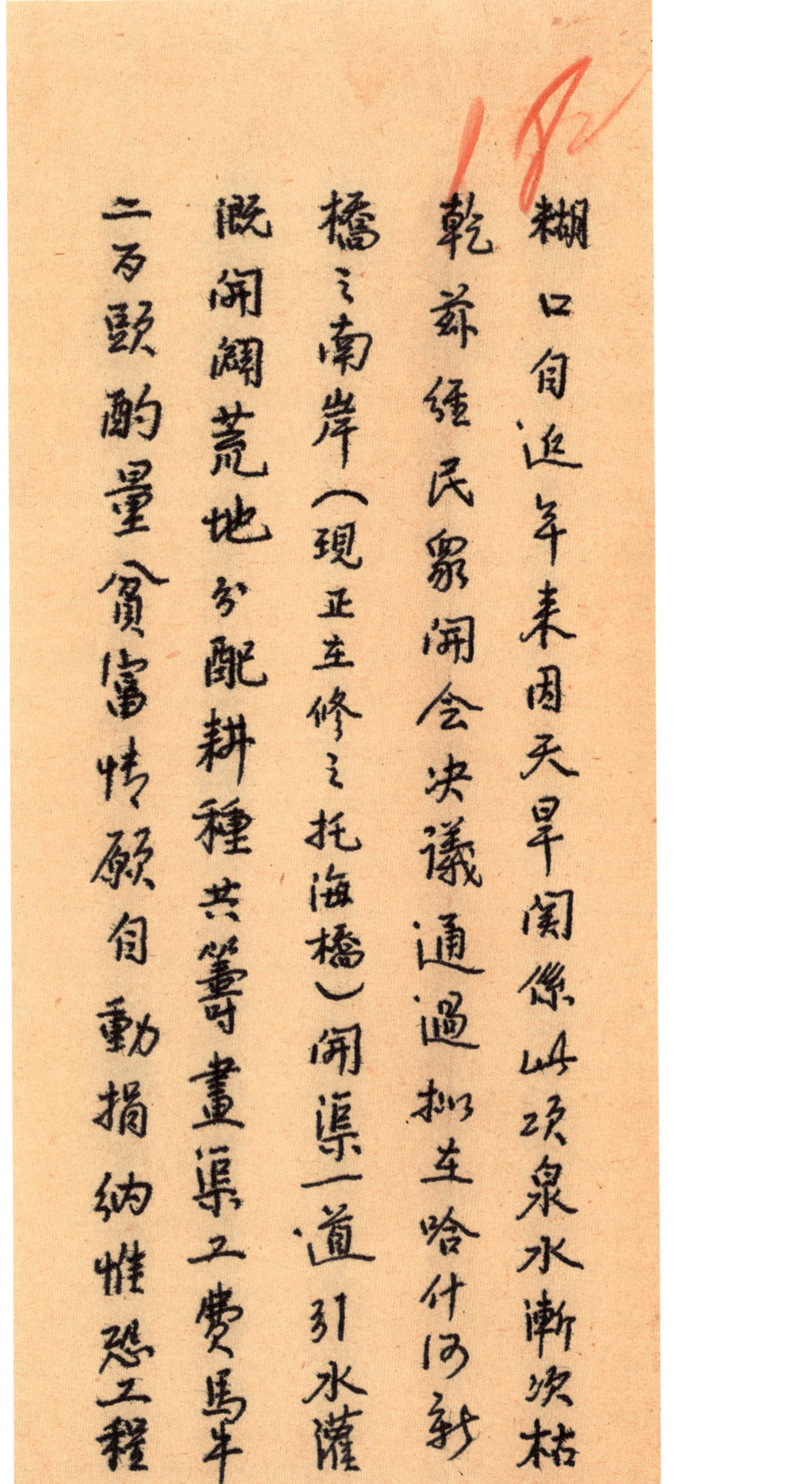

糊口自近年來因天旱關係山坎泉水漸次枯乾蘇經民衆開會決議通過擬在喀什河新橋之南岸（現正在修之托海橋）開渠一道引水灌溉開闢荒地分配耕種共籌畫渠工費馬牛二百頭酌量貧富情願自動捐納惟恐工程

浩繁計劃難周設無水利工程師指導不
易成功理合公同擬懇
鈞座准予派水利工程師前往開渠之地履勘
計劃指導以昭慎重而資隱固可否之處理
合具文呈請

○六三　墾牧處就百户長努爾布拉特等開挖喀什河新橋之南岸渠事的譯呈（附圖）及伊犁區行政長公署的批示（1939-02-16）（J2-2-37-6）（9-6）

附呈畧圖一紙

司令電鑒恩准核示祇遵謹呈

警備司令姚

墾牧處　譯呈　六、八

准俟水利工程師到來候予指導

開挖可也　第一科　六、十六　廿八、二、九甲字第2915號

○六三　墾牧處就百戶長努爾布拉特等開挖喀什河新橋之南岸渠事的謹呈（附圖）及伊犁區行政長公署的批示（1939-02-16）（J2-2-37-6）（9-7）

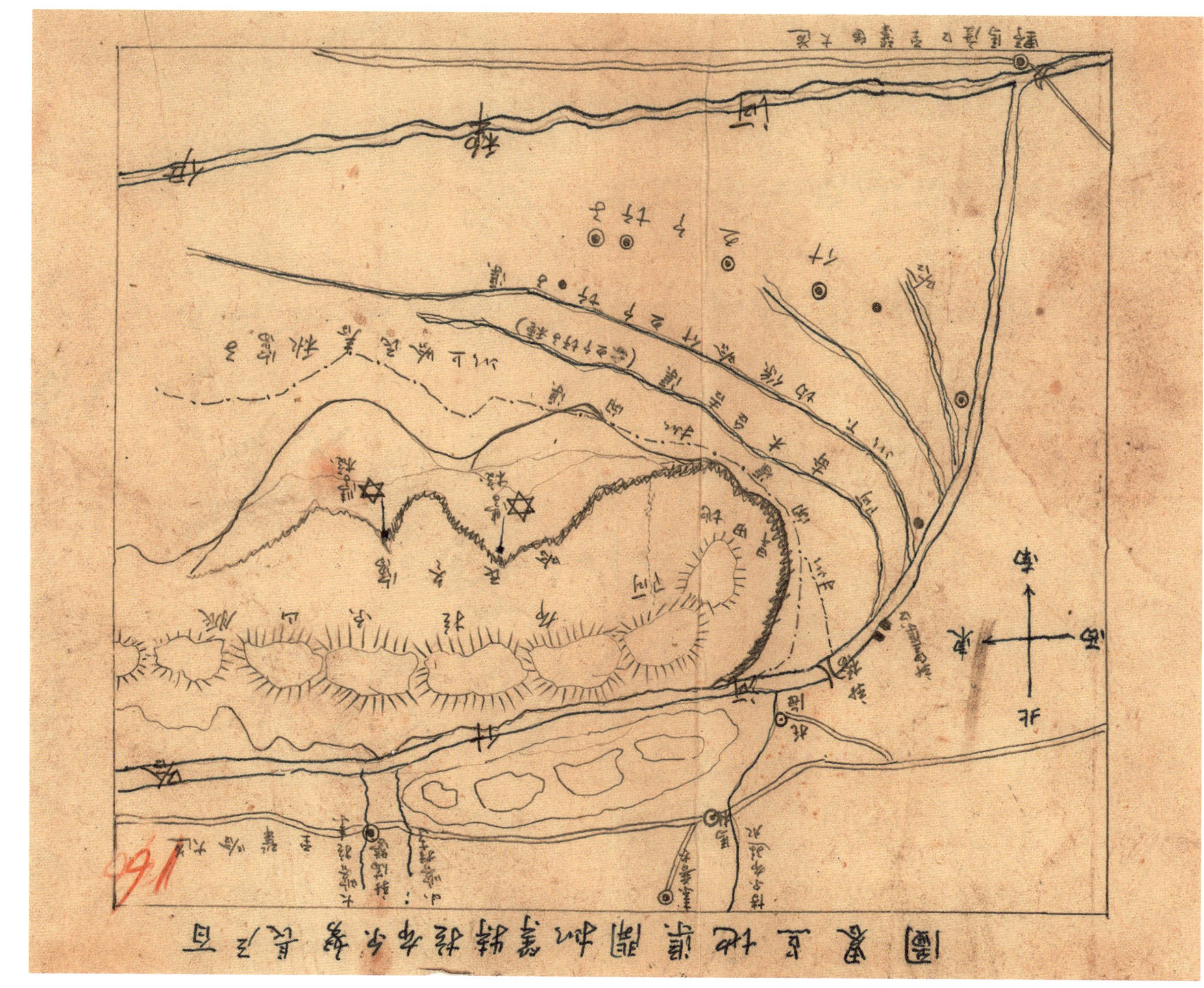

〇六三　墾牧處就百户長努爾布拉特等開挖喀什河新橋之南岸渠事的譯呈（附圖）及伊犁區行政長公署的批示（1939–02–16）（J2–2–37–6）（9–8）

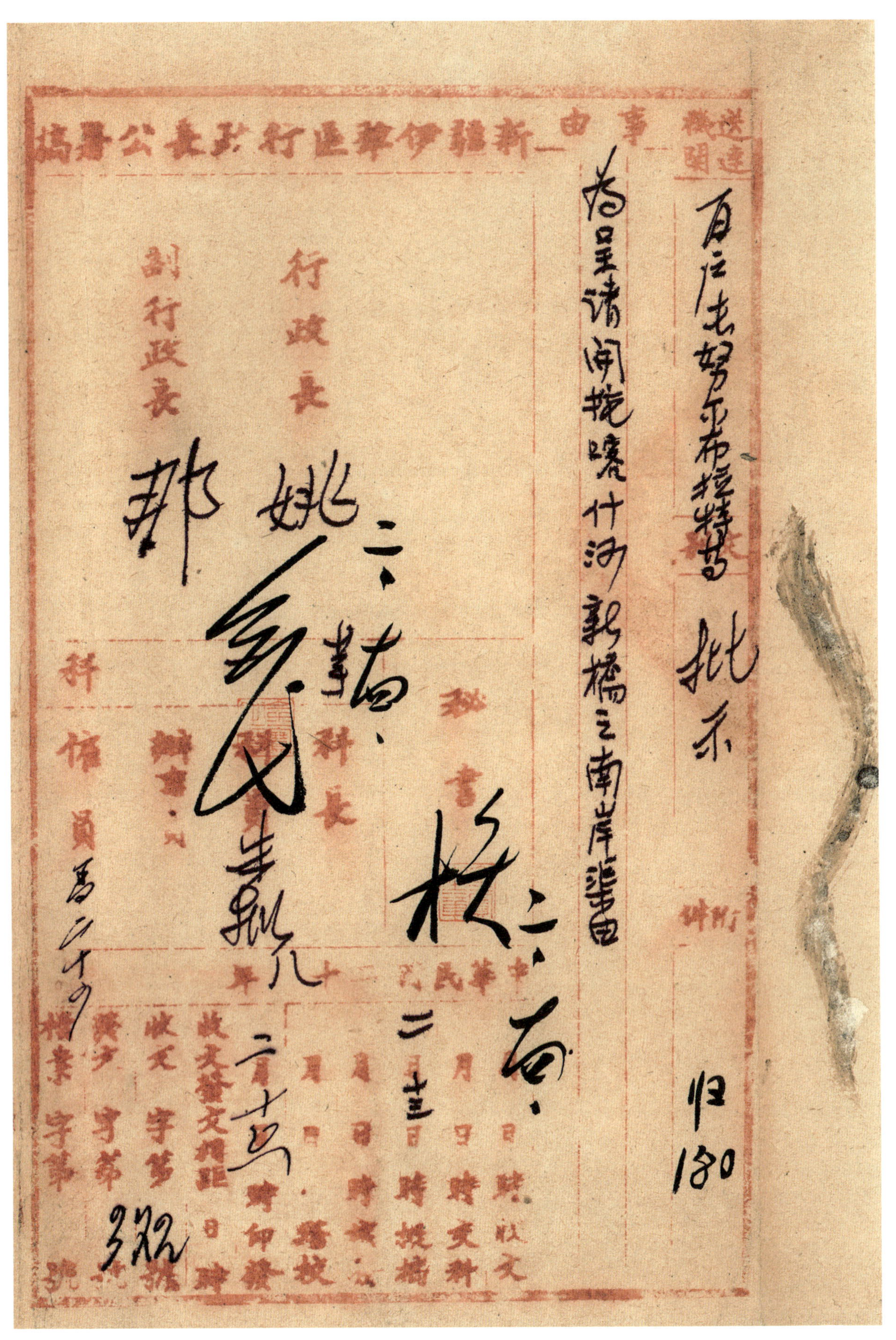
新疆伊犁區行政長公署稿
事由
百户屯努尔布拉特等　批示
為呈請開挖喀什河新橋之南岸渠由
归
180

墾牧處就百户長努爾布拉特等開挖喀什河新橋之南岸渠事的譯呈（附圖）及伊犁區行政長公署的批示（1939-02-16）（J2-2-37-6）（9-9）

批示第　号　具呈人百户长努尔布拉特等

一件呈请开挖哈什河新桥之南岸渠由

呈悉，准候水利工程师到来请予指导开挖

可也。此批

〇六四　伊犁警備司令部爲組織千百户長鄉約農官訓練班事給各縣局的訓令（1939-02-28）（J2-2-35-73）（4-1）

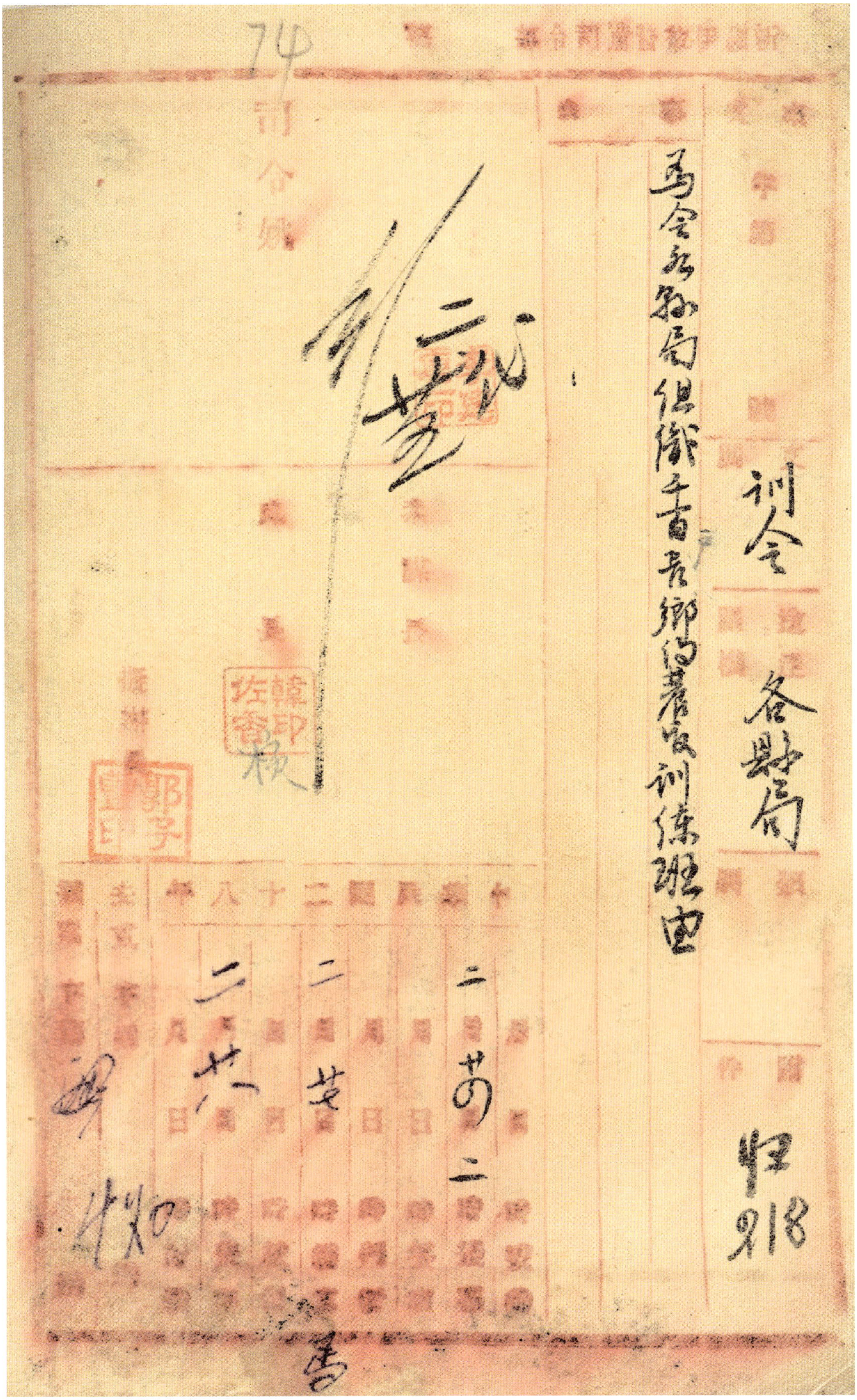

○六四　伊犁警備司令部爲組織千百户長鄉約農官訓練班事給各縣局的訓令（1939-02-28）（J2-2-35-73）（4-2）

仝

衔訓令　備字第　　號

令各縣局

爲令行事。查現值全面抗戰期間，對重要之抗戰國
防重要後方並事訓組織民衆訓練民衆原則下，確使
抗戰後方民衆明瞭該員之重要任務，以期達到我們
抗戰必勝、建國必成之偉大神聖事業起見，爲將組
織及訓練民衆分條指示於下：
一、各縣局該屬之千百户長及鄉約農官由各該縣局長負
責組織千百户長、區莊長、鄉約農官訓練班
二、使其了解和執行政府六大政策

〇六四　伊犁警備司令部爲組織千百户長鄉約農官訓練班事給各縣局的訓令（1939-02-28）（J2-2-35-73）（4-3）

三、須於現在我們全面抗戰情形并在抗戰後方民衆
所負之任務及應有之認識
四、爲使民衆確實擁護爲人民謀利益謀幸福的新政府
精誠團結在抗日民族統一戰線上共同奮斗
五、使民衆與政府真正團結一致共同建設
六、使千百戶長區莊長鄉約農官明瞭本身所負之重
要任務
七、使千百戶長區莊長鄉約農官確實負起組織與訓
練并明瞭調查與統計民衆的必要認識
八、訓練時間應按各縣局實際可能酌量規定之

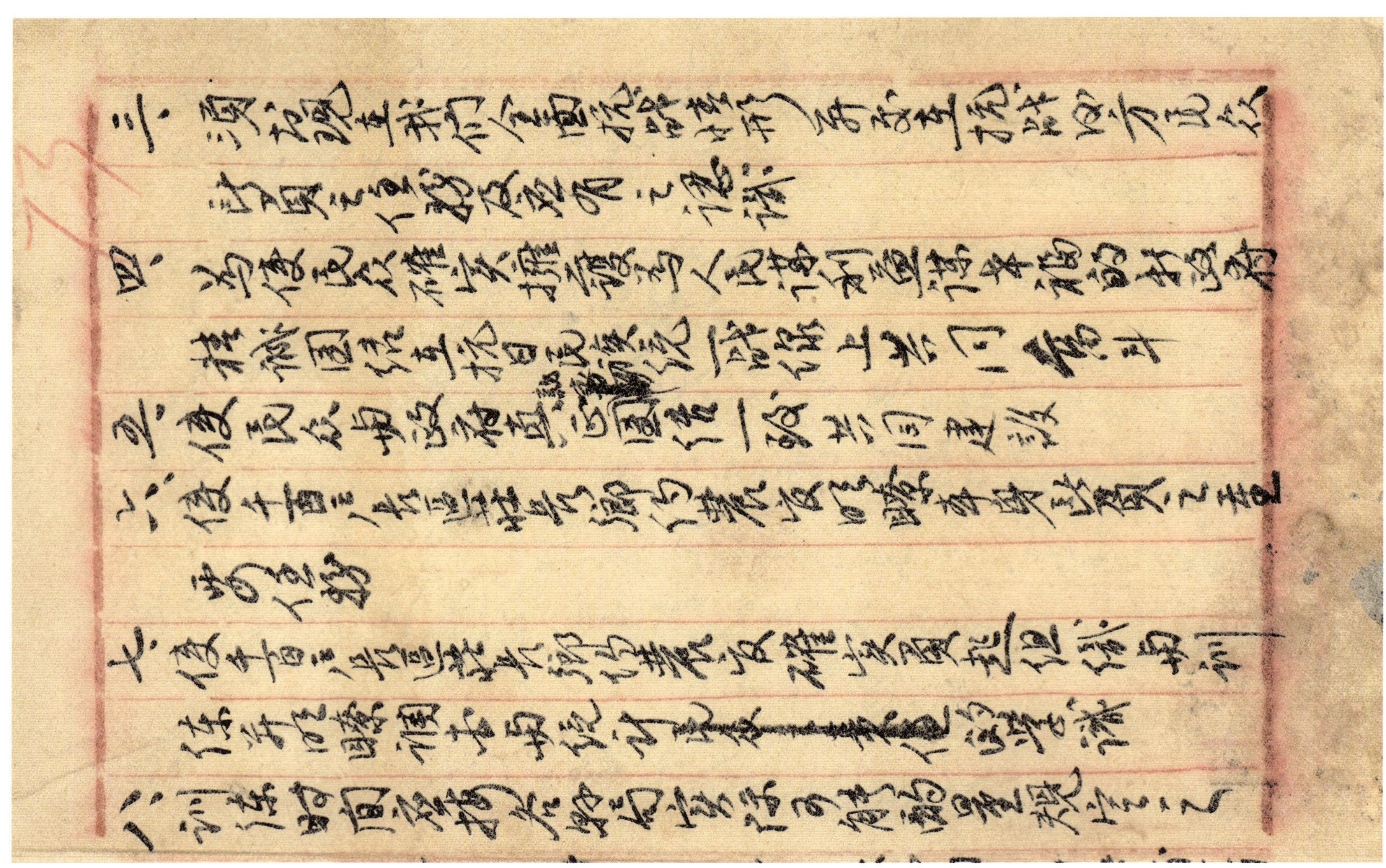

〇六四　伊犁警備司令部爲組織千百户長鄉約農官訓練班事給各縣局的訓令（1939-02-28）（J2-2-35-73）（4-4）

九、當本年春耕及植樹之宜，應由各該縣局長并縣屬千百户長、區莊長等擴大宣傳，并擴大植種爲要。

十、限令到三日内從速將各該縣局屬之千百户長、區莊長、鄉約、農官訓練班從速進行組織成立，并將成立日期、教授者及受訓練之千百户長、區莊長、鄉約、書官姓名、年齡、籍貫、族别、數目統計報告。

十一、關於訓練課程，按照上指定三四五六七九各條，爲三全大會政治報告及反帝戰綫每日之刊、新疆日報登載之抗戰情形及反帝刊物選擇教授之。

除通令各縣局遵照辦理外，合行令仰該長即便遵照辦理爲要。此令

全銜　擬〇

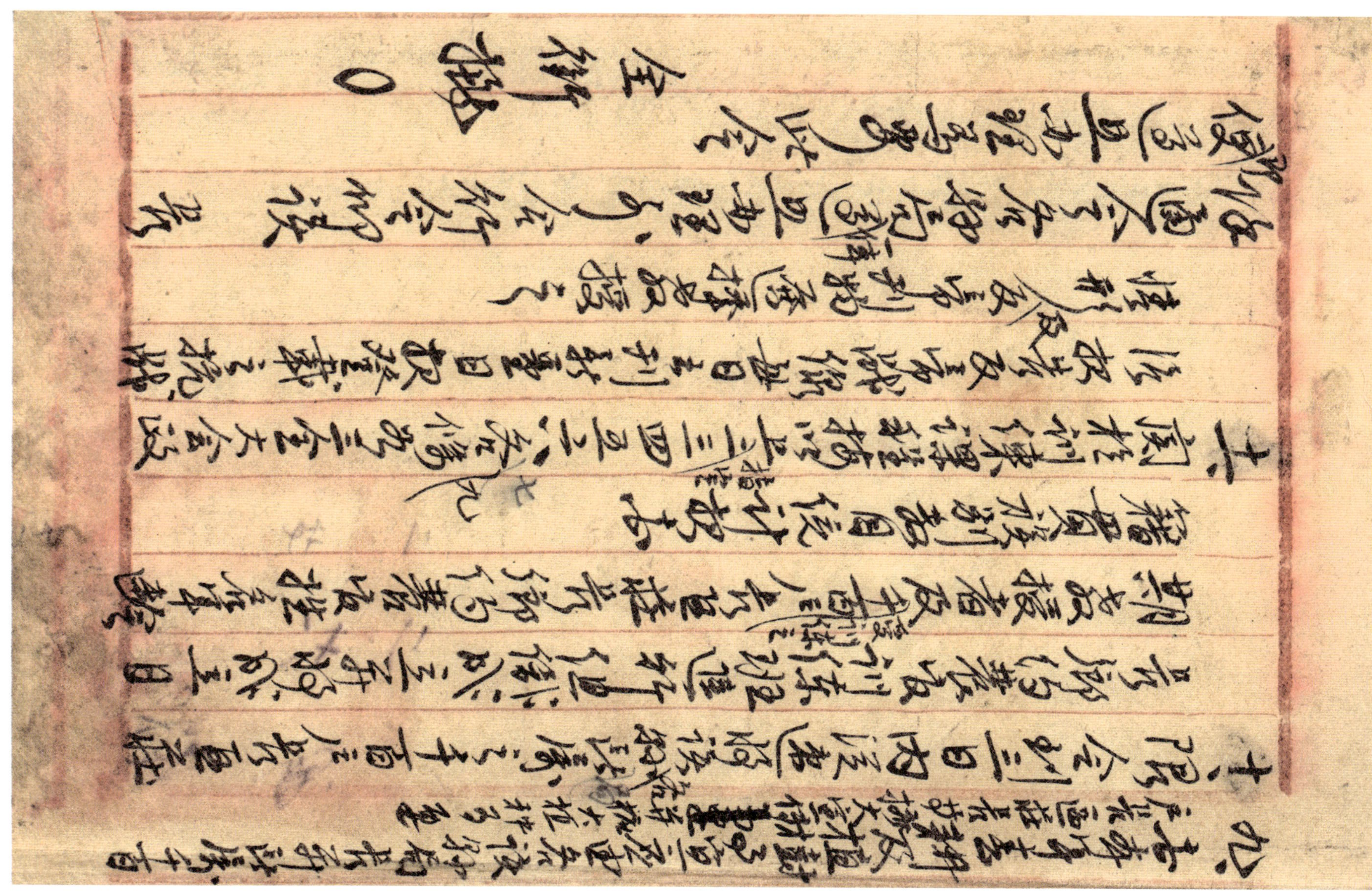

○六五　新疆邊防督辦公署、新疆省政府就建設廳呈報遵令派水利工程師等前往伊犁勘查開挖皇渠工作日期事給財政廳、建設廳、伊犁行政長的代電（1939-03-04）（區檔，政 002-007-0529-2-007）（3-1）

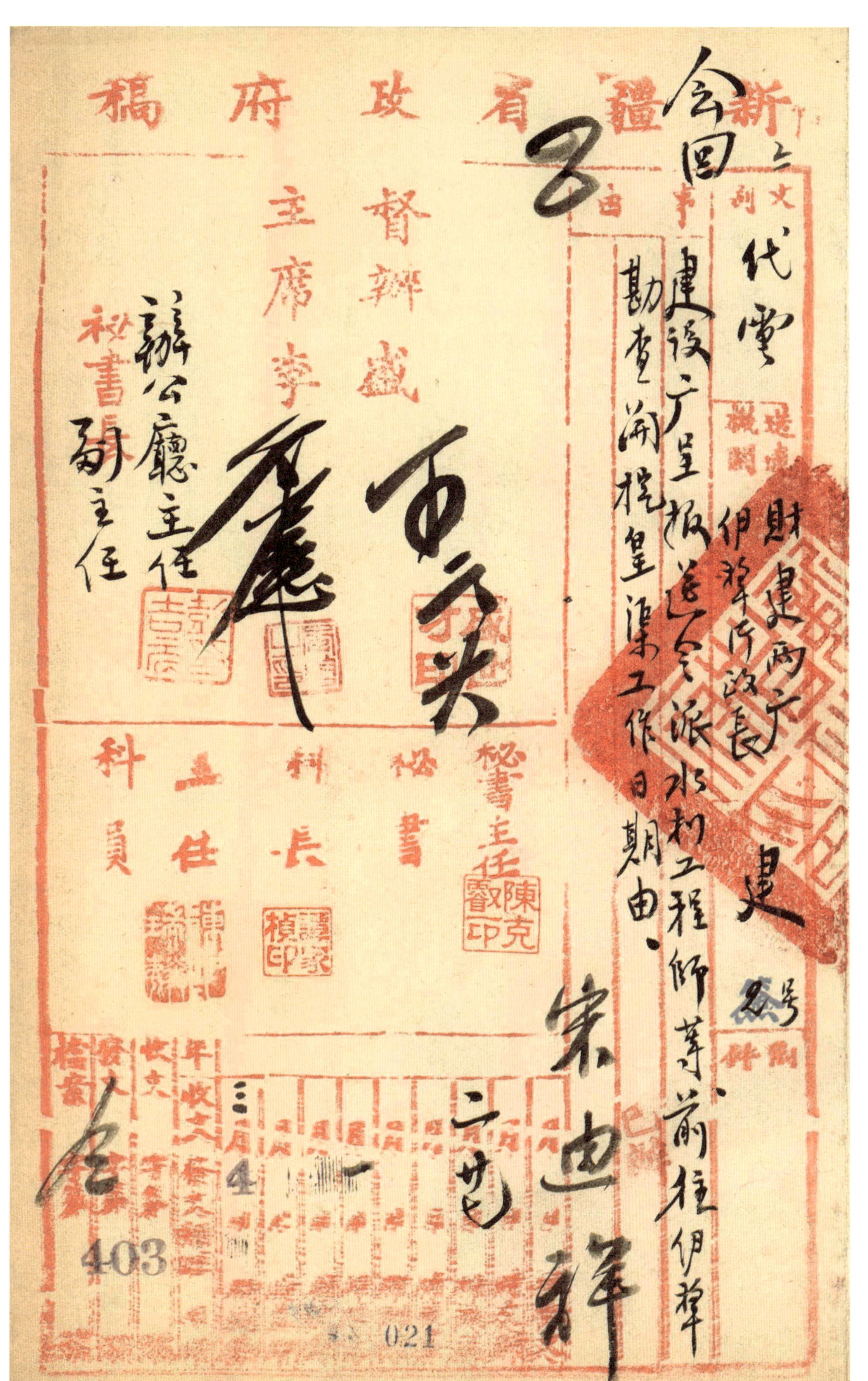

新疆省政府稿

代電

財建兩广
伊犁行政長

建設广呈報遵令派水利工程師等前往伊犁勘查開挖皇渠工作日期由

〇六五　新疆邊防督辦公署、新疆省政府就建設廳呈報遵令派水利工程師等前往伊犁勘查開挖皇渠工作日期事給財政廳、建設廳、伊犁行政長的代電（1939-03-04）（區檔，政 002-007-0529-2-007）（3-2）

代電

迪化財政廳、建設廳、伊犁姚專行政長均鑒：建設廳二月二十五日呈悉。據稱關於伊犁開挖皇渠一案，已遵令派水利工程師特列古布帶同水利實習員七名，於二月二十四日由迪乘汽車一輛前往勘查，請備查等情。應予照准，仰各知照。督辦盛。主席李。二月二十七日。建印。

〇六五　新疆邊防督辦公署、新疆省政府就建設廳呈報遵令派水利工程師等前往伊犁勘查開挖皇渠工作日期事給財政廳、建設廳、伊犁行政長的代電（1939-03-04）（區檔，政 002-007-0529-2-007）（3-3）

〇六六 伊寧縣政府就鞏固渠壩懇請借發渠工經費和渠工食糧事給伊犁區行政長的代電（1939-03-07）（J2-2-47-27）（2-1）

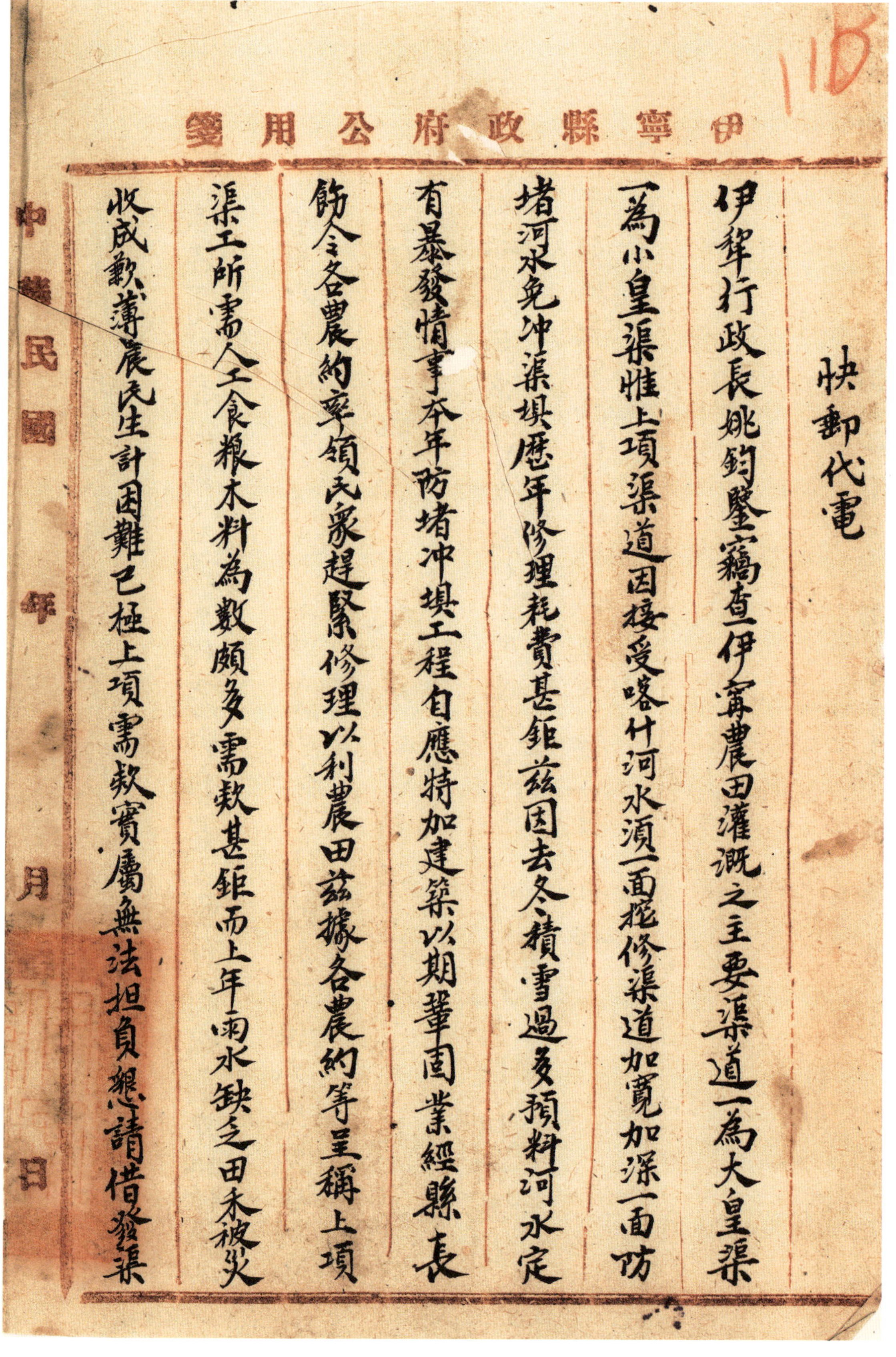

伊寧縣政府公用箋

快郵代電

伊犁行政長姚鈞鑒：竊查伊寧農田灌溉之主要渠道，一爲大皇渠，一爲小皇渠，惟上項渠道因接受喀什河水，須一面挖修渠道，加寬加深，一面防堵河水，免沖渠堤。歷年修理，耗費甚鉅。茲因去冬積雪過多，預料河水定有暴發情事，本年防堵沖堤工程自應特加建築，以期鞏固。業經縣長飭令各農約率領民衆趕緊修理，以利農田。茲據各農約等呈稱：上項渠工所需人工、食糧、木料爲數頗多，需款甚鉅，而上年雨水缺乏，田禾被災，收成歉薄，農民生計困難已極，上項需款實屬無法擔負，懇請借發渠

中華民國　年　月　日

〇六六　伊寧縣政府就鞏固渠壩懇請借發渠工經費和渠工食糧事給伊犁區行政長的代電（1939-03-07）（J2-2-47-27）（2-2）

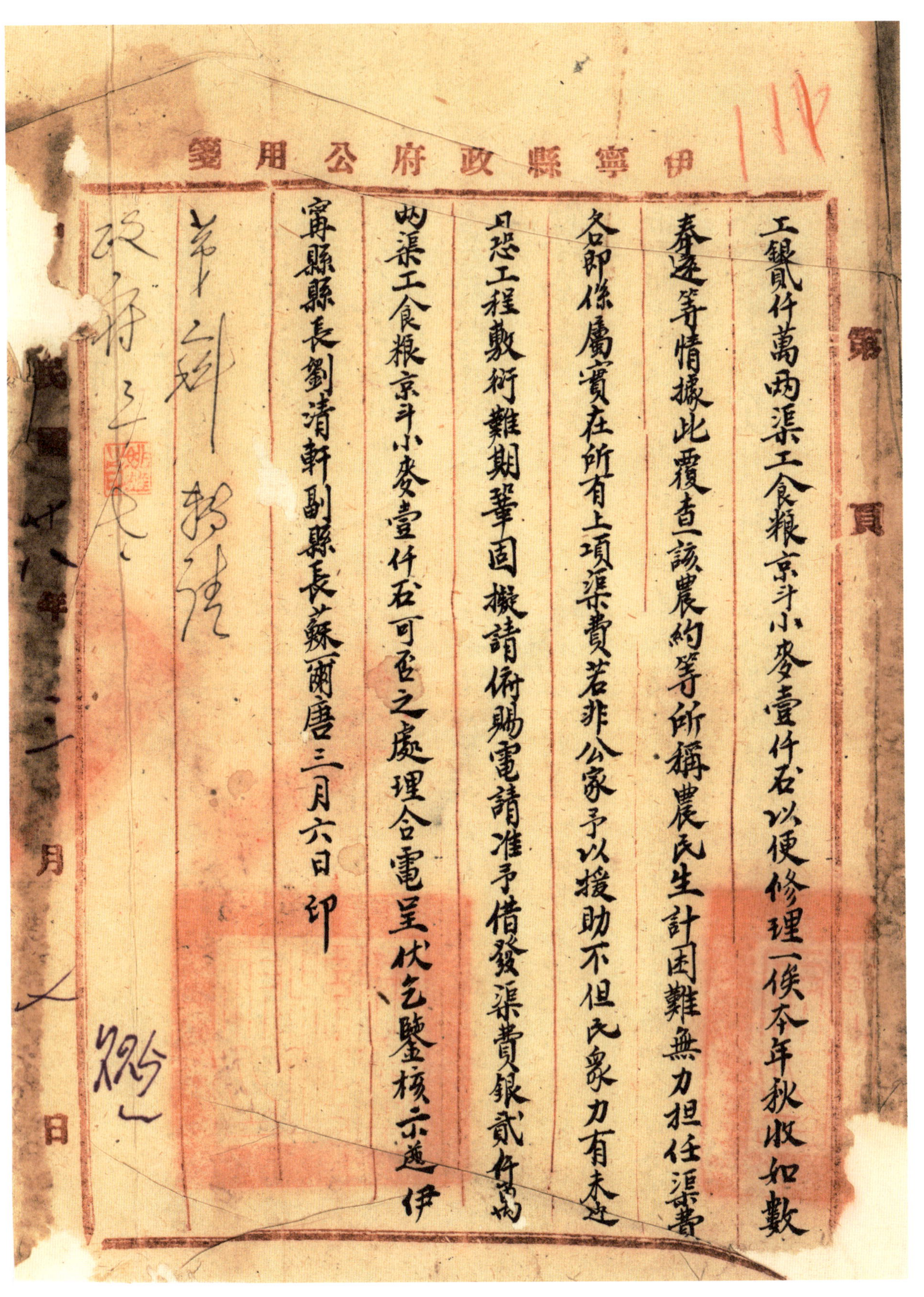

伊寧縣政府公用箋

工銀貳仟萬兩渠工食糧京斗小麥壹仟石以便修理一俟本年秋收如數奉還等情據此覆查該農約等所稱農民生計困難無力担任渠費各節係屬實在所有上項渠費若非公家予以援助不但民衆力有未逮且恐工程敷衍難期鞏固擬請俯賜電請准予借發渠費銀貳仟萬兩兩渠工食糧京斗小麥壹仟石可否之處理合電呈伏乞鑒核示遵伊寧縣縣長劉清軒副縣長蘇爾唐三月六日印

第　頁

民國廿八年三月七日

○六七　新疆邊防督辦公署、新疆省政府就建修伊犁荒渠依特水利工程師計劃進行各情形事給伊犁姚司令的電（1939-06-01）

（區檔、政 002-007-0527-017）（4-1）

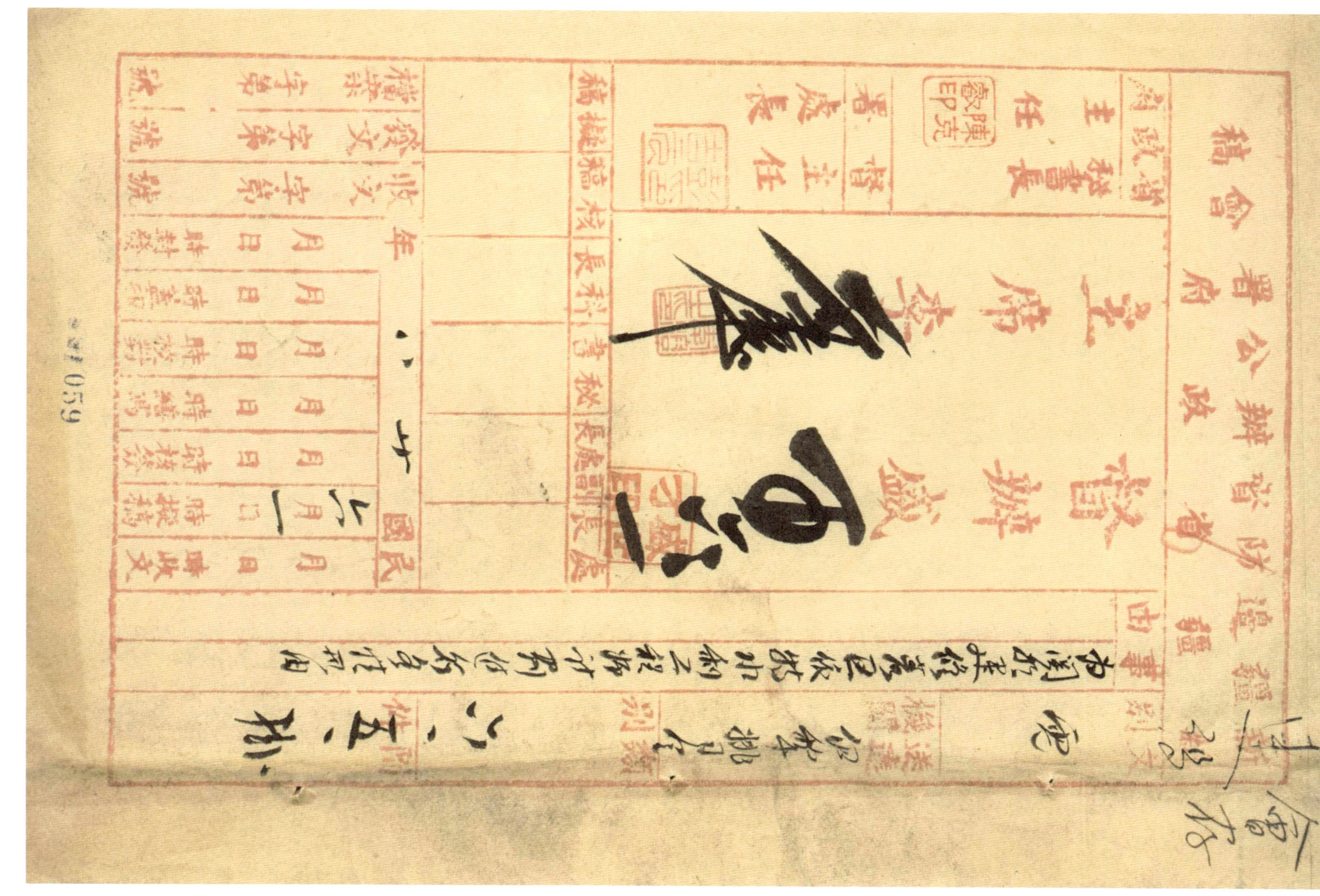
新疆邊防督辦公署 新疆省政府 會稿

督辦 主席	秘書長	處長
參謀長 主任	主任	

中華民國 年 月 日

事由：為關於建修伊犁荒渠依特水利工程師計劃進行各情形由

伊犁姚司令

059

○六七　新疆邊防督辦公署、新疆省政府就建修伊犁荒渠依特水利工程師計劃進行各情形事給伊犁姚司令的電（1939-06-01）
（區檔，政 002-007-0527-017）（4-2）

電

伊犁姚莒如行政長暨查建設廳水利工程師特列
古希杉基建修伊犁荒渠由巴青代赴烏惠遠
一五六計劃核其內容既能運用科學方法又能顧
及實際環境詳密整理殊屬妥善該工程師根
據過去此渠失效原因提出針防方法即用水門
建修水洞二十二個只需洋灰二十五噸為數尚不
甚多其計畫建修三十公里渠道只需新省
票洋捌萬柒仟玖百伍拾元每一公里約需省
票銀壹仟伍萬兩尚能顧慮實際節約公

〇六七　新疆邊防督辦公署、新疆省政府就建修伊犁荒渠依特水利工程師計劃進行各情形事給伊犁姚司令的電（1939-06-01）
（區檔，政 002-007-0527-017）（4-3）

款自應照[illegible]從政長處即撥照特水利工程
師所擬計劃負責於實施，務須督勵努力，以竟
全功。至技術方面，並應實行特水利工程師之意見，
以昭妥慎。至於去年已修成之一段已面屬特工
程師於可能範圍內加以修葺（除該工程師特請前往外），盡量利用，特此
達。並將辦理情形隨時具報為要。督辦盛。
主席李。已[illegible]秘印

〇六七 新疆邊防督辦公署、新疆省政府就建修伊犁荒渠依特水利工程師計劃進行各情形事給伊犁姚司令的電（1939-06-01）
（區檔，政 002-007-0527-017）（4-4）

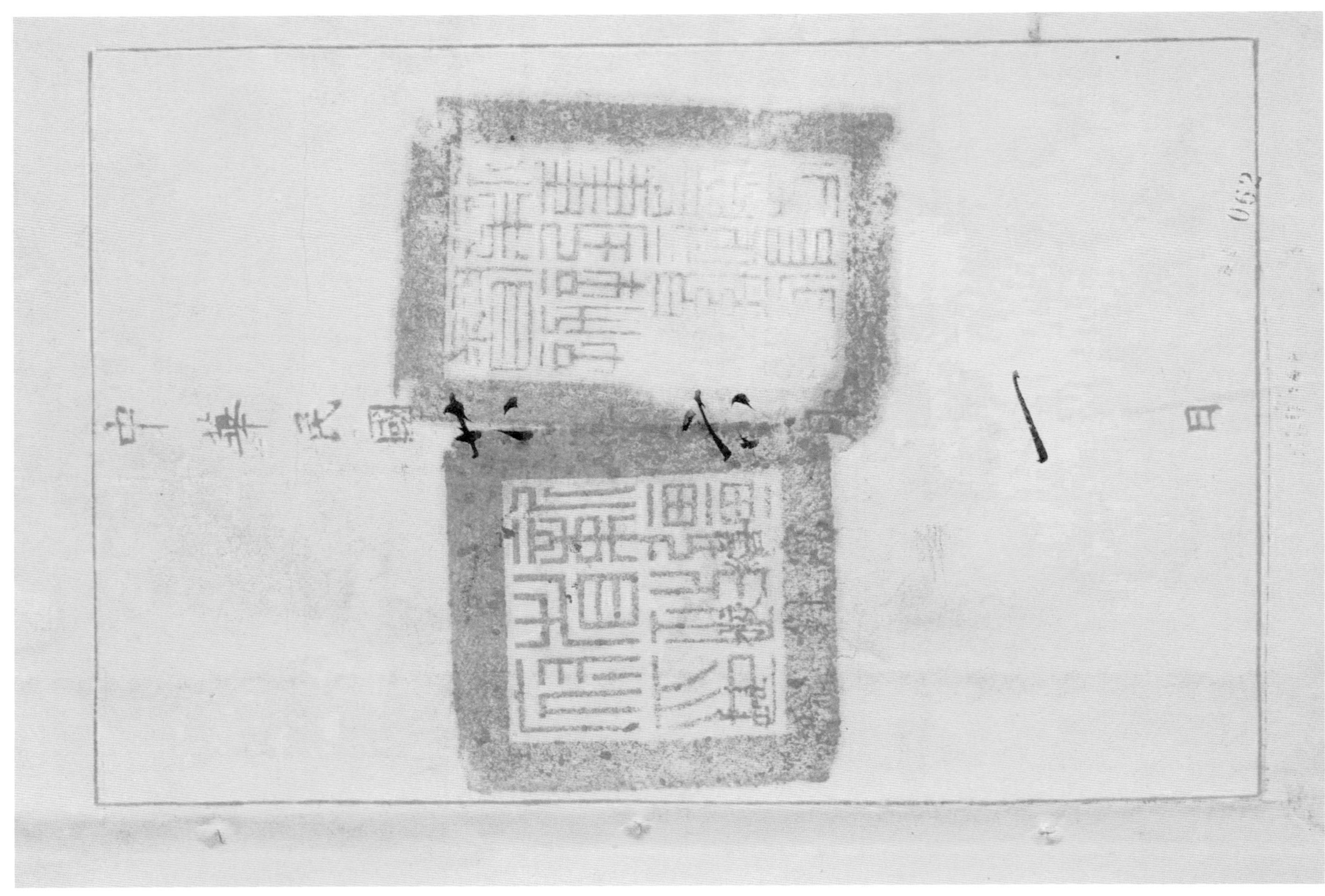

○六八　伊犁區調濟食糧委員會就河南設治局呈覆調委會調查存糧情形并請提前撥糧事給伊犁區行政長的呈及河南設治局、調委會往覆公函
（1939-06-28）（J2-2-52-1）（6-1）

第肆拾肆號

呈

中華民國廿八年六月廿六日收到

為遵令呈覆事。查職會案奉
政憲第一三二九號訓令内開：案據河南設治局呈覆調委會調查存粮情形并
請轉飭該會提前將食粮發給一案，除全文在卷邀免重錄外，尾開：除指令呈悉，應
准調濟食粮委員會核辦可也。除令行外，仰即知照。此令。印發外，合行令仰該會即
便查照辦理。此令。等因。奉此，遵查職會前赴河南調查囤粮在召集民衆會議席

○六八　伊犁區調濟食糧委員會就河南設治局呈覆調委會調查存糧情形并請提前撥糧事給伊犁區行政長的呈及河南設治局、調委會往覆公函
（1939–06–28）（J2–2–52–1）（6–2）

使查照辦理此令等因奉此遵查職會前赴河南調查囤粮在召集民衆會議席上原有補助外縣缺乏之食粮之提議蓋當初計劃除公家撥售小麥而外再由貿易公司訂買小麥千數百噸以備各縣局有必須職會接濟食粮者由訂購蘇方小麥内分配接濟現在貿易公司之粮既成泡影外縣局之缺乏食粮是當亦由公家酌量接濟是否之處理合備文呈請

行政長鑒核查考施行謹呈

伊犁區行政長姚

伊犁區調濟食粮委員會副委員長王恩鎧
阿其木太吉

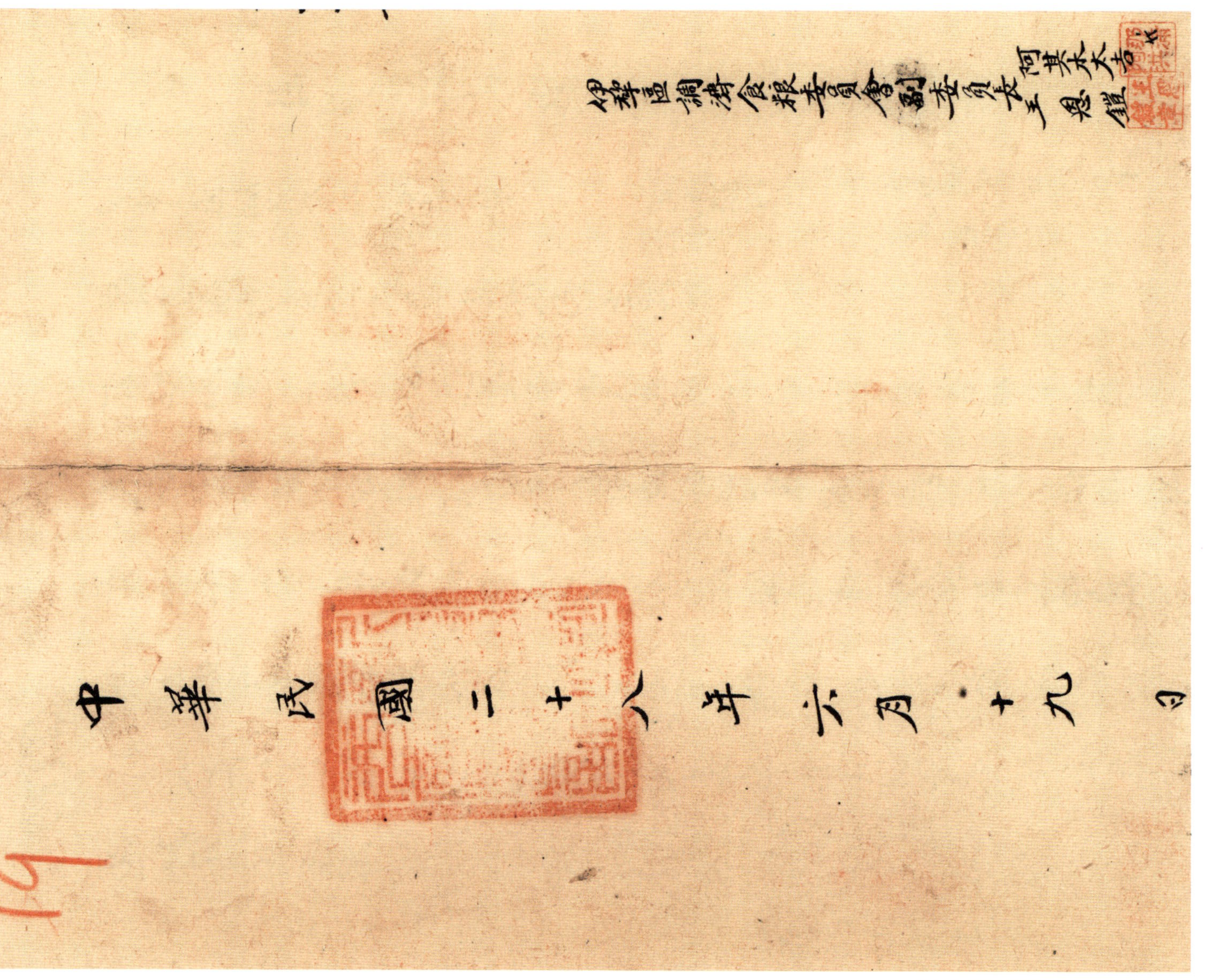

伊犁區調濟食糧委員會副委員長 王恩鍔 阿其木太吉

中華民國二十八年六月十九日

〇六八　伊犁區調濟食糧委員會就河南設治局呈覆調委會調查存糧情形并請提前撥糧事給伊犁區行政長的呈及河南設治局、調委會往覆公函
（1939-06-28）（J2-2-52-1）（6-3）

○六八　伊犁區調濟食糧委員會就河南設治局呈覆調委會調查存糧情形并請提前撥糧事給伊犁區行政長的呈及河南設治局、調委會往覆公函
（1939-06-28）（J2-2-52-1）（6-4）

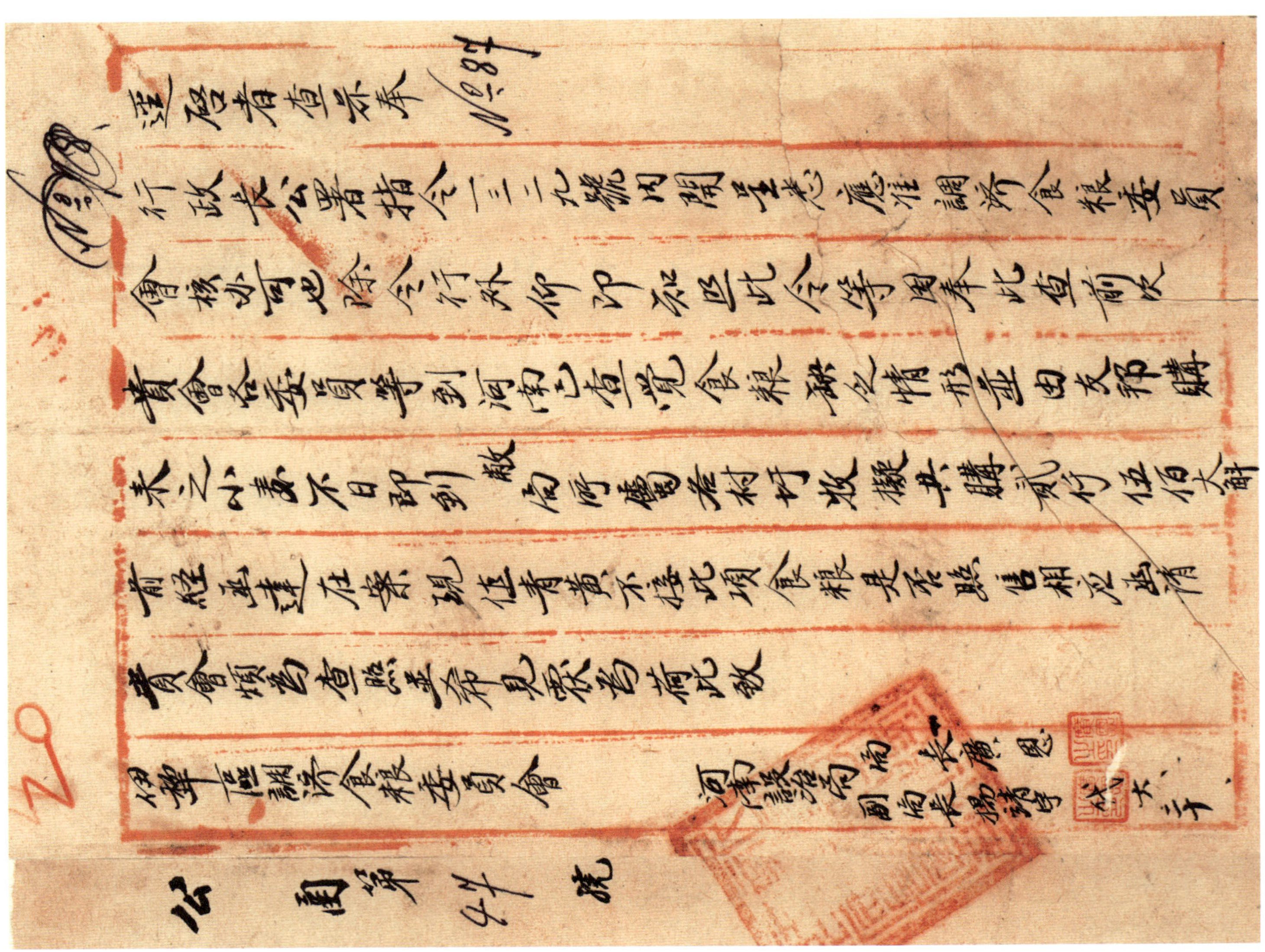

逕啓者：查昨奉
行政長公署指令一三九號内開：呈悉，應准調濟食糧委員
會核辦可也。除令行外，仰即知照。此令。等因。奉此，查前次
貴會派委員等到河南，已查覺食糧缺乏情形，並由本局籌
來之小麥，不日即到。敝局所屬各村均放撥，共需貳仟伍佰大斛，
前經函達在案。現值青黃不接，此項食糧是否照賑，相應函請
貴會煩爲查照，並希見覆爲荷。此致
伊犁區調濟食糧委員會
河南設治局局長廣恩
副局長楊[illegible]
[illegible]
公函　第　字　號

公函第47號

逕啟者：頃准

貴局函送敝公接濟食糧一案，除原文不錄，尾開：

現值青黃不接，此項食糧是否照售，相應函請

查照並希見覆為荷等因，准此。查敝会當初計

劃係公家撥售小麥，而价再由貿易公司訂買小

麥千數百噸，以前係易局缺乏食糧有必須敝会

接濟之必要者，則由蘇方小麥內分配接濟。現

在貿易公司之糧，運伊日期竟因國際影響，乃在二個月以後，

准撥迫急，故不能訂買，即作為罷論矣，[illegible]准前函相[illegible]

〇六八　伊犁區調濟食糧委員會就河南設治局呈覆調委會調查存糧情形并請提前撥糧事給伊犁區行政長的呈及河南設治局、調委會往覆公函

（1939-06-28）（J2-2-52-1）（6-5）

○六八　伊犁區調濟食糧委員會就河南設治局呈覆調委會調查存糧情形并請提前撥糧事給伊犁區行政長的呈及河南設治局、調委會往覆公函（1939-06-28）（J2-2-52-1）（6-6）

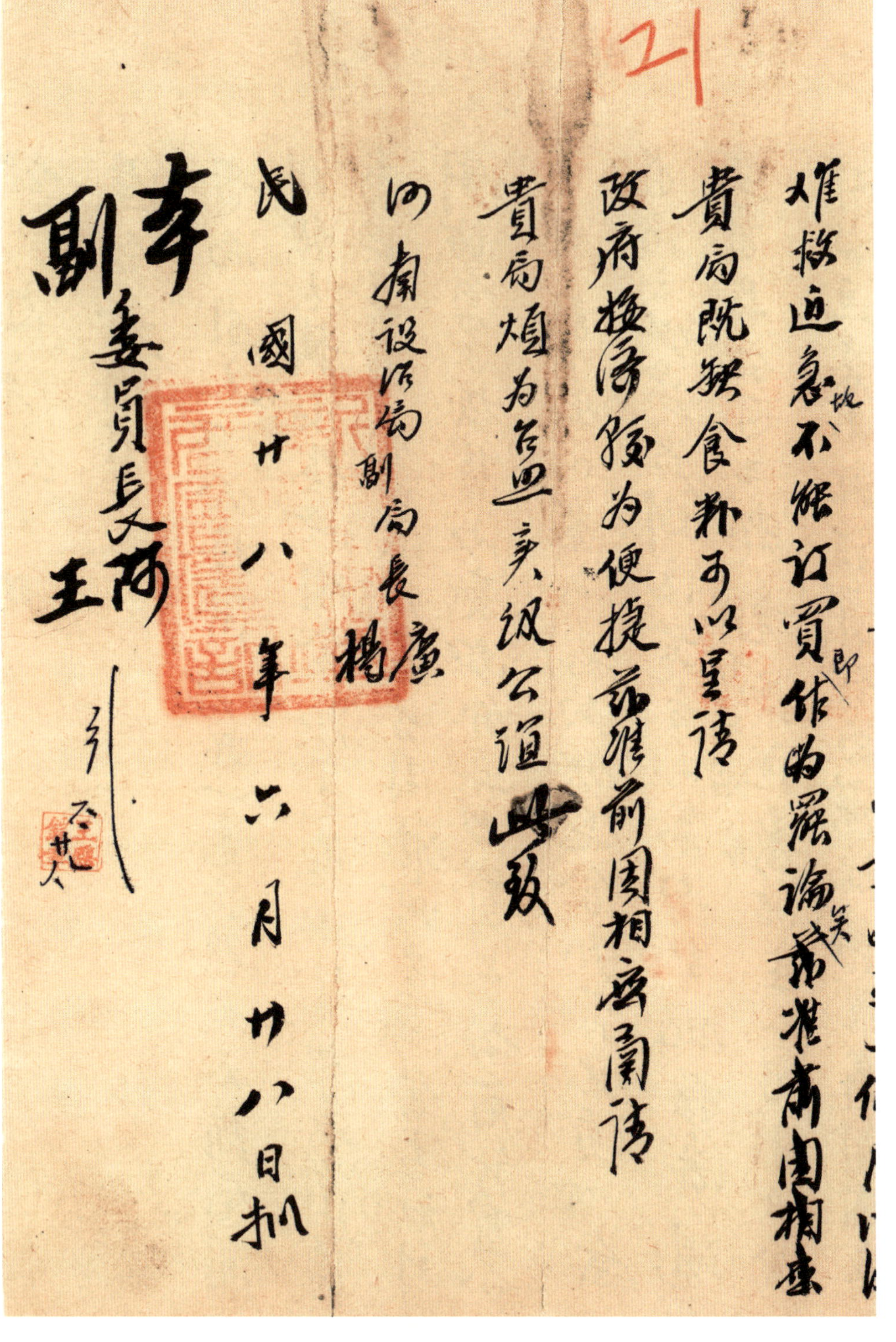

難救迫急，不能訂買，作為罷論。茲准前因，相應

貴局既然食料可以呈請

政府撥濟，自為便捷。茲准前因，相應函請

貴局煩為查照，實紉公誼。此致

河南設治局副局長楊、廣

委員長李
副委員長王、阿

民國廿八年六月廿八日

○六九　伊犁區行政長公署爲北山一帶發生害蟲事給霍城縣的指令（附霍爾果斯縣代電）（1939-06-29）（J2-2-41-7）（3-1）

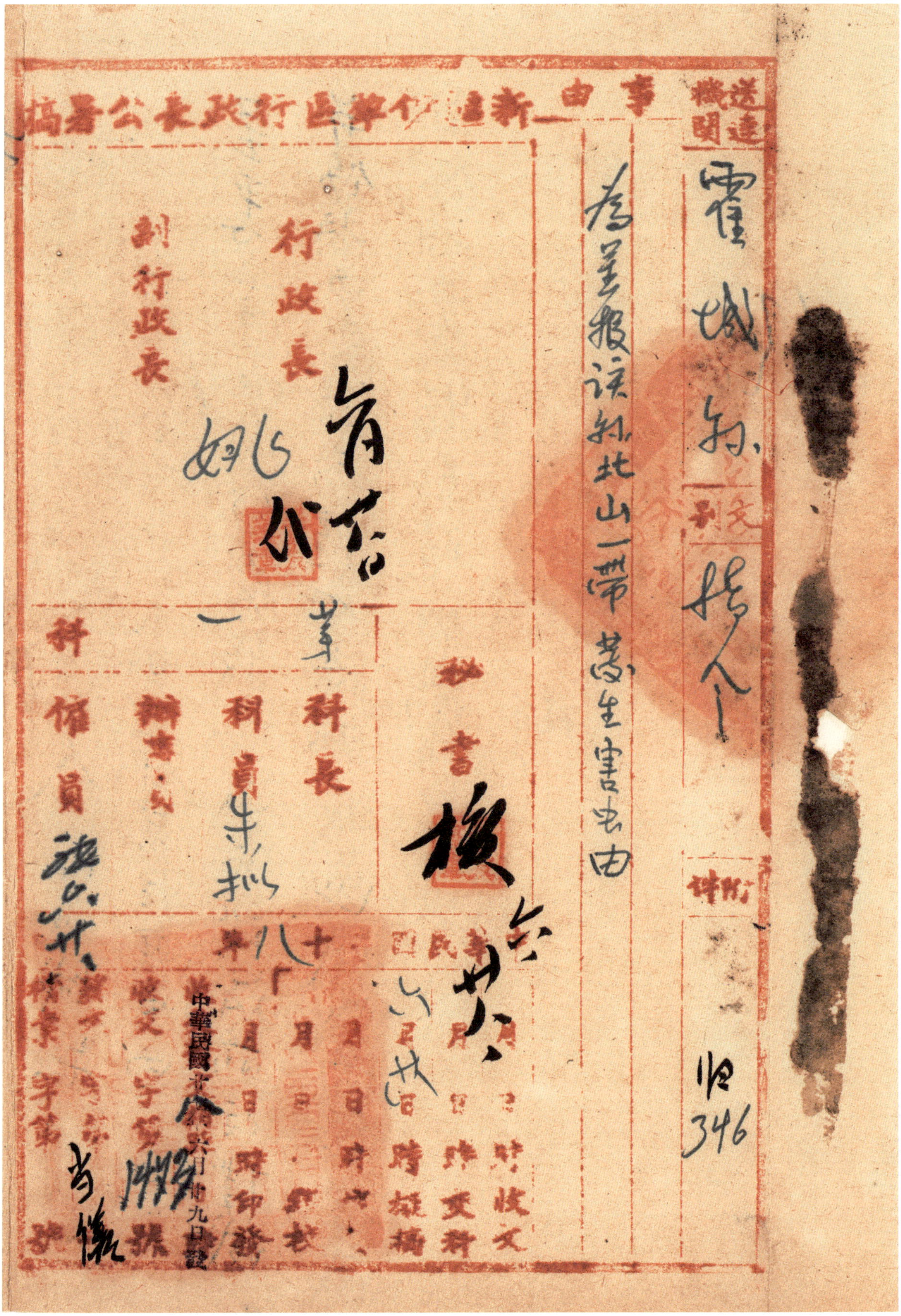
新疆伊犁區行政長公署稿

送達機關：霍城縣
副：指令
附件：
事由：為呈報該縣北山一帶發生害虫由

行政長 肯 姚 代
副行政長
秘書 核
科長
科員 朱 擬
辦事員
雇員

民國 年 月 日 時 收文
年 月 日 時 交科
年 月 日 時 擬稿
年 月 日 時 核
年 月 日 時 繕校
年 月 日 時 印發
收文 字第 號
發文 字第 號
檔案 字第 號

中華民國二十八年六月廿九日發

○六九　伊犁區行政長公署爲北山一帶發生害蟲事給霍城縣的指令（附霍爾果斯縣代電）（1939-06-29）（J2-2-41-7）（3-2）

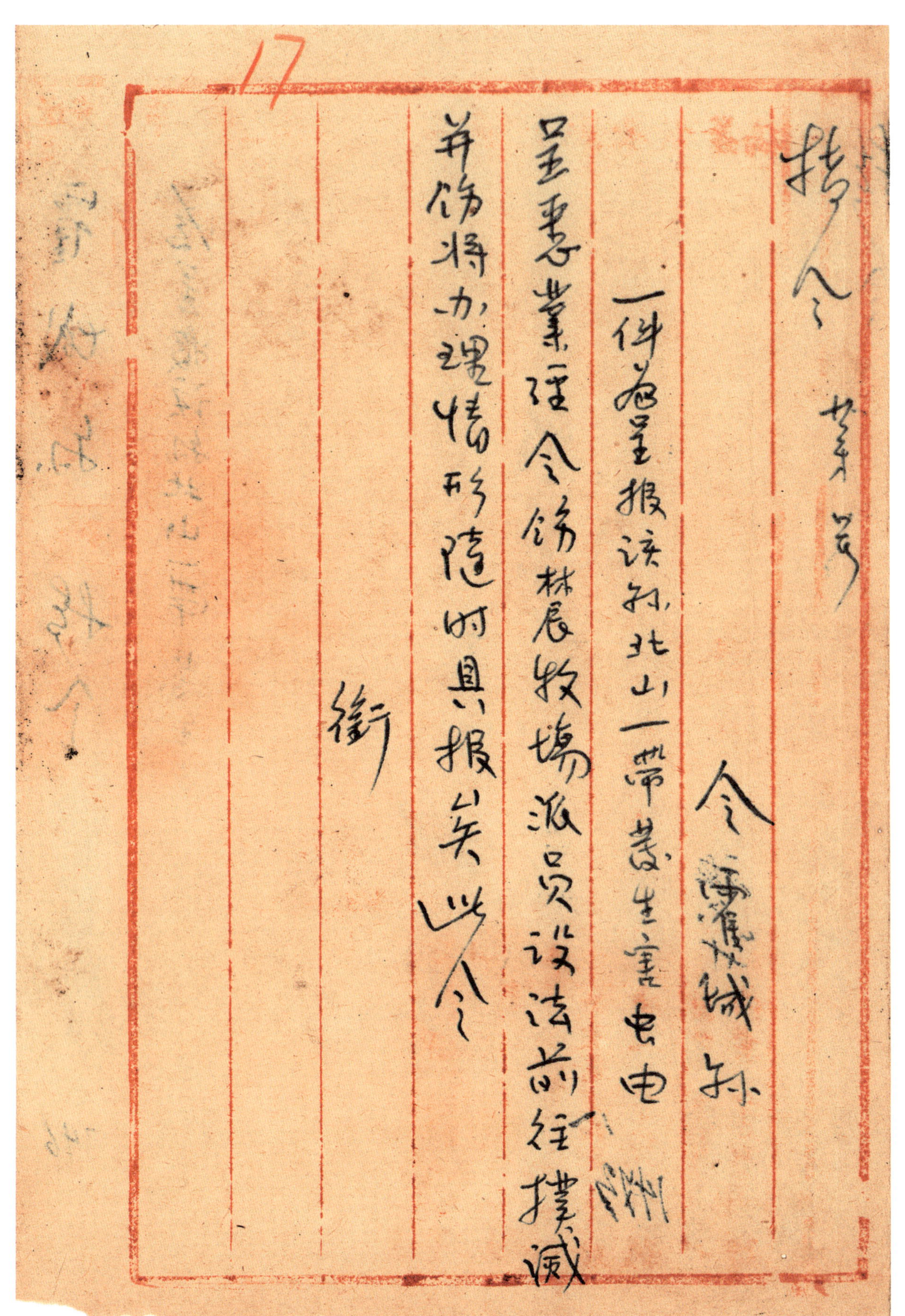

17

指令　　字第　　號

令霍城縣

一件爲呈報該縣北山一帶發生害虫由

呈悉。業經令飭林農牧場派员設法前往撲滅，

并飭將办理情形隨时具报矣。此令。

銜

霍爾果斯縣政

第一組
農牧場派員設法撲滅　六.廿八

代電

中華民國廿八年六月廿七日收到
1866
2

迪化督辦主席財政廳長伊犁行政長鈞鑒近來縣屬北
山一帶發生一種害虫約寸半或二寸長專在土内咬食禾根
以致旱田糧食十之二三因被咬傷而乾枯現在仍繼續
咬食除將上項害虫捕捉一枚函送伊犁農牧場考驗并
請設法滅除以救田禾而維民食外敬此稟請鑒核
施行霍爾果斯縣長王樹仁副縣長常安叩六月十八日印

〇七〇　新疆省建設廳就建修伊犁區皇渠自惠遠至巴彥岱一段工程應需工料銀兩預算事給伊犁區警備司令部的咨（附預算表）（1939-07-25）
（J2-2-47-27）（6-1）

新疆省建設廳　咨　伊犁區警備司令部

事由	擬辦	批示	備考
為咨送建修伊犁區皇渠自惠遠至巴彥岱一段工程應需工料銀兩預算由 附件：附預算表一份	第二科 中華民國廿八年七月廿五日發 229號		

呈　字第4188號　年　月　日　時到

收文　字第　號

190

〇七〇 新疆省建設廳就建修伊犁區皇渠自惠遠至巴彦岱一段工程應需工料銀兩預算事給伊犁區警備司令部的咨（附預算表）（1939-07-25）
（J2-2-47-27）（6-2）

為咨送事案查伊犁區建修皇渠由惠遠至巴彦岱一段工程應需工料銀兩預算業經本廳特水利工程師擬具妥協前已面請
督辦
主席核准照辦在案除將預算譯抄四份分呈備案并咨請財廳發款外相應檢同預算一份咨請
查照為荷此咨
伊犁區警備司令兼行政長姚

附預算一份

建設廳代副廳長阿不都拉 劉德恩

〇七〇　新疆省建設廳就建修伊犁區皇渠自惠遠至巴彥岱一段工程應需工料銀兩預算事給伊犁區警備司令部的咨（附預算表）（1939-07-25）
（J2-2-47-27）（6-3）

114

重修伊犁區皇渠自巴彥岱至惠遠一段建築工程材料預算

No	工作類別	計算單位	數目	單位價值	總值	附記
	工　土　工					
1	自0段至124段在鬆砂石土壤内開挖渠道依照工作估計表規定渠底寬7.0米兩堤斜度與深度為1:1½比例（通稱一個半斜度）深度為2.98米—0.16米	立方米	82002.5	0.25	20500.6	
2	自546段至722段在鬆砂石土壤内開挖渠道依照工作估計表規定渠底寬度5.5米至3.5米深度2.2米以内堤斜一個半比例	立方米	82510.15	0.25	20627.5	
3	在正渠兩傍修細渠兩道以為種樹之用依照工作估計表規定細渠寬度0.50米平均深度0.5米堤斜一個半比例 0.50(0.50×0.50×1.5)×25000×2＝	立方米	31250.0	0.20	6250.0	
4	渠身兩側面依照工作估計表規定須用砂石堆築河堤并用橋杆打平堤面寬1.5m斜度一個半比例	立方米	46366.15	0.25	11591.5	
5	渠之兩岸栽樹25公里需樹栽25000株計第一年栽種及灌溉需費如下	株	25000	0.25	150.0	
6	開挖渠傍之引水溝總計長25公里底寬0.5m平均深度0.5m	立方米	15625.0	0.20	3125.0	
		共計			62244.6	
	Ⅱ　裝　設					
P	a直徑0.5m管4處0.35m管18處					
1	預備砂子	立方米	48.7	0.30	14.61	

哲190

〇七〇　新疆省建設廳就建修伊犁區皇渠自惠遠至巴彦岱一段工程應需工料銀兩預算事給伊犁區警備司令部的咨（附預算表）（1939-07-25）
（J2-2-47-27）（6-4）

(1-15)

No	工作類别	計長單位	數目	單位價值	總值	附記
2	預備石塊	立方米	79,94	0,25	19,99	
3	預備大石蛋	立方米	59,18	0,20	11,84	
4	用二輪車載運砂石平均5公里					
	共計(48,7+79,94+59,18)1.6＝	噸	3095	4,25	1277,0	
5	預備各種洋灰	立方米	79,86	0,5	39,93	
6	預備水管及建修栽管地基(用洋灰築)	立方米	79,86	0,5	39,93	
7	在渠口及兩側面栽管處將上下地基打平	平方米	395	1,08	31,60	
8	插土　22×6,0	平方米	132,0	0,25	33,0	
		共計			1467,90	
	b 降水梯9處					
1	修降水梯木栅并鋪糖板	個	9	125,0	1125,0	
2	用石鋪墊渠底及斜岸	立方米	198,0,0	0,08	15,84	
3	取土	立方米	146,0	0,25	36,00	
4	墊土注水打椿等工作	立方米	108,0	0,30	32,40	
5	拉運砂石	噸	74,25	4,25	315,56	
6	預備樹梢并運至工作地點	車	135	4,00	540,0	
		共計			566,30	
	c 分水渠2處					
1	製做板栅	個	25	0,75	18,75	
2	栽椿深2,0m并栽設木排深2,3lm	個	34	0,25	8,5	
3	做水閘	平方米	54,0	1,00	54,0	
4	堆建石基	平方米	37,30	0,08	29,84	
5	取土	立方米	65,0	0,20	13,00	
6	墊土打平	平方米	60,0	0,25	15,00	
7	用7生的厚木板58塊栽成牌栅深2,0m	縱米	23,0	0,50	11,50	
8	拉運石蛋	立方米	55,95	6,37	350,80	
9	拉運砂子	立方米	37,30	6,37	237,60	
		共計			690,39	

〇七〇 新疆省建設廳就建修伊犁區皇渠自惠遠至巴彥岱一段工程應需工料銀兩預算事給伊犁區警備司令部的咨（附預算表）（1939-07-25）
（J2-2-47-27）（6-5）

116

№	工作類別	計算單位	數目	單位值價	總值	附記
	b 急流					
1	預備2公里之小石塊作阿					
	斯法爾得地衣基礎	立方米	48,86	0,25	122,15	
2	預備砂子	立方米	195,2	0,30	58,56	
3	運砂石至工作地點	噸	875,7	1,5	1313,55	
4	在哈什河預備阿斯法爾得	立方米	488	0,50	244	
5	運阿斯法爾得至75公里	噸	63	7,0	441,0	
6	鋪10生的厚砂石灌築阿					
	斯法爾得地衣	平方米	4886,0	0,1	488,60	
7	預備堆置阿斯法爾得於工作地點	立方米	244,30	1,5	366,45	
		共計			2814,71	
	C 橋梁					
1	哈什河上建橋4座	座	4	625,0	2500,0	
		共計			2500,0	
		以上裝設共計			7538,06	
	Ⅲ 材料					
1	水門汀土	噸	25,0	165,0	4125,0	
2	自惠遠碼頭運水門汀土					
	至工作地點約35公里	噸	25,0	5,0	125,0	
3	檁子直徑20生的長10米	根	750	4.0	3000,0	
	檁子直徑20生的長8米	根	278	3,20	889,6	
	檁子直徑20生的長6米	根	125	2,80	350,0	
4	厚板直徑11生的長8米	塊	207	2,0	414,0	
5	板子厚7生的長8米	塊	16	2,0	32,0	
	板子厚4生的長8米	塊	16	1,5	24,0	
6	元種鐵	噸	0,5	200,0	100,0	
7	木料伐運				150,0	
		共計			9209,6	
		以上ⅠⅡⅢ項共計			8459,02	

〇七〇 新疆省建設廳就建修伊犁區皇渠自惠遠至巴彦岱一段工程應需工料銀兩預算事給伊犁區警備司令部的咨（附預算表）（1939-07-25）（J2-2-47-27）（6-6）

117

1	預備費84590.2×2010=				169.180
2	公雜費84590.2×05010=				422.95
3	技術監察酬金84590.2×1.5010=				1268.85
		總計			87973.80
		以上金額捨零歸整			87975元

〇七一　綏定縣政府爲遵令取消哈族千百户長名義改稱區莊長情形事給伊犁區行政長公署的呈（附區莊長名單、區村長訓練大綱）（1939-08-02）
（J2-2-6-17）（8-1）

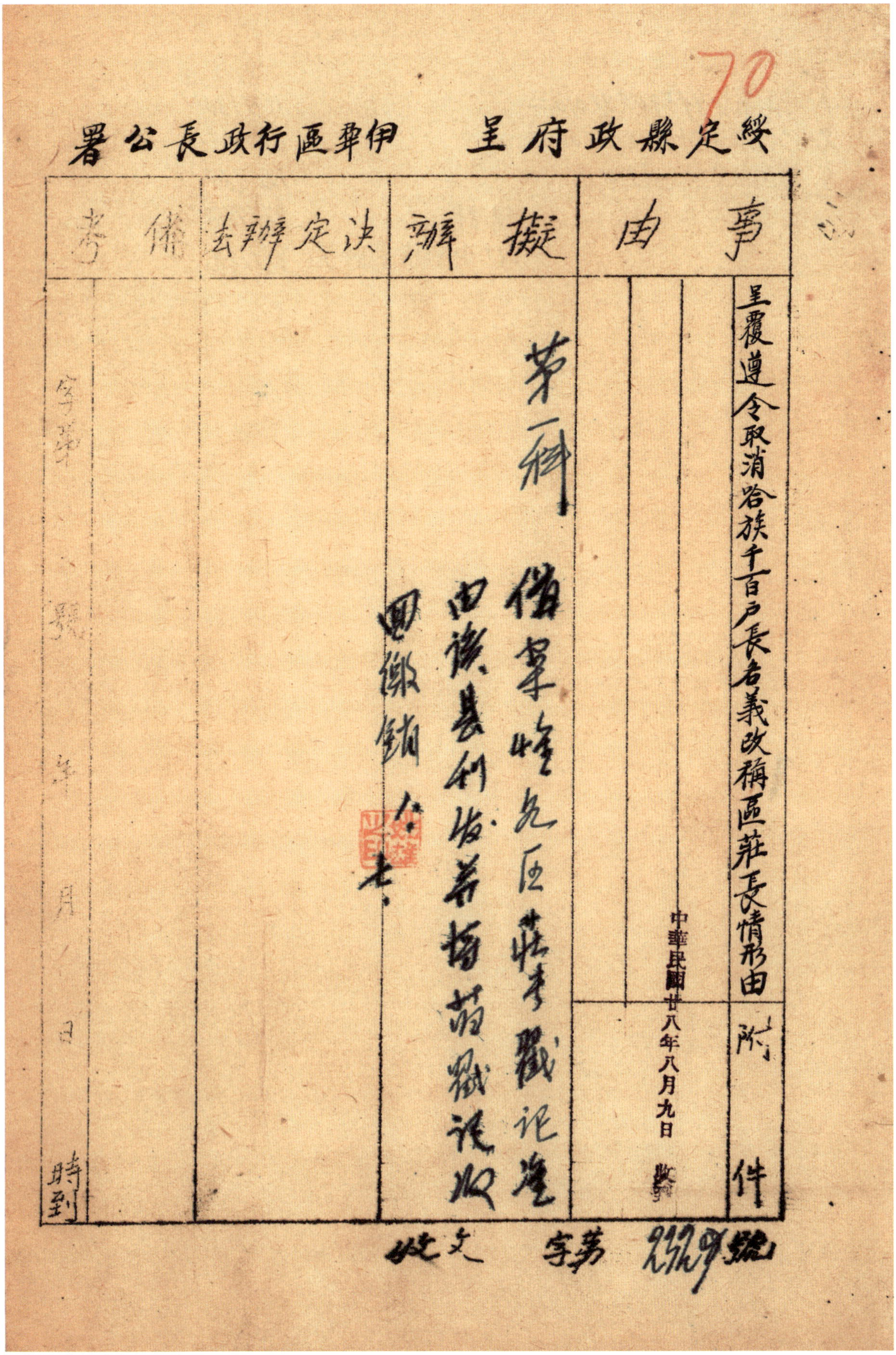

綏定縣政府　呈　伊犁區行政長公署

事由	呈覆遵令取消哈族千百户長名義改稱區莊長情形由
附	
	中華民國廿八年八月九日　發
件	
擬辦	第一科 [illegible]
批示	
決定辦法	
備考	

收到　年　月　日　時

收文　號

〇七一　綏定縣政府爲遵令取消哈族千百户長名義改稱區莊長情形事給伊犁區行政長公署的呈（附區莊長名單、區村長訓練大綱）（1939–08–02）
（J2–2–6–17）（8–2）

呈為呈覆遵令取消哈族千百戶長名義改稱區莊長情形仰祈
鑒核查考事竊於本年七月二十二日案奉
鈞署第一六六三號通令轉奉
督
省兩署訓令内開呈請將所屬九個游牧劃歸各縣局管轄取消舊
制之千百戶長改為區莊長名稱以符名實一案除原文有免錄外
尾開除分行外仰即遵照辦理具報此令等因奉此遵即於七月三
十日召集綏屬各哈族頭目人等會議當將取消千百戶長名義
改稱區莊之意義詳為解釋衆皆明瞭茲經決議將全境游
牧劃為二區十莊計菓子溝以東為第一區以牙哈甫伯克為區
長菓子溝以西為第二區以司卡克為區長每區分為五莊共

〇七一　綏定縣政府爲遵令取消哈族千百户長名義改稱區莊長情形事給伊犁區行政長公署的呈（附區莊長名單、區村長訓練大綱）（1939-08-02）
（J2-2-6-17）（8-3）

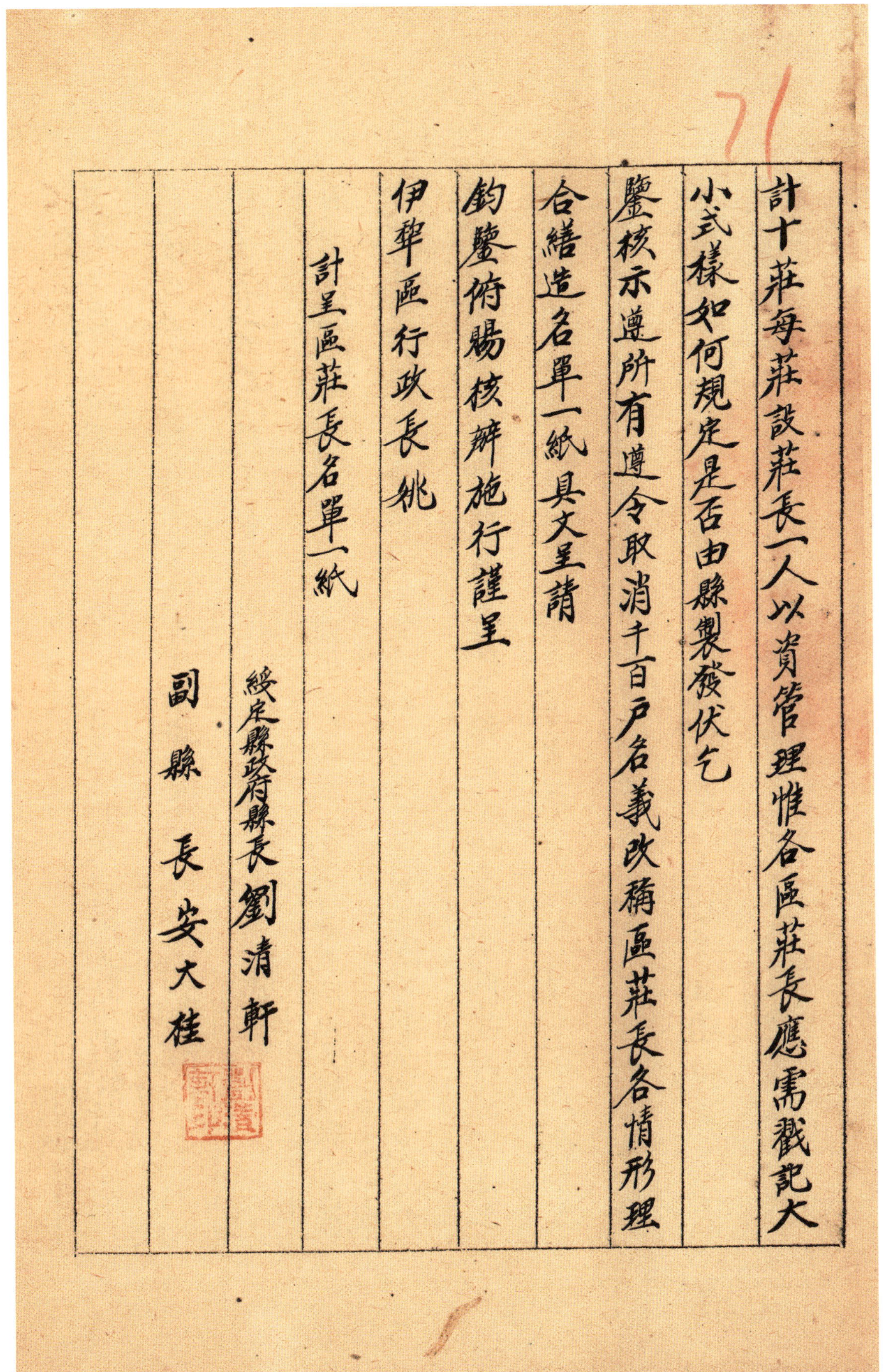

計十莊每莊設莊長一人以資管理惟各區莊長應需戳記大
小式樣如何規定是否由縣製發伏乞
鑒核示遵所有遵令取消千百户名義改稱區莊長各情形理
合繕造名單一紙具文呈請
鈞鑒俯賜核辦施行謹呈
伊犂區行政長姚
計呈區莊長名單一紙
綏定縣政府縣長劉清軒
副縣長安大桂

民國二十八年八月二日

○七一　綏定縣政府爲遵令取消哈族千百户長名義改稱區莊長情形事給伊犁區行政長公署的呈（附區莊長名單、區村長訓練大綱）（1939-08-02）（J2-2-6-17）（8-4）

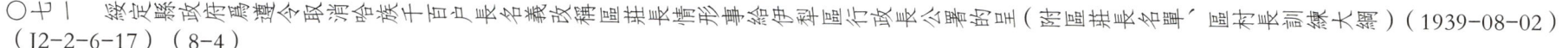

○七一　綏定縣政府爲遵令取消哈族千百户長名義改稱區莊長情形事給伊犁區行政長公署的呈（附區莊長名單、區村長訓練大綱）（1939-08-02）（J2-2-6-17）（8-5）

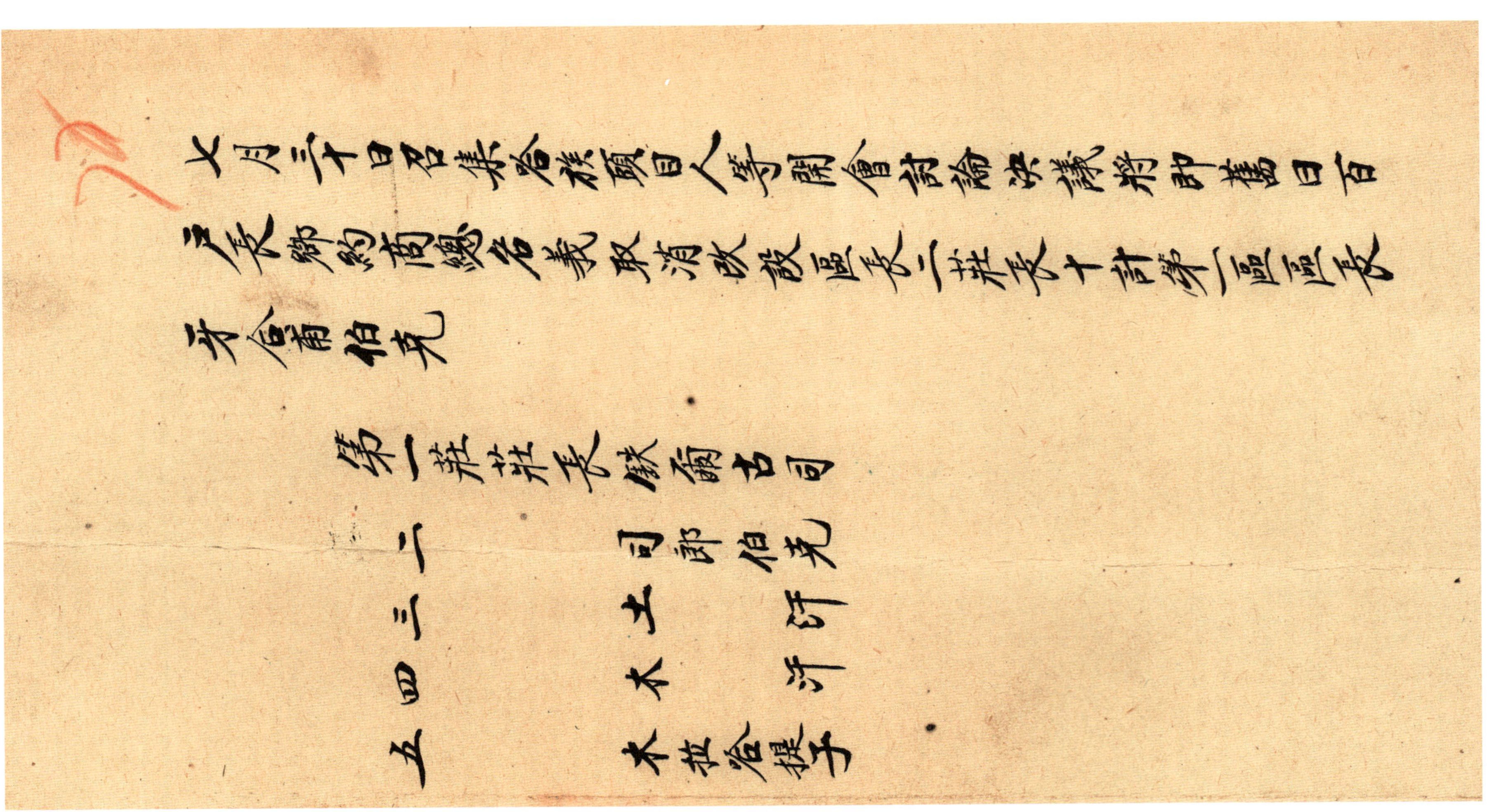

七月三十日召集哈族頭目人等開會討論決議將即舊日百戶長卽約商總名義取消改設區長一莊長十計第一區區長牙合甫伯克

第一莊莊長鉄爾古司
二　司郎伯克
三　土　吁
四　木木　汗
五　木拉合提子

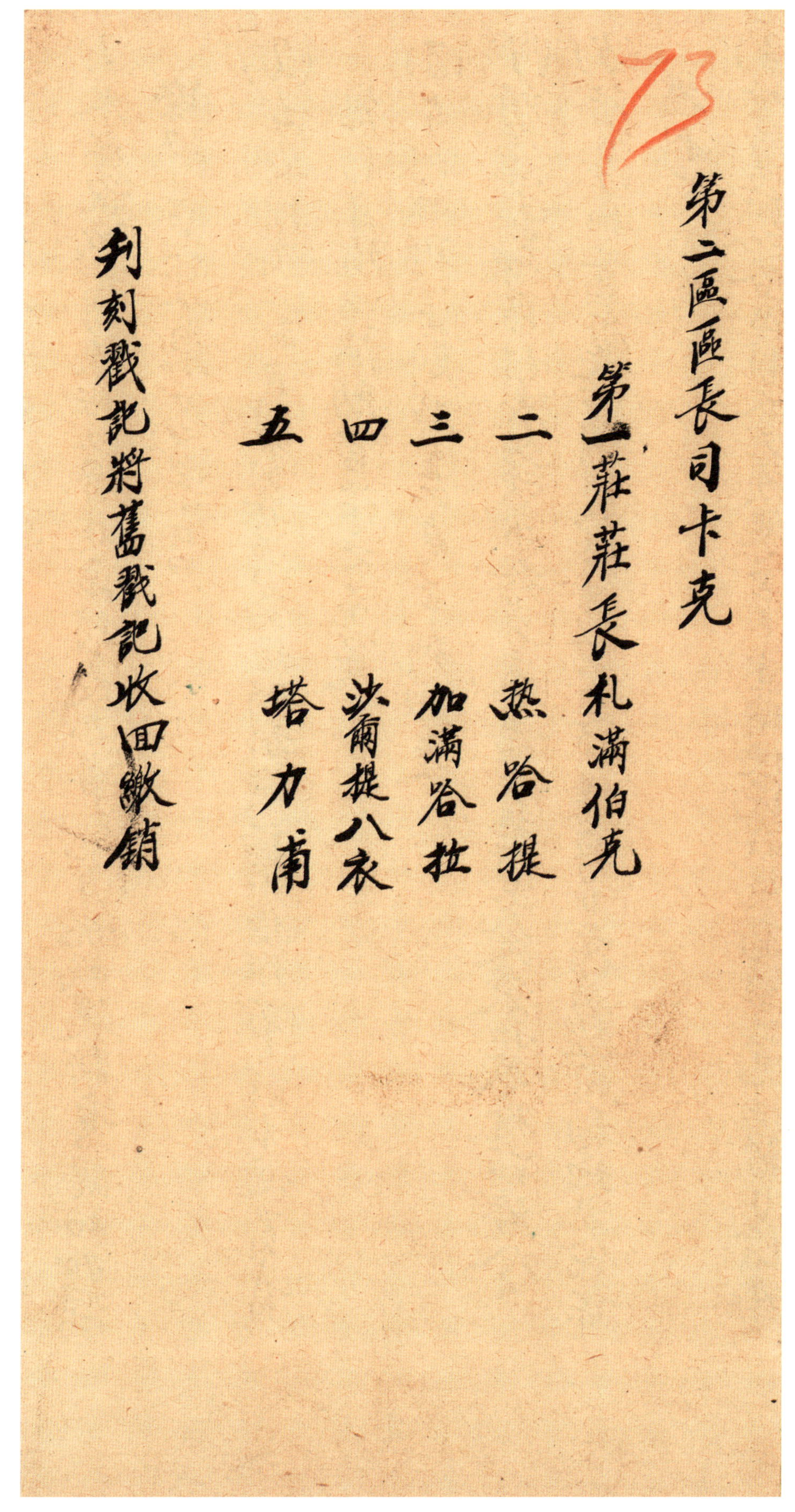
第二區區長司卡克
第一莊莊長札滿伯克
二　熱吾提
三　加滿吾拉
四　沙爾提八衣
五　塔力甫
刋刻戳記將舊戳記收回繳銷

〇七一　綏定縣政府爲遵令取消哈族千百户長名義改稱區莊長情形事給伊犁區行政長公署的呈（附區莊長名單、區村長訓練大綱）（1939-08-02）（J2-2-6-17）（8-6）

〇七一　綏定縣政府爲遵令取消哈族千百户長名義改稱區莊長情形事給伊犁區行政長公署的呈（附區莊長名單、區村長訓練大綱）（1939-08-02）
（J2-2-6-17）（8-7）

區村長訓練大綱

(1)本縣長成立訓練班以增進區村長辦事能力抗戰建新意認和加深瞭解六大政策爲宗旨

(2)本縣所有正副區村長皆須受短期訓練增强作事能力使負責推行自治以補助官治之不足

(3)本訓練班以正副縣長爲正副班長

(4)所有受訓練區村長必須勇於負責忠實執行六大政策和政府一切法令

(5)所有受訓之區村長必須服從縣政府之領導努力工作爲政府爲地方人民謀福利

(6)所有受訓之各區村長必須經常宣傳使民衆以提高警覺性努力檢舉汗奸托匪敵探走狗挑撥离间份子以鞏固抗戰重要後方

（7）所有訓練課程本期暫定為政府政策村長須書選种植樹清查戶口教育保健調查水利以及農牧業之合法的管理

（8）所有各區村長於受訓後必須努力宣揚並提倡發展農牧業尤其是家庭副業以便加緊鞏固新疆經濟基礎

（9）各區村長受訓後必須在農村激牧能起領導作用影響農民以建樹模範縣治之基礎

（10）講师得請各机關首袖担任之

（11）所有區村長伙食住宿講義等項由縣府籌備供給

（12）本期訓練為了樽節时間暫定自晚間增加教授二小時

（13）課目表另訂之

（14）本办法如有未尽事宜得隨时增減之

（15）本办法自呈准之日施行之

〇七一　綏定縣政府爲遵令取消哈族千百户長名義改稱區莊長情形事給伊犁區行政長公署的呈（附區莊長名單、區村長訓練大綱）（1939-08-02）（J2-2-6-17）（8-8）

○七二　伊寧縣政府就呈請撤銷錫伯族舊官牧場、滿營舊官牧場以清地權事的呈及伊犁區行政長公署的指令（1939–08–07）（J2–2–45–19）（12–1）

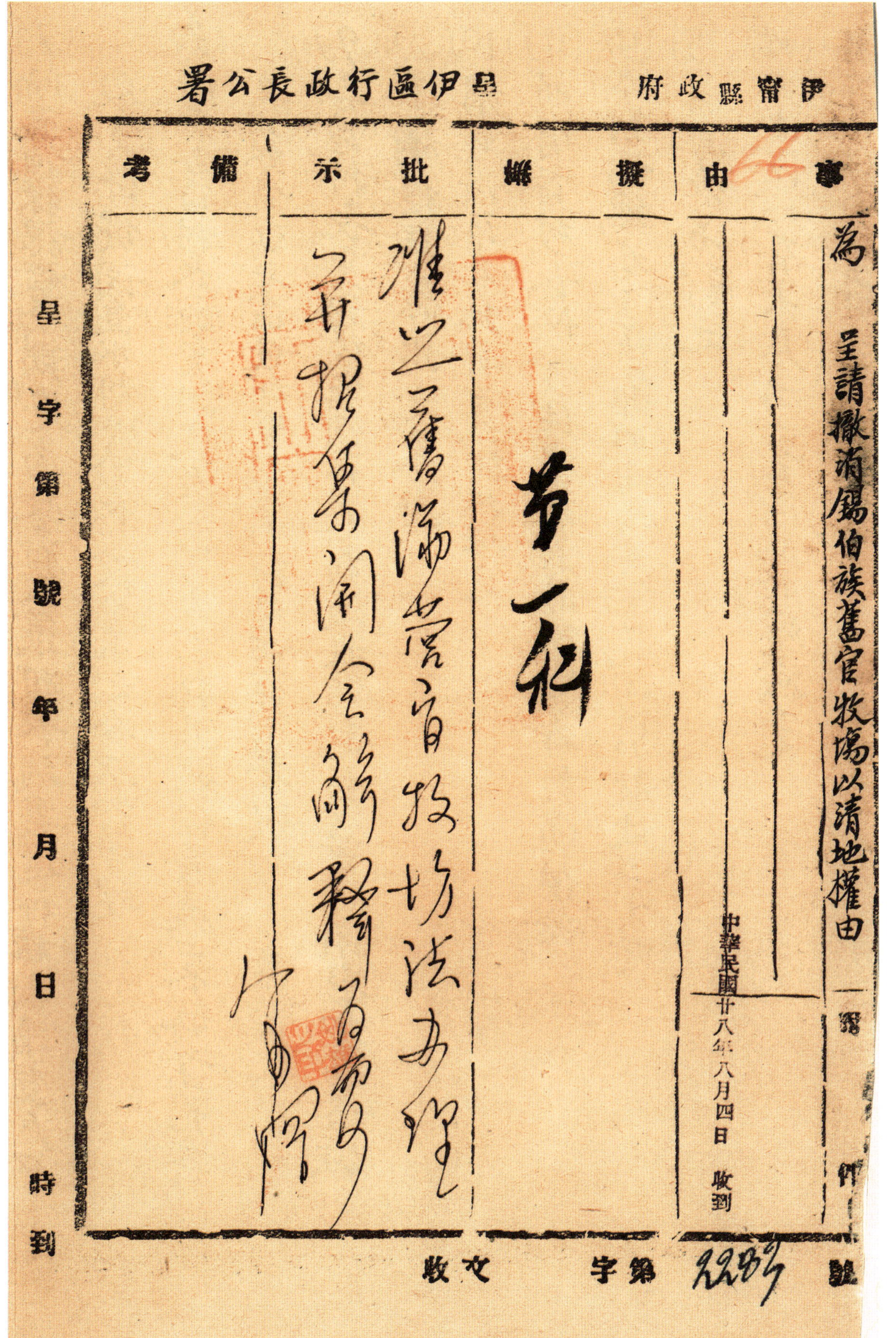

伊寧縣政府　呈伊犁區行政長公署

事由：為呈請撤消錫伯族舊官牧場以清地權由

中華民國廿八年八月四日收到

擬辦

批示

備考

呈　字第　號　年　月　日　時到

收文　字第　號

呈為擬懇明令撤消縣屬錫伯營舊官牧場以清地權而蘇民困
仰祈
鑒核示遵事竊查縣屬博爾卜遜水迤東至縣境有錫伯營舊
官牧場係往年指定為該營放牧之地民國改革地遂棄置惟
該錫伯族對於此種地權並不繳歸公有任其荒蕪如有維哈貧
民往種旱田於其地者除給公家完旱田糧外尚須交該族以
地租據報每一對牛之地要羯羊一隻可謂苛索已極是似情形
地不歸公不但民受雙層重稅亦且於民平政策似相違背此次
縣長親詣視察游牧方始發覺該處民人困苦值茲
政府注意哈柯蒙各民族生活之際此等陋規應即革除以蘇

民困而清地權所有擬請明令撤消錫伯族牧地緣由是否有當
理合具文呈請
鑒核批示祇遵謹呈
伊犁區行政長姚

伊寧縣縣長孟昭代
副縣長蘇爾唐

○七二　伊寧縣政府就呈請撤銷錫伯族舊官牧場、滿營舊官牧場以清地權事的呈及伊犁區行政長公署的指令（1939-08-07）（J2-2-45-19）（12-4）

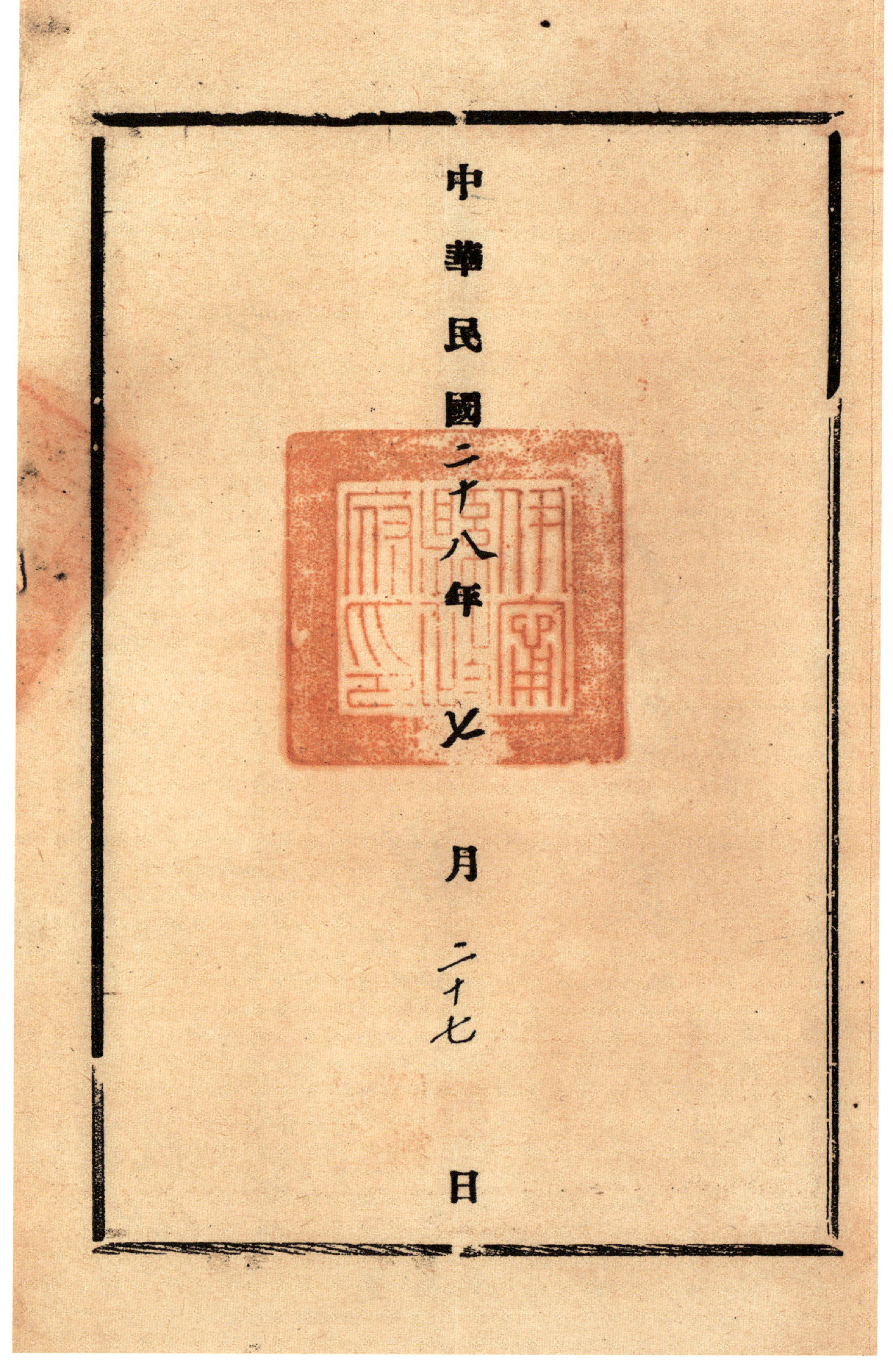
中華民國二十八年七月二十七日

〇七二　伊寧縣政府就呈請撤銷錫伯族舊官牧場、滿營舊官牧場以清地權事的呈及伊犁區行政長公署的指令（1939-08-07）（J2-2-45-19）（12-5）

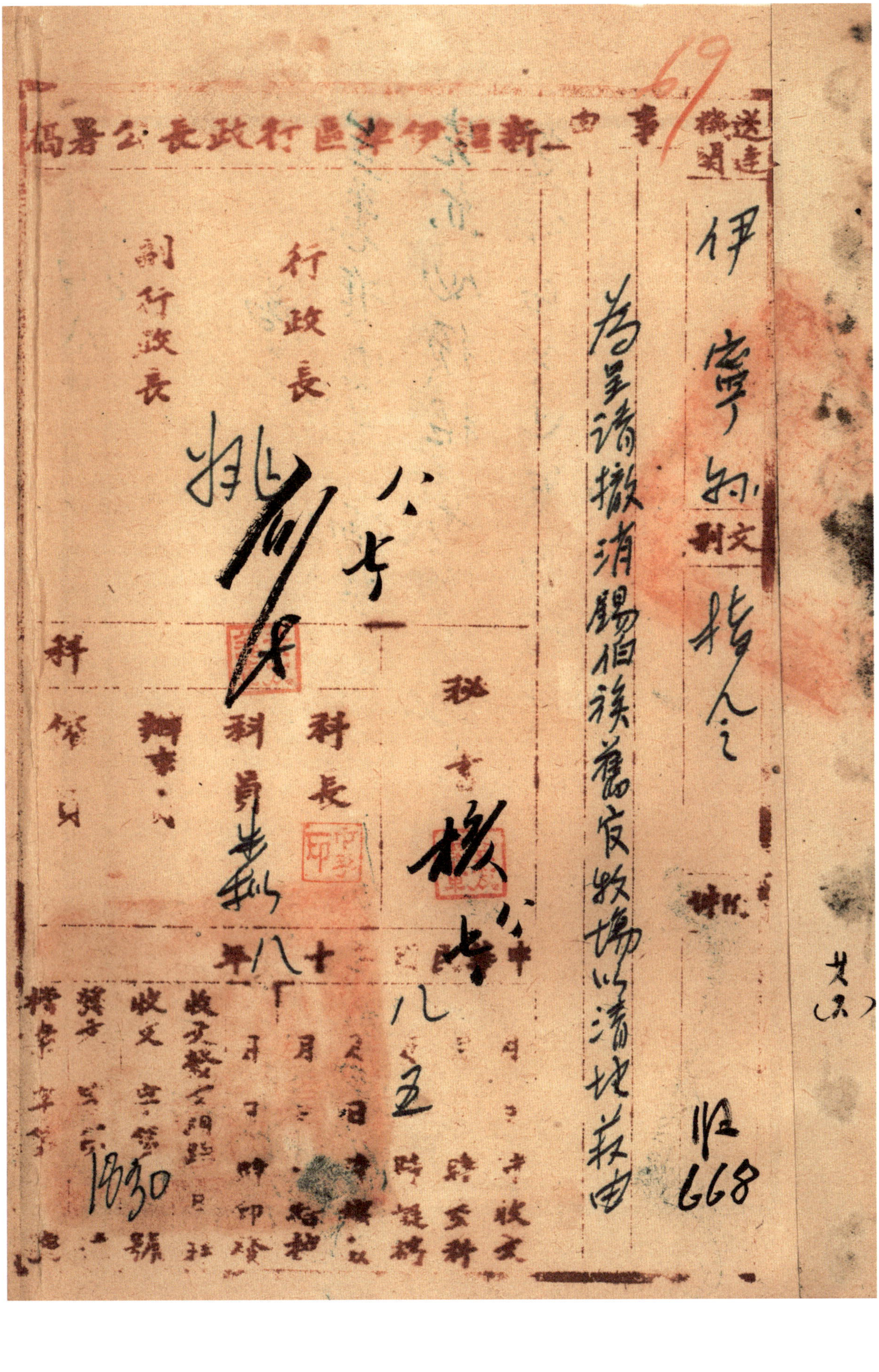

新疆伊犁區行政長公署稿

事由

為呈請撤銷錫伯族舊官牧場以清地權由

送達機關：伊寧知事

文別：指令

收 668

行政長

副行政長

批　八、七

秘書

科長

科員

八月七日

八月五日

69

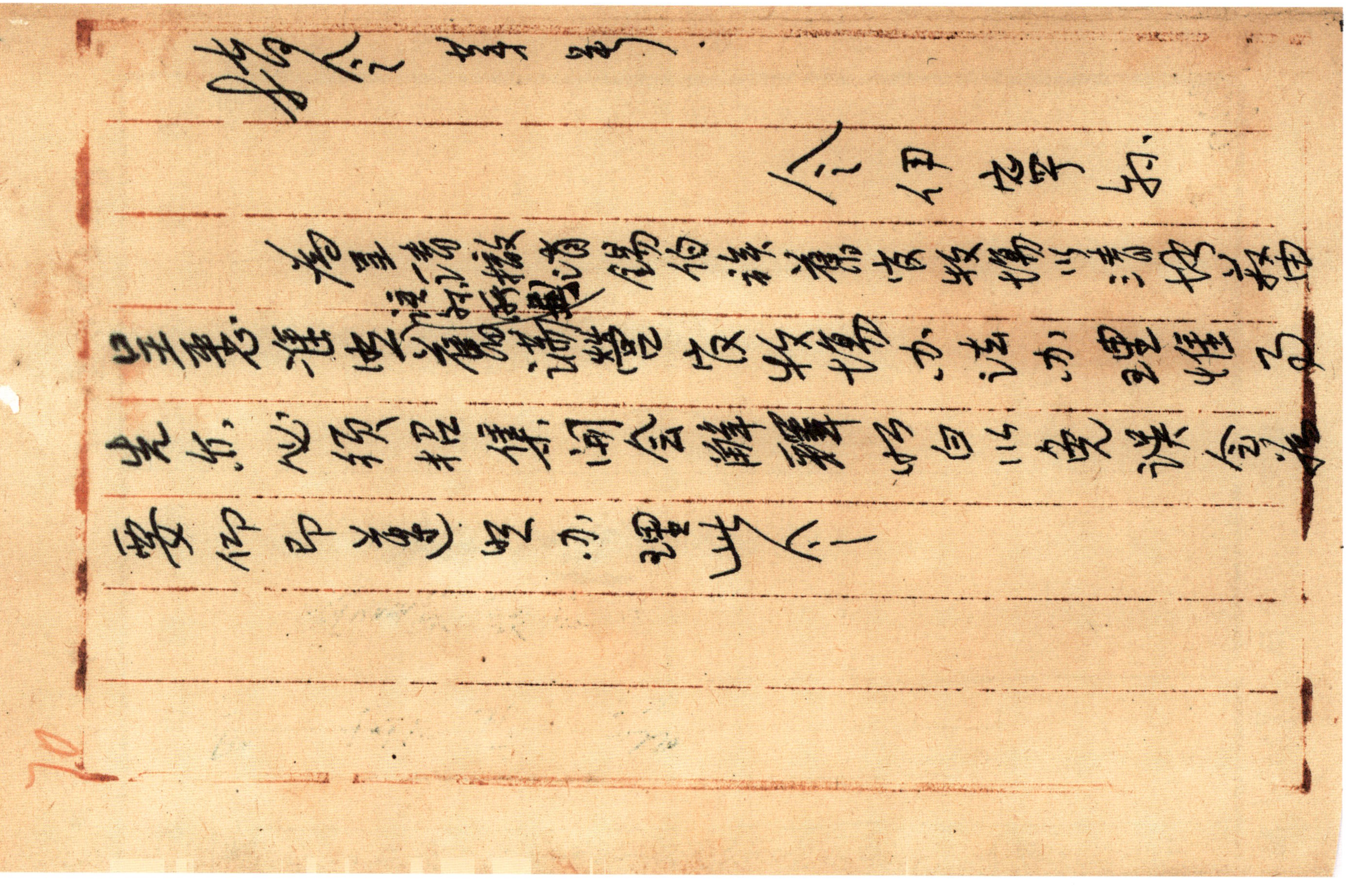

70

指令　第　號

令伊寧知

爲呈請撤消錫伯族舊官牧場以清地權由

呈悉。准照[illegible]舊滿營官牧場辦法辦理。惟[illegible]爲先，然必須招集開會解釋明白，以免誤會爲要。仰即遵照辦理。此令。

○七二　伊寧縣政府就呈請撤銷錫伯族舊官牧場、滿營舊官牧場以清地權事的呈及伊犁區行政長公署的指令（1939-08-07）（J2-2-45-19）（12-7）

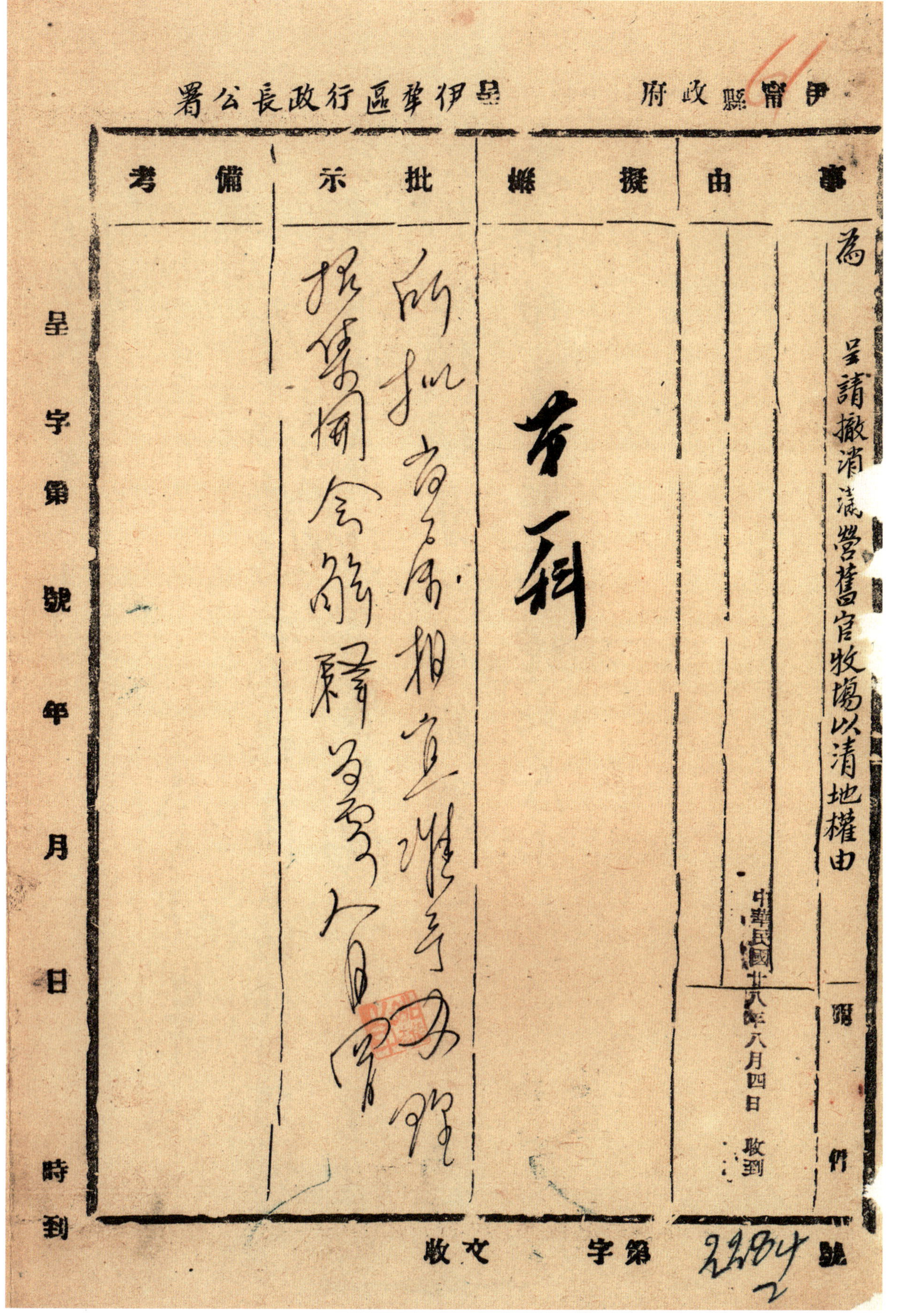

伊寧縣政府　呈伊犁區行政長公署

事由：為呈請撤銷滿營舊官牧場以清地權由

附件

中華民國廿八年八月四日收到

擬辦：建科

批示：所擬尚屬相宜，准予照辦 [illegible]

備考

呈　字第　號　年　月　日　時到

收文　字第 2284 號

○七二　伊寧縣政府就呈請撤銷錫伯族舊官牧場、滿營舊官牧場以清地權事的呈及伊犁區行政長公署的指令（1939-08-07）（J2-2-45-19）（12-8）

呈爲擬懇明令撤消縣屬滿營舊官牧場以清地權而免糾紛仰祈鑒核示遵事。竊查縣屬皮里沁以東至博爾卜遜水之間東西寬八十餘里南北長約四十里，係滿清時期指定爲滿營官牧場地，改元以後理應繳歸公有，惟迄今仍爲該營所把持，以致糾紛疊出，理不勝理。似此情形，不但影響耕種，難期增加收穫，亦且於發展農業前途大有障碍，自應取消該滿營舊牧場地權，以息糾紛。縣長窺度環境，擬懇將該滿營舊管地段改爲：（一）如能自種，該族户民有領地優先權；（二）如不能自種，應由公家丈放招懇，禁止滿族地主剝削制；（三）從前經各族户民墾熟之地，准予給照，以安生業。以上三點辦法是否可行，理合具文呈請

○七二　伊寧縣政府就呈請撤銷錫伯族舊官牧場、滿營舊官牧場以清地權事的呈及伊犁區行政長公署的指令（1939-08-07）（J2-2-45-19）（12-9）

鑒核俯准明令公佈施行謹呈

伊犁區行政長姚

伊寧縣縣　長孟昭代

副縣長蘇爾唐

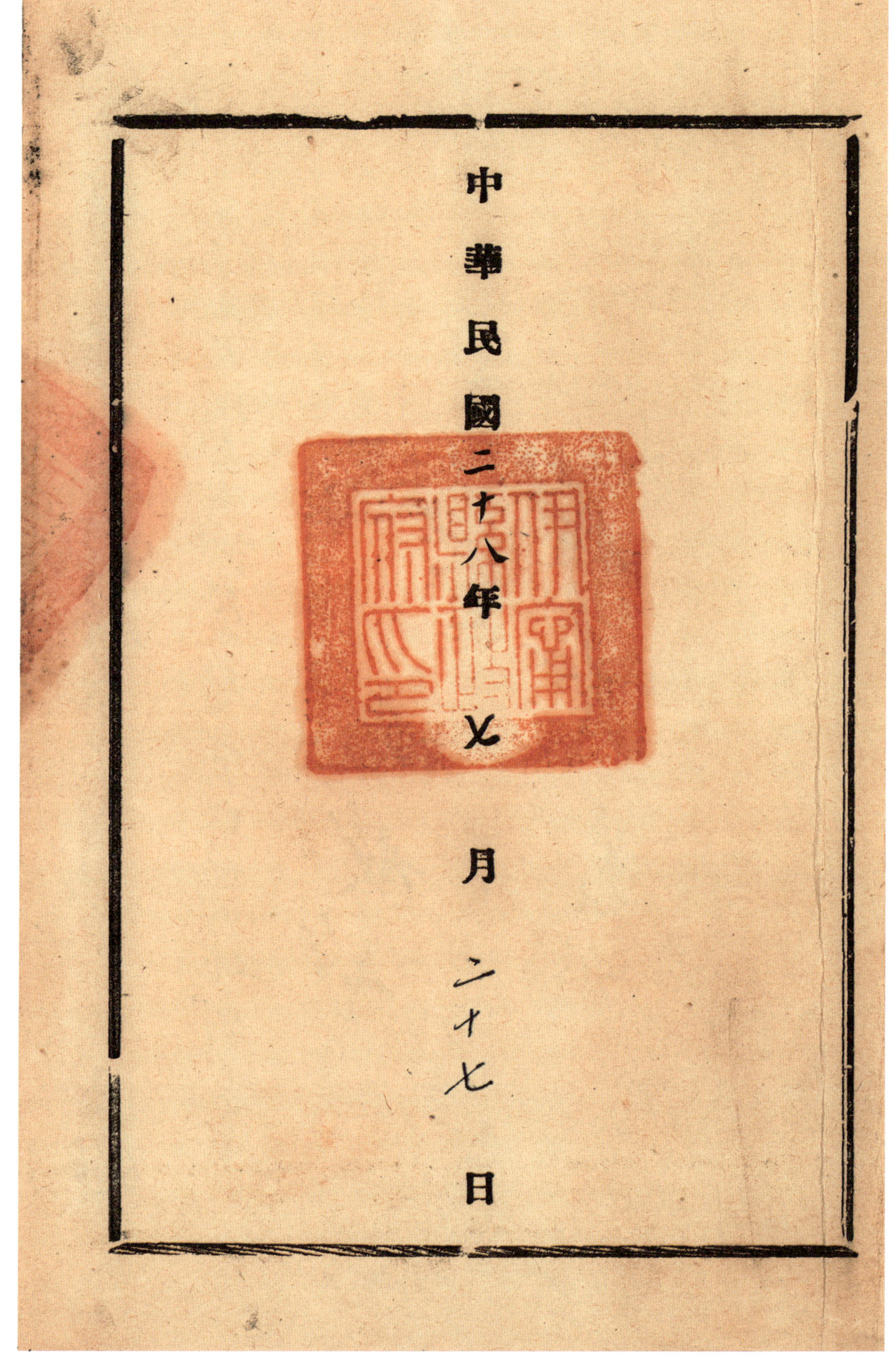
中華民國二十八年七月二十七日

〇七二　伊寧縣政府就呈請撤銷錫伯族舊官牧場、滿營舊官牧場以清地權事的呈及伊犁區行政長公署的指令（1939-08-07）（J2-2-45-19）（12-11）

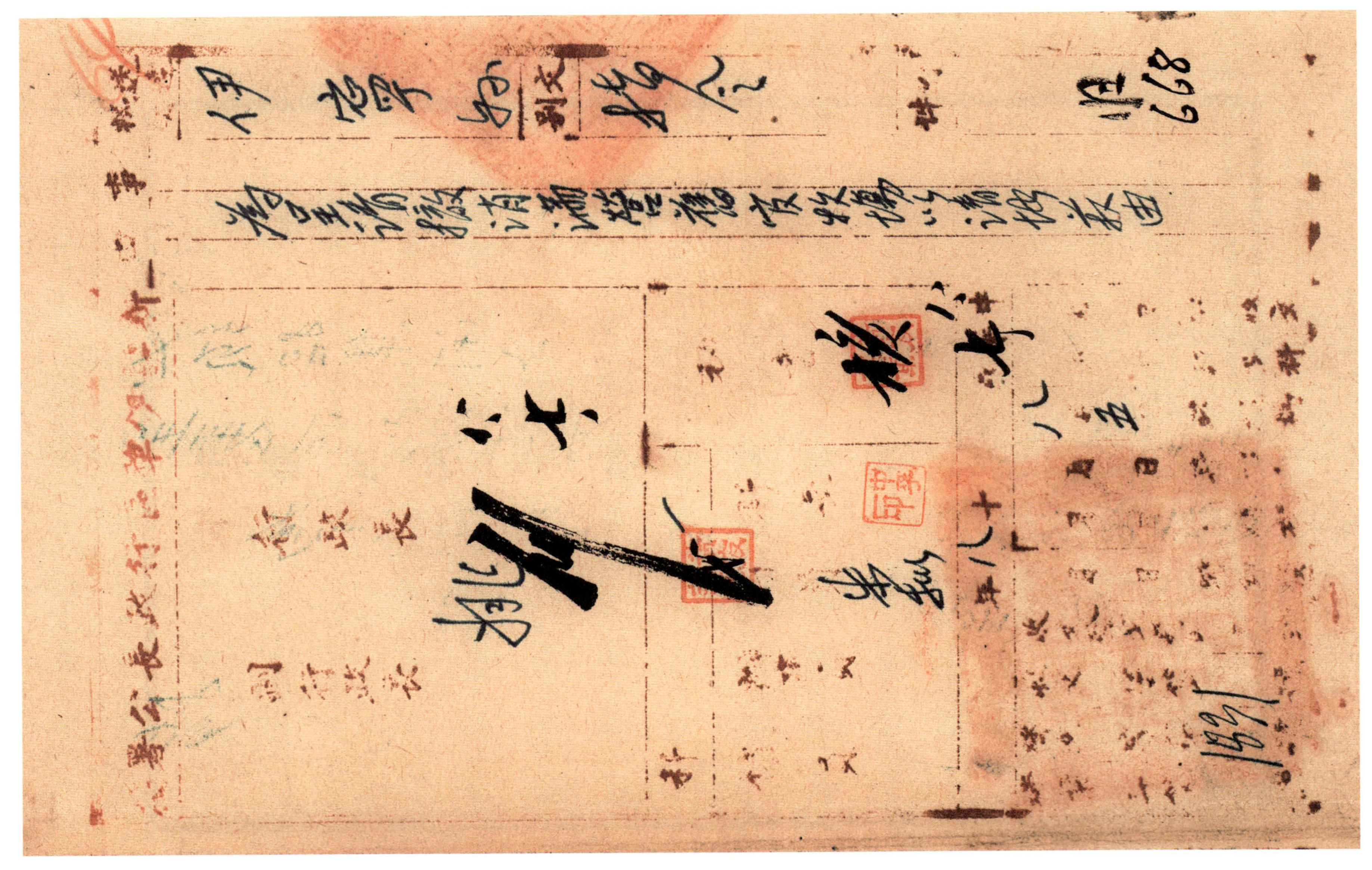

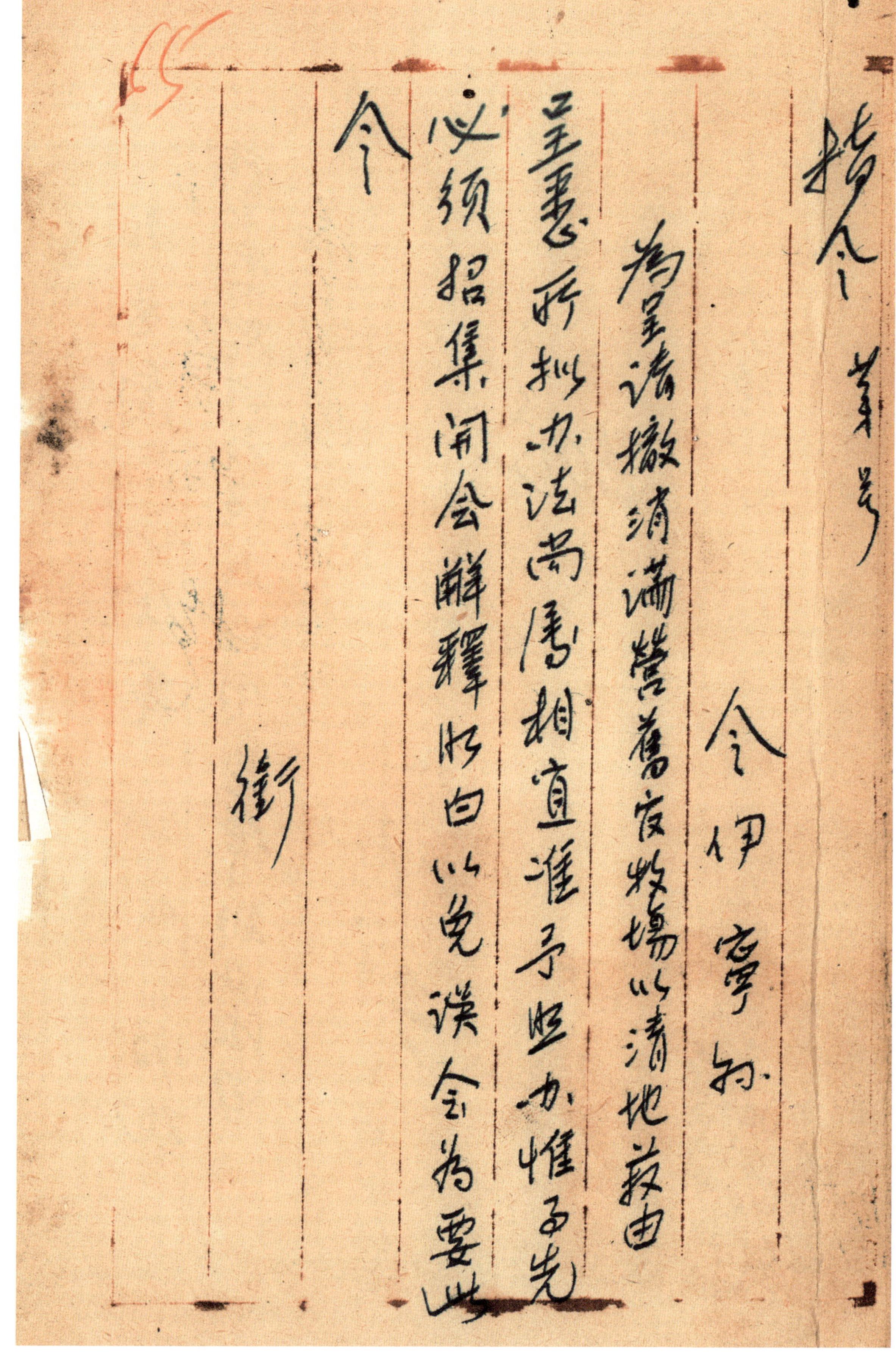

指令　第　號

令伊寧縣

為呈請撤消滿營舊官牧場以清地權由

呈悉。所擬辦法尚屬相宜，准予照辦。惟事先必須召集開會，解釋明白，以免誤會為要。此令。

衔

〇七二　伊寧縣政府就呈請撤銷錫伯族舊官牧場、滿營舊官牧場以清地權事的呈及伊犁區行政長公署的指令（1939–08–07）（J2–2–45–19）（12–12）

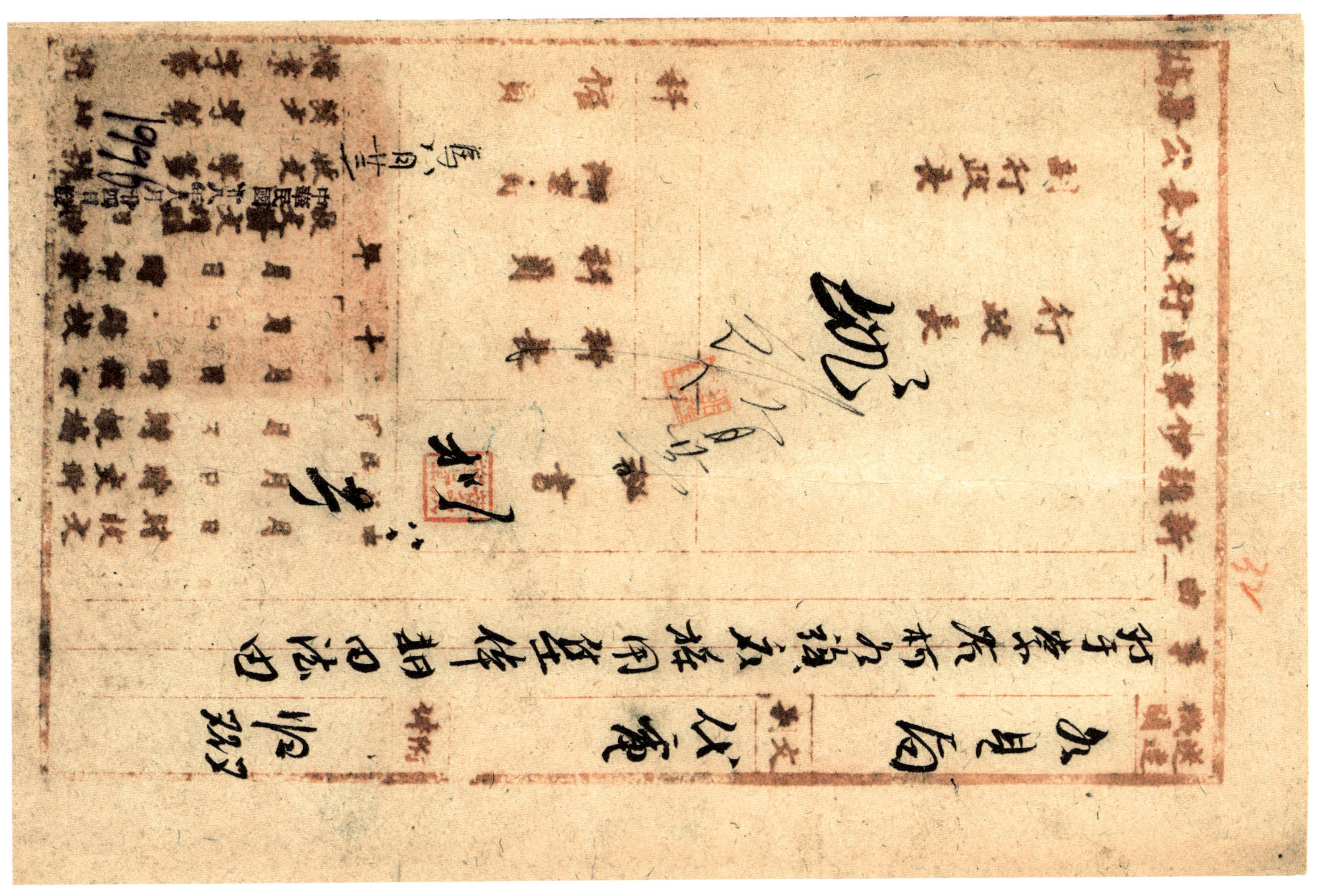

〇七三　伊犁區行政長公署就蒙、哈、柯各族應采用集體耕田法事給各縣局的代電（1939-08-24）（J2-1-206-9）（3-1）

特克斯、哈克滿、昭蘇、鞏哈、精河、博樂、溫泉、各縣
向系因屢經決裂選代一日千里之際，該縣向爲
蒙、哈、柯民族，尚過着遊牧生活，經濟文化非常
落後，若再不急起直追（設法整頓），勢必愈落愈後，將無與
世界先進人類并駕齊驅之一日，殊爲可虞。茲擬
將該（族）民族之遊牧習慣（逐漸）改爲農村生活，由該縣
向群眾負責領導，使該民眾徹底瞭解農業之重
要，視農牧（業與）業相齊並重，應采用集體（合縣）

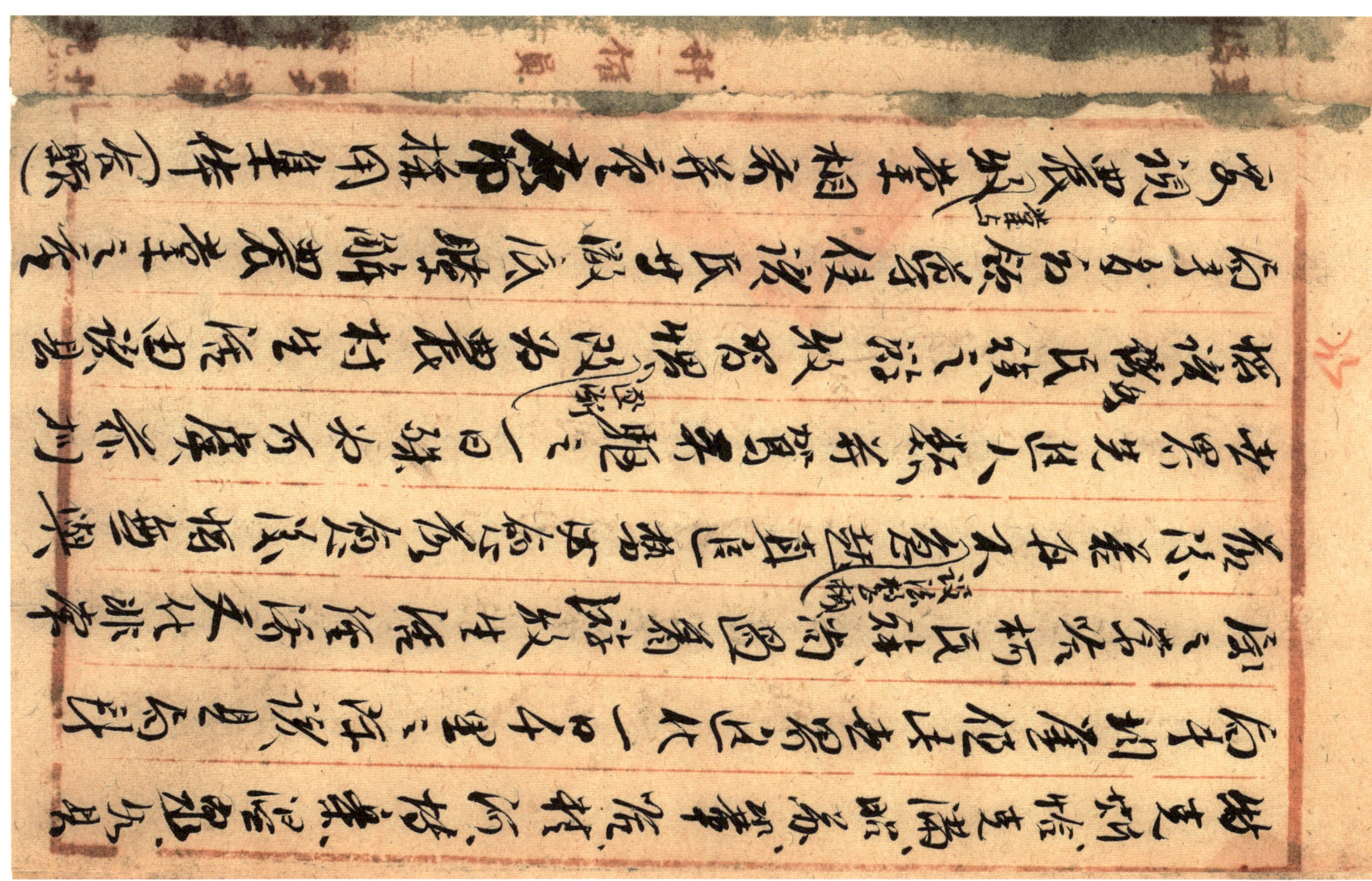

○七三　伊犁區行政長公署就蒙、哈、柯各族應采用集體耕田法事給各縣局的代電（1939-08-24）（J2-1-206-9）（3-3）

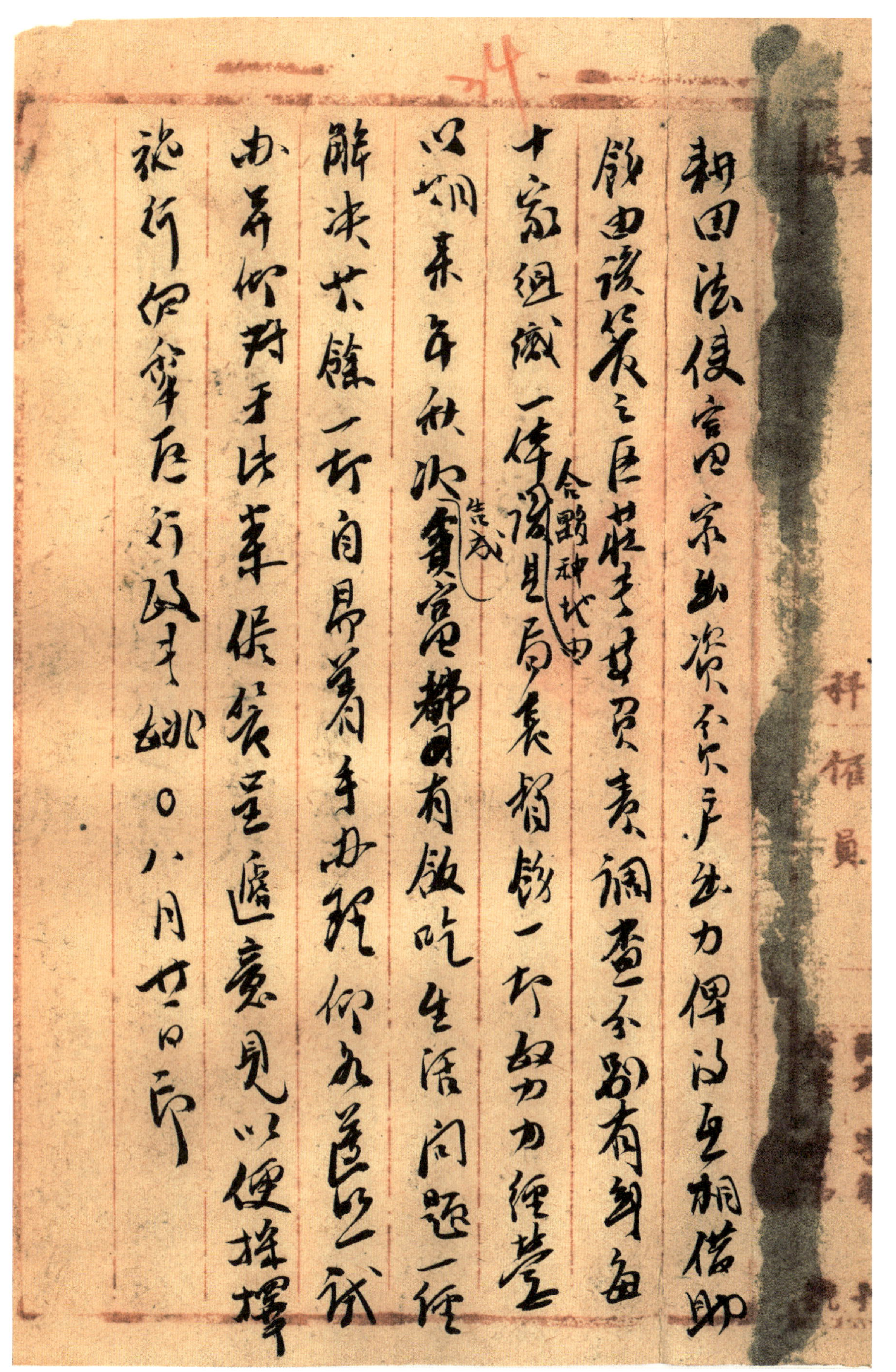

耕田法，使富者出資，貧者出力，俾得互相借助。
飭由該管長官莊長負責調查，分別有[illegible]，每
十家組織一伴，合夥耕地，由該局長督飭一切，努力經營，
以期來年秋收告成，實實有飯吃，生活問題一經
解決，其餘一切自易著手辦理。仰即[illegible]試
辦，并仰對于此事[illegible]呈遞意見，以便採擇
祇行。伊犁行政長姚〇八月廿四日印

〇七四　河南設治局就氣候土質對於種棉尚能相宜情形事給伊犁區行政長公署的呈（1939-10-18）（J2-2-35-31）（4-1）

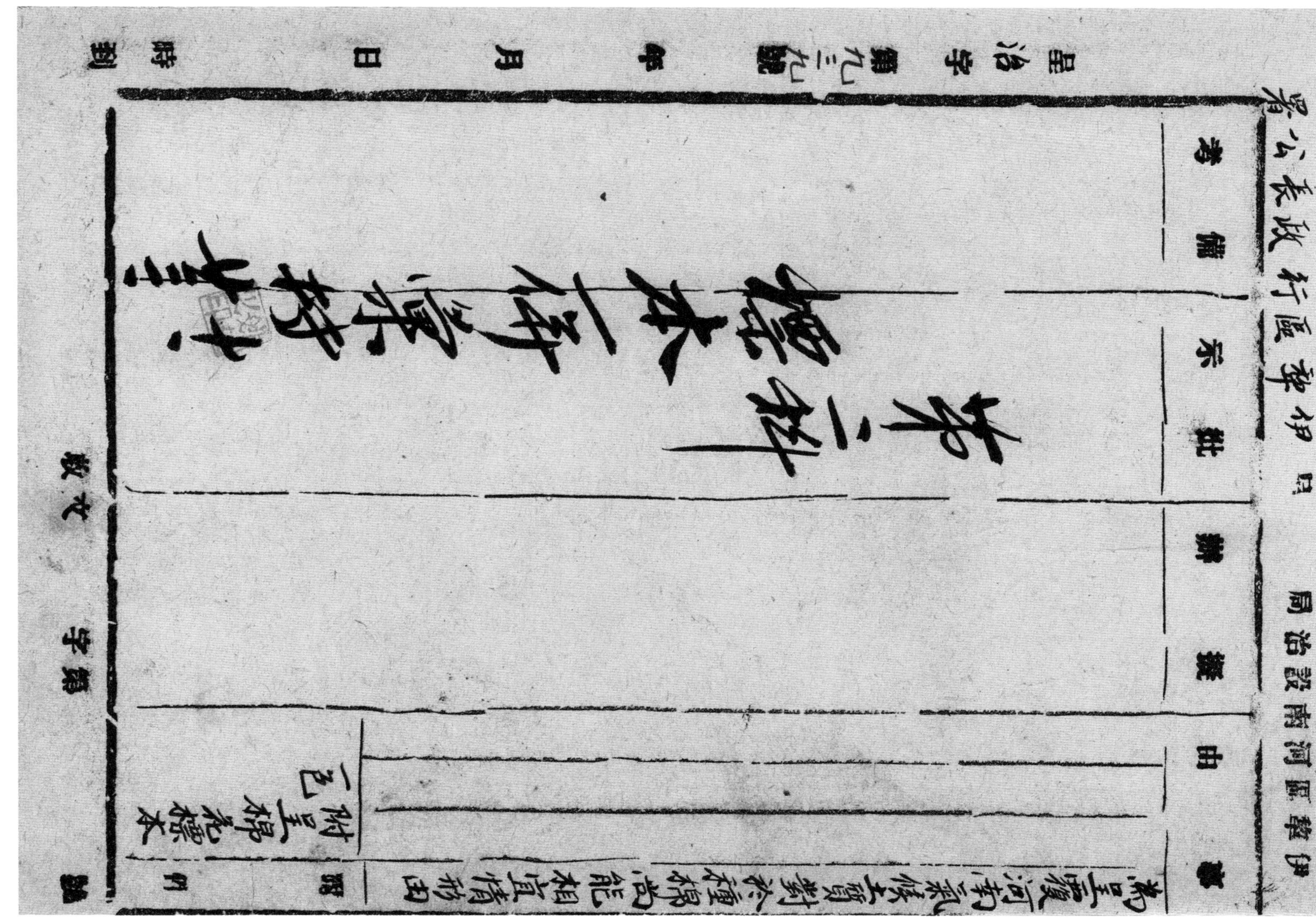

伊犁區河南設治局

呈治字第九三九號

年　月　日　時到

事由：為呈覆河南氣候土質對於種棉尚能相宜情形由

附呈：棉花標本一包

批示

辦法

備考

第　字　號

收文

○七四 河南設治局就氣候土質對於種棉尚能相宜情形事給伊犁區行政長公署的呈（1939-10-18）（J2-2-35-31）（4-2）

呈為呈覆河南氣候土質對於種棉尚能相宜情形仰祈
鑒核彙轉事案奉
鈞署第一八一三號訓令略開仰各縣局於奉電後即將所轄境內確有播種棉花地畝面積共有若干應派員調查統計列表呈報以憑彙轉等因奉此遵查河南氣候及土質均宜於種植棉花不過職局前派員調查本年各村民衆均係在於菜園及牆院附近種植零星少數之棉並無較大種棉之面積擬懇邀免呈報地畝數目惟職局於本年在農林試驗場試種所得成績甚良謹將收獲棉花郵呈少許以作標本理合呈覆
鈞署鑒核彙轉施行謹呈

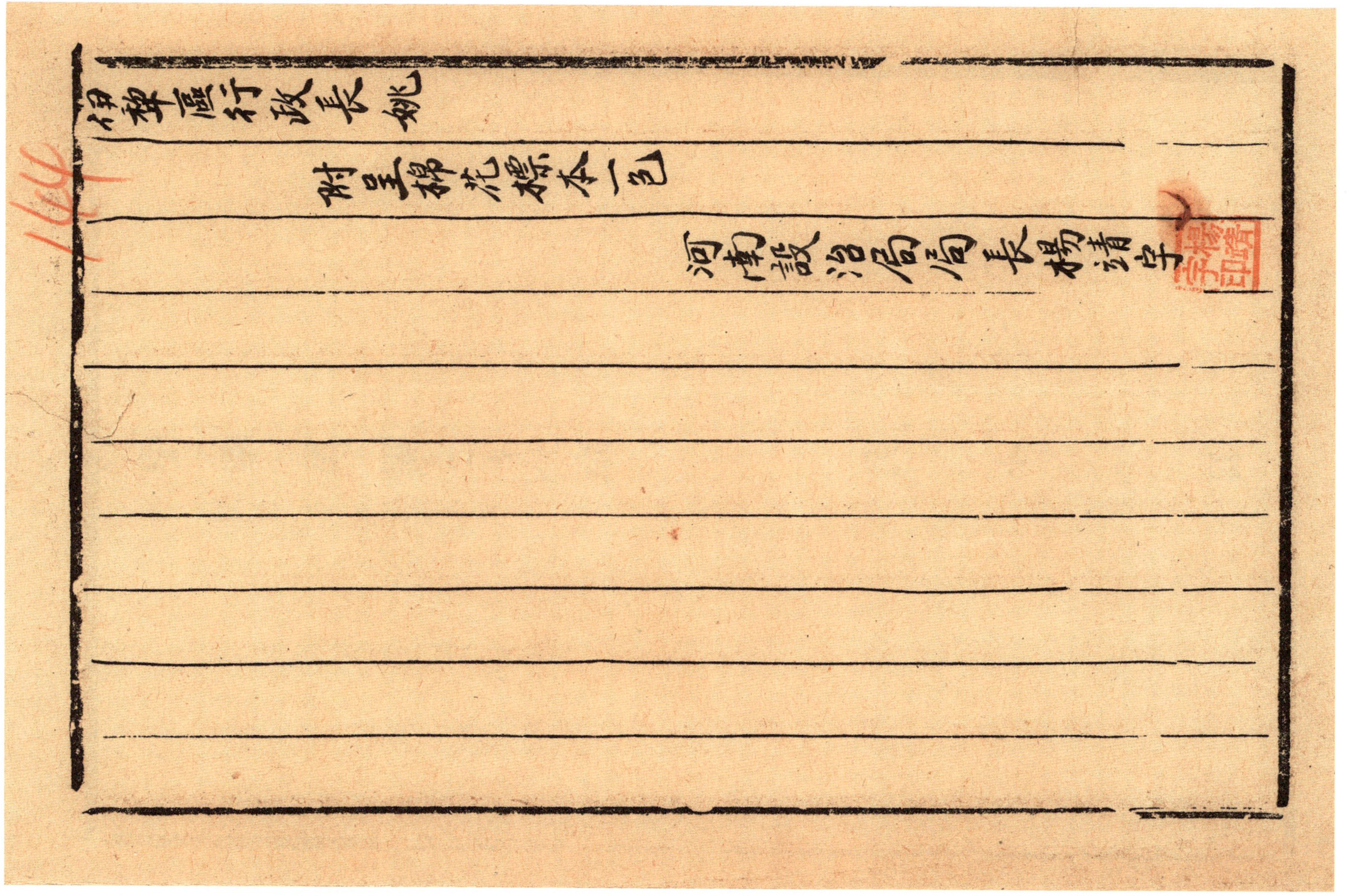
伊犁區行政長姚
附呈棉花標本一包
河南設治局局長楊清字
楊清印
144

○七四　河南設治局就氣候土質對於種棉尚能相宜情形事給伊犁區行政長公署的呈（1939-10-18）（J2-2-35-31）（4-3）

○七四　河南設治局就氣候土質對於種棉尚能相宜情形事給伊犁區行政長公署的呈（1939-10-18）（J2-2-35-31）（4-4）

中華民國二十八年十月十八日

〇七五　昭蘇設治局爲報民國廿八年度農產播種收穫數量表給伊犁區農牧場的公函（附調查表）（1939-12-06）（J2-2-5-14）（2-1）

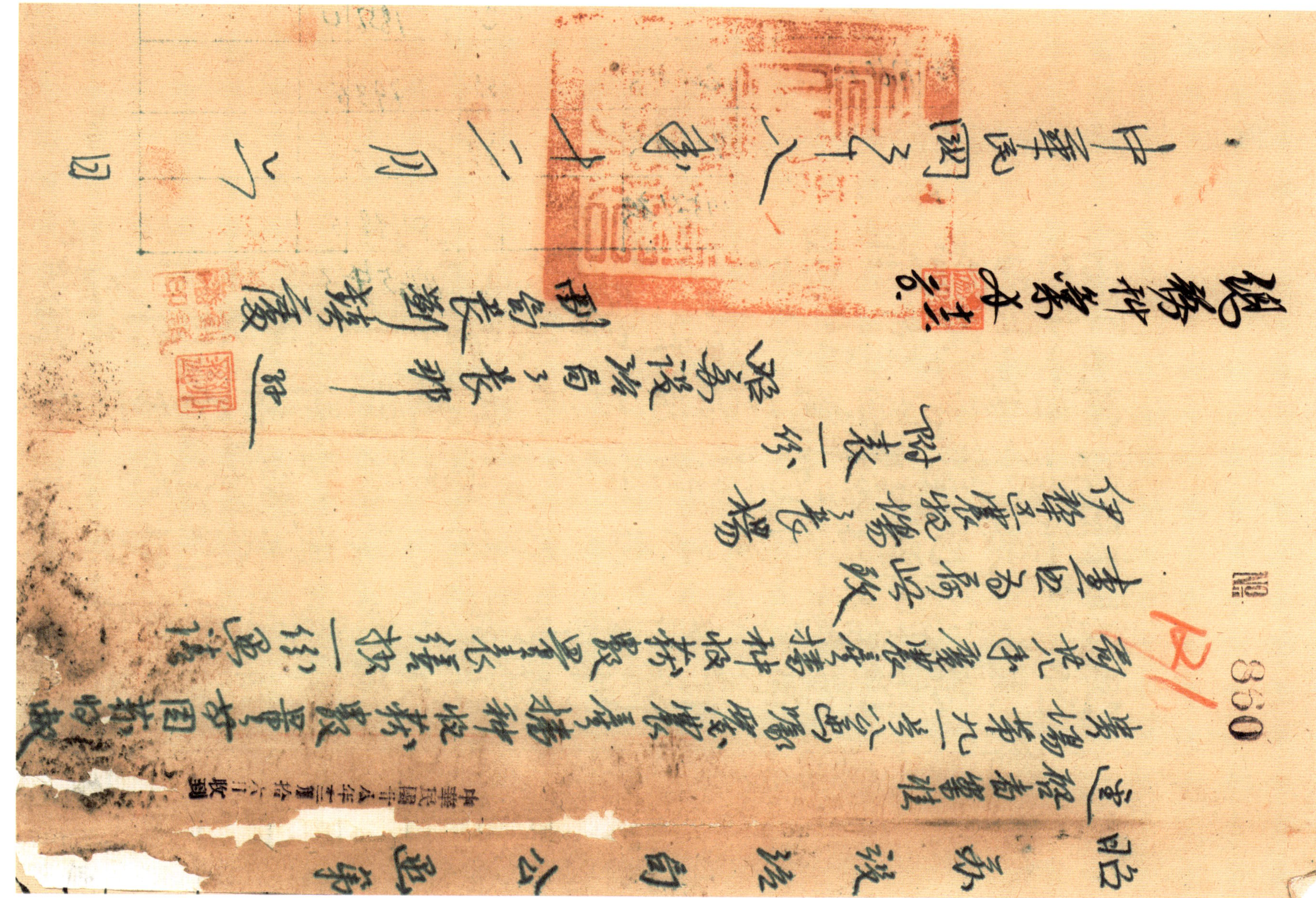

№ 860

昭蘇設治局公函第　號

逕啟者：案准

貴場第九一號公函，囑填農產播種收穫數量等因，准此。敝局廿八年度農產播種收穫數量表繕就一份，函請

查照爲荷。此致

伊犁區農牧場場長

附表一份

昭蘇設治局局長那

副局長劉鑄慶

中華民國廿八年十二月拾六日收到

總務科彙存　十二.六

中華民國二十八年十二月六日

〇七五　昭蘇設治局爲報民國廿八年度農產播種收穫數量表給伊犁區農牧場的公函（附調查表）（1939-12-06）（J2-2-5-14）（2-2）

伊犁區昭蘇設治局28年度農作物收穫數量調查表

次序	農作物種類	耕種面積			生產數量		合計		備考
		旱田	水田	合計	石	斗	石	斗	
1	小麥	15240畝		15240畝	1	05	16002	5	1.按每石計算約加130斤
2	大麥	20594畝		20594畝	1	2	24713	4	2.耕種面積係以畝計算
3	燕麥	1547畝		1547畝	1	2	1858	4	
4	菜籽	1260畝		1260畝		63	793	8	
5	糜子	930畝		930畝		74	688	2	
	合計	39571畝		39571畝			51148	5	

4465年3

○七六　霍爾果斯縣政府爲報農產播種數及收穫量數目清單給伊犁區農牧場的公函（1939–12–07）（J2–2–5–13）（2–1）

霍爾果斯縣政府用箋　No. 839

總務科參文

中華民國廿八年十二月拾貳日收到

爲函覆事案准
貴場函開查敝場現辦統計工作，惟缺各縣局農產播
種數及收穫量數目材料，除分函外，相應函請查照
煩爲調查，祈迅見覆爲荷等由。准此，相應將本年
農產播種數及收穫量數目開具清單函送
查照統計爲荷。此致
伊犁區農牧場
計送清單一紙

○七六　霍爾果斯縣政府爲報農産播種數及收穫量數目清單給伊犁區農牧場的公函（1939-12-07）（J2-2-5-13）（2-2）

霍爾果斯縣政府用箋

計開

一旱田播種小麥子種一萬一千三百卅六普角平均三分收成

一水田播種小麥子種三千五百普角平均五分收成

一雜糧播種四千零一十九普角平均十分成數

霍尔果斯縣長王樹仁

民國廿八年十二月七日

〇七七　伊寧縣政府就查勘巴彥岱荒地數目并擬大放各情形事的呈及伊犁區行政長公署的指令（1939-12-18）（J2-2-35-3）（6-1）

伊犁行政公署

事由　呈爲呈報查勘巴彥岱荒地數目并擬大放各情形由

擬辦

批示

備考

附

收文　第　字　號

到時　年　月　日　號　字第

○七七　伊寧縣政府就查勘巴彦岱荒地數目并擬丈放各情形事的呈及伊犁區行政長公署的指令（1939-12-18）（J2-2-35-3）（6-2）

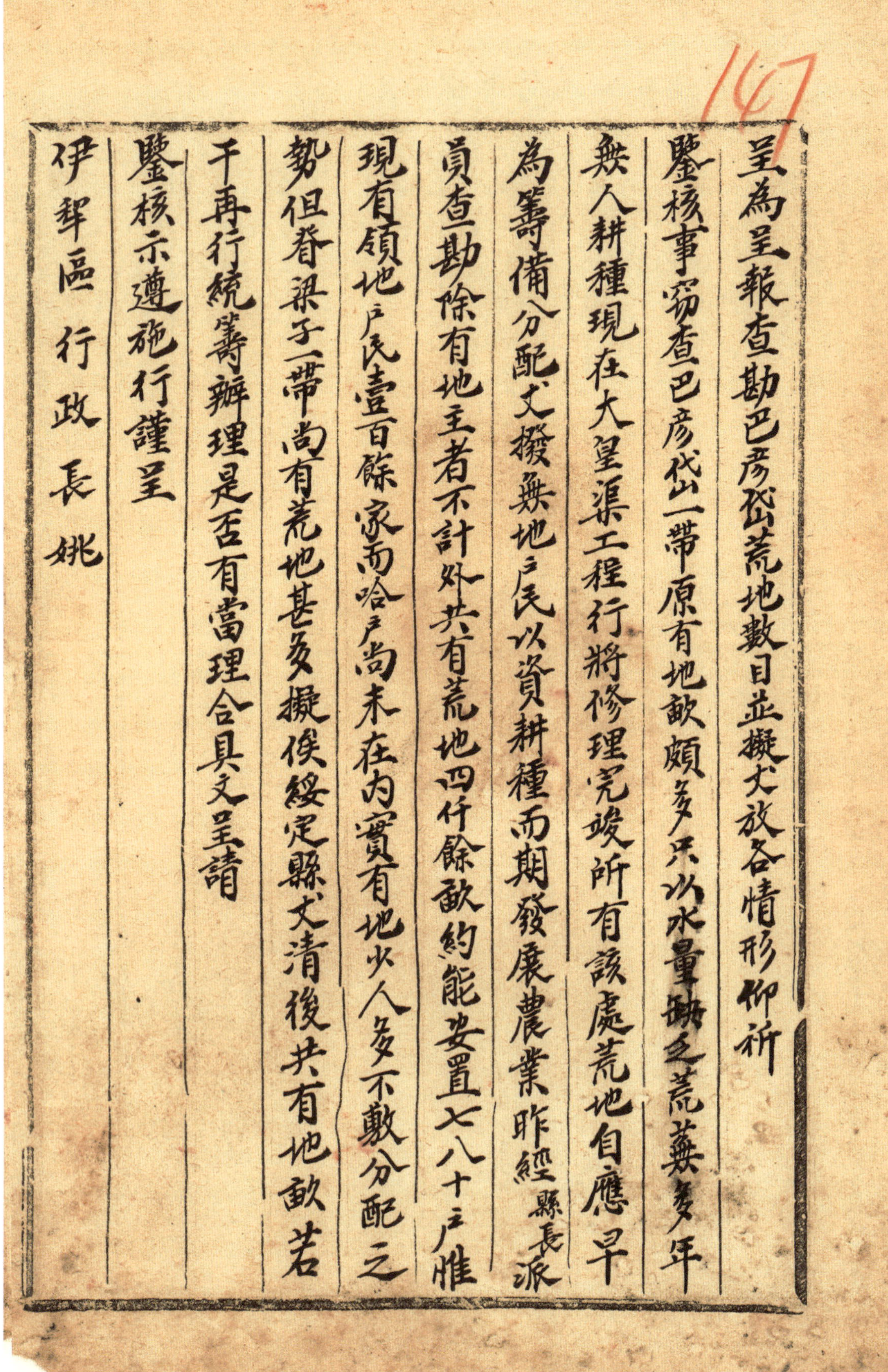

呈為呈報查勘巴彥岱荒地數目並擬丈放各情形仰祈
鑒核事。竊查巴彥岱一帶原有地畝頗多，只以水量缺乏，荒蕪多年無人耕種。現在大皇渠工程行將修理完竣，所有該處荒地自應早為籌備，分配丈撥無地戶民，以資耕種，而期發展農業。昨經縣長派員查勘，除有地主者不計外，共有荒地四仟餘畝，約能安置七八十戶。惟現有領地戶民壹百餘家，而哈戶尚未在內，實有地少人多不敷分配之勢。但眷渠子一帶尚有荒地甚多，擬俟綏定縣丈清後，共有地畝若干，再行統籌辦理。是否有當？理合具文呈請
鑒核示遵施行。謹呈
伊犁區行政長姚

○七七 伊寧縣政府就查勘巴彥岱荒地數目并擬丈放各情形事的呈及伊犁區行政長公署的指令（1939-12-18）（J2-2-35-3）（6-3）

代理伊寧縣縣長孟昭代

副縣長艾蘇爾唐

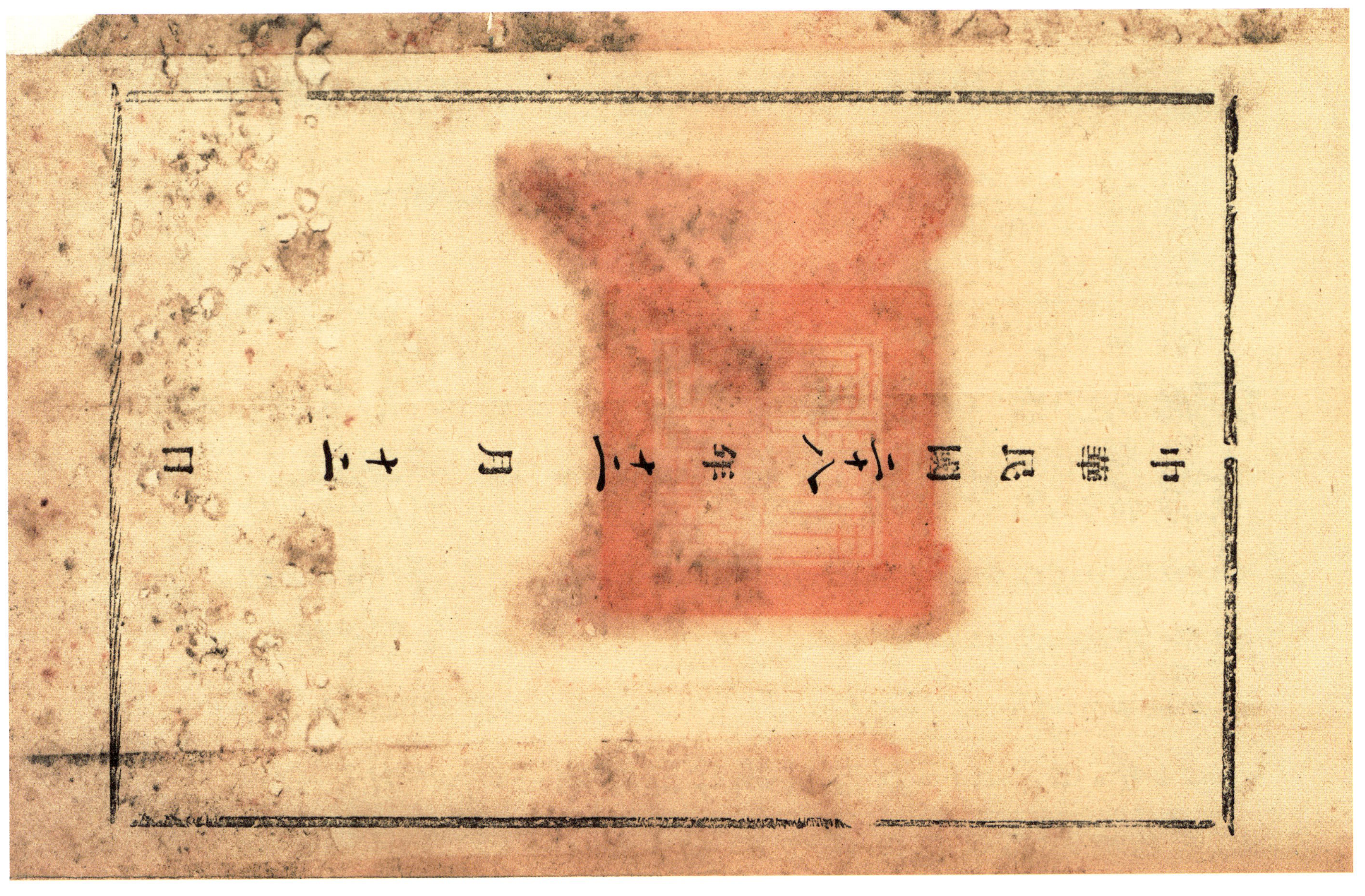

中華民國二十八年十二月十二日

〇七七　伊寧縣政府就查勘巴彥岱荒地數目并擬大放各情形事的呈及伊犁區行政長公署的指令（1939-12-18）（J2-2-35-3）（6-4）

○七七　伊寧縣政府就查勘巴彥岱荒地數目并擬丈放各情形事的呈及伊犁區行政長公署的指令（1939-12-18）（J2-2-35-3）（6-5）

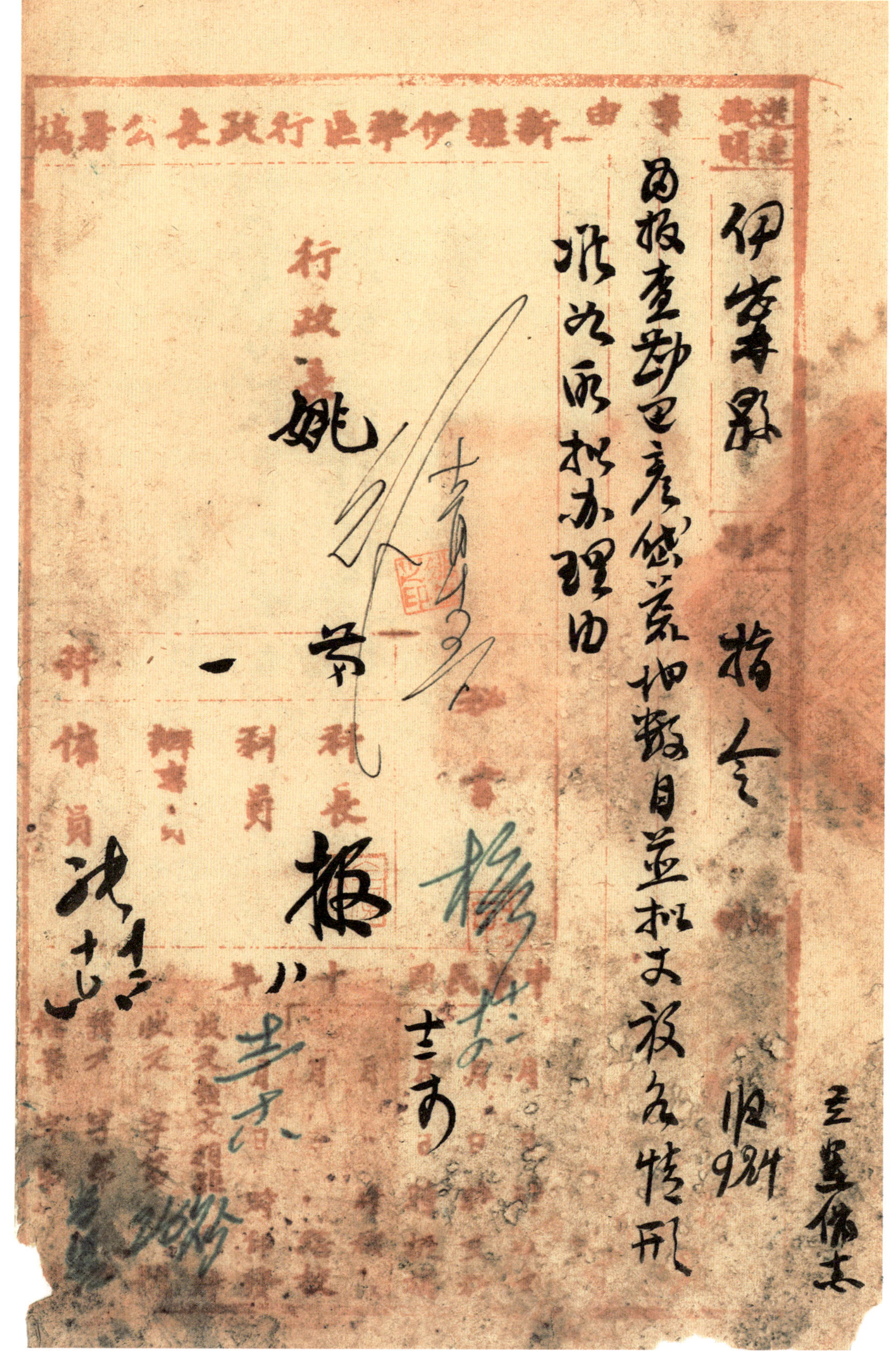

新疆伊犁區行政長公署稿

事由

伊寧縣 指令

呈報查勘巴彥岱荒地數目並擬丈放各情形

准如所擬辦理由

行政長 姚

一擬

科長

科員

辦事

科員

沈[illegible]

○七七　伊寧縣政府就查勘巴彥岱荒地數目并擬丈放各情形事的呈及伊犁區行政長公署的指令（1939-12-18）（J2-2-35-3）（6-6）

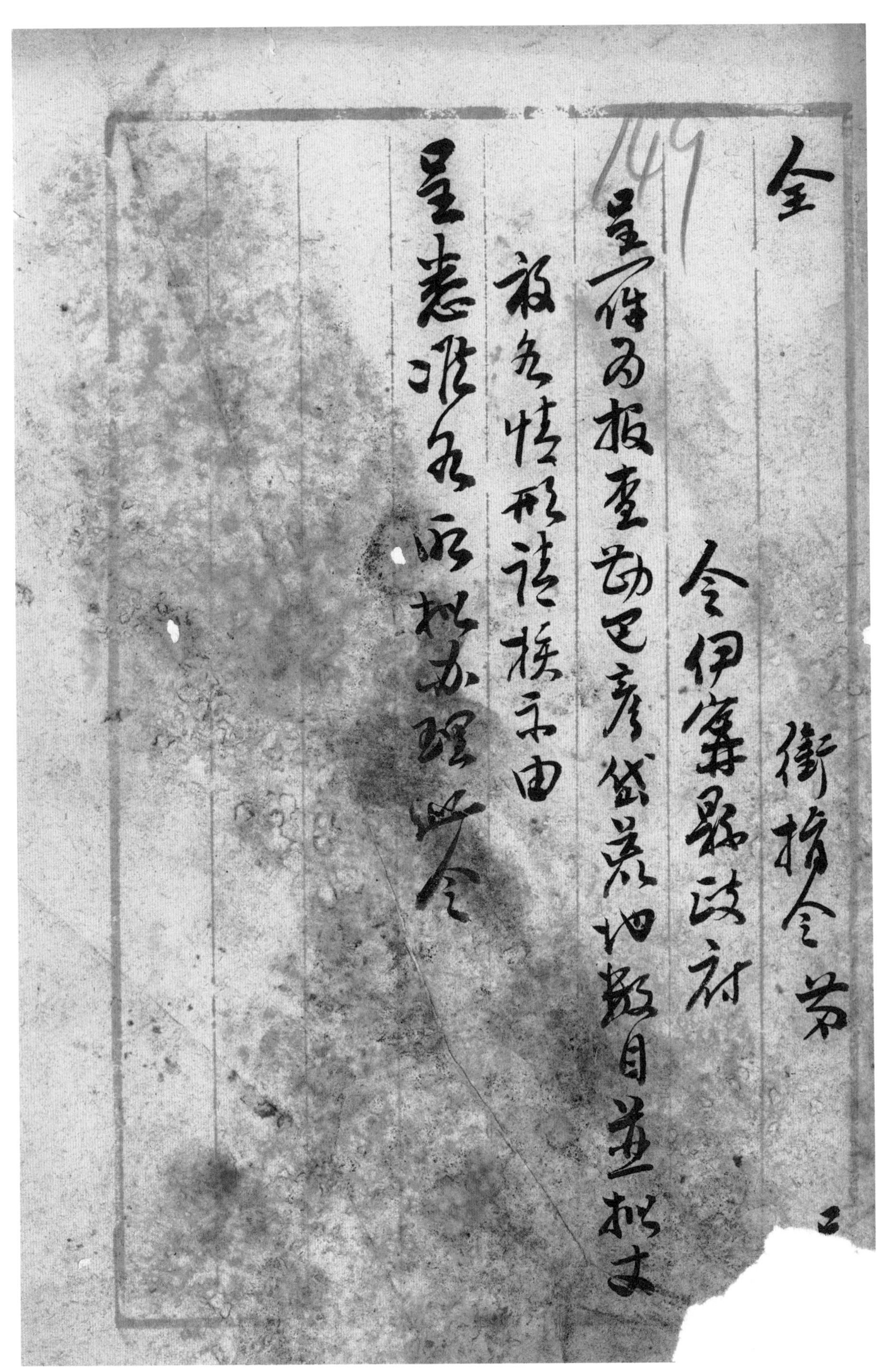

全

銜指令第　　号

令伊寧縣政府

呈一件為報查勘巴彥岱荒地數目并擬丈

放各情形請核示由

呈悉。准如所擬辦理。此令。

〇七八　綏定農業分所負責人就分所對於民衆的一切宣傳指導協助等工作情形事給伊犁區行政長公署的呈（1940-01-12）（J2-2-35-23）（12-1）

112

呈啓者，

為報告事竊職於民國二十八年六月二十三日因調委綏定農業分所以来对於民衆一切宣傳指導協助等工作努力進行利用科學方法改良農業為本縣農民已經得到相当的經驗和成績对於耕種收穫方面已進行到百分之八十的機器化並職時常前赴河南芦草溝清水河大西溝索倫營惠遠塔爾吉等各處連絡民衆宣傳指導剷除雜草利用農機播種特產栽桑養蠶、秋季歇地施肥選種並協助撲滅害虫等工作之下各處農民对於本所特為信仰其各項工作情形分列如左：

〇七八　綏定農業分所負責人就分所對於民衆的一切宣傳指導協助等工作情形事給伊犁區行政長公署的呈（1940-01-12）（J2-2-35-23）（12-2）

農民对於本所特為信仰其各項工作情形分列如左；

一、利用農机方面

為本所所有之刈草机、自擀收禾机、人擀收禾、萬收禾机、風車、打粮机、馬扒等農机分發各農業區和草場工作並隨時前赴各處指導工作方針

1、刈草机与馬扒之工作

為本所共有刈草机拾架、馬扒拾架，在六月二十五日開始工作分發河南刈草机、馬扒各一架，阿克托别刈草机两架、馬扒一架，沙尔布拉克刈草机两架、馬扒一架，其它草满刈草机、馬扒各一架，四工工作共刈草机、馬扒各一架，綏定工作者刈草机、馬扒各三架，共工作日數

草机馬扒各一架綏定工作者刈草机馬扒各三架共工作日數

為壹百柒拾伍天馬扒工作者伍拾弍天每日平均刈草陸百捆

共刈草柒拾萬零伍仟捆

每机須工作五十天才能得圓滿结果

乙，收禾机工作

左本所共有自搭收禾机三架人搭收禾机三架兼收禾机四架

分發河南工作者一架惠遠工作者兩架綏定工作者兩架蘆草

溝工作者一架清水河工作者一架索倫營工作者一架塔不查工作

No 9，

○七八　綏定農業分所負責人就分所對於民衆的一切宣傳指導協助等工作情形事給伊犁區行政長公署的呈（1940-01-12）（J2-2-35-23）（12-4）

者一架，其餘一架人搽收禾机因零件全數損坏未能工作，其餘九架已有百分之百的工作。

收獲机多數要工作三十天才算百分之百的工作

究竟工作若干日

3、打粮机与风車之工作

爲本打粮机兩架，风車六架，分發惠遠工作者打粮机一架，风車一架，綏定工作者兩架，塔尔吉工作者一架，芦草溝工作者一架，索倫營清水河工作者一架，共工作日數壹百肆拾肆天，其餘打粮机一架因十月二十五日接收未能工作，其餘风車已有百分之百的工作

4、選種机之工作

爲本所選種机一架，有九月二十五日起開始工作，輪流各處選種，已經清選籽種有壹仟餘斤，現在正清選籽種之中，

積極工作

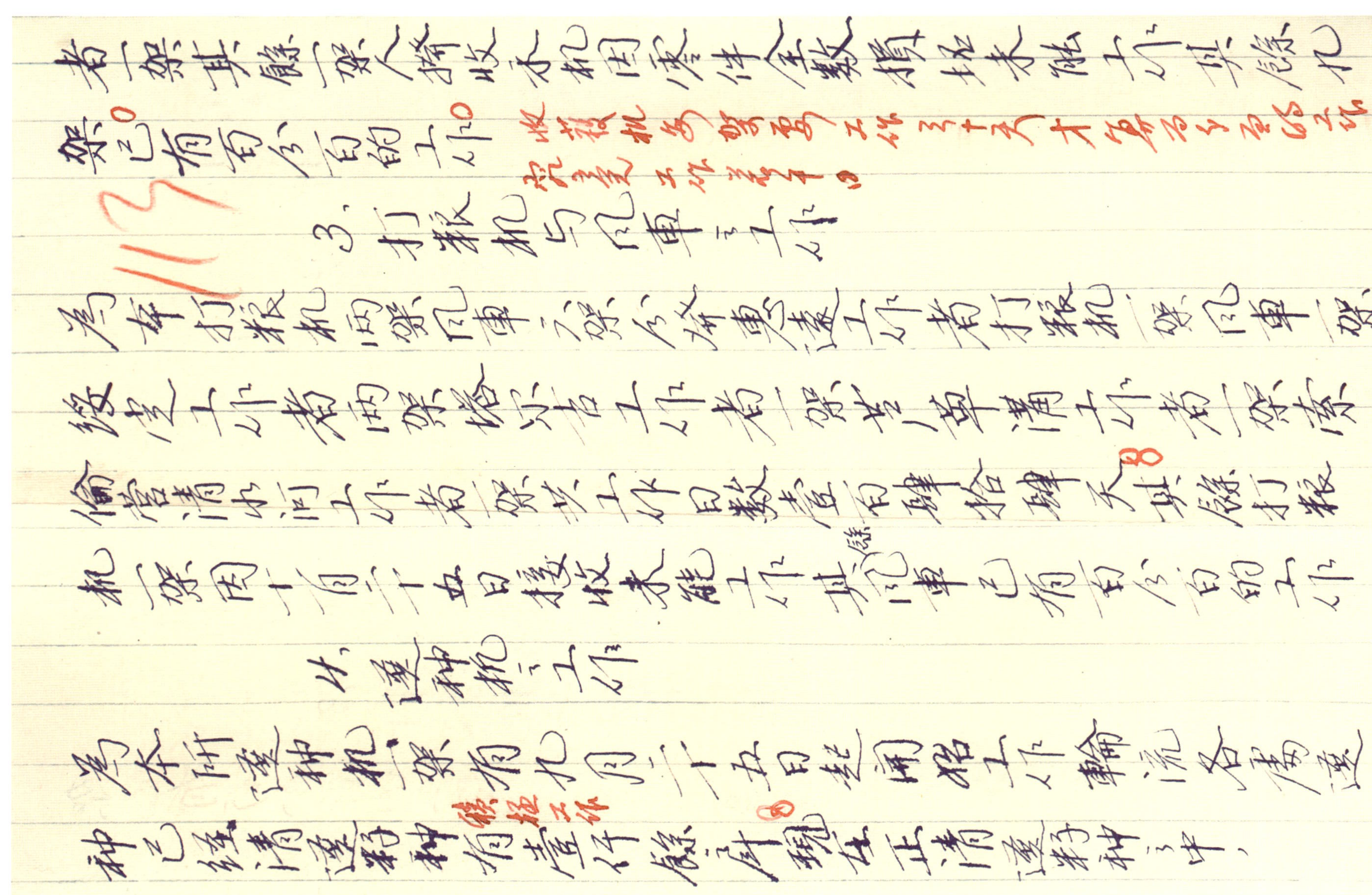

積極工作

種已經清選籽種有壹仟餘斤，現在正清選籽種之中，

5、犁鏵之工作

在本所共有雙單犁五架，單刀犁拾叁架，為本年秋日犁歇地，分発各處工作者拾肆架，共工作日數柒拾伍日

宣傳實行秋耕犁尚堪嘉賞

Ⅳ、宣傳指導和協助方面

為本所按照政府一期三年計劃，発展農業，鞏固抗戰，重要後方起見，隨時前赴各圩孜各鄉村向民衆極力宣傳改良舊式，劝其利用新式科學方法並指導耕種收穫等一切工作，普通利用農机，減少人工，節省經濟，增加生產量和剷除野草，增施肥料，改良土壤，輪種秋耕，播種冬麥，栽植桑樹，經營蠶

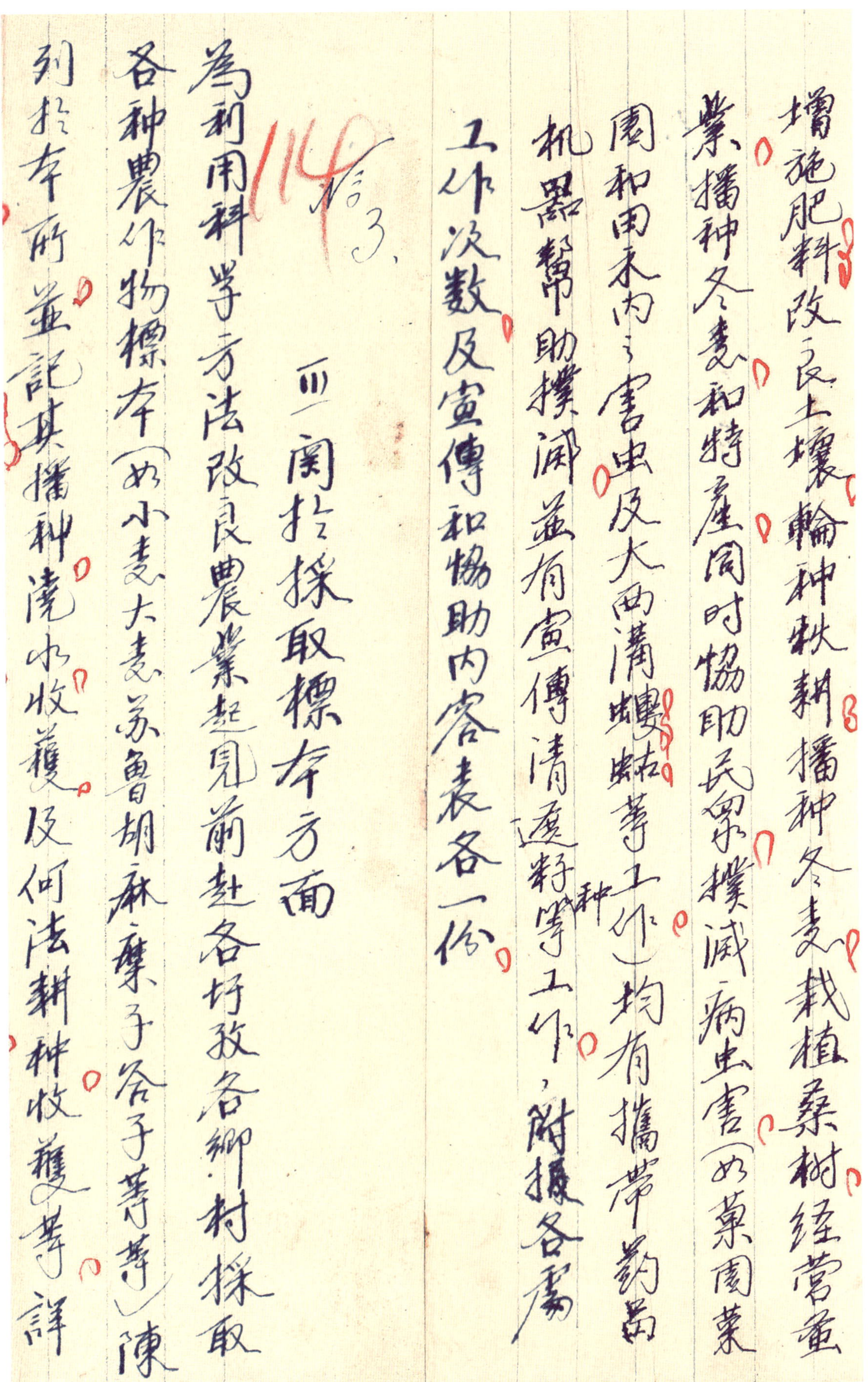

增施肥料，改良土壤，農輪，种秋耕，播种冬麦，栽植桑樹，經營蚕業，播种冬麦和特產，同时協助民衆撲滅病虫害（如菜園菜園和田禾内之害虫及大西滿蝗蝻等工作）均有攜帶药品機器幫助撲滅，並有宣傳清選籽种等工作，附據各處工作次數及宣傳和協助内容表各一份。

114
捨3.

四　關於採取標本方面

為利用科学方法改良農業起見，前赴各圩孜各鄉、村採取各种農作物標本（如小麦、大麦、苞谷、胡麻、糜子、谷子等等）陳列於本所，並記其播种、澆水、收穫及何法耕种、收穫等詳

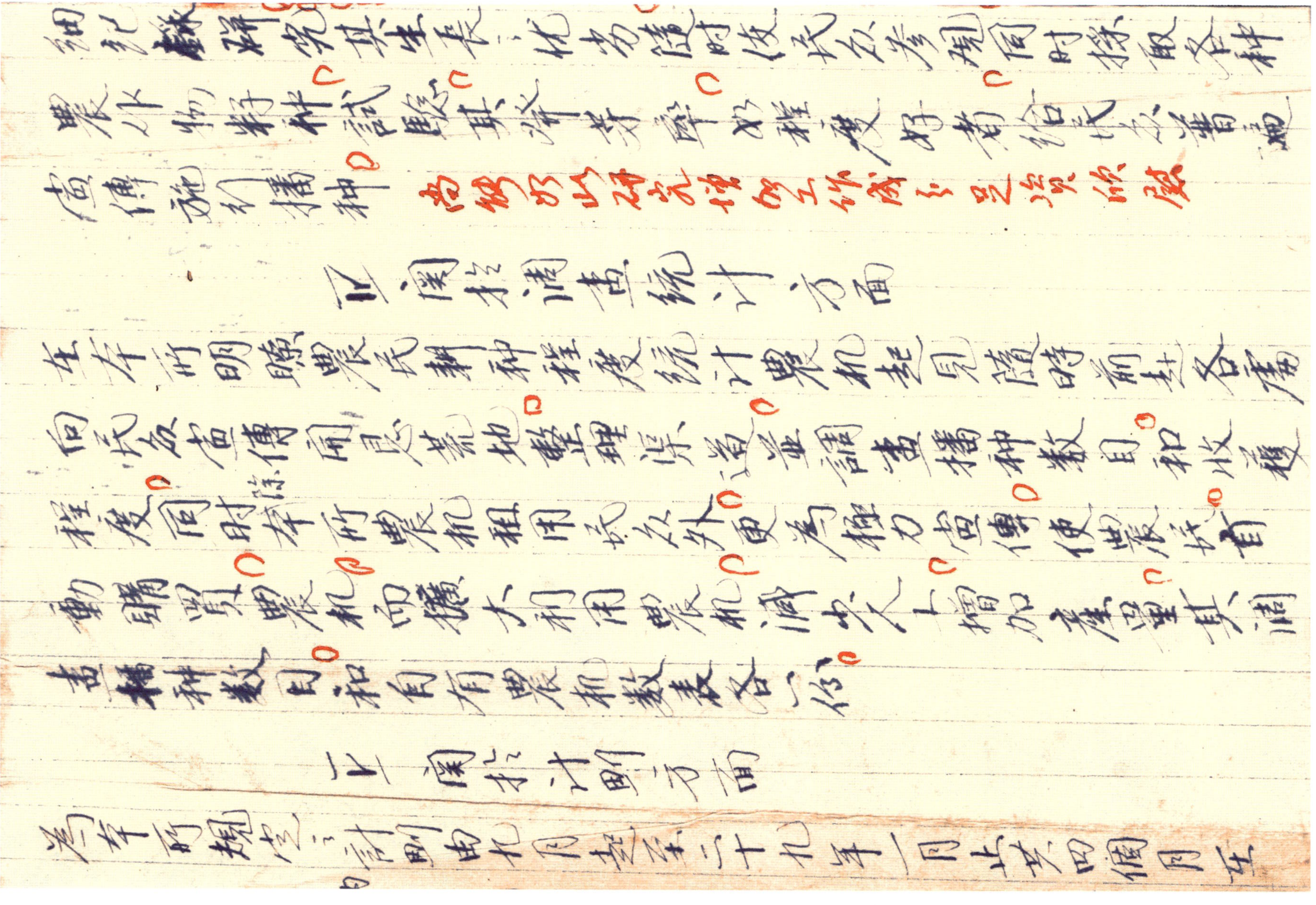

細紀錄研究其生長，優劣隨時使民众参观同时採取各种
農作物籽种試驗其發芽率好程度好者給民众普遍
宣傳施行播种

尚能如此研究增加工作成績足資欣慰

四、関於調查統計方面

在本所明瞭農民耕种程度统計農机起見隨時前赴各處
向民众宣傳開恳荒地整理渠道並調查播种數目和收穫
程度同时除本所農机租用民众外更為極力宣傳使農民自
動購買農机而擴大利用農机減少人工增加產量其調
查播种數目和自有農机數表各一份

五、関於計劃方面

為本所規定之計劃由九月起至二十九年一月止共四個月在

○七八　綏定農業分所負責人就分所對於民衆的一切宣傳指導協助等工作情形事給伊犁區行政長公署的呈（1940-01-12）（J2-2-35-23）（12-8）

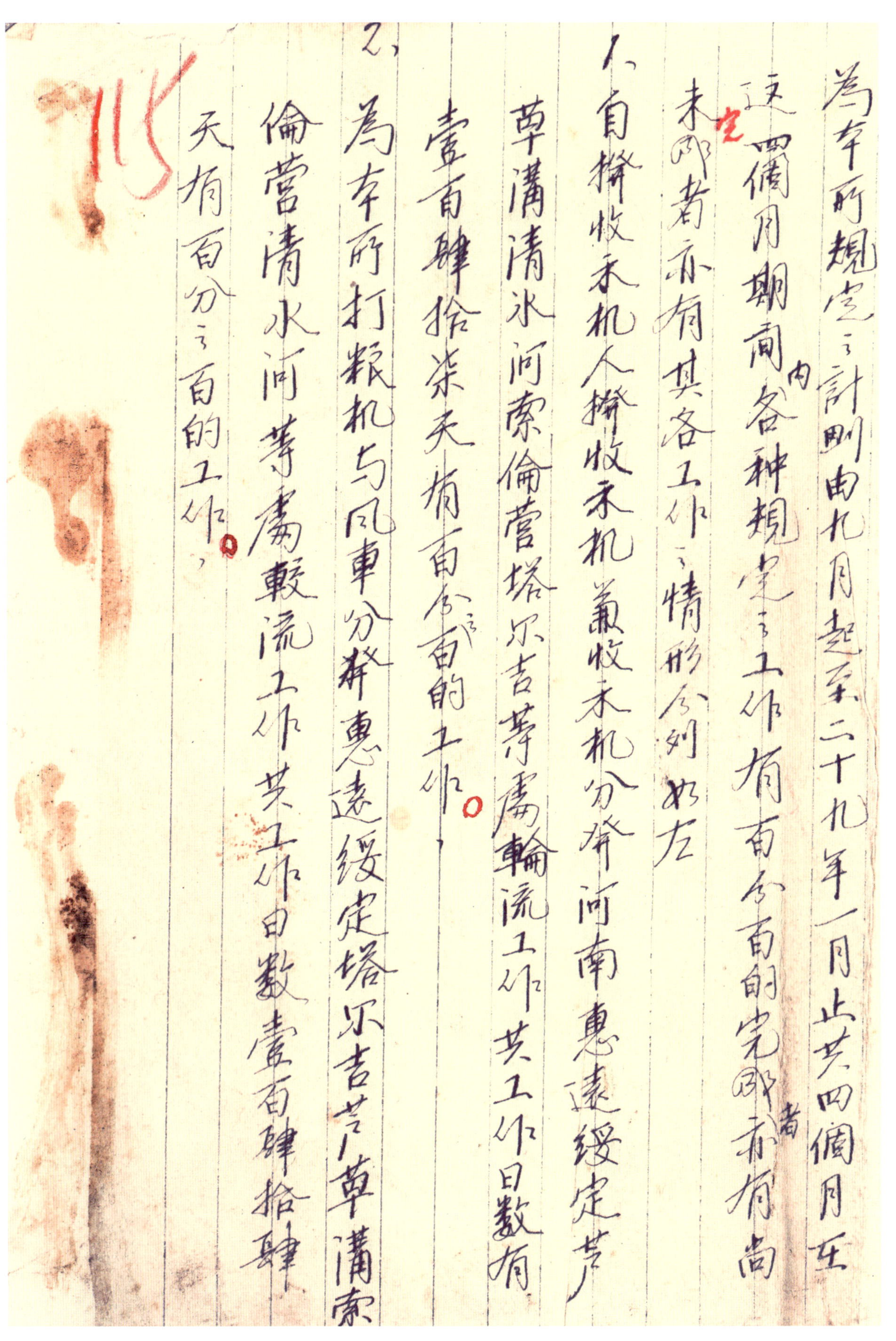

為本所規定之計劃由九月起至二十九年一月止共四個月在
這四個月期間內各种規定之工作有百分之百的完成者有尚
未完成者亦有其各工作之情形分列如左
1、自擀收禾机、人擀收禾机、蒐收禾机分發河南惠遠綏定芦
草溝清水河索倫營塔尔吉等處輪流工作共工作日數有
壹百肆拾柒天有百分之百的工作。
2、為本所打粮机与風車分發惠遠綏定塔尔吉芦草溝索
倫營清水河等處較流工作共工作日數壹百肆拾肆
天有百分之百的工作。

綏定農業分所負責人就分所對於民衆的一切宣傳指導協助等工作情形事給伊犁區行政長公署的呈（1940-01-12）（J2-2-35-23）（12-9）

有農業方面的工作報告

128

3、去歲由友邦蘇聯援到烏克拉引冬麥為本所試驗場內播種三普角，民衆播種十一普角，在十月十九日已經種完。

應注意將來詳細具報

4、本年在試驗用洋犁秋季犁二公頃地以作歐地，民衆犁十公頃地，為十月二十日完成工作。

5、為預防倉糧害虫，以本縣二個倉以硫磺每十五方米面積內用九十格蘭木，共用藥62敵洛，在十月十五日完成工作。

5 6 9 三項工作 明了自己的任務

6、為捕殺本年大西溝螻蛄，在一九三九年秋季前赴該溝工作十五日，以挖成渠溝，溝深60生的，寬40生的米突內倒馬

〇七八　綏定農業分所負責人就分所對於民衆的一切宣傳指導協助等工作情形事給伊犁區行政長公署的呈（1940-01-12）（J2-2-35-23）（12-10）

工作十五日以挖成渠溝溝深60生的寬40生的米突內倒馬糞上蓋薄土並用硫酸、石灰、每畝洛格兰母药内配水15立特尔内混合米30分过一晝夜出取洒埋於虫窩内来年亦開始工作，在十一月三十日完成工作有百分百的工作，

7. 氣象台工作每晝夜測候四次並其測候紀錄每半月報告伊寧農業所一次

8. 在本所因無菓園未能栽結以民衆菓園裏實行栽結一百株菓樹栽子為九月十五日完成工作

9. 為本年秋季禦防害虫在本縣民衆菓園一個用巴黎

9，為本年秋季禦防害虫在本縣民众菓園一個用巴黎草20格兰木药内配水10五特尔内加生石灰40格兰木施行噴毒液將雜草剷除乾尽挖渠鬆土共噴药工作二百五十個菓木用药二公頃在十月三十日完成工作

10，向民众宣傳蚕栽桑的方法為本所試驗场内栽植桑苗五十株以十月十五日完成工作

善

11，為実行民众选种計劃規定日期自九月三十日起為本所选种机輪流各村放选种並填写工作情形报告伊甯

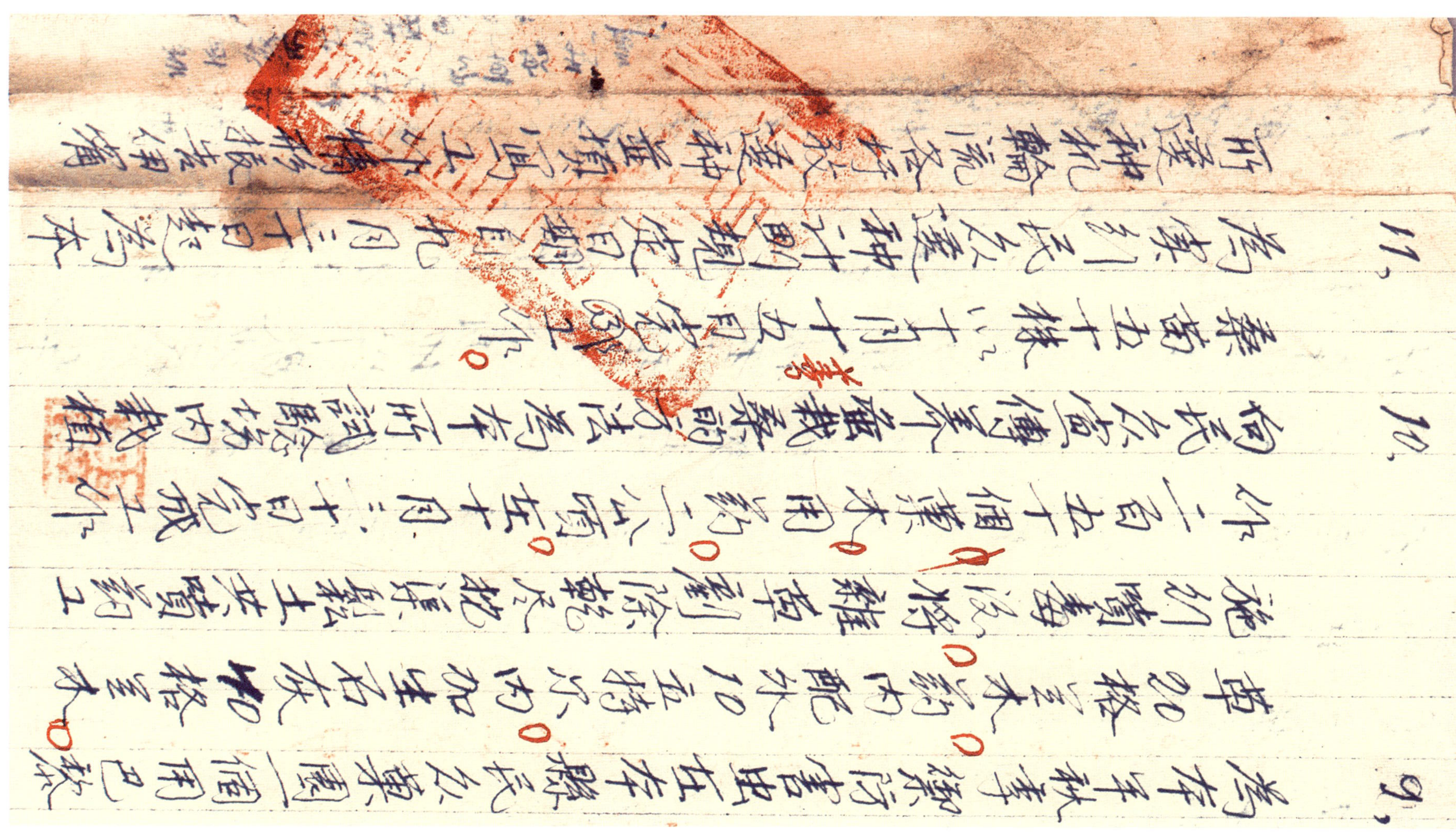

〇七八　綏定農業分所負責人就分所對於民衆的一切宣傳指導協助等工作情形事給伊犁區行政長公署的呈（1940-01-12）（J2-2-35-23）（12-12）

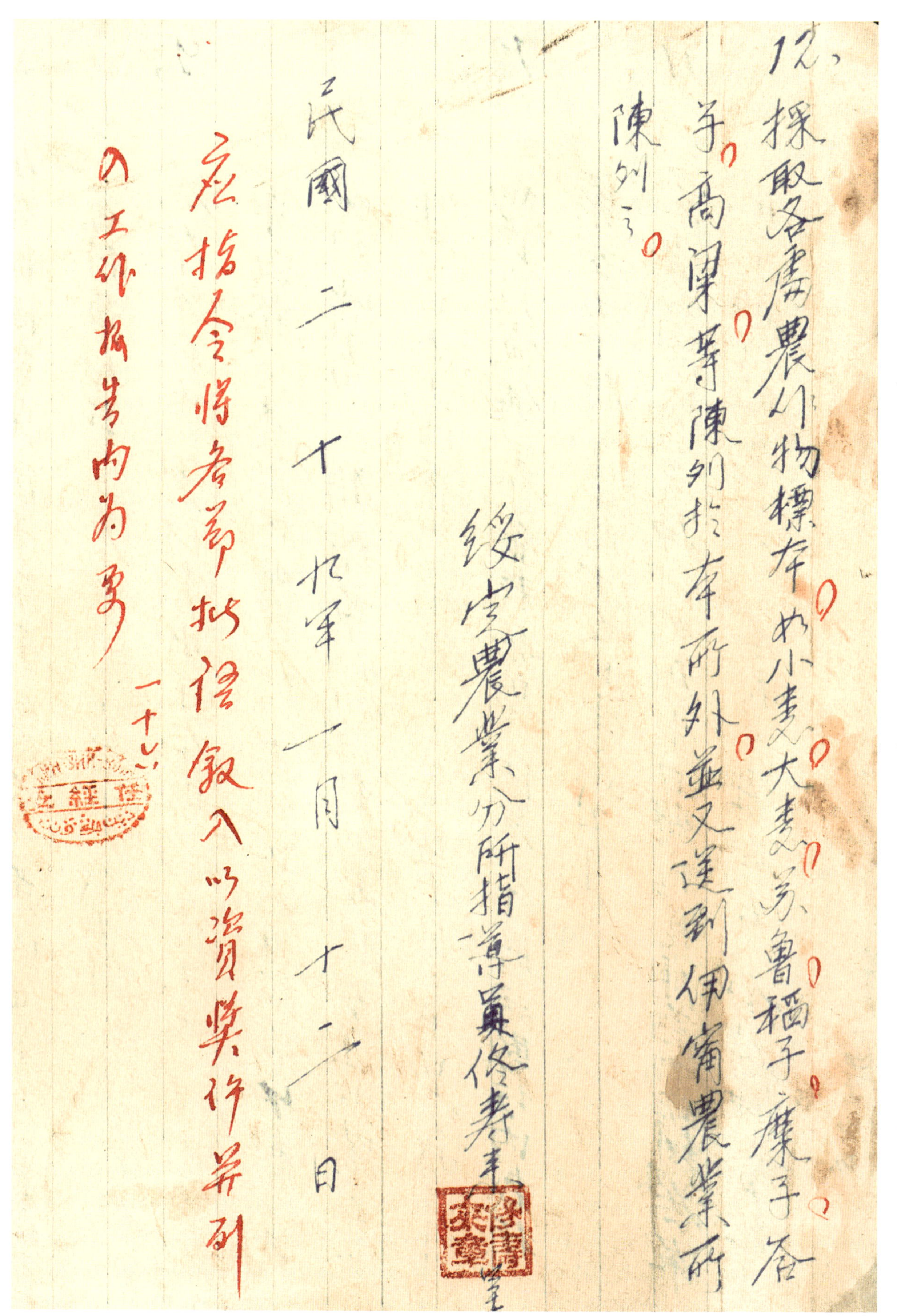

12、採取各處農作物標本如小麥、大麥、苞穀、稻子、糜子、谷子、高粱等陳列於本所外，並又送到伊寧農業所陳列之。

綏定農業分所指導員佟壽朱呈

民國二十九年一月十二日

應指令嘉獎，擬請敘入以資獎勵，并列入工作報告內為要。

一、十六

○七九　伊犁區農牧場奉令就農牧訓練班畢業學生應即分別造賫學生姓名表事給農、牧、獸三部門的通令及新疆省政府建設廳訓令（1940-03-07）

（J2-2-87-16）（3-1）

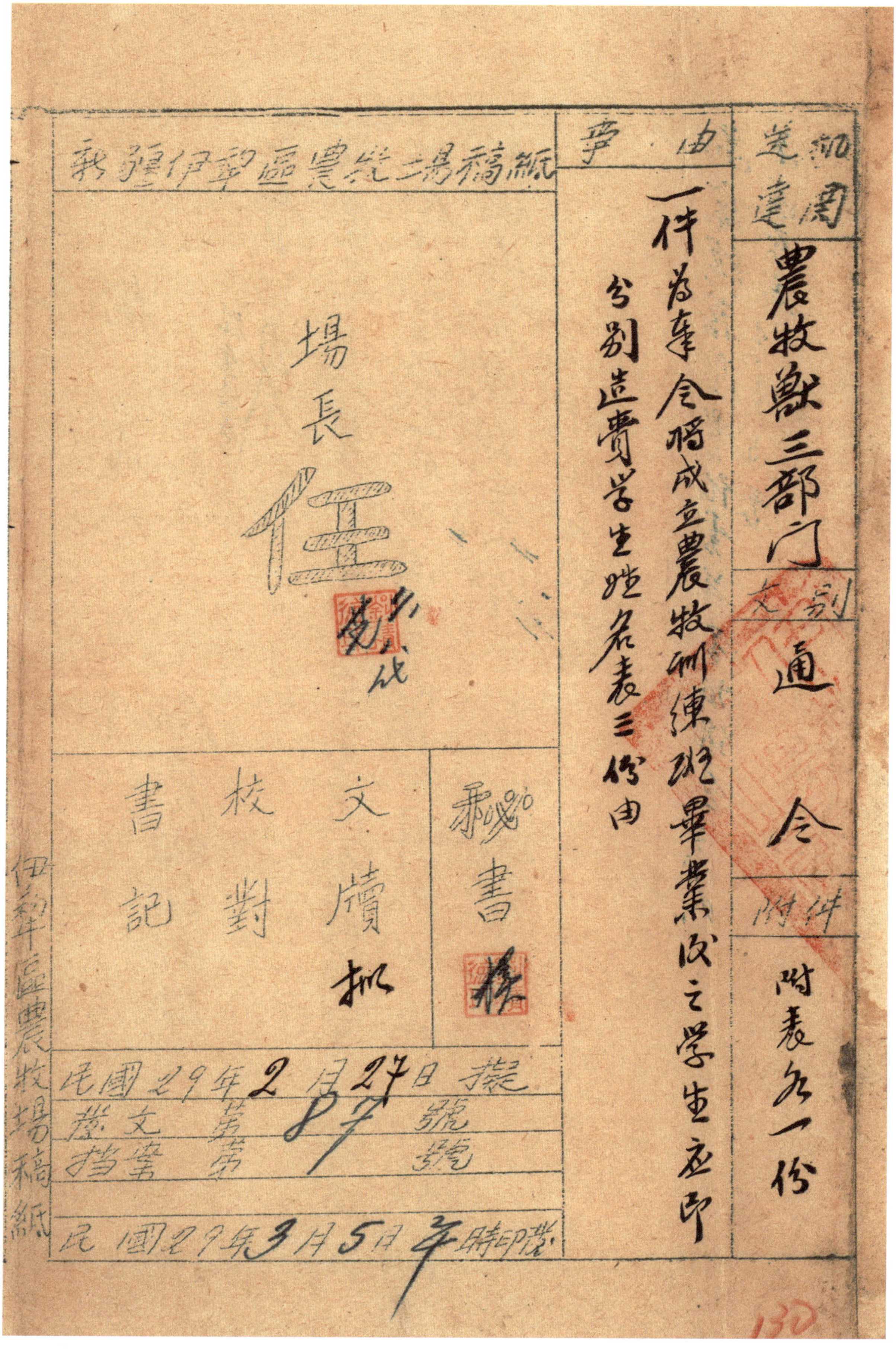

新疆伊犁區農牧場稿紙

送達機關：農牧獸三部门

文別：通令

附件：附表各一份

事由：一件為奉令將成立農牧訓練班畢業後之學生應即分別造賫學生姓名表三份由

場長 任 代

秘書

文牘 擬

校對

書記

民國29年2月27日擬

發文第87號

擋案第　號

民國29年3月5日　時印發

伊犁區農牧場稿紙

〇七九　伊犁區農牧場奉令就農牧訓練班畢業學生應即分别造賚學生姓名表事給農、牧、獸三部門的通令及新疆省政府建設廳訓令（1940-03-07）

（J2-2-87-16）（3-2）

全銜　通令　第3號

令農牧獸三部門

為令知事案奉

新疆建設廳字第一三三號通令內開為令知事云云

此令計發表式一份等因奉此除分行外合亟令仰該主任

即便遵照（按造填表）辦理為要此令

計發表式一份

場長任〇〇

中華民國二十九年二月廿七日

129

○七九 伊犁區農牧場奉令就農牧訓練班畢業學生應即分別造賫學生姓名表事給農、牧、獸三部門的通令及新疆省政府建設廳訓令（1940-03-07）（J2-2-87-16）（3-3）

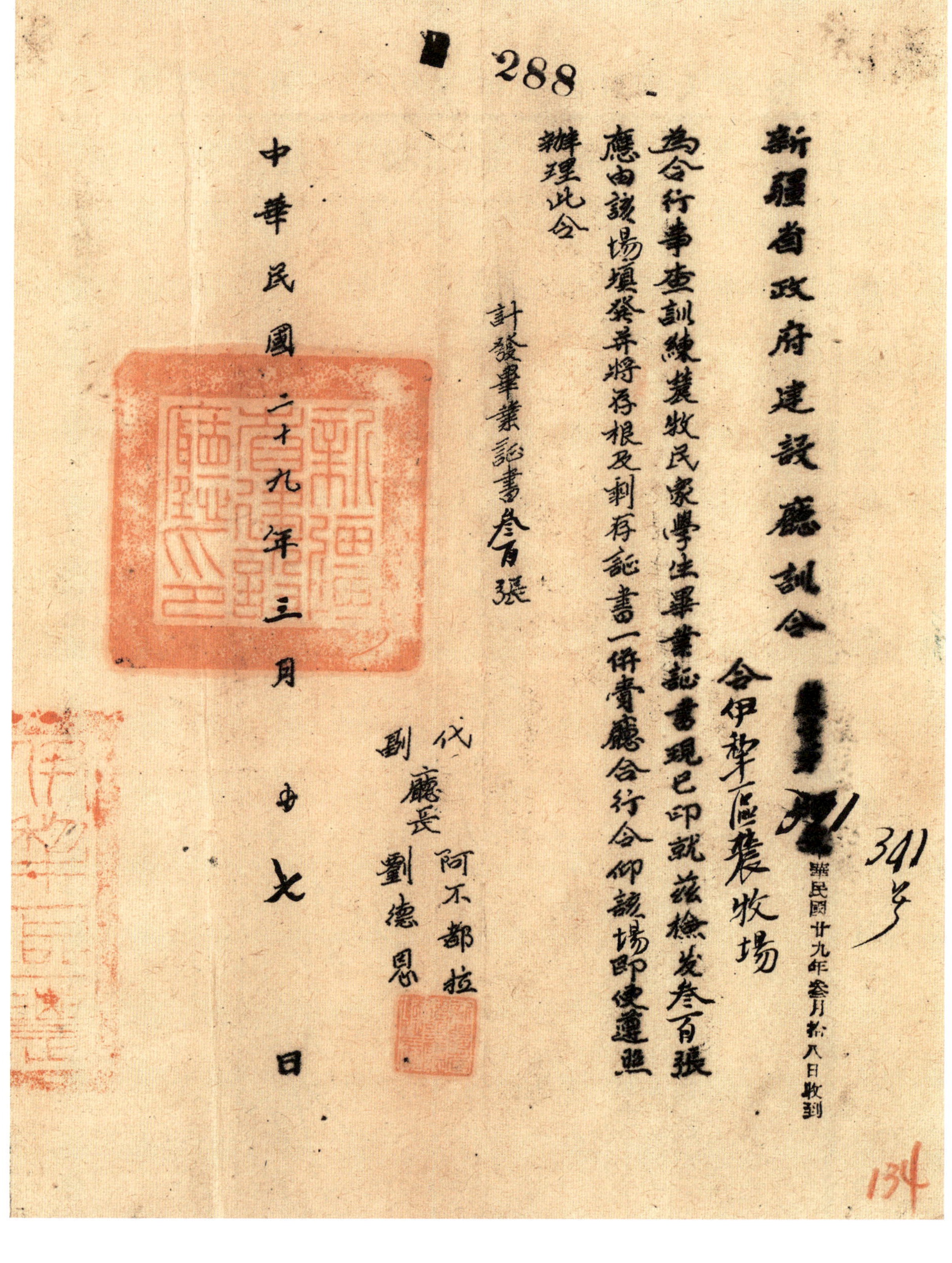

288

新疆省政府建設廳訓令

令伊犁區農牧場

中華民國廿九年叁月拾八日收到

341

為令行事。查訓練農牧民衆學生畢業證書現已印就，茲檢發叁百張，應由該場填發，并將存根及剩存證書一併賫廳，合行令仰該場即便遵照辦理。此令。

計發畢業證書叁百張

中華民國二十九年三月七日

代廳長 阿不都拉

副廳長 劉德恩

134

〇八〇　河南縣政府就開挖縣北崗下渠二十公里并擬闢地招户及請款援助各計劃事的呈及伊犁區行政長公署的呈、指令和督省兩署的代電
（1940-04-08）（J2-2-91-15）（8-1）

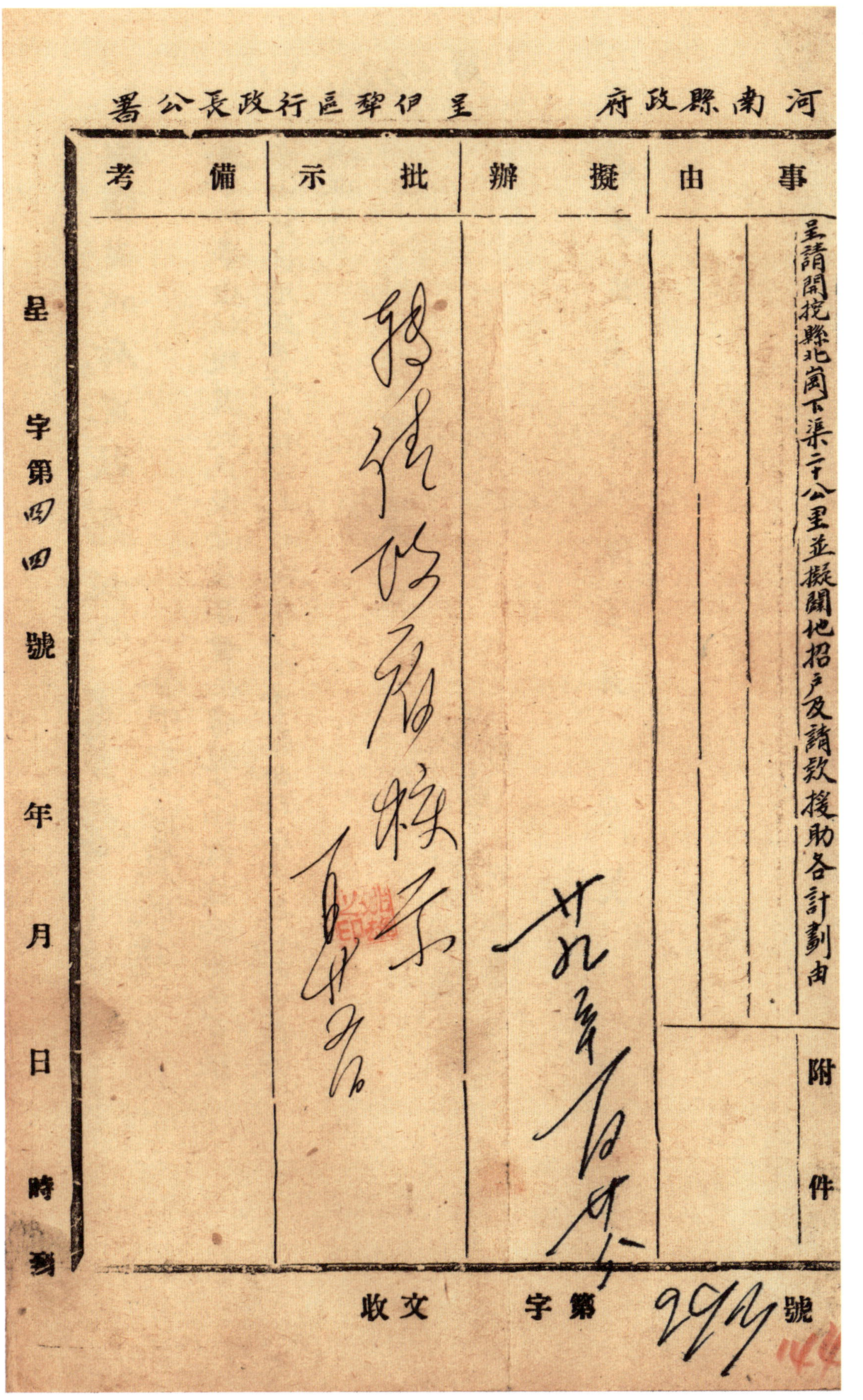

河南縣政府　呈伊犁區行政長公署

事由：呈請開挖縣北崗下渠二十公里並擬闢地招户及請款援助各計劃由

擬辦

批示

備考

附件

收文　字第　號

呈　字第四四號　年　月　日　時到

〇八〇　河南縣政府就開挖縣北崗下渠二十公里并擬闢地招户及請款援助各計劃事的呈及伊犁區行政長公署的呈、指令和督省兩署的代電
（1940-04-08）（J2-2-91-15）（8-2）

呈為呈請事竊查職縣北崗下有肥沃可耕之地一段東起第四村稻田西至國界長約三十公里南起崗脚北至伊河約有十五公里職縣在設治局期間有擬開渠引水以資墾種曾一再商諸民衆緣以當地户民耕地足以耕種雖有少数無地户民亦因無力挖渠的関係以致前所計劃迄未實現前曾呈奉

省府指令第二三三六號核准飭派特工程師勘查確能開渠引水有案並最後准特工程師函商職縣妥擬挖渠計劃再行去函約請該工程師前來指示開渠方針現職縣為着增加後方生産決議請

政府撥款援助至於墾種辦法擬招徠外户開渠根據特工程師計劃挖長二十公里闢地一萬畝經費需要貳萬五千元擬在此渠拉一百五十户並請由

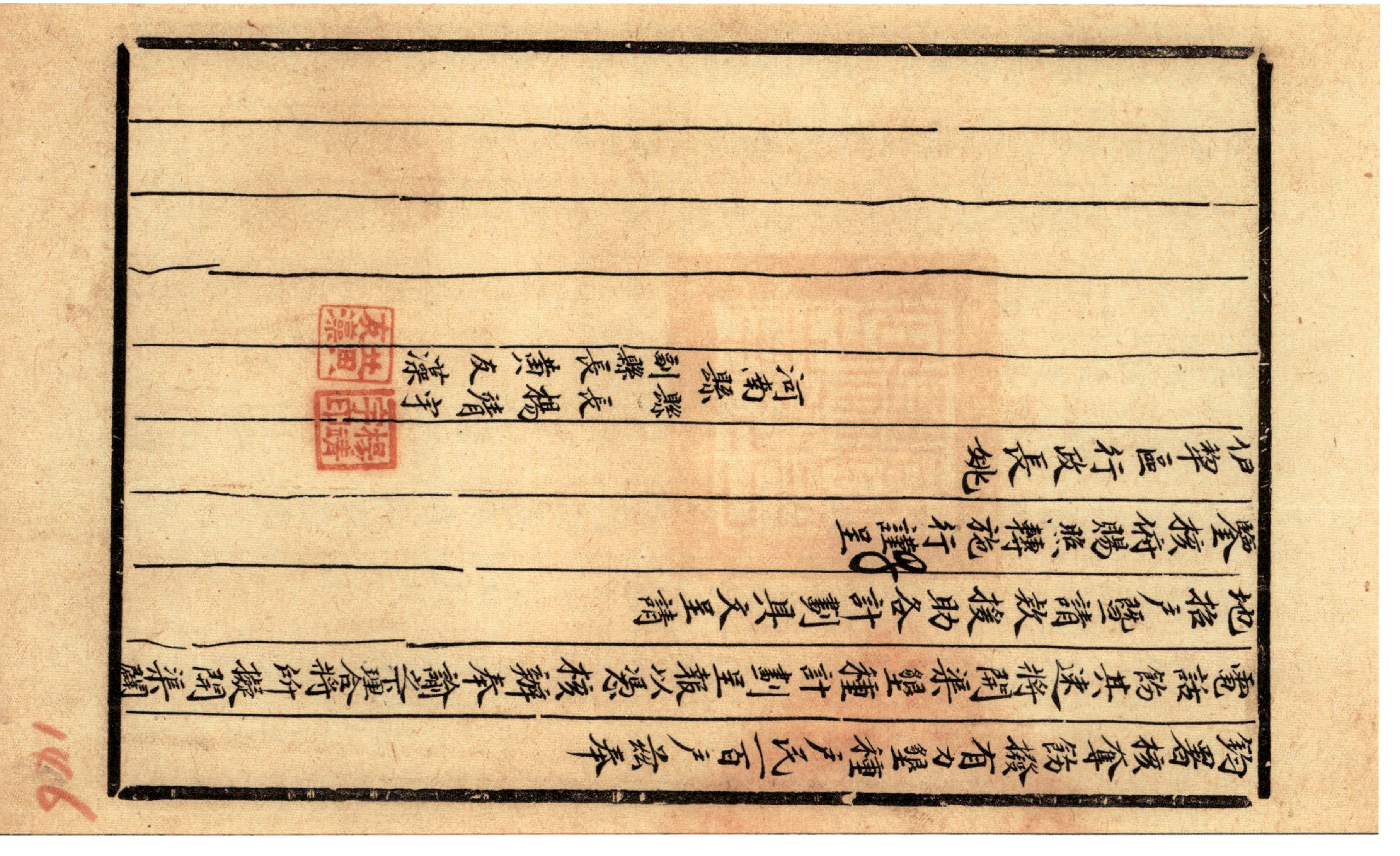

〇八〇　河南縣政府就開挖縣北崗下渠二十公里并擬闢地招户及請款援助各計劃事的呈及伊犁區行政長公署的呈、指令和督省兩署的代電
（1940-04-08）（J2-2-91-15）（8-3）

鈞署核奪飭撥有力墾種户民一百户茲奉
電話飭其速將開渠墾種計劃呈報以憑核辦奉諭之下理合將所擬開渠闢
地招户暨請款援助各計劃具文呈請
鑒核俯賜照轉施行謹呈
伊犁區行政長姚

河南縣　縣長　楊靖宇
副縣長　黄友藻

〇八〇　河南縣政府就開挖縣北閘下渠二十公里并擬闢地招户及請款援助各計劃事的呈及伊犁區行政長公署的呈、指令和督省兩署的代電
（1940-04-08）（J2-2-91-15）（8-4）

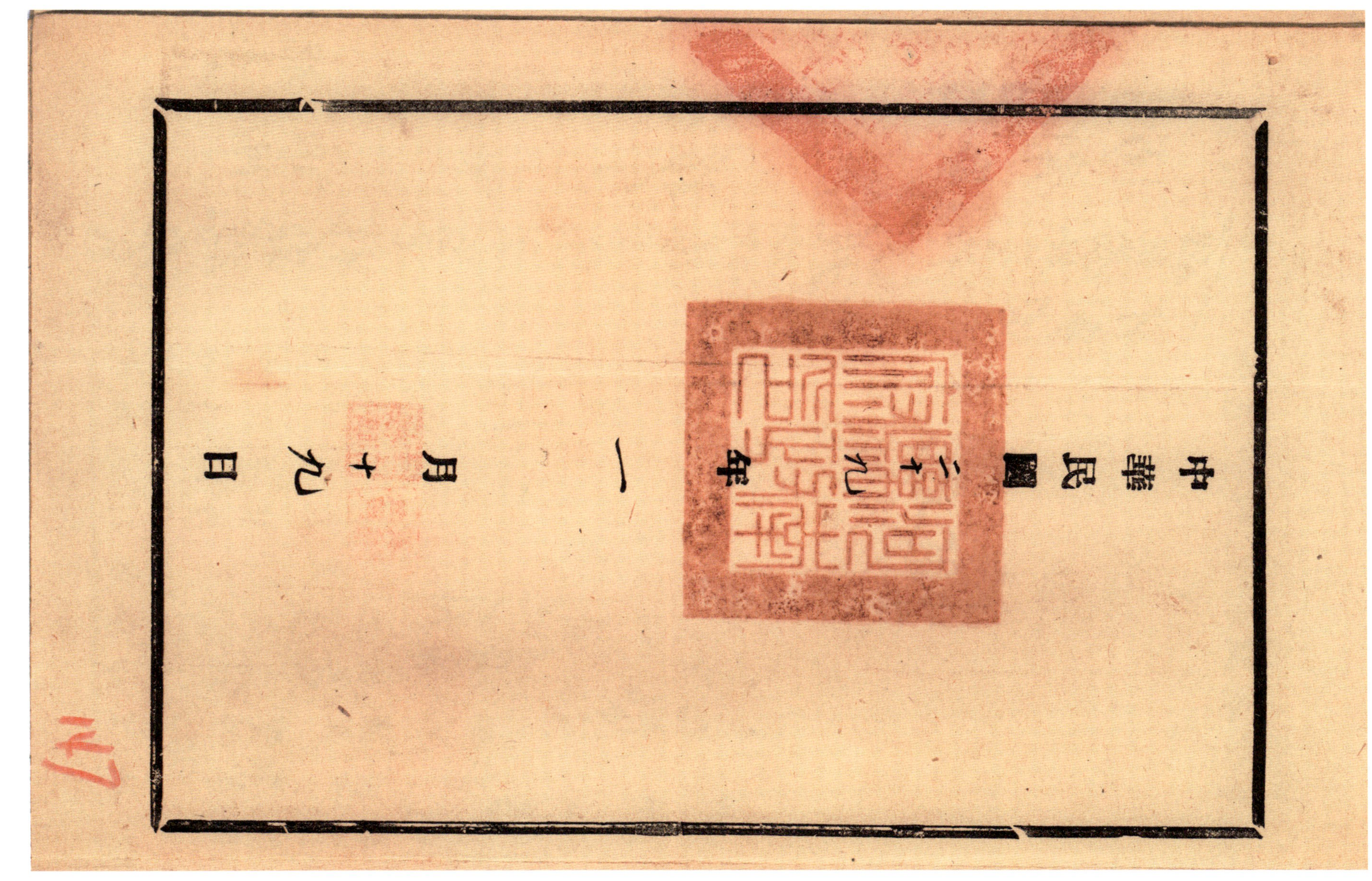
中華民國二十九年一月十九日

〇八〇　河南縣政府就開挖縣北崗下渠二十公里并擬闢地招户及請款援助各計劃事的呈及伊犁區行政長公署的呈、指令和督省兩署的代電（1940-04-08）（J2-2-91-15）（8-5）

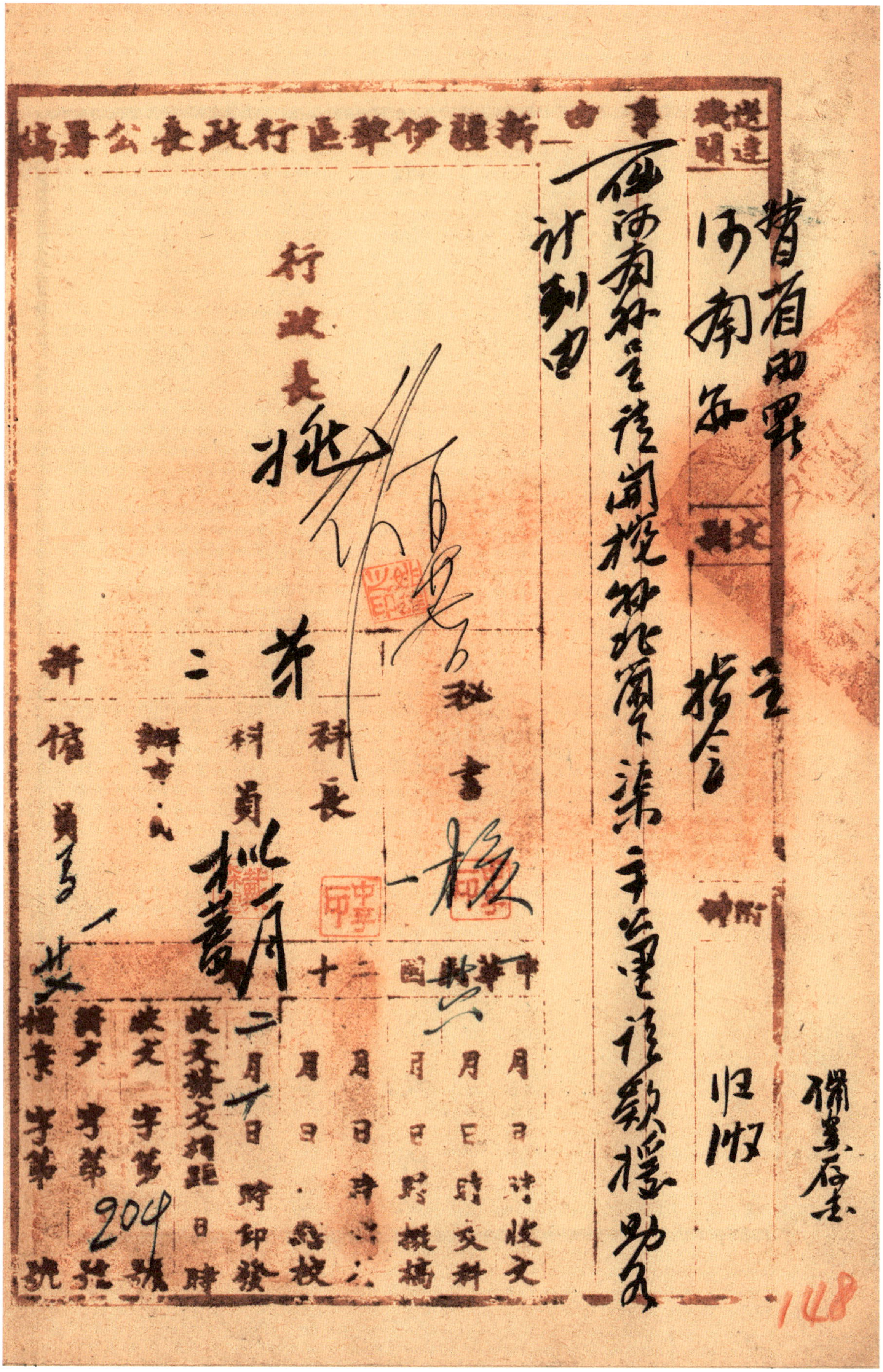

新疆伊犁區行政長公署稿

事由

送達機關　河南縣

文別　指令

附件　歸附

備考

行政長

秘書

科長

科員

辦事員

科

中華民國　年　月　日

二月十

收文　字第　號

204

〇八〇 河南縣政府就開挖縣北崗下渠二十公里并擬闢地招户及請款援助各計劃事的呈及伊犁區行政長公署的呈、指令和督省兩署的代電（1940-04-08）（J2-2-91-15）（8-6）

呈為轉請事案據河南縣[illegible]
黃友藻呈稱呈為呈請事云云謹呈督憲
核此除指令外理合照文呈請
鈞署鑒核示遵謹呈
新疆邊防督辦盛
省政府主席李

指令 令河南縣
原呈請開挖縣北崗下渠二十公里並擬闢地招户
及請款援助各計劃由
呈悉已據情轉請 政府核示矣仰候 省署
再行飭遵 仰即知照 此令

〇八〇　河南縣政府就開挖縣北崗下渠二十公里并擬闢地招户及請款援助各計劃事的呈及伊犁區行政長公署的呈、指令和督省兩署的代電（1940-04-08）（J2-2-91-15）（8-7）

新疆省

快郵代電

迪化財政廳建設廳商業銀行伊犁姚行政長均鑒：商業銀行三月廿三日呈復核办伊犁姚行政長呈轉河南縣請撥開渠經費弍萬伍千元一案，早經查伊犁區河南縣請撥開渠經費并非貸款，是否准撥，應由財政廳核办，且本年水利貸款已由農耕委員会計劃於農業貸款之內，如擬貸款，應由該委会規定辦法呈省，惟查此案前經令行該行會同建設廳核办呈奪在案，據稱前情，究竟上項請撥之款，屬於何項性質，應候建設廳會呈再行核办。除分電外，[illegible]遵照。督办兼代主席[illegible]世才

〇八〇　河南縣政府就開挖縣北崗下渠二十公里并擬闢地招户及請款援助各計劃事的呈及伊犁區行政長公署的呈、指令和督省兩署的代電（1940-04-08）（J2-2-91-15）（8-8）

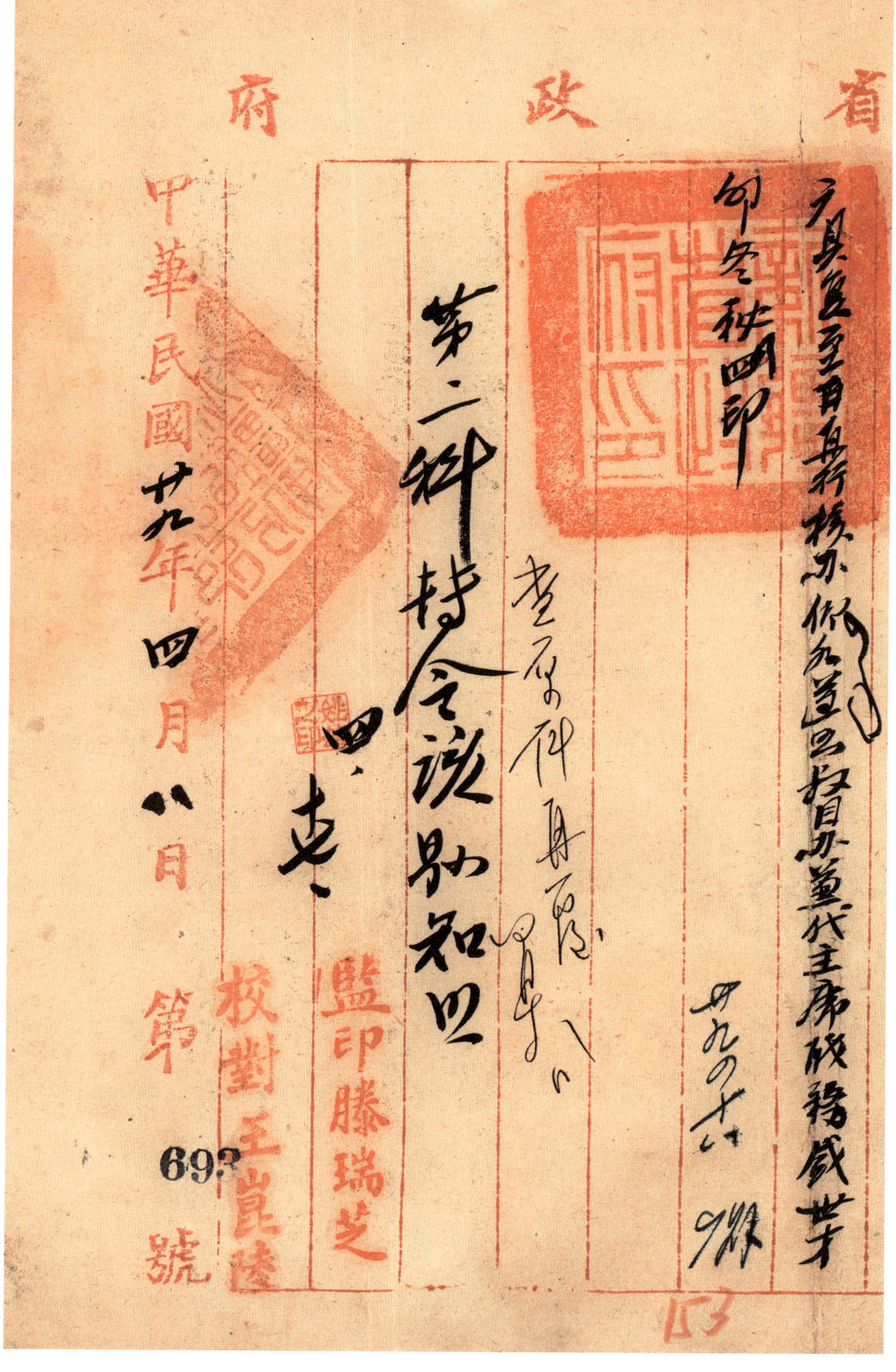

省政府

第二科持令該縣知照

此令

中華民國廿九年四月八日

第693號

監印滕瑞芝

校對王崑陵

〇八一　伊犁區農牧場就赴恰克滿局境勘查水利事的代電及伊犁區行政長公署的指令（1940-06-18）（J2-2-91-22）（8-1）

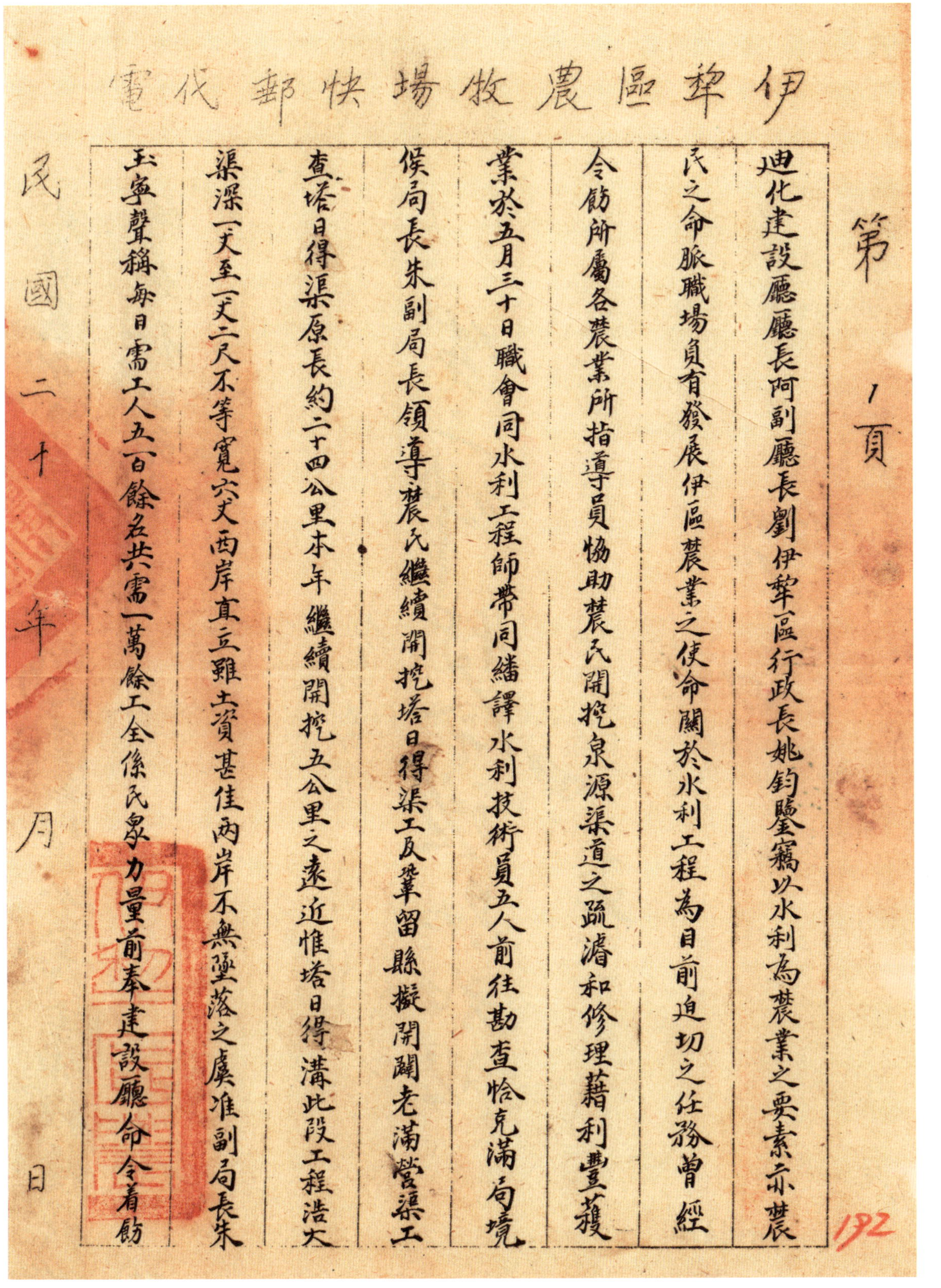

伊犁區農牧場快郵代電　第1頁

迪化建設廳廳長阿副廳長劉伊犁區行政長姚鈞鑒竊以水利為農業之要素亦農民之命脈職場負有發展伊區農業之使命關於水利工程為目前迫切之任務曾經令飭所屬各農業所指導員協助農民開挖泉源渠道之疏濬和修理藉利豐穫業於五月三十日職會同水利工程師帶同繙譯水利技術員五人前往勘查恰克滿局境侯局長朱副局長領導農民繼續開挖塔日得渠工及鞏留縣擬開闢老滿營渠工查塔日得渠原長約二十四公里本年繼續開挖五公里之遠近惟塔日得溝此段工程浩大渠深一丈至一丈二尺不等寬六丈西岸直立雖土質甚佳兩岸不無墜落之虞准副局長朱玉寧聲稱每日需工人五百餘名共需一萬餘工全係民衆力量前奉建設廳命令着飭

民國二十　年　月　日

〇八一 伊犁區農牧場就赴伊犁克滿局境勘查水利事的代電及伊犁區行政長公署的指令（1940-06-18）（J2-2-91-22）（8-2）

組織水利委員會設治局長為委員長卡生拜克（哈族）為副委員長恰克滿共有幹
渠七道恰甫克河源係五道車渠加以疏濬和修補共長一百一十公里之譜惟據日得渠工
工程浩大渠長二十五公里本年延長渠身經過據日得大灘計五公里現值哈族播種季子
時期原擬停工十五天現在已過一月之久又遇着征收牧稅時期必須延長十餘天後始行集
工開渠九公里至小日不拉克目的地停止此段工程由高而下工程不大於三十一日冒雨會同工程
師等五人乘馬勘查據日得渠上游及其龍口十點鐘起程行經平原或山坡至下午兩點
鐘至龍口即恰布克河結果經過二十公里之地渠首上流傍依山坡約十公里水勢湍激危峻
渠身如果將該渠下流小日不拉克至哈拉不拉約有四百方公里之平原荒地開闢完畢

〇八一　伊犁區農牧場就赴恰克滿局境勘查水利事的代電及伊犁區行政長公署的指令（1940-06-18）（J2-2-91-22）（8-3）

伊犁區農牧場快郵代電

第3頁

必須加寬河身不但工程浩大而且水量增加危害渠身更大為了保全偉大渠工利益須
加多修築跌水法數段工程更大繼續又查勘其餘四個龍口水勢異常浩大下午四點鐘
由恰甫克河返回塔日得六月一日正值召開區長莊長會議場長遂利用時間愷切講
述水利對於農業上之需要并應由游牧階段進入農業階段這樣工作必須開闢大
渠要想為了擁護政府發展農業開闢荒地之號召必須進行開挖大渠增加灌溉
量遂將水利工程師四個問題提出（一）塔日得渠雖長有二十四五公里之遠按形勢看來
係陸續延長尚永無計劃之工程本年又續開延長五公里工程特別大但渠邊直立雖土
質肥沃亦有墜落之可慮再擬若干公里由副委員長哈生拜克解答以下荒地甚多再開

民國二十年月日

伊犁區農牧場快郵代電

第 4 頁

九公里可將小日不拉克今春耕種之地接濟後明年再行計劃（二）如若在再延長河身上游
勢必加寬充足水量才能保全工程之利益如不延長渠身當然並無浩大之工程水量是
否够用（經）副委員長答覆現在水能足用接着侯局長發言恰克滿自去年七月一日成
立設治局對於耕地面積及其他事項全無統計本年對於春耕面積曾經轉飭各莊長調
查據報比去年增加五倍究意去年種植還是無統計又據報現正在種糜子種完後再
行調查等語似說是水量足用可又說是無根據之話不過恰克滿地方人力財力不感覺十
分困難就是無領導開渠之人今年修理長途電話又開挖塔日得滿一段大渠民衆担負
甚重俟種糜子完竣後勉强再行續挖九公里至小日不拉克新村莊為止等語（四）如若

民國二十　年　月　日

〇八一　伊犁區農牧場就赴恰克滿局境勘查水利事的代電及伊犁區行政長公署的指令（1940-06-18）（J2-2-91-22）（8-5）

伊犁區農牧場快郵代電

第 5頁

大量開闢小日不拉克至哈拉不拉之中間大批平原荒地東西約有三十餘公里南北約三十餘公里合四百五六十方公里能開荒地二萬餘公頃面積必須將塔日得大渠加寬四米大水量浩大為保穩渠身必須另築跌水數處費工更大否則必須另開龍口依照科學方法測量後方能工作還必須將哈拉不拉之哈族渠引用特克斯河之水上流加寬下流仍須向東延長雙方接連約有六七十渠之水才能足用將來如計劃開挖時請俟局長通知農牧場再行興工由下午二句鐘起身返回四點鐘到特克斯河岸勘查哈族渠龍口形勢尚好失其修理水量細微將來加寬延工程不難由渡船過河察看鞏留縣新滿營渠龍口頗佳老滿營渠係鞏留最大之幹渠龍口雖好惜依山坡有大石擾連大山横被龍口

民國二十　年　月　日

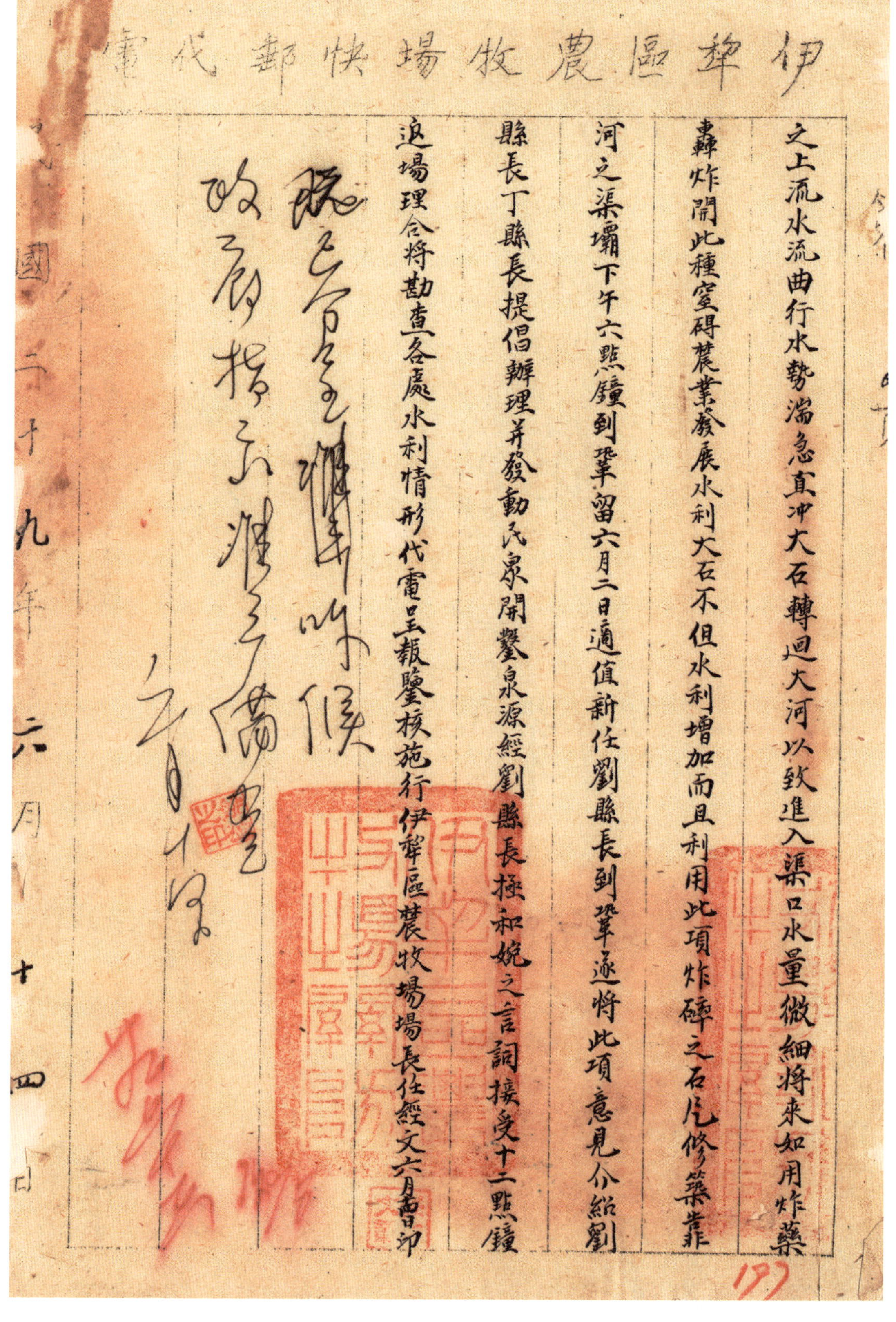

伊犁區農牧場快郵代電

之上流水流曲行水勢湍急直冲大石轉迴大河以致進入渠口水量微細將來如用炸藥

轟炸開此種窒碍農業發展水利大石不但水利增加而且利用此項炸碎之石片修築靠

河之渠壩下午六點鐘到鞏留六月二日適值新任劉縣長到鞏遂將此項意見介紹劉

縣長丁縣長提倡辦理并發動民衆開鑿泉源經劉縣長採和婉之言詞接受十二點鐘

返場理合將勘查各處水利情形代電呈報鑒核施行伊犁區農牧場場長任經文六月書印

民國二十九年六月十四日

〇八一　伊犁區農牧場就赴恰克滿局境勘查水利事的代電及伊犁區行政長公署的指令（1940-06-18）（J2-2-91-22）（8-7）

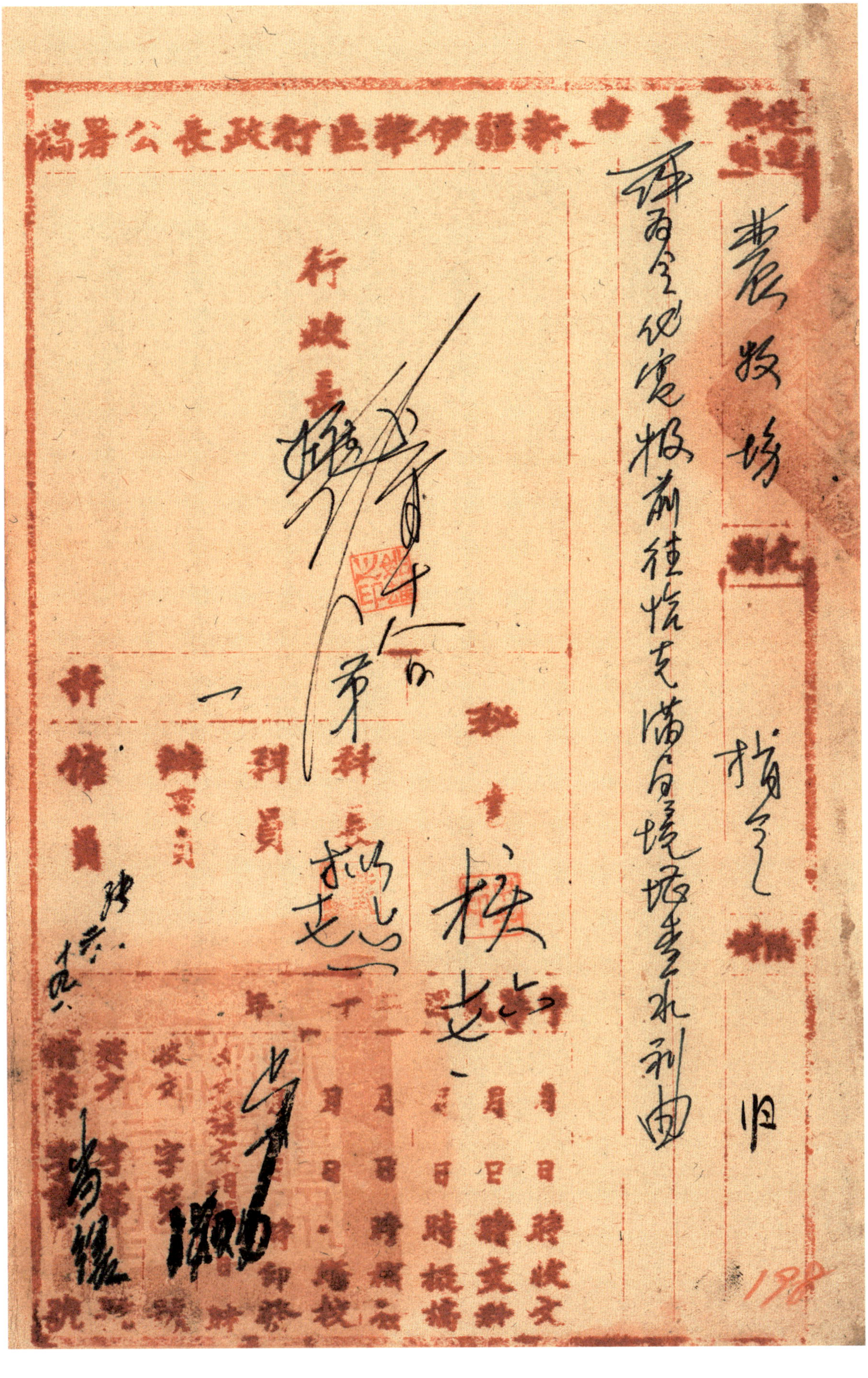

新疆伊犁區行政長公署稿

農牧場

指令

呈悉　已電復前往恰克滿局境勘查水利由

伊犁區農牧場就赴恰克滿局境勘查水利事的代電及伊犁區行政長公署的指令（1940-06-18）（J2-2-91-22）（8-8）

衔 指令

令 農牧場

據代電呈報前往恰克滿局境勘查水利情形由

代電悉 派出引量聽候

政府指示可也 應予存查 仰即知照 此令

呈

〇八二　河南縣政府就澆灌用水合作分配事給第六村的訓令（1940-07-02）（J2-5-158-26）（4-1）

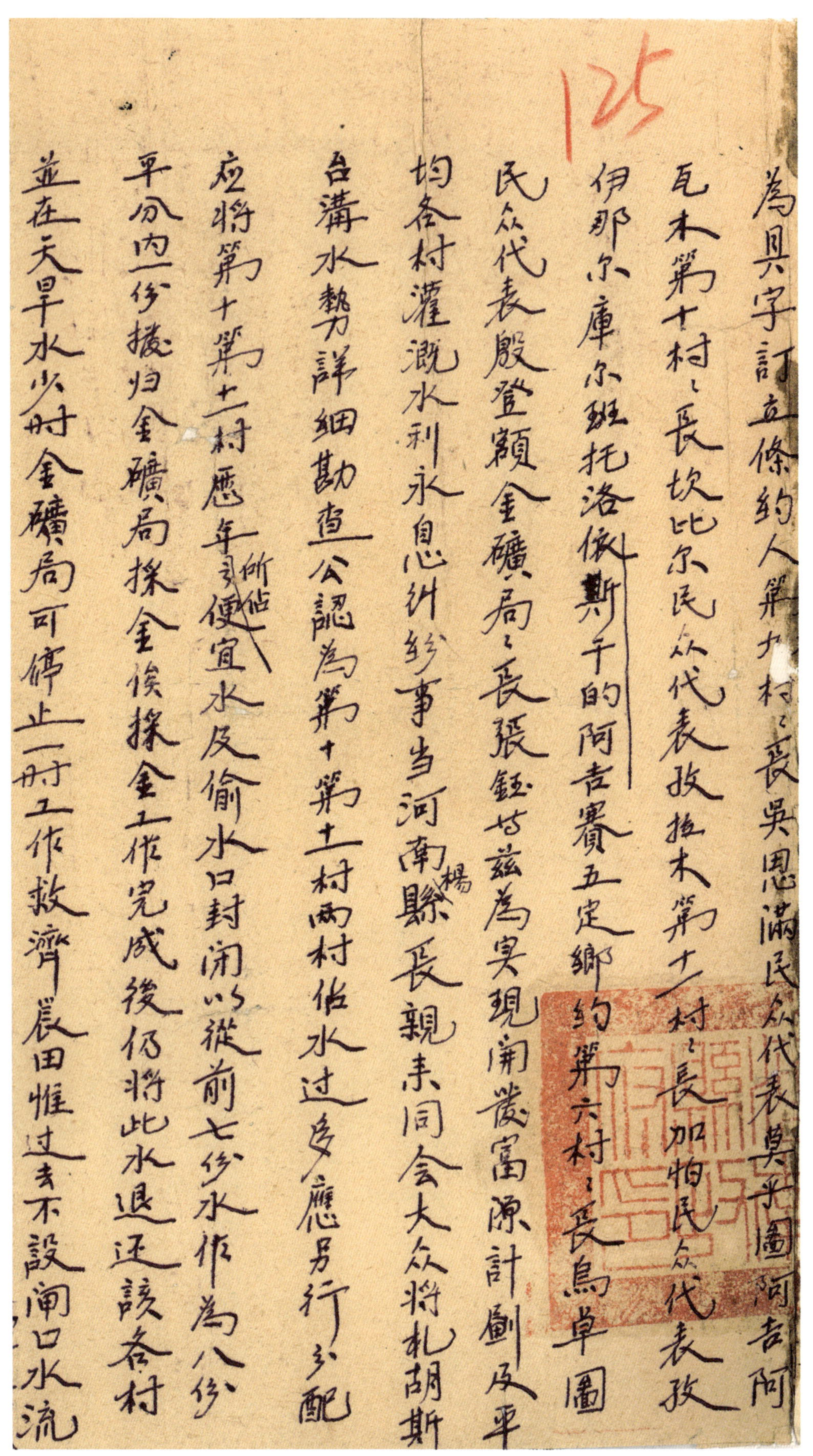
為具字訂立條約人第九村〻長吳思滿民众代表莫乎圖阿吉阿
瓦木第十村〻長坎比尔民众代表孜拉木第十一村〻長加柏民众代表孜
伊那尔庫尔班托洛依斯干的阿吉賽五定鄉約第六村〻長烏卓圖
民众代表殷登額金礦局〻長張鈺芍茲為吳現開發富源計劃及平
均各村灌溉水利永息糾紛事當河南縣長楊親来同会大众將札胡斯
台溝水勢詳細勘查公認為第十第十一村兩村佔水过多應另行分配
应將第十第十一村應所佔便宜水及偷水口封閉以從前七份水作為八份
平分內一份撥归金礦局採金俟採金工作完成後仍將此水退还該各村
並在天旱水少时金礦局可停止一时工作救濟農田惟过去不設閘口水流

○八二　河南縣政府就澆灌用水合作分配事給第六村的訓令（1940-07-02）（J2-5-158-26）（4-2）

126

並在天旱水少時金礦局可停止一時工作救濟農田惟过去不設閘口水流
不均今由公決應安設水閘以平均水量至於做閘一切化費由八份均攤灌溉第五村过去
村內園地之水在舊條約內應由該本村所分之水放入第九村渠內至下流再
數取出仍准放入借取水今在楊縣長面前立字存查此批

五月十六日

○八二 河南縣政府就澆灌用水合作分配事給第六村的訓令（1940-07-02）（J2-5-158-26）（4-3）

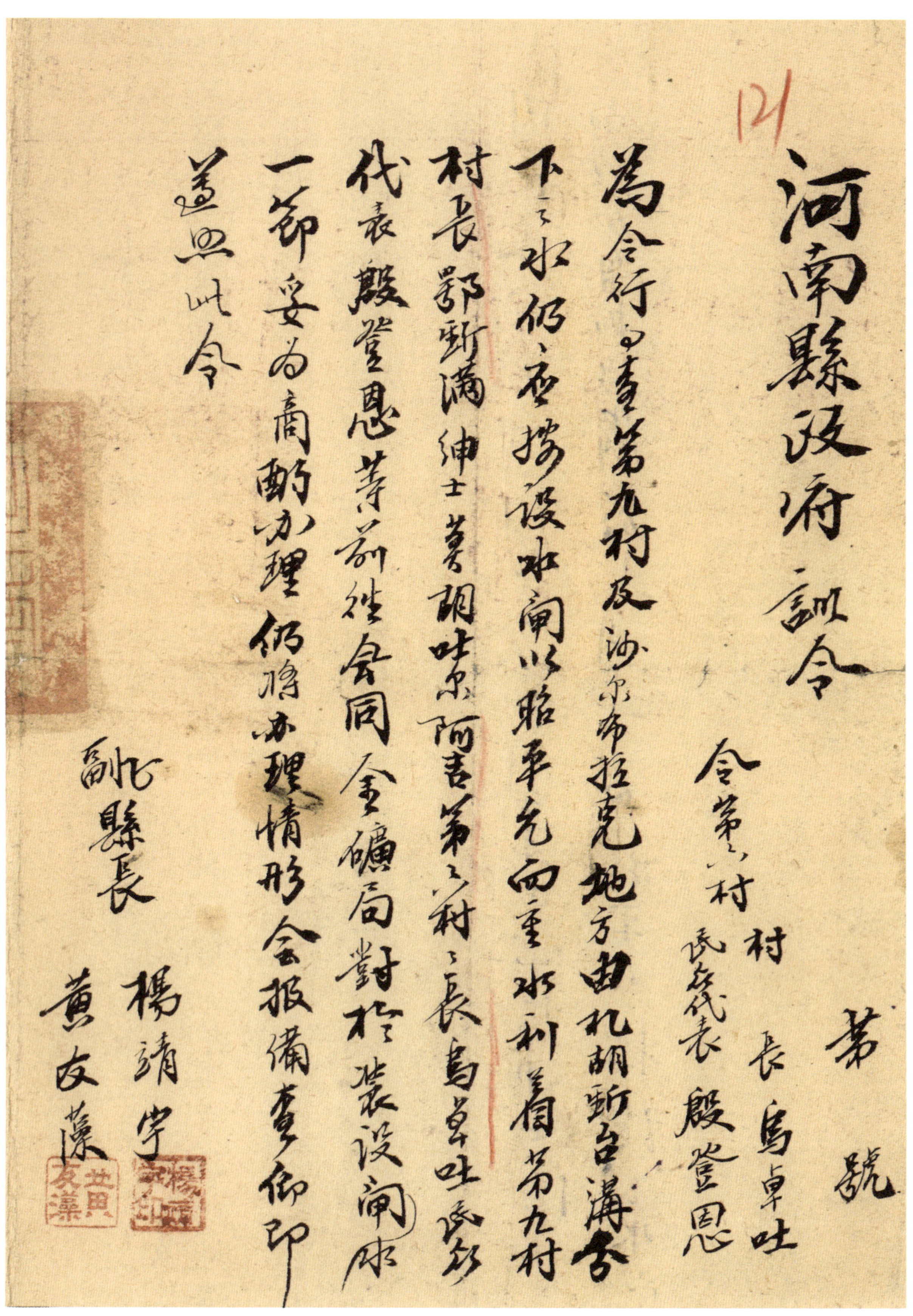

河南縣政府訓令 第 號

令第六村村長烏卓吐、民衆代表殷登恩

爲令行事，查第九村及沙爾布拉克地方由札胡斯台溝分下之水，仍應撥設水閘，以昭平允，而重水利。着第九村村長鄂斯滿、紳士葛胡吐爾阿吉、第六村村長烏卓吐、民衆代表殷登恩等，前往會同金礦局，對於裝設閘門一節，妥爲商酌辦理，仍將辦理情形，會報備查，仰即遵照。此令。

縣長 楊靖宇
副縣長 黄友藻

中華民國廿九年七月二日

〇八二　河南縣政府就澆灌用水合作分配事給第六村的訓令（1940-07-02）（J2-5-158-26）（4-4）

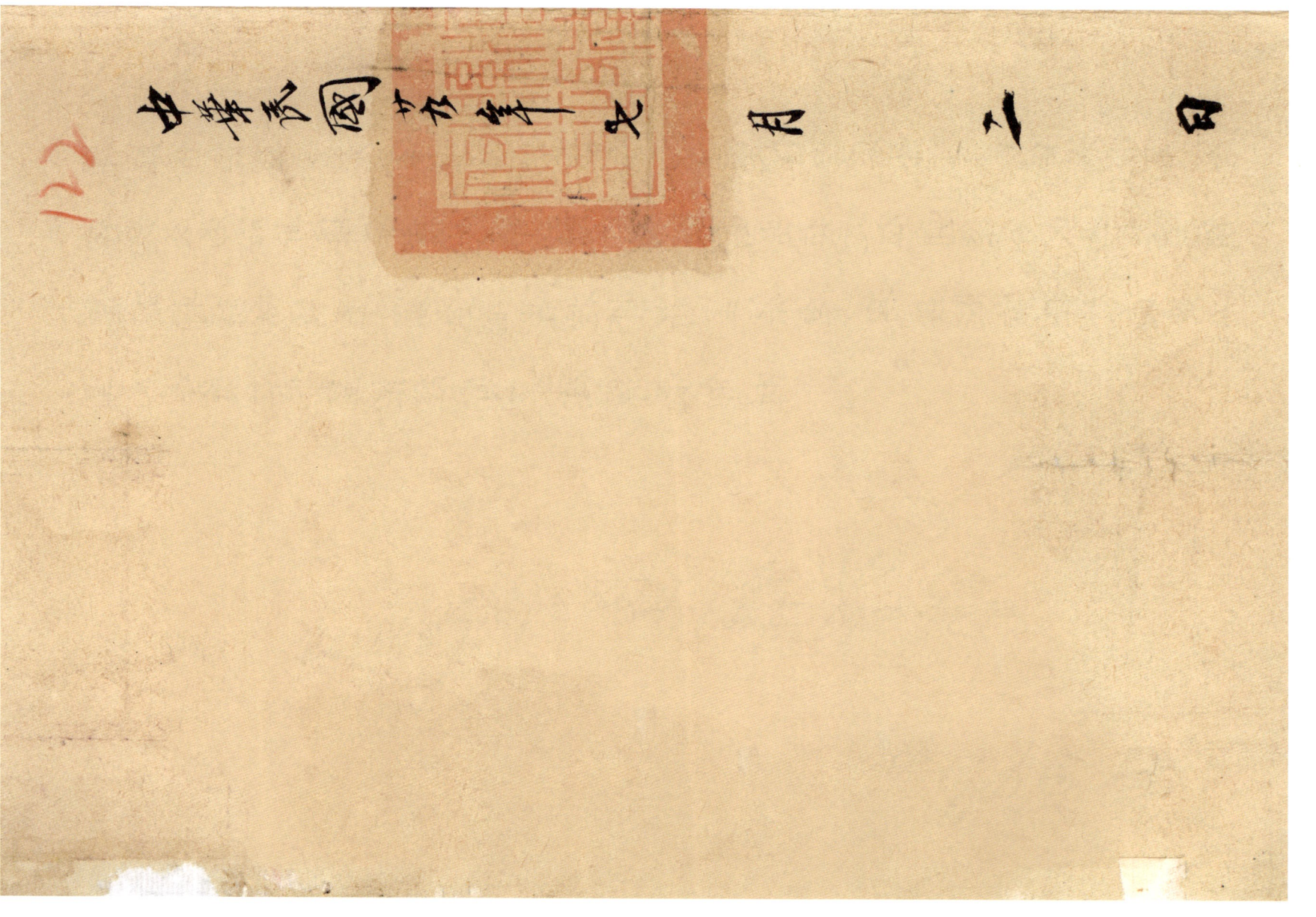

〇八三　綏定縣就呈賫挖修皇渠經費單據簿表核銷事給伊犁區姚行政長的呈（附計算表）及新疆邊防督辦公署給伊犁區警備司令部的訓令（1940-09-03）（J2-2-91-8）（7-1）

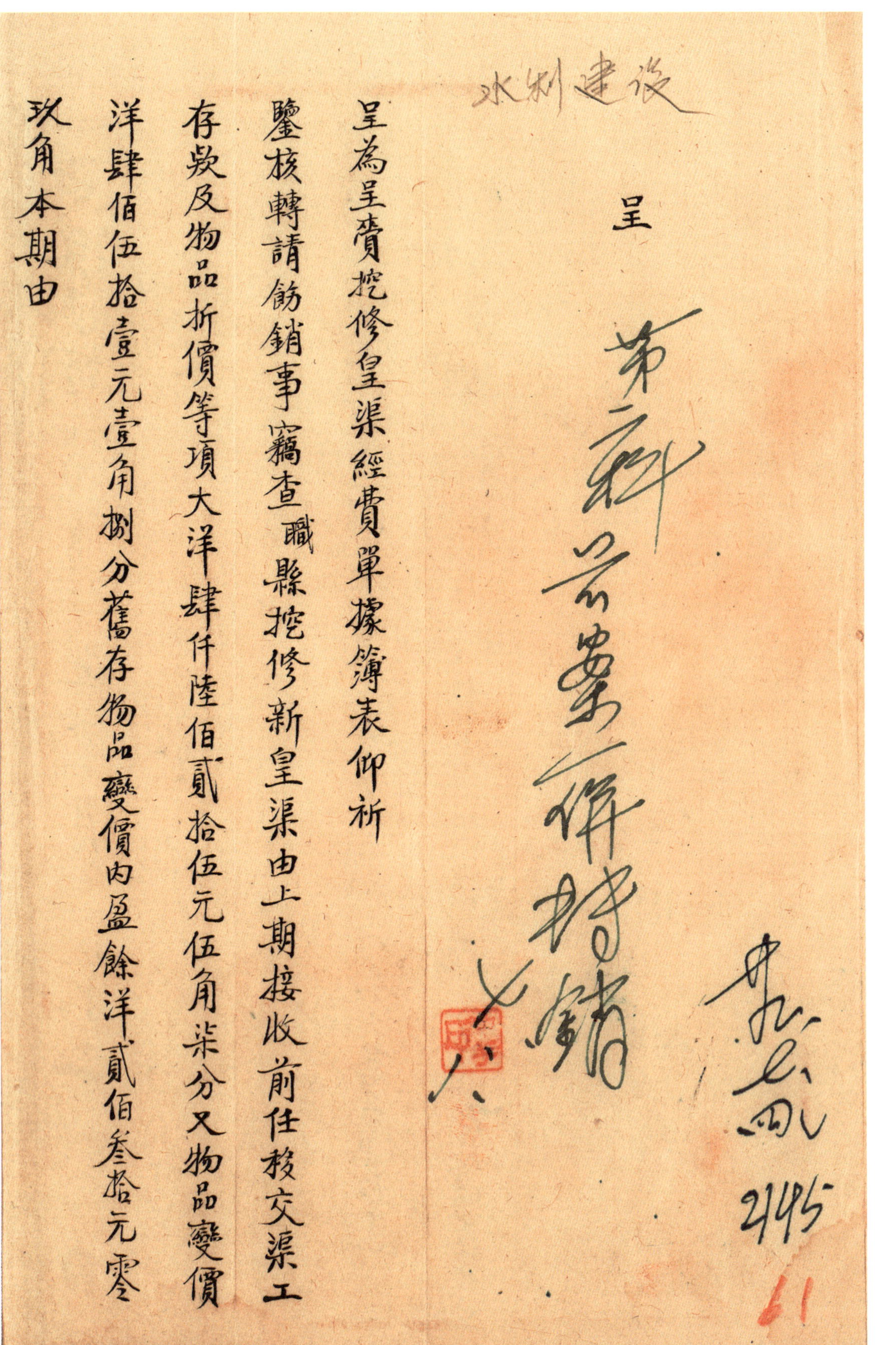

水利建設

呈

呈爲呈賫挖修皇渠經費單據簿表仰祈

鑒核轉請飭銷事。竊查職縣挖修新皇渠，由上期接收前任移交渠工存欵及物品折價等項大洋肆仟陸佰貳拾伍元伍角柒分，又物品變價洋肆佰伍拾壹元壹角捌分，舊存物品變價内盈餘洋貳佰叁拾元零玖角，本期由

第三科簽辦轉銷

2445

61

〇八三　綏定縣就呈賚挖修皇渠經費單據簿表核銷事給伊犁區姚行政長的呈（附計算表）及新疆邊防督辦公署給伊犁區警備司令部的訓令
（1940-09-03）（J2-2-91-8）（7-2）

玖角本期由
鈞部領來經費洋叁萬玖仟柒佰伍拾元又收回麪粉代價内盈餘洋
伍百貳拾元零玖角伍分先後實領收大洋總共肆萬伍仟伍百柒拾捌
元陸角除開支薪工費洋叁萬叁仟捌百伍拾伍元柒角柒分辦公雜費
洋壹萬壹仟貳百肆拾元零壹角柒分接濟水利技士瓦利果佛洛夫
現款及麪粉白米代價共洋肆佰零陸元壹角叁分外實存大洋柒拾
陸元伍角叁分除將上項結存洋另案解繳並呈請建廳追繳技士瓦利
欠款報解外所有開支各項款洋細數遵章取據分類粘造單据簿
拾本附屬表貳本對照表一份計算表一份理合具文一併呈齎
鈞座鑒核俯賜轉請核銷謹呈
伊犁區行政長姚

〇八三　綏定縣就呈賫挖修皇渠經費單據簿表核銷事給伊犁區姚行政長的呈（附計算表）及新疆邊防督辦公署給伊犁區警備司令部的訓令（1940-09-03）（J2-2-91-8）（7-3）

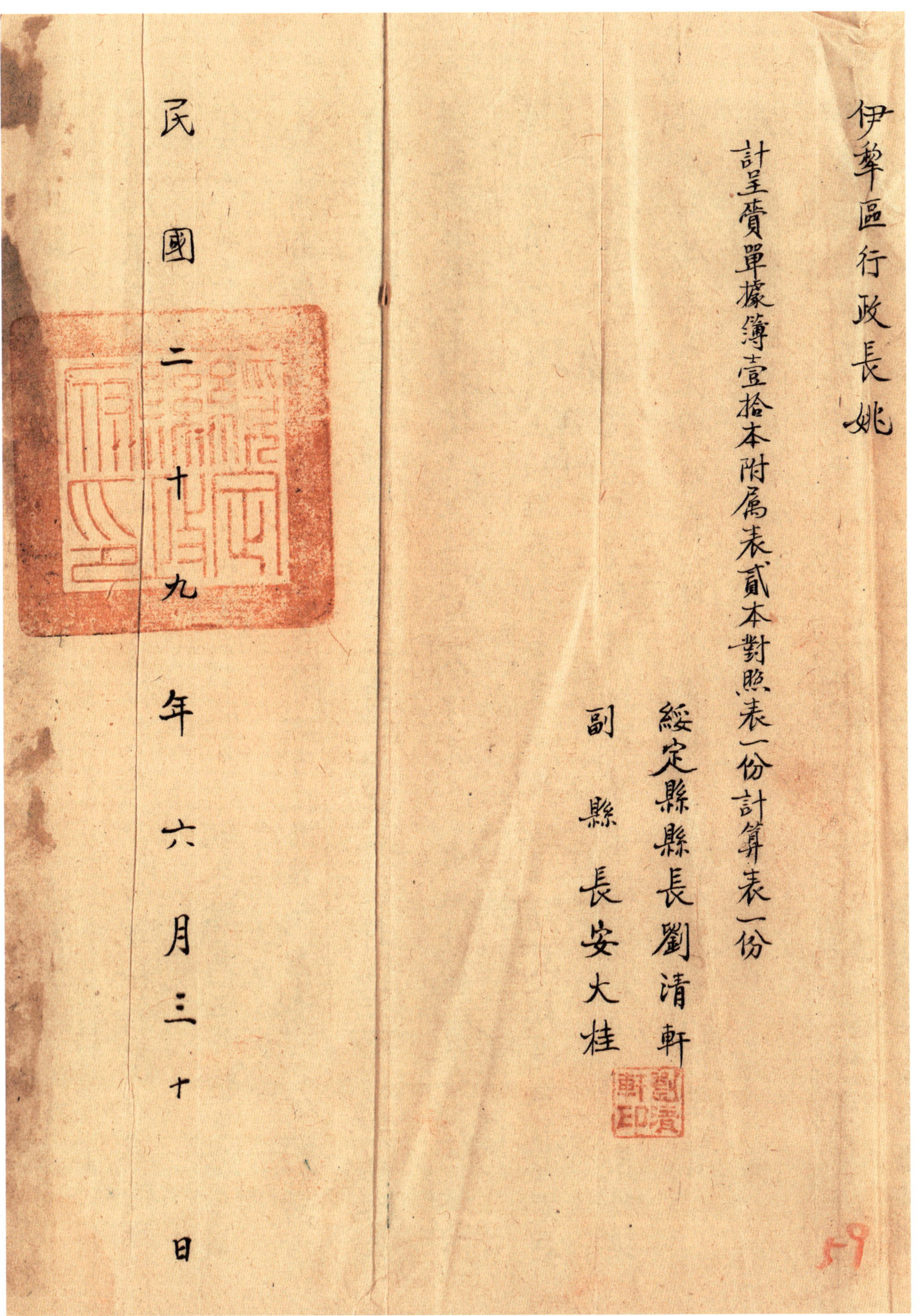

伊犂區行政長姚

計呈賫單據簿壹拾本附屬表貳本對照表一份計算表一份

綏定縣縣長劉清軒

副縣長安大桂

民國二十九年六月三十日

〇八三　綏定縣就呈賫挖修皇渠經費單據簿表核銷事給伊犁區姚行政長的呈（附計算表）及新疆邊防督辦公署給伊犁區警備司令部的訓令
（1940-09-03）（J2-2-91-8）（7-4）

於民國28年修築喀什河口所用傢俱表

號碼	摘要	數量	省喀票	以四千折大洋 元	以四千折大洋 角分	備考
1	蔴繩子	50斤	91,150	22	78¾	查此繩剩下俱已損壞
2	雷鑽	4個	56000	14	—	
3	挖炮孔鐵勺	1〃	8500	2	12½	
4	鐵錘	1〃	28000	7	—	
5	小鐵錘	1〃	3500	—	87½	
6	鋼鑽	1〃	10,000	2	50	
7	秤	1〃	11,000	2	75	
8	桿子	1〃	25,000	6	25	
9	小方櫈	5〃	18,500	4	62½	
10	白磁茶吁	2〃	7000	1	75	
11	玻璃茶杯	2〃	1300	—	32½	
12	茶碟	3〃	3000	—	75	
13	石油流子	1〃	1300	—	32½	
14	小柜	1〃	12000	3	—	
15	面蔴袋	20〃	80,000	20	—	
16	鐵油磁茶吁	3〃	28,500	7	12½	
17	白磁碗	5〃	6.250	1	56	
18	港罐	2〃	3,800	—	95	
19	飯叉子	2〃	4000	1	—	
20	螺絲捍子	1〃	17,500	4	37½	
21	油灯	1〃	7500	1	88	
22	鐵柜	1〃	12,000	3	—	
23	洋鐵盆子	4〃	10,000	2	50	
24	界尺	1〃	1500	—	37½	
25	傢房柜	3〃	12,000	3	—	
26	量道站尺杆	2〃	10,000	2	50	
			469,300	117	32½	

91

○八三　綏定縣就呈賫挖修皇渠經費單據簿表核銷事給伊犁區姚行政長的呈（附計算表）及新疆邊防督辦公署給伊犁區警備司令部的訓令（1940-09-03）（J2-2-91-8）（7-5）

新疆邊防督辦公署訓令　秘字第1819號

令伊犁區警備司令部

為令行事。案查前據該部電，為加修皇渠經費洋不敷之數，擬請由伊寧糧倉㨿撥小麥一案，當經令行財建兩廳會核去後，茲據覆稱：遵即會商，查加修皇渠費預算規定叁萬五千元，已撥費壹萬五千元，上項小麥准予按市價低百分之十撥糧弍千石，作為未發之弍萬元，仍欵除收糧不由伊犁稅局另案

據費外，理合具文呈請鈞座鑒核飭遵施行等

情前來，應准如擬辦理，除指令外，合行令仰

該部即便遵照辦理。此令

76

○八三　綏定縣就呈賫挖修皇渠經費單據簿表核銷事給伊犁區姚行政長的呈（附計算表）及新疆邊防督辦公署給伊犁區警備司令部的訓令（1940-09-03）（J2-2-91-8）（7-6）

○八三　綏定縣就呈賫挖修皇渠經費單據簿表核銷事給伊犁區姚行政長的呈（附計算表）及新疆邊防督辦公署給伊犁區警備司令部的訓令（1940-09-03）（J2-2-91-8）（7-7）

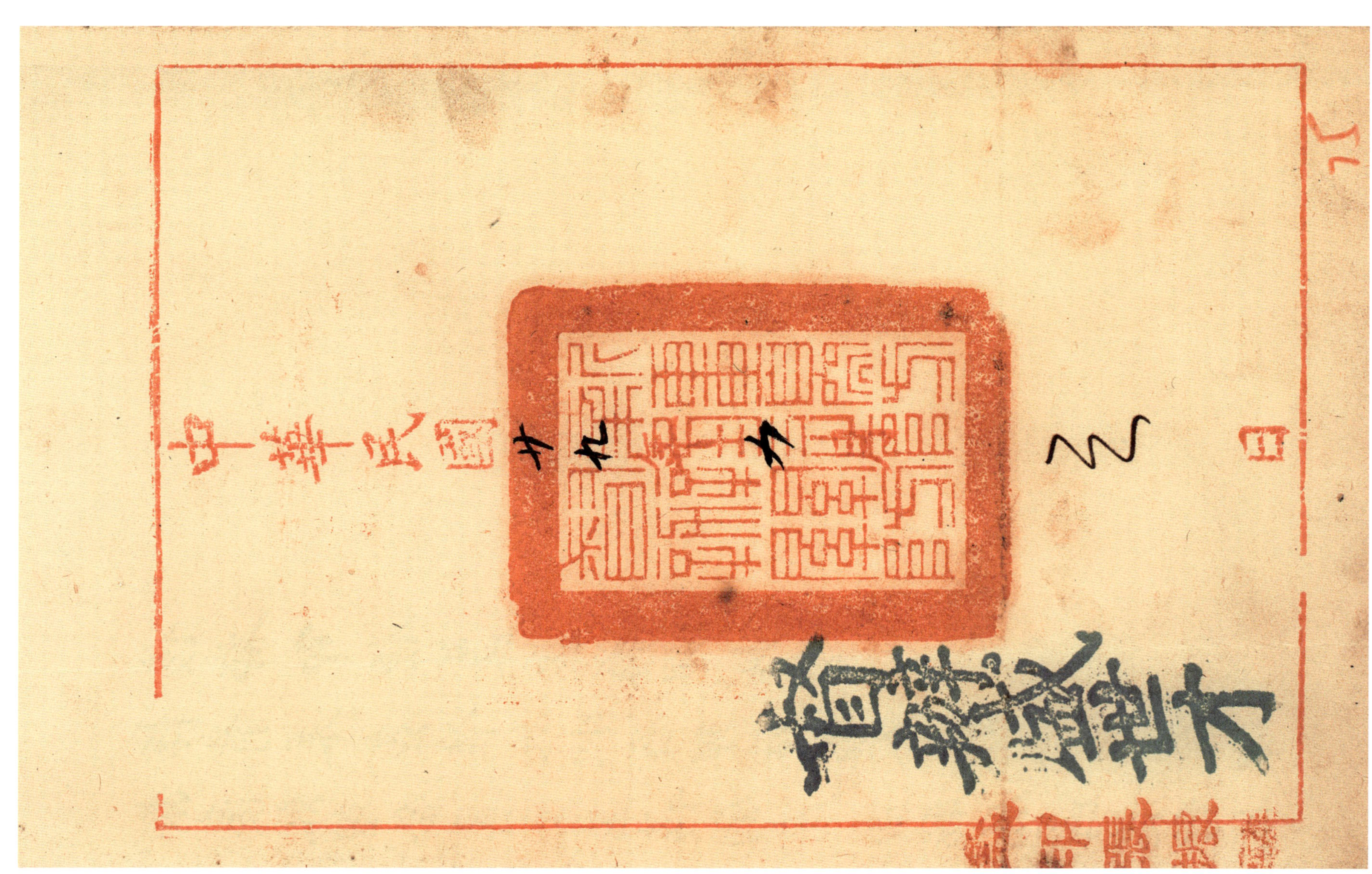

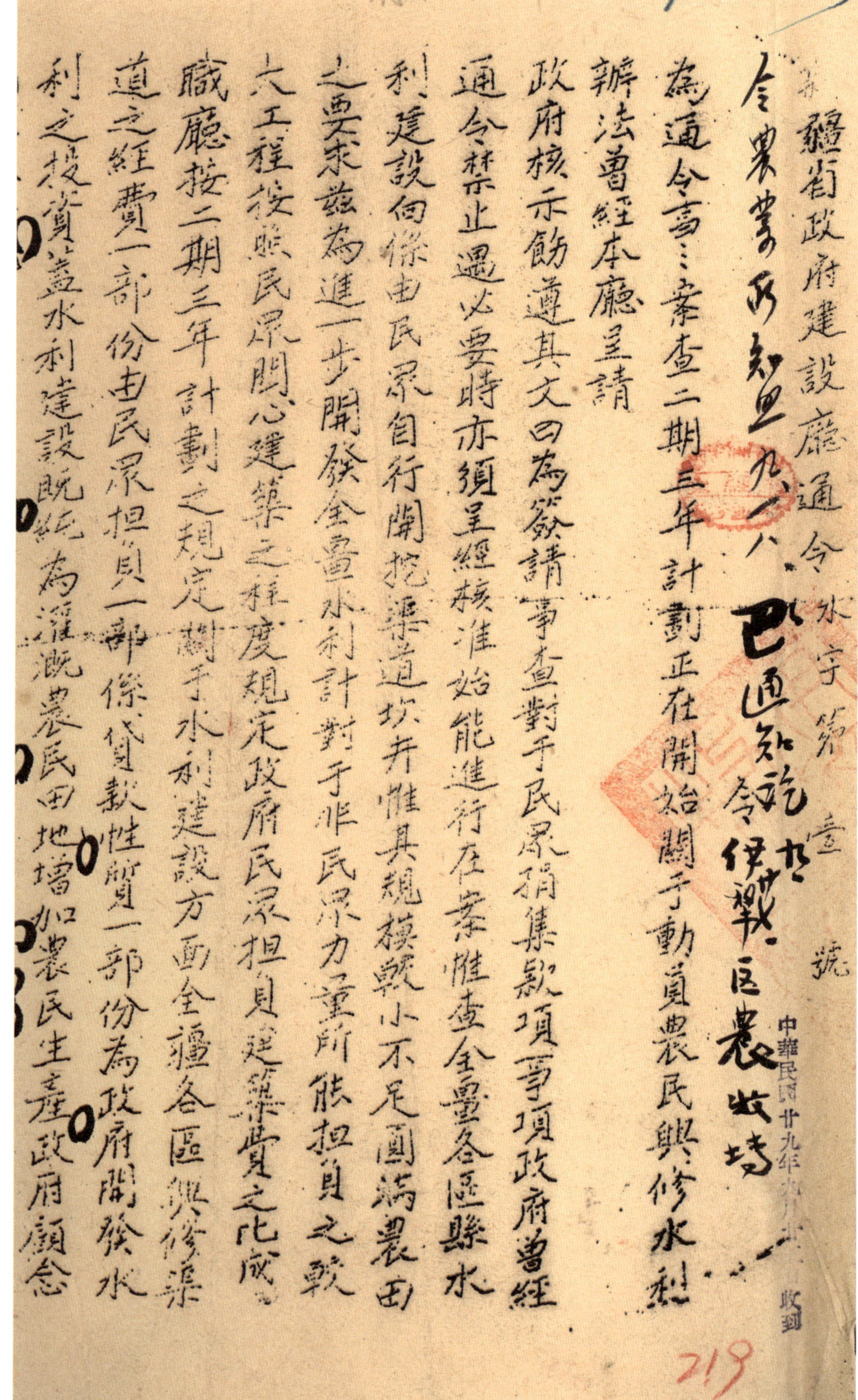

新疆省政府建設廳通令　水字第壹號

令伊犁區農牧場

巳通知訖

為通令事：案查二期三年計劃正在開始，關于動員農民興修水利辦法，曾經本廳呈請

政府核示飭遵，其文曰：為簽請事。查對于民眾捐集款項事項，政府曾經通令禁止，還必要時亦須呈經核准，始能進行在案。惟查全疆各區縣水利建設，向係由民眾自行開挖渠道、坎井，惟其規模類小，不足圓滿農田之要求，茲為進一步開發全疆水利計，對于非民眾力量所能担負之較大工程，按照民眾關心建築之程度，規定政府、民眾担負建築費之比成。職廳按二期三年計劃之規定，關于水利建設方面，全疆各區興修渠道之經費，一部份由民眾担負，一部係貸款性質，一部份為政府開發水利之投資。蓋水利建設既為灌溉農民田地，增加農民生產，政府顧念

中華民國廿九年九月廿□日收到

219

利之援資。蓋水利建設，既能灌溉農民田地，增加農民生產，政府顧念
民眾艱苦，既協助以貸款，又補助以經費，已屬優待至極。故按第二期三年
計劃之規定，分年予以百分之六十至五十之協助，由政府與民眾合作，以期完
成。現在各處水利工作亟待進行，而各縣請求派人指導勘工修挖渠道者，紛至
沓來，如着手辦理，除政府協助款項以外，其餘費用按照計劃，即須由民眾籌
集。此項籌款是否屬于捐款範圍？又如城市戶民及農村農民，為防范山洪
暴發，沖壞田園，常于春季出資建修堤壩，惟以民眾力量薄弱，技術差
池，年年修堤築壩，而每年均被沖毀，總為一勞永逸計，由政府、民眾合資修
築，此項籌款是否亦屬于捐款範圍？除分呈外，理合簽請鈞座鑒核示遵。
謹呈等語。發去後，茲奉訓令內開：為令行事。查前據該廳簽稱擬于民眾籌
款修挖渠道是否屬於捐款範圍等情一案，當經令行財政廳核議去後，茲據
覆稱：遵查關于動員農民修挖渠道，以振興水利，如果是當地民眾共同
負担，即係自動出力出錢，來加強新疆生產建設，是與少數商民、牧戶及頭
目等大宗捐款修路、建築俱樂部，或學校等不同。動員人民興修水利，或用

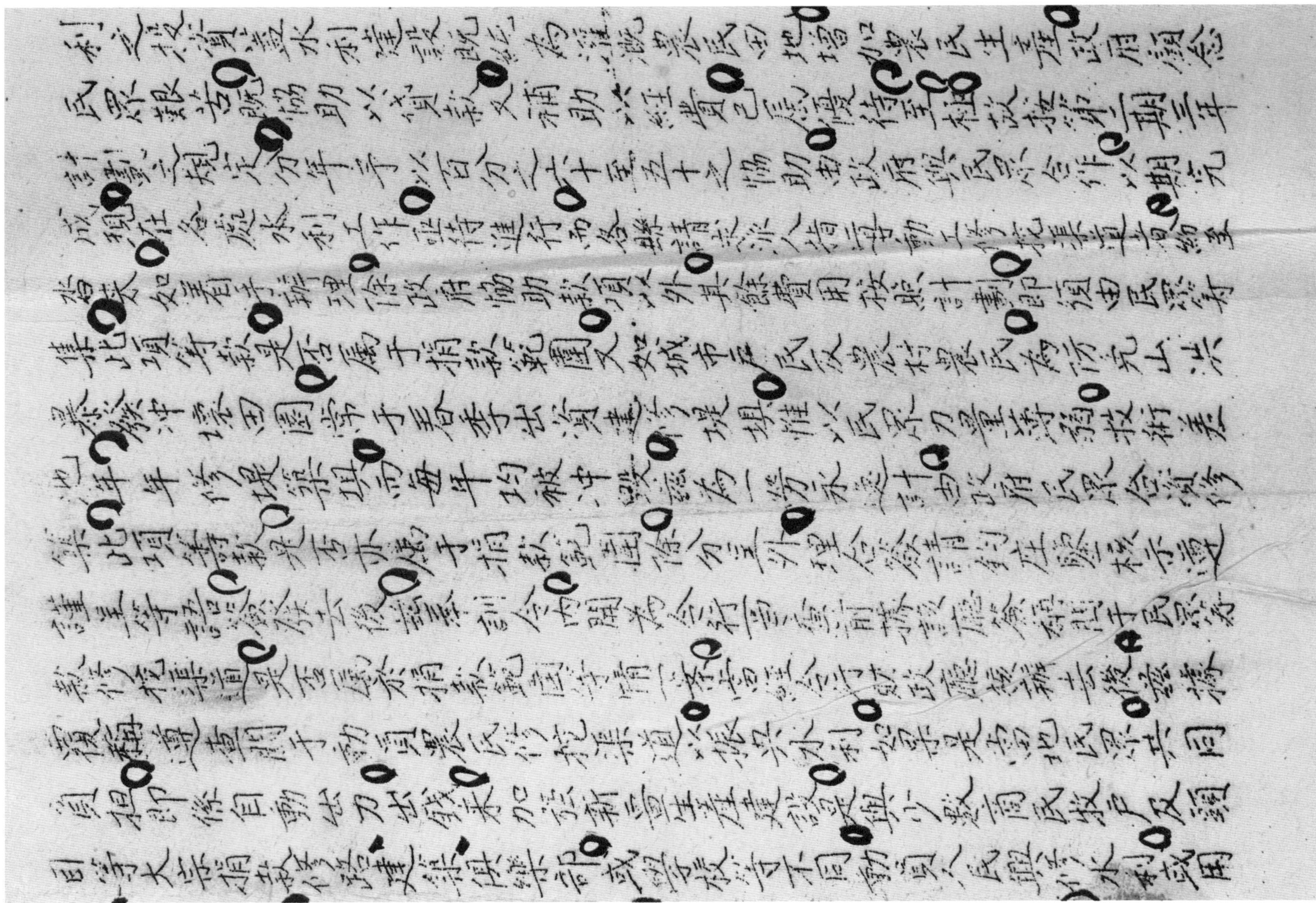

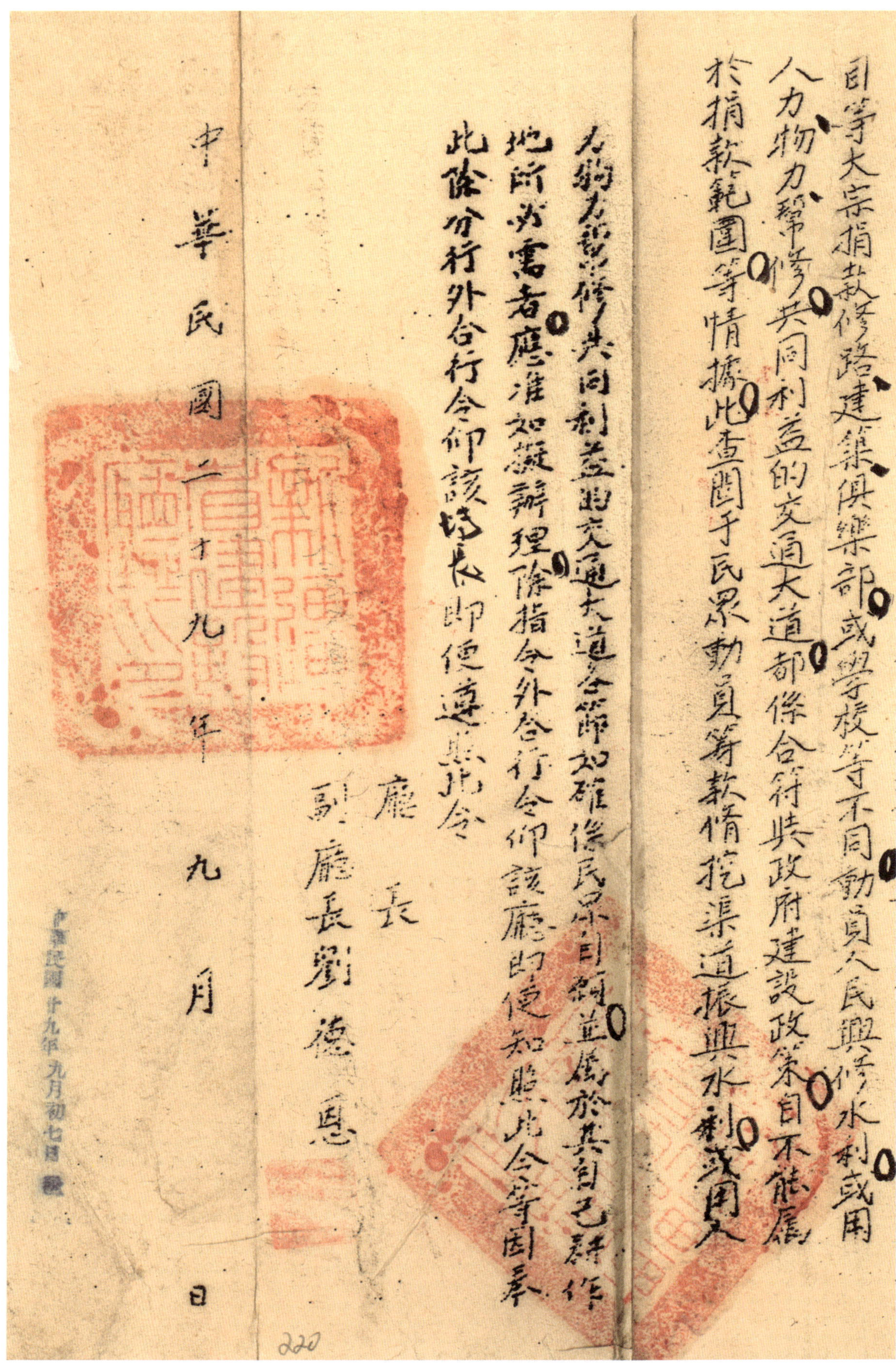

司等大宗捐款修路建築俱樂部或學校等不同，動員人民興修水利或用人力物力幫修共同利益的交通大道，都係合符政府建設政策，自不能屬於捐款範圍等情。據此，查關于民眾動員籌款修挖渠道，振興水利，或因人力物力幫修共同利益的交通大道，各節如確係民眾自願，並屬於其自己耕作地所必需者，應准如擬辦理。除指令外，合行令仰該廳即便知照。此令。等因奉此。除分行外，合行令仰該場長即便遵照。此令。

廳長

副廳長劉德恩

中華民國二十九年九月　日

伊犁……民國廿九年九月初七日收

區　縣建修渠道一覽表

完成工作						所費工力		完成後的效果			註解
大工	石工	磚工	土工	洋灰工	其他	人工	車馬工	增加新地	改善地畝	增加水量	
14	15	16	17	18	19	20	21	22	23	24	25

程範圍

除支用款項外政府為修渠撥給食糧則按当地市價

省性質則應填入「貸款」欄內，並「民眾款」欄內應

入、

料費

後的收穫例如渠工業已完竣則在廿二欄內註明

實行了淘挖修理現有渠道時其結果能開新地能增

填入，如果為使水潦湖灘成為良田修築放水渠則

量。

時可在註解中填明。

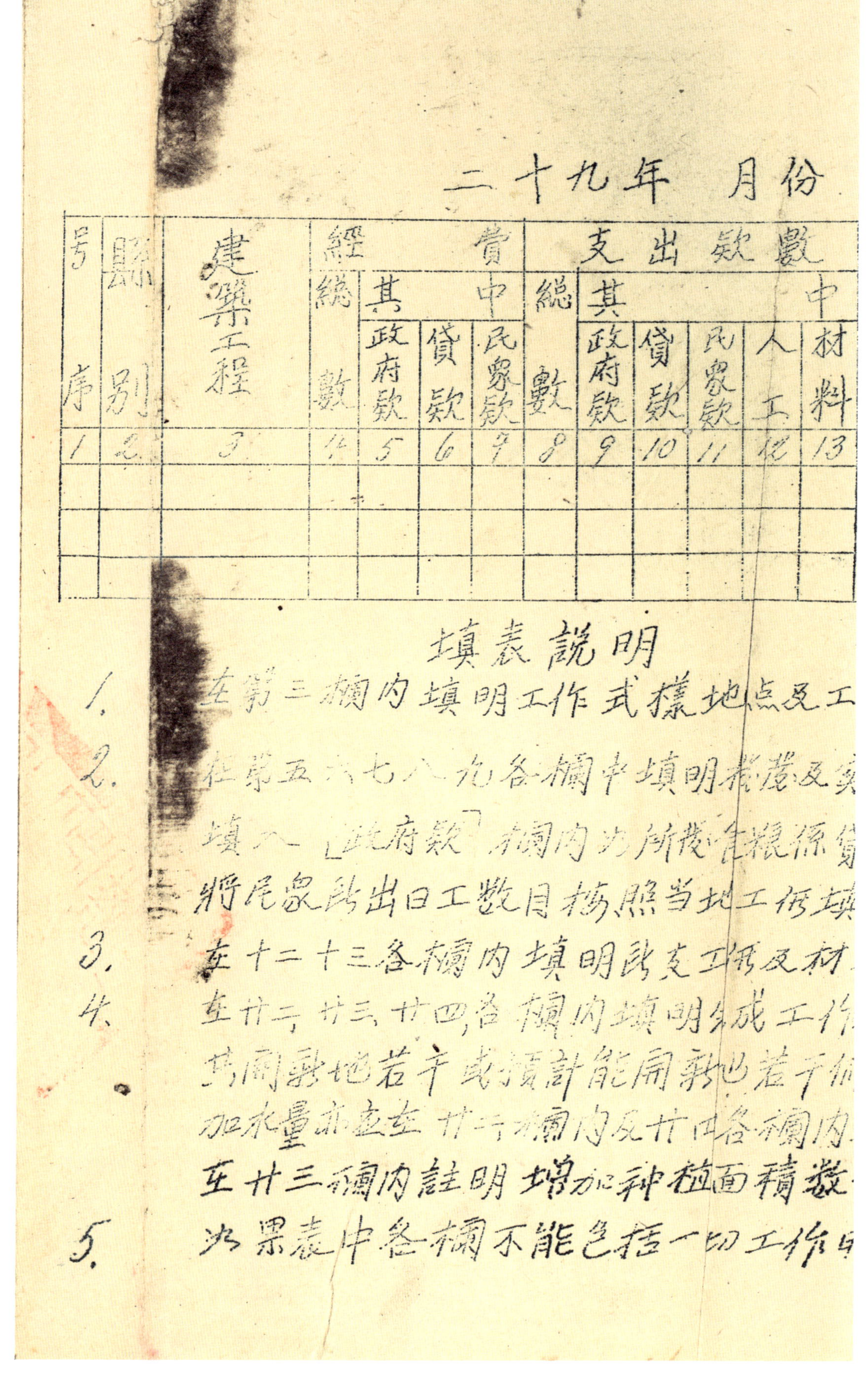

二十九年　月份

号序	縣別	建築工程	經費 總數	經費 其中 政府款	經費 其中 貸款	經費 其中 民衆款	支出款數 總數	支出款數 其中 政府款	支出款數 其中 貸款	支出款數 其中 民衆款	支出款數 其中 人工	支出款數 其中 材料
1	2	3	4	5	6	7	8	9	10	11	12	13

填表說明

1. 在第三欄内填明工作式樣地点及工

2. 在第五六七八九各欄中填明希歳及負

填入「政府款」欄内以所發食粮係貸

將民衆所出日工数目按照当地工價填

3. 在十二十三各欄内填明所支工資及材

4. 在廿二廿三廿四各欄内填明完成工作

其開熟地若干畝預計能開熟地若干

加水量亦应在廿二欄内及廿四各欄内

在廿三欄内註明增加种植面積数

5. 此累表中各欄不能包括一切工作

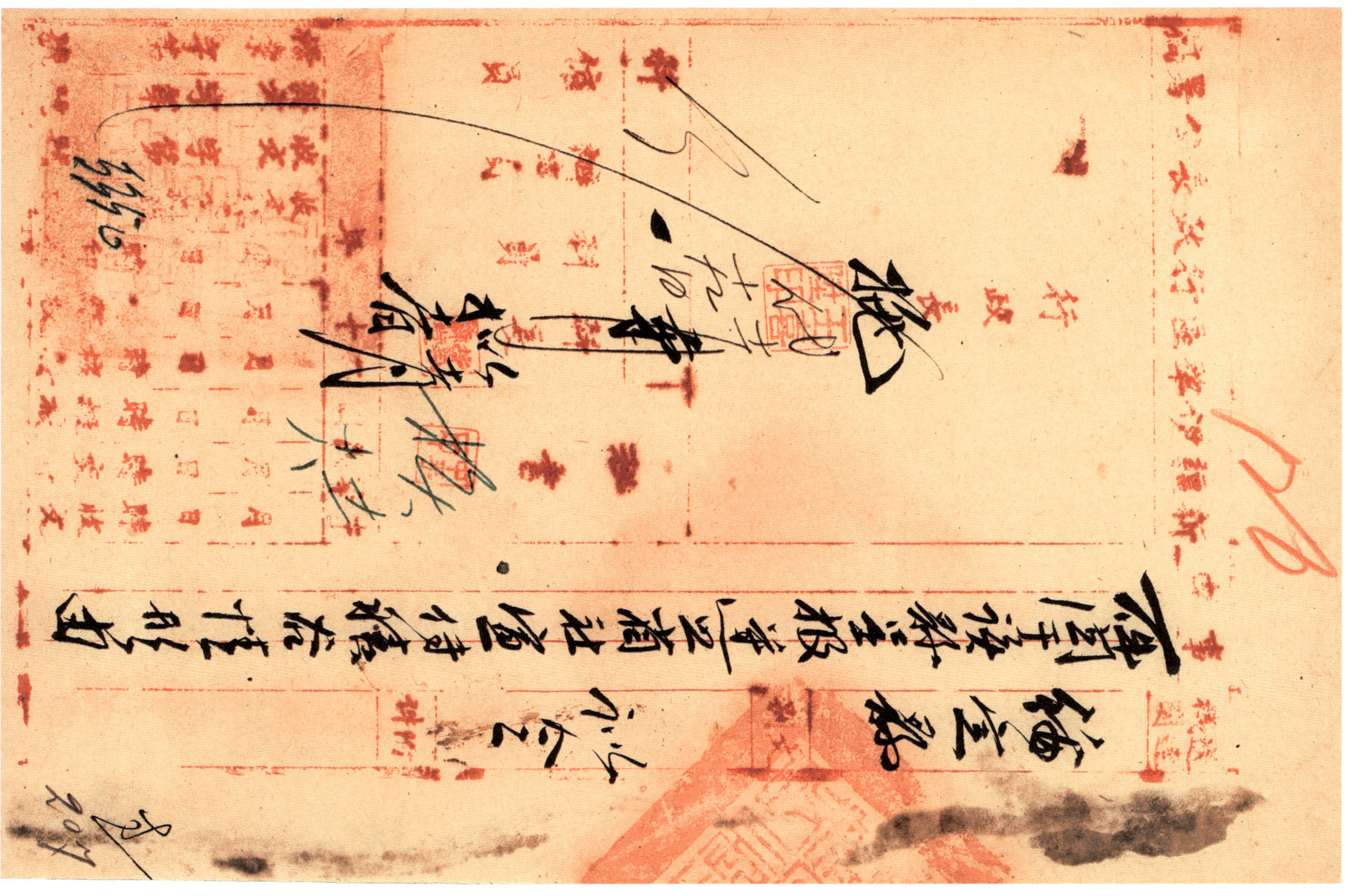

〇八五 伊犁區行政長公署就遵照省社宣傳積穀備荒情形事給綏定縣的訓令（1940-11-19）（J2-2-99-17）（2-1）

〇八五　伊犁區行政長公署就遵照省社宣傳積穀備荒情形事給綏定縣的訓令（1940-11-19）（J2-2-99-17）（2-2）

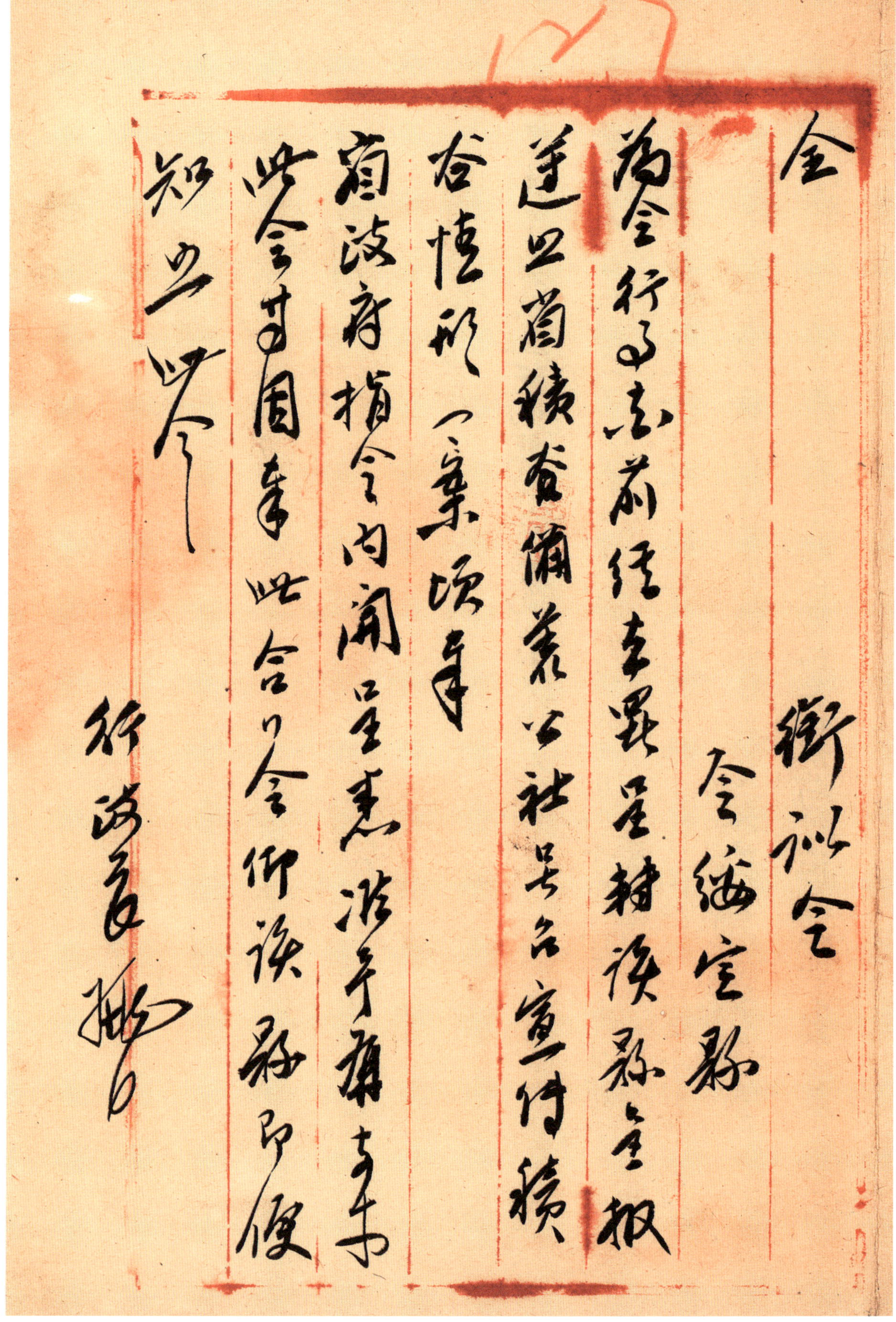

全銜訓令

令綏定縣

為令行事：前經本署呈轉該縣長報

遵照省積穀備荒並社會宣傳積

穀情形一案，頃奉

省政府指令內開：呈悉。准予轉

此令。等因。奉此，合行令仰該縣即便

知照。此令。

行政長

○八六　河南縣積穀備荒公社就改選公社人員情形事的呈及伊犁區行政長公署的訓令（附新疆省政府代電）（1940-11-21）（J2-2-99-17）（8-1）

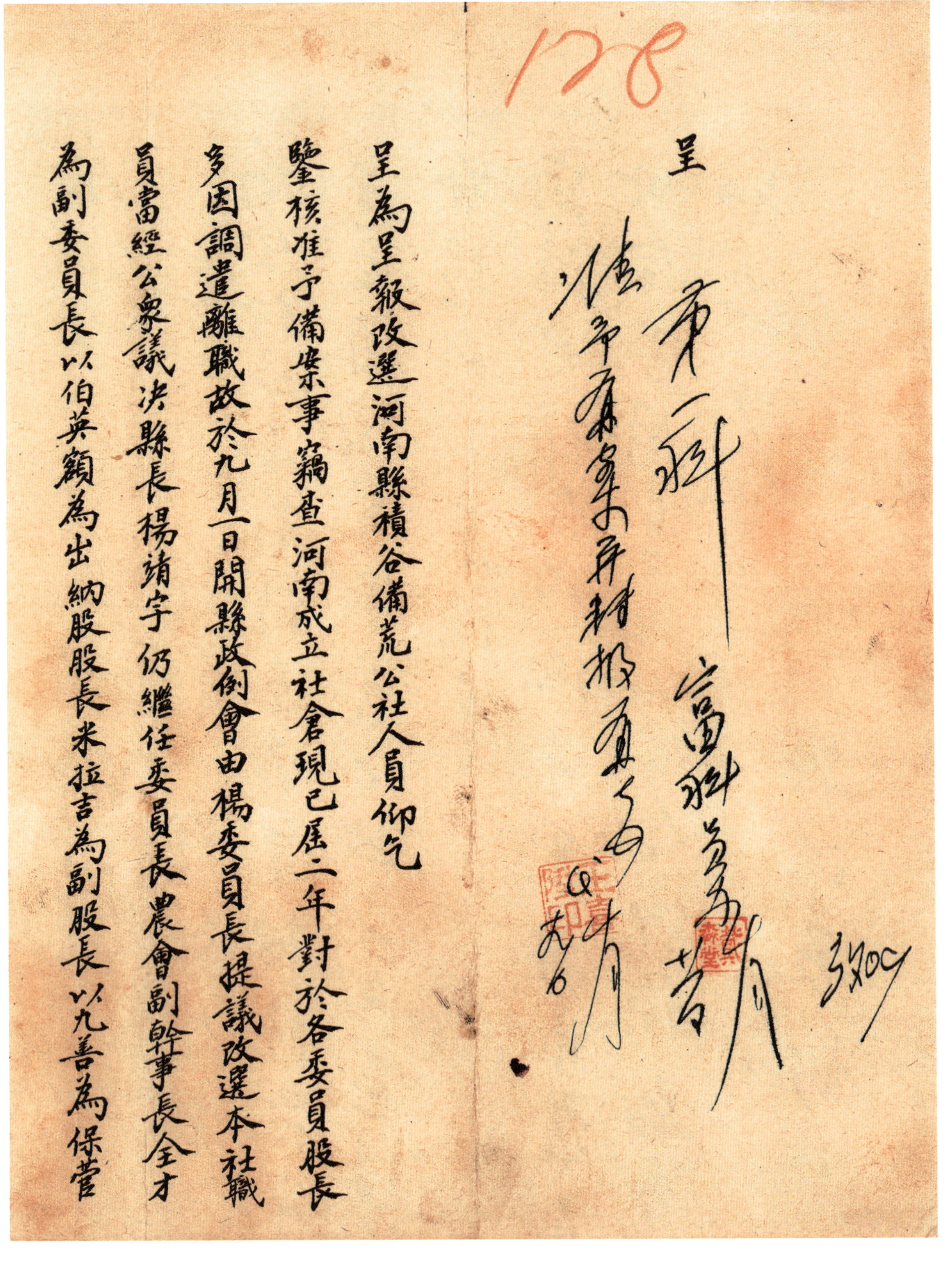

128

呈

呈為呈報改選河南縣積谷備荒公社人員仰乞
鑒核准予備案事竊查河南成立社倉現已屆二年對於各委員股長
多因調遣離職故於九月一日開縣政例會由楊委員長提議改選本社職
員當經公衆議決縣長楊靖宇仍繼任委員長農會副幹事長全才
為副委員長以伯英額為出納股股長米拉吉為副股長以九善為保管

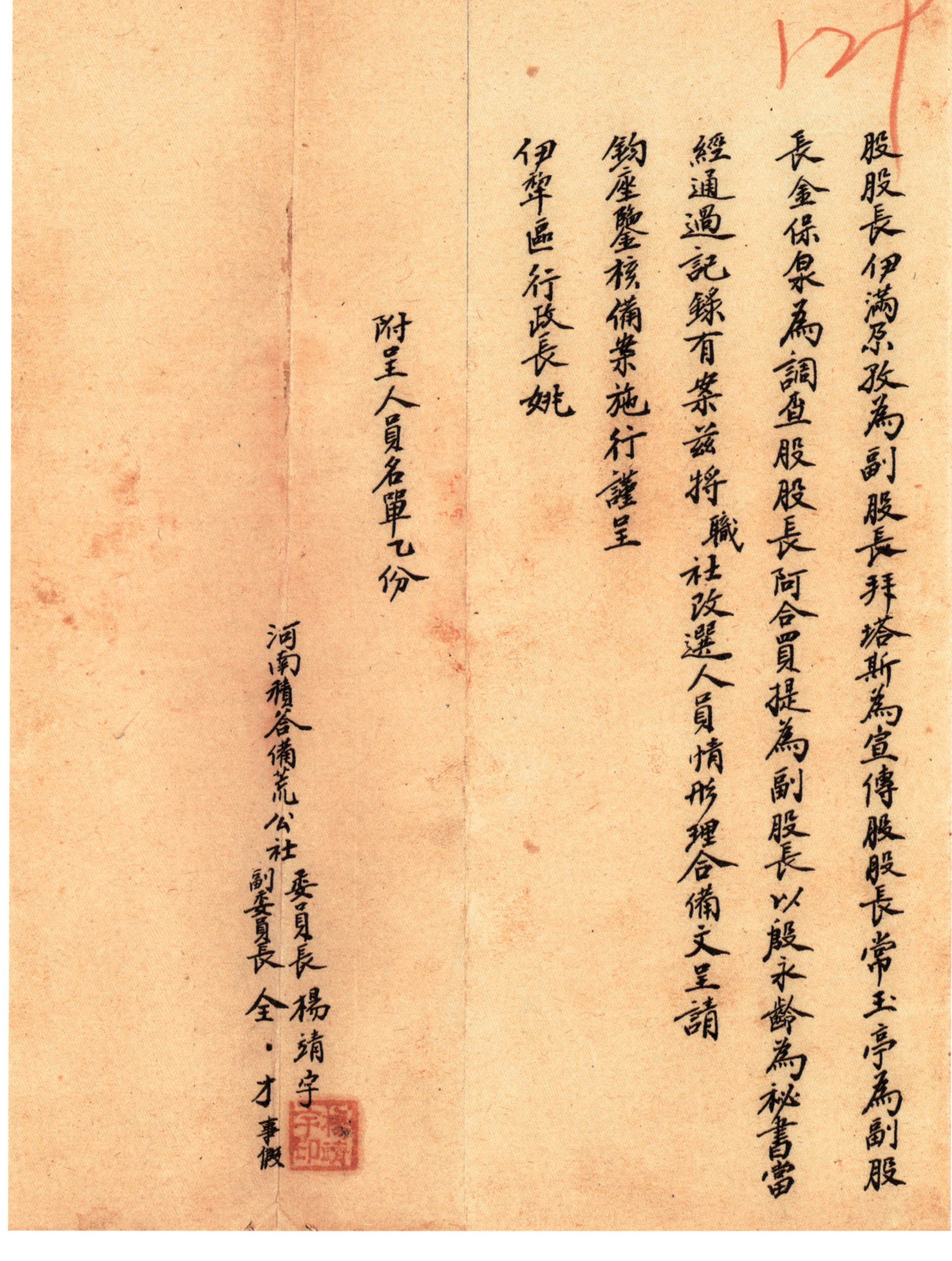

股股長伊滿尕孜爲副股長拜塔斯爲宣傳股股長常玉亭爲副股長金保泉爲調查股股長阿合買提爲副股長以殷永齡爲秘書當經通過記錄有案茲將職社改選人員情形理合備文呈請
鈞座鑒核備案施行謹呈
伊犁區行政長姚

附呈人員名單乙份

河南積穀備荒公社　委員長　楊靖宇
副委員長　全·才　事假

〇八六 河南縣積穀備荒公社就改選公社人員情形事的呈及伊犁區行政長公署的訓令（附新疆省政府代電）（1940-11-21）（J2-2-99-17）（8-3）

130

中華民國二十九年九月二十三日

○八六　河南縣積穀備荒公社就改選公社人員情形事的呈及伊犁區行政長公署的訓令（附新疆省政府代電）（1940-11-21）（J2-2-99-17）（8-4）

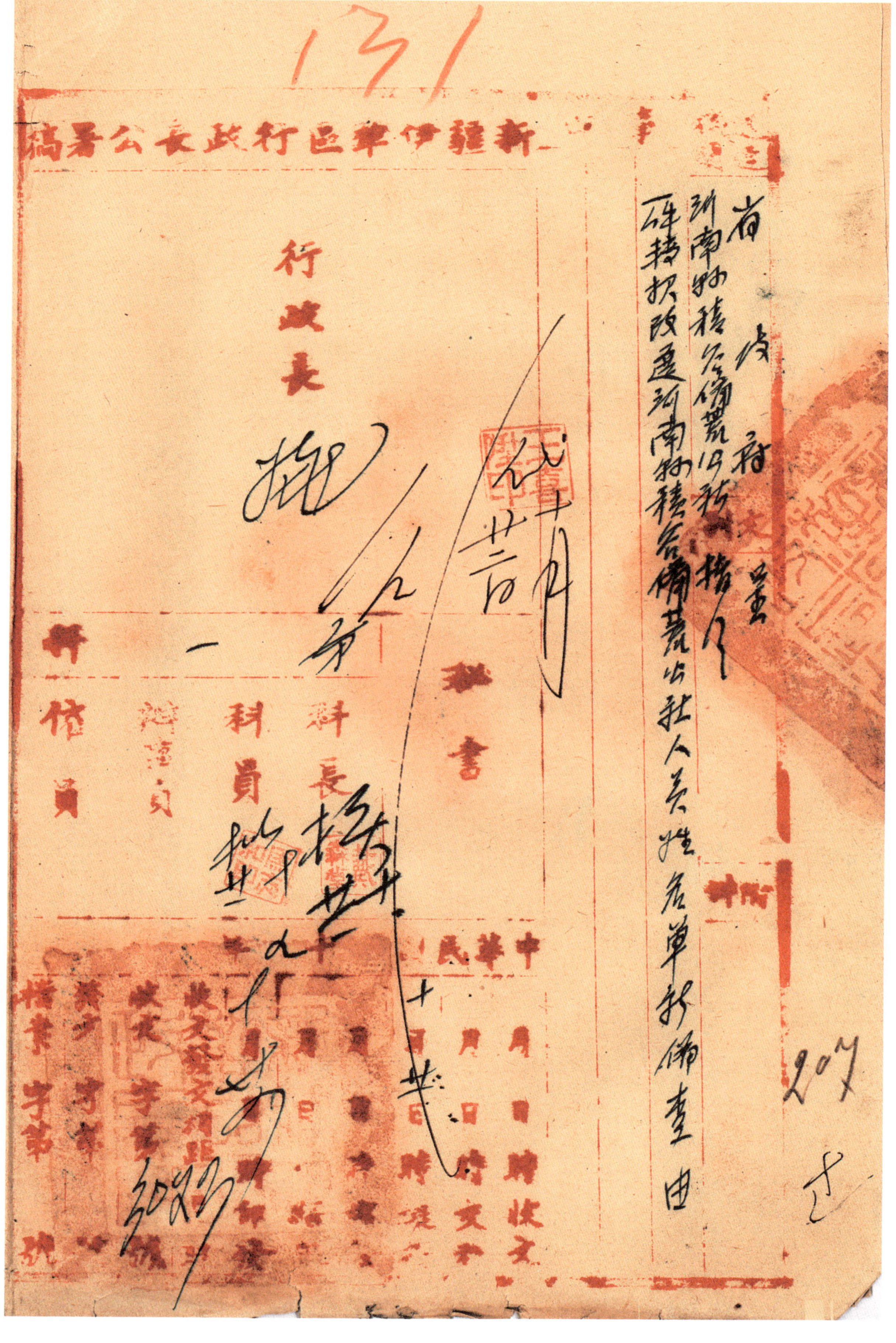

新疆伊犁區行政長公署稿

省府　令　河南縣積穀備荒公社

據呈改選河南縣積穀備荒公社人員姓名單祈備查由

行政長

秘書

科長

科員

繕校員

中華民國　年　月　日

〇八六　河南縣積穀備荒公社就改選公社人員情形事的呈及伊犁區行政長公署的訓令（附新疆省政府代電）（1940-11-21）（J2-2-99-17）（8-5）

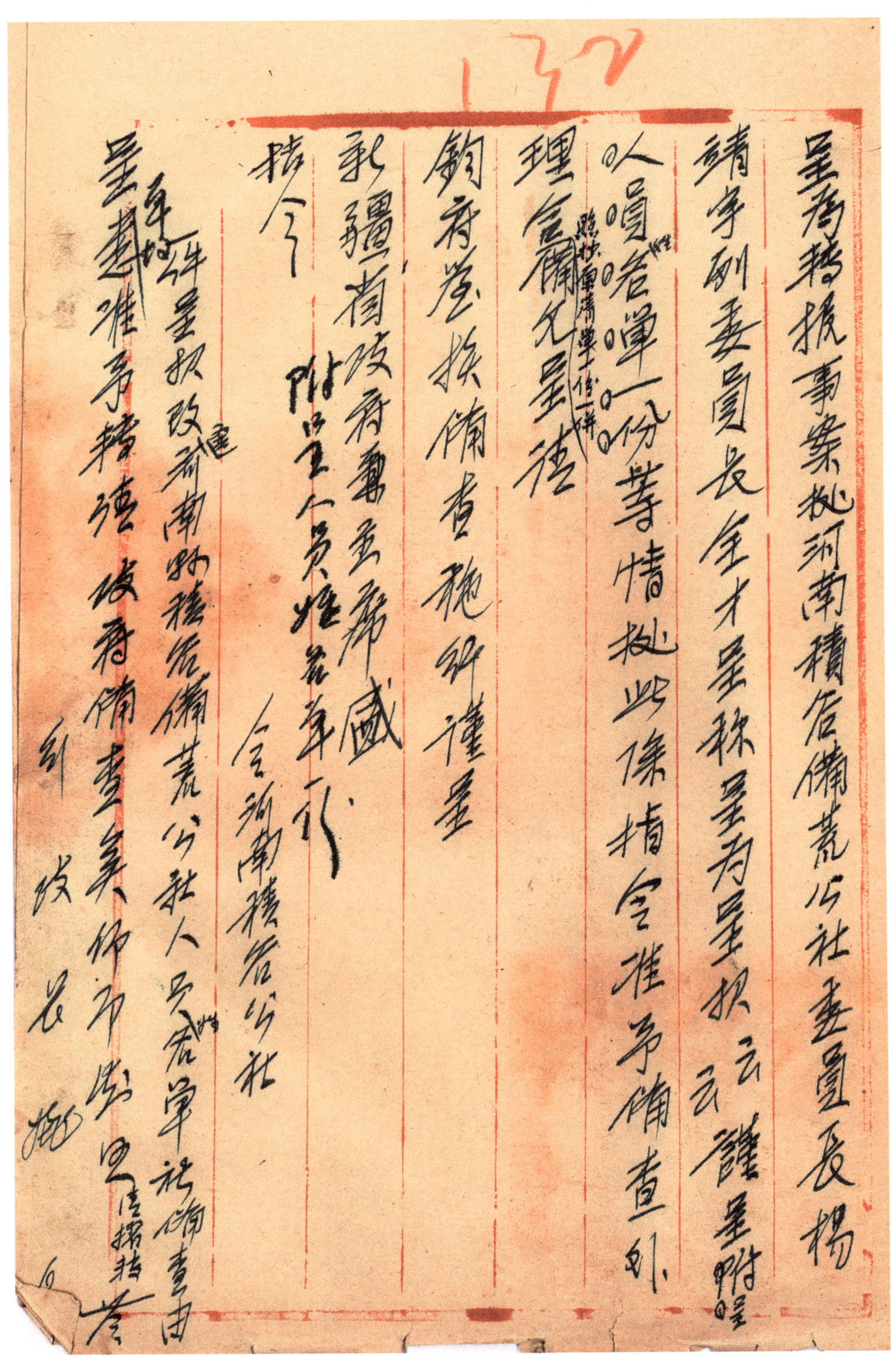

呈爲轉報事。案據河南積穀備荒公社委員長楊靖宇、副委員長金才呈稱：「呈爲呈報」云云，「謹呈」。附呈人員姓名單一份等情。據此，除指令准予備查外，理合備文呈請
鈞府鑒核備查。謹呈
新疆省政府主席盛
附呈人員姓名單一份
指令
令河南積穀公社
呈一件呈報改選河南積穀備荒公社人員姓名單祈備查由
呈悉。准予轉請政府備查矣。仰即知照。此令。
行政長　姚

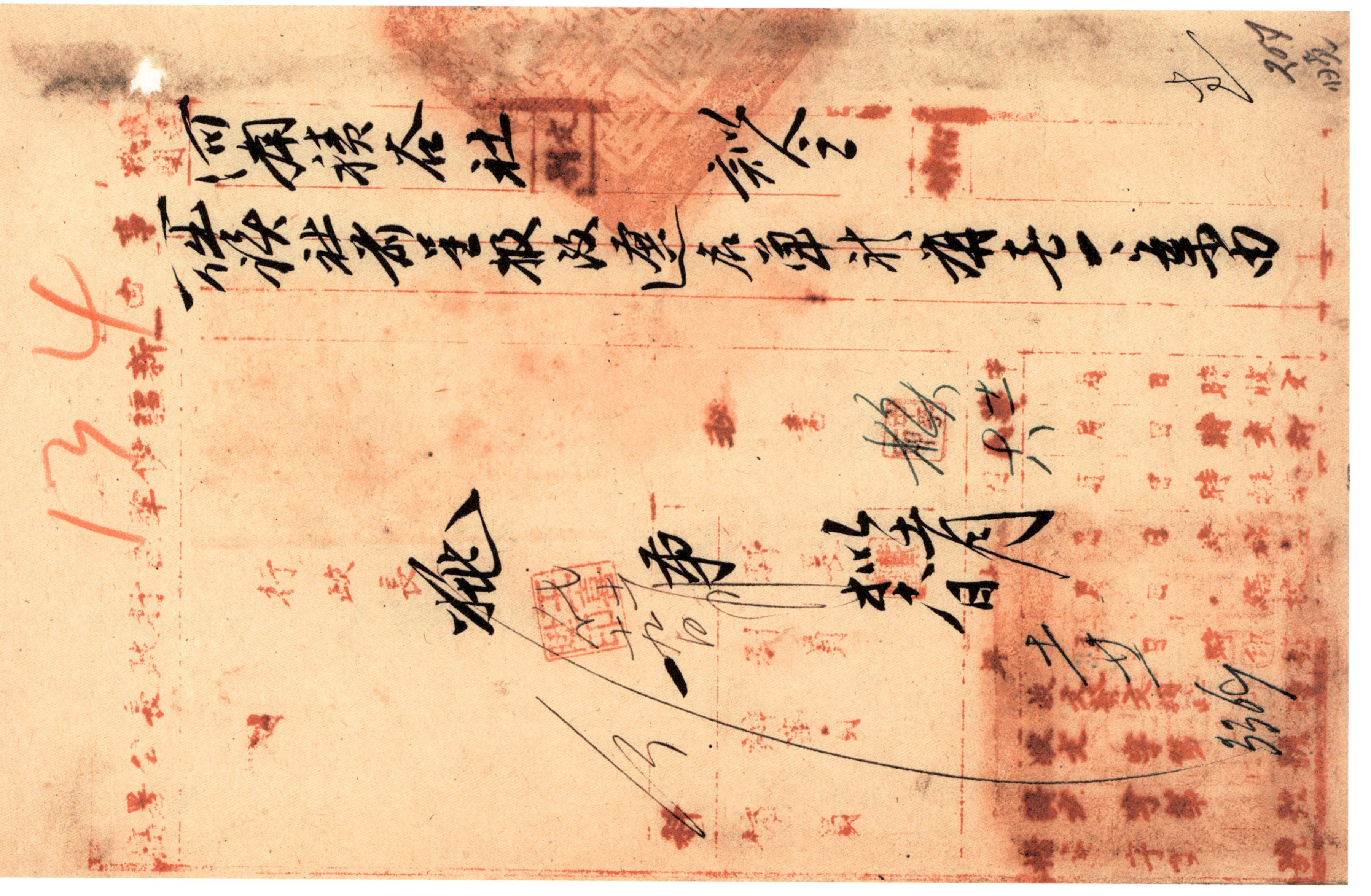

〇八六　河南縣積穀備荒公社就改選公社人員情形事的呈及伊犁區行政長公署的訓令（附新疆省政府代電）（1940-11-21）（J2-2-99-17）（8-6）

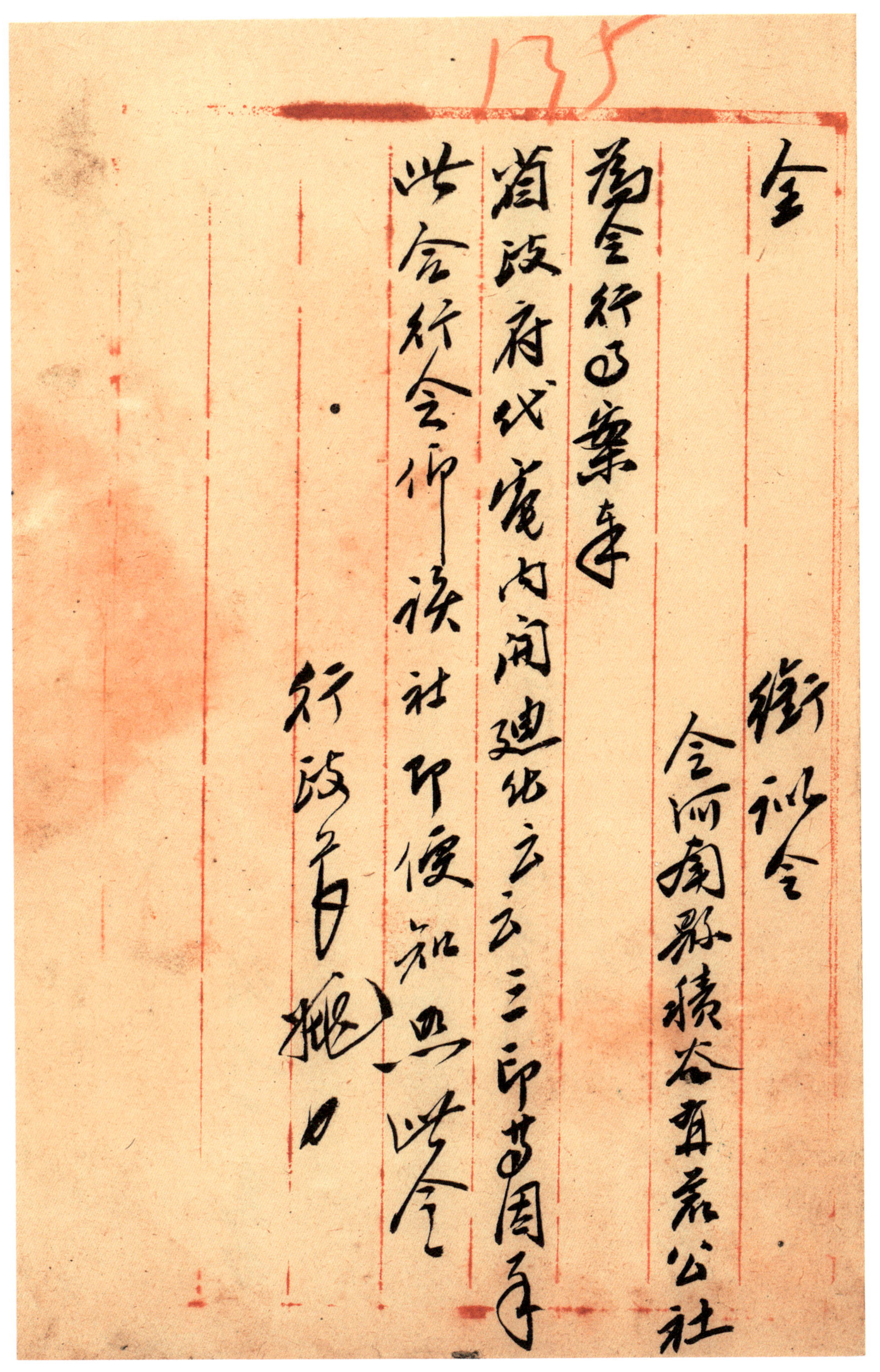

令
銜　訓令
令河南縣積谷備荒公社
為令行知照事。案奉
道政府代電内開：迪化六六三印……周章
此令。仰該社即便知照。此令。
行政長　姚（雄）
日

〇八六 河南縣積穀備荒公社就改選公社人員情形事的呈及伊犁區行政長公署的訓令（附新疆省政府代電）（1940-11-21）（J2-2-99-17）（8-8）

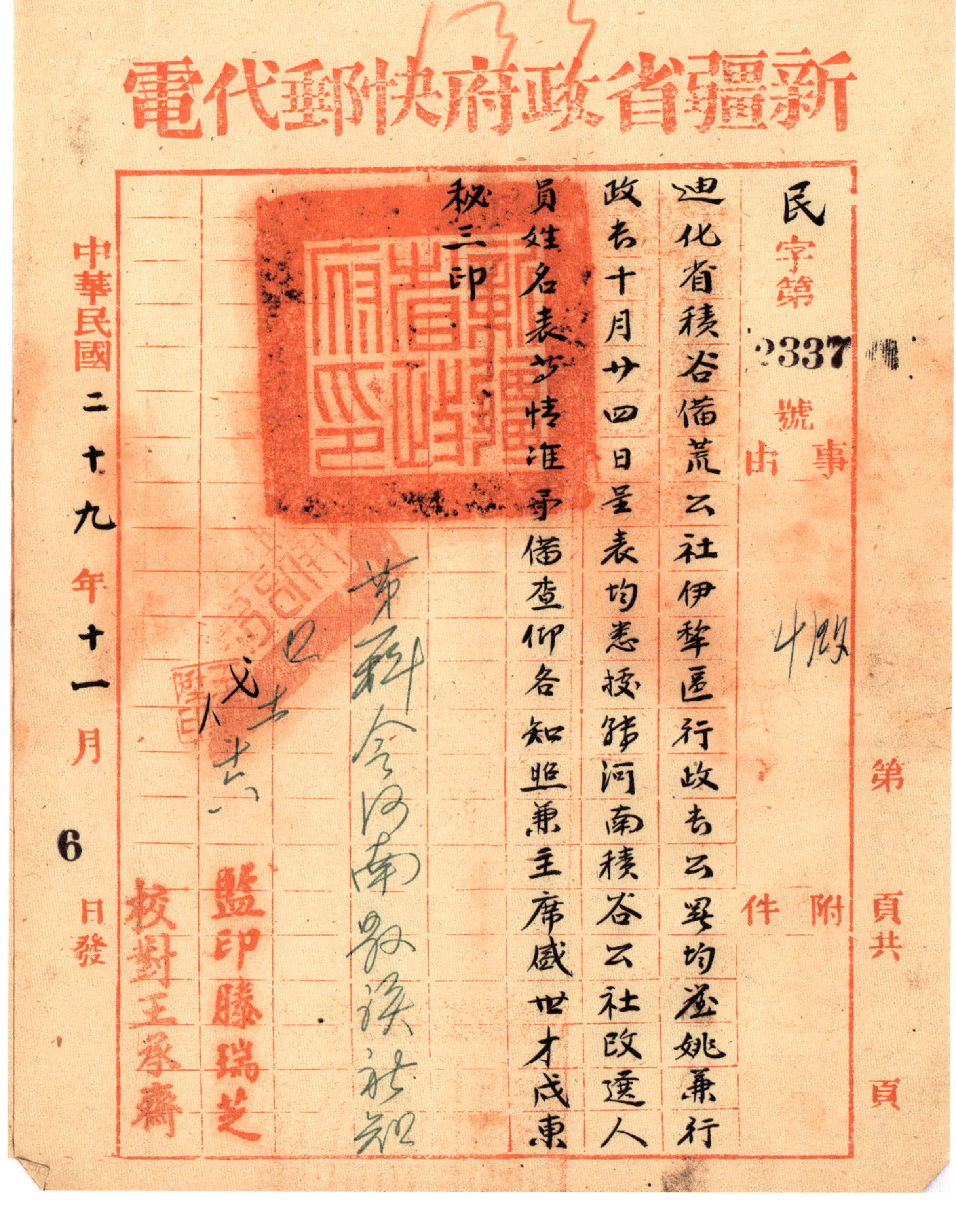

新疆省政府快郵代電

民字第2337號

事由

附件

第　頁共　頁

迪化省積谷備荒公社伊犁區行政長公署均悉姚兼行政長十月廿四日呈表均悉據錄河南積谷公社改選人員姓名表等情准予備查仰各知照兼主席盛世才戌東

秘三印

中華民國二十九年十一月6日發

監印滕瑞芝

校對王舉壽

〇八七　伊寧、綏定兩縣就建修脊樑子等處滴水槽工程竣工日期和需款數目等事的呈及伊犁區行政長公署的訓令（1940-12-24）（J2-2-91-13）
（5-1）

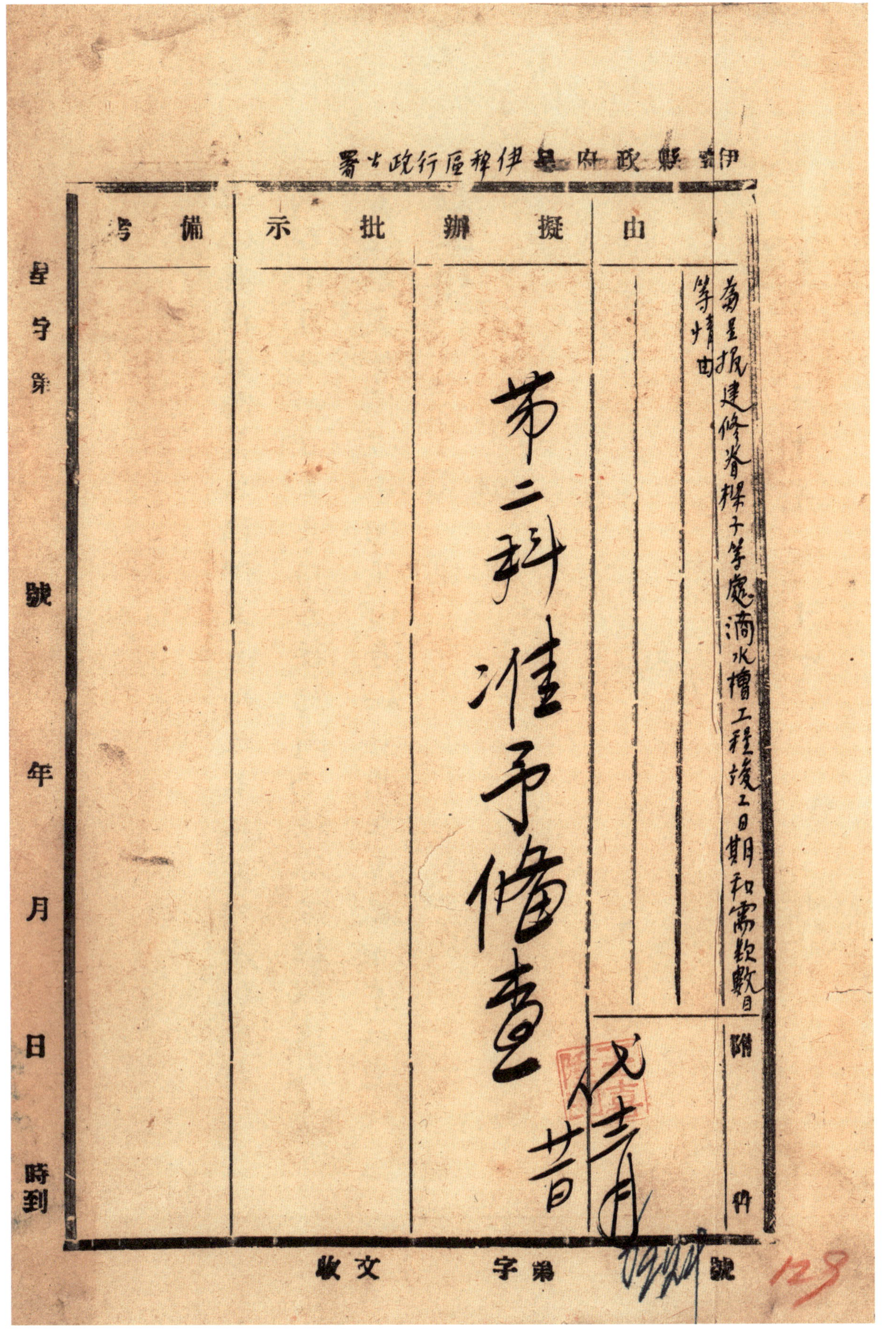

伊寧縣政府呈伊犁區行政長公署

由：爲呈報建修脊樑子等處滴水槽工程竣工日期和需款數目等情由

附件

擬辦：第二科准予備查

代昔

批示

備考

收文　字第　號

年　月　日　時到

字第　號

〇八七　伊寧、綏定兩縣就建修脊樑子等處滴水槽工程竣工日期和需款數目等事的呈及伊犁區行政長公署的訓令（1940-12-24）（J2-2-91-13）（5-2）

呈爲呈報事竊查　職縣等奉令建修新皇渠脊樑子等處滴水槽
工程業已於本月十七日竣工共計約需款洋玖仟叁佰餘元之譜覆查政
府原撥本年度水利經費洋貳萬元除上項需款不計外而下剩之款仍
應購置木料運至水泉子存放俟明春繼續建修皇渠脊樑子以下的
工程兹爲便於造報以免前後牽扯起見擬俟全部竣工後再行分晰造
報所有建修滴水槽竣工日期及需款數目理合具文呈報
鈞署鑒核備查施行謹呈
伊犁區行政長姚

綏定縣長楊本植
代理伊寧縣縣長孟昭代

〇八七 伊寧、綏定兩縣就建修脊樑子等處滴水槽工程竣工日期和需款數目等事的呈及伊犁區行政長公署的訓令（1940-12-24）（J2-2-91-13）（5-3）

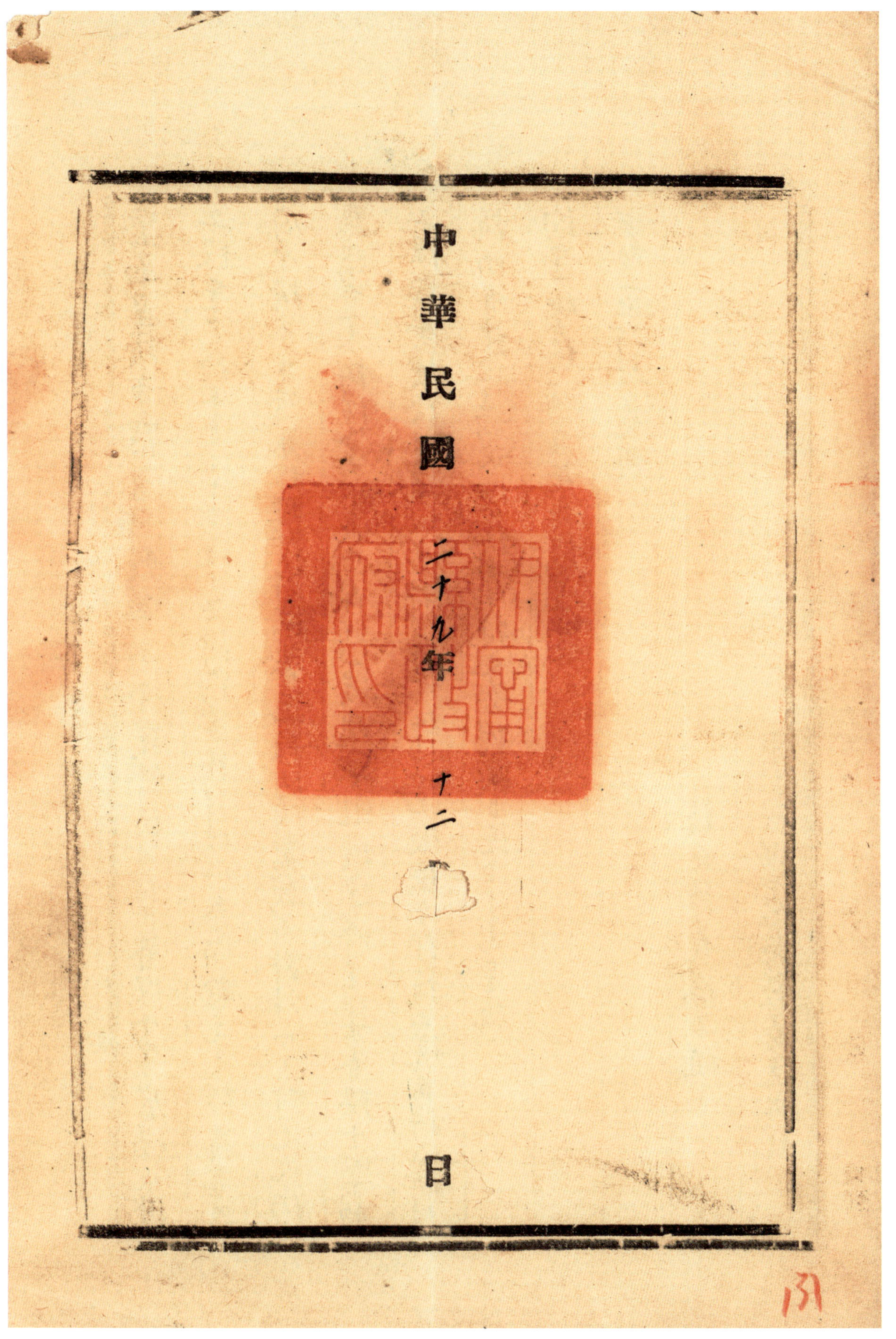

中華民國二十九年十二月　日

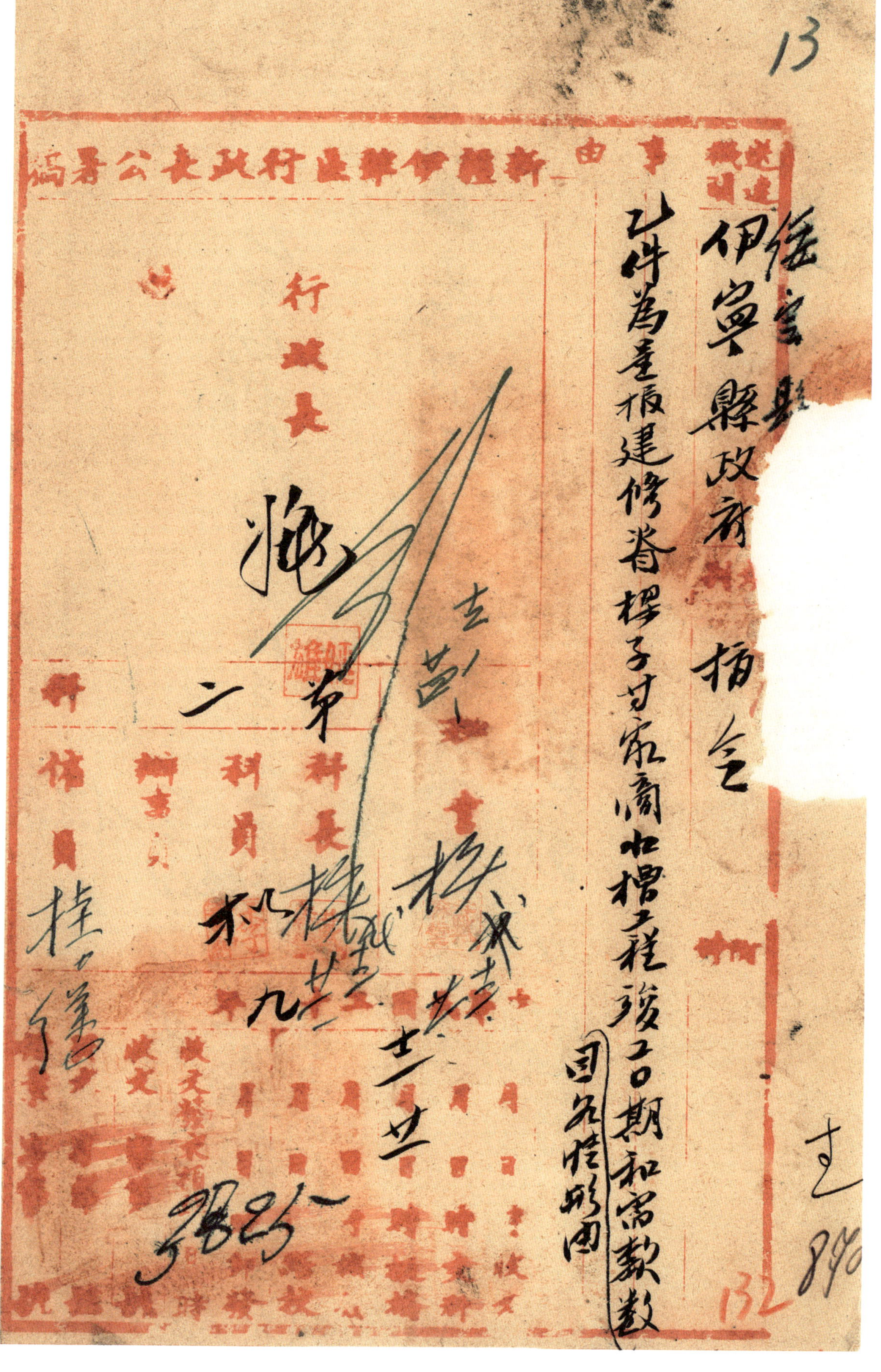
新疆伊犁區行政長公署稿

綏定縣
伊寧縣政府
指令

〇八七　伊寧、綏定兩縣就建修脊樑子等處滴水槽工程竣工日期和需款數目等事的呈及伊犁區行政長公署的訓令（1940-12-24）（J2-2-91-13）
（5-4）

〇八七　伊寧、綏定兩縣就建修脊樑子等處滴水槽工程竣工日期和需款數目等事的呈及伊犁區行政長公署的訓令（1940-12-24）（J2-2-91-13）
（5-5）

全

行

指令

令伊寧縣政府
　綏定縣政府

呈一件為呈報建修脊樑子等處滴水槽工程竣工日期和需款數目先行報明由

呈悉，准予備查，仰即知照。此令。

行政長　姚○

○八八　綏定縣政府就新皇渠八九段農官張洪福等懇請借給牛犁子種貸款等事的呈及伊犁區行政長公署的呈、指令（附新疆省政府代電）
（1940-12-28）（J2-2-87-9）（8-1）

綏定縣政府　呈　伊犁區行政長

第二六二號

事由	為呈轉縣屬新皇渠八九段農官張洪福等懇請借給牛犁子種貸款等項請示遵由
附件	
擬辦	富科簽示
決定辦法	第一科 特請 政府核示
備考	

○八八　綏定縣政府就新皇渠八九段農官張洪福等懇請借給牛犁子種貸款等事的呈及伊犁區行政長公署的呈、指令（附新疆省政府代電）

（1940-12-28）（J2-2-87-9）（8-2）

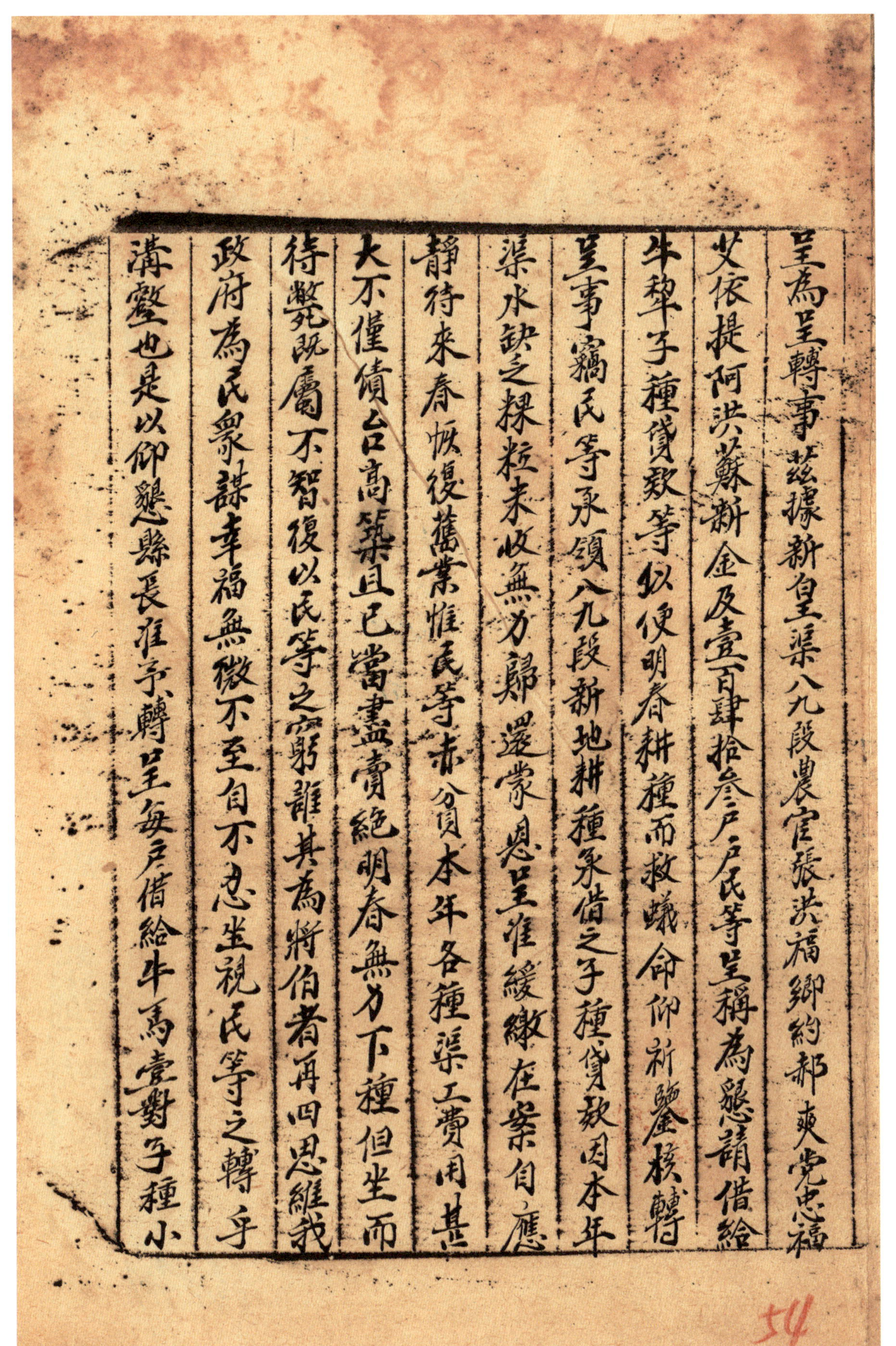

呈為呈轉事。茲據新皇渠八九段農官張洪福、鄉約郝爽、党忠福、艾依提阿洪、蘇斯金及壹百肆拾叁戶戶民等呈稱：為懇請借給牛犁、子種、貸款等，以便明春耕種而救蟻命，仰祈鑒核轉呈事。竊民等承領八九段新地耕種，承借之子種貸款，因本年渠水缺乏，顆粒未收，無力歸還，蒙恩呈准緩繳在案。自應靜待來春恢復舊業，惟民等亦分負本年各種渠工費用甚大，不僅債台高築，且已當盡賣絕，明春無力下種，但坐而待斃，既屬不智，復以民等之窮，難其為將伯者。再四思維，我政府為民衆謀幸福，無微不至，自不忍坐視民等之轉乎溝壑也。是以仰懇縣長准予轉呈，每戶借給牛馬壹對、子種小

○八八　綏定縣政府就新皇渠八九段農官張洪福等懇請借給牛犁子種貸款等事的呈及伊犁區行政長公署的呈、指令（附新疆省政府代電）（1940-12-28）（J2-2-87-9）（8-3）

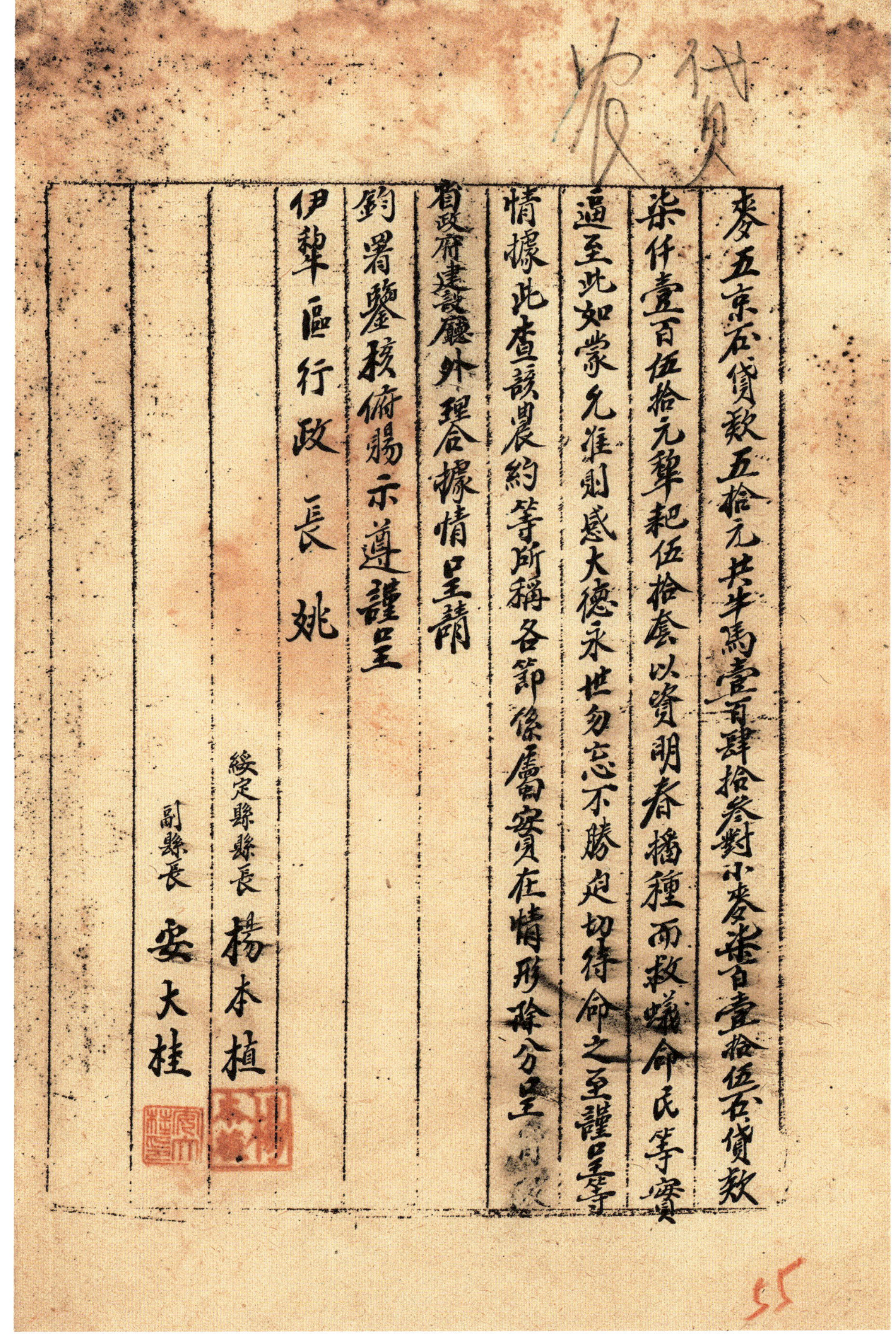
麥五京石貸款五拾元共牛馬壹百肆拾叁對小麥柒百壹拾伍石貸款柒仟壹百伍拾元犁耙伍拾叁以資明春播種而救蟻命民等實逼至此如蒙允准則感大德永世勿忘不勝迫切待命之至謹呈等情據此查該農約等所稱各節係屬實在情形除分呈

省政府建設廳外理合據情呈請

鈞署鑒核俯賜示遵謹呈

伊犁區行政長姚

綏定縣縣長楊本植

副縣長安大桂

〇八八 綏定縣政府就新皇渠八九段農官張洪福等懇請借給牛犁子種貸款等事的呈及伊犁區行政長公署的呈、指令（附新疆省政府代電）（1940-12-28）（J2-2-87-9）（8-4）

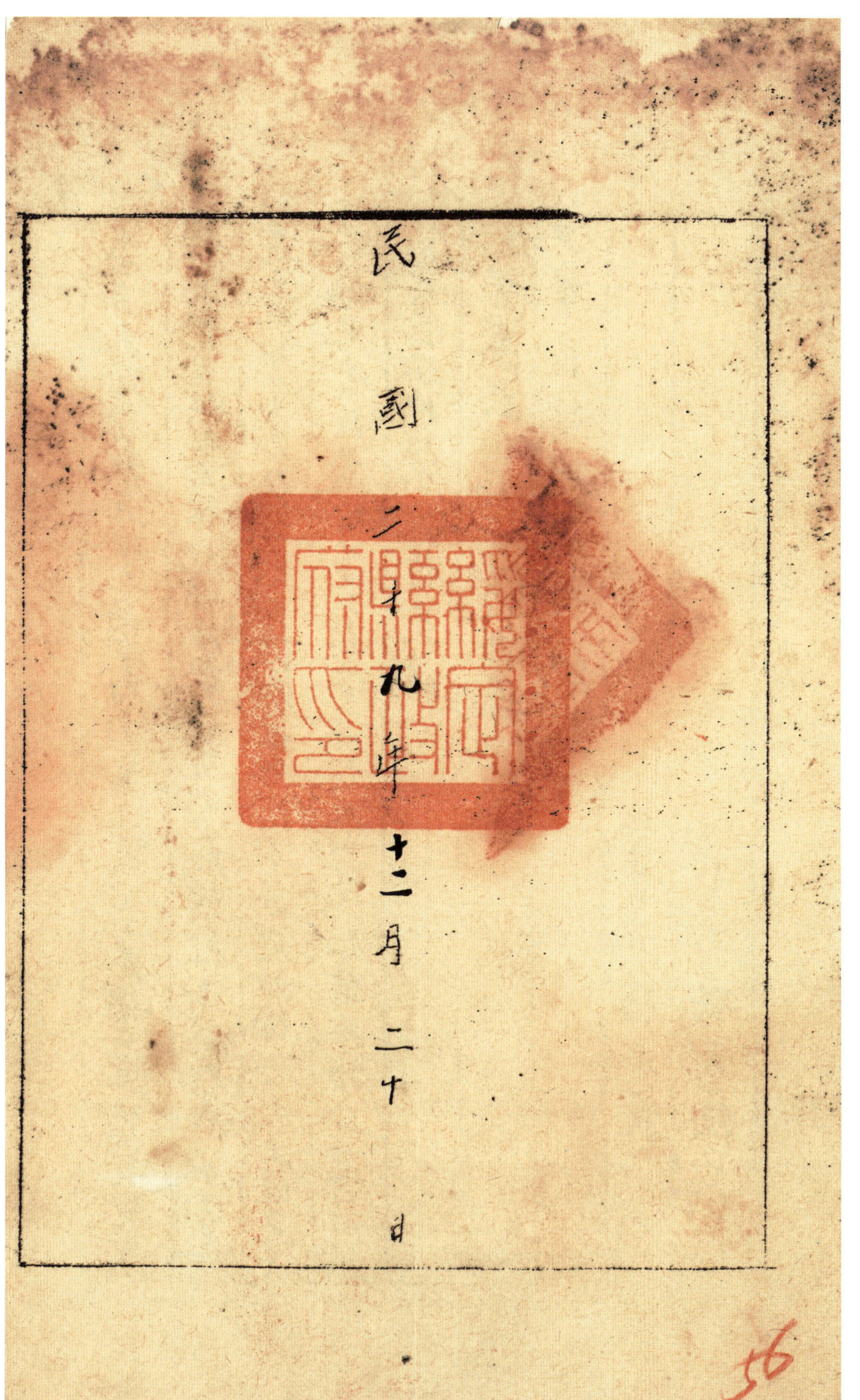

民國二十九年十二月二十日

〇八八　綏定縣政府就新皇渠八九段農官張洪福等懇請借給牛犁子種貸款等事的呈及伊犁區行政長公署的呈、指令（附新疆省政府代電）（1940-12-28）（J2-2-87-9）（8-5）

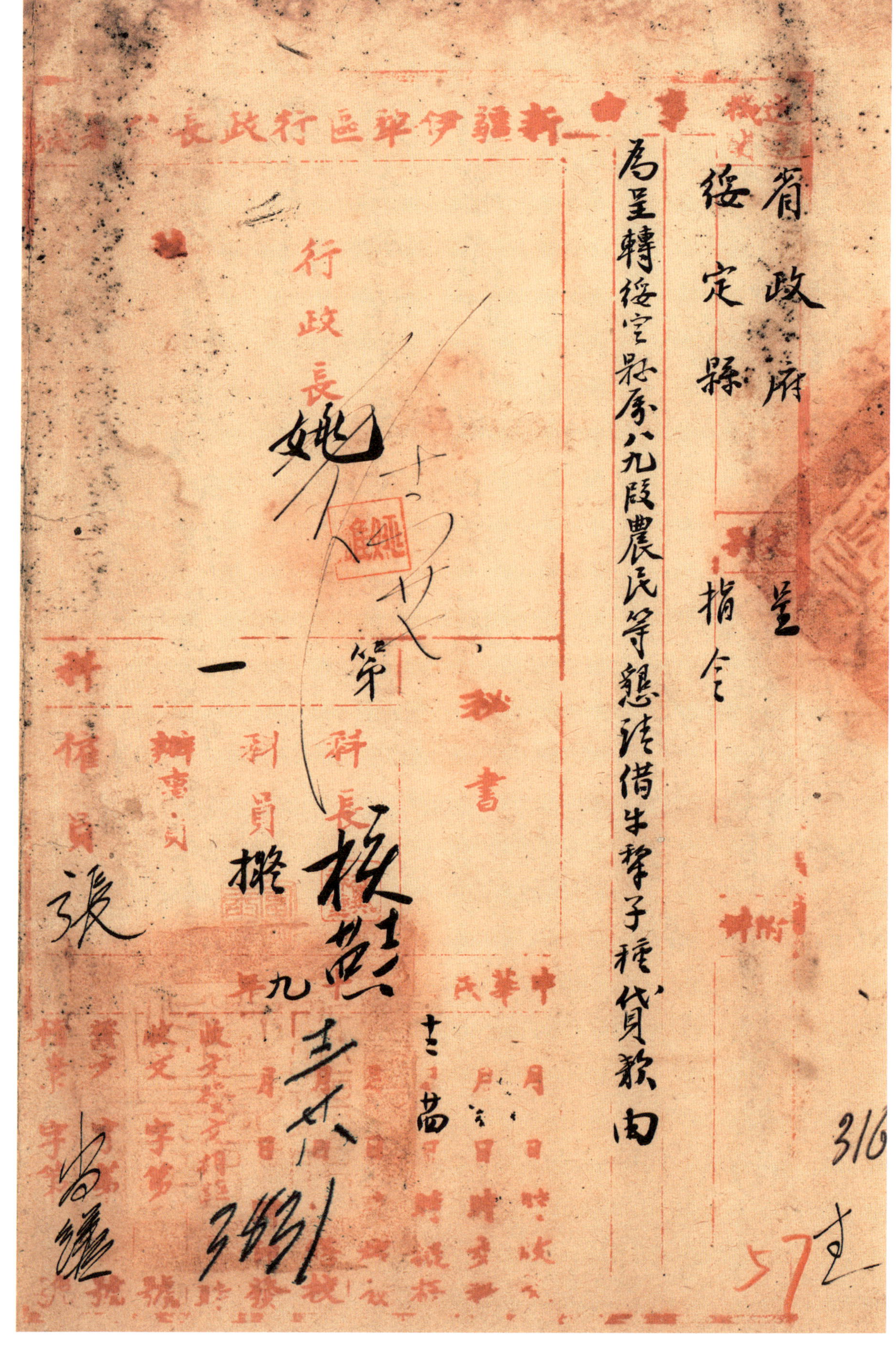

〇八八　綏定縣政府就新皇渠八九段農官張洪福等懇請借給牛犁子種貸款等事的呈及伊犁區行政長公署的呈、指令（附新疆省政府代電）
（1940-12-28）（J2-2-87-9）（8-6）

呈為呈轉事案據綏定縣〻長楊本植副縣長安大桂呈
稱呈為呈轉事云云謹呈等情據此除指令外理合具
文呈請
鈞座鑒核示遵施行謹呈
新疆省政府兼主席盛
指令
令綏定縣
一件呈新皇渠八九段農官張洪福等懇請借牛犁子種貸款由
呈悉已轉請核示矣仰即知照此令

○八八　綏定縣政府就新皇渠八九段農官張洪福等懇請借給牛犁子種貸款等事的呈及伊犁區行政長公署的呈、指令（附新疆省政府代電）
（1940-12-28）（J2-2-87-9）（8-7）

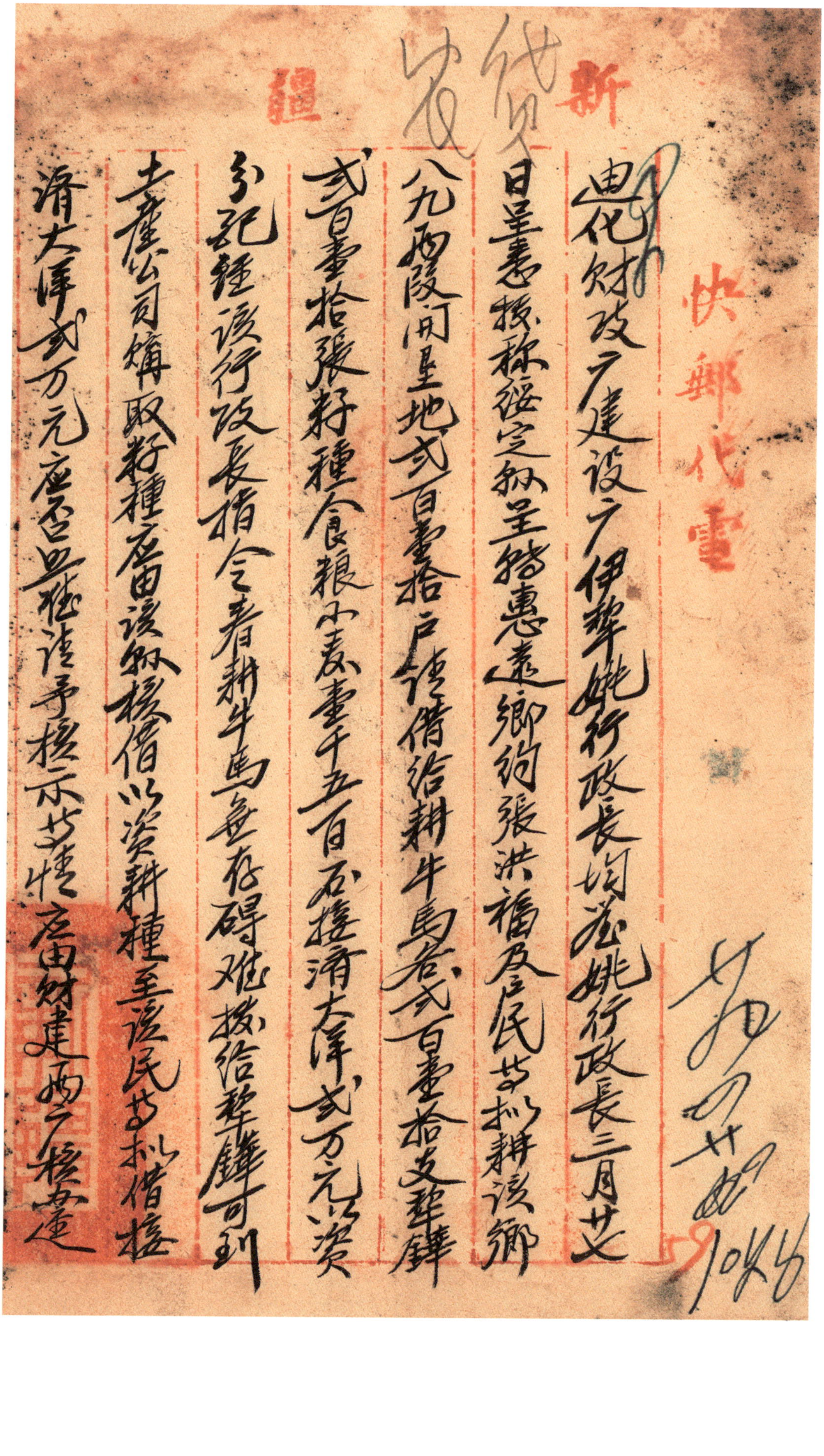
新疆省政府快郵代電

迪化財政廳建設廳伊犁姚行政長鈞鑒：姚行政長三月廿五日呈悉。據稱綏定縣呈轉惠遠鄉鄉約張洪福及民等扎耕該鄉八九兩段開墾地二百壹拾戶，請借給耕牛馬各二百壹拾支、犁鏵二百壹拾張、籽種食糧小麥壹千五百石，撥濟大洋二萬元以資分配。經該行政長指令：春耕牛馬無存，礙難撥給，犁鏵可到土產公司領取，籽種應由該縣核借，以資耕種。至該民等扎借撥濟大洋二萬元，應否照准，請予核示等情。應由財建兩廳核奪

〇八八　綏定縣政府就新皇渠八九段農官張洪福等懇請借給牛犁子種貸款等事的呈及伊犁區行政長公署的呈、指令（附新疆省政府代電）（1940-12-28）（J2-2-87-9）（8-8）

滑大洋貳万元，應呈迅予核示，其情應由財建兩廳核定

復具報，仰各遵照。督辦兼代主席職務盛世才。印魚秘西印

第二科

令綏定縣飭知

四

廿二

府　政

中華民國　廿九　年　四　月　4　日　第　736　號

監印　滕瑞芝

校對　王崑陵

〇八九　特克斯縣政府就哈拉塔拉地方户民等請求豁免開墾荒地納糧事的呈及伊犁區行政長公署的指令、呈（1940-12-28）（J2-2-158-1）（6-1）

特克斯縣政府　呈伊犁區行政長公署

事由	擬辦	批示	備考
呈爲呈請哈拉塔拉地方户民等具禀懇求恩予豁免開墾荒地納糧以維民生而免重累由	李鵬翔　十二、廿八	垂科　轉請　廿八	
附件			

呈字第　號　年　月　日　時到

收文字第 6346 號

○八九　特克斯縣政府就哈拉塔拉地方户民等請求豁免開墾荒地納糧事的呈及伊犁區行政長公署的指令、呈（1940-12-28）（J2-2-158-1）（6-2）

呈為呈請事竊查職縣茲據所屬哈拉塔拉地方户民等前來稟稱稟為邀恩准
予豁免開墾荒地納粮以維民生而免重累事竊查職牧遵經
新政府努力春耕口號之下業於本年在特克斯縣所管哈拉塔拉地方開墾荒地一段該
地畝面積約能下種六百餘斛因而本牧農民等不惜巨浩款項開挖新渠一道今年
雖已節期逾過各民衆踴躍所種其四分之一不幸年遇天旱五穀未獲豐收而且適值
青苗發秧時候該上游居住之巨滿汗莊長管轄哈民等用種種奸詐方法將水未得
迎時放流所以播種的五穀雜粮大半枯槁而死一半成收雖已一半成收不言而知僅得籽
種而已因而職牧民衆正擬呈請豁免新渠粮賦之際業奉地方稅局須發職牧泉田稅票
多張其內還有開墾新地之粮稅當即各民衆陸續邀求豁免新渠之粮石前來職覆
查均屬實在情形況我們

〇八九　特克斯縣政府就哈拉塔拉地方户民等請求豁免開墾荒地納糧事的呈及伊犁區行政長公署的指令、呈（1940-12-28）（J2-2-158-1）（6-3）

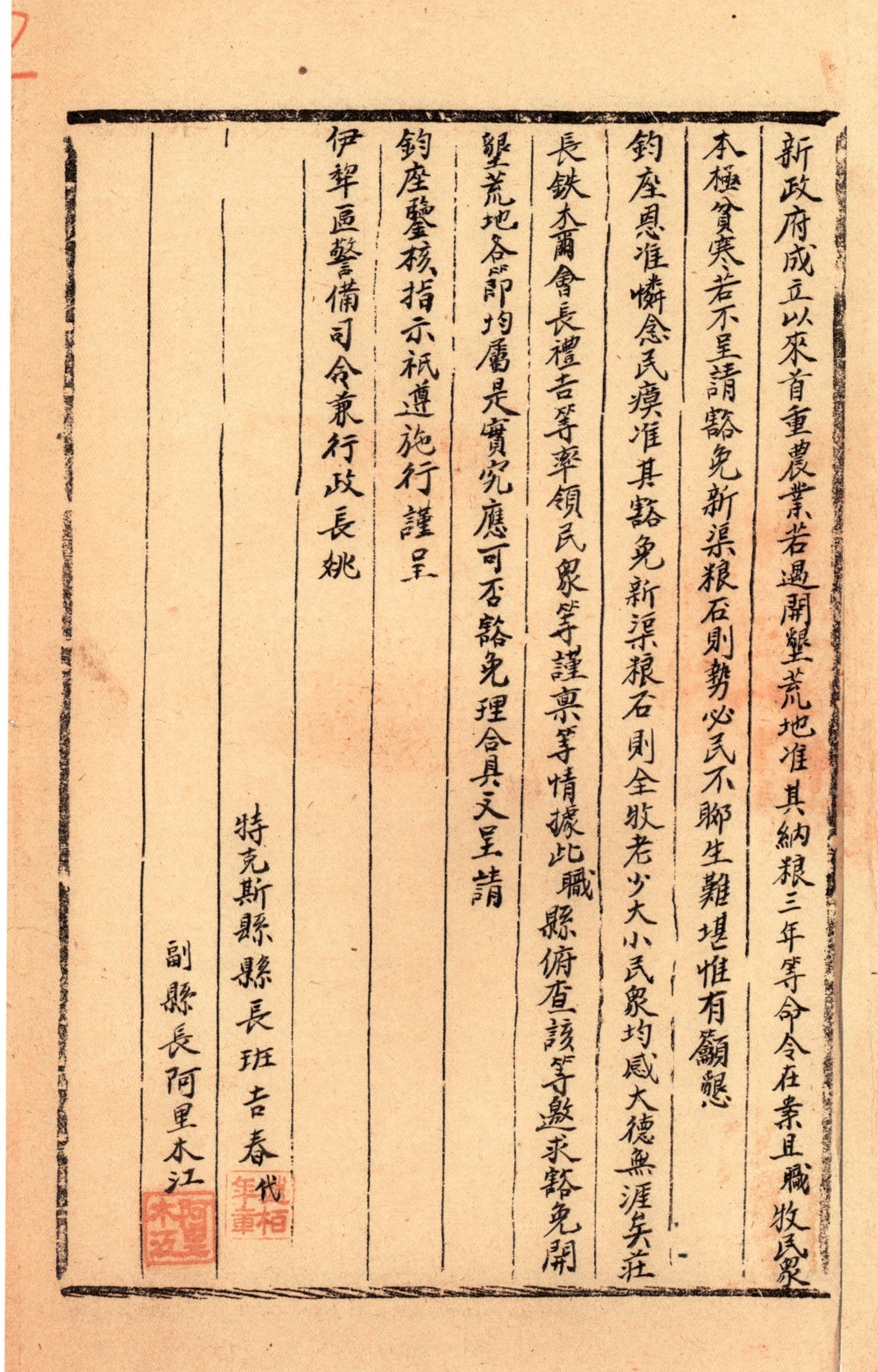

新政府成立以來首重農業若遇開墾荒地准其納粮三年等命令在案且職牧民衆本極貧寒若不呈請豁免新渠粮石則勢必民不聊生難堪惟有籲懇鈞座恩准憐念民瘼准其豁免新渠粮石則全牧老少大小民衆均感大德無涯矣莊長鉄木爾會長禮吉等率領民衆等謹禀等情據此職縣俯查該等懇求豁免開墾荒地各節均屬是實究應可否豁免理合具文呈請
鈞座鑒核指示祇遵施行謹呈
伊犁區警備司令兼行政長姚

特克斯縣縣長班吉春代
副縣長阿里木江

〇八九　特克斯縣政府就哈拉塔拉地方户民等請求豁免開墾荒地納糧事的呈及伊犁區行政長公署的指令、呈（1940-12-28）（J2-2-158-1）（6-4）

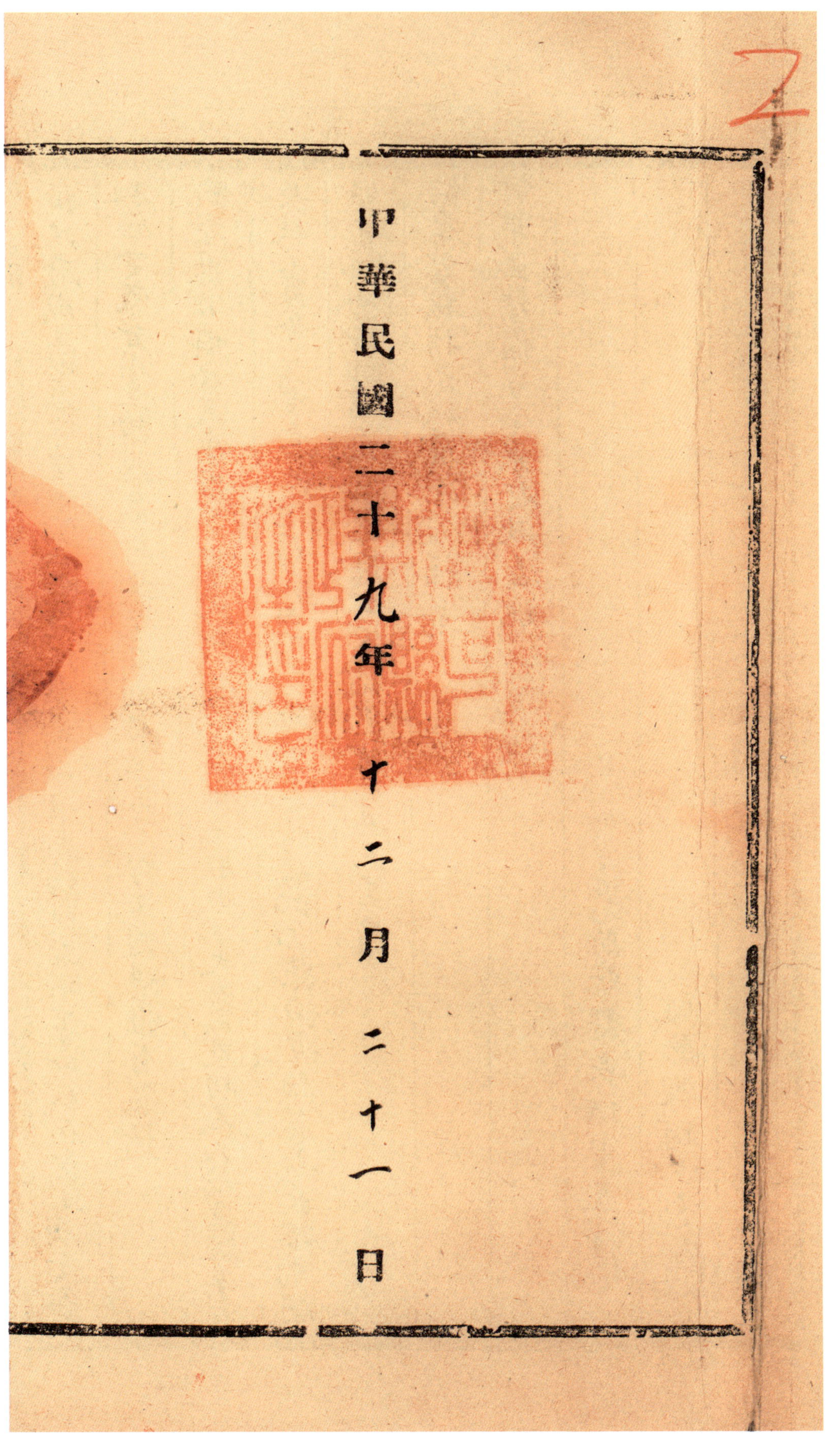

中華民國二十九年十二月二十一日

〇八九　特克斯縣政府就哈拉塔拉地方户民等請求豁免開墾荒地納糧事的呈及伊犁區行政長公署的指令、呈（1940-12-28）（J2-2-158-1）（6-5）

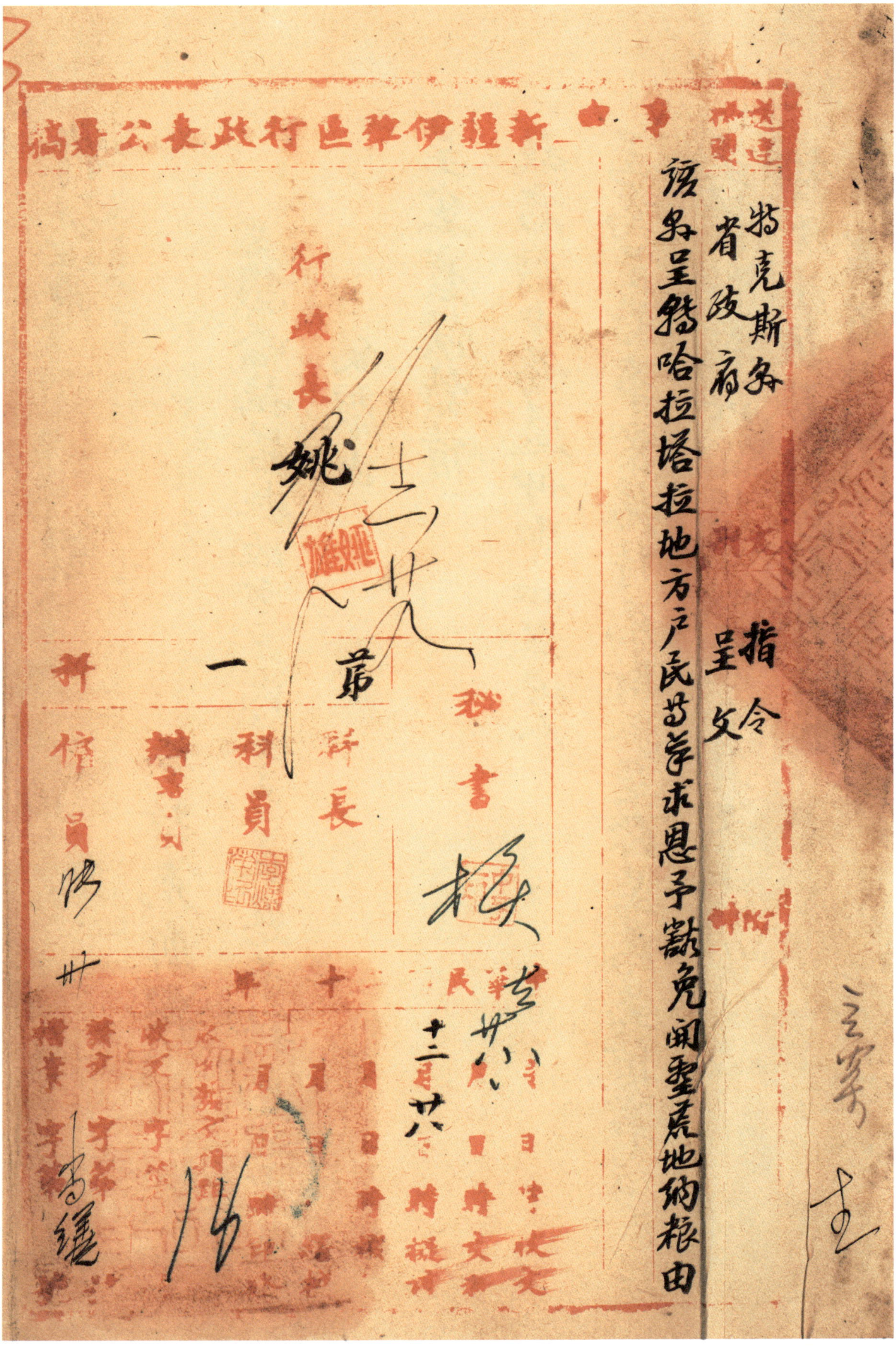
新疆伊犁區行政長公署稿

特克斯縣
省政府

指令
呈文

該縣呈請哈拉塔拉地方户民等等求恩予豁免開墾荒地納粮由

行政長　姚

秘書

科長

科員

〇八九　特克斯縣政府就哈拉塔拉地方户民等請求豁免開墾荒地納糧事的呈及伊犁區行政長公署的指令、呈（1940-12-28）（J2-2-158-1）（6-6）

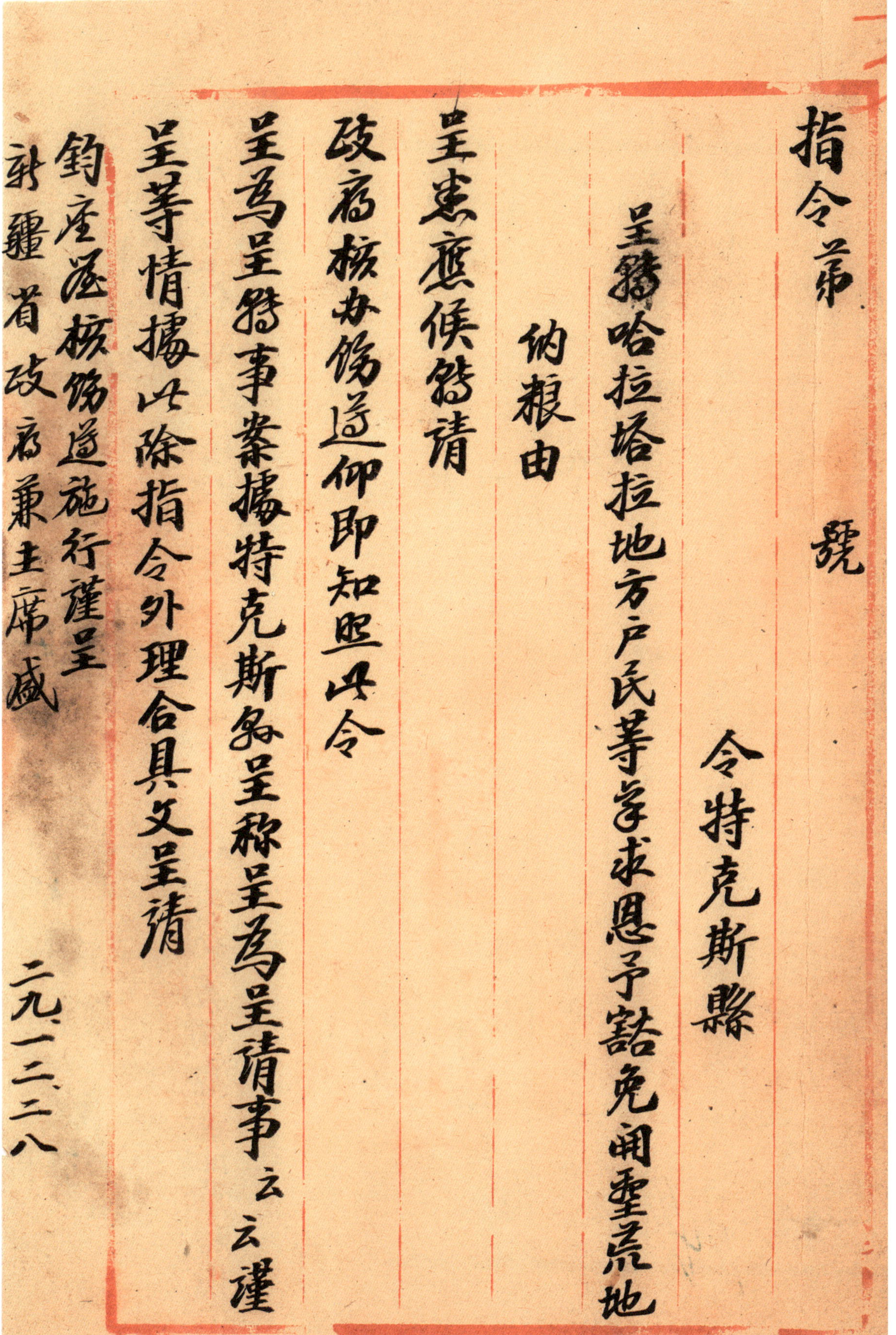

指令第　　號

令特克斯縣

呈轉哈拉塔拉地方户民等﹝等﹞求恩予豁免開墾荒地納粮由

呈悉。應候轉請

政府核示飭遵。仰即知照。此令。

呈爲呈轉事。案據特克斯縣呈稱：「呈爲呈請事」云云，「謹呈。」等情。據此，除指令外，理合具文呈請

鈞座鑒核飭遵施行。謹呈

新疆省政府兼主席盛

二九、一二、二八

積谷備荒公社宣傳大綱

一　前言

新政府爲了鞏固國防後方、加緊抗戰建新工作，在一年前根據三全大會决議，成立了積谷備荒公社，這個組織成立以來，曾得到全疆各族民衆的熱烈擁護，曾得到很優良的成績，因爲對于發展農村經濟，調濟城鄉食粮，預防荒歉災害，保証各族人民生活安適，充實抗戰建新的力量，是已經盡了很大的任務。但是我們新政府爲使積谷備荒工作收到更大的成績，更使其普遍全疆每一個角落里去，必須再進行寬廣泛的宣傳工作，使各族人民眞正了解新政府積谷備荒，純係爲人民謀利益的事業，全疆各族民衆才能自願自動的把一部份食粮捐給積谷備荒公社！

二　積谷備荒的意義

（一）新疆自四月革命後，在新政府動員全省力量擴大春耕號召下，不但恢復了變亂前的農村經濟，而且超過了四月革命前的生產水準，並在新政府積極援助和推動下，農村經濟的發展是確有了很驚人的成績，但是新疆農業的發展，距我們政府希望還有相當的距離，因此新政府每年仍有大批貸欵與借貸籽種帮助各族民衆，擴大春耕。各區縣農牧場和租賃所並備有大批農業生產工具，供給各族民衆的使用，倘遇有災情發生，在政府聘請專家積極指導下，均經迅速撲滅了。這對于農村經濟發展上，是起着極大的作用，所以新疆各族民衆在豐收年份，應該把一部份粮食存儲積谷備荒公社去，以備荒旱年頭的急需，這對保証全疆各族人民生活的安定，是很重要的一件事情，如果在收穫豐富的年成不做「有備無患」的工作，倘遇災荒發生難以避免食粮不足的痛苦，這對于農村經濟的發展，是將有很大的影響，所以我們政府號召進行積谷備荒，正是對于各族人民以很大的愛護。

（二）我們前綫上英勇同胞，更需要食粮加上口內戰區以及淪陷區域里的沃野千里的良田，被日本强盜蹂躪和殘踏爲廢墟，所以我們

○九○ 積穀備荒公社宣傳大綱（1940）（J2-3-175-53）（3-2）

（二）我們前綫上英勇同胞，更需要食粮加上口內戰區以及淪陷區域里的沃野十里的良田，被日本强盜蹂躪和殘踏爲廢墟，所以我們處在抗戰最重要後方的各族人民應該給前方同胞援助食粮！

（三）日寇殘暴和屠殺的野蠻行爲，使口內淪陷區域成千成萬的同胞，過着流離失所，饑餓悲痛的生活，因此在後方過安定生活的同胞應該募集食粮援助這些受難的同胞！

（四）在抗戰已進入相持階段，正在準備反攻實力的時候，我們每一個同胞都有爲民族解放出自己力量的天職，所以在重要國防後方和國際交通要道的新疆，各族同胞必須加緊生産和努力建設工作，同時在有力出力有錢出錢的號召下，每個人要出自己的力量因此農民同胞必須要把自己的餘粮捐給積谷備荒公社。

三 食糧募集辦法

（一）要發動富裕之家，量力自動捐助，不得有任何强迫或攤派行爲。

（二）凡捐助食粮者，應發給正式收據，此項收據，爲三聯單式，以一聯交捐助人，一聯送省積谷備荒公社，一聯存該本社備查，食粮積存地点，應由各本社擬定計劃，以集中縣城爲原則如有，距城遙遠運輸不便，得於適中鄉鎮設立分倉。

（三）凡自動捐助現金或其他物品者，得眼同捐助人立時按當地時價變賣購存食粮。

四 食糧使用手續

（一）若遇青黄不接時，准由民衆覓具妥保（機關團體或殷實商號）借貸，俟新谷收穫後加十分之一收回（如借食粮一石還一石一斗），以資彌補消耗。

（二）荒年飢饉，經該地全體人民公决呈由該本社轉請省積谷備荒公社核准後，即以積谷酌予散發，但原捐助人得享優先權，並該原捐助人遇有意外災難時，得由該地積谷備荒公社斟酌情形援助之。

（三）地方上如因公，必須借用公社積谷時，須取得全體民衆的同意，並經各該地公社委員會議决通過呈省積谷備荒總社核准後辦理

〇九〇　積穀備荒公社宣傳大綱（1940）（J2-3-175-53）（3-3）

（三）地方上如因公，必須借用公社積谷時，須取得全體民衆的同意，並經各該地公社委員會議决通過呈省積谷備荒總社核准後辦理，但祇能借用一部份且須定期歸還。

（四）各公社積谷除依照與前條規定使用外，不得拿作別用，或變價存儲。

五　獎勵捐助辦法

（一）凡熱心捐助省區縣局積谷備荒公社糧石物品及從事募集工作成績卓著者，依本條例規定褒獎之。

（二）褒獎分下列四種（一）獎狀（二）縣掛像片（三）獎章（四）匾額。

（三）褒獎方法如左

一、捐助小麥十京石以上者，除將本人像片縣掛當地公社外，並給予獎狀。

二、捐助小麥五十京石以上者，除將本人像片縣掛當地公社外，並給予銀質獎章。

三、捐助小麥一百京石以上者，除將本人像片縣掛當地公社外，並給予匾額。

四、捐助苞谷及其他雜糧者，得比照小麥加半數計算褒獎（例如小麥十石等於苞谷雜糧十五石餘類推）。

五、捐助大米及現金或其他物品者，得比照價值計算褒獎。

六、從事募集工作成績卓著者、其募得數目得比照第三條各欵加三倍計算褒獎（例如捐助十京石給予獎狀而承募者則須三十京石餘類推）

七、具備第三第四兩條應給獎者，由當地公社詳叙事實函請省公社轉呈督辦省府核獎之。

八、獎狀獎章圖樣另定之。

九、匾額請

〇九一　新疆省積穀備荒公社募穀褒獎規則（1940）（J2-4-19-9）（3-1）

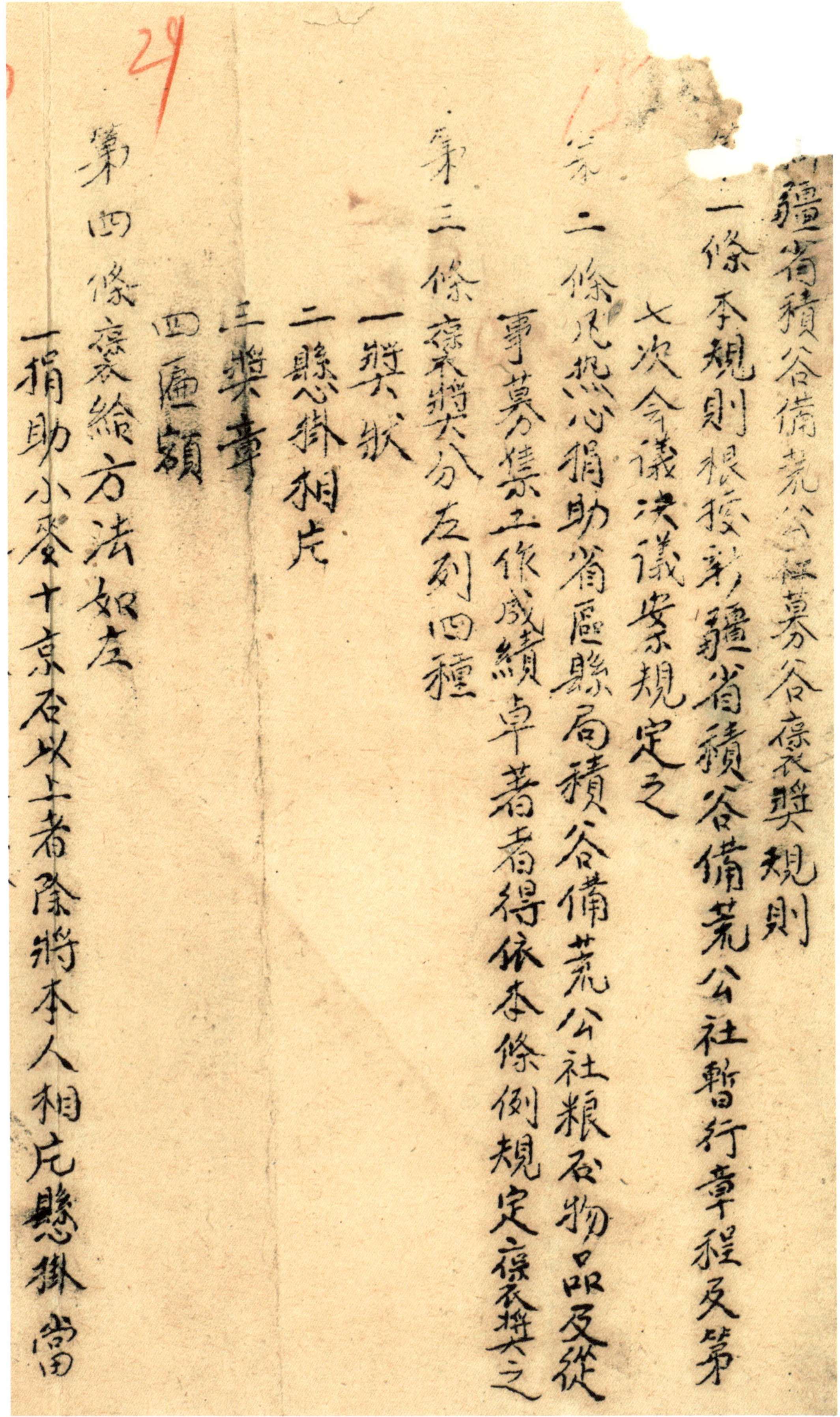

新疆省積穀備荒公社募穀褒獎規則

第一條　本規則根據新疆省積穀備荒公社暫行章程及第七次會議決議案規定之

第二條　凡熱心捐助省區縣局積穀備荒公社糧石物品及從事募集工作成績卓著者得依本條例規定褒獎之

第三條　褒獎分左列四種

一　獎狀

二　懸掛相片

三　獎章

四　匾額

第四條　褒給方法如左

一　捐助小麥十京石以上者除將本人相片懸掛當

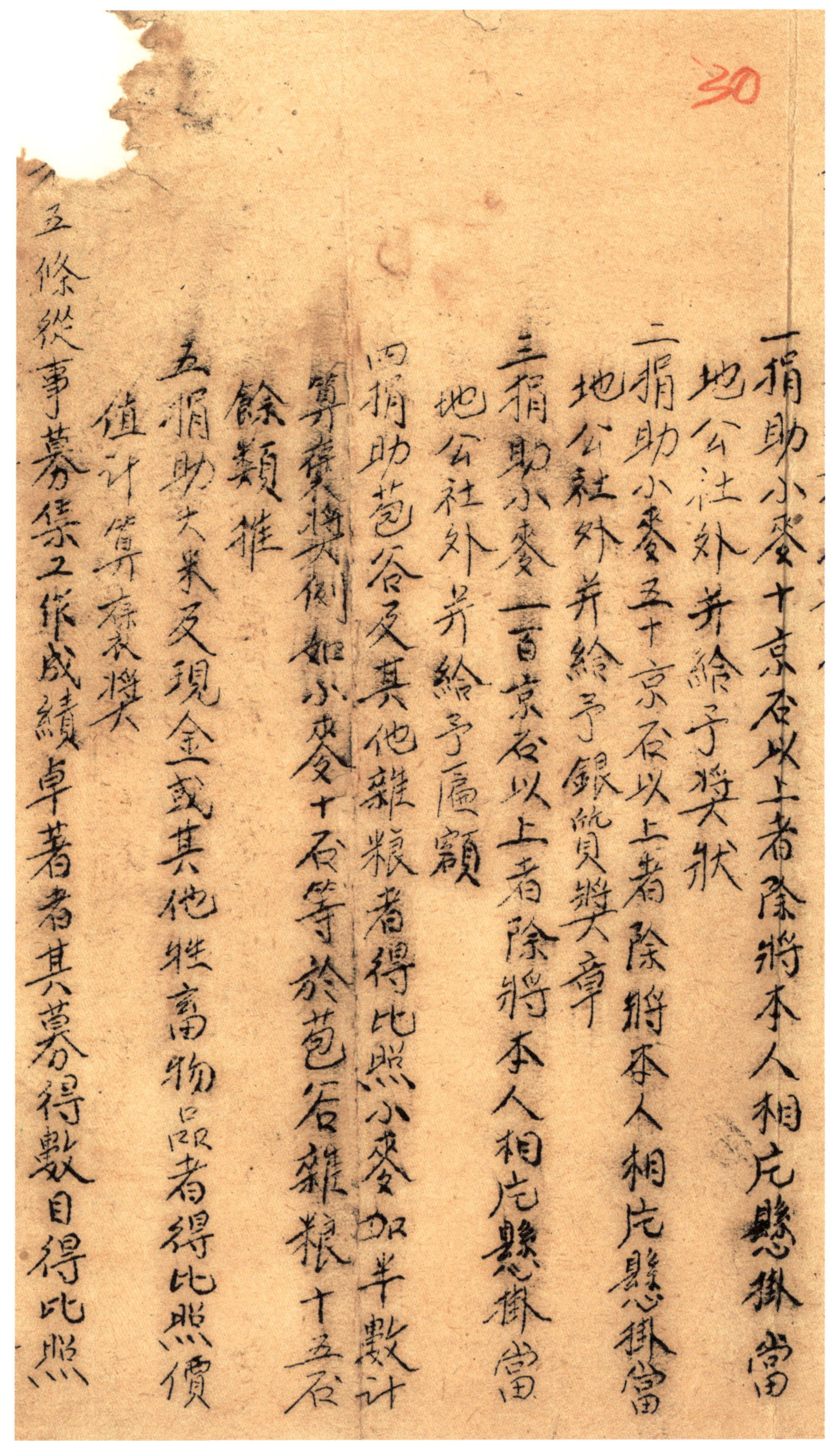

一捐助小麥十京石以上者除將本人相片懸掛當
地公社外并給予獎狀
二捐助小麥五十京石以上者除將本人相片懸掛當
地公社外并給予銀質獎章
三捐助小麥一百京石以上者除將本人相片懸掛當
地公社外并給予匾額
四捐助苞谷及其他雜糧者得比照小麥加半數計
算獎勵如小麥十石等於苞谷雜糧十五石
餘類推
五捐助大米及現金或其他牲畜物品者得比照價
值計算給獎
五條從事募集工作成績卓著者其募得數目得比照

○九一　新疆省積穀備荒公社募穀褒獎規則（1940）（J2-4-19-9）（3-3）

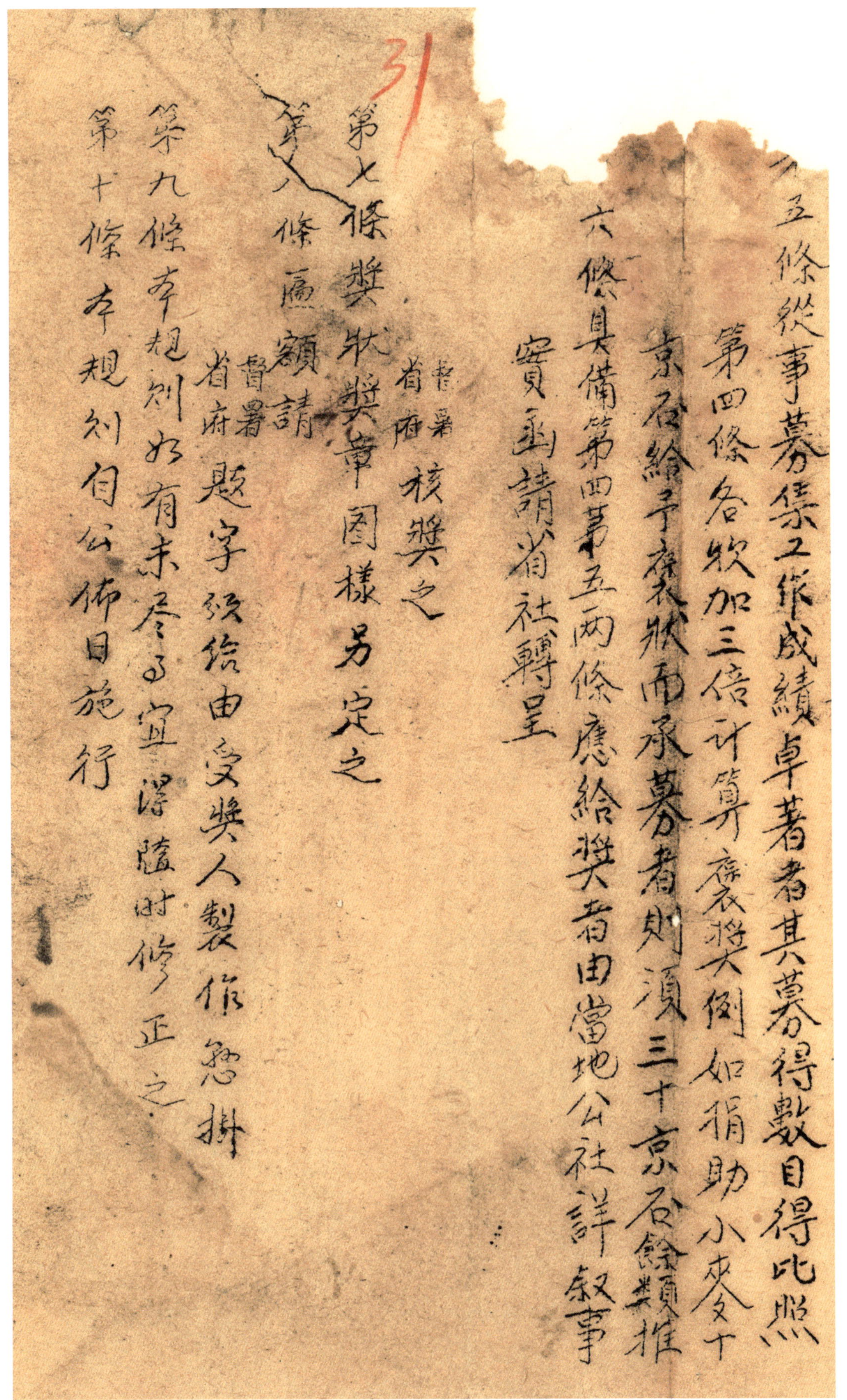

[illegible]五條從事募集工作成績卓著者其募得數目得比照
第四條各欵加三倍計算褒獎例如捐助小麥十
京石給予褒狀而承募者則須三十京石餘類推
[illegible]六條具備第四第五兩條應給獎者由當地公社詳敘事
實函請省社轉呈
督署
省府核獎之
第七條獎狀獎章圖樣另定之
~~第八條匾額請~~
督署
省府題字頒給由受獎人製作懸掛
第九條本規則如有未盡事宜得隨時修正之
第十條本規則自公佈日施行

〇九二　特克斯縣喀拉塔拉地方位置、面積、户口、水利、農田、牧業、建設方面情况的説帖（1940）（J2-4-31-34）（13-1）

説帖

一位置　查喀拉塔拉地方東界小吉爾裒朗山西界庫克蘇水南界大汗迪爾山北界特克斯河

二面積　東西寬壹百零七華里南北最長處二十七華里平均面積約壹千二百餘方華里由地形分爲三個階段西自庫克蘇水東至何福水渠止爲第一段

特克斯

〇九二 特克斯縣喀拉塔拉地方位置、面積、户口、水利、農田、牧業、建設方面情况的説帖（1940）（J2-4-31-34）（13-2）

東西寬約四十三里南北長約一十五里面積約六百四十五
方里因無水利全未開墾此次塔里木鄂若羅拜等
擬挖之渠即在此段自何福渠至蒙古交界鉄里克特
止為第二段東西寬約四十二里南北長約八里面積約三
百三十六方里塔里木全收就何福渠水開墾之地約一千斛
惟不知利用肥料須年年換種每年播種之地實八十三百

147

〇九二　特克斯縣喀拉塔拉地方位置、面積、户口、水利、農田、牧業、建設方面情況的説帖（1940）（J2-4-31-34）（13-3）

餘畝（計四百八十至五百斛圖中以紫色斜線表明）自鉄里克特至小吉尔戛朗山麓止東西寬約二十二里又五十四丈南北長約十里面積約二百二十三方里此段耕地全屬蒙族就五個泉水灌溉惟泉水甚小盡量利用每年能耕之地約二千一百一十畝（計一百三十四斛地圖中以藍色交線表明）

三　户口

查喀拉塔拉户口除塔里木全牧六個百户長所轄人民外

有四蘇木蒙族僧俗共一百五十一户中享有水權者一百三十一户雜居租耕之維族共二十五户此外尚有漢族五家回族四家逃哈一十八户

四水利

喀拉塔拉地勢面山背水特川北亘蜿蜒百餘里惟河身過低引水不易人工水利只有何福渠一道民國七年何福以私人資格由特克斯河挖渠一道引水墾荒渠身共

148

長四十二里支渠倍是自哈族承領後不知修濬日漸淤積灌溉面積亦日漸縮小如就舊有規模加以修濬事半功倍大有希望此外天然水利只有南邊大汗迪爾山麓之五個泉水（一鉄里克特二察汗拜信三昆都四阿克布坎五塔尕特）計第一泉居民二十五户灌溉二十二斛地第二泉居民一十五户灌溉二十三斛地第三泉居民十三户灌溉一十四斛地第四泉居民六十三户灌溉六十

○九二　特克斯縣喀拉塔拉地方位置、面積、户口、水利、農田、牧業、建設方面情況的説帖（1940）（J2-4-31-34）（13-6）

149

斛地第五泉一十五户灌溉一十五斛地以上五泉皆屬蒙族共計居民一百三十一户種地一百三十四斛五泉之中惟第四泉（阿克布尔坎泉）較大其餘皆細微如遇旱年往往乾涸至於塔里木等由庫充蘇水所挑之渠就準噶尔時代舊渠渠口渠身（渠身徑直）已挖一里餘因庫充蘇水流非常湍急兩岸石壁約束不能左右侵蝕只將河底冲刷

河身逐年加深水流亦逐年低落渠口高於水平夏日水大時勉强灌渠旋即倒流渠身如能極力屈曲加深渠底利用水之激力因勢力導能通過三里許之高地以下低地即可順舊渠自由引導盡量開墾

五　農田

喀拉塔拉氣候温暖雨量適中地質半屬黑土層（喀拉塔拉即黑色之平原意）厥壤上上特川不易生長之瓜果菜蔬皆能種植

〇九二　特克斯縣喀拉塔拉地方位置、面積、户口、水利、農田、牧業、建設方面情况的説帖（1940）（J2-4-31-34）（13-8）

150

且皆碩大肥美現蒙哈各族之農業因陋就簡維持
現狀農作物不過大小麥糜子之類此地最需要者
惟水最缺之者亦惟水北邊雖有特川因河身低窪何
福渠口以東勢難挑引（此則待專家測勘决定）所有泉水細不
足道如能修濬何福原渠遍灌中段更引長支渠灌
溉東段北部泉水不及之地改挖庫克蘇新渠（廢直線而取曲線並加深渠底）

開墾西段曠野，再於南部廣大之邱陵中播種旱田（已有種者收穫甚好），則此地農業始能充分發展，不負天賦之良厚，可取得特川唯一農業區域之資格。

六　牧業

喀拉塔拉南有大汗迪尔山，牧場甚廣。西段有塔里木三個百户長冬窩，平原未墾荒地為哈牧春秋牧地，中段已墾之地收穫後即為農民冬窩，南部亦為哈牧

冬窩東段山頂為哈牧夏窩中有二處順五個泉溝
為蒙民夏窩地方逼仄只能牧放二千隻羊如牧馬
須在山頂納哈民以相當報酬得其許可始能牧放已
墾之地收獲後即為冬窩泉溝左右山坡皆為塔里木二
個百户長春秋牧地此外小吉尔戞朗山麓一帶皆為塔
里木冬窩此地除山塲外所有平原皆無茂草只有稀疏

151

之艾蒿且夏日炎熱宜於牧羊不宜於牛馬此喀拉塔拉
平原以宜於農業不宜於牧業見稱也

七建設

喀拉塔拉所有建築物西有庫克蘇橋橋長二丈寬七尺
惟兩岸岩壁峭立大石亂列只有一綫馬道聯絡各
方北邊特川舊有馬得元橋一座現已廢毁如能恢
復河南北交通即可通行車輛喀拉塔拉吉尔戛朗

〇九二　特克斯縣喀拉塔拉地方位置、面積、户口、水利、農田、牧業、建設方面情况的説帖（1940）（J2-4-31-34）（13-12）

152

一帶出産貿易皆集中科布於新城之發展繁榮
大有關係（新城南邊擬修橋梁可否移建於此待專家測勘决定）再東有鄂若羅拜
禮拜寺有四五人家稍東何福渠北有何福莊四週有造
林果園菜圃苜蓿園及熟田約有五十斛地南部有准干
部所開人工湖泊（喀拉淖尔現已乾涸）北有盛唐西域都護府分
設之城堡一座（蘇定方所建現已傾圮）再東北特川南岸有托克

○九二　特克斯縣喀拉塔拉地方位置、面積、户口、水利、農田、牧業、建設方面情況的説帖（1940）（J2-4-31-34）（13-13）

堅礼拜寺附有塔里木全牧及維族學校一座（校舍有窓
孔而無窓户四面穿風亦無火爐地板棹椅皆取天然
另一校舍圈馬糞溺滿地）週有維族租耕楚農民十餘
户東南有鉄里克特莊有蒙農二十二户漢族三户設有
地方税分局東有察汗拜信莊有蒙楚農一十五户東北有
嘎布齊喇嘛昭一座除佛殿外有房屋二十五間（建於民國十九

○九三 河南設治局關於發展農村經濟之計劃（1940）（J2-4-31-20）（8-1）

74

關於發展農村經濟之計劃

發展農村經濟是河南設治局領導民衆的工作，河南建設全賴乎經濟之發展，才能有雄厚力量參加到建設事業上，怎可以發展河南農村經濟呢？兹列以下幾條：

（一）開掘查渠——查此渠爲河南人民生活之命脈，多數農田賴以灌溉，因民衆力量薄弱，以致淤滯，水行不利，每年禾稼常遭亢旱，擬請政府加以援助，河南當傾民衆全力重新修濬，以裕農村。

（二）鑿修各泉水源以利灌溉——村及沿山靠崗一帶泉水對於農業亦有很大利益，據云昔水流很旺，近年漸流漸衰，其原因不無牛馬羊支蹂踏腐草泥垢淤塞

○九三　河南設治局關於發展農村經濟之計劃（1940）（J2-4-31-20）（8-2）

之故擬做東路哈密澆田水坎法將泉眼開掘以暢水行並另闢池沼作飲牲之處標牌揭示不准牧民牧夫在源頭飲牲而防滯塞以重衛生

（三）提倡特產及發展農村副業——查河南雖係農區主要農產無非稻麥紅粮菜籽等每年出產只備本境食用不能大宗運銷城市此後計劃要使農村經濟發展應提倡種植特產如蓖麻線蘇芝蘇大豆菜籽棉花等尤以蓖蘇為現代之需要而且又易於培植凡河套房園附近隙地皆利生長功半利倍識農村副業之要品那麼因為什麼要發展農村副業呢在過去河南於秋收後一般民衆把有用的寶貴光陰消耗於煙酒中在這全民抗戰的期間我們要利用這農作之餘來做點副業以增加生產是什麼呢就是防害街市衛生地點畜水養鵝鴨並做小手工業如打繩編筐編蓆開紙房造肥料等以外還可做小本營商如此推行河南的特產

○九三 河南設治局關於發展農村經濟之計劃（1940）（J2-4-31-20）（8-3）

業的出產可以運銷城市及國外河南的經濟就不如昔死滯了

（四）獎勵農村的生產辦法——設立農村產物展覽部及比賽會徵集農產及手工出品每户或每人均要供獻一二樣其辦法以同類物的優劣比賽四訓劣的獎優的以提民衆競業競技之精神

（丙）關於交通建設計劃

（一）完成各村市街路完成達伊寧及各村互通的公路測量各村距離里數並每十里設一標牌每交岔路口設標牌指明左路右路中路各通達点

（二）建築各河流及通過大渠的橋樑

（三）裝設通伊及本境各村電話

76

77

（四）整［頓］伊通惠西渡口改良渡船以便交通

（五）提倡民有汽車行以利運輸

（六）擬闢通堙華公路

（丁）關於整頓教育計劃

教育為立國之根基尤其在新疆更屬重要欲求一切建設推進必使民衆知識平衡此後的河南最重要的教育是在更當測重於平民方面要普及民衆教育兹將河南教育建設方面分述於下

（一）籌設民教館附設民衆補習夜課班

（二）完成文學及各校建設未竣工程

女兒童入學

〇九三　河南設治局關於發展農村經濟之計劃（1940）（J2-4-31-20）（8-5）

(四)訓練童子軍

(五)消除過去各學的幼稚病及進行的困難

(戊)關於民衆文化建設計劃

(一)完成各村民衆俱樂部未竣工程内部設備

(二)設立民衆讀報室圖書館

(三)組織抗戰救亡民劇團

(四)完成各村民衆公園

(己)關於保健計劃

(一)設立民衆醫院或施診所呈請聘請醫生

79

（二）籌設建築設治局街公共体育場及各村浴室

（三）組織衛生監察委員會每道飲水渠責成專人隨時監護衛生保持清潔每道街責成專人隨時監察有無傾倒穢物者

（四）每村籌設衛生車壹輛由村公所負責辦理

（庚）關于建築計劃

（一）完成設治局楼房

（二）完成第八村新闢街基房舍

（辛）關于植樹計劃

（一）在鵝鴨公司附近開闢苗圃培各種樹苗

〻各村市擴大植樹
〻各村民家俱樂部隙地建設公有菓園
〻植桑樹預備養蠶
壬關於擬辦計劃
(一)聘請工程師勘採南山煤礦以解决燃料缺之困難
(二)擬測繪全境面積圖及各村面積圖
癸關於其他建設計[illegible]
(一)擬辦鄉村農業研究所[illegible]農業的發展和改良收集散沙似的遊民加以嚴格訓練

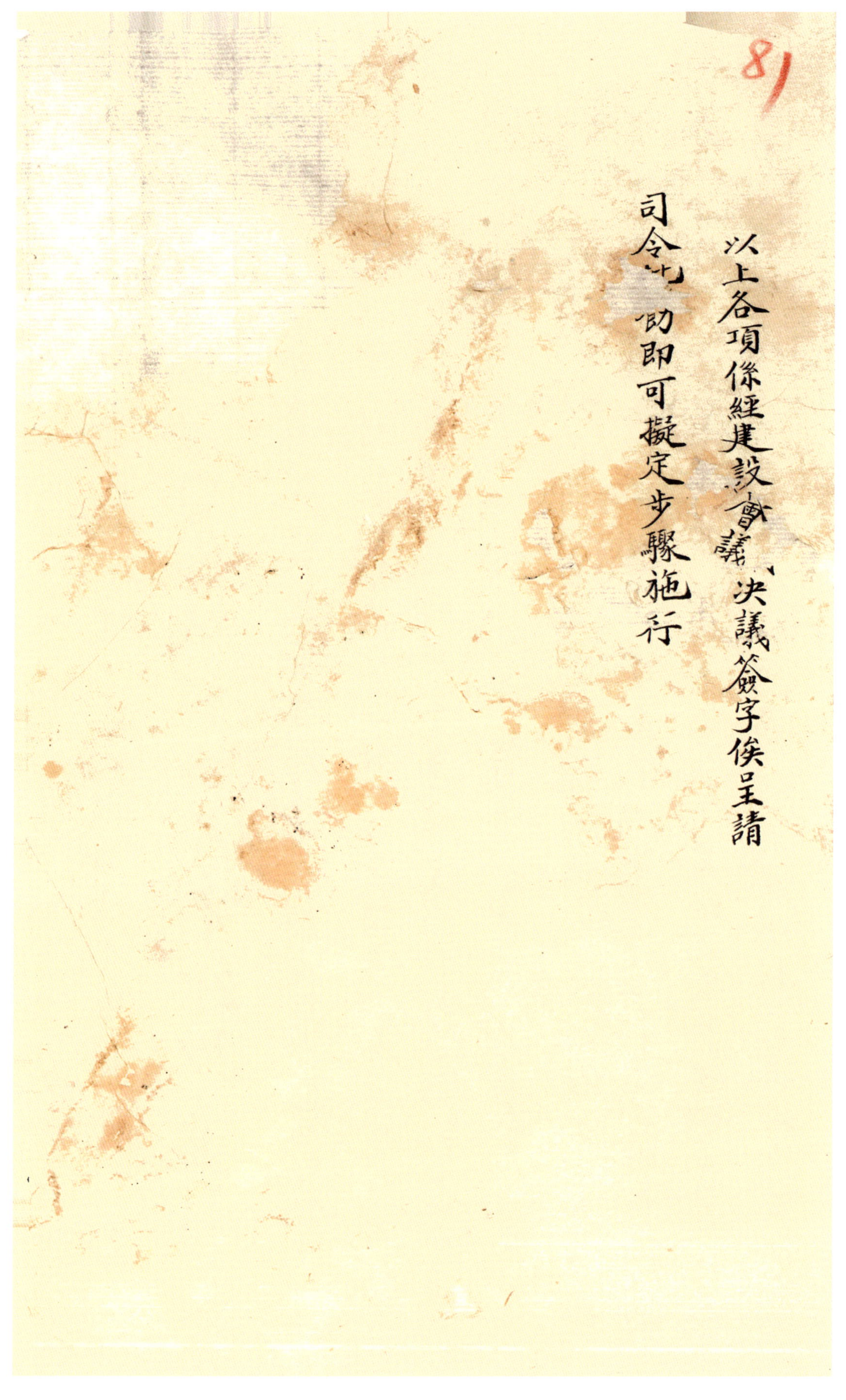

81

以上各項係經建設會議、決議簽字俟呈請
司令[illegible]飭即可擬定步驟施行

〇九四 新疆省政府就保障農業擴大生產事的通令及伊犁區行政長公署奉令轉各縣局、各機關遵照辦理的通令（附伊犁區各縣局播種農作物、特産作物數量表）（1941-04-03）（J2-2-139-51）（6-1）

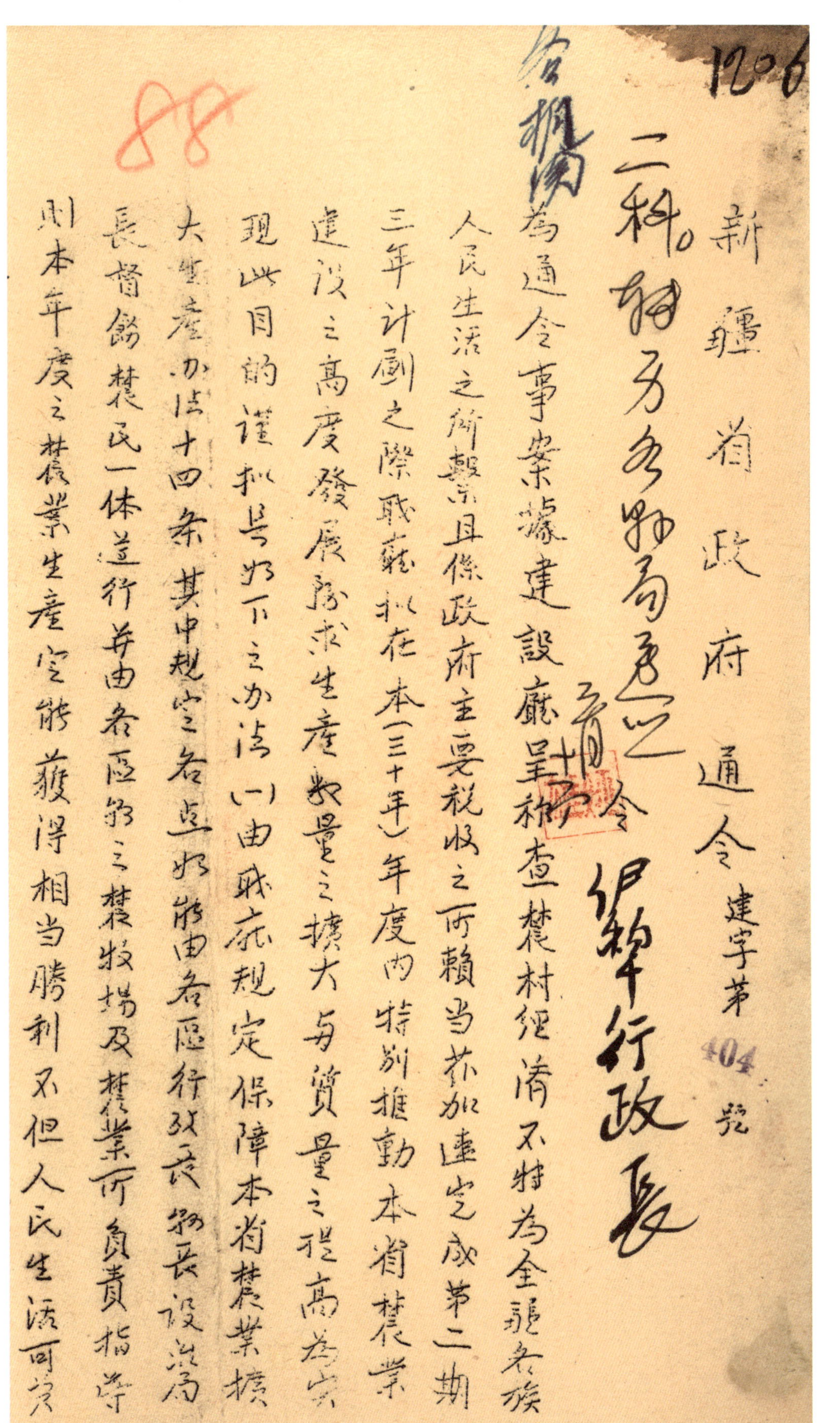

1206

新疆省政府通令 建字第404號

令伊犁行政長

二科特另各縣局長遵照

為通令事案據建設廳呈稱查農村經濟不特為全疆各族人民生活之所繫且係政府主要稅收之所賴當茲加速完成第二期三年計劃之際職廳擬在本（三十年）年度內特別推動本省農業建設之高度發展務求生產數量之擴大與質量之提高為實現此目的謹擬具如下之辦法（一）由職廳規定保障本省農業擴大生產辦法十四條其中規定各點如能由各區行政長、縣長設治局長督飭農民一体遵行並由各區縣之農牧場及農業所負責指導則本年度之農業生產定能獲得相當勝利不但人民生活可資

〇九四　新疆省政府就保障農業擴大生產事的通令及伊犁區行政長公署奉令轉各縣局、各機關遵照辦理的通令（附伊犁區各縣局播種農作物、特產作物數量表）（1941-04-03）（J2-2-139-51）（6-2）

則本年度之農業生產定能獲得相當勝利不但人民生活可以富裕而省庫收入亦能增加擬請通令全省各區行政長各縣長各設治局局長將此办法列為本年各區縣主要行政工作之一務須領導人民切实遵行并飭將各區縣長各設治局長執行此一任務之程度作為考績標準之一（二）除由政府加緊整頓各區農牧場及各縣農業所獸醫所牧畜所使其工作効能加強外擬請令飭各區行政長及各縣縣長對於當地農牧机関之工作隨時予以考查和監督如有缺点應即隨時指正或分别函達呈核或飭办理之以上所擬是否有當除分呈外理合檢同所擬保障農牧業擴大生產办法十四条備文呈請鑒核通令施行等情據此除指令應准通令各區縣遵照办理并分行外合行照印原办法

〇九四　新疆省政府就保障農業擴大生產事的通令及伊犁區行政長公署奉令轉各縣局、各機關遵照辦理的通令（附伊犁區各縣局播種農作物、特產作物數量表）（1941-04-03）（J2-2-139-51）（6-3）

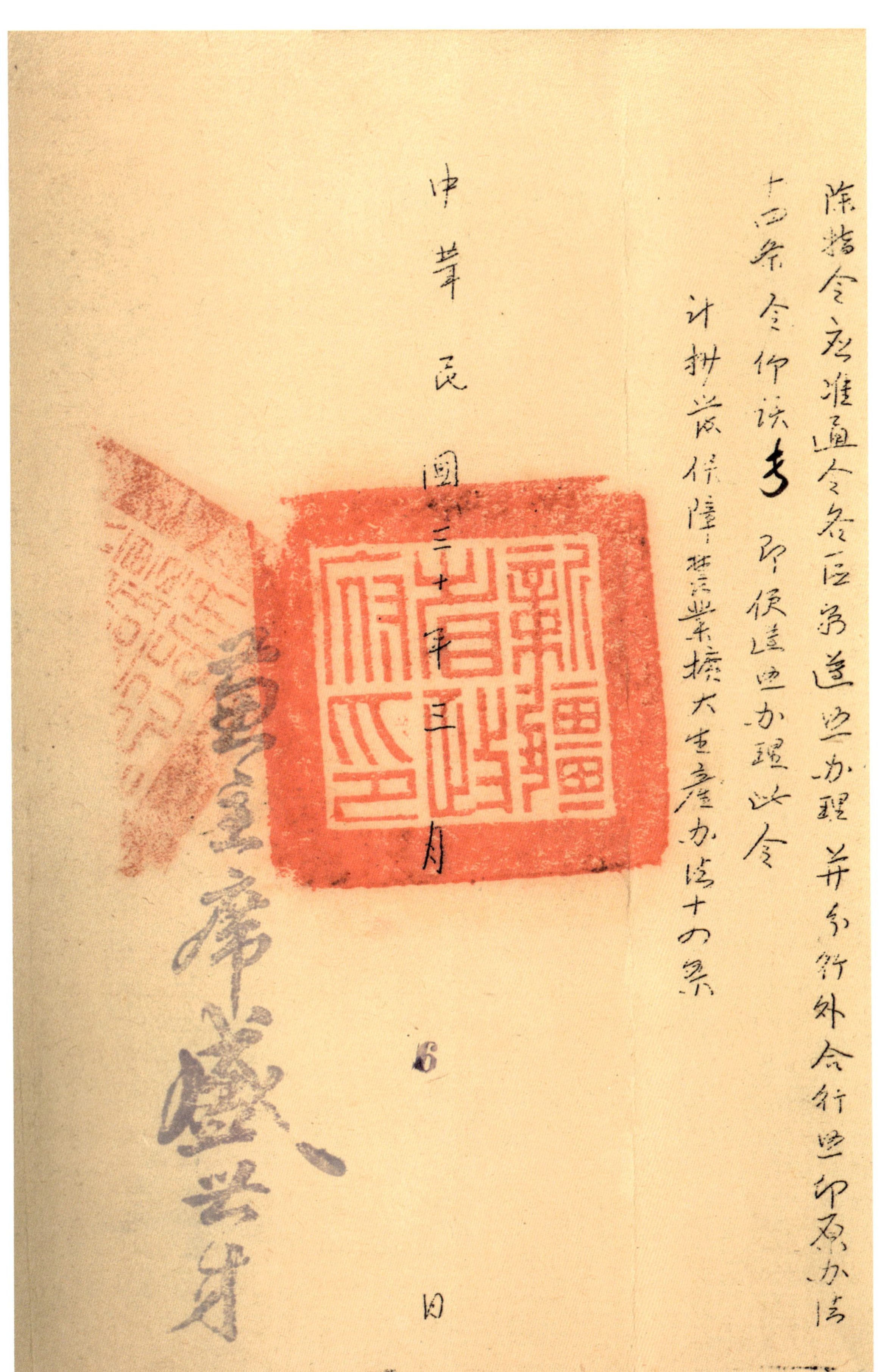

除指令該准通令各區分飭遵照办理并分行外合行照印原办法十四条令仰該專即便遵照办理此令

計抄發保障農業擴大生產办法十四条

6

中華民國三十年三月　日

主席盛世才

○九四　新疆省政府就保障農業擴大生產事的通令及伊犁區行政長公署奉令轉各縣局、各機關遵照辦理的通令（附伊犁區各縣局播種農作物、特產作物數量表）（1941-04-03）（J2-2-139-51）（6-4）

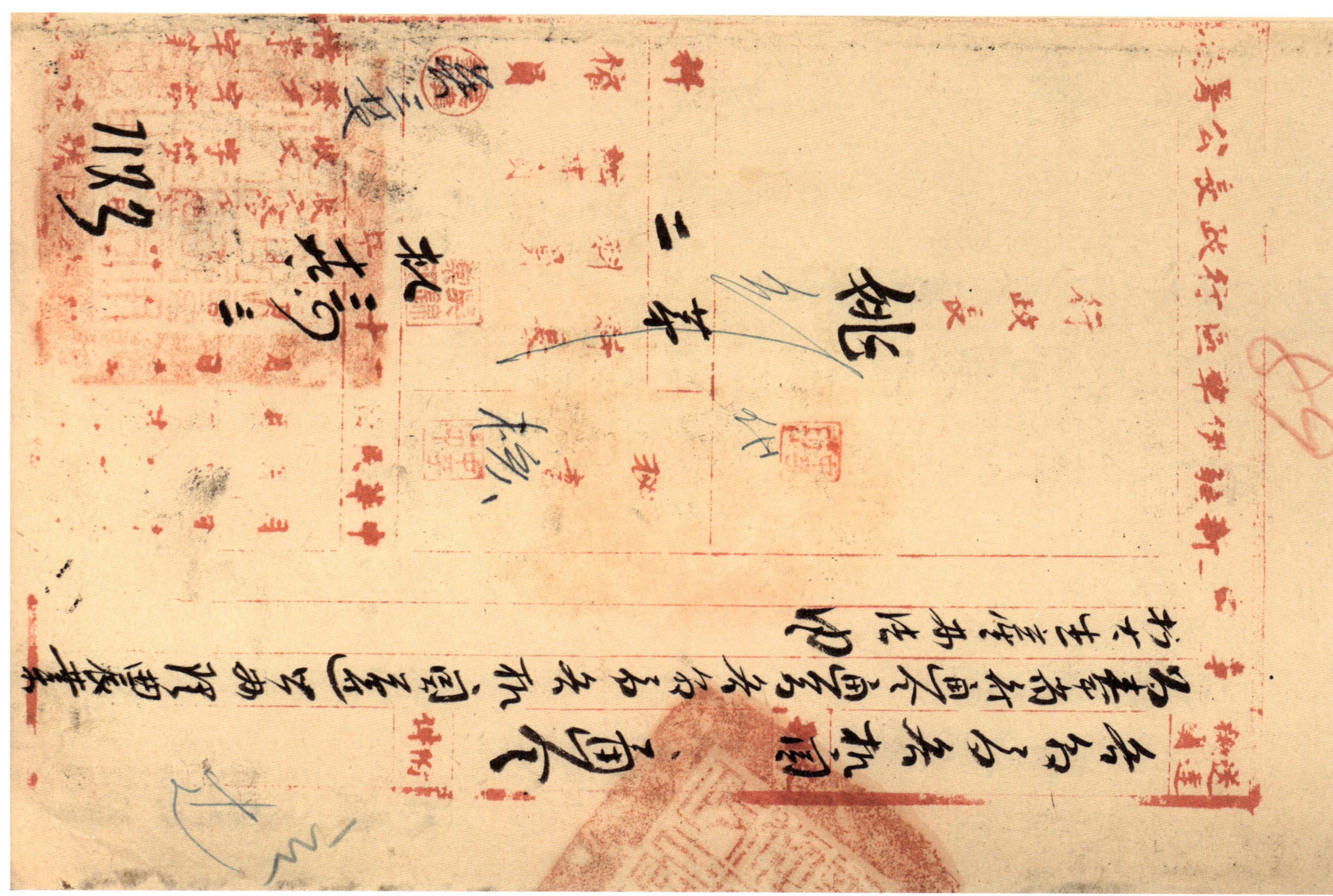

〇九四　新疆省政府就保障農業擴大生産事的通令及伊犁區行政長公署奉令轉各縣局、各機關遵照辦理的通令（附伊犁區各縣局播種農作物、特産作物數量表）（1941-04-03）（J2-2-139-51）（6-5）

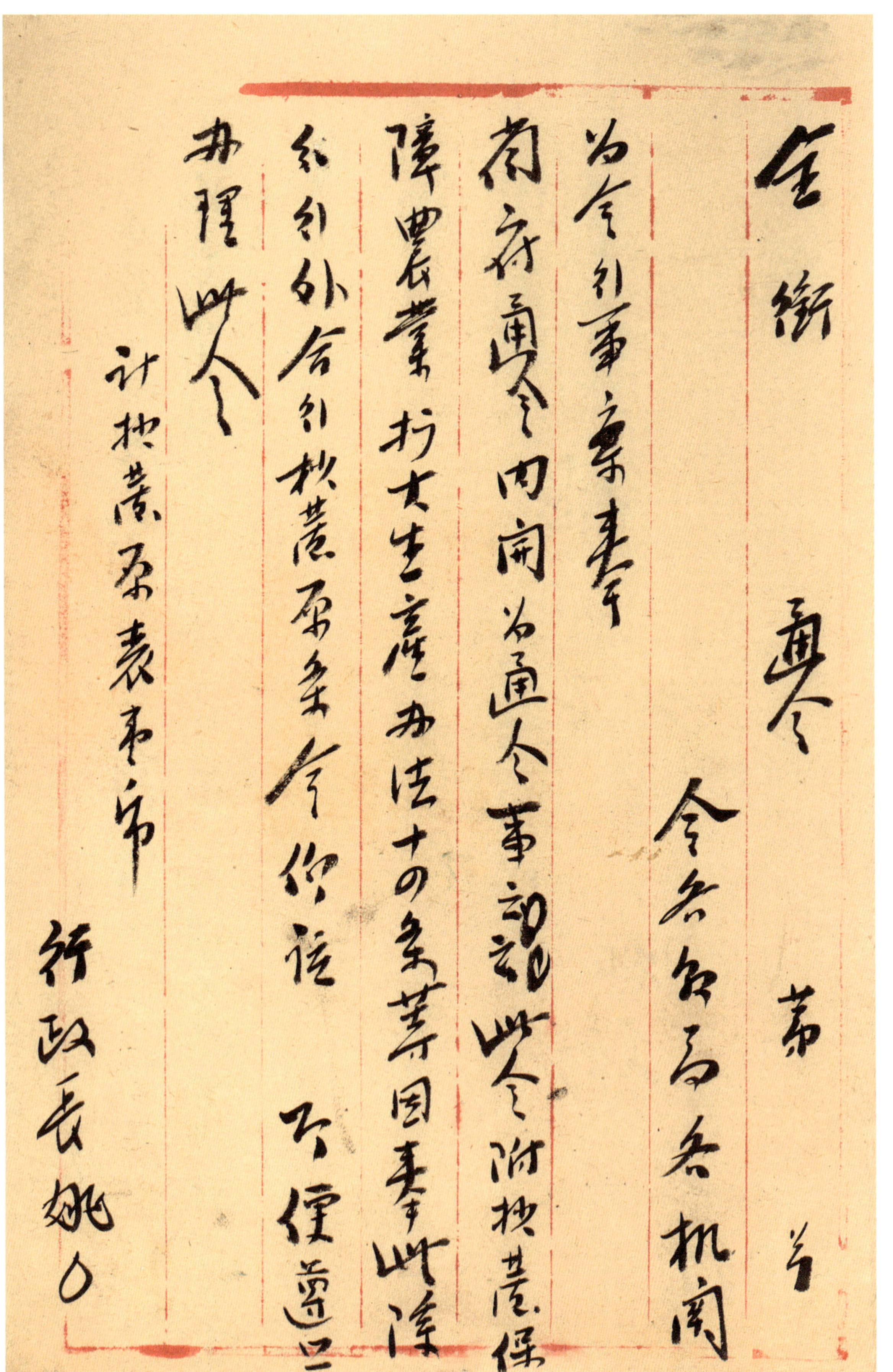

全銜　通令　第　号

令各縣局各機關

為令行事。案奉

省府通令内開：為通令事：[illegible]此令。附抄發保

障農業擴大生産辦法十四條等因。奉此，除

分行外，合行抄發原條，令仰遵照，即便遵照

辦理。此令。

計抄發原表壹份

行政長姚〇

№10

63

本區各縣局播種農作物數量表

縣別	農作物名称和數量									合計
	小麥	大麥	苞穀	色米	谷子	糜子	稻子	豆子	高粱	
伊寧	30%	5%	7%	3%	1%	1%	1%	1%	1%	50%
綏定	20%	5%	10%	5%	2%	1%	4%	2%	1%	50%
霍城	20%	8%	7%	5%	3%	2%	1%	1%	1%	50%
河南	25%	10%	2%	3%	3%	2%	2%	1%	2%	50%
博樂	20%	10%	8%	3%	2%	2%	1%	2%	2%	5%
溫泉	30%	5%	3%	5%	1%	1%	—	2%	3%	5%
精河	30%	5%	5%	3%	1%	1%	1%	2%	2%	50%
鞏留	30%	7%	3%	2%	2%	1%	1%	2%	2%	50%
鞏哈	20%	10%	5%	3%	2%	2%	2%	2%	4%	50%
特克斯	25%	5%	10%	4%	2%	1%	—	2%	1%	50%
昭蘇	25%	5%	10%	5%	1%	1%	—	1%	2%	50%
恰克滿	30%	5%	7%	3%	1%	1%	1%	1%	1%	5%

№11

64

本區各縣局播種特産作物數量表

縣別	特作物名称									合計
	冬麥	棉花	菁麻	喂牲[illegible]	黄煙	胡麻	萆麻	菜籽	芝麻	
伊寧	20%	5%	5%	3%	1%	7%	2%	5%	2%	5%
綏定	20%	8%	3%	2%	1%	8%	2%	5%	1%	50%
霍城	30%	5%	2%	1%	1%	3%	2%	5%	1%	5%
河南	10%	10%	5%	5%	2%	15%	1%	1%	1%	50%
博樂	10%	10%	5%	5%	2%	10%	2%	5%	1%	50%
特克斯	15%	—	5%	10%	1%	2%	1%	15%	1%	5%
鞏留	10%	5%	5%	5%	1%	10%	5%	8%	1%	5%
鞏哈	10%	—	5%	10%	1%	5%	4%	13%	2%	5%
精河	10%	10%	5%	5%	1%	4%	5%	8%	2%	5%
溫泉	10%	1%	3%	8%	1%	5%	2%	17%	3%	5%
恰克滿	15%	—	3%	7%	1%	5%	4%	13%	2%	5%
昭蘇	15%	—	3%	7%	1%	5%	4%	13%	2%	5%

〇九四　新疆省政府就保障農業擴大生産事的通令及伊犁區行政長公署奉令轉各縣局、各機關遵照辦理的通令（附伊犁區各縣局播種農作物、特産作物數量表）（1941-04-03）（J2-2-139-51）（6-6）

〇九五　特克斯縣政府爲勘查開墾哈拉塔拉荒地并水利情形事給伊犁區姚行政長的呈（1941-04-05）（J2-2-144-8）（4-1）

48

水利

特克斯縣政府　呈　伊犁區行政長姚

事由	擬辦	批示	備考
呈報勘查開墾哈拉塔拉荒地並水利情形由 附一件		交科閱擬分呈應候核示	

特字第[illegible]號　年　月　日　時到

收文字第2229號

○九五　特克斯縣政府爲勘查開墾哈拉塔拉荒地并水利情形事給伊犁區姚行政長的呈（1941-04-05）（J2-2-144-8）（4-2）

為呈報事竊　縣長　為領導民衆努力建設提高哈柯農業經濟生活起見特于三月十八日赴縣屬哈拉塔拉地方勘查水利以資開墾荒地計共勘查三日謹將堪查結果之情形縷列如下㈠查縣屬哈拉塔拉地方西自可可蘇河之河岸起東抵阿哈布宗孫地方止共長一百一里南靠坎甫沙郎山北瀕特克斯河平均計算共寬三十里誠屬肥美膏腴之地兼之地勢平坦宜于耕種統計面積至少可闢耕地九千六百餘畝惟因可可蘇河河底岸高之緣故以致引水澆灌頗為困難長此任其荒蕪耕地問題無法解決㈡查引可可蘇河之水澆灌哈拉塔拉之荒地民衆曾經兩度開挖耗費不資未能達到目的若再循舊轍開渠引水不惟需欵甚鉅誠恐仍舊無有成果再四籌度致察地勢情形惟有引敏不拉克之泉水（譯其意義即一千個泉）及橋拉克鉄列克之河水滙合成流以木槽渡過可可蘇河澆灌哈拉塔拉之荒地尚屬可能至于省工節費又其次也㈢初步之計劃首先以木槽一道試渡之如果成功再將原有

之渠道加寬加深開挖之並增加木槽三道以資引水澆灌查木槽渡水之辦法在往昔曾利用之不過舊日木槽引水經過之渠道因年代久遠地勢破坏難以利用今按地勢情形另選便利渡水之地点以資安設木槽（四）查特克斯縣人口逐年增加耕地太少民衆希望開闢哈拉塔拉荒地者大旱望雨特別是阿魯班黑宰両游牧頭目民衆等均願自動出錢出力因而開渠墾荒之經費不成問題（五）業經召集各區村長等開大會両次並組織水利委員會選舉負責人以資推動工作而期早日完成所有以上勘查水利開墾哈塔拉荒地經過之情形除分呈外理合具文呈請

鑒核俯准備案施行謹呈

伊犁區行政長姚

特克斯縣長王先疆

副縣長阿里木江

〇九五　特克斯縣政府爲勘查開墾哈拉塔拉荒地并水利情形事給伊犁區姚行政長的呈（1941-04-05）（J2-2-144-8）（4-4）

中華民國三十年四月　日

中華民國叁拾年四月　五日發

〇九六　綏定縣政府就電請查勘稻地中南兩渠因本年伊犁河水陡漲衝刷太烈請飭由銀行借給大洋以資動工事給伊犁區行政長公署的代電
（1941-05-10）（J2-2-147-15）（2-1）

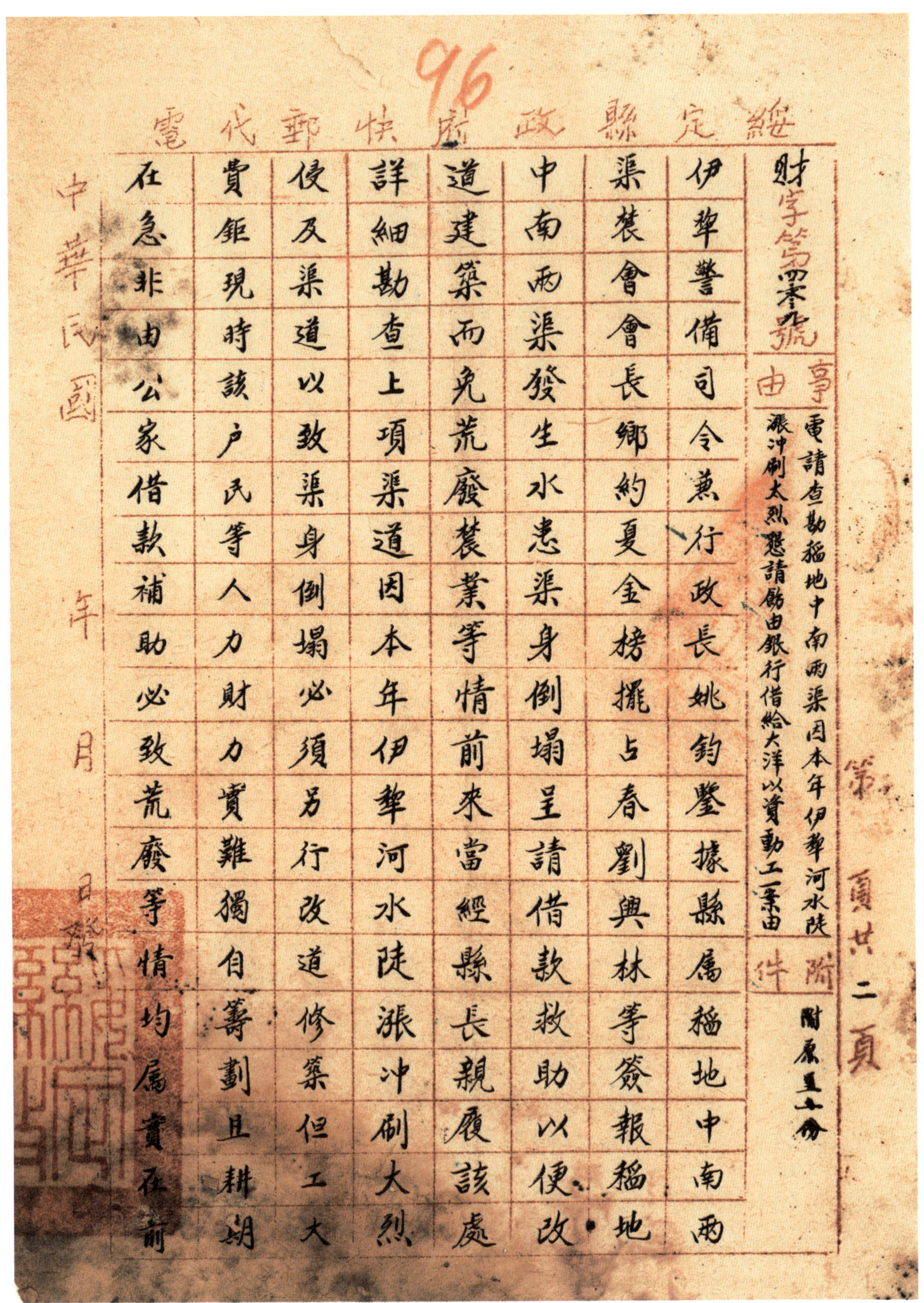

96

綏定縣政府快郵代電

財字第[illegible]號

事由：電請查勘稻地中南兩渠因本年伊犁河水陡漲沖刷太烈懇請飭由銀行借給大洋以資動工一案由

附件：附原呈一分

伊犁警備司令兼行政長姚鈞鑒：據縣屬稻地中南兩渠農會會長、鄉約夏金榜、攏占春、劉興林等簽報：稻地中南兩渠發生水患，渠身倒塌，呈請借款救助，以便改道建築而免荒廢農業等情前來。當經縣長親履該處詳細勘查，上項渠道因本年伊犁河水陡漲，沖刷太烈，侵及渠道，以致渠身倒塌，必須另行改道修築。但工大費鉅，現時該户民等人力、財力實難獨自籌劃，且耕期在急，非由公家借款補助，必致荒廢等情，均屬實在。前

中華民國　年　月　日發

第廿二頁

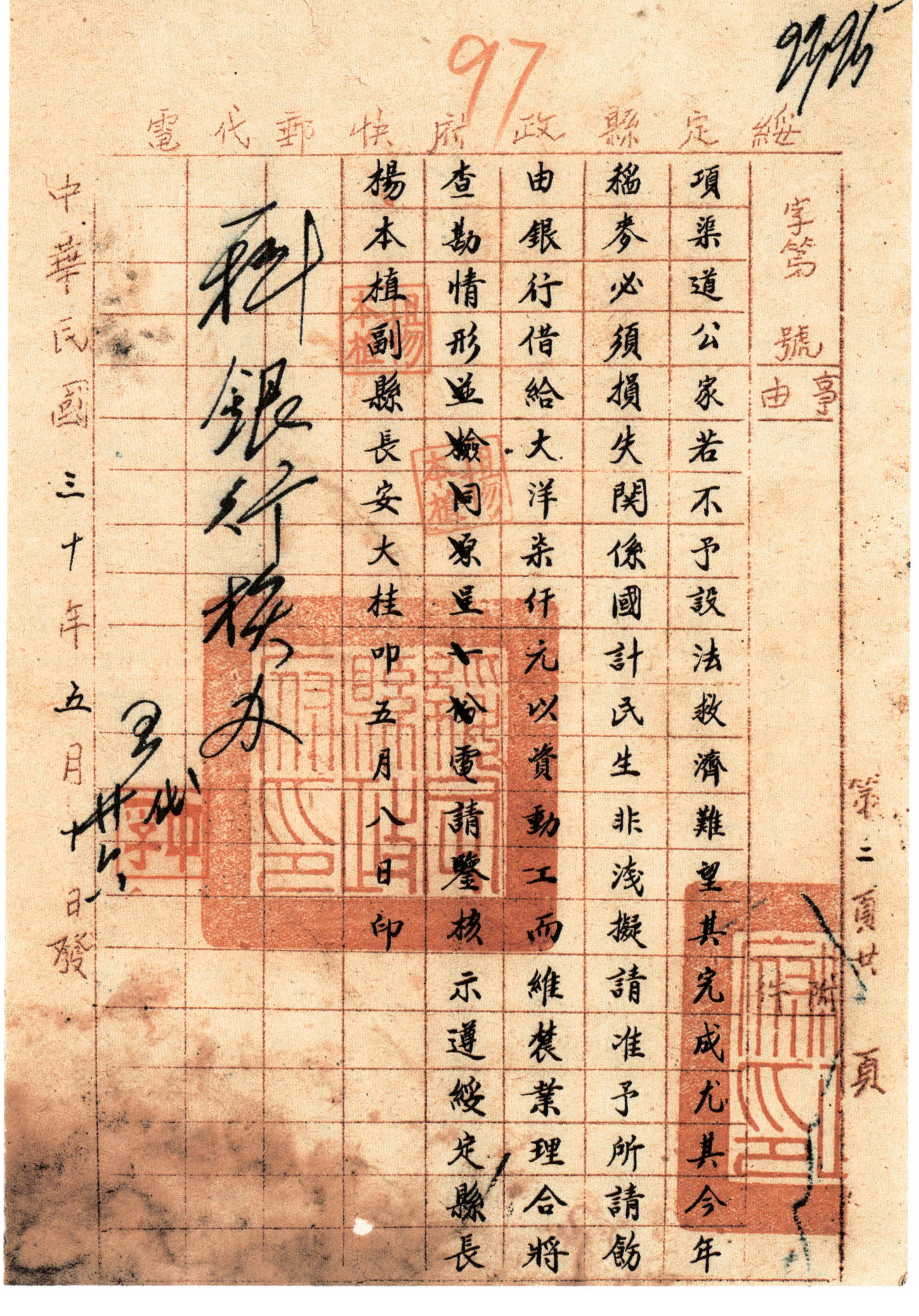

綏定縣政府快郵代電

字第　號　由

項渠道公家若不予設法救濟難望其完成尤其今年稻麥必須損失関係國計民生非淺擬請准予所請飭由銀行借給大洋柒仟元以資動工而維農業理合將查勘情形並繪同略圖電請鑒核示遵綏定縣長楊本植副縣長安大桂叩五月八日印

飭銀行核办

中華民國三十年五月八日發

第二頁共　頁

○九六　綏定縣政府就電請查勘稻地中南兩渠因本年伊犁河水陡漲衝刷太烈請飭由銀行借給大洋以資動工事給伊犁區行政長公署的代電
（1941-05-10）（J2-2-147-15）（2-2）

〇九七　新疆省政府建設廳就擬在伊犁成立全區模範農場一處事給伊犁區行政長公署的咨（1941-05-16）（J2-2-138-8）（3-1）

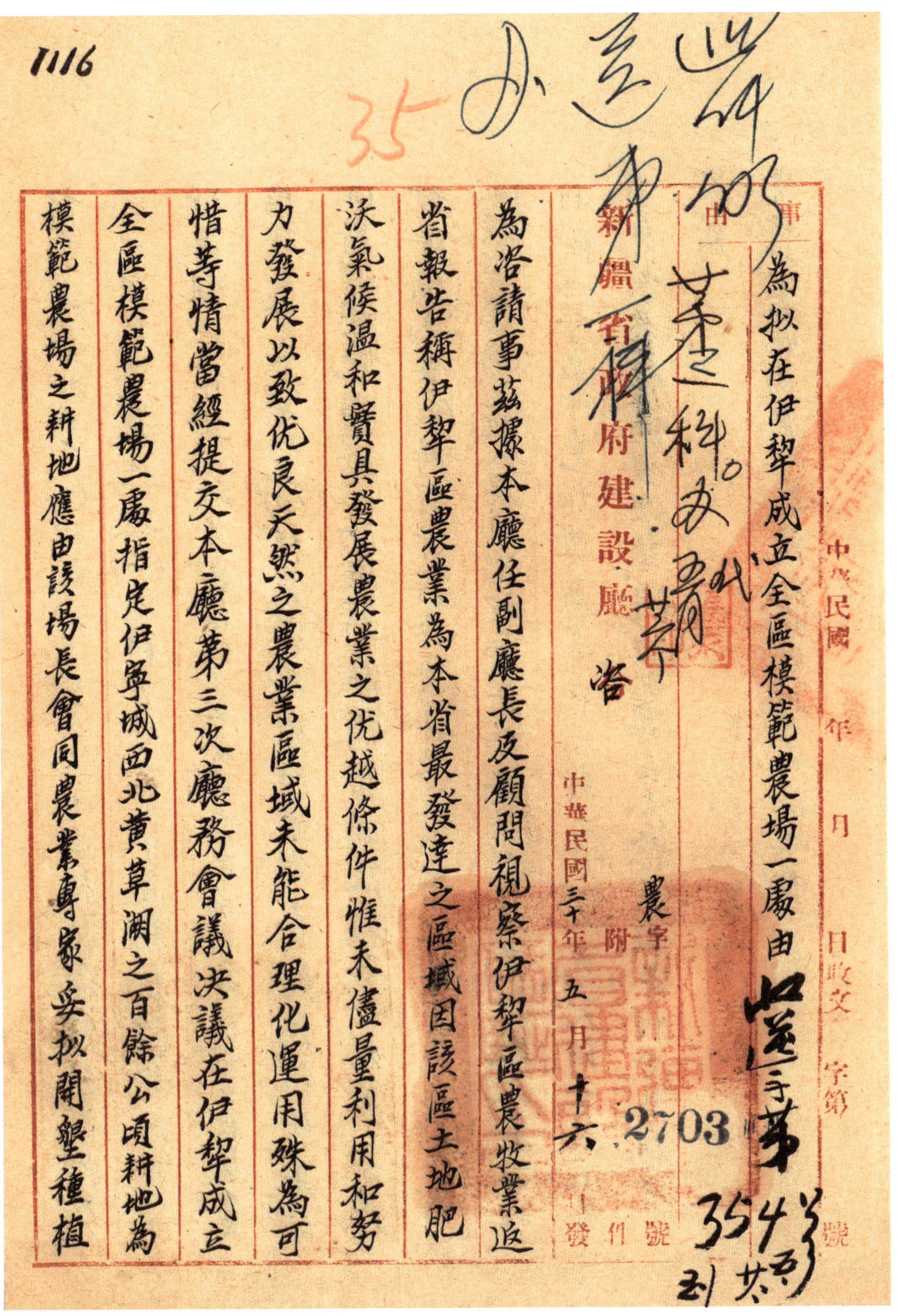

事由：為拟在伊犁成立全區模範農場一處由

新疆省政府建設廳　咨

農字第　號　附件

中華民國三十年五月十六

2703

為咨請事茲據本廳任副廳長及顧問視察伊犁區農牧業返省報告稱伊犁區農業為本省最發達之區域因該區土地肥沃氣候温和實具發展農業之优越條件惟未儘量利用和努力發展以致优良天然之農業區域未能合理化運用殊為可惜等情當經提交本廳第三次廳務會議決議在伊犁成立全區模範農場一處指定伊寧城西北黄草湖之百餘公頃耕地為模範農場之耕地應由該場長會同農業專家妥拟開墾種植

計劃其原則如下(一)以耕地百分之五十面積播種特種作物及
可以出口之農作物(二)以耕百分之五十面積耕種食糧及油
料與飼料作物(三)所有農作物之生產量應較民衆種植者之收穫量
增加百分之五十以上(四)模範農場應附帶飼養雞鴨猪牛羊等
(五)所有模範農場一切應行準備事項限於本年九月以前充
分準備完善(六)所有計劃與預算限於本年七月一日以前賫廳
(七)模範農場之收入與利潤於每年年終結算清楚解繳本廳并以
利潤百分之十充作獎勵著有成績之職員或工人所有以上各
項計劃及辦法業經決議通過紀錄在卷除呈報并指令外相應
咨請
貴行政長煩爲查照并請就近監督爲荷此咨

〇九七　新疆省政府建設廳就擬在伊犁成立全區模範農場一處事給伊犁區行政長公署的咨（1941-05-16）（J2-2-138-8）（3-2）

○九七　新疆省政府建設廳就擬在伊犁成立全區模範農場一處事給伊犁區行政長公署的咨（1941-05-16）（J2-2-138-8）（3-3）

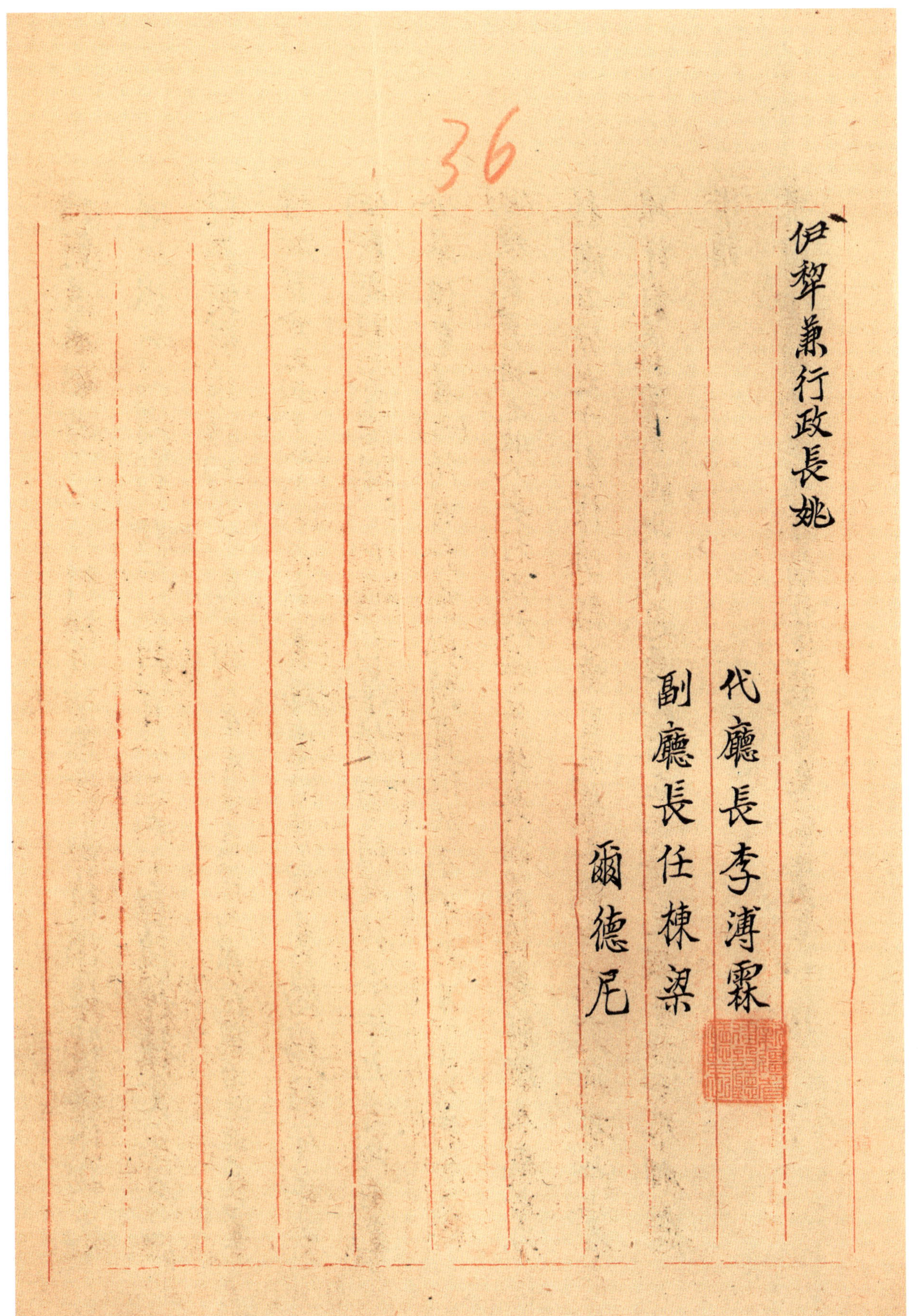

伊犁兼行政長姚

代廳長李溥霖

副廳長任棟梁

爾德尼

36

〇九八　伊綏霍地方税局就河南縣農會呈請令行金礦局賠補開挖察渠淤塞工資事的呈、呈覆及伊犁區行政長公署的訓令（1941-05-21）
（J2-2-150-4）（5-1）

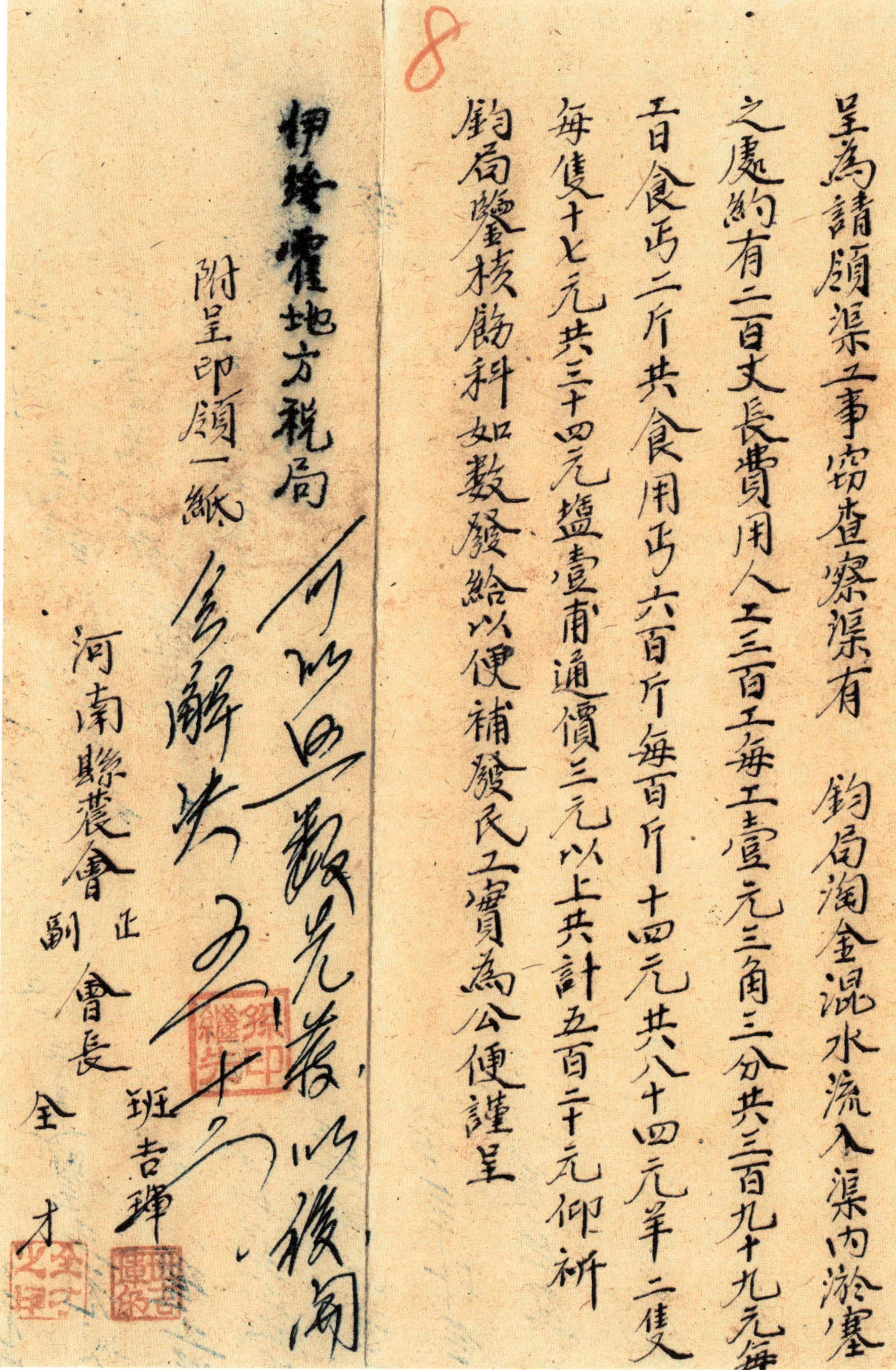

呈為請領渠工事竊查察渠有　鈞局淘金混水流入渠內淤塞之處約有二百丈長費用人工三百工每工壹元三角三分共三百九十九元每百食面二斤共食用面六百斤每百斤十四元共八十四元羊二隻每隻十七元共三十四元鹽壹甫通價三元以上共計五百二十元仰祈
鈞局鑒核飭科如數發給以便補發民工實爲公便謹呈

伊綏霍地方税局

附呈印領一紙

何以回覆先存以後閱

俟解決了

河南縣農會　正副會長　班吉暉　全才

民國三十年五月九日

河南縣農會

〇九八　伊綏屯墾地方稅局就河南縣農會呈請令行金礦局賠補開挖察渠淤塞工資事的呈、呈覆及伊犁區行政長公署的訓令（1941-05-21）
（J2-2-150-4）（5-2）

○九八　伊綏霍地方稅局就河南縣農會呈請令行金礦局賠補開挖察渠淤塞工資事的呈、呈覆及伊犁區行政長公署的訓令（1941-05-21）
（J2-2-150-4）（5-3）

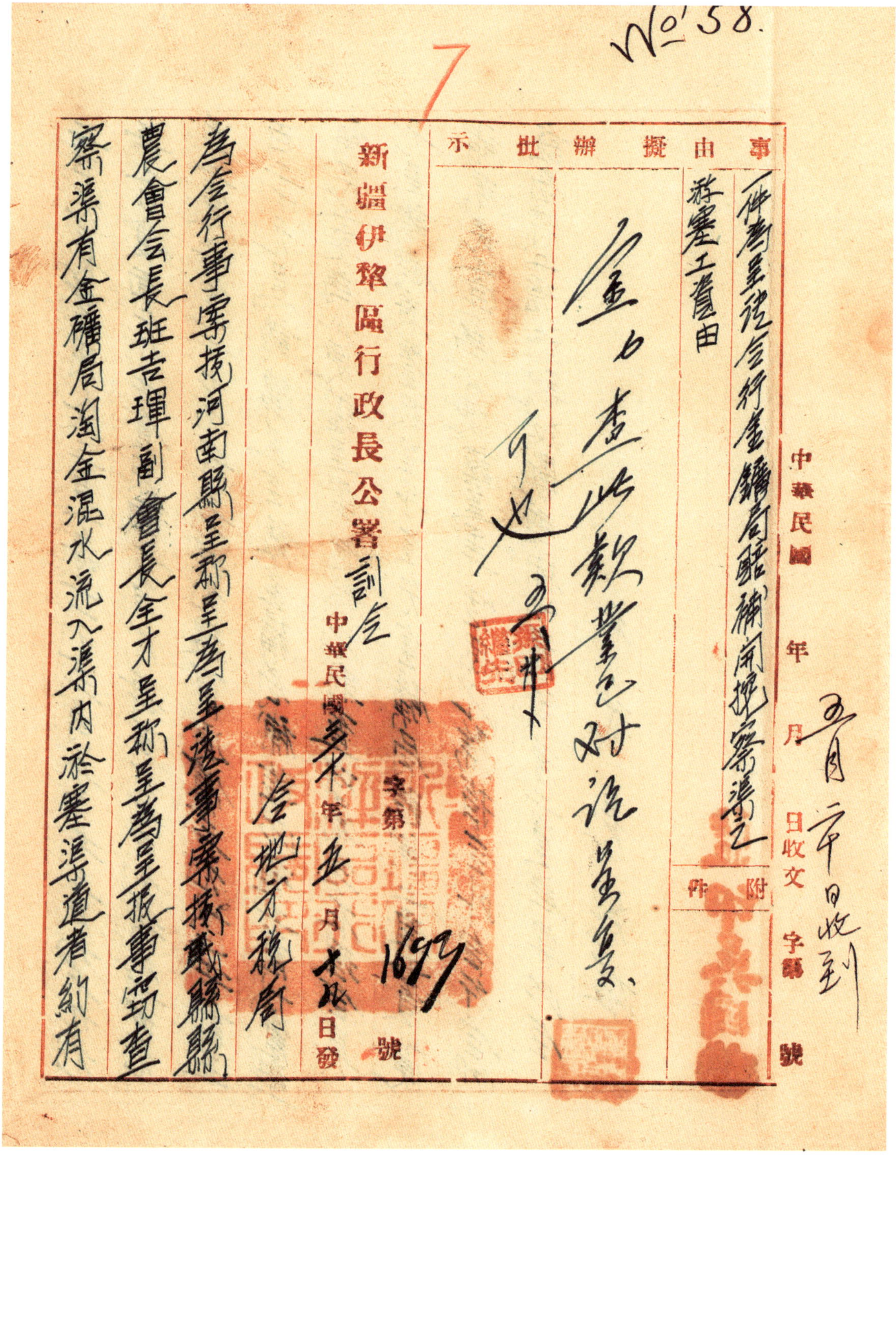

No. 58.

7

事由：一件為呈請令行金礦局賠補開挖察渠之淤塞工資由

擬辦：查此款業已對論呈覆。

批示：可也　五月廿一

中華民國　年　五月　廿一日收到　字第　號

附件

新疆伊犁區行政長公署訓令

中華民國三十年五月十九日發　字第1693號

令伊綏霍地方稅局

為令行事。案據河南縣呈稱：呈為呈送事。案據我縣農會會長班吉瑾、副會長全才呈稱：呈為呈振事。竊查察渠有金礦局淘金混水流入渠內，淤塞渠道者約有

〇九八　伊綏霍地方税局就河南縣農會呈請令行金礦局賠補開挖察渠淤塞工資事的呈、呈覆及伊犁區行政長公署的訓令（1941-05-21）
（J2-2-150-4）（5-4）

二百丈長需用人工三百工每工一元三角三分共三百九十九元
每工日食面二斤共需用面六百斤每百斤十四元共八十四元
羊二隻每隻十七元共三十四元鹽一甫通價三元以上共計五
百二十元恩請轉呈令該金礦局補給此項工資以資整
補民工實為公便謹呈等情據此職查均屬實在理合具
文呈請鈞署鑒核准予令飭金礦局賠補上項工資藉使
補發民工實為公便謹呈等情據此除指令外合行令仰
該局將上項墊款如數賠補以資補發工資為要此令

行政長　姚雄

監印　吳國

〇九八　伊綏霍地方税局就河南縣農會呈請令行金礦局賠補開挖察渠淤塞工資事的呈、呈覆及伊犁區行政長公署的訓令（1941-05-21）
（J2-2-150-4）（5-5）

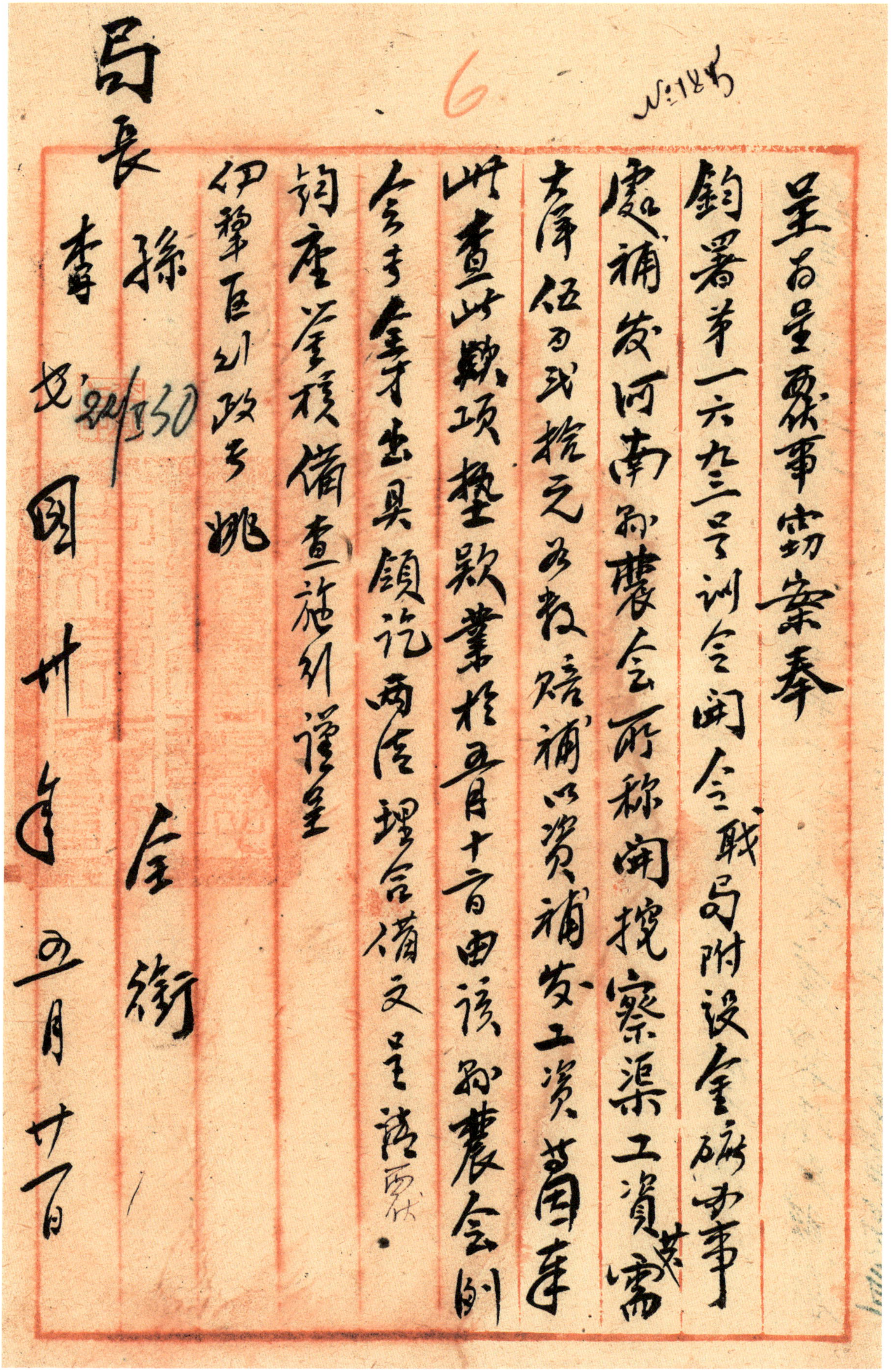
呈爲呈覆事。竊案奉
鈞署第一六九三号訓令，開：令飭局附設金礦事
處補發河南縣農會所稱開挖察渠工資需
大洋伍百弍拾元，著即賠補，以資補發工資。等因奉
此，查此款項墊款業於五月十日由該縣農會劉
會長金某出具領訖，兩除理合備文呈請
鈞座鑒核備查施行。謹呈
伊犁區行政長姚
孫　全銜
局長　李
中華民國卅年五月廿一日

○九九　新疆省政府就建設廳呈請擬將伊犁種羊場改爲全省模範種羊場事給伊犁區行政長的訓令（1941-05-27）（J2-2-141-5）（5-1）

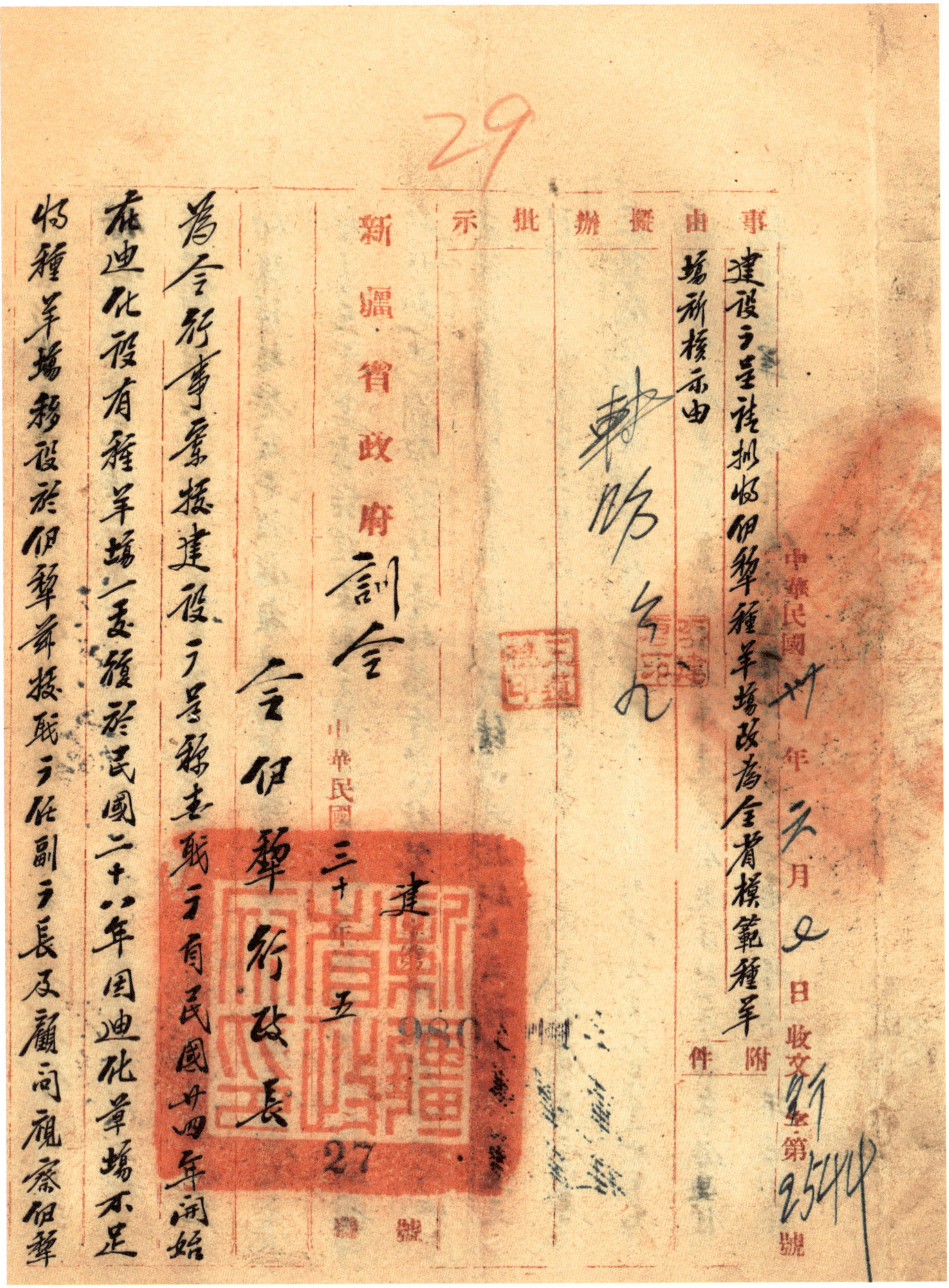

事由：建設廳呈請擬將伊犁種羊場改爲全省模範種羊場祈核示由

擬辦

批示

附件

中華民國卅年六月2日收文第2544號

新疆省政府訓令　建字第　號

中華民國三十年五月27日

令伊犁行政長

爲令行事案據建設廳呈稱：查民國廿四年開始在迪化設有種羊場一處，復於民國二十八年因迪化草場不足，將種羊場移設於伊犁，前據廳副廳長及顧問視察伊犁

〇九九　新疆省政府就建設廳呈請擬將伊犁種羊場改爲全省模範種羊場事給伊犁區行政長的訓令（1941-05-27）（J2-2-141-5）（5-2）

區農牧業应省報告稱伊犁區牧場廣大水草豐富其自然
條件與當地氣候最適宜於牧畜業之擴大發展現有之種羊
場已繁殖改良種羊叁千餘隻純血種羊亦有數十隻似應
加强該場管理與設備提高種羊繁殖量以適应全省改良
種畜之需要當經提交本廳第三次廳務会議經过詳細研討
決議如下(一)劃伊犁種羊場為全省模範種羊場其理由如下(甲)
查該種羊場數年来經營成績以及技術上之設備該場上之
設備均有相當之基礎若再加改善即可成為設備最完善
之現代化模範種羊場(乙)查種羊繁殖非常迅速不只是其羊毛
羊肉之生產量及品質較本地羊遠為優越(本地羊每年每隻僅
能剪粗羊毛弍斤餘價值每斤不過六七角而種羊每年每隻能

新疆省政府就建設廳呈請擬將伊犁種羊場改爲全省模範種羊場事給伊犁區行政長的訓令（1941-05-27）（J2-2-141-5）（5-3）

剪細羊毛六斤餘每斤價值一元）而且能增加人民財富與增加出口數字（丙）查種羊所產之細羊毛爲現代輕工業最迫切需要之物質本省牧場之廣大爲全國第一亟應於種羊之繁殖此項全省模範種羊場之設立不僅可以解决本省之需要發展本省之經濟之基礎而且經營到相當程度本省種羊且可影响到口内各地種羊之繁殖（丁）查伊犁區種羊之繁殖已開始採用人工受精法成績卓著（每隻母羊竟有產生二隻或三隻羊羔者）並擬設立電力剪羊机及有專家指在技術上之指導又有歷年培養之牧畜及獸医技術人材同时又是有廣大的牧場爲基礎此在技術上設備上自然條件上均有資格建設成現代化全省模範種羊場之資格（二）規定該場之工作任務要在三

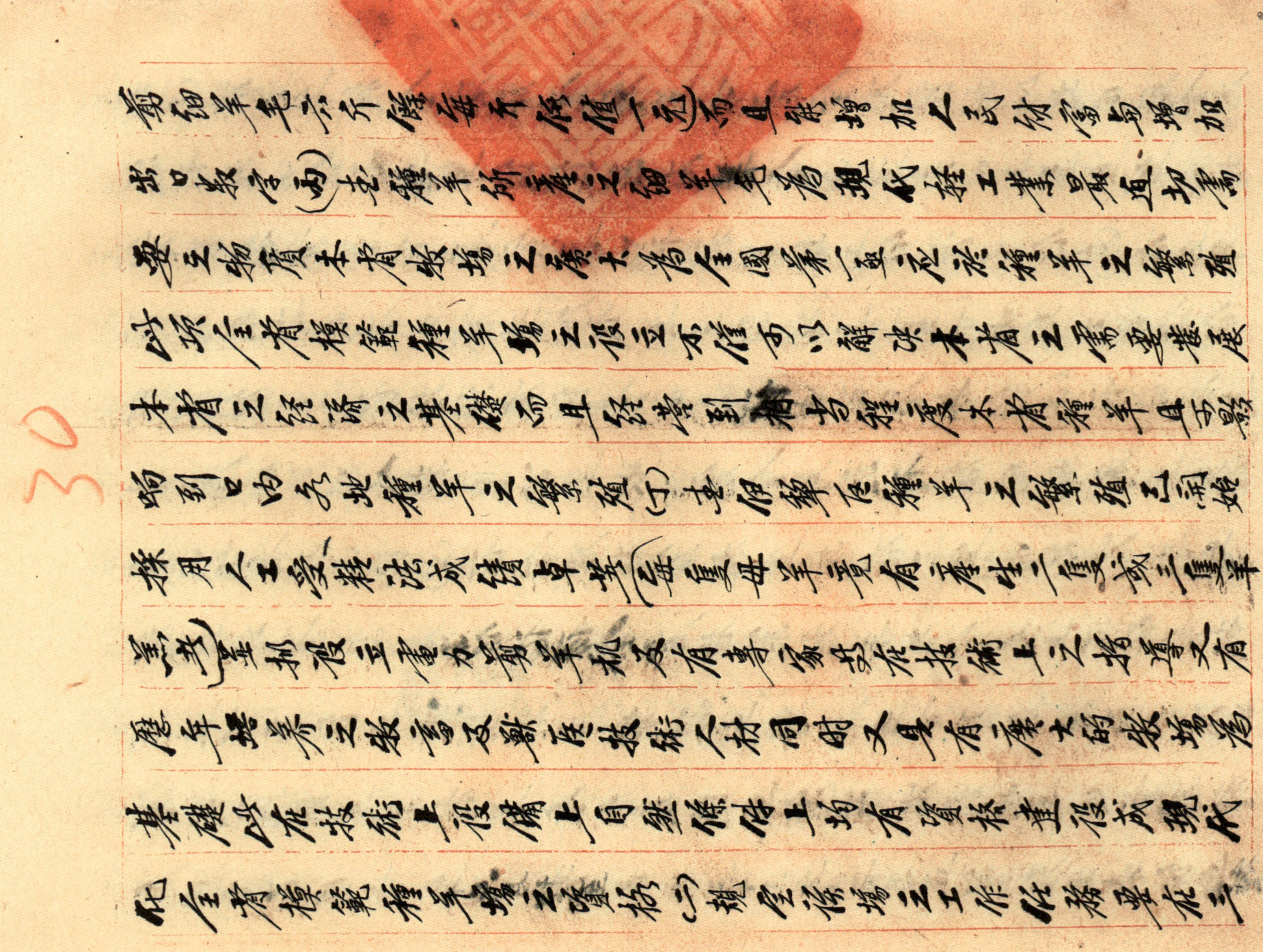

年內自民國三十年六月起至民國三十三年六月止繁殖出來純血種普列阿斯毛用種羊壹千隻純血種蘭布利也毛肉兼用種羊五百隻純血種哈拉庫斯捲毛種羊五百隻各種改良混血種羊壹萬隻爲了保證該全省模範種羊場完成上述任務起見以下各項辦法（甲）該全省模範種羊場在三年內所有羊毛生產收入以及轉售公羊收入完全用於購買國外種羊免於解繳財政（乙）該場所有經費開支該由政府撥給（丙）由政府遴派能服苦耐勞做事熱心認真之副場長一員（丁）由職方命令伊犁區牧畜獸醫專家專以該種羊場工作爲主（戊）在三年後該場可保證每年繳給政府美金兩萬元以上並且年有增加（己）在三年後全省所需種羊可完全取給於此場同時全省

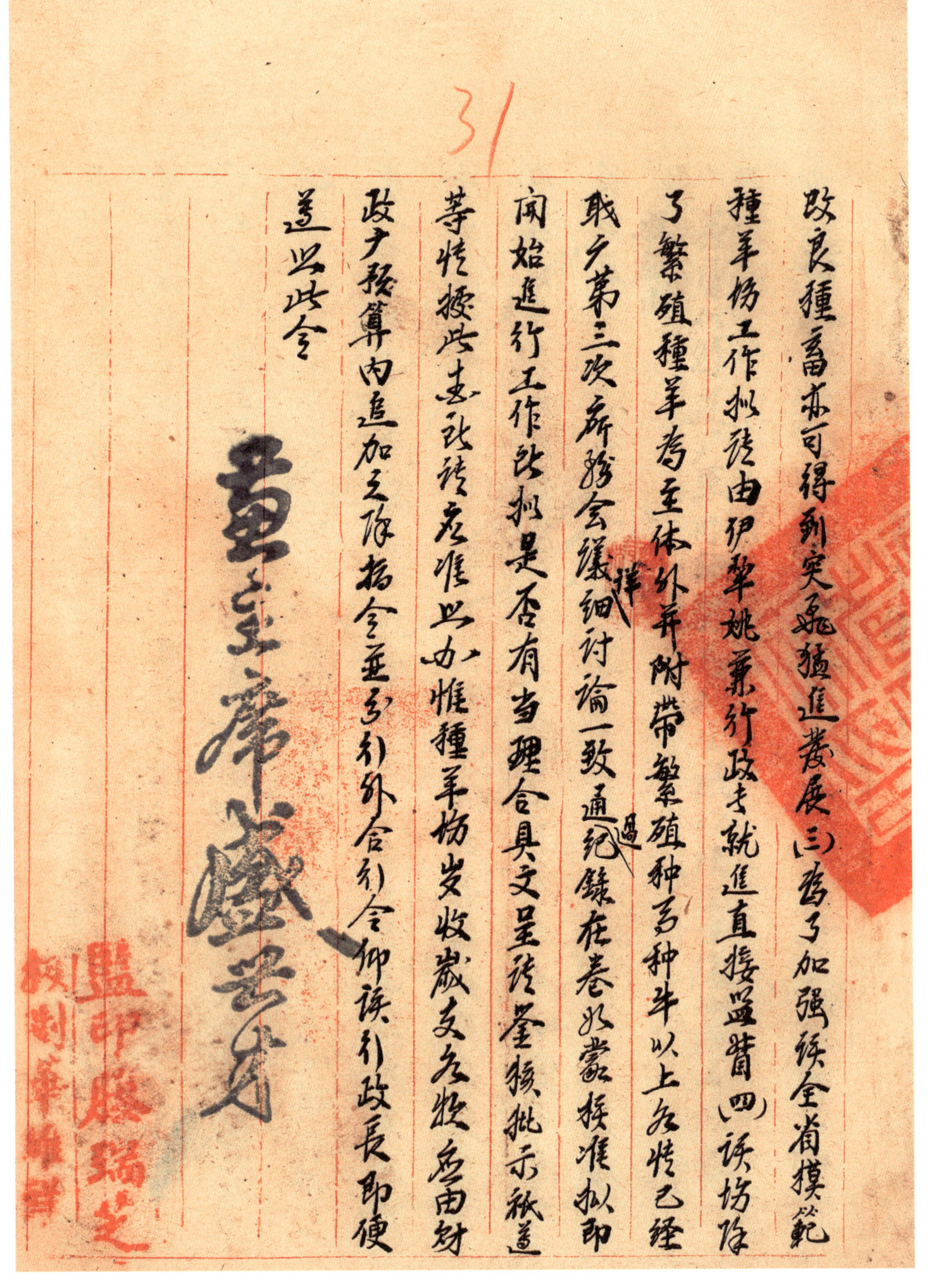
改良種畜亦可得到突飛猛進發展（三）爲了加强該全省模範種羊場工作擬請由伊犁姚專員行政長就近直接監督（四）該場除了繁殖種羊爲主體外并附帶繁殖种馬种牛以上各情已經職於第三次廳務會議詳細討論一致通過紀錄在卷如蒙核准擬即開始進行工作此擬是否有當理合具文呈請鑒核批示祇遵等情據此查所請應准照辦惟種羊場歲收歲支各款應由財政廳預算內追加之除指令並分行外合行令仰該行政長即便遵照此令

主席 盛世才

監印 滕瑞芝 校對 華樹

〇九九 新疆省政府就建設廳呈請擬將伊犁種羊場改爲全省模範種羊場事給伊犁區行政長的訓令（1941-05-27）（J2-2-141-5）（5-5）

一〇〇 伊犁區行政長公署就准建廳咨擬在伊犁成立全區模範農場一處事給伊犁農牧場的訓令（1941-06-04）（J2-2-138-8）（2-1）

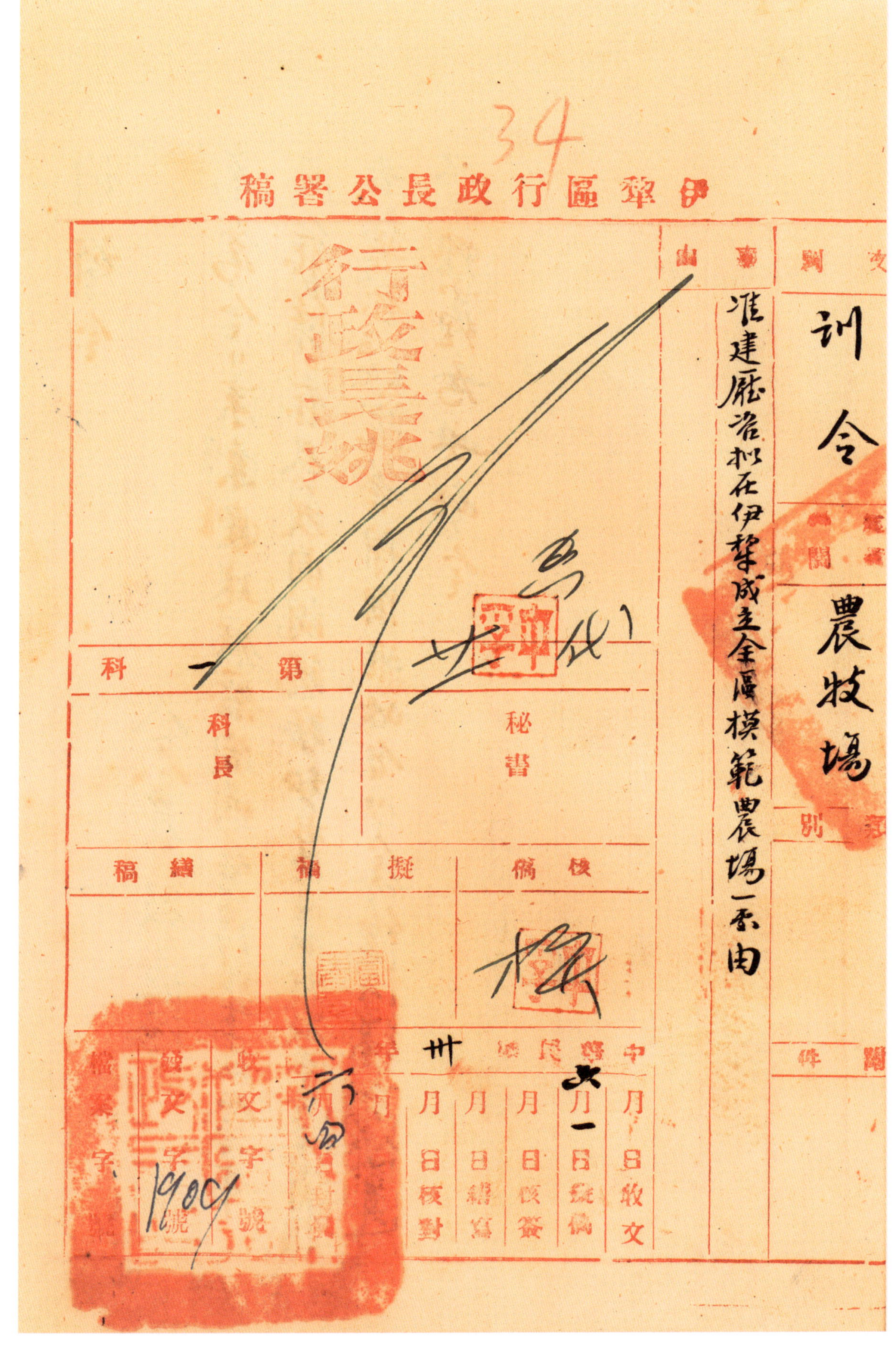

伊犁區行政長公署稿

文別：訓令

機關：農牧場

事由：准建廳咨擬在伊犁成立全區模範農場一處由

第一科

秘書

科長

擬稿　繕稿　校

中華民國卅年六月一日收文　月　日核判　月　日繕寫　月　日校簽　月　日封發

收文字號　發文字號　1909　檔案字號

一〇〇　伊犁區行政長公署就准建廳咨擬在伊犁成立全區模範農場一處事給伊犁農牧場的訓令（1941-06-04）（J2-2-138-8）（2-2）

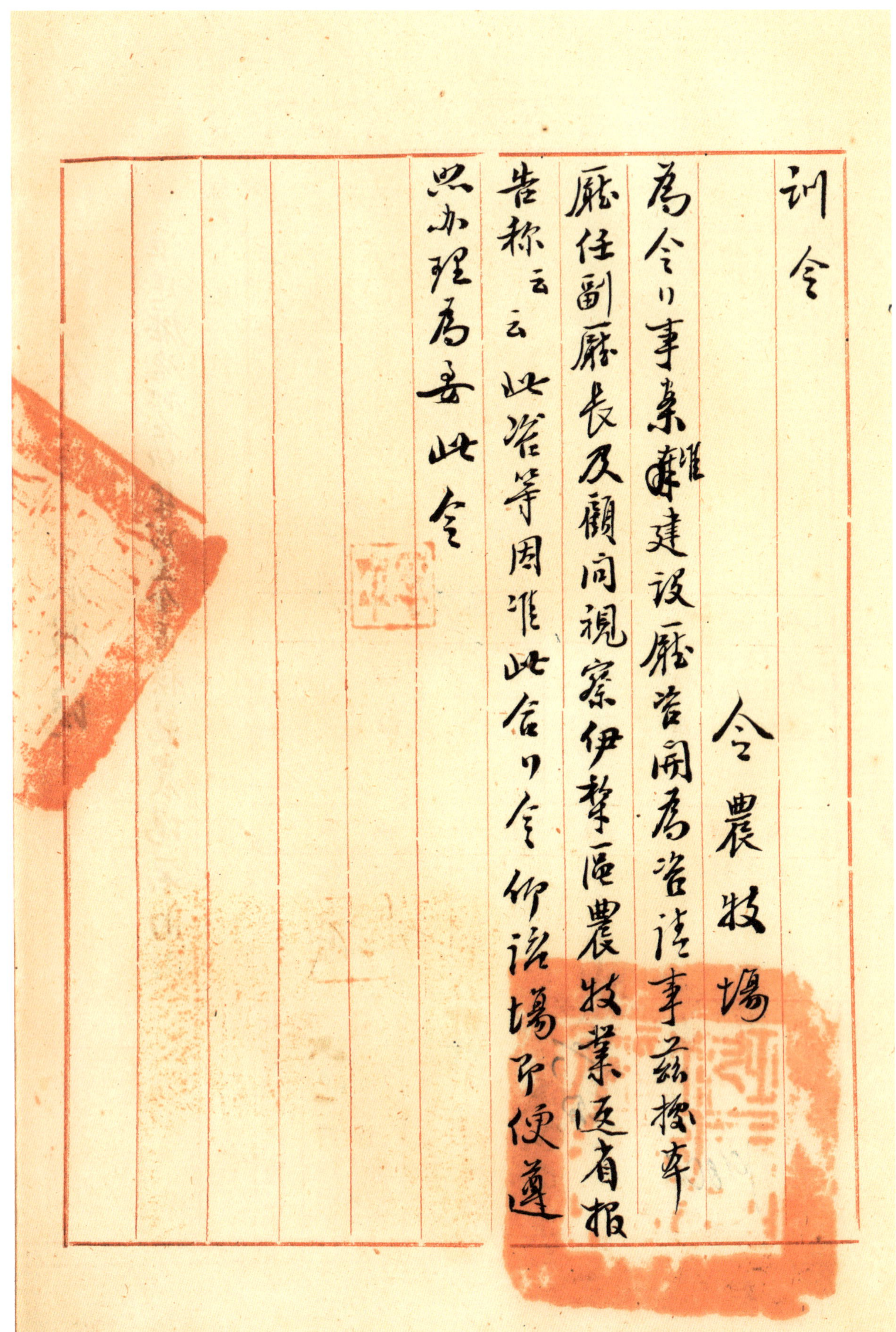

訓令

令農牧場

爲令行事。案准建設廳咨開：爲咨請事。茲據本廳任副廳長及顧問視察伊犁區農牧業返省報告稱：云云。此咨。等因。准此。合行令仰該場即便遵照辦理。爲要。此令。

一〇一 伊犁區行政長公署奉令就建廳呈請擬將伊犁種羊場改爲全省模範種羊場事給伊犁農牧場的訓令（1941-06-12）（J2-2-141-5）（2-1）

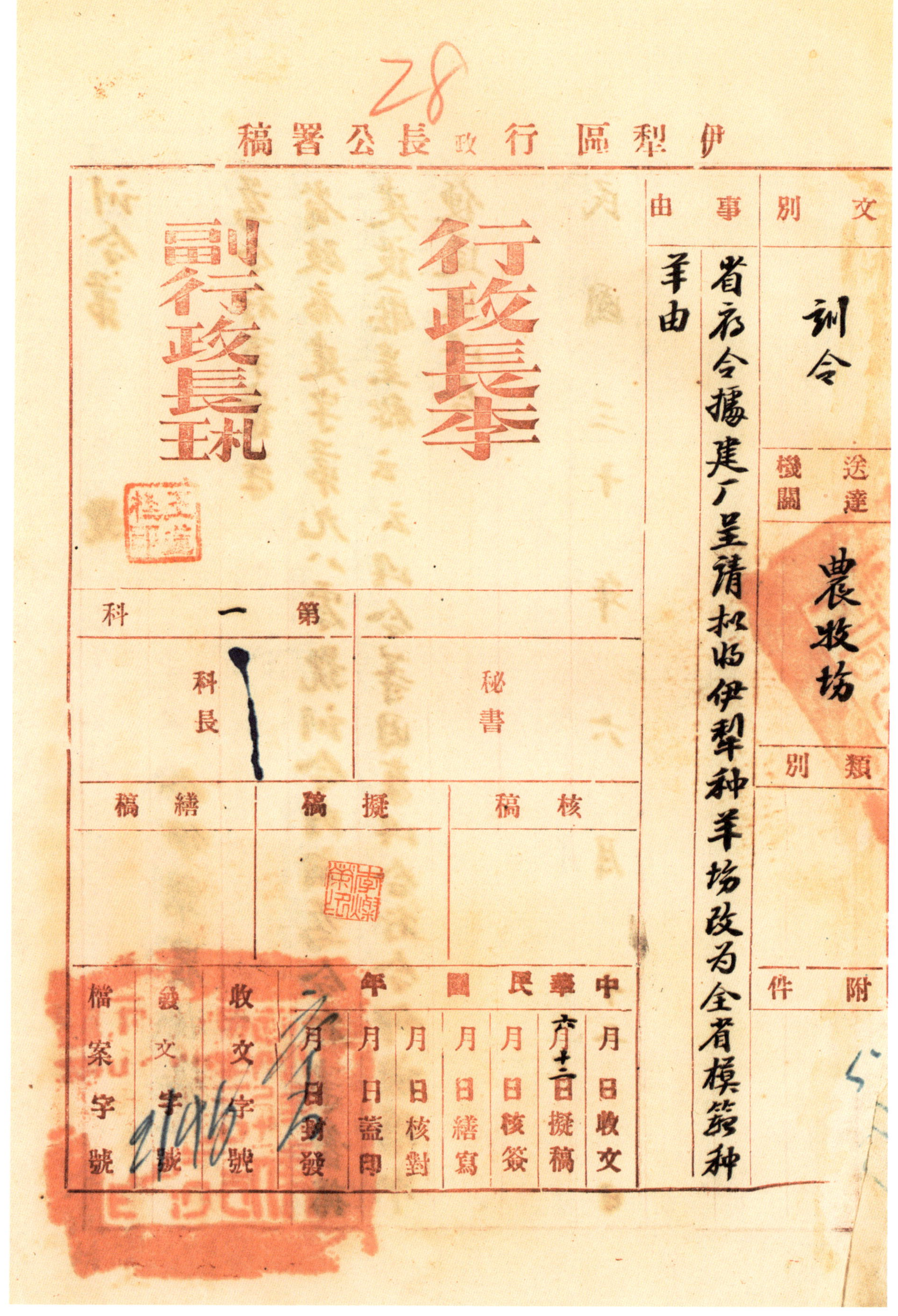

28

伊犁區行政長公署稿

文別：訓令

送達機關：農牧场

事由：省府令據建厂呈請擬將伊犁种羊场改为全省模範种羊由

行政長李

副行政長王札

第一科

科長

秘書

核稿

擬稿

繕稿

中華民國年 月 日收文 六月十二日擬稿 月 日核簽 月 日繕寫 月 日核對 月 日蓋印 月 日封發

收文字號

發文字號 2195

檔案字號

類別

附件

一〇一　伊犁區行政長公署奉令就建廳呈請擬將伊犁種羊場改爲全省模範種羊場事給伊犁農牧場的訓令（1941-06-12）（J2-2-141-5）（2-2）

訓令第　　號

令伊犁農牧場

爲令行事案奉

省政府建字第九八零號訓令内開：爲令行事案據

建設廳呈稱云云。此令。等因奉此，合行令仰該場即

便遵照。此令。

民國三十年六月十二日

一〇二 鞏哈縣政府就呈請區長烏斯滿等熱心努力捕殺蝗蟲請傳令嘉獎事的呈及伊犁區行政長公署給各縣局的通令（1941-07-10）（J2-3-44-21）（5-1）

116

鞏哈縣政府 呈 伊犁區行政長公署

事由	擬辦	批示	備考
爲呈請區長烏斯滿等熱心努力捕殺蝗蟲請傳令嘉獎由　附　件		准傳令嘉獎並報備查　七，十九	

呈哈字第七四八號　年　月　日　時到

收文　字第2532號

一〇二 鞏哈縣政府就呈請區長烏斯滿等熱心努力捕殺蝗蟲請傳令嘉獎事的呈及伊犁區行政長公署給各縣局的通令（1941-07-10）（J2-3-44-21）
（5-2）

117

呈爲呈請職縣屬二區區長烏斯滿村長買提克林木清保捕殺蝗虫努力工作請傳令嘉獎仰祈

鑒核事竊職縣加郎湖及加尔托海地方發生蝗虫經該區區長烏斯滿村長買提克林木清保不辭勞苦並不分晝夜發動民衆捕殺連殺五天將蝗虫盡數消滅該村長等實屬努力熱心捕殺並無延悞工作情事是以理合備文呈請

鑒核准予將該三人傳令嘉獎以示鼓勵施行謹呈

伊犁區行政長李

副行政長王札

代筆哈縣縣長于清泉

副縣長日肯伯克

日耶克伯克印 日耶克伯克印 代

一〇二　鞏哈縣政府就呈請區長烏斯滿等熱心努力捕殺蝗蟲請傳令嘉獎事的呈及伊犁區行政長公署給各縣局的通令（1941-07-10）（J2-3-44-21）
（5-3）

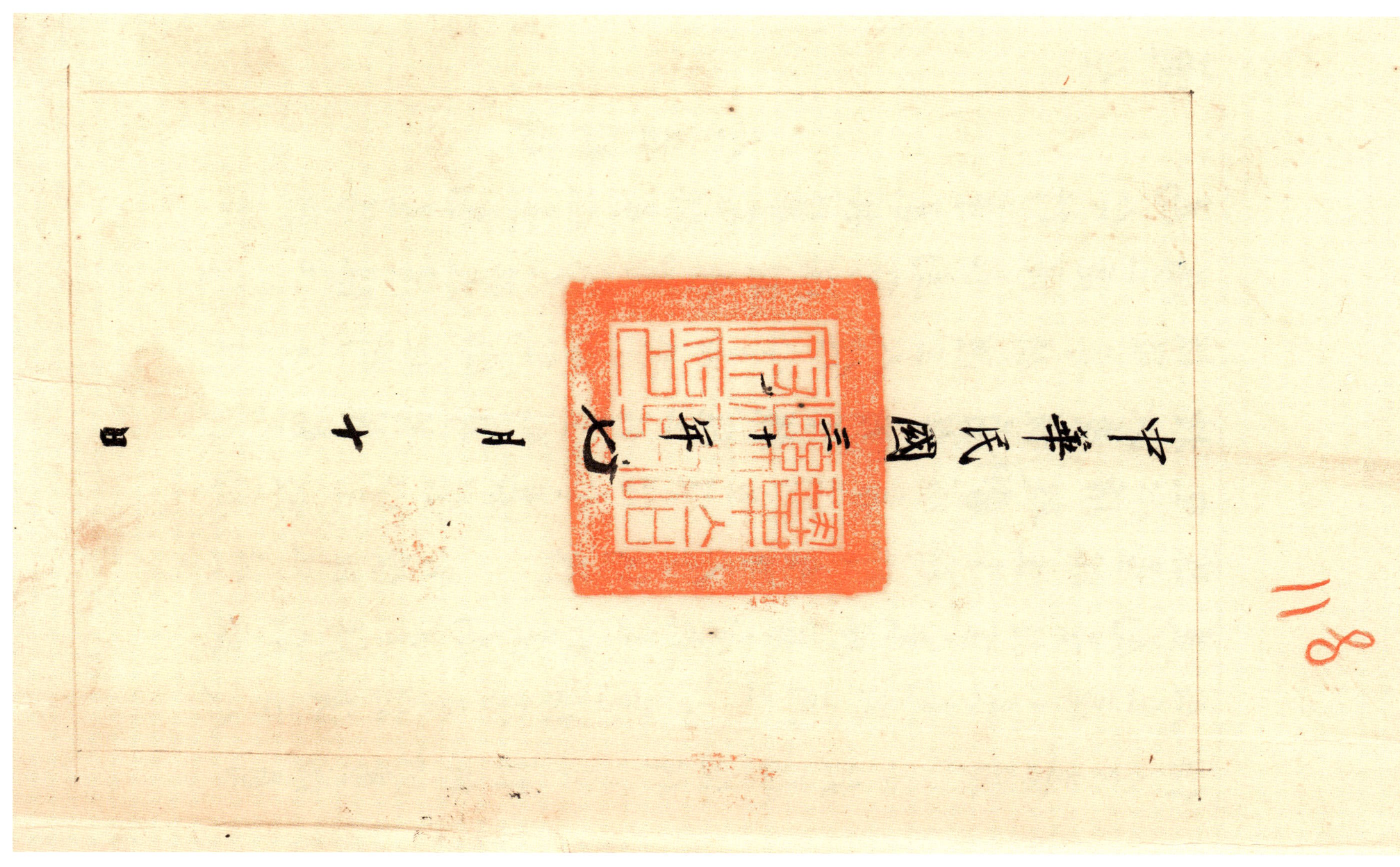

中華民國三十年七月十日

118

一〇二 鞏哈縣政府就呈請區長烏斯滿等熱心努力捕殺蝗蟲請傳令嘉獎事的呈及伊犁區行政長公署給各縣局的通令（1941-07-10）（J2-3-44-21）
（5-4）

通令

令各縣局

爲令行事案據鞏哈縣呈稱呈爲呈請職縣
屬二區區長烏斯滿村長買提克林木清保云云。呈
核准予將該三人傳令嘉獎以示鼓勵施行等情
據此查該員等對于撲蝗工作不辭勞苦藉勸民众
熱心捕殺誅堪嘉許應准傳令嘉獎以示鼓勵
除呈報並分行外合亟令仰該 即便知照此令

呈爲呈報事案據鞏哈縣呈稱呈爲呈請職縣
屬二區區長烏斯滿云云 云云 呈核准予將該三人
傳令嘉獎以示鼓勵施行等情據此查該員

115

等對于撲蝗工作不辭勞苦甚爲民衆熱心捕殺
殊堪嘉許似應准予傳令嘉獎以示鼓勵除指令
并分行外理合具文呈請
鈞座鑒核备查施行謹呈
新疆省政府兼主席盛

指令

令鞏哈縣

一件爲據區長烏斯滿等熱心努力捕殺蝗虫請傳令嘉獎由

呈悉准予傳令嘉獎以示鼓勵并呈報外仰即
知照此令

一〇二　鞏哈縣政府就呈請區長烏斯滿等熱心努力捕殺蝗蟲請傳令嘉獎事的呈及伊犁區行政長公署給各縣局的通令（1941–07–10）（J2–3–44–21）
（5–5）

一〇三　伊犁區行政長公署就財廳咨覆伊寧縣屬買買牙一帶官牧場准予丈給人民墾種事給伊寧縣的訓令（附新疆省政府財政廳咨）（1941-08-04）

（J2-2-108-72）（3-1）

211

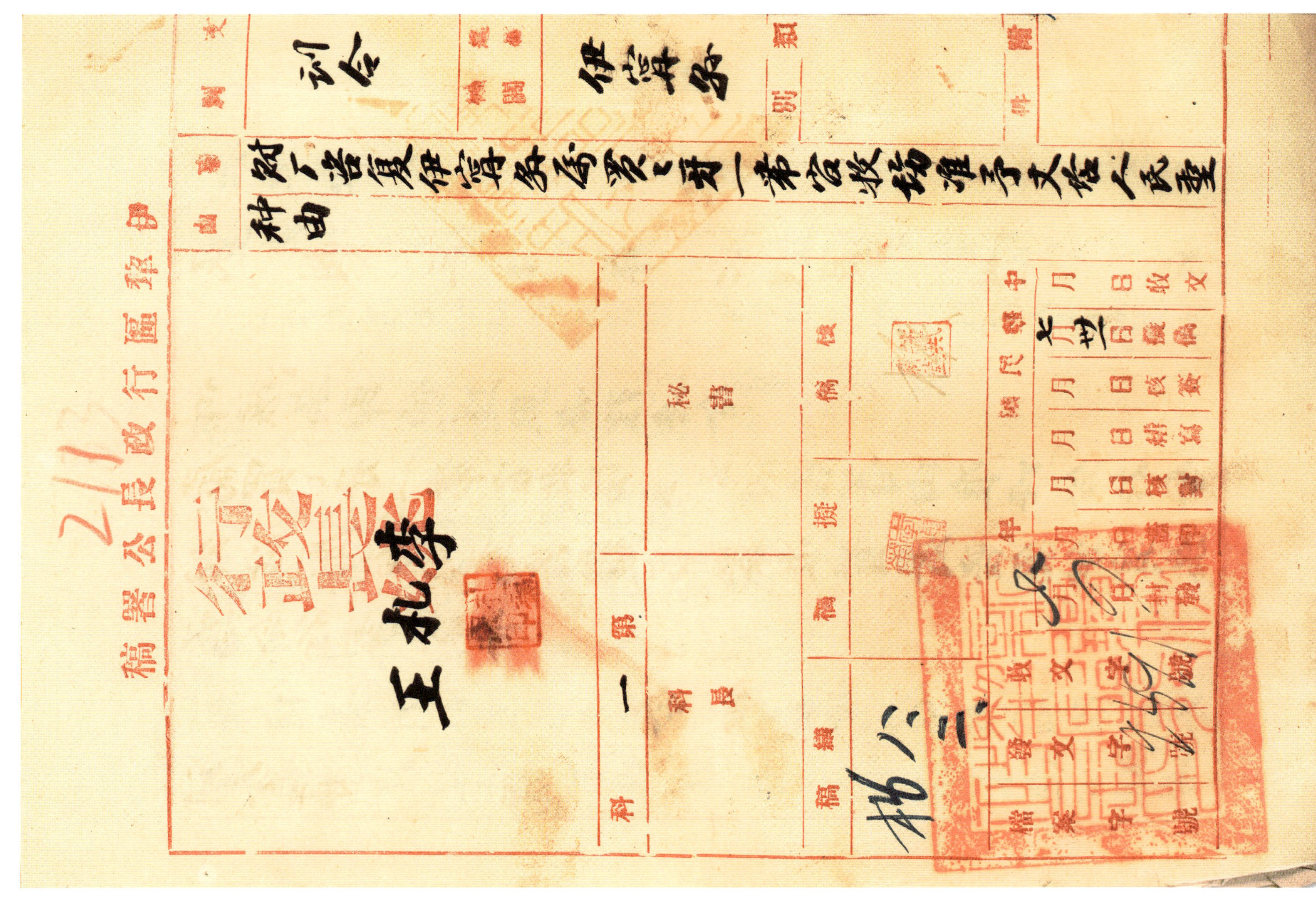

伊犁區行政長公署稿

文別	訓令
受文者 機關	伊寧縣
類別	
附件	
事由	財廳咨復伊寧縣屬買買牙一帶官牧場准予丈給人民墾種由

行政長 李 札 王

第一科 科長	秘書

繕稿	擬稿	核稿
八二		

中華民國 年

月 日 收文	收文字號	
七月廿一日 擬稿	發文字號	[illegible]
月 日 核簽	檔案字號	
月 日 繕寫		
月 日 核對		
月 日 蓋印		
八月四日 封發		

一〇三 伊犁區行政長公署就財廳咨覆伊寧縣屬買買牙一帶官牧場准予丈給人民墾種事給伊寧縣的訓令（附新疆省政府財政廳咨）（1941-08-04）（J2-2-108-72）（3-2）

訓令第　　號

令伊寧縣

爲令行事案准

財政廳咨開爲咨覆事案准貴署咨轉伊寧縣

屬買買牙一帶官牧場云云此咨等由准此合行令

仰該縣即便遵照办理此令

民國三十年七月卅一日

一〇三　伊犁區行政長公署就財廳咨覆伊寧縣屬買買牙一帶官牧場准予丈給人民墾種事給伊寧縣的訓令（附新疆省政府財政廳咨）（1941-08-04）
（J2-2-108-72）（3-3）

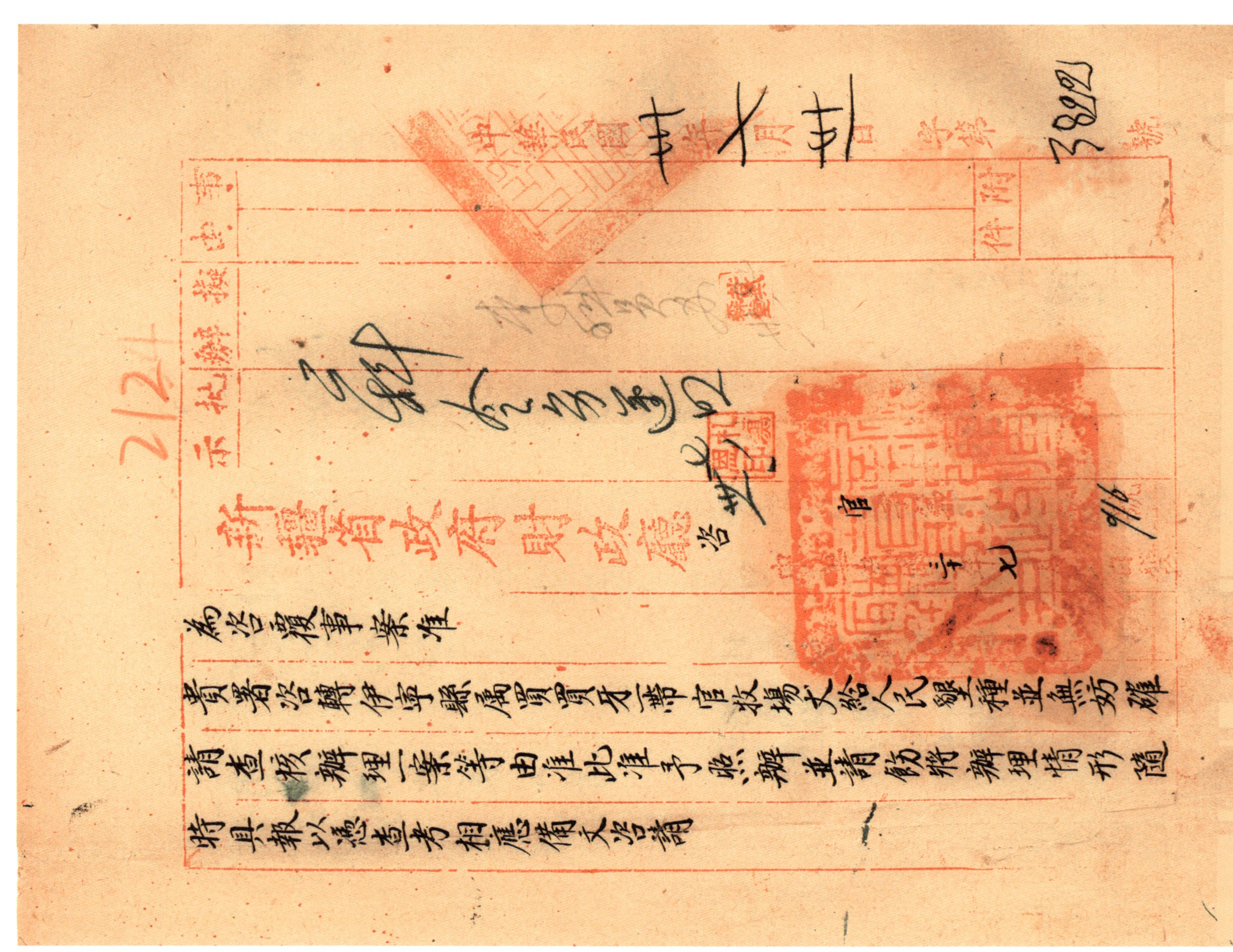

新疆省政府財政廳　咨

為咨覆事案准
貴署咨轉伊寧縣屬買買牙一帶官牧場丈給人民墾種並無妨礙
請查核辦理一案等由准此准予照辦並請飭將辦理情形隨
時具報以憑查考相應備文咨請

事由
擬辦
批示
附件
中華民國卅年八月卅日　字第　號

一〇四　昭蘇農牧分場爲奉令速發動民衆儘量播種冬麥及指示播種方法事給伊犁區農牧場的呈（1941-09-08）（J2-2-139-55）（3-1）

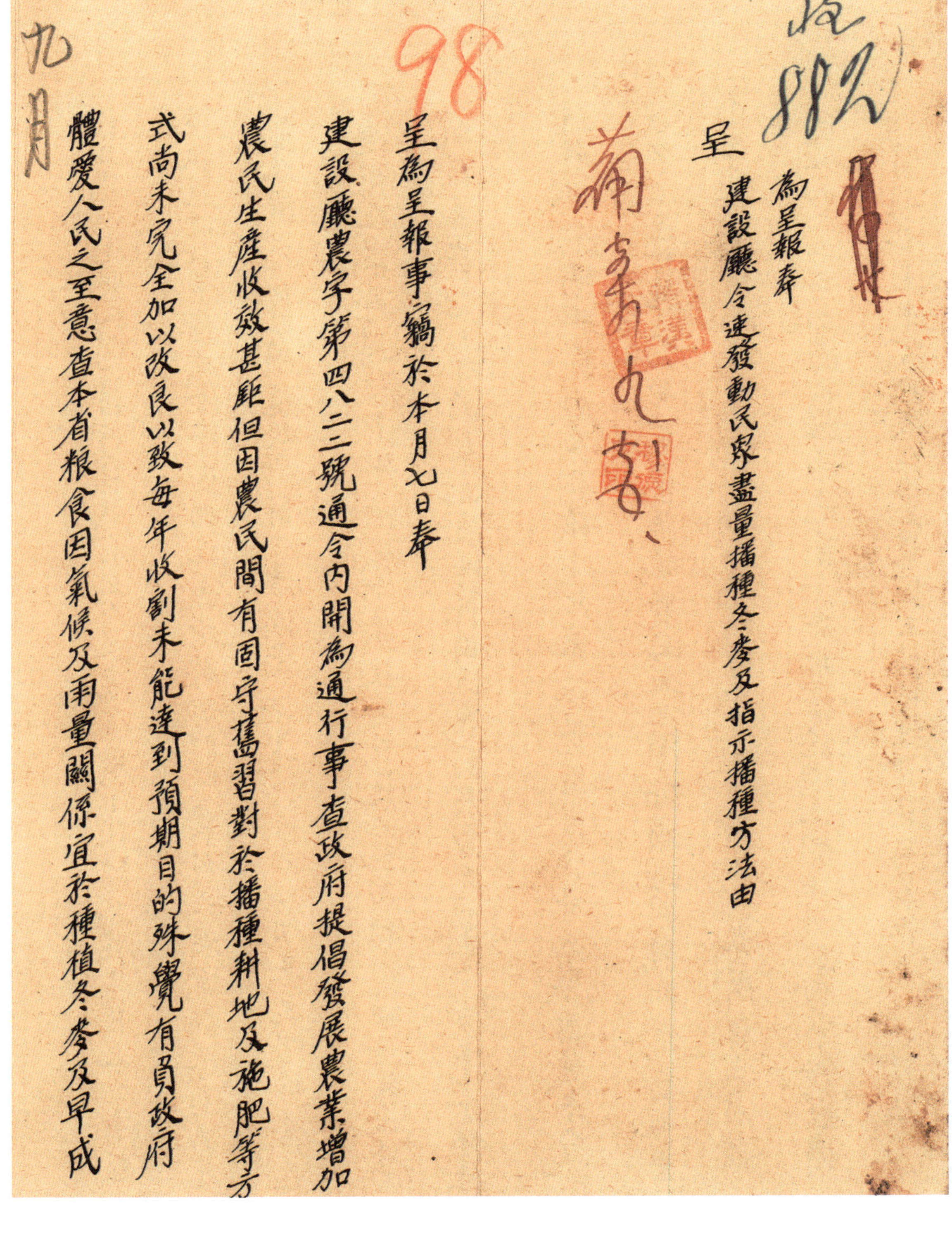

收882

呈

為呈報奉

建設廳令速發動民衆盡量播種冬麥及指示播種方法由

呈為呈報事竊於本月七日奉

建設廳農字第四八三號通令內開為通行事查政府提倡發展農業增加

農民生產收效甚鉅但因農民間有固守舊習對於播種耕地及施肥等方

式尚未完全加以改良以致每年收穫未能達到預期目的殊覺有負政府

體愛人民之至意查本省粮食因氣候及雨量關係宜於種植冬麥及早成

九月

一〇四　昭蘇農牧分場爲奉令速發動民衆儘量播種冬麥及指示播種方法事給伊犁區農牧場的呈（1941-09-08）（J2-2-139-55）（3-2）

九月

熟且能以先期收割藉可補民食之不足使食粮不致驟然發生缺乏之虞茲值秋收完畢播種冬麥爲期在邇本廳爲加緊農村經濟建設提高生産量及解决食粮問題起見對於播種麥之方法經指示七項甚是明確業已遵辦在案再關於本年所種冬麥數（大石）及地畝面積詳細具報以憑統計爲要此令等因奉此查昭蘇因民衆對於烏克蘭冬麥毫未播種

現時職分場與劉局長合議本年最底限實際指導民衆播種冬麥一百音全因籽種派人向鞏留縣購買速運至昭蘇積極耕種所有實種數目及地畝面積統計齊全另文呈報現時奉令即招集民衆解釋政府體愛人民之至意並應播種烏克蘭冬麥相當認識之利益仍然向民衆宣傳切實領導迅速發動民衆盡量擴大播種理合具文呈報

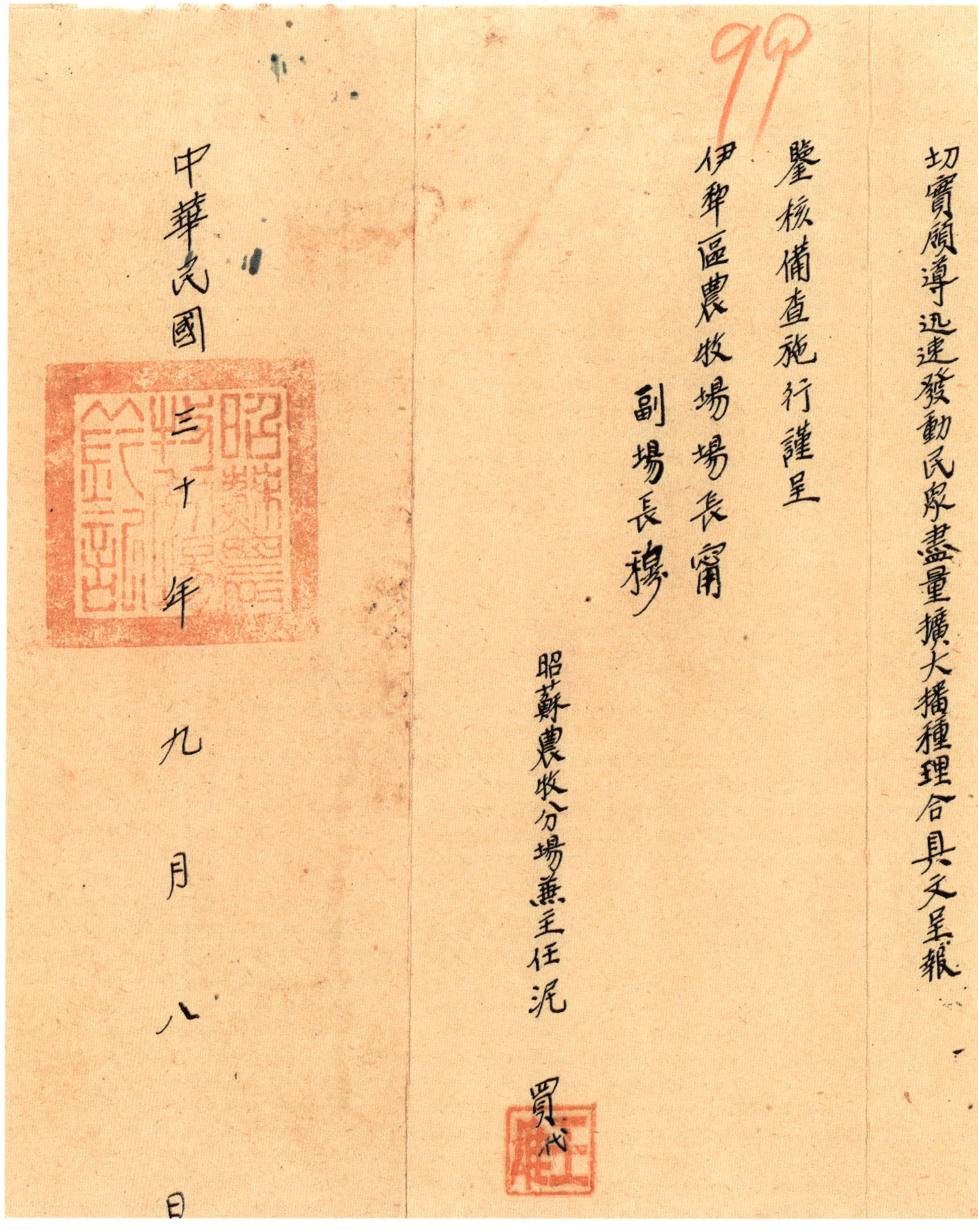

切實領導迅速發動民衆盡量擴大播種理合具文呈報

鑒核備查施行謹呈

伊犁區農牧場場長甯

副場長穆

昭蘇農牧分場兼主任泥 買代

中華民國三十年九月八日

一〇四 昭蘇農牧分場爲奉令速發動民衆儘量播種冬麥及指示播種方法事給伊犁區農牧場的呈（1941-09-08）（J2-2-139-55）（3-3）

一〇五 新疆省政府建設廳爲伊犁皇渠另行命名爲『裕農』渠轉行各縣并布告一體知照事給伊犁區行政長的咨（1941-10-16）（J2-2-144-26）

（2-1）

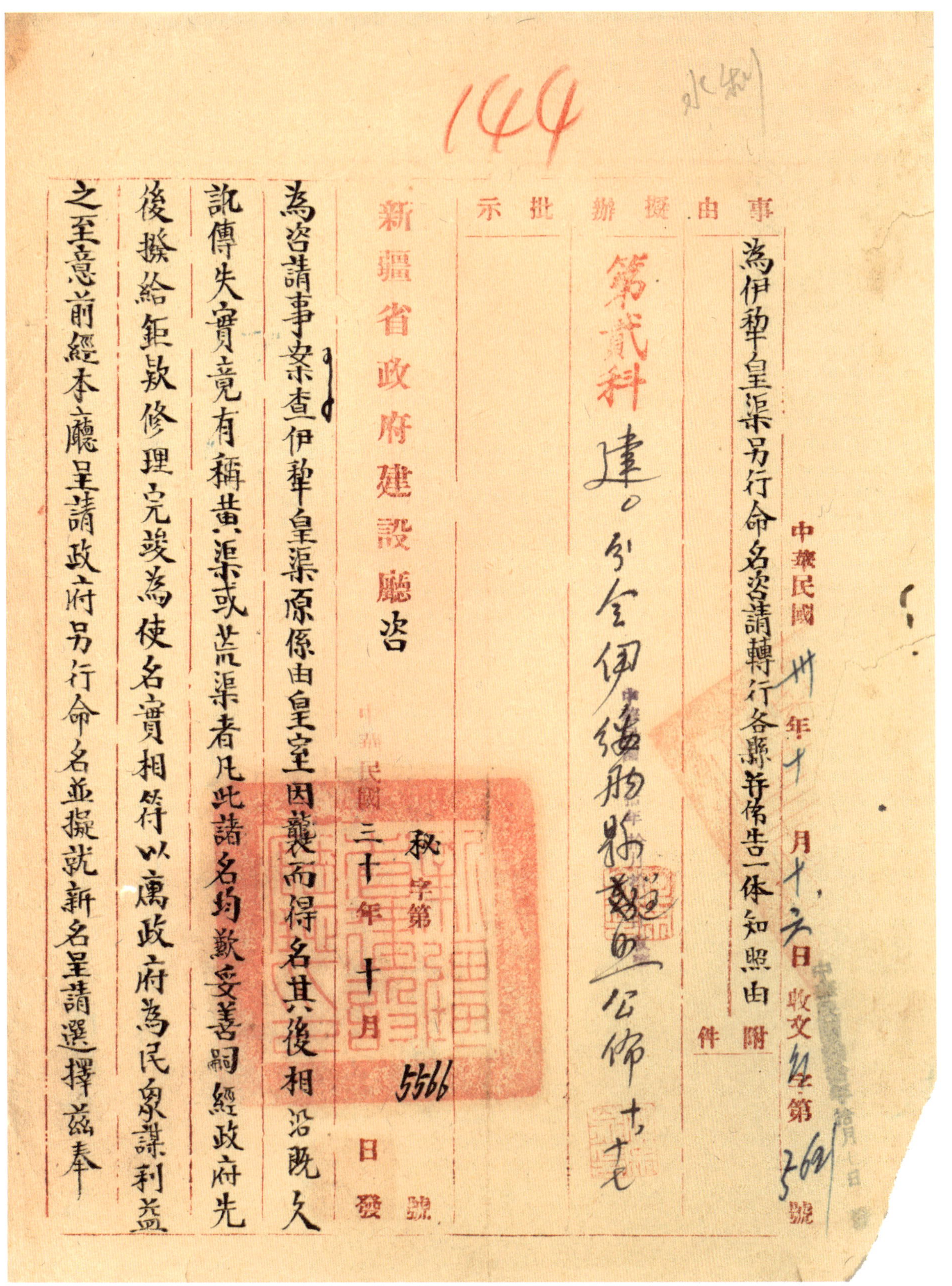

事由：為伊犁皇渠另行命名咨請轉行各縣并佈告一体知照由

附件

中華民國卅年十月十六日收文第3615號

擬辦：第貳科

批示：建。分令伊犁各縣并公佈。十七

新疆省政府建設廳咨 秘字第5566號

中華民國三十年十月 日發

為咨請事案查伊犁皇渠原係由皇室因襲而得名其後相沿既久訛傳失實竟有稱黃渠或荒渠者凡此諸名均欠妥善嗣經政府先後撥給鉅款修理完竣為使名實相符以廣政府為民衆謀利益之至意前經本廳呈請政府另行命名並擬就新名呈請選擇茲奉

一〇五　新疆省政府建設廳爲伊犁皇渠另行命名爲『裕農』渠轉行各縣并布告一體知照事給伊犁區行政長的咨（1941-10-16）（J2-2-144-26）
（2-2）

省府建字第一九八二號指令内開呈悉查伊犁皇渠應准命名爲
「裕農」渠仰即轉飭遵照此令等因奉此相應咨請
貴行政長查照分别行知所屬各縣局公佈週知爲荷此咨
伊犁區行政長

代建設廳廳長李溥霖
副廳長任㯹梁
爾德尼

第　頁

一〇六　鞏留縣政府就建修老滿營渠龍口并估計需費數目情形事的呈及伊犁區行政長公署的訓令（附新疆省政府指令）（1942-02-02）（J2-3-56-7）

（7-1）

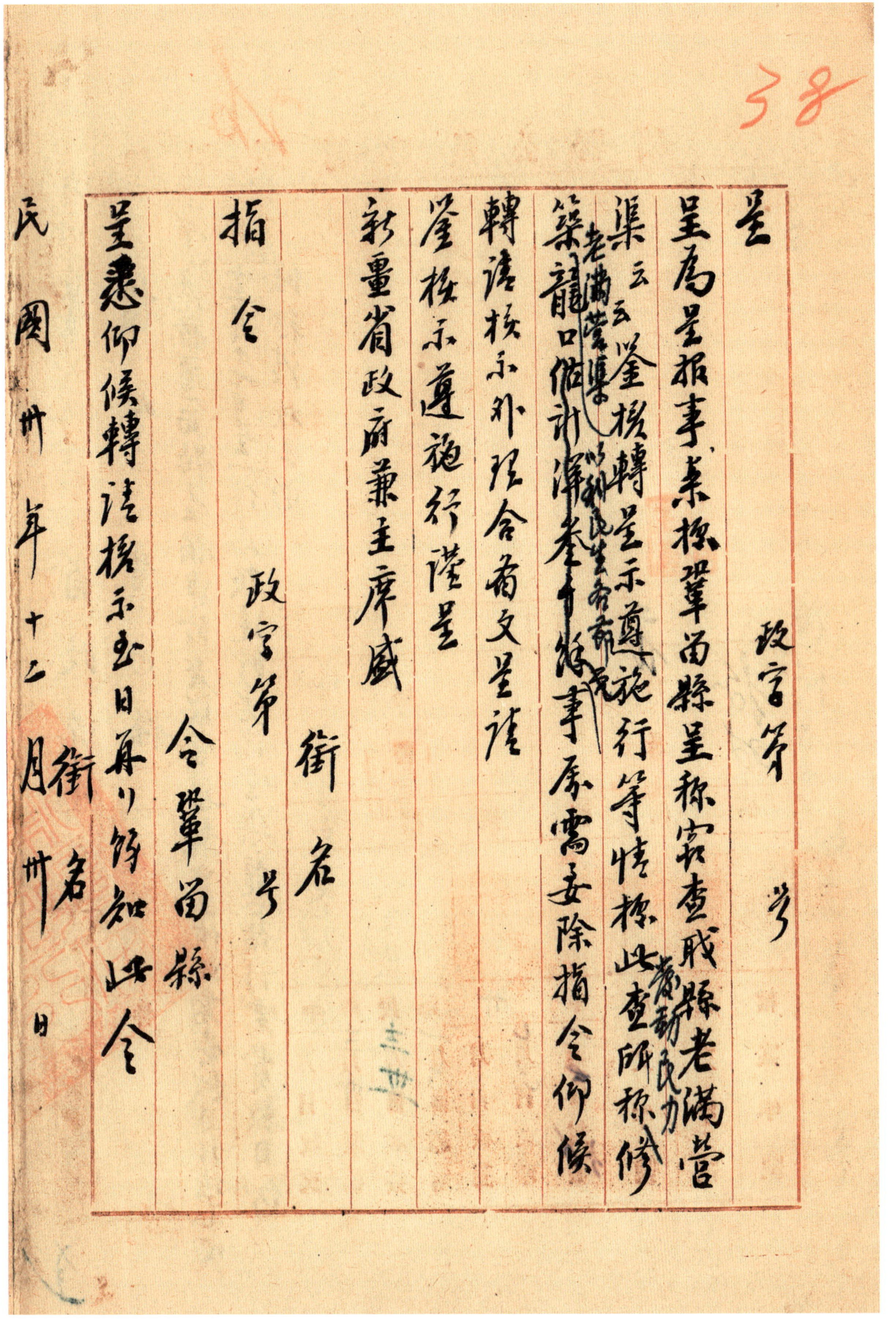

鞏留縣政府就建修老滿營渠龍口并估計需費數目情形事的呈及伊犁區行政長公署的訓令（附新疆省政府指令）（1942-02-02）（J2-3-56-7）

（7-2）

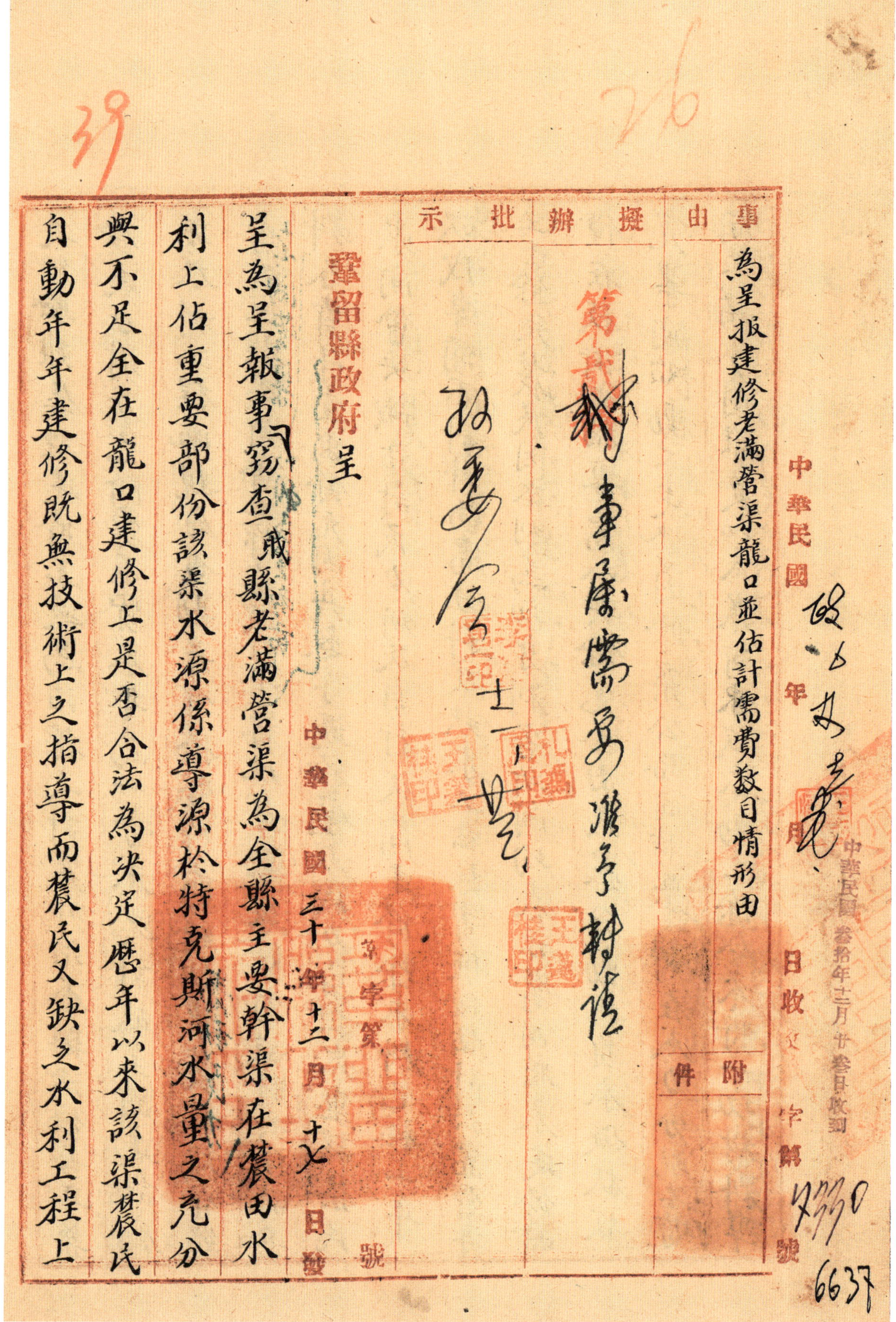

事由：為呈報建修老滿營渠龍口並估計需費數目情形由

中華民國 年 月 日收文 字第 號

中華民國叁拾年十二月廿叁日收到

附件

擬辦

批示

第貳

鞏留縣政府呈

中華民國三十年十二月十七日發 第 字第 號

呈為呈報事竊查職縣老滿營渠為全縣主要幹渠在農田水利上佔重要部份該渠水源係導源於特克斯河水量之充分與不足全在龍口建修工是否合法為決定歷年以來該渠農民自動年年建修既無技術上之指導而農民又缺乏水利工程上

40

之經驗雖屢經建修不過為治標之計究非治本辦法但每年築修民力財力已所費不貲本年為一勞永逸計故呈請建設廳派水利工程師親履查勘并准撥發炸葯經伊犂墾牧場介紹曾在工程委員會工作員派犖實地查勘後繪畫設計共估計工料各費洋壹萬餘元因其數字過於龐大民力負担太重該渠民衆開會決議估計民力所及自行從簡建修除木料已於上年砍伐準備不計外尚需鉄料及鉄木工茲核實從儉估計共需費洋三千餘元農民因水利為切身利害所關均表示贊同將來建修時僅在技術上指導需人其餘完全由民衆自動担負本擬秋收完畢開始動工建修因修築公路同時舉辦在人力分配上時間上諸多困難复以天寒河凍致未動工除令冬將一切材料準

备齐全并将木䈥先行做就外决定于明春天暖冰解开始建
修在不妨碍春耕原则之下提前完成以兴水利而利民生事关发
展农业理合备文呈请

钧座鉴核转呈示遵施行谨呈

伊犁区行政长李

副行政长王　札

巩留县县长牛起荣

副县长金　宝

106 巩留县政府就建修老满营渠龙口并估计需费数目情形事的呈及伊犁区行政长公署的训令（附新疆省政府指令）（1942-02-02）（J2-3-56-7）（7-4）

一〇六　肇留縣政府就建修老滿營渠龍口并估計需費數目情形事的呈及伊犁區行政長公署的訓令（附新疆省政府指令）（1942-02-02）（J2-3-56-7）

（7-5）

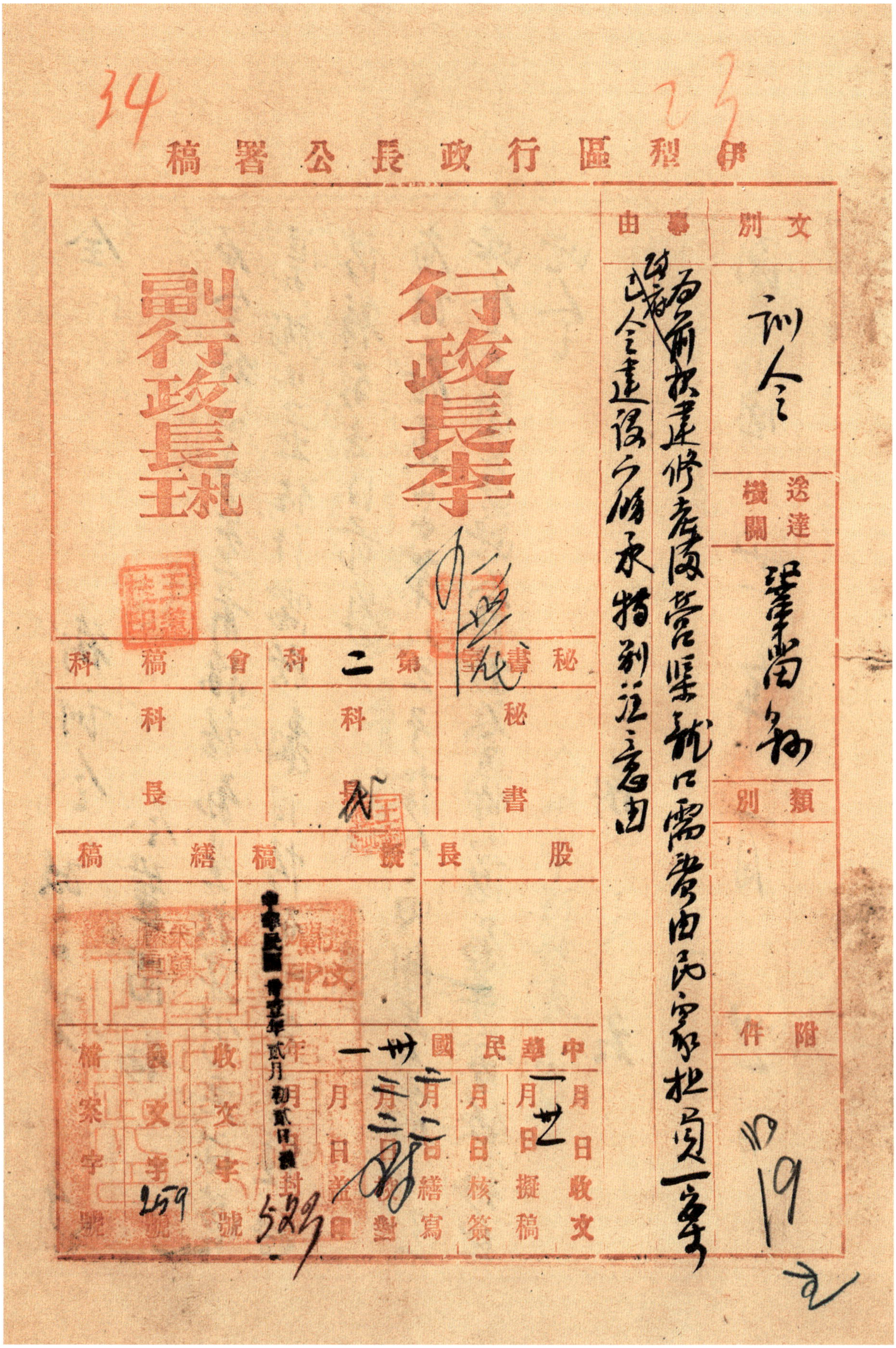

伊犁區行政長公署稿

文別：訓令

送達機關

事由

附件

類別

行政長李

副行政長王札

秘書

第二科

會稿科

科長

股長

擬稿

繕稿

中華民國卅一年貳月初貳日發

中華民國　年　月　日收文

年　月　日擬稿

年　月　日核簽

年　月　日繕寫

年　月　日校對

年　月　日監印

年　月　日封發

收文字號

發文字號

檔案字號

全

銜訓令　政字第　　號

令鞏留縣

為令行事。案查前據該縣呈報建修老滿營渠龍口並估計需款數目情形一案，當經轉請核示去後，茲奉

省政府建字第八五號指令內開："呈表已悉。此令。"等因，奉此，合行令仰該縣長即便知照。

此令。

銜　名

民國卅一年一月廿日

一〇六　鞏留縣政府就建修老滿營渠龍口并估計需費數目情形事的呈及伊犁區行政長公署的訓令（附新疆省政府指令）（1942-02-02）（J2-3-56-7）（7-6）

一〇六　肇留縣政府就建修老滿營渠龍口并估計需費數目情形事的呈及伊犁區行政長公署的訓令（附新疆省政府指令）（1942-02-02）（J2-3-56-7）
（7-7）

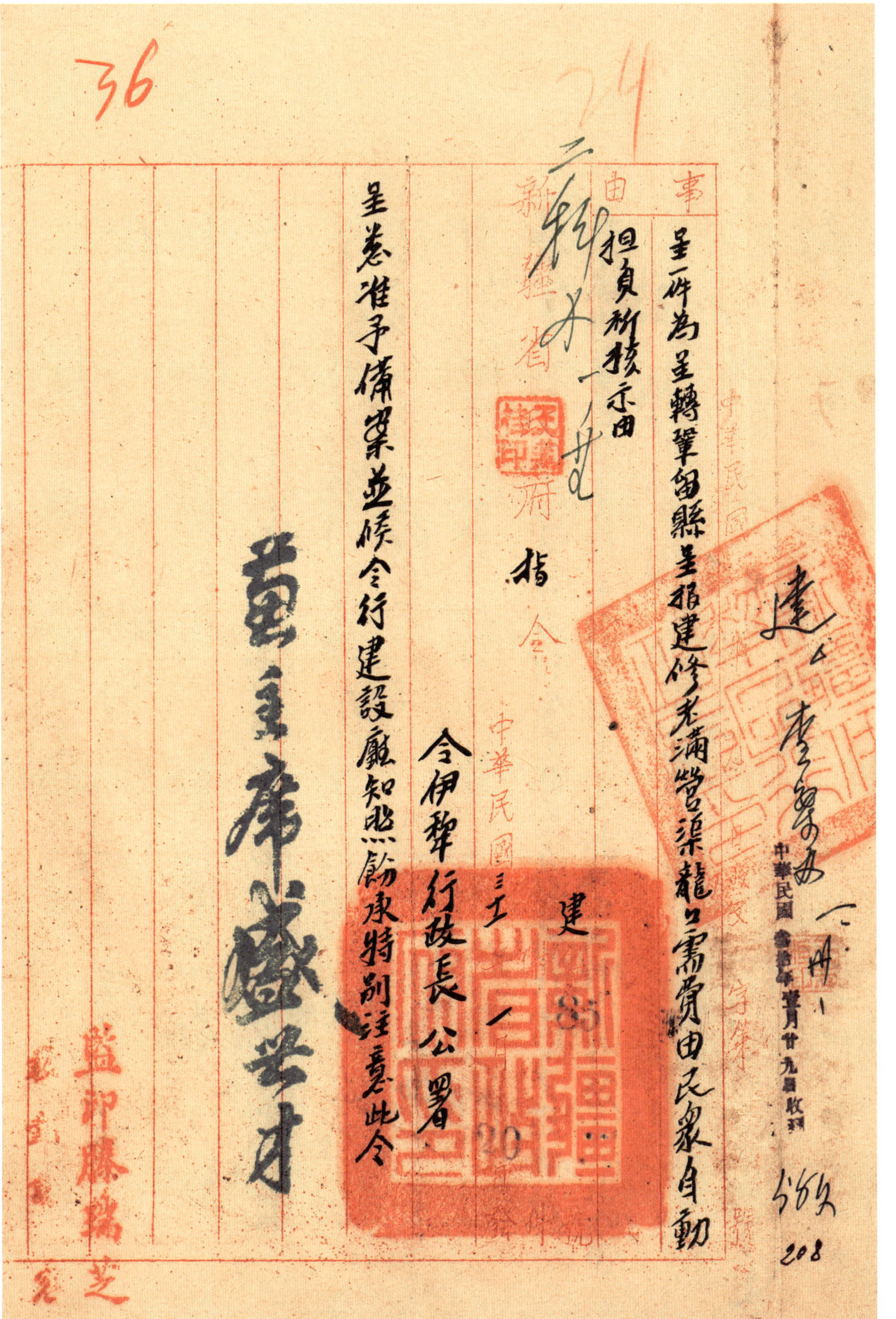

新疆省政府指令　建　三十一

事由：呈一件爲呈轉肇留縣呈報建修老滿營渠龍口需費由民衆自動担負祈核示由

令伊犁行政長公署

呈悉，准予備案，並候令行建設廳知照，飭屬特别注意。此令。

主席　盛世才

中華民國三十一年一月廿九日收到

監印　滕瑞芝

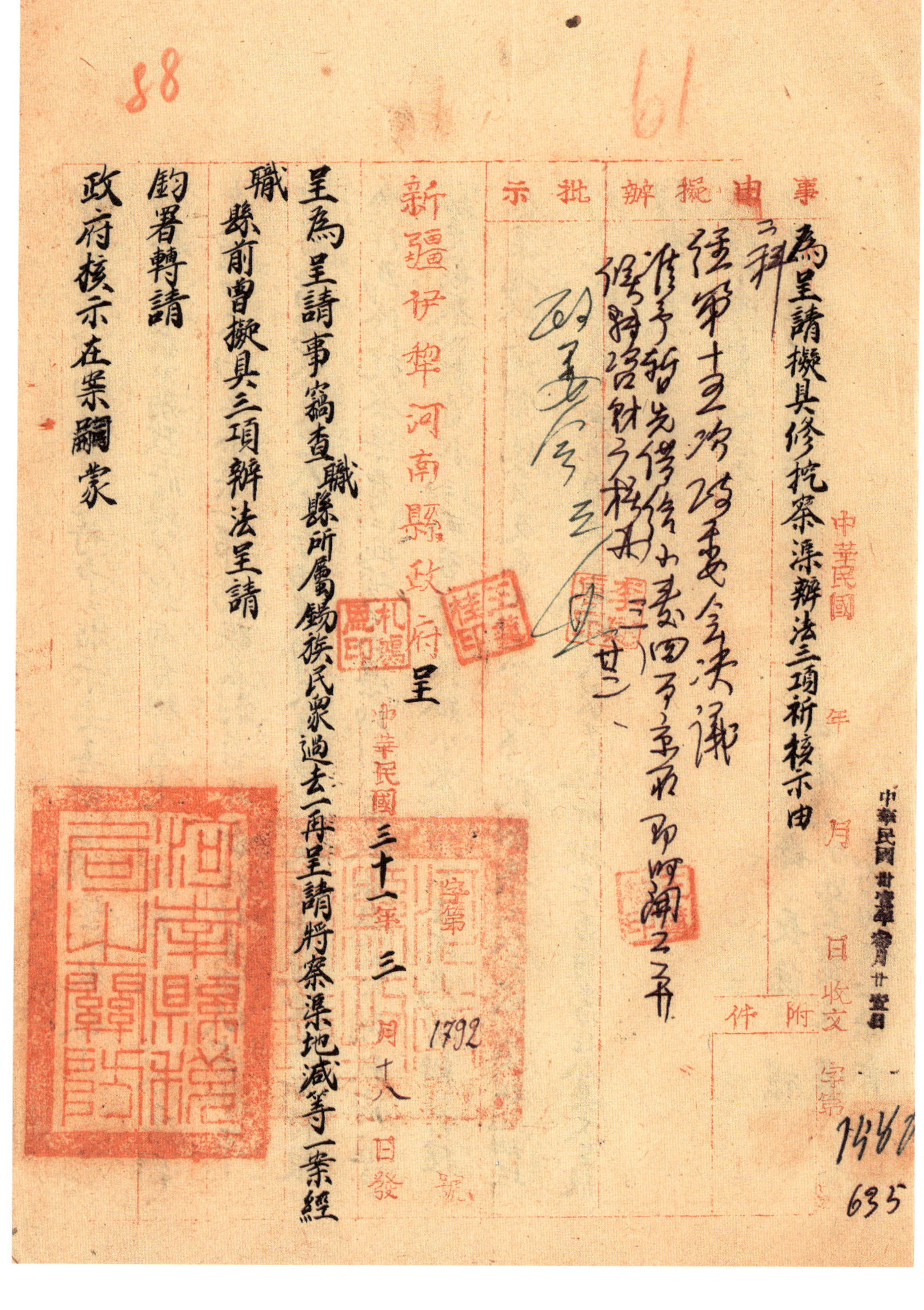

事由：為呈請擬具修挖察渠辦法三項祈核示由

呈為呈請事竊查職縣所屬錫族民衆過去一再呈請將察渠地減等一案經

職縣前曾擬具三項辦法呈請

鈞署轉請

政府核示在案關蒙

新疆伊犁河南縣政府 呈

中華民國三十一年三月十八日發

1792

1440

635

一〇七 河南縣政府就擬具修挖察渠辦法三項事給伊犁區行政長公署的呈（1942–03–18）（J2–3–56–14）（2–1）

一〇七　河南縣政府就擬具修挖察渠辦法三項事給伊犁區行政長公署的呈（1942-03-18）（J2-3-56-14）（2-2）

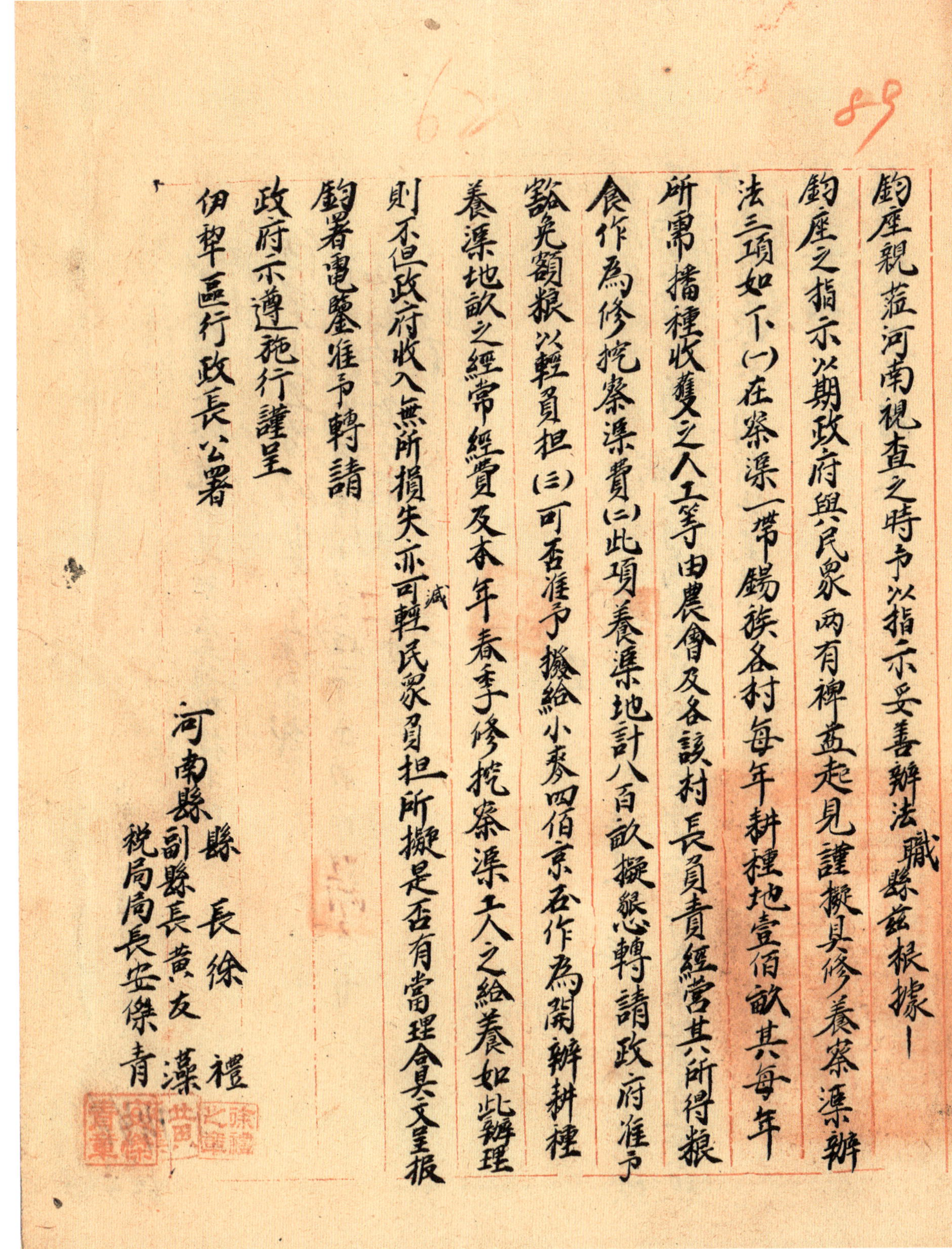

鈞座親蒞河南視查之時予以指示妥善辦法，職縣茲根據
鈞座之指示，以期政府與民衆兩有裨益起見，謹擬具修養察渠辦法三項如下：（一）在察渠一帶錫伯各村每年耕種地壹佰畝，其每年所需播種收獲之人工等，由農會及各該村長負責經營，其所得糧食作為修挖察渠費。（二）此項養渠地計八百畝，擬懇轉請政府准予豁免額糧，以輕負担。（三）可否准予撥給小麥四佰京石，作為開辦耕種養渠地畝之經常經費及本年春季修挖察渠工人之給養。如此辦理，則不但政府收入無所損失，亦可輕減民衆負担。所擬是否有當，理合具文呈報
鈞署電鑒，准予轉請
政府示遵施行。謹呈
伊犁區行政長公署

河南縣縣長徐禮
副縣長黃友藻
稅局局長安傑青

新疆屯墾委員會爲修挖將軍渠龍口及支渠以開水源而利屯政事給第二農場的訓令（1942-04-07）（J4-1-97-9）（2-1）

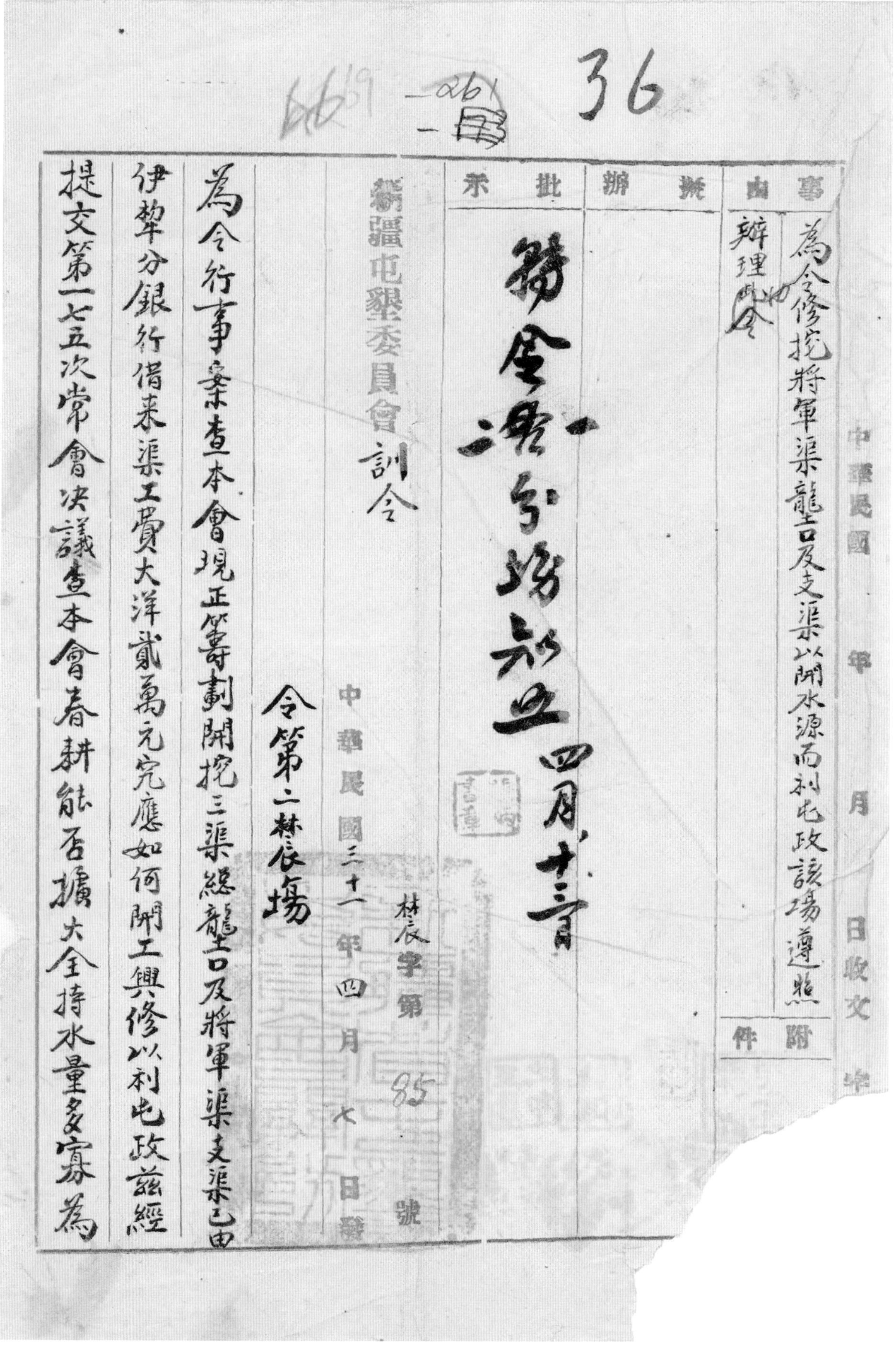

36

事由：爲令修挖將軍渠龍口及支渠以開水源而利屯政該場遵照辦理此令

附件

批示：[illegible] 四月十三

新疆屯墾委員會訓令

墾農字第85號

中華民國三十一年四月七日發

令第二墾農場

爲令行事。案查本會現正籌劃開挖三渠總龍口及將軍渠支渠，已由伊犁分銀行借來渠工費大洋貳萬元，究應如何開工興修，以利屯政，茲經提交第一七五次常會決議：查本會春耕能否擴大，全持水量多寡爲

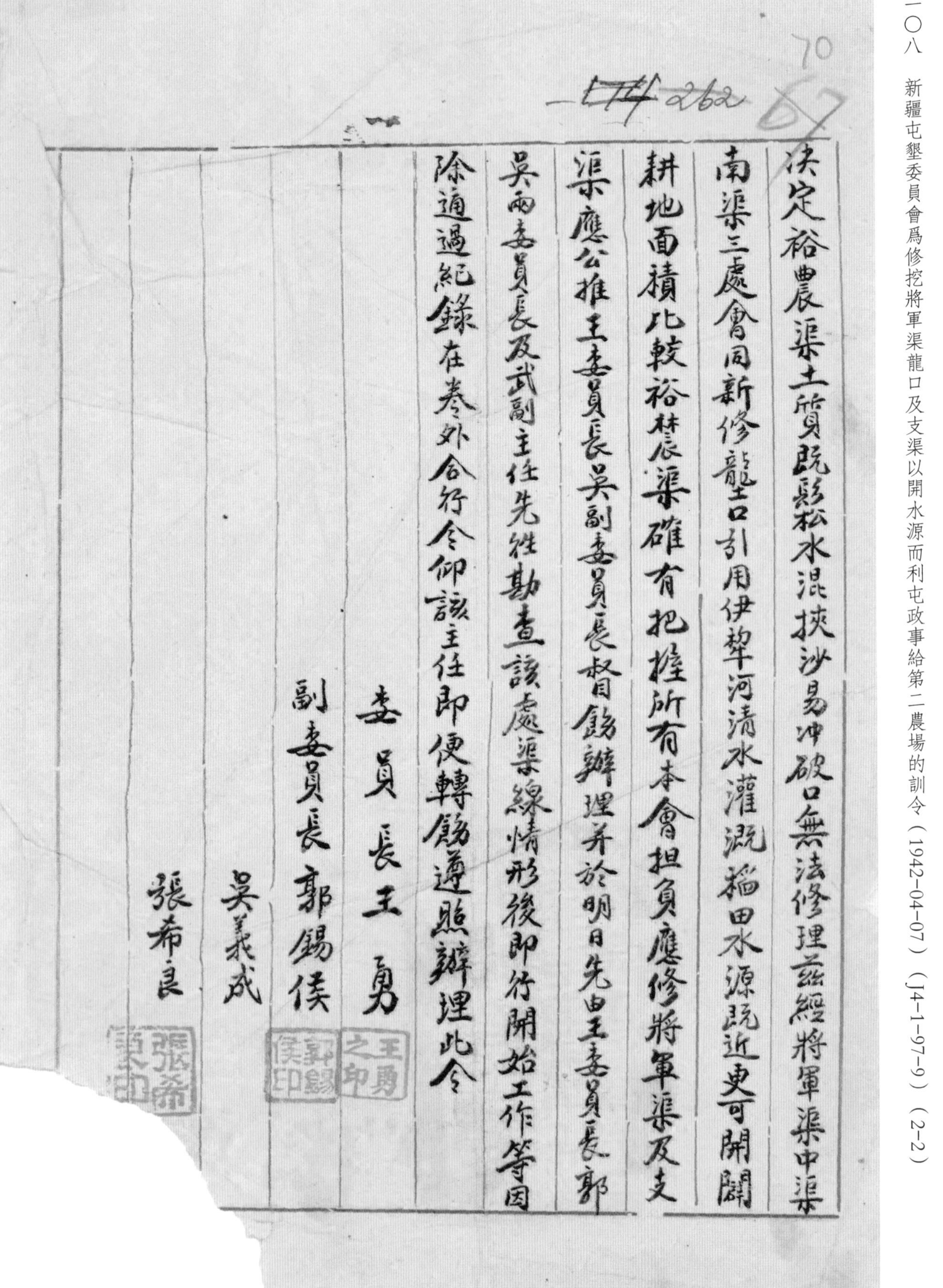

決定裕農渠土質既鬆，水混挾沙，易沖破口，無法修理；茲經將軍渠中渠、南渠三處會同新修龍口，引用伊犁河清水灌溉稻田，水源既近，更可開闢耕地面積，比較裕農渠確有把握，所有本會担負應修將軍渠及支渠，應公推主委員長吳、副委員長督飭辦理，并於明日先由王委員長、郭、吳兩委員長及武副主任先往勘查該處渠線情形後，即行開始工作等因，除通過紀錄在卷外，合行令仰該主任即便轉飭遵照辦理。此令。

委員長　王　勇

副委員長　郭錫侯

吳義成

張希良

一〇九　鞏留縣政府就呈請嘉獎建修老滿營渠龍口出力人員事給伊犁區行政長公署的呈（附伊犁區行政長公署指令）（1942-04-30）（J2-3-56-8）
（4-1）

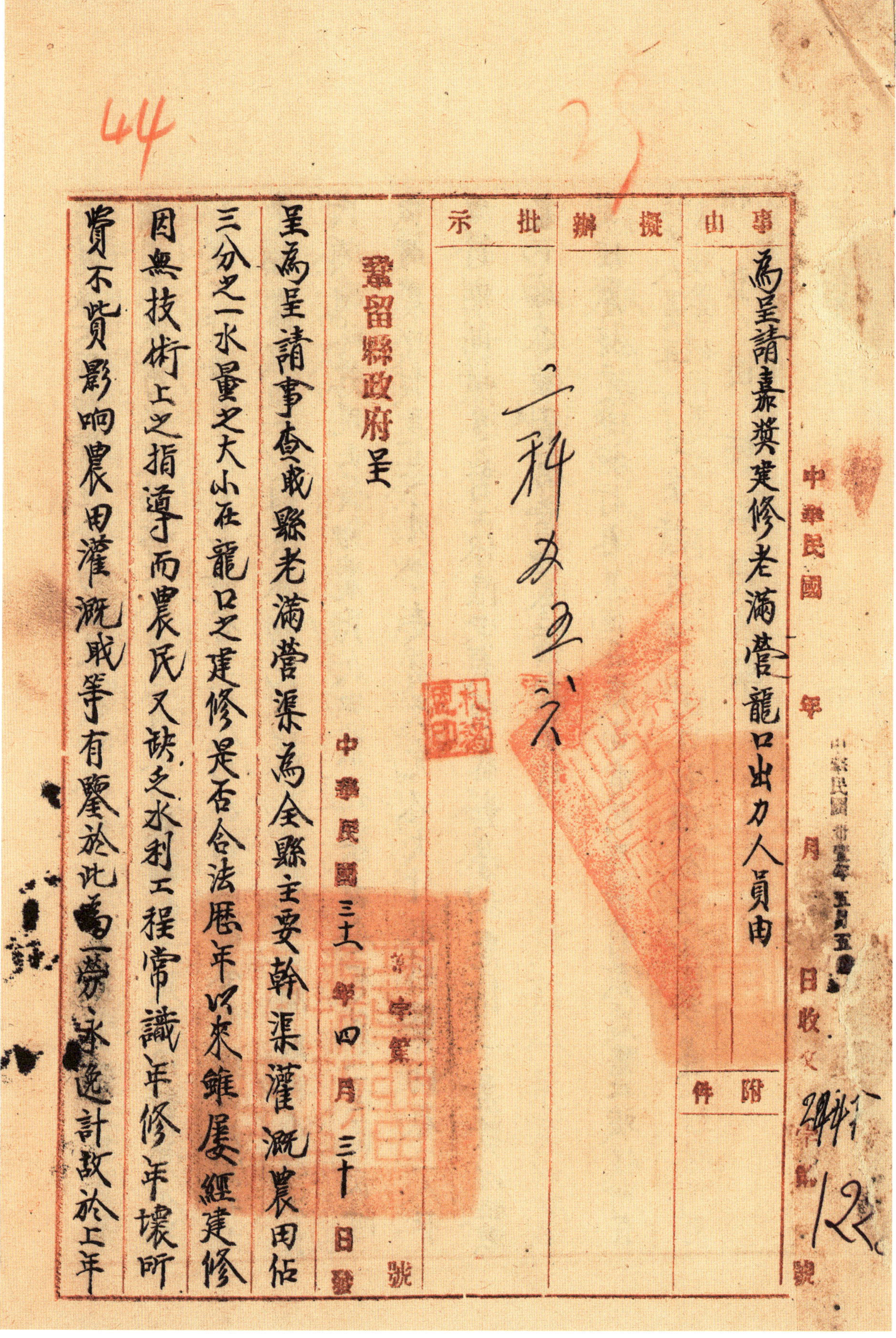

事由：為呈請嘉獎建修老滿營龍口出力人員由

中華民國卅壹年五月五日收文 2891 字第 122 號

附件

擬辦

批示：二科存 五、六

鞏留縣政府呈

中華民國三十一年四月三十日發 字第 號

呈為呈請事。查職縣老滿營渠為全縣主要幹渠，灌溉農田佔三分之一，水量之大小在龍口之建修是否合法。歷年以來雖屢經建修，因無技術上之指導，而農民又缺乏水利工程常識，年修年壞，所費不貲，影響農田灌溉。職等有鑒於此，為一勞永逸計，故於上年

一〇九 鞏留縣政府就呈請嘉獎建修老滿營渠龍口出力人員事給伊犁區行政長公署的呈（附伊犁區行政長公署指令）（1942-04-30）（J2-3-56-8）
（4-2）

45

30

呈請派工程師實地查勘指導後即發動民力建修業經呈報在案
茲因天寒河水凍結停工本年三月五日繼續動工建修用競賽方式
加緊工作每日工人數多時有三百人已於四（二）前全部竣工共需工六
千餘需款四千元均係發動民力該渠水利缺乏問題根本解决農
民頗感欣慰現正發動農民分加緊挖渠茲查有第一區區長阿
西爾農牧改進委員會委員長克洛夫什水利龔納春三人在
建修期間指導督工依限完成頗著勤勞擬懇傳令嘉獎以昭激
勸而勵來茲是否有當理合備文呈請
鈞座鑒核示遵施行再其他各處尚有開發水利數處俟工竣後所有
出力人員再行另案請獎謹呈
伊犁區行政長李

一〇九　鞏留縣政府就呈請嘉獎建修老滿營渠龍口出力人員事給伊犁區行政長公署的呈（附伊犁區行政長公署指令）（1942-04-30）（J2-3-56-8）（4-3）

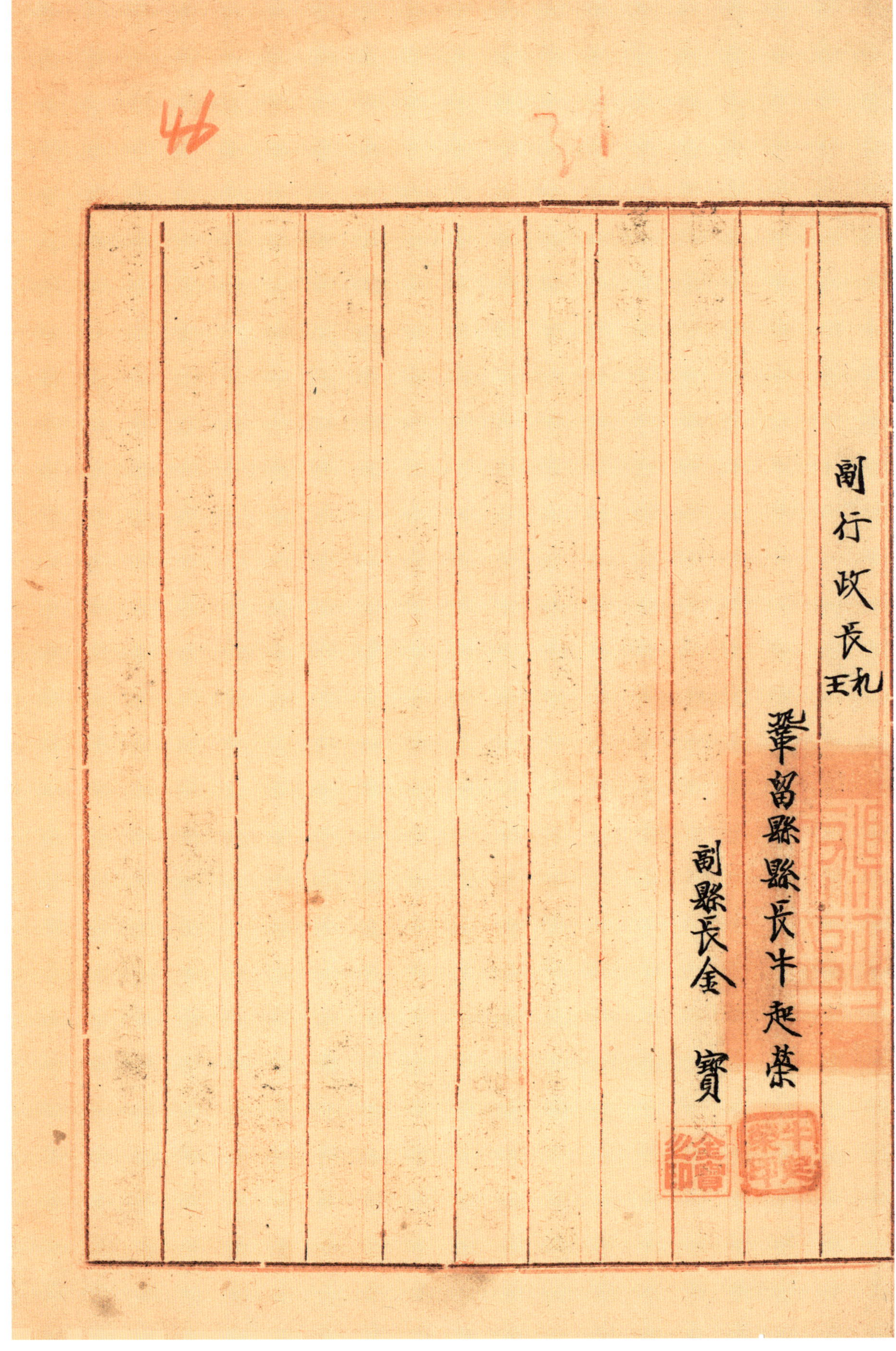

鈞行政長王札

鞏留縣縣長牛起榮

副縣長金　寶

一〇九　鞏留縣政府就呈請嘉獎建修老滿營渠龍口出力人員事給伊犁區行政長公署的呈（附伊犁區行政長公署指令）（1942-04-30）（J2-3-56-8）
（4-4）

指令　政字第　　號

令鞏留縣政府

呈悉。據報建修老滿營龍口第一區區長河西甫、農牧股進委員、公委員袁堯、大什水利龔春三人特別出力，助成渠工，尚屬可嘉，准予嘉獎，以昭激勸。仰即轉飭知照。此令。

銜名

一一〇　伊犁區農牧局就呈請通令各縣局發動農民挑選統一品種優良麥種以便來年播種事的呈及伊犁區行政長公署、新疆省政府建設廳的指令（1942-07-17）（J2-3-43-3）（5-1）

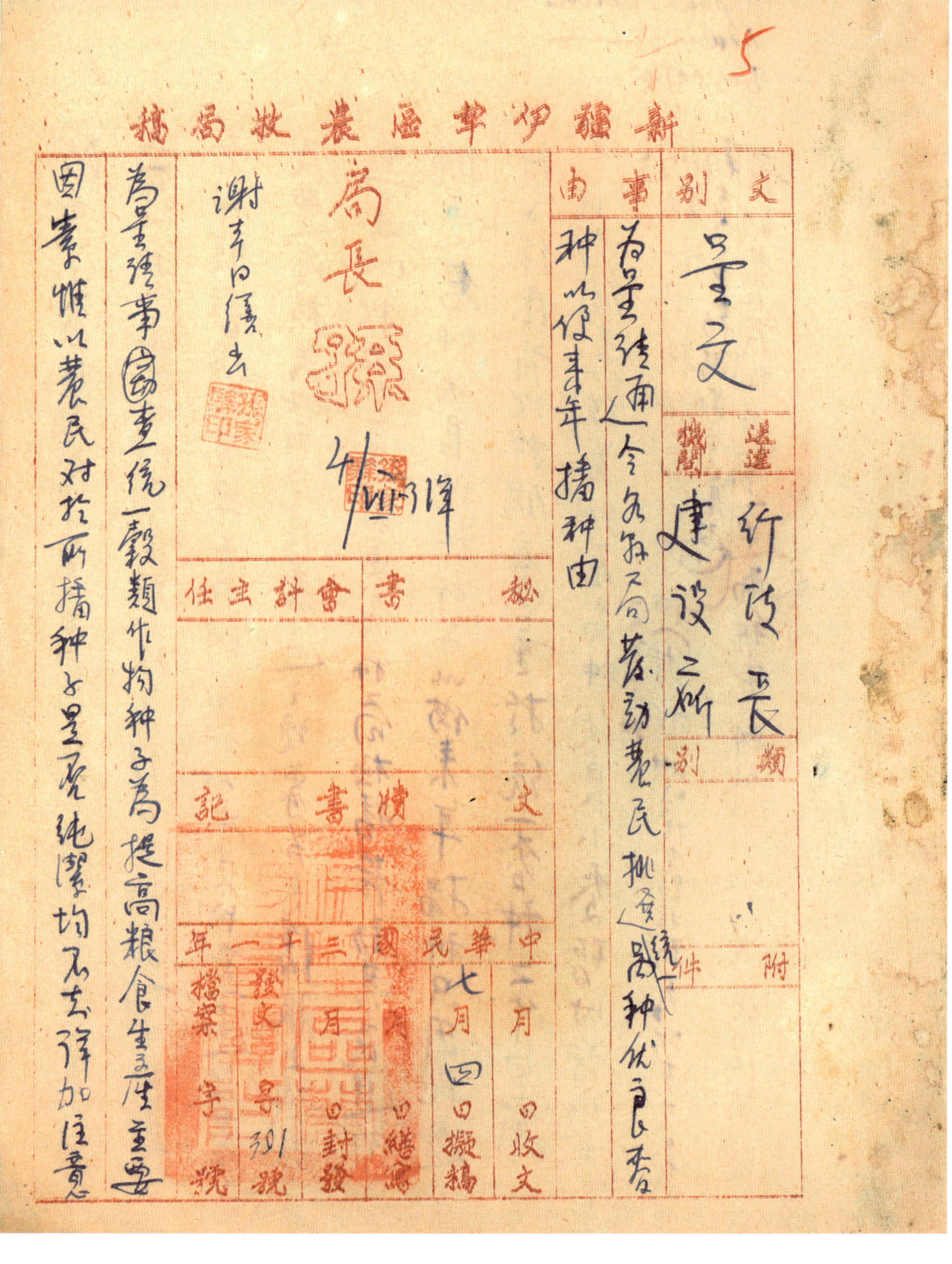
新疆伊犁區農牧局稿

文別：呈文

送達機關：行政長、建設之所

事由：為呈請通令各縣局發動農民挑選統一優良麥种以便來年播种由

局長

謝

為呈請事，竊查從一般類作物种子為提高粮食生產主要因素，惟以農民對於所播种子是否純潔均不去詳加注意

中華民國三十一年　七月四日擬稿

一一〇　伊犁區農牧局就呈請通令各縣局發動農民挑選統一品種優良麥種以便來年播種事的呈及伊犁區行政長公署、新疆省政府建設廳的指令
（1942-07-17）（J2-3-43-3）（5-2）

致尤以小麥种類繁多，最易混雜，致播种後生長既不齊一，秋季收获时期亦难一致，若俟全數成熟，則早熟者即脱粒落地，若早为收割，而部分尚未成熟，遂致農民遭受損失，此为全縣普遍之現象。为克服上項缺點，應於此秋收之際，宜由各縣局積極發動農民進行挑選，為种优良純粹种子，以備來年播种。只因挑選种子係屬首次提倡，應注重於統一麥种之工作。因前經試驗調查之結果，伊犁區為种优良小麥，暂時發現有三兩种，計黑穗种及白穗种及立芒种（維語叫喀拉克勤特勒克，阿克克勒特勒克，克勤塞孜），勸導農民挑選上述兩种麥种外，對於其他品質优

6

良者，或亦進行挑選，務期選定种子保持純潔，不混合
其他种子，以資提高收穫量。理合具文呈請
鈞座鑒核，通令各縣局切實認真策動，并將選
定种子數量統計報查，實為公便。謹呈
伊犁區行政長李
副行政長王
鑒核備查施行。謹呈
新疆省政府建設廳
銜名

一一〇　伊犁區農牧局就呈請通令各縣局發動農民挑選統一品種優良麥種以便來年播種事的呈及伊犁區行政長公署、新疆省政府建設廳的指令（1942-07-17）（J2-3-43-3）（5-3）

一一〇　伊犁區農牧局就呈請通令各縣局發動農民挑選統一品種優良麥種以便來年播種事的呈及伊犁區行政長公署、新疆省政府建設廳的指令

（1942–07–17）（J2–3–43–3）（5–4）

事由	為呈請分令各县挑選品优良麦种送交场播种研究由
附件	
擬辦	
批示	

中華民國　年　月　日收文　字第　號

新疆伊犁區行政長公署指令

政字第　號

中華民國卅一年七月九日發

令林農牧局

呈悉。准予照办，并令行各县局遵照矣。此令

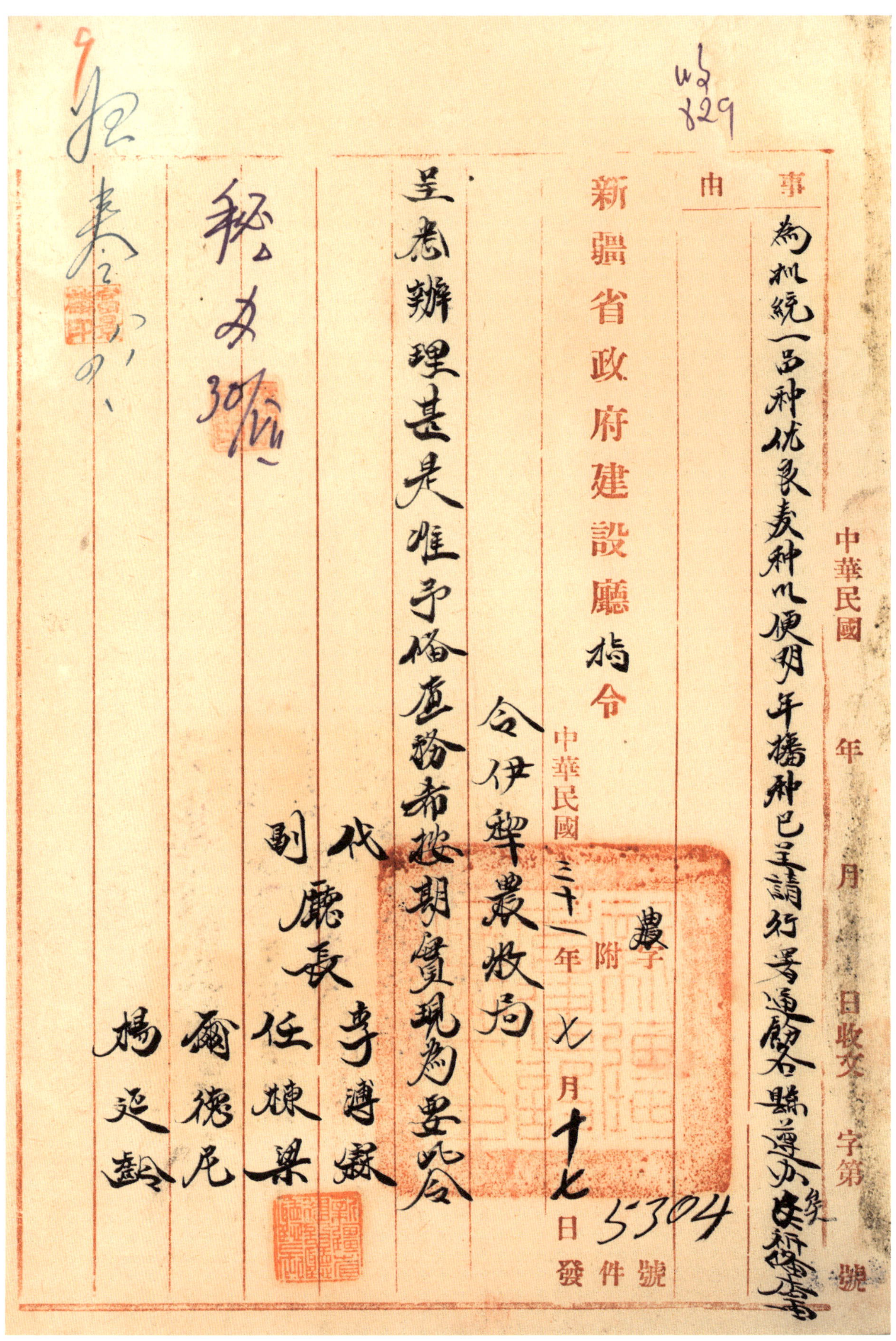
事由：為擬統一品种優良麥种以便明年播种已呈請行署通飭各縣遵办矣祈備案

中華民國　年　月　日收文　字第　號

新疆省政府建設廳指令

農字第5304號

附件

中華民國三十一年七月十七日發

令伊犁農牧局

呈悉。辦理甚是，准予備查。務希按期實現為要。此令。

代廳長　李溥霖

副廳長　任棟梁　爾德尼　楊廷齡

一一〇　伊犁區農牧局就呈請通令各縣局發動農民挑選統一品種優良麥種以便來年播種事的呈及伊犁區行政長公署、新疆省政府建設廳的指令（1942-07-17）（J2-3-43-3）（5-5）

一一一　伊犁區農牧局就峑乃斯地方天然野麻改良事給鞏哈縣政府新源設治局的代電（1942-08-13）（J2-3-43-9）

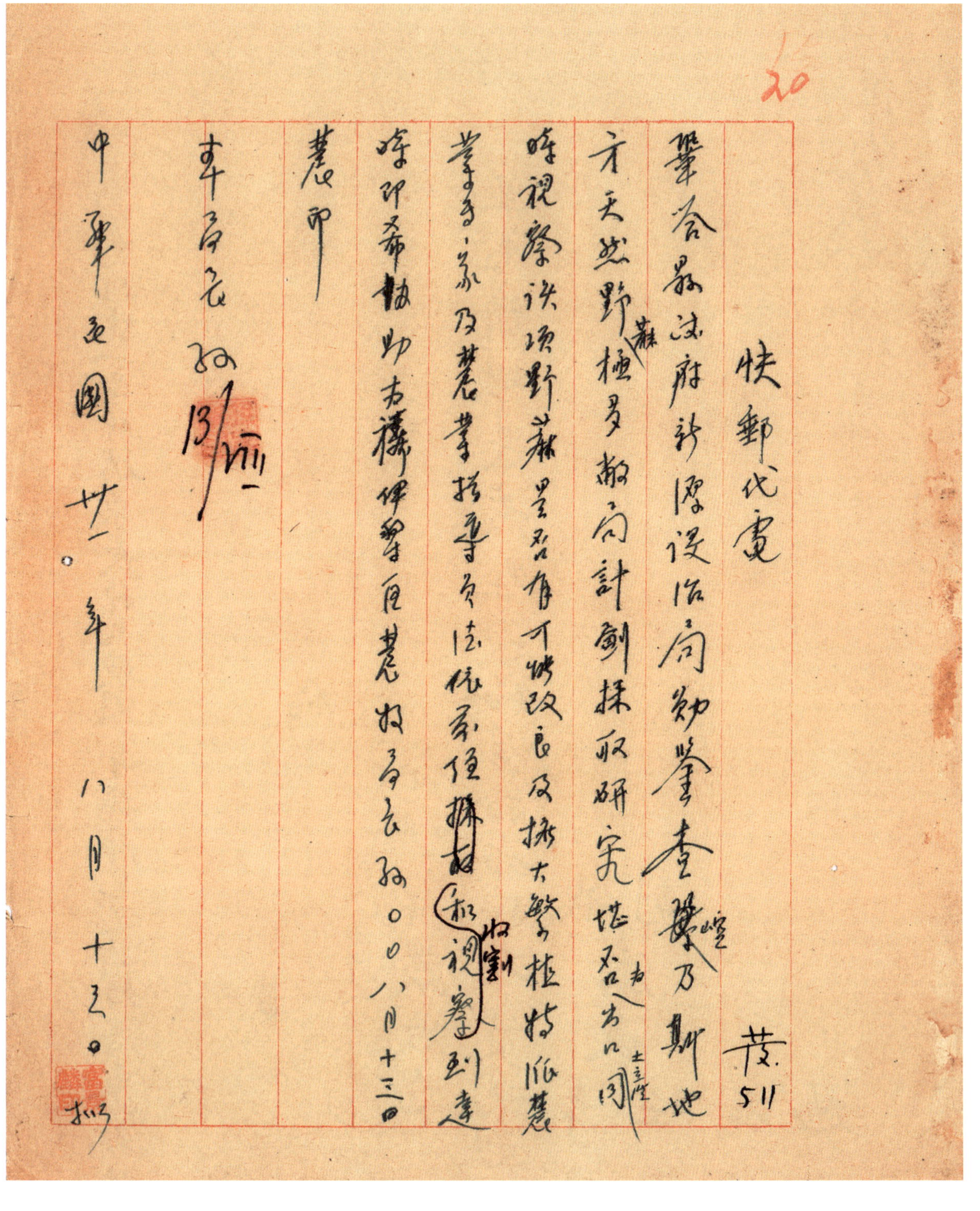

一一二　伊犁區農牧局編印《改良羊種以便提高其毛與肉的生產量》宣傳單（1942-09-18）（J2-4-22-15）（2-1）

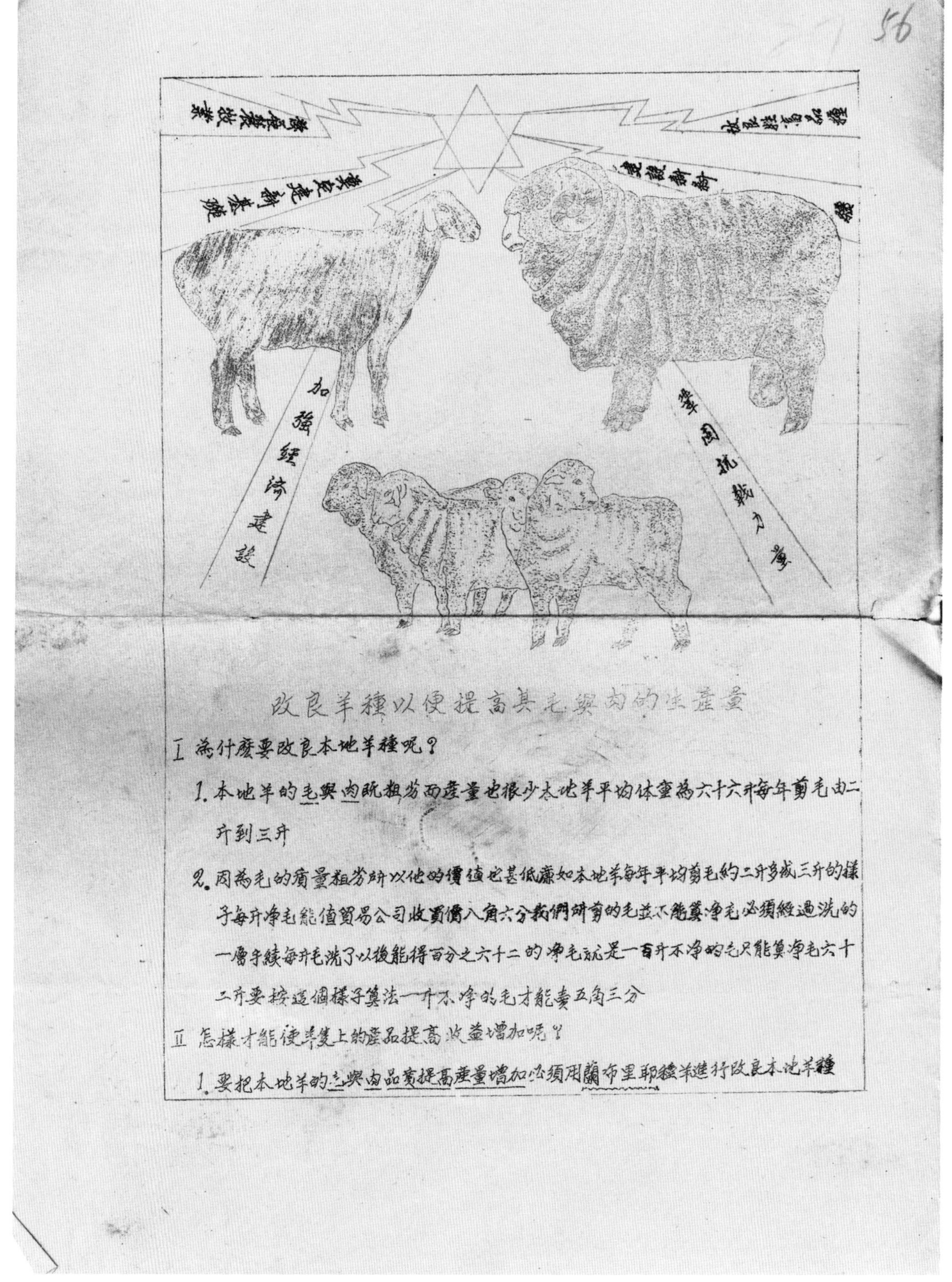

改良羊種以便提高其毛與肉的生產量

Ⅰ 為什麼要改良本地羊種呢？

1. 本地羊的毛與肉既粗劣而產量也很少本地羊平均体重為六十六斤每年剪毛由二斤到三斤

2. 因為毛的質量粗劣所以他的價值也甚低廉如本地羊每年平均剪毛約二斤多或三斤的樣子每斤淨毛能值貿易公司收買價八角六分我們所剪的毛並不能算淨毛必須經過洗的一層手續每斤毛洗了以後能得百分之六十二的淨毛就是一百斤不淨的毛只能算淨毛六十二斤要按這個樣子算法一斤不淨的毛才能賣五角三分

Ⅱ 怎樣才能使羊隻上的產品提高收益增加呢？

1. 要把本地羊的毛與肉品質提高產量增加必須用蘭布里耶绵羊進行改良本地羊種

一一二 伊犁區農牧局編印《改良羊種以便提高其毛與肉的生產量》宣傳單（1942-09-18）（J2-4-22-15）（2-2）

57

2. 蘭布里耶種羊也叫毛種羊他的毛、肉、品質优良產量也多根據伊犁種羊場所得數字可以証實純血種羊——就是由蘇聯購來的和種羊場已往改良成的他的全身約重壹百壹拾餘斤每年能剪毛拾壹斤拾兩左右按貿易公司價每斤能賣壹元壹角肆分則每隻每年可得拾叁元叁角的收益

3. 混血種羊——就是由純血種羊與本地種交配產生的羊羔也可叫雜種羊每年可剪毛六斤到七斤每斤值壹元零叁分每年一隻羊可得七九九角三分的利益

4. 本地種羊毛壹百斤只能折淨毛六十二斤純血種與混血種的羊毛不折不扣有多少就算多少：

經營牧畜業的同胞們！

請把上面很明顯的事實來比較一下當然改良種比本地種是收益很多了 那麼我們應當趕快的把我們的收益少的本地羊改良成收益多的改良種羊以便增加自己的收入完成建設新新疆的偉大事業

現在快到羊隻交配時期了此種良好時機不可失过趕快到伊犁種羊場或有種羊的牧民家購買種羊來改良繁殖自己的羊隻

為了擴大加緊完成此項工作起見應該準備用人工牽引交配法——就是由人把牝羊牽住使牡羊來交配。和人工手術受精法交配——就是把羊的精虫用儀器取出再用儀器分配注射於多數牝羊的生殖器中。以上這兩種方法能夠加速改良及加倍繁生如像伊犁種羊場在民國三十年即用此种方法交配結果平均每一百隻牝羊產生羊羔一百三十二隻均已長並且健壯即其証明請快用科學的方法吧！

尚有一個應注意事項就是在羊隻未交配前一個半月每隻種羊應當喂蘇魯一斤半到二斤飼草也要好的以便使种羊健壯母羊易於受孕將來即能產生健壯的小羊羔長成良好的種羊：

伊犁區農牧局編印

1942年9月18日發

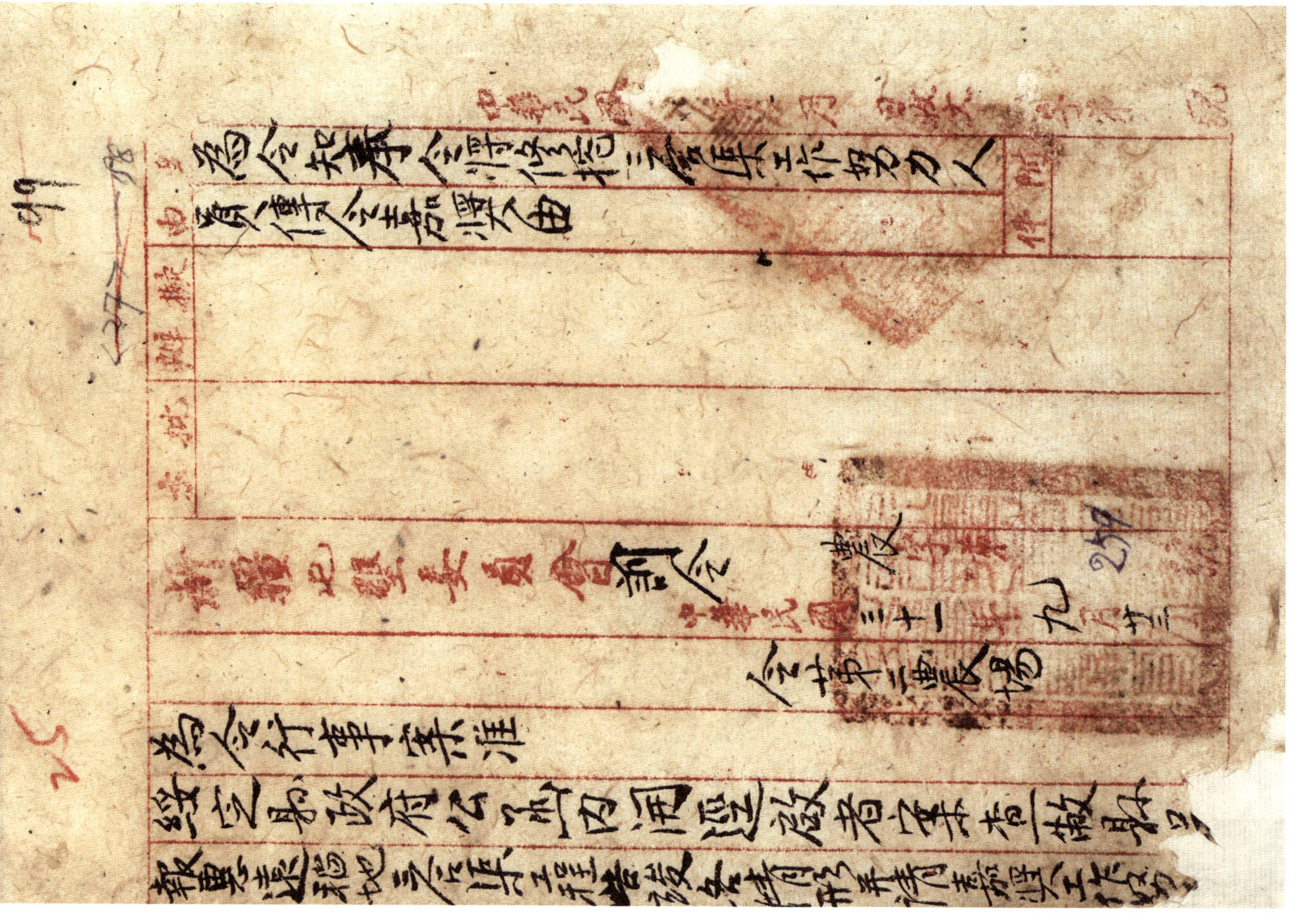

一一三　新疆屯墾委員會就奉令將修挖三合渠工作努力人員傳令嘉獎事給第二農場的訓令（1942-09-23）（J4-1-99-7）（3-1）

事由：為令知奉令將修挖三合渠工作努力人員傳令嘉獎由

擬辦

批示

附件

中華民國　年　月　日發文　字第　號

新疆屯墾委員會訓令　農字第　號

中華民國三十一年九月廿三

令第二農場

為令行事案准

綏定縣政府公函內開逕啟者案查敝縣呈

報惠遠稻地三合渠工程告竣各情形并請嘉獎工作努力

一一三　新疆屯墾委員會就奉令將修挖三合渠工作努力人員傳令嘉獎事給第二農場的訓令（1942–09–23）（J4–1–99–7）（3–2）

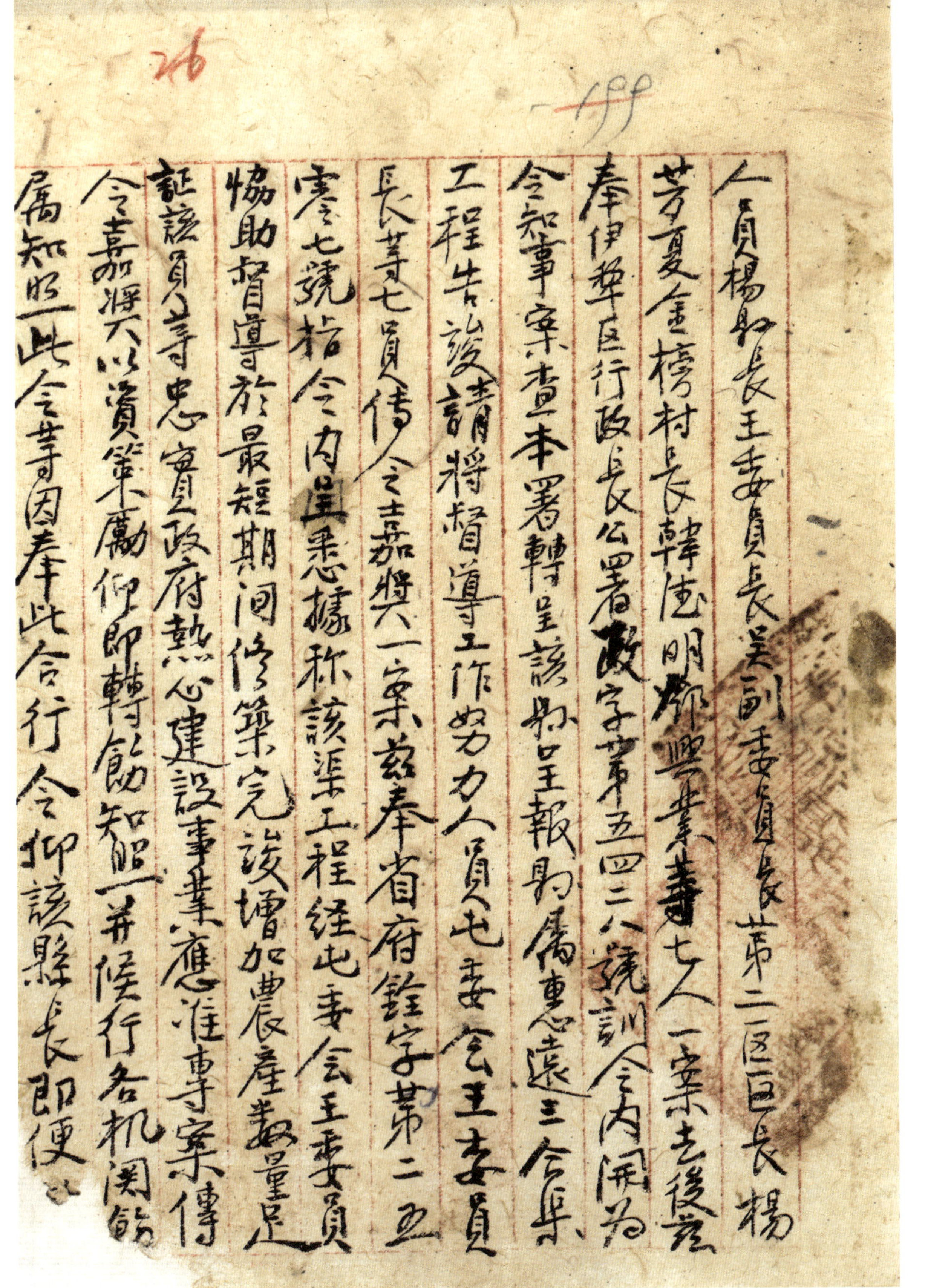

人員楊副長王委員長吴副委員長第二區區長楊
芳夏金榜村長韓德明鄉興[?]業壽七人一案去後茲
奉伊犁區行政長公署政字第五四三八號訓令內開為
令知事案查本署轉呈該副區長屬員忠遠[?]三合渠
工程告竣請將督導工作努力人員屯委会王委員
長等七員傳令嘉獎一案茲奉省府銓字第二五
零七號指令內呈悉據称該渠工程經屯委会王委員
協助督導於最短期間修築完竣增加農產數量足
証該員等忠實政府熱心建設事業應准專案傳
令嘉獎以資策勵仰即轉飭知照一并候行各机関飭
属知照此令等因奉此合行令仰該縣長即便

一二三　新疆屯墾委員會就奉令將修挖三合渠工作努力人員傳令嘉獎事給第二農場的訓令（1942-09-23）（J4-1-99-7）（3-3）

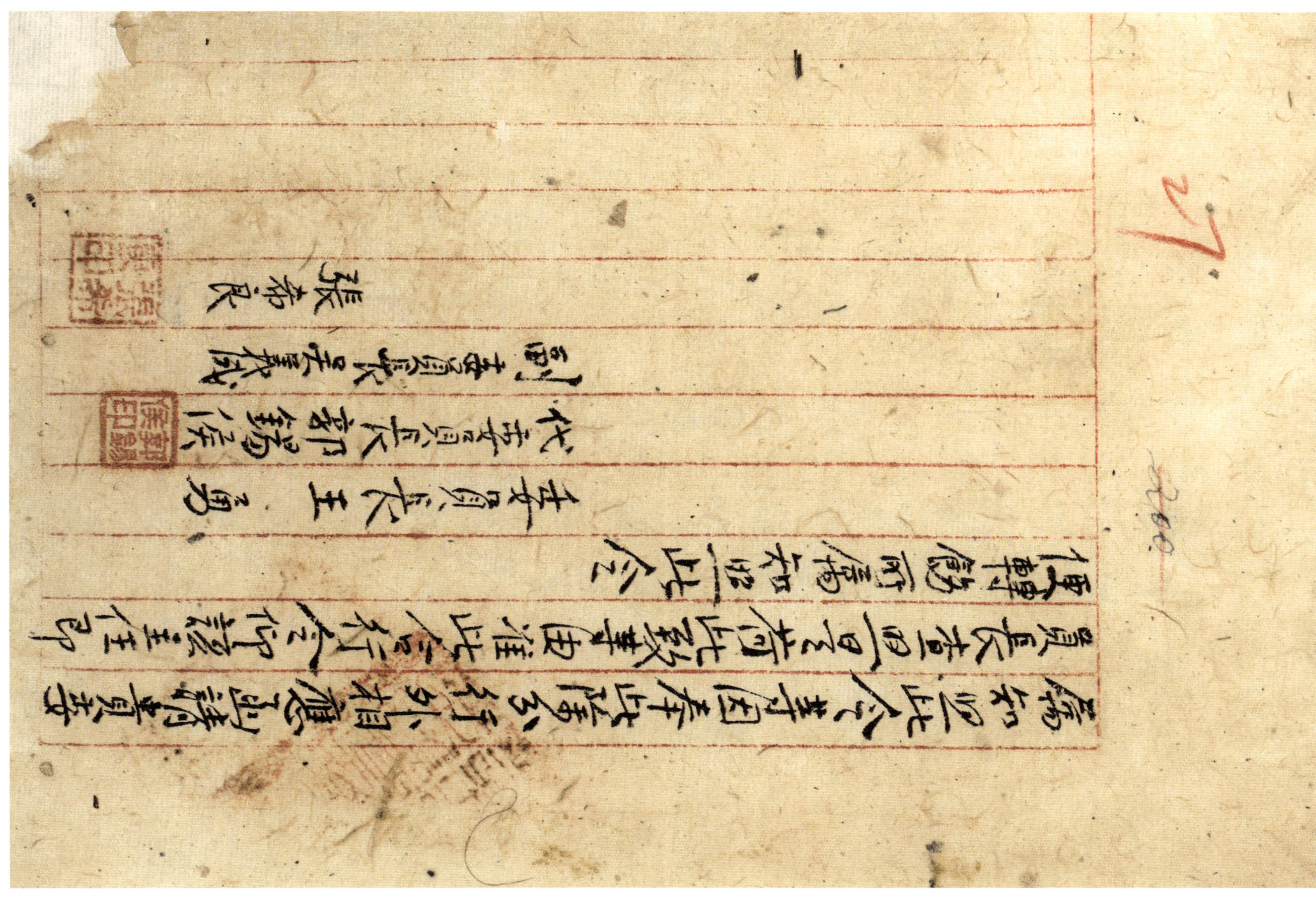

爲知照此令。等因。奉此，除分行外，相應函請貴委員長查照，並乞轉飭此項事由准此。令行，仰該主任即轉飭所屬知照。此令。

委員長　王　勇

代委員長　郭錫保

副委員長　吳靄宸

張希良

一一四　鞏哈縣農牧改進委員會就呈報鞏哈縣耕地面積及收穫量事給伊犁區農牧局的公函（附調查表）（1942-09-28）（J2-3-43-6）（3-1）

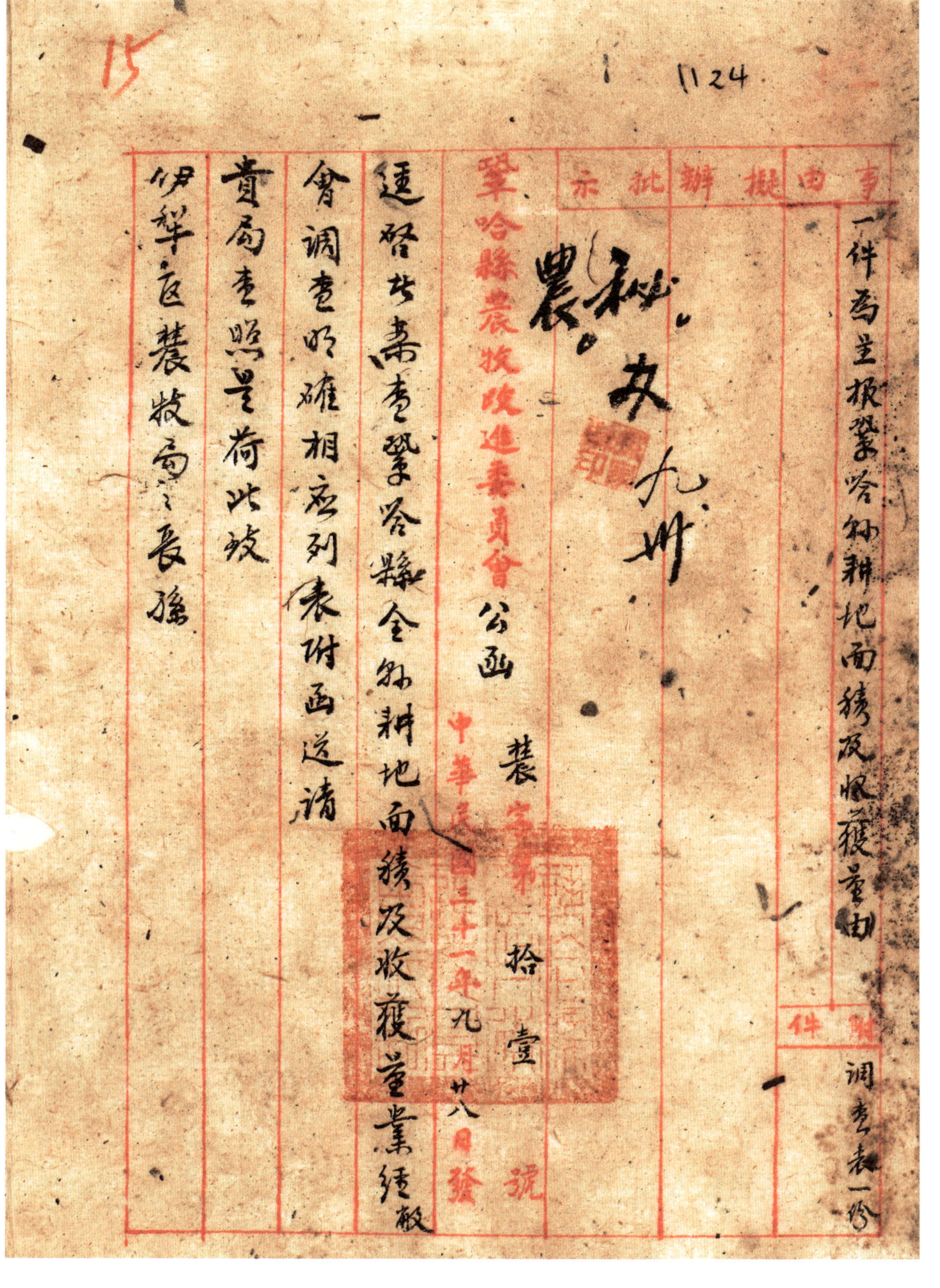

事由：一件爲呈报鞏哈縣耕地面積及收穫量由

附件：調查表一份

擬辦批示：農秘 文 九卅

鞏哈縣農牧改進委員會公函　裴字第拾壹號

中華民國三十一年九月廿八日發

逕啓者：查鞏哈縣全縣耕地面積及收穫量業經敝會調查明確，相應列表附函送請

貴局查照是荷。此致

伊犁區農牧局局長 孫

一一四　鞏哈縣農牧改進委員會就呈報鞏哈縣耕地面積及收穫量事給伊犁區農牧局的公函（附調查表）（1942-09-28）（J2-3-43-6）（3-2）

附調查表一份

委員長巴布吉

副委員長張滋州

阿比特

16

一一四　鞏哈縣農牧改進委員會就呈報鞏哈縣耕地面積及收穫量事給伊犁區農牧局的公函（附調查表）（1942-09-28）（J2-3-43-6）（3-3）

鞏哈縣農牧改進委員會造報本縣31年度耕地面積及收穫量調查表

民國31年9月　日

號	農作物名稱	耕地面積 水田畝	耕地面積 旱田畝	耕地面積 合計	播種籽數目	農作物收穫量	備考
1	小麥	2309	3769	6078	23702石	108807斤	
2	大麥	392	716	1108	4172	22065	
3	蘇魯	452.5	-	452.5	3621	12270	
4	包米	51.5	-	51.5	103	1545	
5	糜子	906	84	990	990	20136	
6	黃豆	5.5	-	5.5	32	132	
7	菜籽	146	-	146	146	3066	
8	胡麻	45	-	45	291	945	
9	棉花	32	-	32	32	384	
	合計	4399.5	4569	8908.5	33094	174844	

委員長　　副委員長　　調查員　　製表員

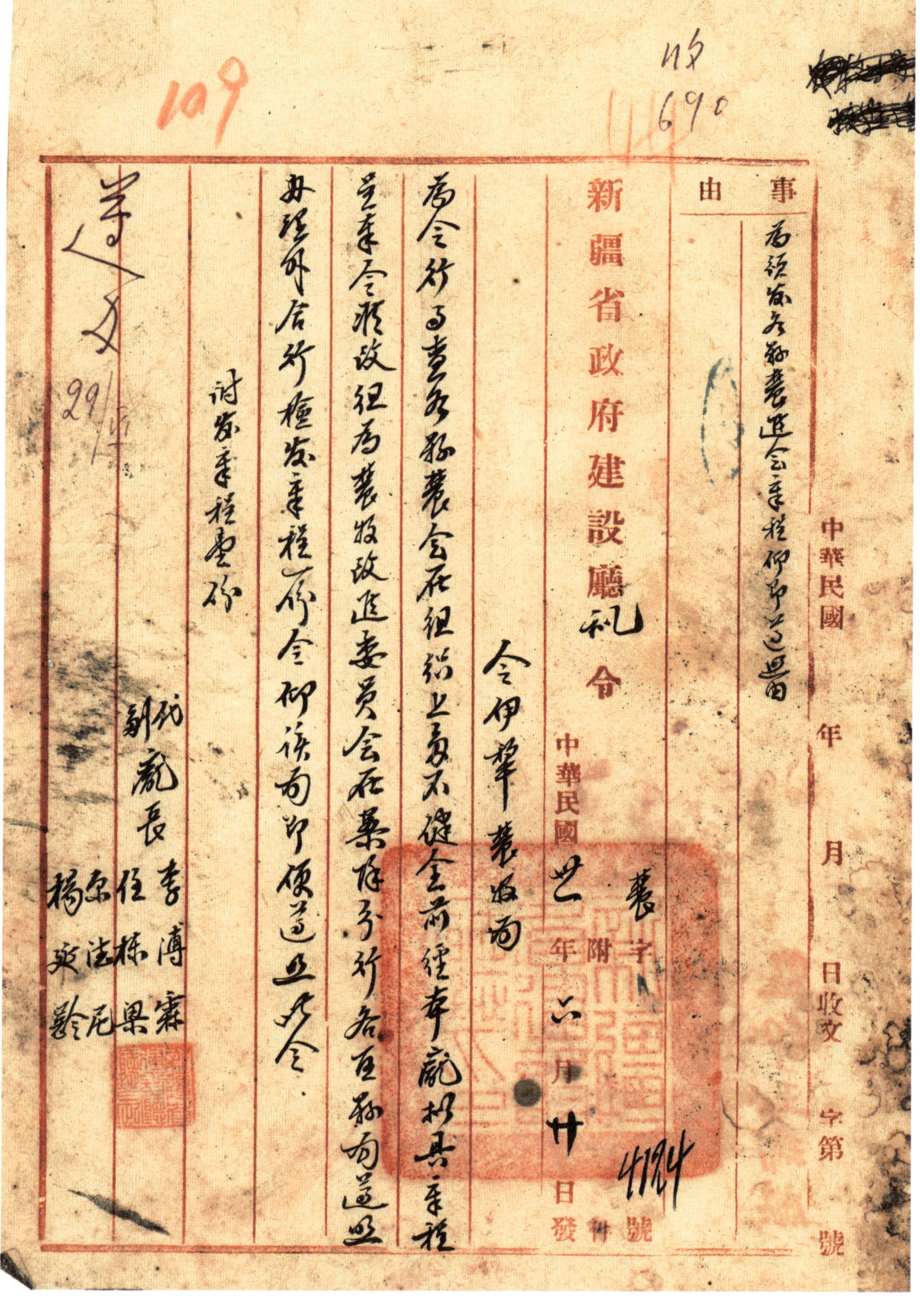

事由：為頒發各縣農進會章程仰即遵照由

新疆省政府建設廳訓令 農字第 號 附件

中華民國卅一年六月卅日發

令伊犁農牧局

為令行事。查各縣農會在組織上多不健全，前經本廳擬具章程，並奉令飭改組為農牧改進委員會在案。除分行各區縣局遵照外，合行檢發章程，令仰該局即便遵照為要！此令。

計發章程壹份

兼廳長 李溥霖

副廳長 任株梁 宋法陀 楊彧龄

一一五 新疆省政府建設廳爲頒發各縣農進會章程仰即遵照事給伊犁農牧局的訓令及各縣成立農牧改進委員會的公函、呈（1942-10-17）

（J2-3-54-16）（9-1）

一一五 新疆省政府建設廳爲頒發各縣農進會章程仰即遵照事給伊犁農牧局的訓令及各縣成立農牧改進委員會的公函、呈（1942-10-17）（J2-3-54-16）（9-2）

收 788

秘 文

霍尔果斯縣政府公函 第 71 號

逕啟者案查敝縣前奉

省政府建字第486号通令内開關於將各縣農會改為農牧改進委員會以利工作一案附發章程一份等因奉此遵于本年六月二十九日召集會議遵照章制改選妥善並于七月一日正式成立開始工作業經分呈軍達在案惟查該会推進工作事務繁多内部組織自應加以健全俾資順利進行茲特根據頒發該會暫行章程第廿二条之規定相應函請貴局煩為擬定該會職員員額預算表並希函覆以便轉飭辦理為荷 此致

伊犁區農牧局

霍爾果斯縣縣長 鄭周珪

副縣長 楊濟舟

（J2-3-54-16）（9-3）

事由	函送農牧改進委員會成立日期及人員名單由
擬辦	
辦	
批示	
承	
附件	

中華民國　年　月　日收文　字第　號

第五九廿一

昭蘇縣政府公函

逕復者：案准

貴局秘字第五八〇號代電開：關於各縣農進會改組日期及委員姓名表函達敝局爲荷。等由，准此，即于本年九月十三日組織成立昭蘇農牧改進委員會，並選委正副委員長及委員、常務委員等各人員，相應造同各人員名單一併函請

昭字第六九四號

中華民國卅一年九月十四日發

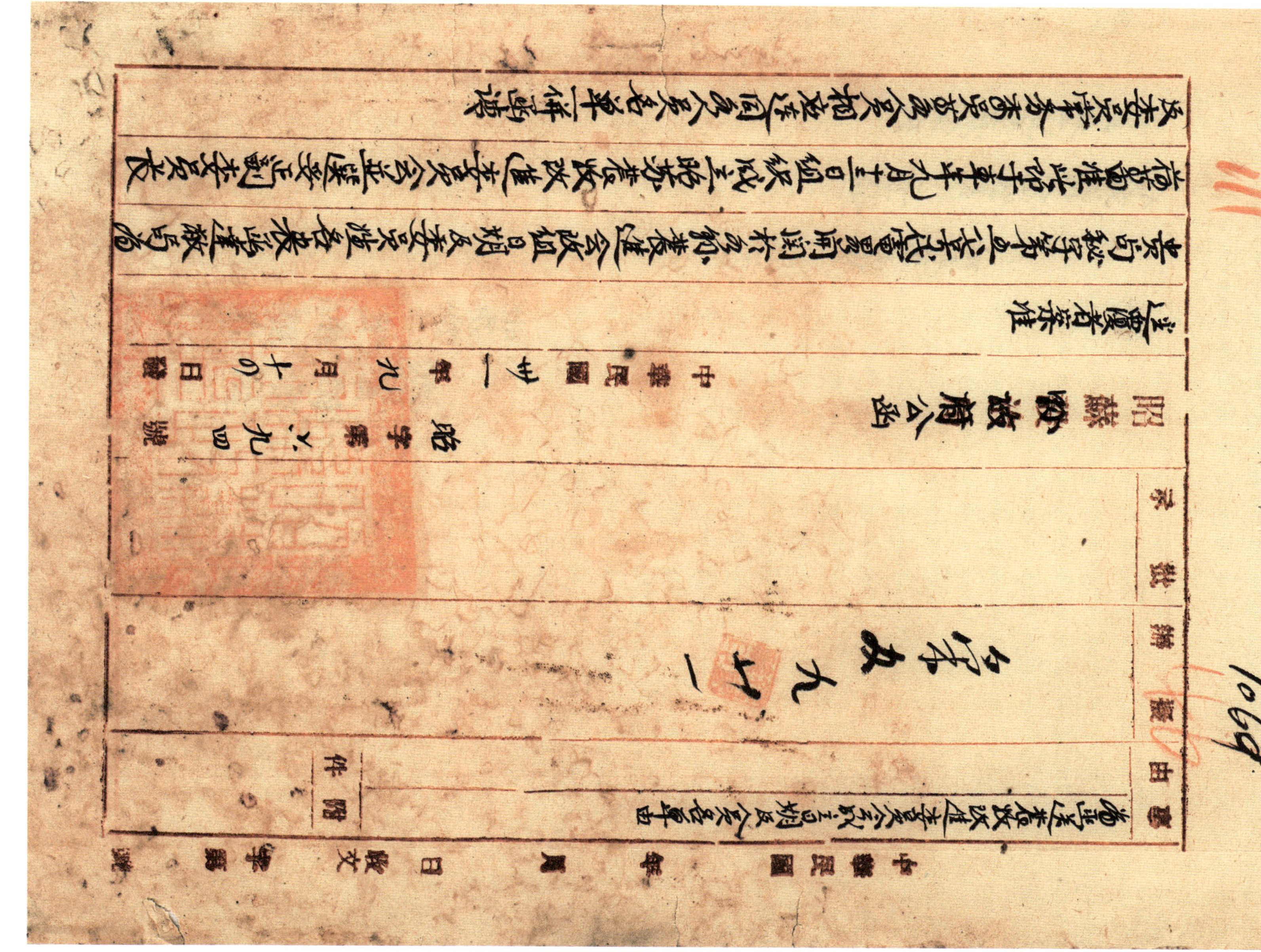

一一五　新疆省政府建設廳爲頒發各縣農進會章程仰即遵照事給伊犁農牧局的訓令及各縣成立農牧改進委員會的公函、呈（1942-10-17）
（J2-3-54-16）（9-4）

一一五　新疆省政府建設廳爲頒發各縣農進會章程仰即遵照事給伊犁農牧局的訓令及各縣成立農牧改進委員會的公函、呈（1942-10-17）
（J2-3-54-16）（9-5）

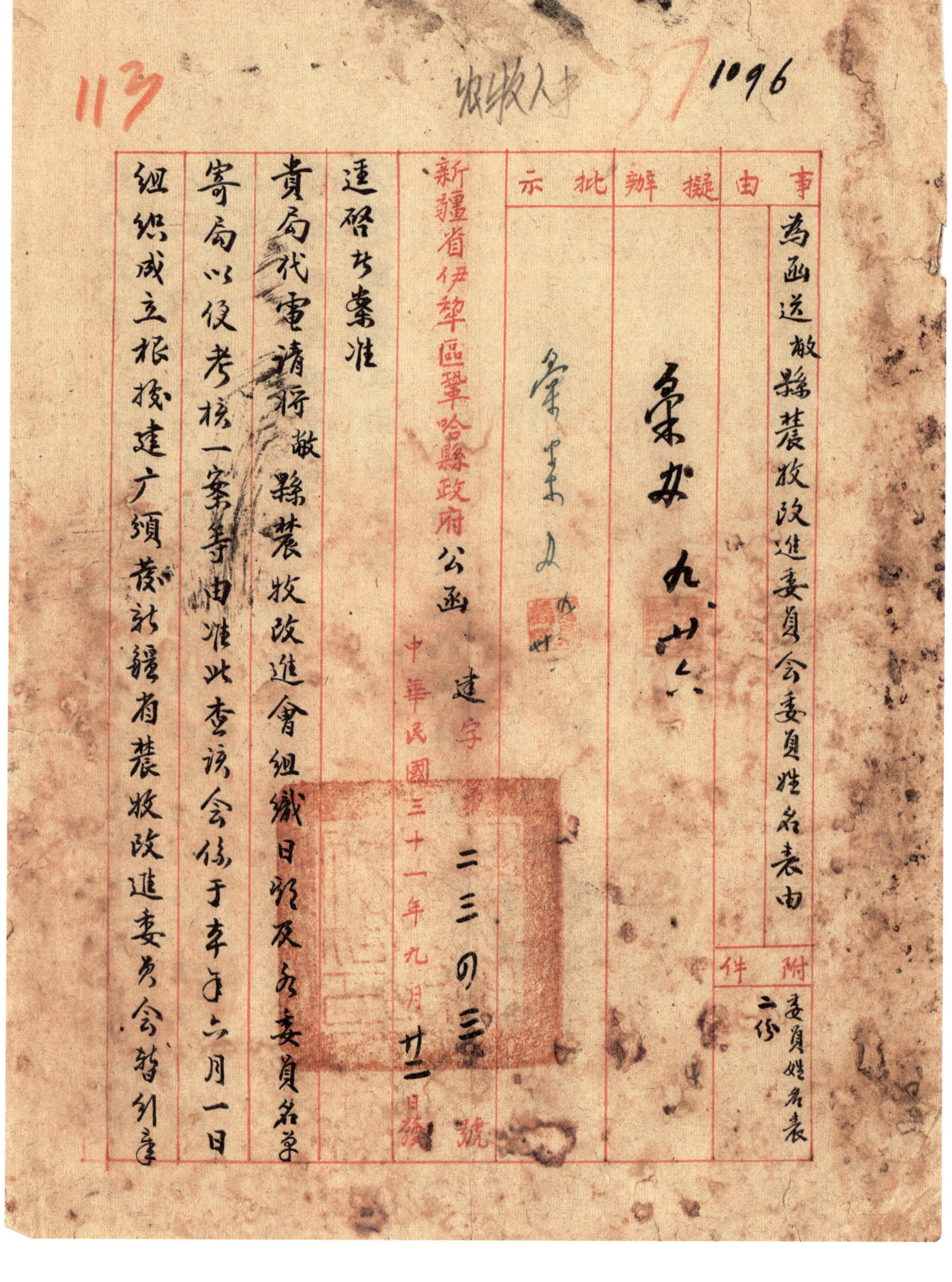

事由	為函送敝縣農牧改進委員會委員姓名表由
附件	委員姓名表二份
擬辦	
批示	

新疆省伊犁區鞏哈縣政府公函　建字第二三〇三號

中華民國三十一年九月廿二日發

逕啓者案准

貴局代電請將敝縣農牧改進會組織日期及各委員名單寄局以便考核一案等由准此查該会係于本年六月一日組織成立根據建广頒發新疆省農牧改進委員会暫行章

一一五　新疆省政府建設廳爲頒發各縣農進會章程仰即遵照事給伊犁農牧局的訓令及各縣成立農牧改進委員會的公函、呈（1942-10-17）（J2-3-54-16）（9-6）

114

程内載第六条該委員廿八人，常務委員十二人，正副委員長三人，内部工作人員四員。名准函前由，相應列表另一份附函送請

貴局長查照是荷。此致

伊犁區農牧局局長孫

附委員姓名表二份

縣長　正　于清泉
　　　副　朱玉甯

一一五　新疆省政府建設廳爲頒發各縣農進會章程仰即遵照事給伊犁農牧局的訓令及各縣成立農牧改進委員會的公函、呈（1942-10-17）
（J2-3-54-16）（9-7）

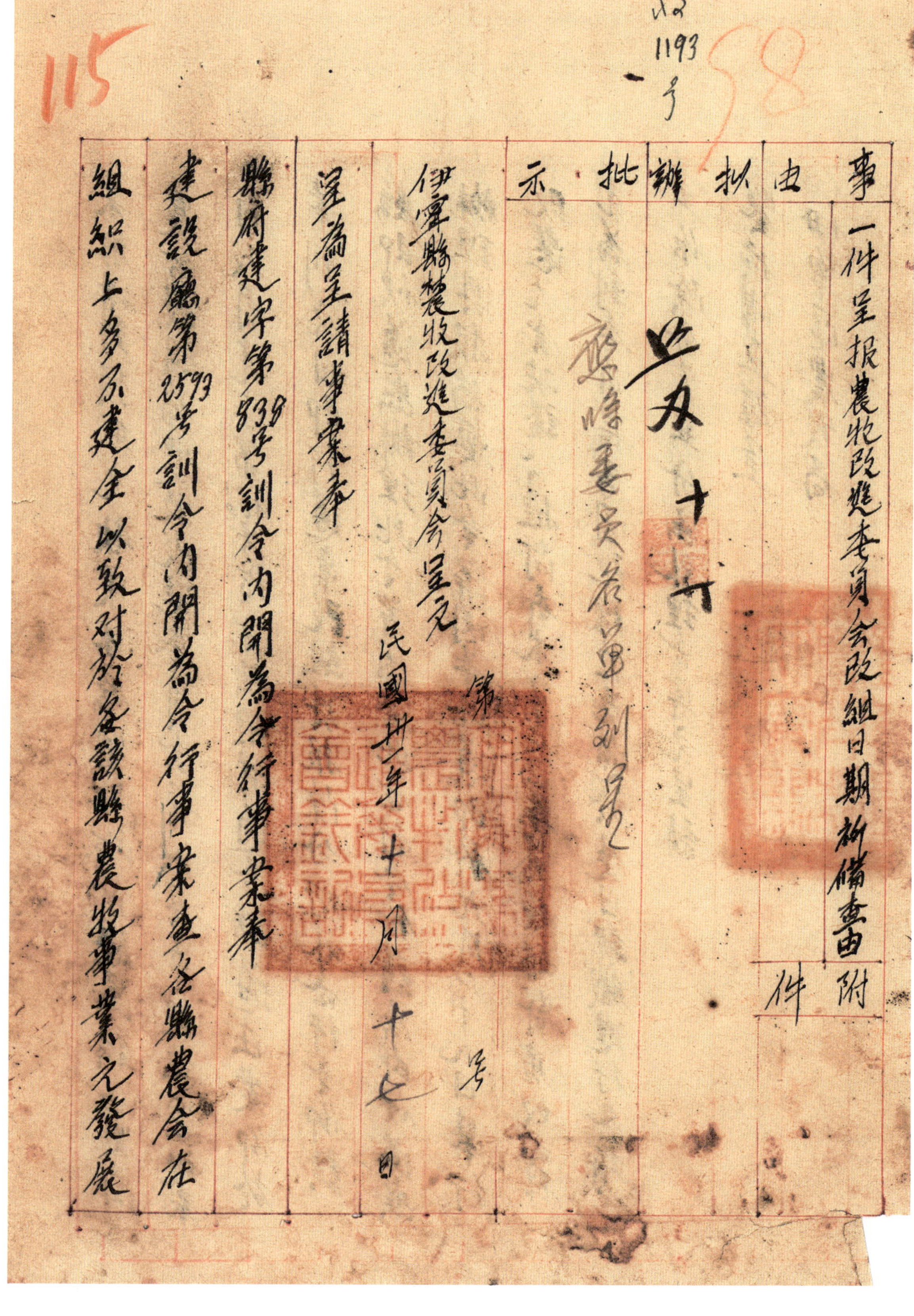

事由　一件呈报農牧改進委員会改組日期祈備查由　附件

拟辦　[illegible]

批示　應候委员名单到[illegible]

伊寧縣農牧改進委員会呈乞

第　　号

民國卅一年十月十七日

呈爲呈請事案奉

縣府建字第838号訓令内開爲令行事案奉

建設廳第2593号訓令内開爲令行事案查各縣農会在

組织上多不建全以致对於各該縣農牧事業无發展

一一五　新疆省政府建設廳爲頒發各縣農進會章程仰即遵照事給伊犁農牧局的訓令及各縣成立農牧改進委員會的公函、呈（1942-10-17）
（J2-3-54-16）（9-8）

未能得到預期之效果本廳鑒於此前經呈請各縣局
農會改組爲農牧改進委員會并擬具章程在案旋奉
省政府建字第486號指令照准并通令飭遵在案仰於
奉到之日即行遵章改組具報除分行外合行令仰該
縣即便遵照辦理此令等因奉此合行令仰該會即便遵照
辦理具報爲要此令等因奉此遵即於九月二十八日舉行
改選大會決議公推阿奇木伯克爲委員長魏繼賢居奴司拜
充爲副委員長等因記錄在卷遵於是日就職進行各項
工作除分呈並分函外理合具文呈請
鑒核備查謹呈
伊犁區農牧局

116

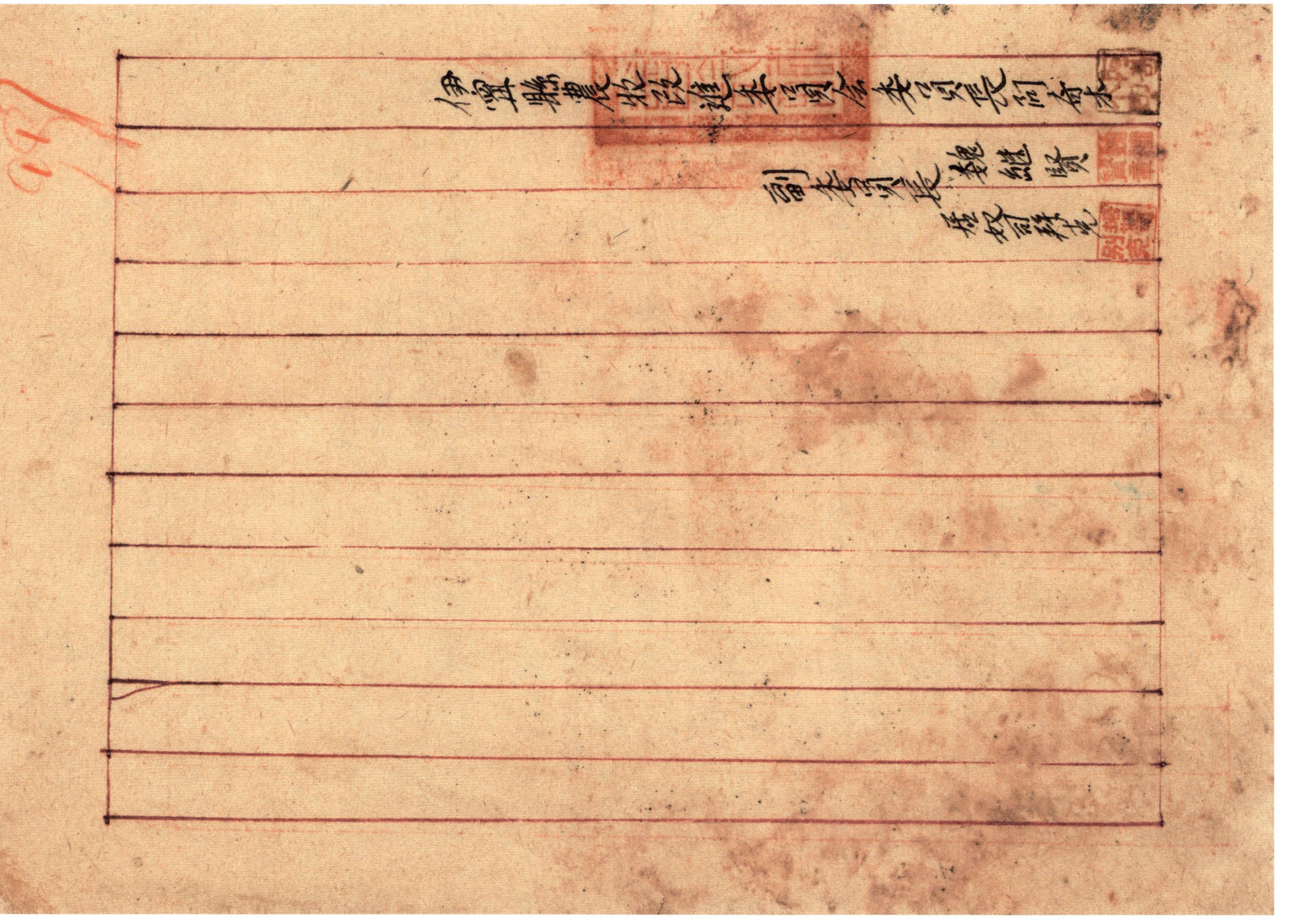

伊寧縣農牧改進委員會主任委員阿合木

副主任委員魏繼賢

一一五　新疆省政府建設廳爲頒發各縣農進會章程仰即遵照事給伊犁農牧局的訓令及各縣成立農牧改進委員會的公函、呈（1942-10-17）（J2-3-54-16）（9-9）

一一六　霍爾果斯縣政務委員會例會紀録（節選）（1942-05-04—1942-10-22）（J2-5-86-2）（3-1）

28

霍爾果斯縣政務委員會第十一次例會紀録

時　間　1942.5.4日　上午十點

地　点　縣長辦公室

主　席　石韞玉

出　席　石韞玉　楊濟舟　董家麟

紀　録　王成舉

（一）報告事項

1.因購馬工作甚忙未能召開

2.委員札.楊調遣因委員不足半數

查以上各種原因所以四月例會未便如期召開

（二）討論事項

1.委員馬賈爾罕政因案離職遺缺應以何員補充請公決

決議　提交下次例會表決　（全体委員無異議會議）

2.本縣積谷備荒公社本年積谷倉糧應以百分之八十貸出本縣户民過去所欠積谷糧尚未歸清如何辦理請公決

決議　除户民所欠外以百分之五十貸給之　（全体委員無異議通過）

3.本年牧户荒地民播種面積較多為保証豐收免受損失起見擬由第一區負責挖渠（即疏通葦葫）一道以節省水利而利灌溉請公決

決議　由第一區區長召集新舊墾户負責挖渠　（全体委員無異議通過）

4.關于消防隊組織及改選人員辦法應如何進行請公決

決議　由縣政府辦理　（全体委員無異議通過）

（三）審查事項

（四）閉會　下午1点

霍爾果斯縣政務委員會第十二次例會紀録

時　間　1942.5.11日　上午　11點

地　點　縣長辦公室

主　席　鄭用珪

出　席　鄭用珪　楊濟舟　董家麟　石韞玉

紀　録　王成舉

一一六　霍爾果斯縣政務委員會例會紀録（節選）（1942-05-04—1942-10-22）（J2-5-86-2）（3-2）

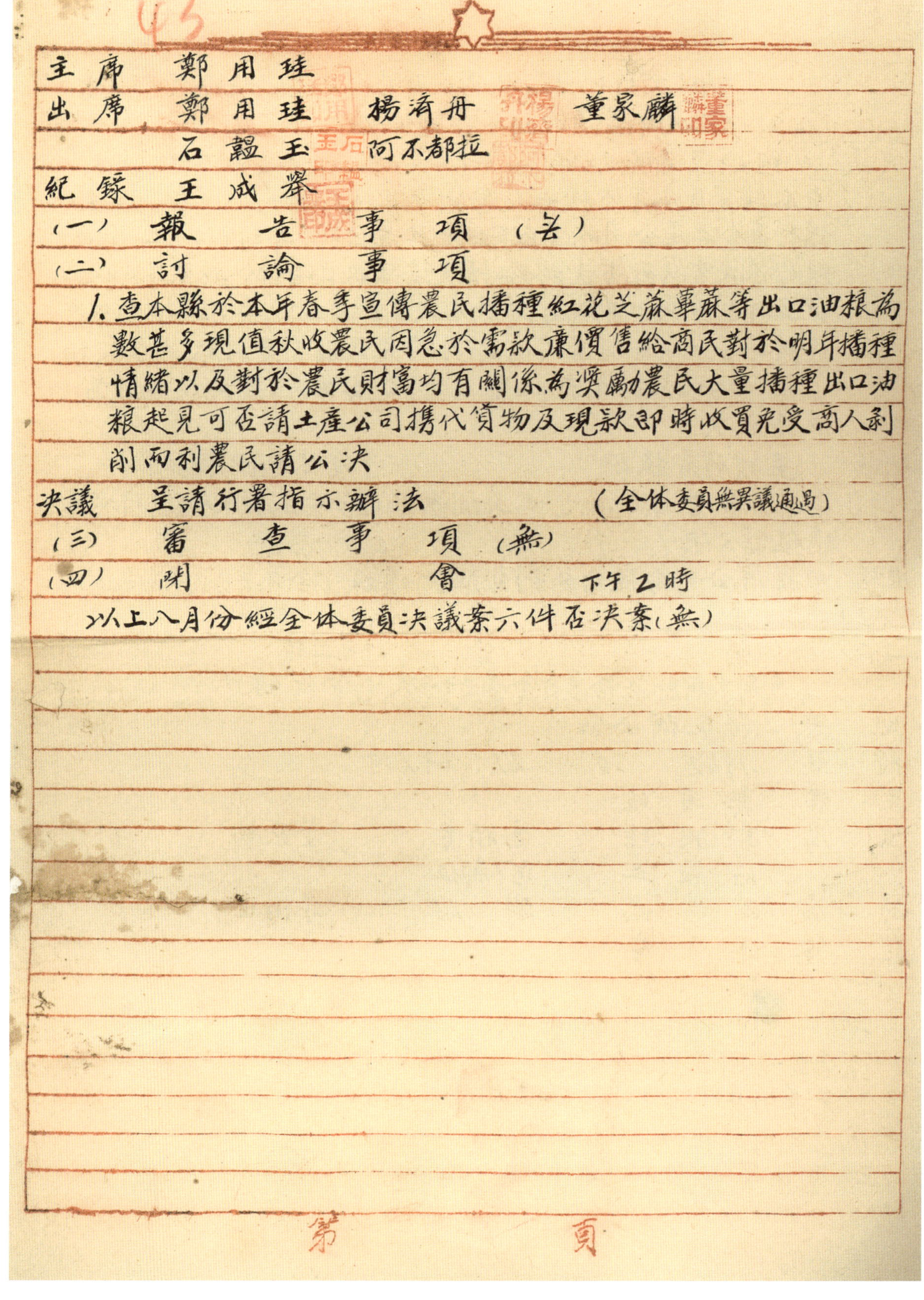

43

主席　鄭用珪

出席　鄭用珪　楊濟舟　董家麟

石韞玉　阿不都拉

紀録　王成峯

（一）報告事項（缺）

（二）討論事項

1. 查本縣於本年春季宣傳農民播種紅花芝麻蓽麻等出口油粮爲數甚多現值秋收農民因急於需款廉價售給商民對於明年播種情緒以及對於農民財富均有關係爲獎勵農民大量播種出口油粮起見可否請土產公司携代貨物及現款即時收買免受商人剝削而利農民請公决

决議　呈請行署指示辦法　（全体委員無異議通過）

（三）審查事項（無）

（四）閉會　下午二時

以上八月份經全体委員决議案六件否决案（無）

第　頁

銷便利計擬由各机關及有聲望之民衆組織推銷委員會以廣推銷而利工作請公决

決議　1、組織宣傳隊推銷　（全体委員無異議通過）

2、查本縣農民本年播種紅花華蔴等油粮作物爲數甚多前經呈請行署令土産公司收買在案旋因土産公司本年時對於上項油粮均不收買以致農民紛紛請求設法收買總計全縣本年共收紅花五仟斛華蔴二百斛之譜如不收買不但本縣無用途且對於農民終年勞力似無相當代價即對於農民財富農村經濟亦受相當影响擬請由政府收買以資救濟而裕農民是否適當提請公決

決議　呈請行署核辦　（全体委員無異議通過）

3、奉督署命令填造兵要地及調查綱目一案本縣如何進行以求精確請公决

決議　由縣府公安局稅局分别負責進行填報（全体委員無異議通過）

（三）　審　查　事　項　（無）

（四）　閉　　會　　下午二時

（霍爾果斯縣政務委員會第三十二次例會紀録）

地　點　縣長辦公室

時　間　1942、10、22、下午2時

主　席　鄭用珪

出　席　鄭用珪　高栢青　董家璘

石韞玉　阿不都拉

列　席　趙夢德　劉忍　李相臣

紀　録　王成璨

（一）　報　告　事　項　（無）

（二）　討　論　事　項

1、查診療所賬項前奉行署令由縣府公安局稅局會同檢查業已檢查完畢附具總結是否澈底請公决

決議　應再詳查後再行轉報

（三）　審　查　事　項　（無）

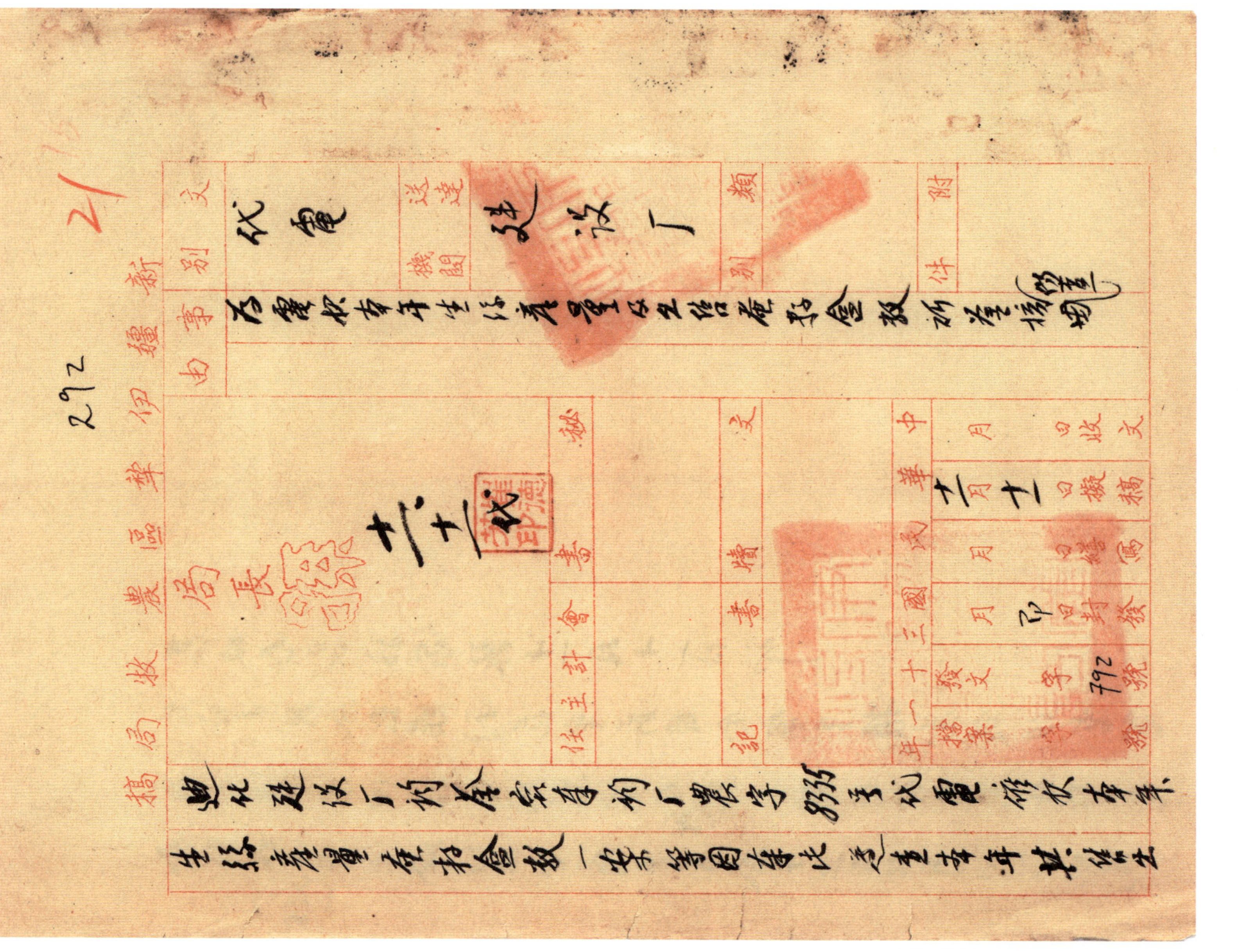

伊犁區農牧局爲報本年生絲産量及出售蠶籽盒數鑒核事給迪化建設廳的代電（1942-11-11）（J2-3-43-10）（2-1）

新疆伊犁區農牧局稿

文别	代電
送達機關	建設廳
類别	
附件	
事由	爲電報本年生絲産量及出售蠶籽盒數祈鑒核由

局長 十一、十一 代

秘書	會計主任

文牘	書記

中華民國三十一年

收文	擬稿	繕寫	封發	發文	檔案
月 日	十一月十一日	月 日	月 日	字792號	字 號

迪化建設廳鈞鑒：案奉鈞廳農字8335號代電，催報本年生絲産量、蠶籽盒數一案等因，奉此，遵查本年共售生

292

21

一一七　伊犁區農牧局爲報本年生絲産量及出售蠶籽盒數鑒核事給迪化建設廳的代電（1942-11-11）（J2-3-43-10）（2-2）

23

蠶籽六百七十五盒（675）約收蠶繭叁千五百公斤，因當地民
眾有用土法抽絲作成絲線及綿者，復因價值偏低，故土產
公司未能全數購到。茲奉前因，合電呈報鑒核。伊犁區
農牧局局長張家驊　十一月十一日印

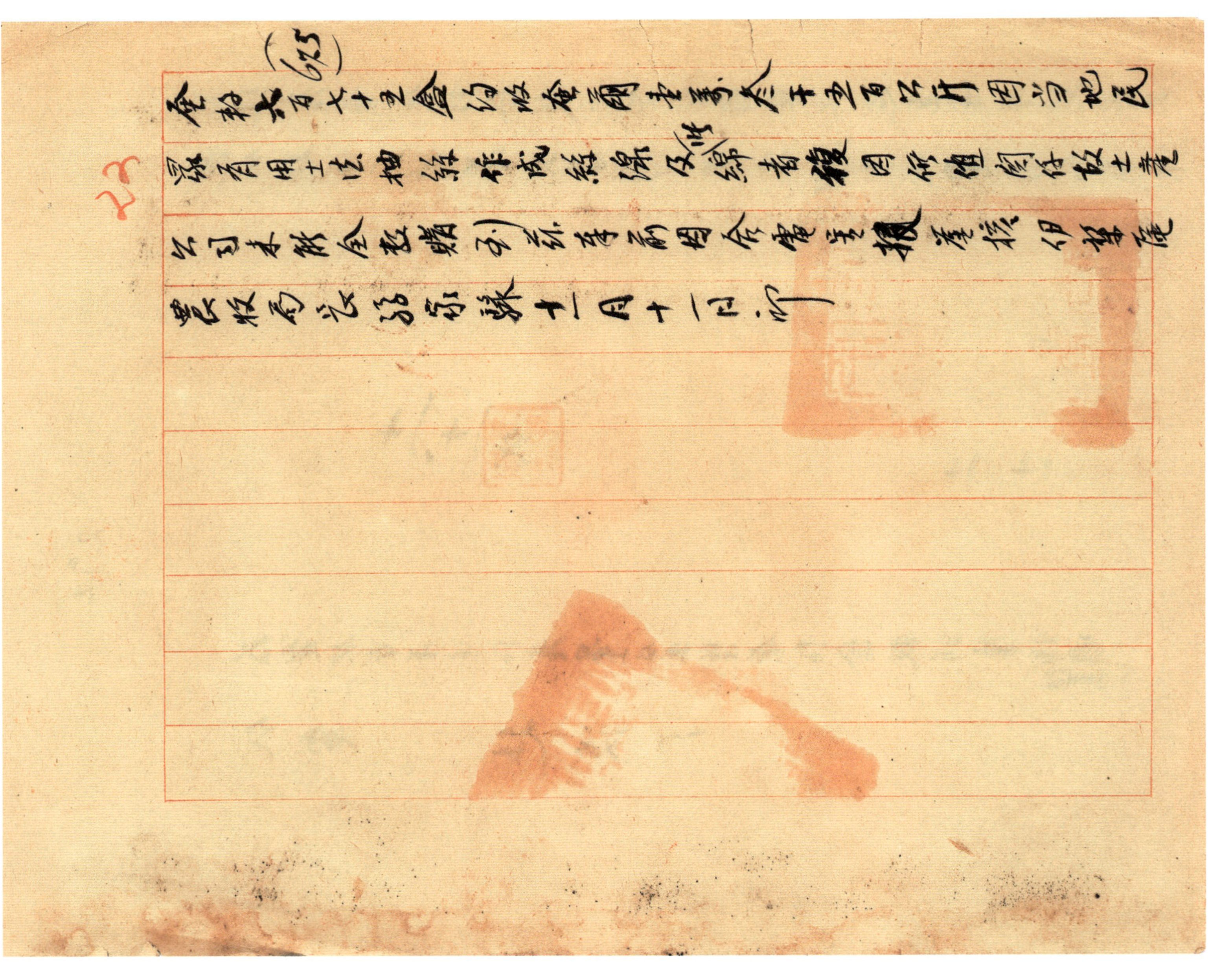

鞏哈縣政府就民衆自願開挖峌固斯河及鐵米里克渠道事的呈（附預算表）及伊犁區行政長公署的指令（1942-12-01）（J2-3-56-5）（5-1）

事由：一件為呈轉開挖峌固斯河及鐵米里克渠道民衆自願開挖由

附件

擬辦

批示

鞏哈縣政府呈

建字第二三二七號

中華民國三十一年九月十五日發

呈為呈請事案查職縣前經呈請開挖鐵米里克新渠道估計工料洋二十五萬元一案，查此案，職縣迄未奉到指示，當經召開第一次縣政例會，為了發展農業，不使每個角落荒蕪廢棄，計遂提交會議重新磋討，當場經第三區長及民衆代表等決議，將由該區民衆自願墾荒者自動出工出料開挖，不再集款，僅請由伊農牧局派水利

30

專家勘查設計以便動工等情記録在案理合具文轉請
鈞署鑒核令飭農牧局派員以利進行謹呈
伊犁區行政長李
副行政長王

縣　長于清泉
副縣長朱玉寧

擬開鞏哈縣小鐵米里克渠預算表

區	段別	長度 M	平方 M²	立方 M³	每人每日工作立方米	需用人工數	能灌溉地數（以公頃計算）	備考
1	第一段工程	3440	8 M²	27.520	5	5.544		勞力由民工擔[illegible]補元哈稀人村需費民許於各[illegible]該宅區由[illegible]
2	第二段 〃〃	2600	5 M²	13000	5	2.600		
3	〃三 〃〃	4000	8 M²	32.000	5	6.400		
4	〃四 〃〃	5100	3 M²	15.300	5	3060		
5	〃五 〃〃	2300	2.7 M²	6210	5	1242		
	合計	17.440		94.030		18.806	500 20	

局長（印）　　水利指導員（印）

一一八　鞏哈縣政府就民衆自願開挖崆固斯河及鐵米里克渠道事的呈（附預算表）及伊犁區行政長公署的指令（1942-12-01）（J2-3-56-5）（5-4）

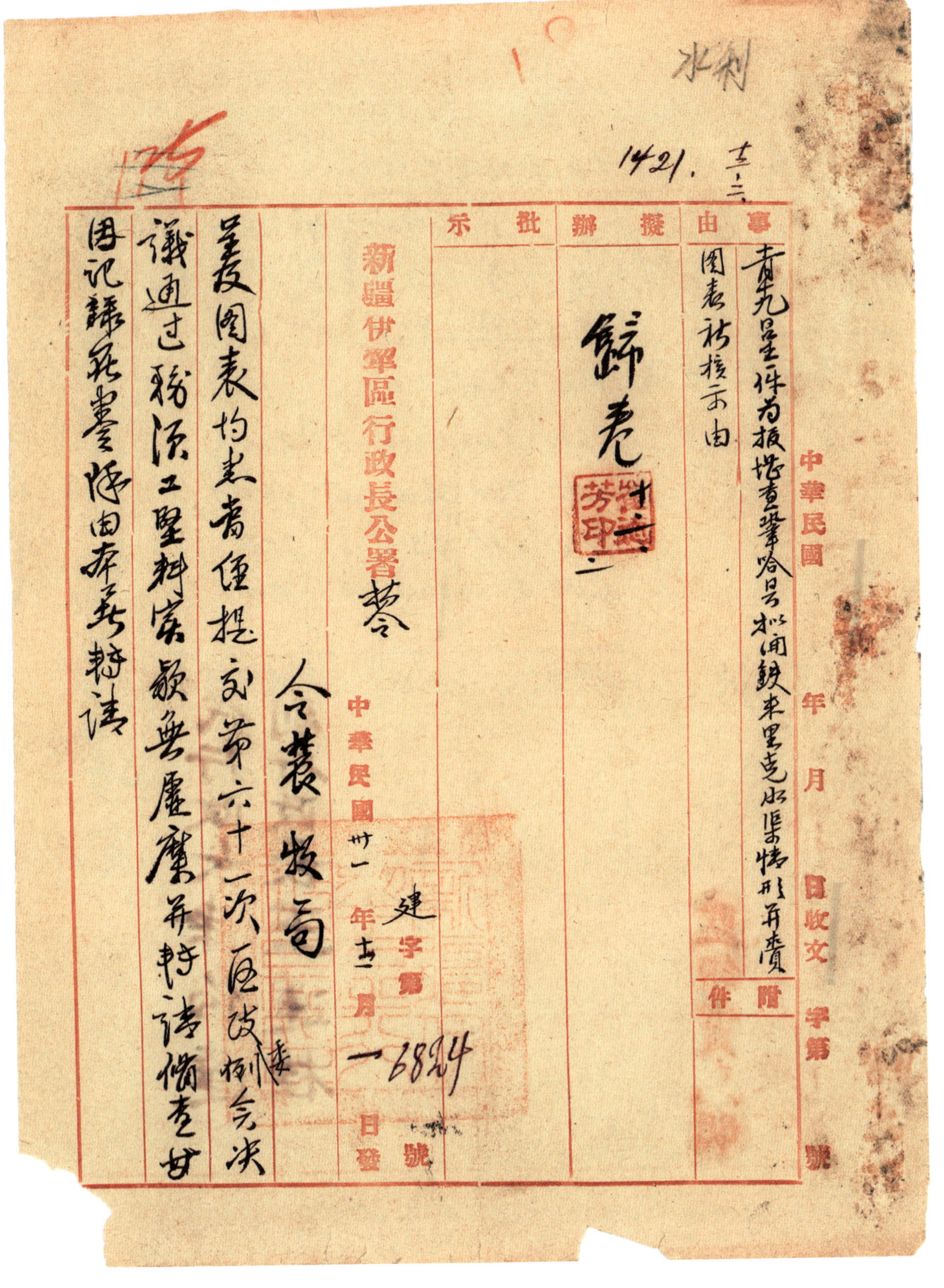

1421.　十二

水利

事由：青九呈一件為據報查鞏哈民众開鐵米里克渠情形並賫圖表祈核示由

擬辦：歸卷

新疆伊犁區行政長公署指令

中華民國卅一年十二月　日發　建字第一6824號

令鞏哈縣長

呈及圖表均悉。當經提交第六十一次區政委員会決議通過，務須工程料實，毋虛縻，并轉請備查。毋因記錄存查，除由本署呈轉請

一一八　鞏哈縣政府就民衆自願開挖崆固斯河及鐵米里克渠道事的呈（附預算表）及伊犁區行政長公署的指令（1942-12-01）（J2-3-56-5）（5-5）

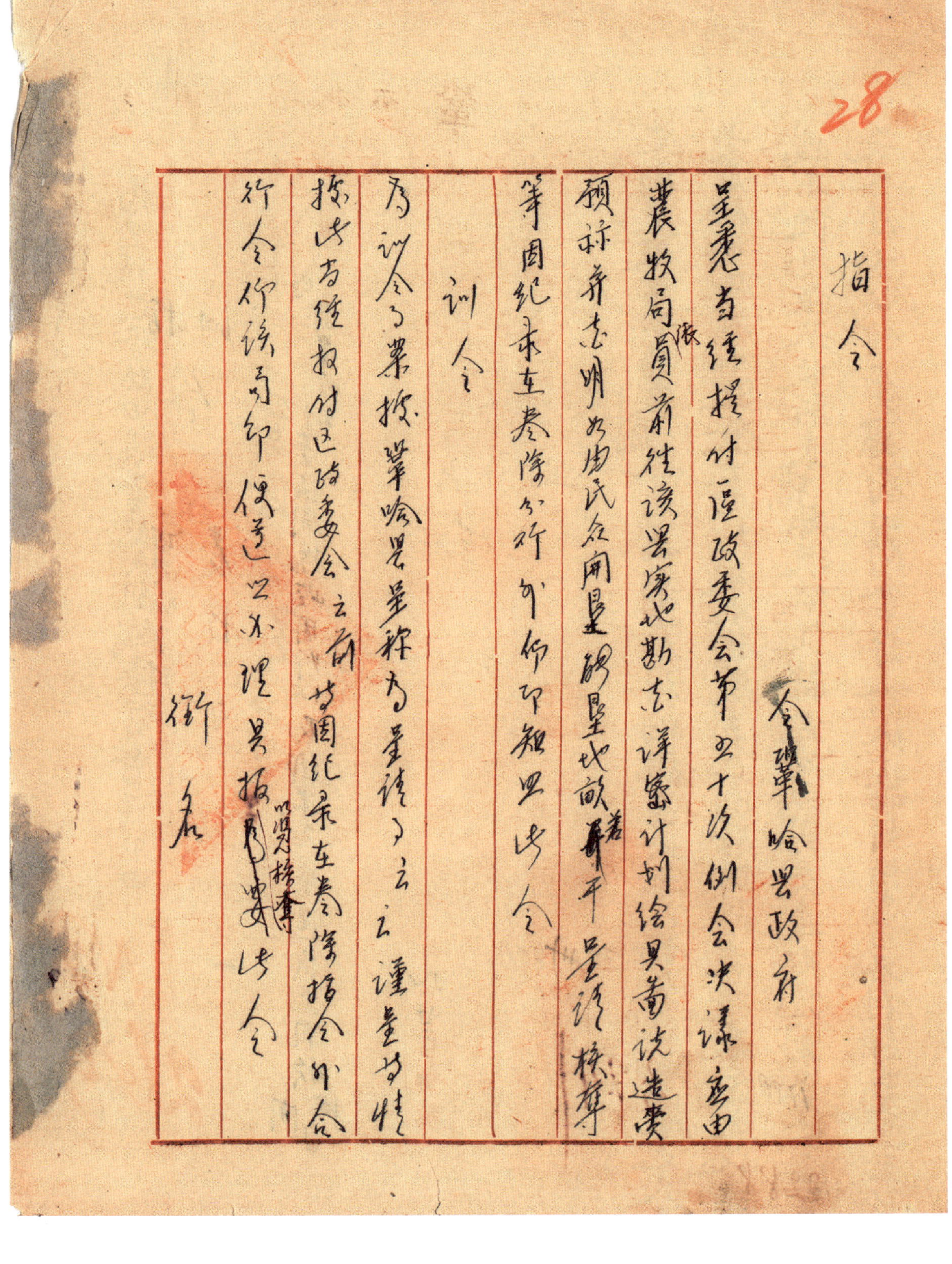

指令

令鞏哈縣政府

呈悉。查經提付區政委會第五十次例會決議：交由農牧局派員前往該縣實地勘查，詳細計劃，繪具圖說，造具預算，並查明如由民眾開墾，能墾地畝若干，呈請核奪等因。紀錄在卷。除分行外，仰即知照。此令。

訓令

為訓令事。案據鞏哈縣呈稱：為呈請事云云，謹呈等情。據此，查經提付區政委會云云前等因。紀錄在卷。除指令外，合行令仰該局即便遵照辦理具報。此令。

銜名

一一九　河南縣政府就建修稻田渠籌款及組織委員會情形事的呈及伊犁區行政長公署訓令、新疆省政府指令（1942-12-03）（J2-3-56-14）（5-1）

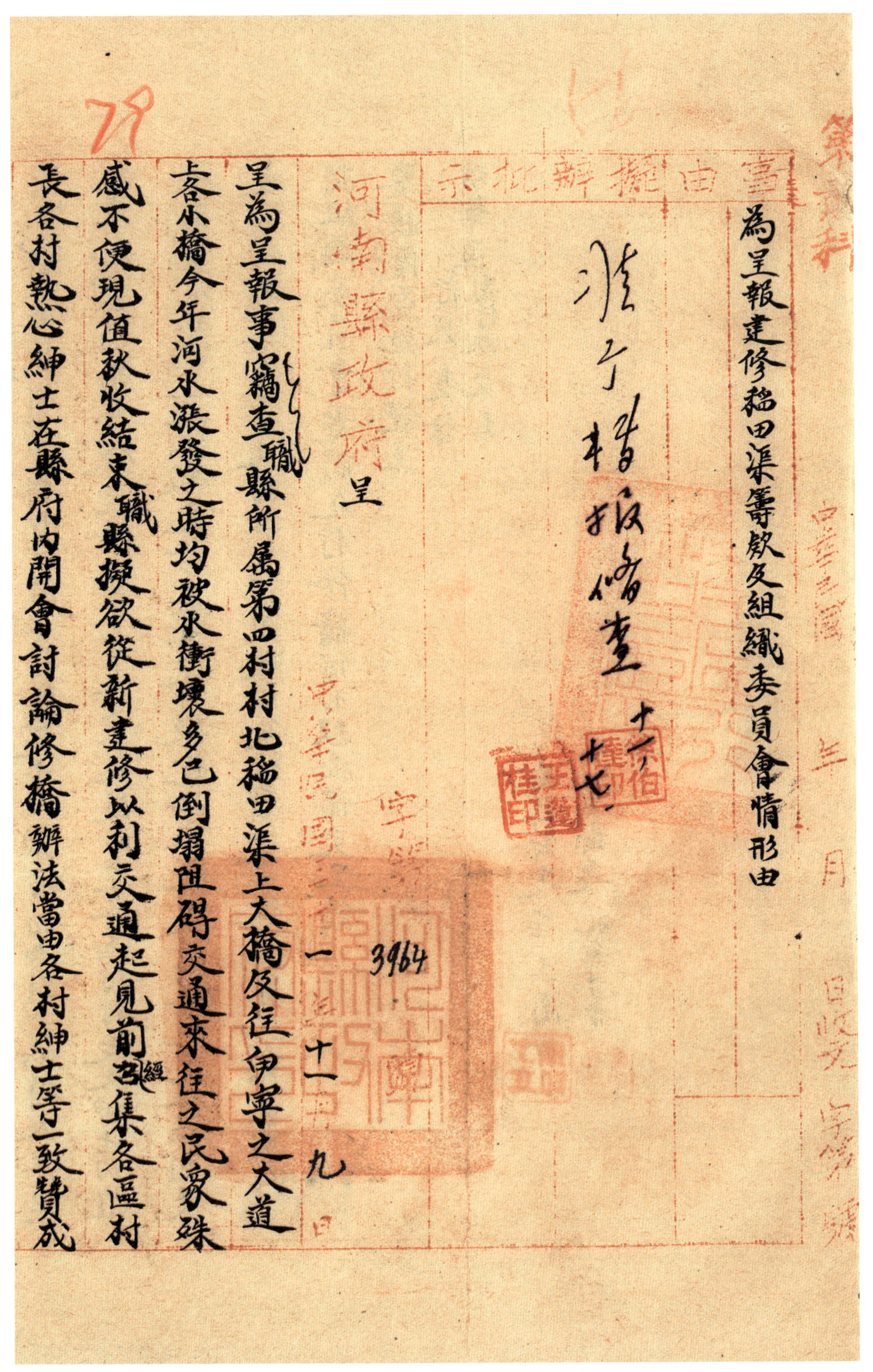

事由：為呈報建修稻田渠籌款及組織委員會情形由

擬辦：准予備查。十一、十七

批示：

河南縣政府　呈

一　十一　九　3964

呈為呈報事。竊查職縣所屬第四村村北稻田渠上大橋及往伊寧之大道上各小橋，今年河水漲發之時均被水衝壞，多已倒塌，阻礙交通，來往之民衆殊感不便。現值秋收結束，職縣擬欲從新建修，以利交通。起見，前經召集各區村長、各村熱心紳士在縣府內開會討論修橋辦法，當由各村紳士等一致贊成

一一九　河南縣政府就建修稻田渠籌款及組織委員會情形事的呈及伊犁區行政長公署訓令、新疆省政府指令（1942-12-03）（J2-3-56-14）（5-2）

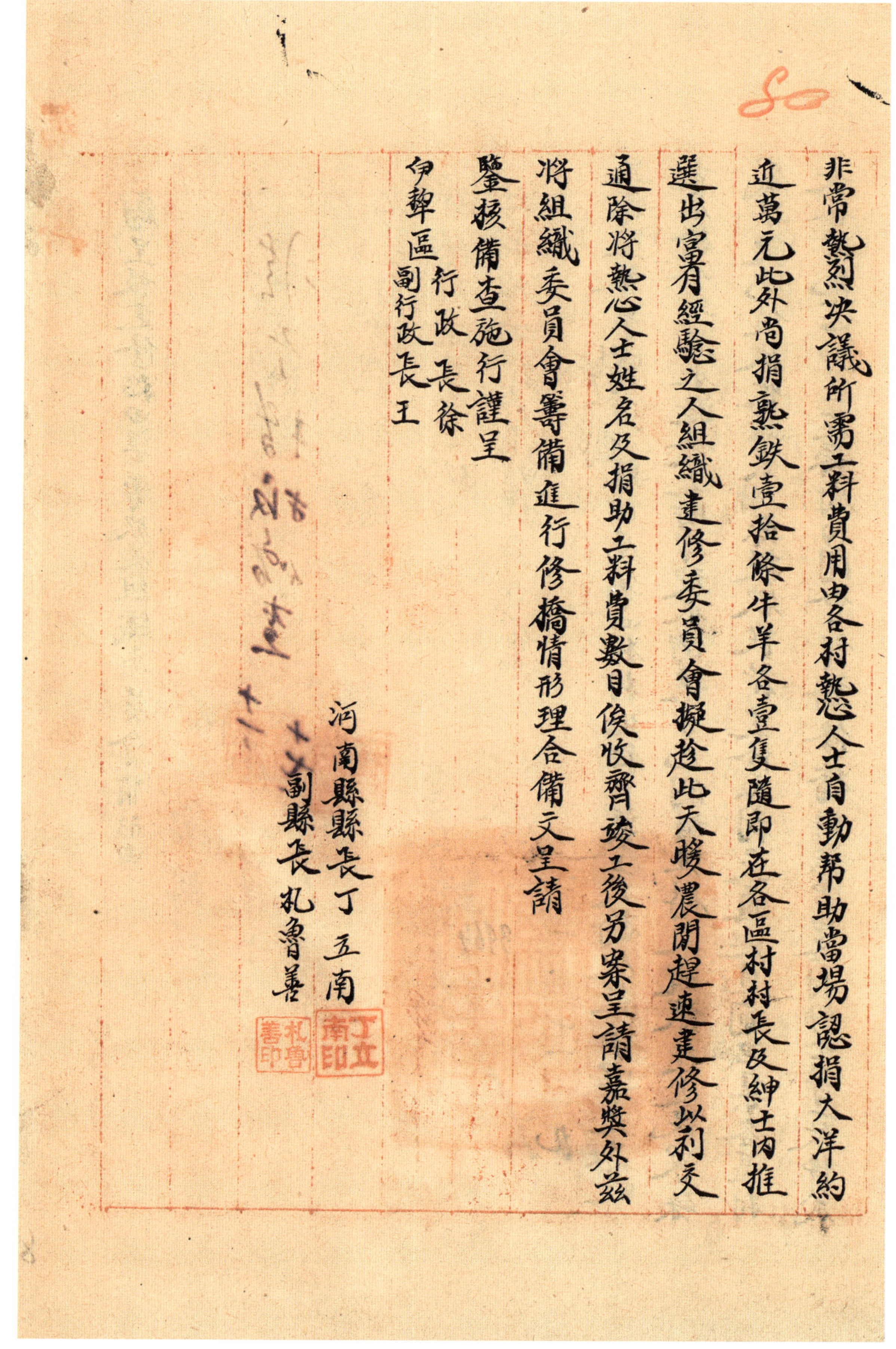

非常熱烈決議所需工料費用由各村熱心人士自動帮助當場認捐大洋約近萬元此外尚捐熟鉄壹拾條牛羊各壹隻隨即在各區村村長及紳士内推選出富有經驗之人組織建修委員會擬趁此天暖農閒趕速建修以利交通除將熱心人士姓名及捐助工料費數目俟收齊竣工後另案呈請嘉獎外茲將組織委員會籌備進行修橋情形理合備文呈請
鑒核備查施行謹呈
伊犁區行政長徐
副行政長王

河南縣縣長丁五南
副縣長扎魯善

一一九　河南縣政府就建修稻田渠籌款及組織委員會情形事的呈及伊犁區行政長公署訓令、新疆省政府指令（1942-12-03）（J2-3-56-14）（5-3）

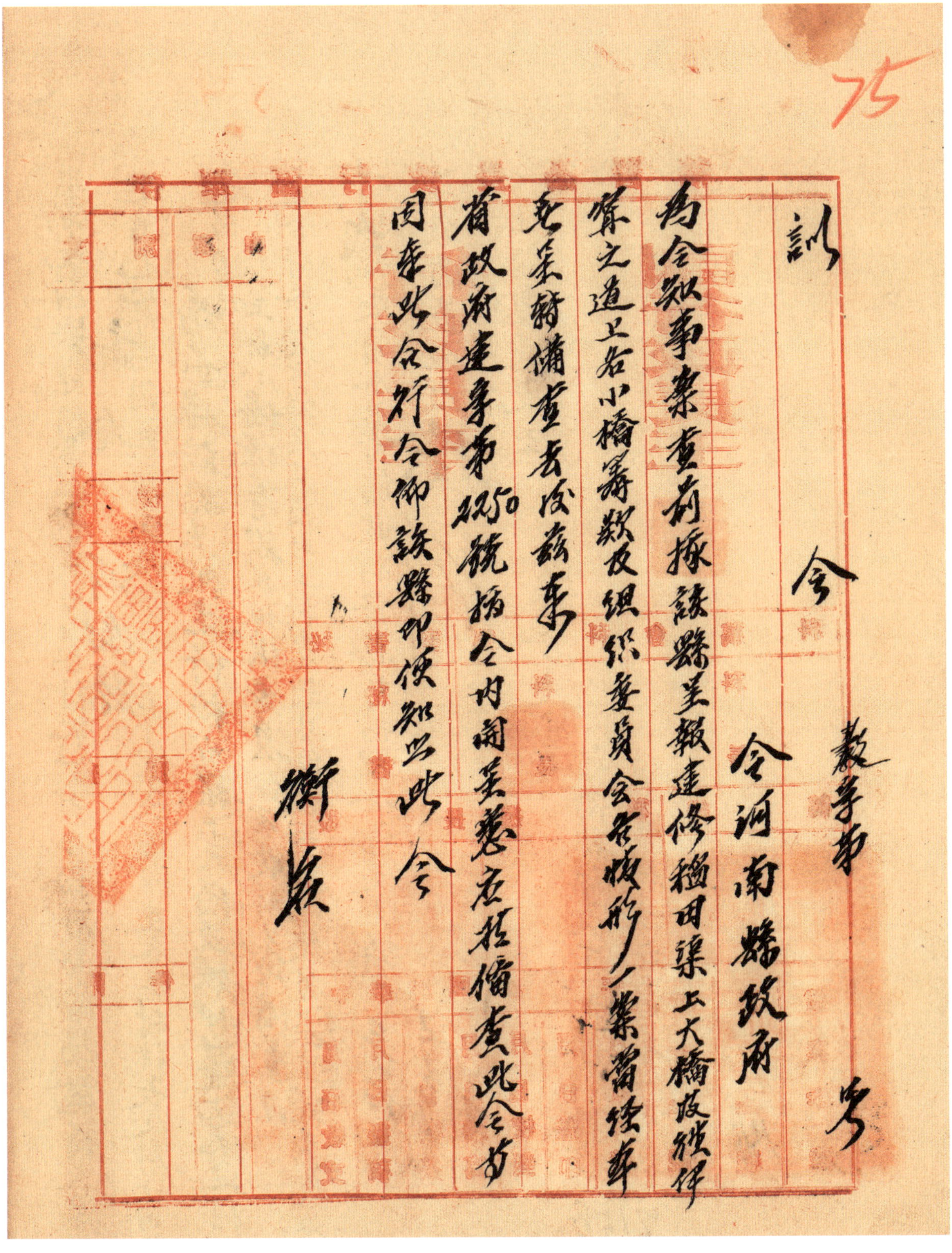

訓令　教字第　號

令河南縣政府

為令飭事。案查前據該縣呈報建修稻田渠上大橋及往伊寧之道上各小橋籌款及組織委員會各情形一案，當經本署專案呈請備查去後，茲奉

省政府建字第2250號指令內開：「呈悉。應准備查。此令。」等因。奉此，合行令仰該縣即便知照。此令。

一一九　河南縣政府就建修稻田渠籌款及組織委員會情形事的呈及伊犁區行政長公署訓令、新疆省政府指令（1942-12-03）（J2-3-56-14）（5-4）

76

二科

十二、十八

徐伯達印

新疆省政府　指令

事由　十一月十四日呈一件為呈報河南縣政府建修稻田渠上大橋及往伊寧之大道上各小橋樑籌款及組織委員會各情形請備查由

中華民國　年　月　日收文　字第　號

建字第2250號

中華民國卅一年十二月三日發

令伊犁區行政長公署

呈悉，應准備查。此令。

主席　盛世才

監印　滕瑞芝

校對　王[illegible]

8678

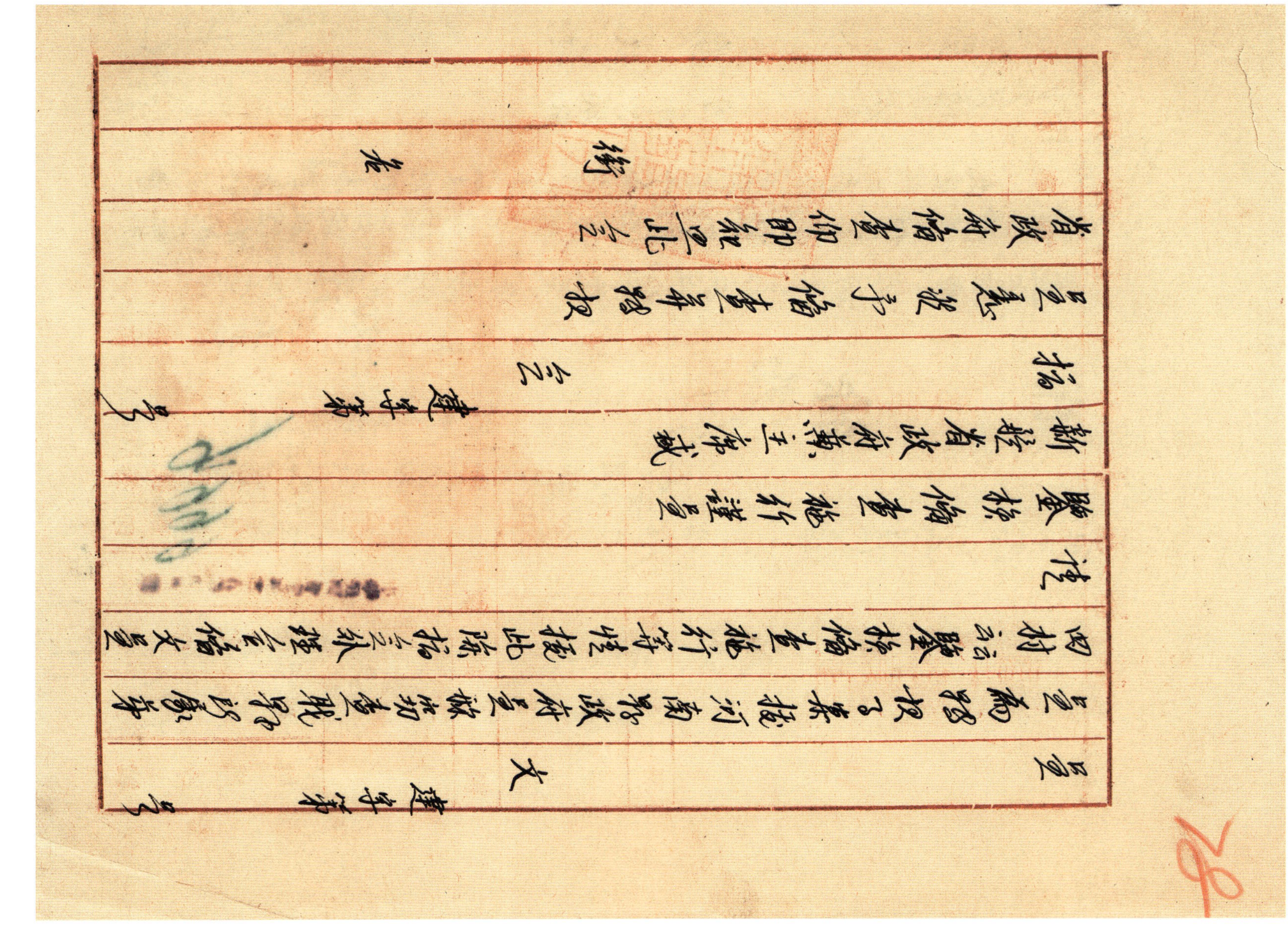

一一九　河南縣政府就建修稻田渠籌款及組織委員會情形事的呈及伊犁區行政長公署訓令、新疆省政府指令（1942-12-03）（J2-3-56-14）（5-5）

呈　文　建字第　號

呈為轉報事。案據河南縣政府呈稱：竊查職縣所屬第四村云云鑒核備查施行等情。據此，除指令外，理合備文呈請

鑒核備查施行。謹呈

新疆省政府兼主席盛

指　令　建字第　號

呈悉。准予備查，並轉報

省政府備查。仰即知照。此令。

銜　名

二一〇　伊犁區農牧局就農業牧畜各訓練班成立情形備查事的呈（附課程表）及伊犁區行政長公署的指令（1943-01-08）（J2-3-48-2）（5-1）

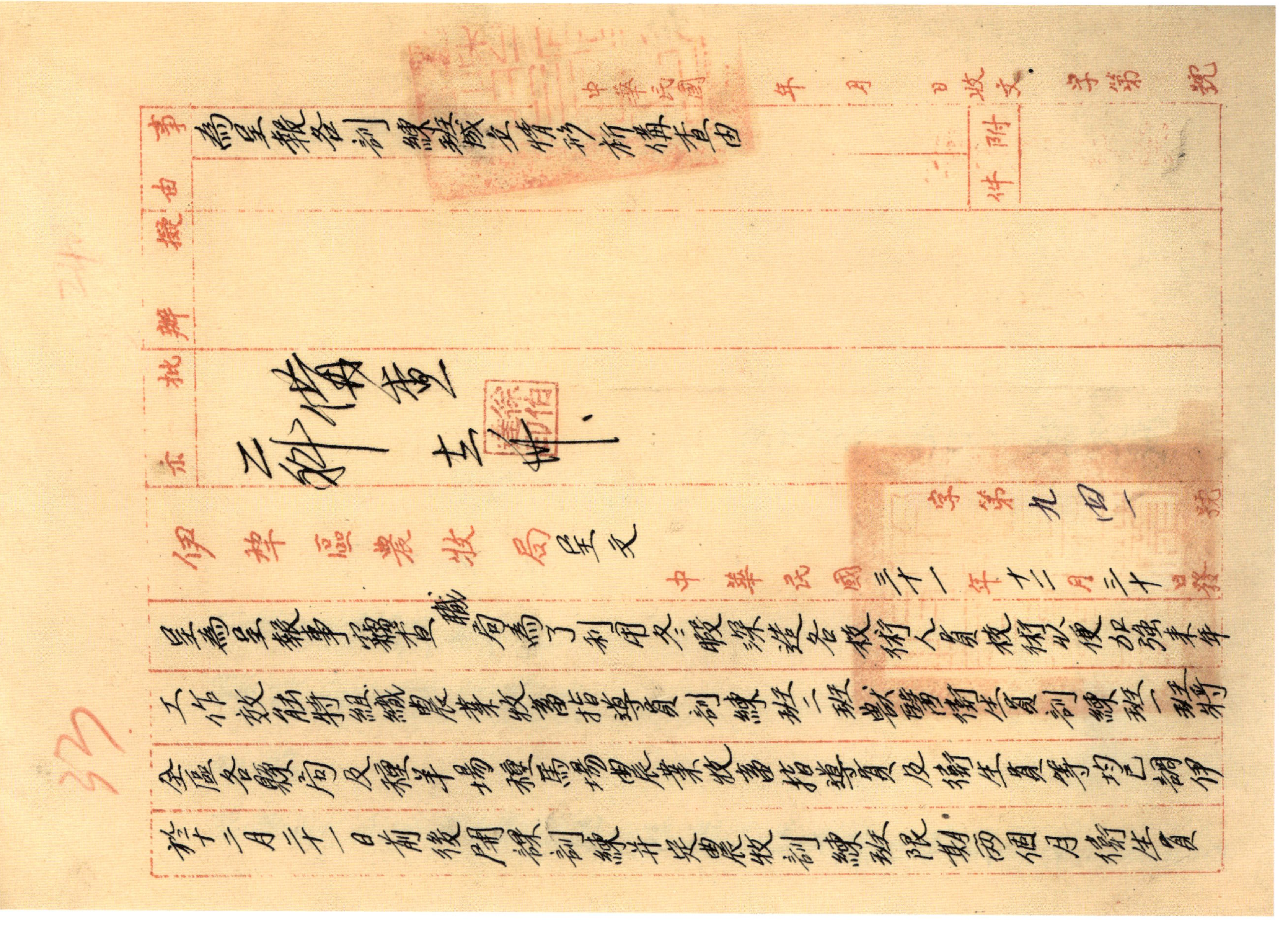

事由：為呈報各訓練班成立情形備查由

中華民國　年　月　日收文　字第　號

附件

擬辦

批示：備查。[illegible]

伊犁區農牧局呈文　字第九四一號

中華民國三十一年十二月三十日發

呈為呈報事：竊查職局為了利用冬假，深造各牧術人員技術，以便加強來年工作效能起見，特組織農業牧畜指導員訓練班二班，獸醫衛生員訓練班一班，將全區各縣局及種羊場、種馬場與農業牧畜指導員及衛生員等均已調伊，於十二月二十一日前後開課訓練，並按農牧訓練班限期兩個月，衛生員

34

訓練班三個月理合將組織各訓練情形並檢同課程表各一份備文

呈請

鑒核備查施行謹呈

伊犁區行政長徐

副行政長王

附課程表叁份

伊犁區農牧局長孫家驥

孫家驥印

一二〇　伊犁區農牧局就農業牧畜各訓練班成立情形備查事的呈（附課程表）及伊犁區行政長公署的指令（1943-01-08）（J2-3-48-2）（5-3）

伊犁区農牧局農業牧畜業衛生員各訓练班課程表

農業訓練班課程表

次序	課目	時間		合計時間	備考
		授課時間	實習		
1.	土壤学	28	6	34	
2.	水量使用法	10	4	14	
3.	作物培养法	10	4	14	
4.	土壤利用法	28	6	34	
5.	氣象学	20	6	26	
6.	園圃学	20	—	20	
7.	農田学	30	—	30	
8.	政府政策	26	—	20	
合計		166	26	192	

牧畜業訓练班課程表

次序	課目	時間		合計時間	備考
		授課時間	實習時間		
1.	牲畜生理学	30	10	40	
2.	牲畜分類学	80	30	110	
3.	牲畜分類：I.馬学	10	5	15	
	II.駝学	4		4	
	III.豬学	10		10	
	IV.雞学	8		8	
	V.兔学	5		5	
	VI.蜂学	6		6	
4.	牲畜喂养法	15	15	30	
5.	单据计劃及报告方法	16	·	16	
6	牲畜衛生学	20	5	25	
7	飼料準備法	15	5	20	
8	政府政策	16		16	
9	考试準備	13		13	
合計		243	75	318	

一二〇　伊犁區農牧局就農業牧畜各訓練班成立情形備查事的呈（附課程表）及伊犁區行政長公署的指令（1943-01-08）（J2-3-48-2）（5-4）

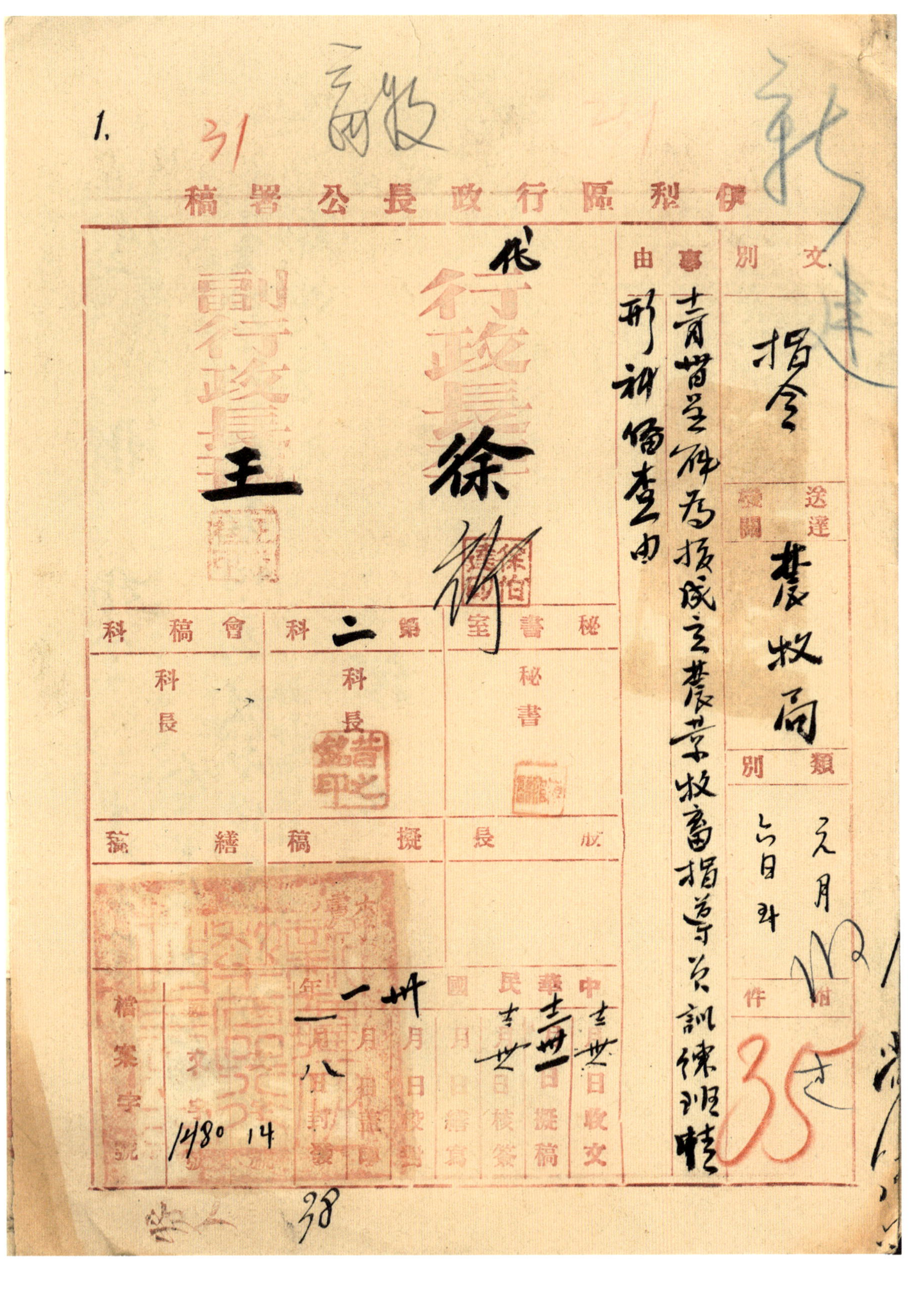
伊犁區行政長公署稿

文別：指令

送達機關：農牧局

事由：十二月廿三日呈一件為報成立農業牧畜指導員訓練班情形祈備查由

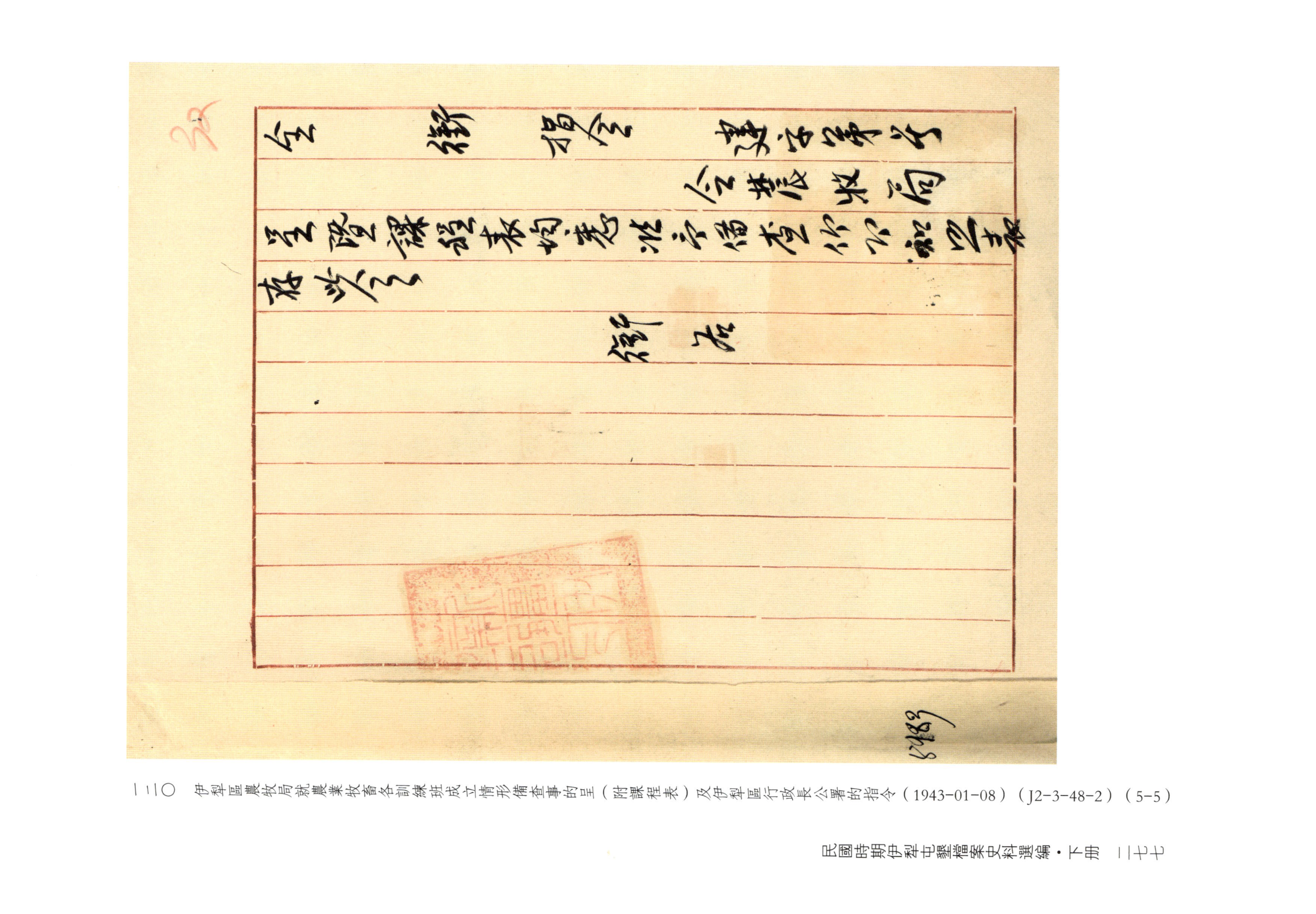

一二〇　伊犁區農牧局就農業牧畜各訓練班成立情形備查事的呈（附課程表）及伊犁區行政長公署的指令（1943-01-08）（J2-3-48-2）（5-5）

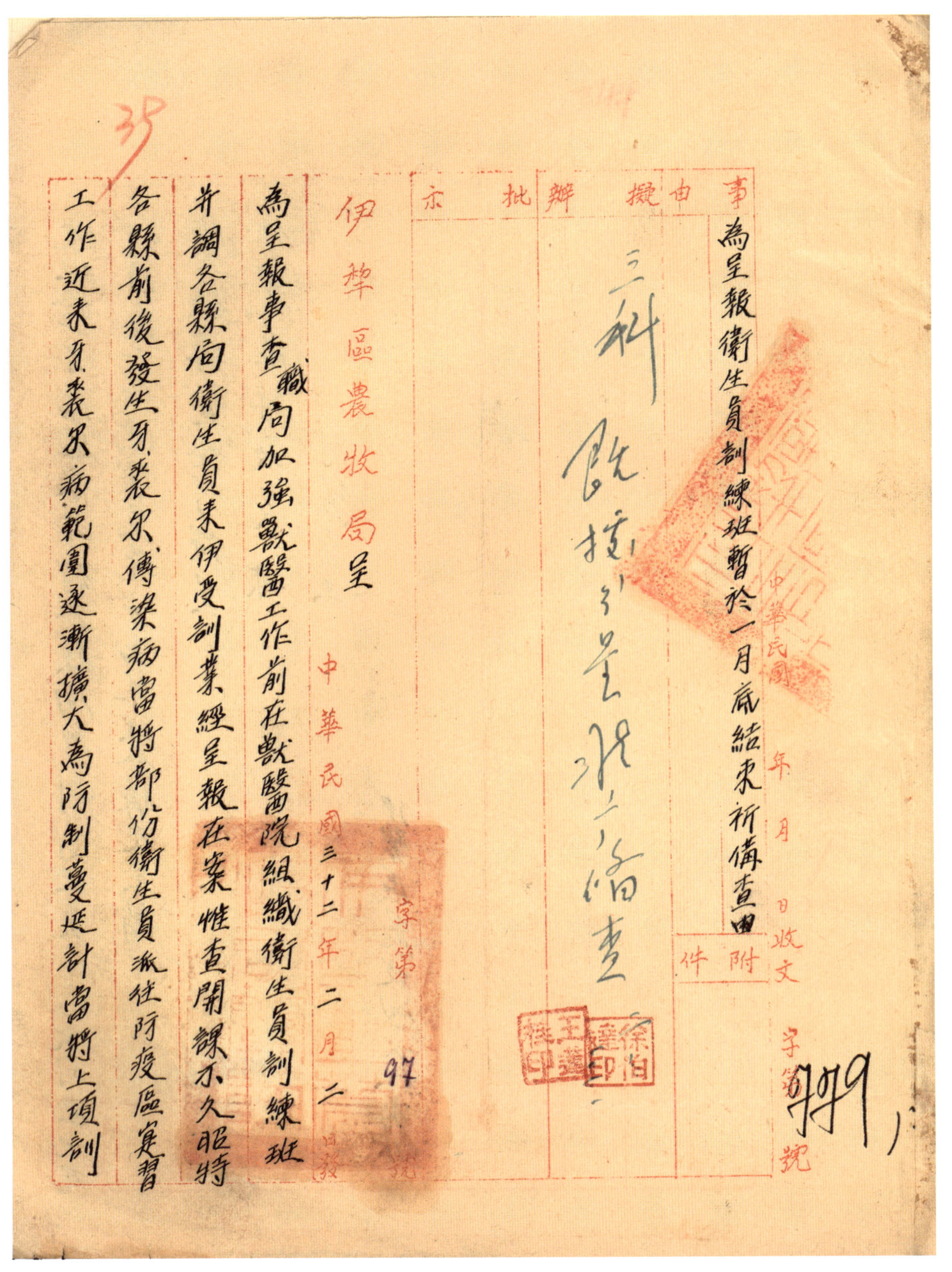

事由：為呈報衛生員訓練班暫於一月底結束祈備查由

擬辦：
批示：三科　既據呈准備查

附件

中華民國　年　月　日收文　字第979號

伊犁區農牧局呈

中華民國三十二年二月二日發　字第97號

為呈報事查職局加強獸醫工作前在獸醫院組織衛生員訓練班并調各縣局衛生員來伊受訓業經呈報在案惟查開課不久即將各縣前後發生牙裘尔傳染病當將部份衛生員派往防疫區實習工作近来牙裘尔病範圍逐漸擴大為防制蔓延計當將上項訓

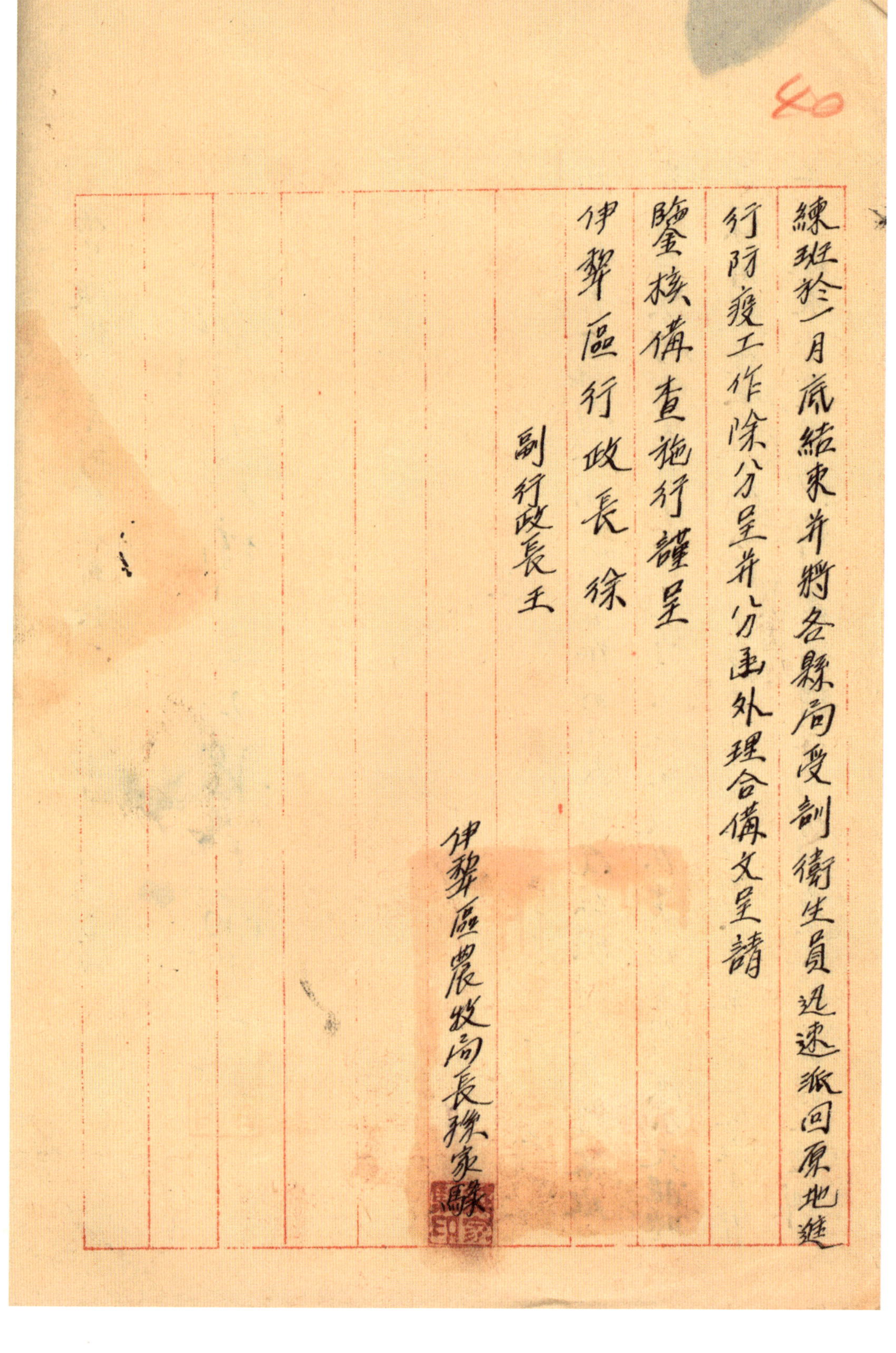
練班於一月底結束并將各縣局受訓衛生員迅速派回原地進行防疫工作除分呈并分函外理合備文呈請
鑒核備查施行謹呈
伊犁區行政長　徐
副行政長　王
伊犁區農牧局長孫家駿

40

一二一　伊犁區農牧局就衛生員訓練班結束事的呈及伊犁區行政長公署的指令（1943-02-08）（J2-3-48-3）（4-3）

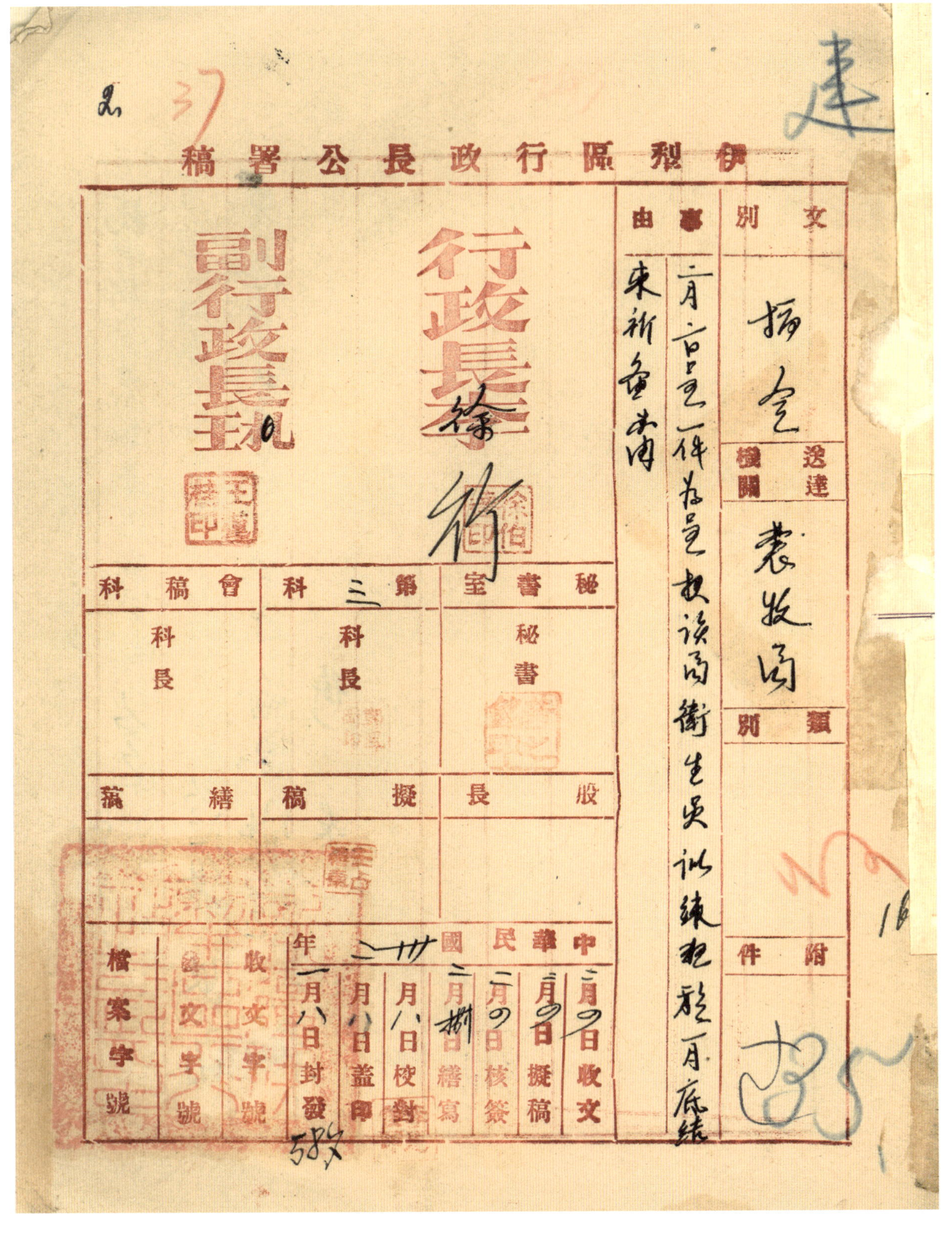

伊犁區行政長公署稿

文別	指令
送達機關	農牧局
類別	
附件	

事由：二月六日呈一件為呈報該局衛生員訓練班於一月底結束祈鑒備由

行政長 徐伯達
副行政長 王寶乾

秘書室	第三科	會稿科
秘書	科長	科長

股長	擬稿	繕稿

中華民國三十二年

收文	擬稿	核簽	繕寫	校對	蓋印	封發
二月〇日	二月〇日	二月〇日	二月　日	二月八日	二月八日	二月八日

收文字號	發文字號	檔案字號
	589	

一二一　伊犁區農牧局就衛生員訓練班結束事的呈及伊犁區行政長公署的指令（1943-02-08）（J2-3-48-3）（4-4）

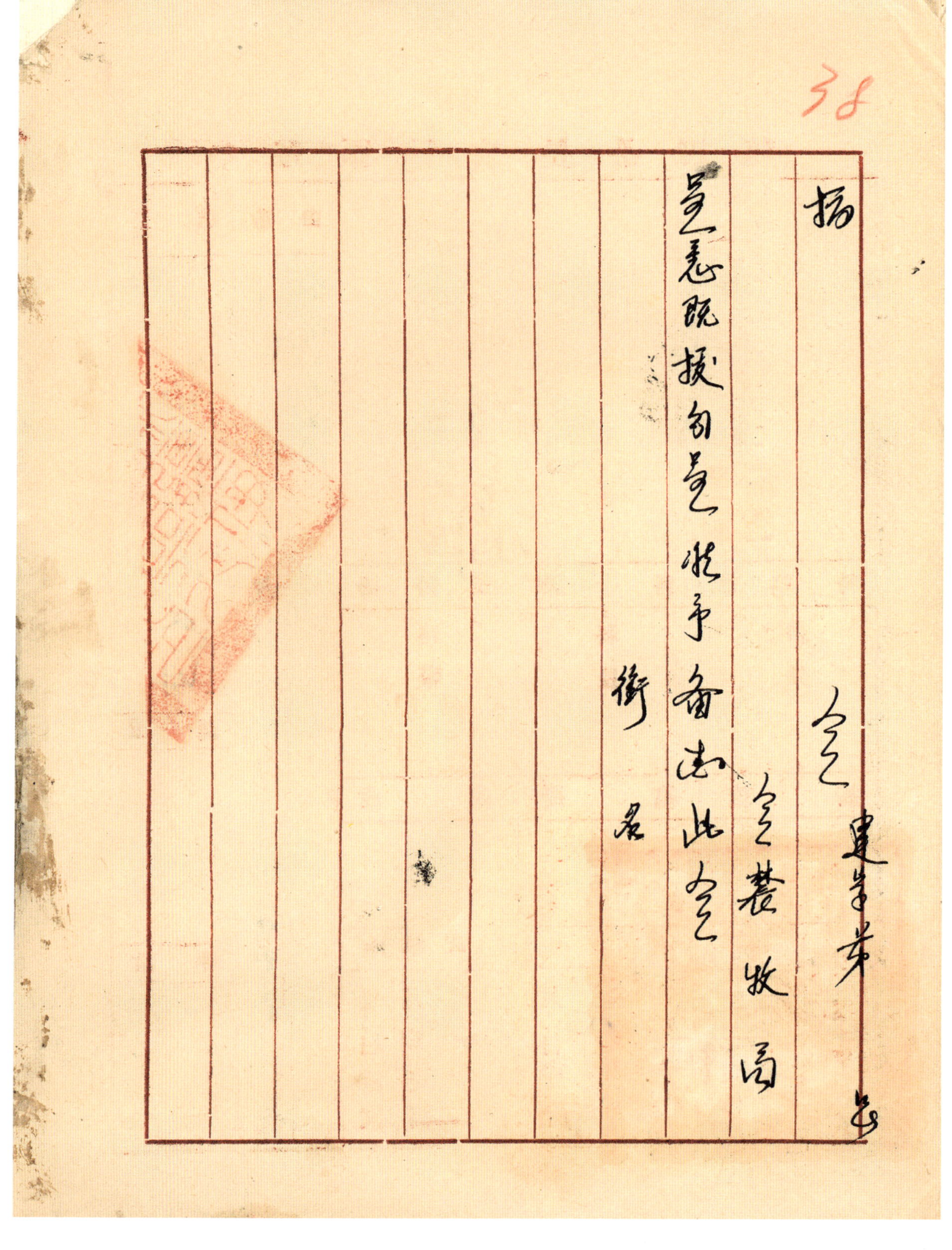

指令　建字第　號

令農牧局

呈悉。既據自呈，准予備查。此令。

衔　名

一二二　霍爾果斯縣政府就模範村工作事的呈（附工作執行表、工作計劃書）及新疆第二區行政督察專員公署的指令（1943-11-15）（J2-3-81-12）

（8-1）

事由：呈賫職縣模範村九月份工作執行表、計劃表由

二科核存　十一、十四

呈為呈報事竊查職縣瑪扎模範村九月份進行各項工作計劃業經呈報並令行該區執行具報在案茲據該區區長吐爾孫呈稱呈為呈報事案奉鈞府建字七五一號訓令頒發職村九月份工作計劃書飭執行一案等因奉此遵即依照計劃分別執行在案理合檢同九月份工作計劃執行程度表一份備文呈報鈞府鑒核查考施行謹呈等情據此職縣查核屬實除將未完

霍爾果斯縣政府　呈

霍字第　號

中華民國三十二年十月十二日

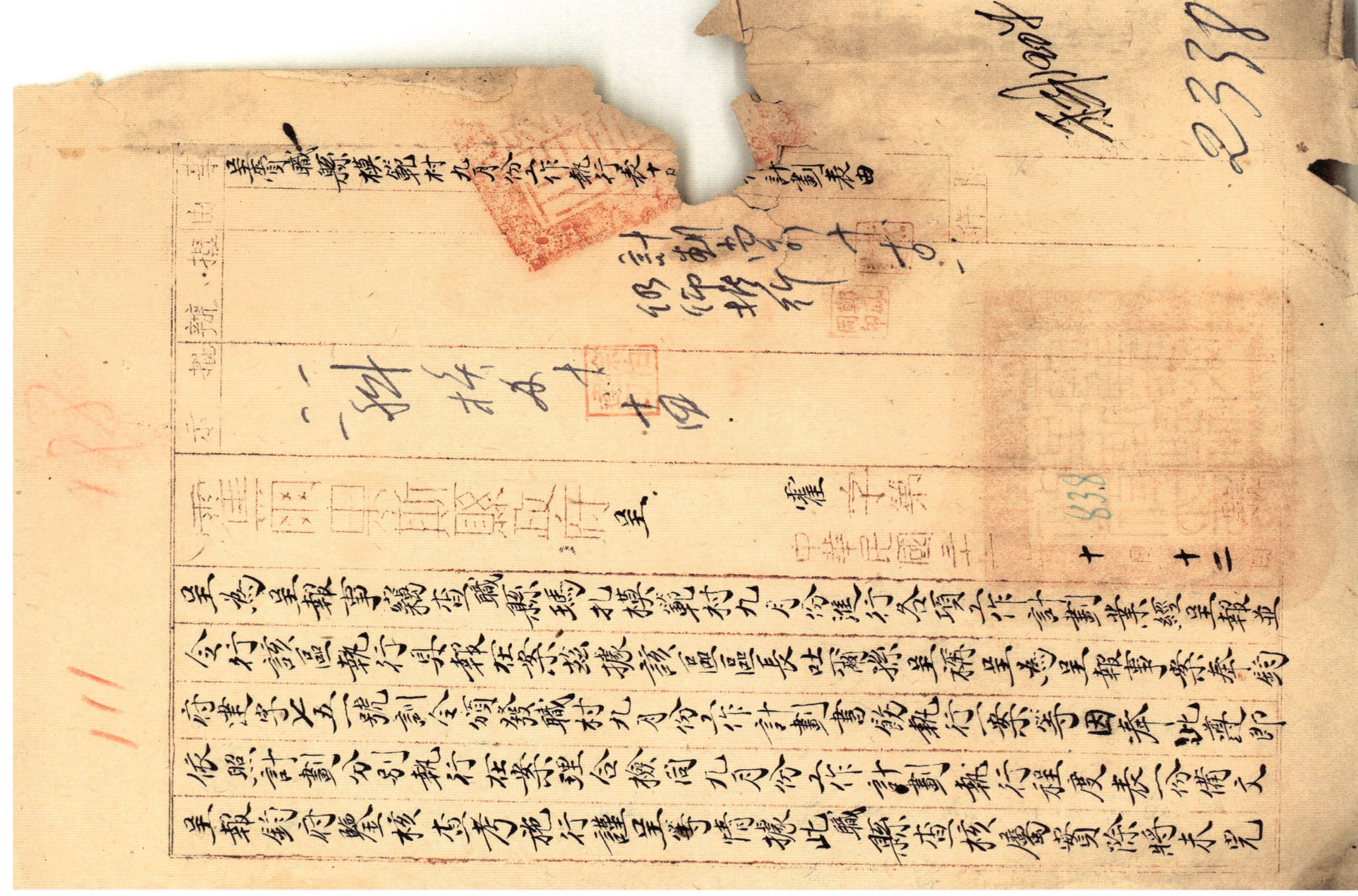

112

成工作，督飭仍于十月份努力執行外，理合抄録模範村九月份工作執行程度表暨十月份工作計劃書一併備文呈賫

鈞署鑒核查考施行。謹呈

第二區行政督察專員徐

附呈九月份工作執行表一份、十月份工作計劃書一份

霍爾果斯縣縣長鄭用珪

副縣長代理縣長職務朱玉璽

一二二 霍爾果斯縣政府就模範村工作事的呈（附工作執行表、工作計劃書）及新疆第二區行政督察專員公署的指令（1943-11-15）（J2-3-81-12）（8-2）

一三三　霍爾果斯縣政府就模範村工作事的呈（附工作執行表、工作計劃書）及新疆第二區行政督察專員公署的指令（1943-11-15）（J2-3-81-12）
（8-3）

霍爾果斯縣瑪扎模範村九月份工作計劃執行程度表

項目	事由	執行程度	經過事實	未完成的原因	備攷
第一項	督飭成立區公所前瑪扎村俗所並由縣府代其物色區公所書記員	遴派漢文書記一員	該區區村街長並無更動		
第二項	督飭該區村補修至城市一段橋樑道路	%80	零星凸凹之處已經修好	其餘%20木料缺乏	十月份完成
第三項	督飭該區村各校如期開學並由該區村長責曉諭學生家長擁促子弟入校	%50	索倫學校全部到校瑪扎百分之五十到校	農收較忙	十月份督催全部到校
第四項	督飭該區村民於從速收穫農作物免受秋糧拋棄損失	%70	已經召集各村農民現期收穫	有少數貧農正在彼此協助收穫之	其%30在十月份[illegible]
第五項	擴大播種冬麥面積數量	%70	已經播種的卅戶面積2500畝		
第六項	維持地方治安消弭盜風應由各區村長及街長等切實負責清查		街上安置更夫三人街長隨時清查	各巷内尚未按置因經費困難各巷	
第七項	關于衛生清潔檢查每兩週舉行檢查一次由該區村長等挨戶宣傳負責辦理	%90	已有各區村長街長檢查二次並挨戶宣傳衛生的意義	有少數民家不衛生業已勸告	

霍爾果斯縣政府就模範村工作事的呈（附工作執行表、工作計劃書）及新疆第二區行政督察專員公署的指令（1943-11-15）（J2-3-81-12）

霍爾果斯縣擬具十月份模[illegible]劃

1 發動民衆舉行秋耕預定該村秋[illegible]畝（實耕若干畝月終報縣）

2 舉行秋季植樹該村預計本季應植樹八千株（實植若干月終報縣）

3 督催兒童齊數到校（月終將實到數字未到原因報縣）

4 如期完成本縣征購糧石數字（盡可能發動民衆提前完成以資示範）

5 推行新生活運動注意街市之清潔與整齊（月終由縣府民政科前往檢查之）

6 事先佈置與籌設選擇村國民月會地點擬於下月起舉行村國民月會

如有可能由黨部屆時派人前往指導與宣講主義

7 由教員兼村書記張兆雱教導該村學生以及村公所人員紳耆壯丁學唱國歌

8 劃一該村黨國旗其式樣與尺碼務與規定符合

一二二　霍爾果斯縣政府就模範村工作事的呈（附工作執行表、工作計劃書）及新疆第二區行政督察專員公署的指令（1943-11-15）（J2-3-81-12）（8-5）

新疆第二區行政督察專員公署稿

文別	指令
送達機關	霍城縣
附件	
事由	十月十二日呈一件為呈賚該縣模範村十月份工作計劃祈核示由

秘書室	第一科	會稿科
秘書	科長	科長
股長	擬稿	繕寫

中華民國卅二年

收文	擬稿	核簽	繕寫	核對	蓋印	封發
十一月十六日	十一月十八日	十一月十八日	月　日	十一月　日	月　日	月　日

收文字　號

發文字　號

檔案字　號

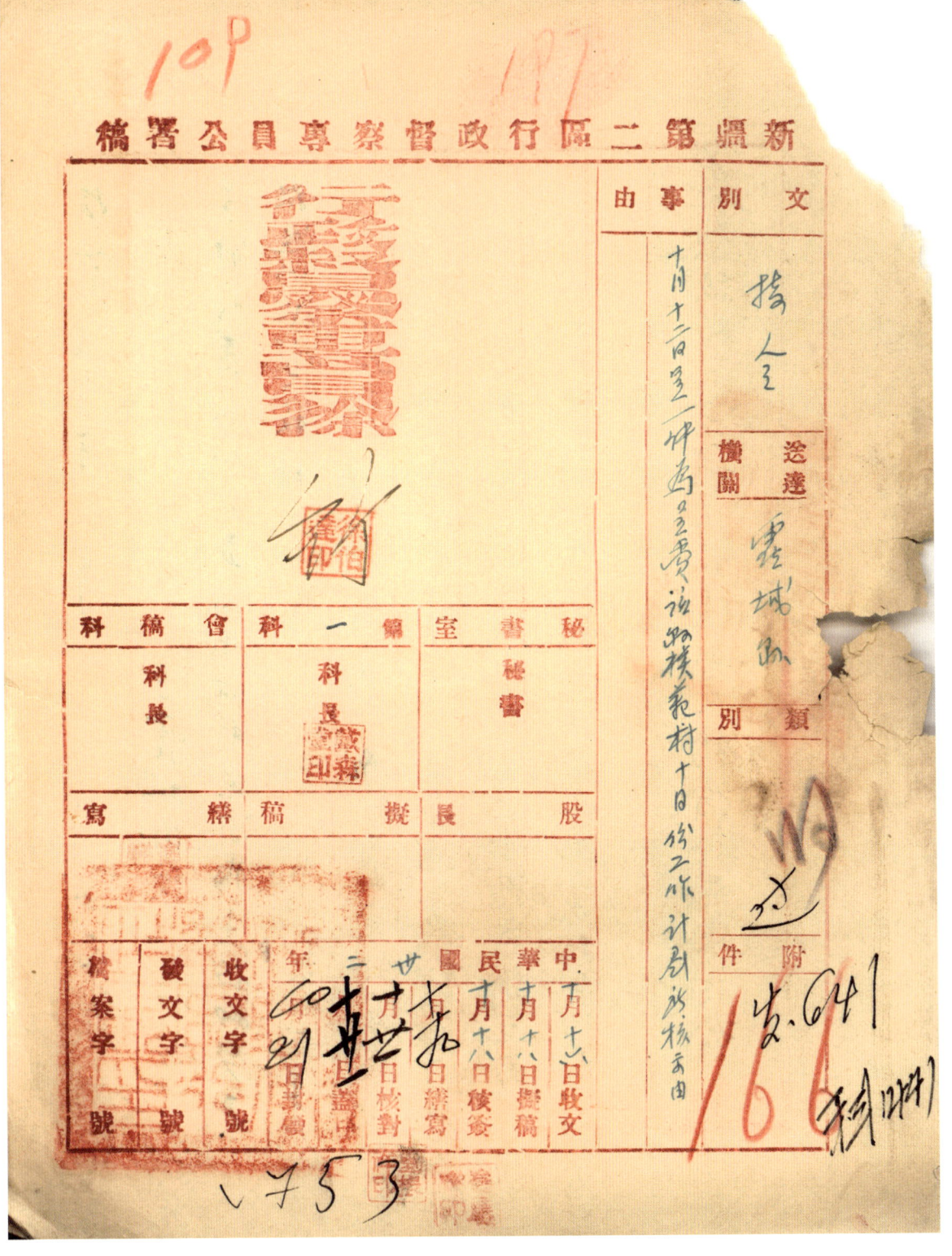

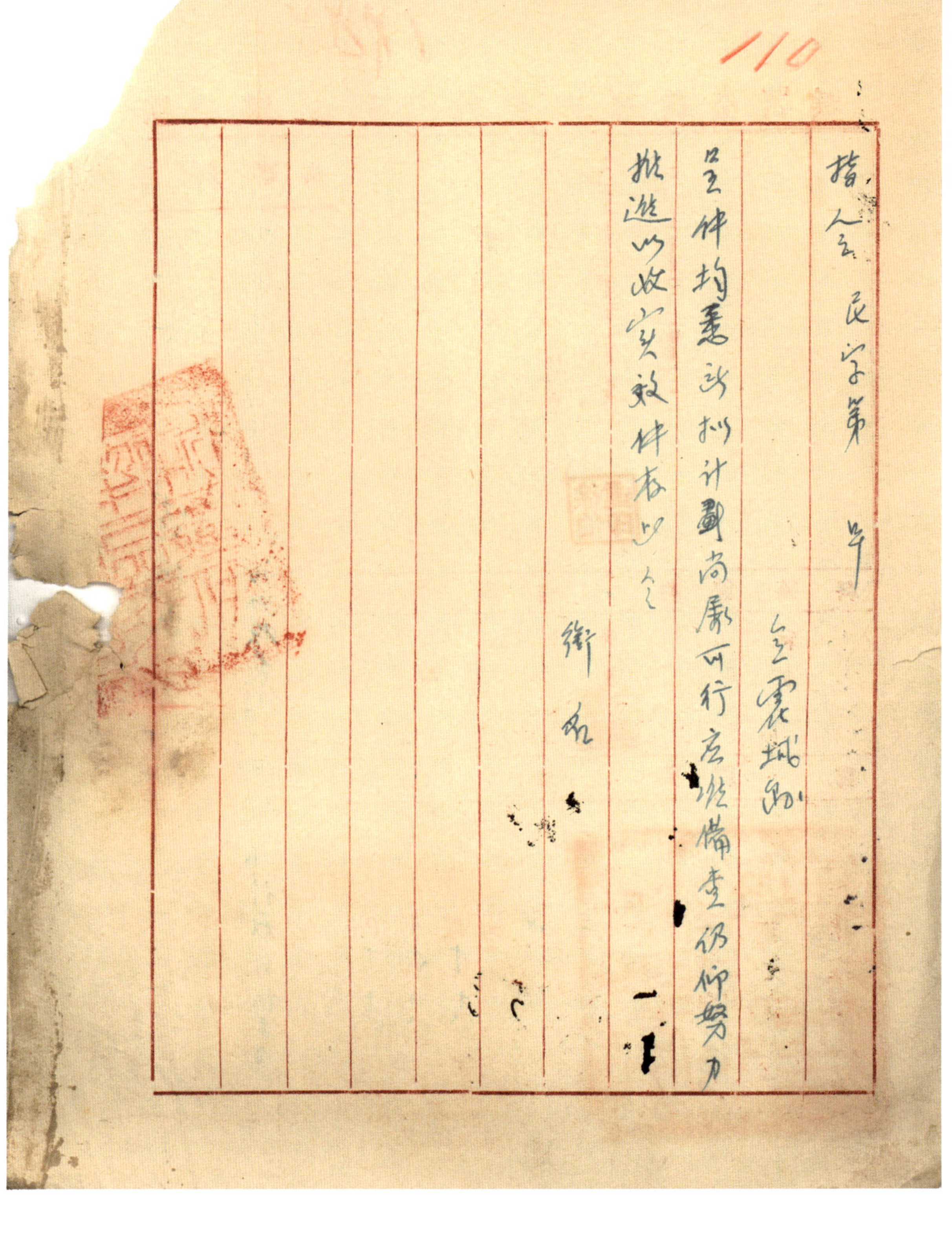

110

指令　民字第　號

令霍城縣

呈件均悉，所擬計劃尚屬可行，應准備查，仍仰努力推進，以收實效。件存。此令。

衛 [illegible]

一二二　霍爾果斯縣政府就模範村工作事的呈（附工作執行表、工作計劃書）及新疆第二區行政督察專員公署的指令（1943-11-15）（J2-3-81-12）

（8-7）

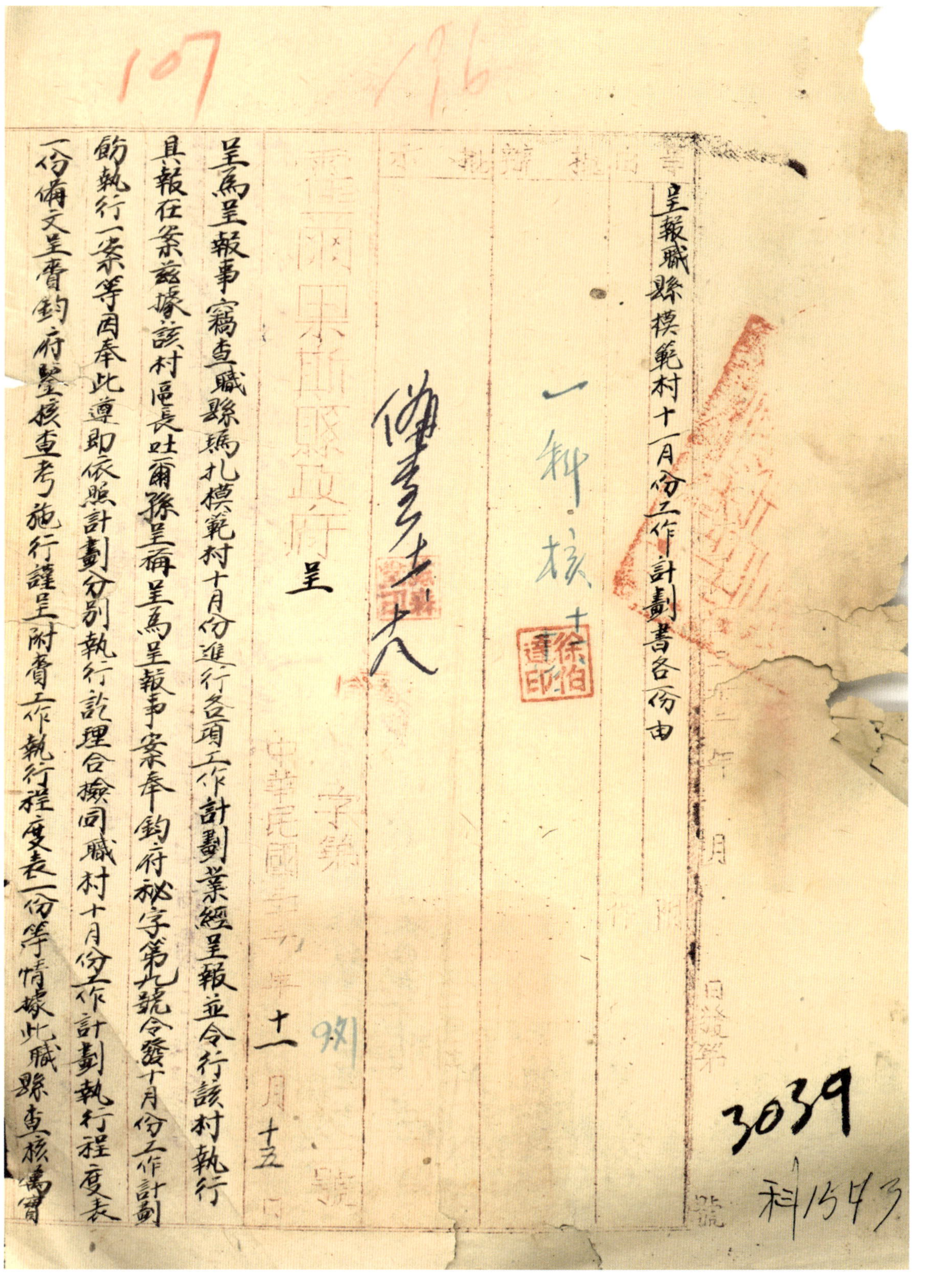

呈報職縣模範村十一月份工作計劃書各份由

一秘 核 十

徐伯達印

霍爾果斯縣政府　呈　字第　號

中華民國三十二年十一月十五日

偉 十八

呈爲呈報事竊查職縣瑪扎模範村十月份進行各項工作計劃業經呈報並令行該村執行具報在案茲據該村區長吐爾孫呈稱呈爲呈報事案奉鈞府秘字第九號令發十月份工作計劃飭執行一案等因奉此遵即依照計劃分别執行訖理合檢同職村十月份工作計劃執行程度表一份備文呈賫鈞府鑒核查考施行謹呈附賫工作執行程度表一份等情據此職縣查核屬實

3039

科1543

一二二　霍爾果斯縣政府就模範村工作事的呈（附工作執行表、工作計劃書）及新疆第二區行政督察專員公署的指令（1943-11-15）（J2-3-81-12）

（8-8）

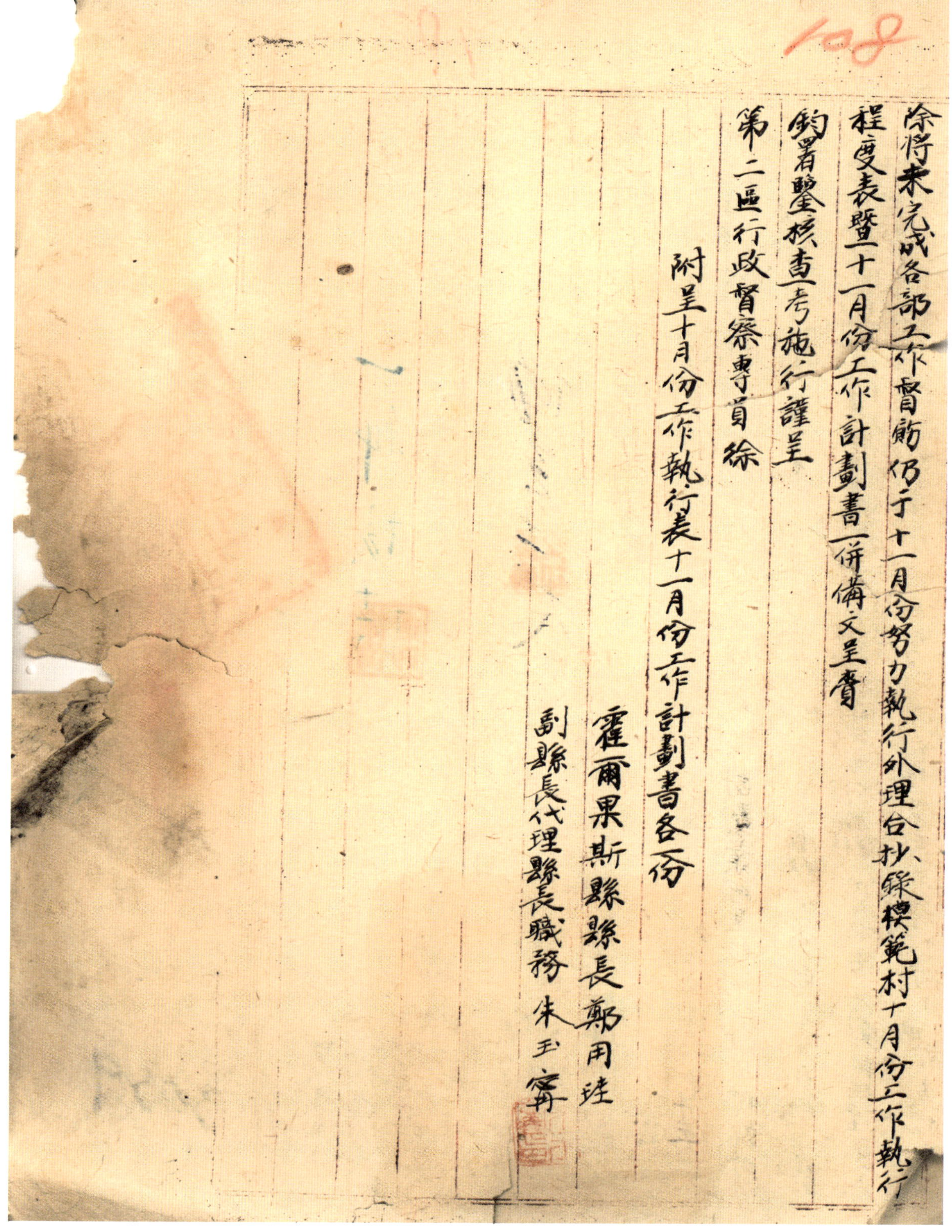
除將未完成各部工作督飭仍于十一月份努力執行外理合抄錄模範村十月份工作執行程度表暨十一月份工作計劃書一併備文呈賫

鈞署鑒核查考施行謹呈

第二區行政督察專員徐

附呈十月份工作執行表十一月份工作計劃書各份

霍爾果斯縣縣長鄭用琏

副縣長代理縣長職務朱玉寧

一二三　新源設治局就擬運糧辦法事的呈（附運糧路程表）及新疆第二區行政督察專員公署的指令（1943-11-18）（J2-3-138-32）（5-1）

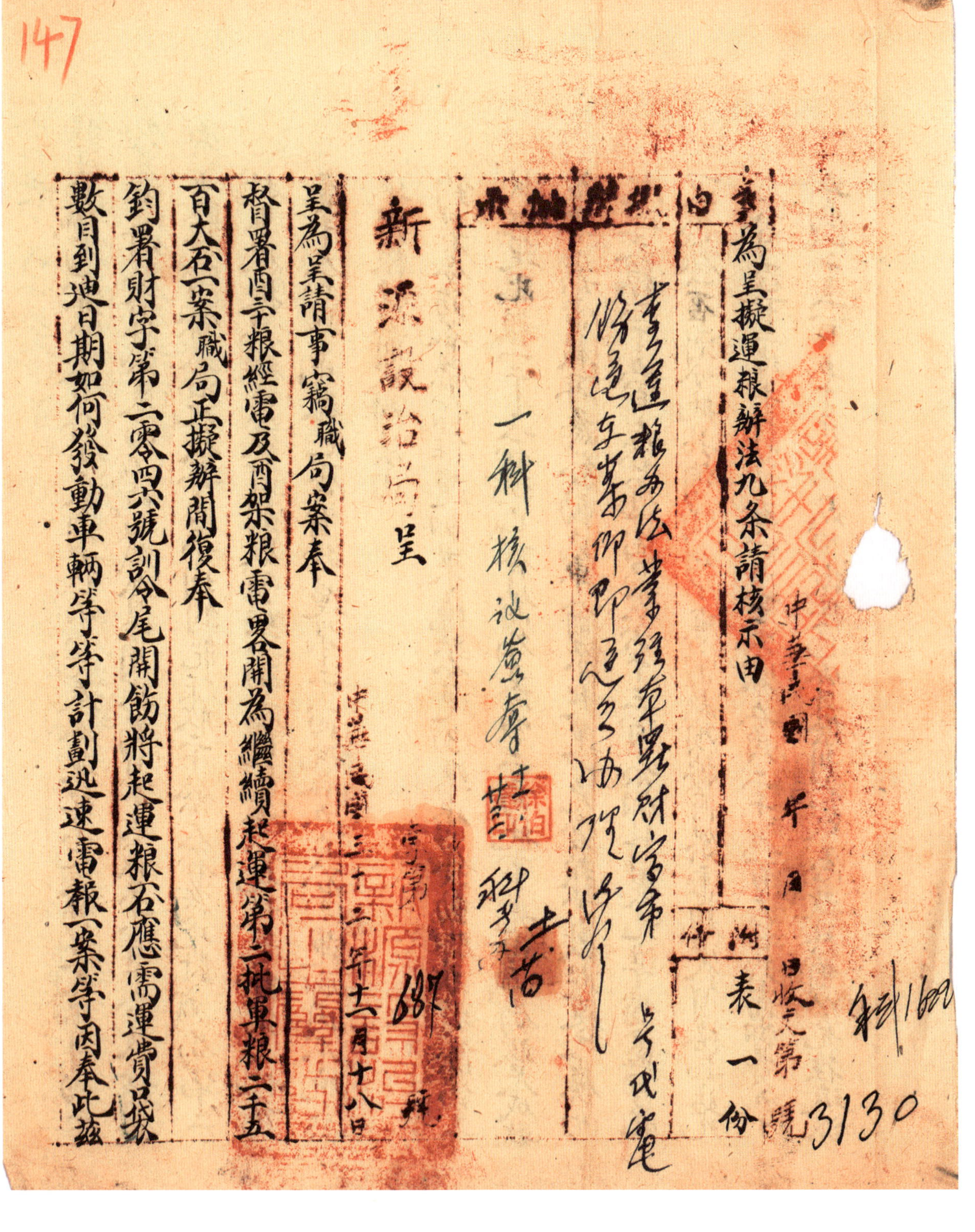

事由：為呈擬運糧辦法九条請核示由

中華民國　年　月　日收文第　號 3130

附件：表一份

新源設治局呈

呈為呈請事。竊職局案奉

督署酉齊糧經電及酉架糧電略開：為繼續起運第二批軍糧二千五

百大石一案，職局正擬辦間，復奉

鈞署財字第二零四六號訓令尾開：飭將起運糧石應需運費、口袋

數目、到廸日期如何、發動車輛等等計劃迅速電報一案等因。奉此，茲

中華民國三十二年十一月十八日

查職局上年度倉存小麥均在第一批奉令運訖，至此次飭運之糧，自為三十二年新收之田賦小麥，而職境田賦普經開征，為日不久，截至十一月十五日收歸倉者僅九百餘大石，此後每日平均約能征收二十餘大石，為此對職局第二批軍糧擬具辦法及計劃數項如下：(1)本境小麥分批起運，計第一批為壹千大石，目下此糧已齊備待運，第二、三、四批各五百石。(2)運脚因本境無車，仍根據前次辦法由

鈞署令飭各縣代僱運脚來境裝運。(3)準備發動脚力時，除第一批起運此糧一千大石現已齊備外，至第二、三、四批事先由職局收足成數後，專案電報再為發動民車前來起運，以免倉糧不數起運之虞。(4)起運之糧二千五百大石，應需口袋六千三百余個，衬提先準備，盡可能一次撥發，否則分批具領備用。(5)應需款項按西架電規定價格，每站九九公角，共十二站半，計每石二百二十九零五角，二千五百大石共需脚費五十五萬一千二百五十元。(6)款項擬按已實撥到之數，差欠數具領，以免往返派

員耗費時間及旅費盡[illegible]交迪草留銀行辦事處轉發為妥(7)押運員(6)擬請免派每批起運時由職局擬定路程表交脚户代往沿途各站查驗相符後蓋章催行最好令由沿途縣警察局所派警分站交接押送似此不但迅速且節省經費關支此条如蒙俯准祈轉請通令飭遵(8)全部運省到達期限如脚力足用特于三十三年二月中旬便可全數到省(9)現時新收倉存有小麥九百餘大石不日便可鑄足擬定第一批起運數一千大石此第一批應需口袋二千五百条運費二十二萬零五百元請迅予準備車輛口袋及請撥款以便起運以上所擬各条是否有當理合附具路程表式一份備文呈請

鈞署鑒核示遵施行謹呈

第二區行政督察專員徐

附呈表一份

新源設治局正副局長羅繼忠 [illegible]

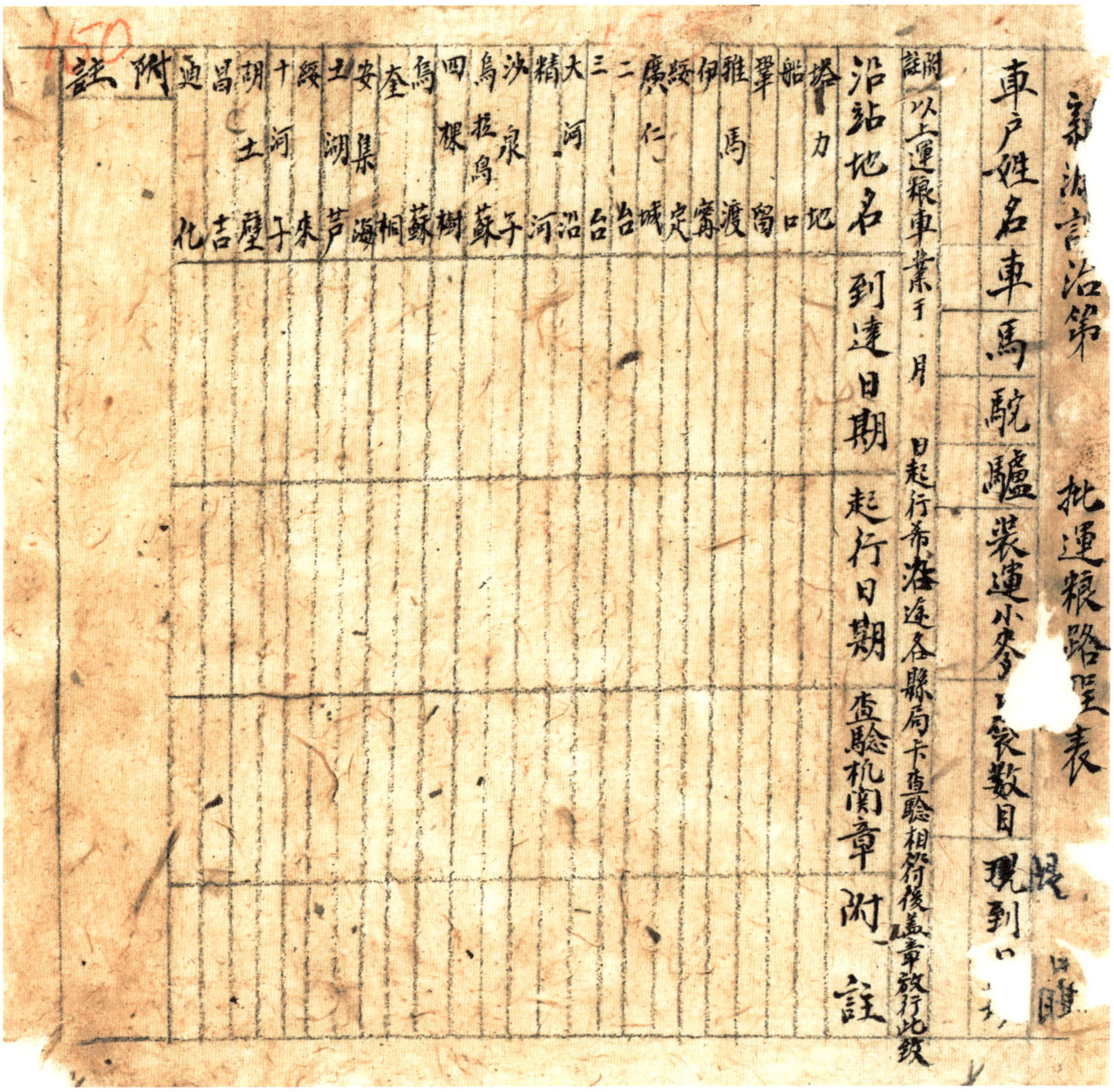

新源設治局第　批運粮路程表

車戶姓名	車馬駝驢	裝運小麥[illegible]袋數目	現到[illegible]日[illegible]

附註　以上運粮車業于　月　日起行希沿途各縣局卡查驗相符後蓋章放行此致

沿站地名	到達日期	起行日期	查驗机關章	附註
塔力地				
船口				
鞏留				
雅馬渡				
伊寧				
綏定				
廣仁城				
二台				
三台				
大河沿				
精河				
沙泉子				
烏拉烏蘇				
四棵樹				
烏蘇				
奎桐				
安集海				
土湖芦				
綏來				
十河子				
胡土壁				
昌吉				
迪化				

附註

一二三　新源設治局就擬運糧辦法事的呈（附運糧路程表）及新疆第二區行政督察專員公署的指令（1943-11-18）（J2-3-138-32）（5-4）

一二三　新源設治局就擬運糧辦法事的呈（附運糧路程表）及新疆第二區行政督察專員公署的指令（1943-11-18）（J2-3-138-32）（5-5）

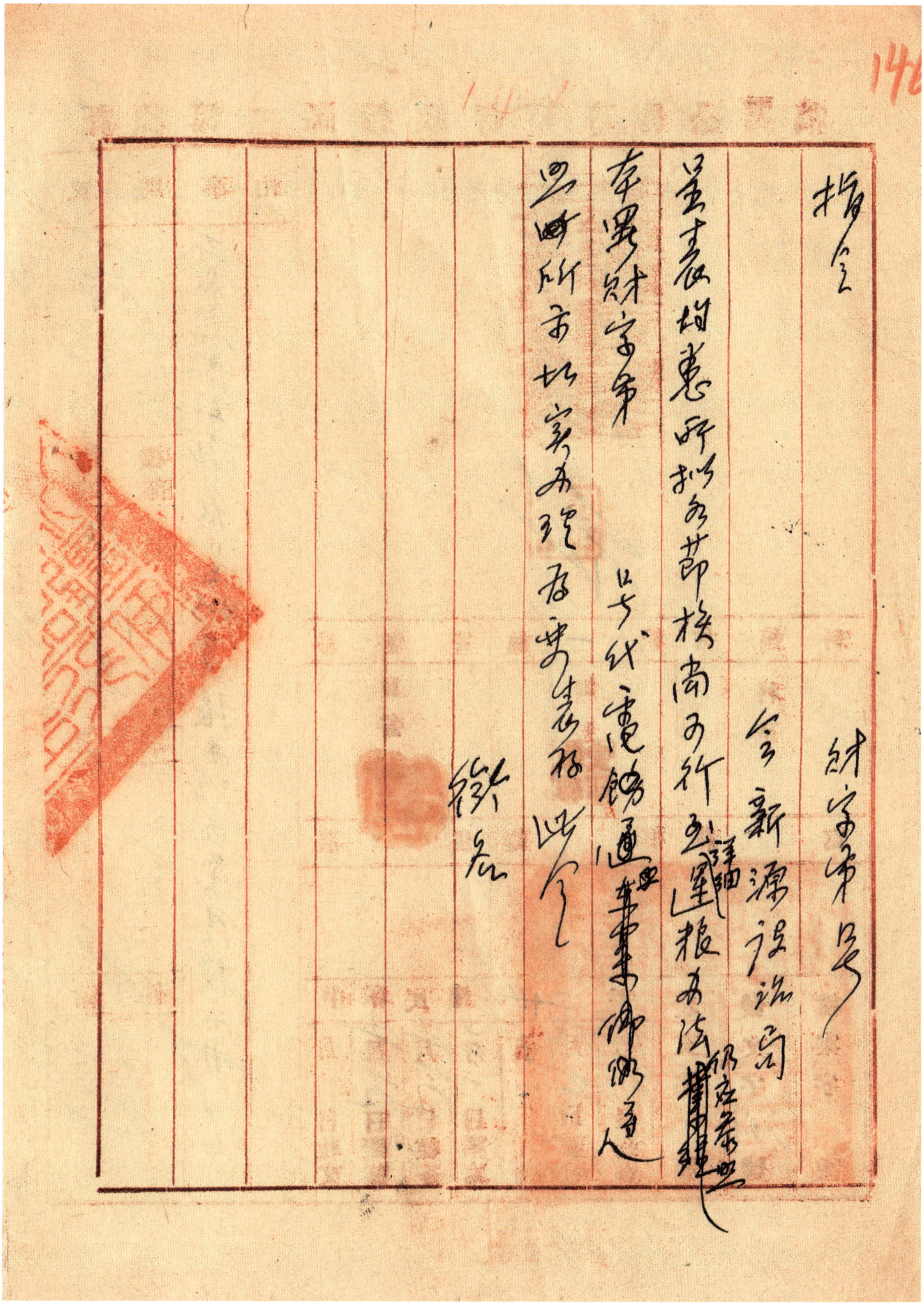

指令　財字第　號

令新源設治局

呈表均悉。所擬各節核尚可行。至詳細運糧辦法，仍應參照

奉署財字第　號代電飭遵[illegible]

與各所方切實辦理為要。表存。此令。

銜　名

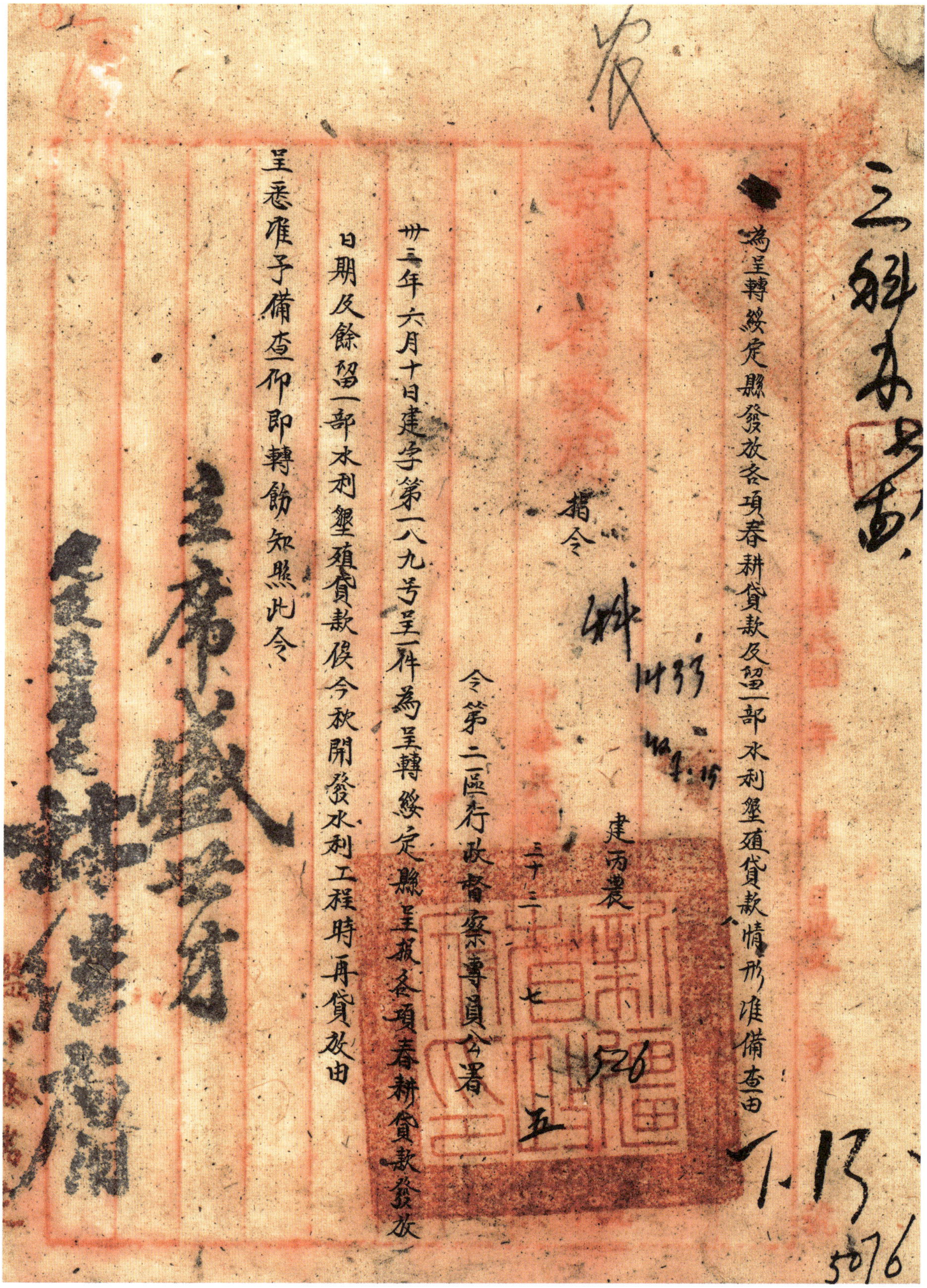
為呈轉綏定縣發放各項春耕貸款及留一部水利墾殖貸款情形准備查由

指令　建丙農

三十三　七　五

令第二區行政督察專員公署

卅三年六月十日建字第一八九號呈一件為呈轉綏定縣呈報各項春耕貸款發放日期及餘留一部水利墾殖貸款俟今秋開發水利工程時再貸放由

呈悉准予備查仰即轉飭知照此令

主席　盛世才

建設廳廳長　林繼庸

一二四　新疆省政府就綏定縣發放各項春耕貸款及留一部水利墾殖貸款事的指令及新疆第二區行政督察專員公署的訓令（1944-07-05）（J2-3-162-17）（2-1）

一二四　新疆省政府就綏定縣發放各項春耕貸款及留一部水利墾殖貸款事的指令及新疆第二區行政督察專員公署的訓令（1944-07-05）
（J2-3-162-17）（2-2）

訓令　　建字第　　號

令綏定縣政府

案查前據該縣呈請發放各項春耕貸款及留一部水利

墾殖貸款情形一案，當經呈請核示去後，茲奉

省政府建丙農字第五二六號指令開：「呈悉。」云云。此令。等因，奉此，合行

令仰該縣長即便知照。此令。

銜名